suhrkamp taschenbuch
wissenschaft 90

Peter Szondi lehrte bis zu seinem Tode im Oktober 1971 allgemeine und vergleichende Literaturwissenschaft an der Freien Universität Berlin.
Von seinen Schriften sind in Buchform erschienen: *Theorie des modernen Dramas, Versuch über das Tragische, Satz und Gegensatz, Hölderlin-Studien, Celan-Studien, Lektüren und Lektionen.*
Szondis Vorlesung aus dem Wintersemester 1965/66 setzt die Analyse jener *Krise des Dramas* fort, der schon sein erstes Buch über die *Theorie des modernen Dramas* gewidmet war. Sie behandelt vor allem die *Hérodiade* von Mallarmé und die Kleinen Dramen des jungen Hofmannsthal. Bei aller Verschiedenartigkeit der Gegenstände, die unterschiedliche Gesichtspunkte verlangen, sind den Untersuchungen viele Perspektiven gemeinsam: der Blick auf die Entstehungsgeschichte, auf den Zusammenhang zwischen Lyrik und lyrischer Dramatik, auf die Dialektik von Scheitern und Gelingen, auf die lyrische und dramatische Selbstreflexion der Werke.
Der Band enthält außer dem Text der Vorlesung einige Materialien zu ihr sowie den Text von Szondis erster Vorlesung (aus dem Jahre 1955) über Rilkes *Duineser Elegien*.

Peter Szondi
Das lyrische Drama
des Fin de siècle

Herausgegeben von Henriette Beese

Suhrkamp

Studienausgabe der Vorlesungen
Aus dem Nachlaß von Peter Szondi herausgegeben von Jean Bollack
mit Henriette Beese, Wolfgang Fietkau, Hans-Hagen Hildebrandt, Gert
Mattenklott, Senta Metz, Helen Stierlin.

suhrkamp taschenbuch wissenschaft 90
Erste Auflage 1975
© Suhrkamp Verlag Frankfurt am Main 1975
Suhrkamp Taschenbuch Verlag
Alle Rechte vorbehalten, insbesondere das des
öffentlichen Vortrags, der Übertragung durch
Rundfunk oder Fernsehen und der Übersetzung,
auch einzelner Teile.
Satz: Georg Wagner, Nördlingen
Druck: Nomos, Baden-Baden
Printed in Germany
Umschlag nach Entwürfen
von Willy Fleckhaus und Rolf Staudt

Inhaltsverzeichnis

Editorisches Vorwort. 7

Das lyrische Drama des Fin de siècle

I Gattungsgeschichte, Sozialgeschichte und Interpretation 15

II–VII Mallarmé: *Hérodiade* 31
Biographie, Bibliographie und Textgeschichte 31 – Motivgeschichte 40 – Metaphorik, Grammatik und Dramaturgie von Scène V. 1–8: Verflüchtigung und Reflexivität 50 – Dramaturgie und Metaphorik von Scène V. 8–43: imaginäres Theater 59 – Die Verse auf den Spiegel (V. 44–52): Metamorphose der Metaphern 77 – Weiterer Verlauf der Scène: Entfaltung, nicht Entwicklung; Stillstand der Zeit; Passivität 85 – Exkurs über Rollenlyrik und lyrischen Monolog 94 – Die Metaphorik am Ende der *Scène*: Spiegelung und Innerlichkeit 95 – Die Entstehungsgeschichte der *Hérodiade*-Fragmente: der Ursprung des lyrischen Dramas 100 – Die Geschichte der *Hérodiade* nach dem Verzicht auf die Bühne: das Schöne und das Nichts 118 – *Ouverture ancienne* 131 – *Cantique de Saint Jean* 134

VIII Henri de Régnier: *La Gardienne* 139

IX–XVII Der junge Hofmannsthal. 160

IX–XI *Gestern* 160
Psychologische Studie und Proverb 160 – Die erste Szene: Widersprüche der Lebensphilosophie 162 – Die Entwicklung von der zweiten zur achten Szene 179 – Dramaturgie des Schlusses 196 – Das Wort »Gestern« 212

XII–XIII *Der Tod des Tizian*. 216
Struktur von Dialog, Ort und Zeit, dramatis personae 216 – Tizian 224 – Die Tizianschüler als Ästheten 233 – Gianinos Monolog 243

XIV *Der Tor und der Tod* 252

XV Lyrik und lyrische Dramatik 271

XVI *Der weiße Fächer* 294
    Der Kaiser und die Hexe 304

XVII *Das kleine Welttheater* 318

Anhang

A Hofmannsthal: *Ad me ipsum* 335

B Maeterlinck: *La princesse Maleine* 351

C Materialien zu Maeterlinck 359

D Hofmannsthal: *Silvia im ›Stern‹* 364

E Register zu *Ad me ipsum* 372

F Rilkes *Duineser Elegien* 379
    I Entstehungsgeschichte 379
    IV–V Die zweite Elegie 388
    VI–VIII Die achte Elegie 421
    IX–X Die neunte Elegie 465

G Rilke: Parallelstellen zur ersten und zweiten Elegie und zu *Sonette an Orpheus* (II,13) 495

Bibliographie 514

Register 521
A Sachregister 521
B Personen- und Werkregister 527

Editorisches Vorwort

Versucht man, den Ort der Vorlesung »Das lyrische Drama des Fin de siècle« (aus dem Wintersemester 1965/66) im Zusammenhang von Szondis Werk zu bestimmen, so scheint deren Gegenstand und Problematik in jener *Krise des Dramas*[1] zu liegen, der schon Szondis erstes Buch gewidmet ist. Wiewohl das lyrische Drama des Fin de siècle als eine gemischte Gattung und zugleich als eine historisch definierte sich vor allem den Studien zur Gattungspoetik einzufügen scheint, überschneidet sich dieser Aspekt der Untersuchung mit dem einer Interpretation von Lyrik – Tendenzen der Mallarmé-Analyse hat Szondi besonders in dem Aufsatz über Celan, *Lecture de Strette*[2], weiter entfaltet.

Zwischen der Abfassung der beiden wichtigsten Analysen – von Mallarmés *Hérodiade* und Hofmannsthals *Kleinen Dramen* – liegen nur knapp drei Jahre, und doch unterscheiden sie sich, den verschiedenen Gegenständen entsprechend, in ihren Gesichtspunkten. Bei Hofmannsthal steht die Dramaturgie im Mittelpunkt, das Paradoxon einer Dramaturgie des lyrischen, das heißt nicht-dramatischen Dramas. Wenngleich auch bei der Untersuchung Mallarmés dessen Widerspruch gegen klassisches Theater zur Sprache kommt, so dominiert doch hier die Untersuchung des lyrischen Aspekts: die *Hérodiade* erscheint als imaginäres, als in der Sprache sich vollziehendes Theater; Metaphorik und Ambiguität sind dessen Mittel; unter den Stichwörtern »Metamorphose der Metaphern«, »enharmonische Verwechslung«, »Spiegelung« und »Scheinleben der Wörter«[3] ist hier der Begriff einer lyrischen Sprache entworfen, die nicht

---

[1] *Theorie des modernen Dramas.* Frankfurt am Main 1956. Revidierte Ausgabe Frankfurt am Main 1963. Von der 7. Aufl. (1970) an unter dem Titel *Theorie des modernen Dramas, 1880-1950.* S. 20 ff.
[2] In: *Critique* 288 (Mai 1971), S. 387-420. Deutsch unter dem Titel *Durch die Enge geführt* in: *Celan-Studien.* Frankfurt am Main 1972, S. 47-111.
[3] Vgl. S. 84, 96, 99; 115; 65, 82 ff., 98, 124 f.; 81 des vorliegenden Bandes.

bezeichnet, sondern realisiert, was sie zu bezeichnen scheint.

Freilich sind den Analysen der beiden Komplexe viele Perspektiven gemeinsam: die Entstehungsgeschichte – der »Ursprung des lyrischen Dramas« bei Mallarmé, die thematische und formale Verkettung der *Kleinen Dramen* untereinander –, der Zusammenhang zwischen Lyrik und lyrischer Dramatik, die Dialektik von Scheitern und Gelingen und die lyrische wie theatralische Selbstreflexion und Selbstkritik der Dichtungen.

Im Sommersemester 1963 in Göttingen und im Wintersemester 1963/64 in Berlin hielt Szondi eine Vorlesung mit dem Titel »Der junge Hofmannsthal«. Mit ihr hängen vier Aufsätze eng zusammen: *Lyrik und lyrische Dramatik in Hofmannsthals Frühwerk*[4], *Hofmannsthals »Weißer Fächer«*[5], *Hofmannsthal ad se ipsum* und *Tizians letztes Bild*[6]. An den entsprechenden Stellen der Vorlesung wird darauf verwiesen. Die in jene Essays eingegangenen Passagen gehören in der Form, wie sie im Kolleg erscheinen, zu dessen gesamtem Argumentationszusammenhang, und die ausführlichere Behandlung in der Vorlesung bringt gleichzeitig zusätzliche Materialien.

Das Kolleg über den jungen Hofmannsthal wurde mit Ausnahme seines letzten Teils über *Ad me ipsum* im Wintersemester 1965/66 in Berlin Bestandteil der Vorlesung »Das lyrische Drama des Fin de siècle«. Es schloß sich nun neu ausgearbeiteten Teilen an, über den Begriff des lyrischen Dramas, über Mallarmé und Henri de Régnier. Geplant waren, im Anschluß an Hofmannsthal, Analysen lyrischer

---

4 In: *Satz und Gegensatz*. Frankfurt am Main 1964, S. 58-70.
5 In: *Neue Rundschau*. 75. Jg. (1964), 1. Heft, S. 81-87. Wieder abgedruckt in: *Lektüren und Lektionen*. Frankfurt am Main 1964, S. 103-112.
6 *Zwei Beiträge zu Hofmannsthal. (Über »Ad me ipsum«. Das letzte Bild.)* In: *Insel-Almanach auf das Jahr 1964*. Frankfurt am Main 1964, S. 49-57. Unter den im Text genannten Titeln wieder abgedruckt in: *Lektüren und Lektionen* a.a.O. S. 113-126.

Dramen von Maeterlinck, van Lerberghe, Yeats, George und Rilke.[7] Doch kam es nicht mehr zur Ausführung dieses Plans.

Im Frühjahr 1968 hielt Szondi bei Gelegenheit eines Gast-Trimesters an der Universität Jerusalem einen Teil der Vorlesung: die Teile I-VIII (die Einleitung und die Analysen der Stücke von Mallarmé und de Régnier) in französischer und den Abschnitt über *Der Tor und der Tod* aus dem Hofmannsthal-Teil in deutscher Sprache.

Aus den Abschnitten der Vorlesung über das französische lyrische Drama ist bisher nichts publiziert. Szondi erwog zeitweilig, die Mallarmé-Kapitel noch einmal in einer Vorlesung vorzutragen und sie in Form eines Essays — »Fragments d'une lecture d'Hérodiade«[8] — zu veröffentlichen, wobei er, wie er in Gesprächen äußerte, neuere Literatur über Mallarmé einbeziehen wollte.

»Rilkes Duineser Elegien« — aus dem Jahre 1955 an der Volkshochschule Zürich — war Szondis erste Vorlesung. Im Nachlaß fand sich kein handschriftlich überarbeitetes Original-Typoskript wie bei den anderen Kollegs, sondern nur ein unkorrigierter Durchschlag; von den zehn Vorlesungen fehlen die Teile 2 und 3, die offensichtlich von der ersten Elegie handelten, sowie einzelne kürzere Abschnitte. Obwohl jene Anfänglichkeit wahrnehmbar ist, obwohl dem Text auch seine von den Universitäts-Kollegs abweichende Bestimmung anzumerken ist, und obwohl er unvollständig ist, schien es richtig, ihn im Anhang zu veröffentlichen.[9]

Als Anhänge sind folgende Texte wiedergegeben:

A: Eine Vorlesung über Hofmannsthals *Ad me ipsum*, die

---

7 Vgl. S. 332 des vorliegenden Bandes.
8 Brief vom 13. 7. 1971. — Eine redigierte Fassung der französischen Version erscheint als Teil einer Sammlung von Essays Szondis in französischer Übersetzung.
9 Szondi verarbeitete die Teile der Vorlesung, die von der achten Elegie handeln, zu einem Rundfunkvortrag, der unter dem Titel *So leben wir und nehmen immer Abschied* von Radio Beromünster am 17. 3. 1959 gesendet wurde.

zunächst den Abschluß des Kollegs »Der junge Hofmannsthal« bildete.

B: Das Fragment einer Vorlesung über Maeterlincks *Princesse Maleine*, die sich an die Behandlung von Hofmannsthal anschließen sollte.

C: Exzerpte und interpretatorische Hinweise zur *Princesse Maleine*, soweit sie nicht in den ausgeführten Teil eingegangen sind. Obwohl es sich um relativ spärliche Andeutungen handelt, dürfte aus ihnen aufgrund der vorhergehenden Analysen von lyrischen Dramen die Richtung deutlich werden, welche die Maeterlinck-Interpretation eingeschlagen hätte.

D: Interpretatorische Notizen zu *Silvia im »Stern«*. Am Ende der Vorlesung über den »jungen Hofmannsthal« verwies Szondi darauf, daß an dieser Stelle das Thema in eine Behandlung von »Hofmannsthals Lustspielen« münde[10]. Unter diesem Aspekt schien es sinnvoll, aus den Vorbereitungen zu dem Seminar dieses Titels (im Wintersemester 1962/63 in Göttingen) die skizzierte Interpretation desjenigen Stückes zu veröffentlichen, die am detailliertesten ausgeführt ist.

E: Begriffs- und Werkregister zu *Ad me ipsum*, das Szondi wohl zur Vorbereitung der in Anhang A wiedergegebenen Vorlesung anlegte.

F: Die Vorlesung »Rilkes Duineser Elegien«.

G: Eine Sammlung von Parallelstellen aus Rilkes Werken und Briefen zur ersten Duineser Elegie, zum Anfang der zweiten und zum Sonett an Orpheus II, 13, die vermutlich zur Vorbereitung des Seminars »Der späte Rilke« (Wintersemester 1959/60 in Berlin) diente.

Bei der Vorlesung »Das lyrische Drama des Fin de siècle« ist die Fassung aus dem Wintersemester 1965/66 wiedergegeben. Längere Passagen aus dem früheren Kolleg »Der junge Hofmannsthal«, die bei dieser Verwendung gestrichen wurden, sind in eckigen Klammern oder, wo es zwei parallele

---

10 Vgl. S. 350 des vorliegenden Bandes.

Texte gibt, in Anmerkungen abgedruckt. Streichungen in der Fassung für Jerusalem sind nicht gekennzeichnet: es handelt sich ausschließlich um Stellen in dem Teil über *Der Tor und der Tod,* in denen dieses Stück mit anderen Werken von Hofmannsthal verglichen wird, die Szondi in der vollständigen Vorlesung, nicht aber in Jerusalem behandelte. Zusätze der Jerusalemer Fassung sind in den Anmerkungen zu finden; in den Teilen I-VIII werden die französischen Abschnitte wiedergegeben und übersetzt. – Bei beiden Kollegs wurden die Einteilungen in einzelne Vorlesungen gemäß dem Manuskript beibehalten; die Zwischentitel sind hinzugefügt. – Für fremdsprachliche Zitate werden in den Anmerkungen Übersetzungen angegeben; so weit vorhanden, von Szondi oder aus von ihm empfohlenen deutschen Ausgaben, in den übrigen Fällen von uns. – In den Anhängen C, D, E und G sind Szondis Notizen wörtlich wiedergegeben, wobei die Kurznachweise vereinheitlicht und Zitate, auf die nur mit Seitenzahlen verwiesen wird, in den Anmerkungen abgedruckt sind. – In die Bibliographie sind alle Werke der Sekundärliteratur aufgenommen, die sich in Szondis Notizen fanden, auch wenn sie in den Vorlesungen nicht erwähnt sind. – Im übrigen wurden die Vorlesungen editorisch ebenso behandelt wie in den vorangegangenen Bänden der Studienausgabe.

Henriette Beese

Das lyrische Drama des Fin de siècle

Gattungsgeschichte, Sozialgeschichte und Interpretation

I

»Das lyrische Drama des Fin de siècle« – der Titel, unter dem diese Vorlesung angekündigt worden ist, scheint ihren Gegenstand präzise zu bezeichnen, dennoch ist es nötig, daß wir eingangs mit wenigen Sätzen andeuten, wie diese Vorlesung gedacht ist und wie nicht. Und zwar nicht so sehr, weil der Titel offenläßt, welche Nationalliteraturen berücksichtigt werden sollen, sondern weil bei diesem Thema, wie bei jedem Thema der Literaturgeschichte, sehr verschiedene Darstellungsprinzipien möglich sind. Auf diese verschiedenen Prinzipien kurz einzugehen, ist hier angebracht – und zwar nicht allein um der methodologischen Klarheit willen (man soll wissen, welchen Weg man geht). Je nach dem Prinzip, dem man folgt, stellt sich vielmehr auch der Gegenstand anders dar, sieht man anderes. Nicht ist diese Vorlesung gedacht als ein Kapitel aus der Geschichte einer Gattung und ebensowenig als die Darstellung des Geistes einer Epoche anhand einer ihrer markantesten literarischen Formen. Weder soll gezeigt werden, wie sich die Gattung des lyrischen Dramas in der Literatur des Jahrhundertendes konkretisiert, noch soll diese Literatur als Zeichen genommen werden, an dem sich der Geist des Fin de siècle ablesen läßt.

Warum keine Gattungsgeschichte? Gegen sie spricht Allgemeines wie Besonderes, auf das lyrische Drama Bezügliches. Gattungsgeschichte, wie sie noch vor dreißig Jahren geschrieben und gelehrt wurde, ist heute kaum mehr möglich. Und zwar nicht etwa, weil – wie man oft hören kann – die Literaturwissenschaft sich seit dem letzten Krieg einer geschichtsfremden Strömung, nämlich der Kunst der Interpretation[1], verschrieben hätte, sondern weil die Inter-

1 In der französischen Fassung der Vorlesung (vgl. editorisches Vorwort)

pretation, also die Versenkung in das einzelne Werk, einem Dichtungsverständnis, einer Vorstellung von dem, was Dichtung ist, entstammt und entspricht, die es nicht zuläßt, in der Weise früherer Geschichtsschreibung über die Werke zu schreiben, statt mit ihnen, im Nachvollzug nämlich ihres Geschriebenseins. Bekennen wir uns zu dem, was spätestens seit dem Symbolismus, seit Mallarmé, als die Eigenart des Kunstwerks begriffen wird[2], so kann nur die Betrachtungsweise uns genügen, welche die Geschichte im Kunstwerk, nicht aber die, die das Kunstwerk in der Geschichte zu sehen erlaubt.[3] Literaturgeschichte ist darum nicht etwas, das außerhalb der literarischen Werke existierte[4], gleichsam als Karte, auf der die Werke wie Fähnchen einzelne Positionen markieren, sondern sie ist eingegangen in die Werke selbst als deren Geschichtlichkeit, die erkannt werden muß, sollen die Werke begriffen werden. Die Geschichtlichkeit des Kunstwerks ist nicht etwa das, was von ihm als eine zeitbedingte Schicht auch abgelöst werden könnte, sie ist weder sein dokumentarischer Wert für die Kulturgeschichte, noch sein Stellenwert in der Geschichte der betreffenden literarischen Gattung. Die Geschichtlichkeit des Kunstwerks konstituiert sich vielmehr aus der Auseinandersetzung, die in

heißt es statt »Kunst der Interpretation«: » [les] méthodes du New Criticism et de la Stilkritik« (Methoden des New Criticism und der Stilkritik – Übers. d. Hrsg.).
2 In der französischen Fassung wird diese »Eigenart des Kunstwerks« erläutert als »sa littéracité, comme diront plus tard les formalistes russes« (seine Literazität, wie später die russischen Formalisten sagen werden – Übers. d. Hrsg.).
3 Vgl. *Traktat über philologische Erkenntnis*. In: Peter Szondi, *Hölderlin-Studien*. Frankfurt am Main 1967, S. 20. – Der Satz ist in der französischen Fassung wiedergegeben mit: »il ne s'agira pas pour nous de reconnaître l'œuvre littéraire dans le fleuve de l'histoire, mais de reconnaître l'histoire dans la structure de l'œuvre littéraire.« (Es wird für uns nicht darum gehen, das literarische Werk im Strom der Geschichte, sondern die Geschichte in der Struktur des literarischen Werkes zu erkennen. – Übers. d. Hrsg.).
4 In der französischen Fassung folgt hier: »ou alors c'est l'histoire des écrivains, du public, de la vie littéraire« (oder aber es handelt sich um die Geschichte der Schriftsteller, des Publikums, des literarischen Lebens – Übers. d. Hrsg.).

jedem Kunstwerk – sofern es kein Produkt purer Nachahmung ist – statthat zwischen dem, was der Künstler vorfindet, und dem, was ihm vorschwebt; zwischen der Intention und den Bedingungen ihrer Verwirklichung, zwischen der historisch überlieferten Form und dem historisch aktuellen Stoff, einem Vergangenen also und einem Präsentischen, deren beider Vermittlung im Kunstwerk wohl nie ganz glückt, so daß das Kunstwerk zugleich auch in die Zukunft weist, die eigene Utopie abstrakt in sich enthaltend. So ist jedes Kunstwerk in den drei Zeitdimensionen zu Hause, oder besser: haben diese an ihm teil, bilden jene innere Spannung, die seine Geschichtlichkeit ist. Darum bedeutet die Versenkung ins einzelne Werk, die Interpretation, nicht den Auszug aus der Historie, und die neunzehnfünfziger und -sechziger Jahre werden dem Wissenschaftshistoriker später vielleicht als die Zeit erscheinen, in der Interpretation und Geschichte miteinander vermittelt wurden, in der eine neue Literaturgeschichtsschreibung möglich wurde, eine im Geiste der Interpretation. Immanente Interpretation sollte heute nicht mehr bedeuten, daß von der Geschichte abstrahiert wird um eines selig in sich Scheinenden willen, sie sollte bedeuten, daß Geschichte nicht als ein Kunstwerktranszendentes begriffen wird, das sich im einzelnen Werk zu erkennen gibt, das das einzelne Werk hervorbringt oder zu dem die vielen Werke – wie Mosaiksteinchen zum Bild – sich vereinigen, sondern als etwas, das dem Kunstwerk immanent ist und von der Interpretation in dieser seiner Immanenz aufgewiesen wird.

Für die Gattungsgeschichte hat dies wichtige Folgen. Sie darf nicht mehr ausgehen von dem Begriff einer bestimmten Gattung, etwa des lyrischen Dramas, einem Begriff, dessen stets wechselnde Realisierung im Lauf der Zeit sie registrieren sollte. Sowenig das Kunstwerk rein in sich selber entspringt, sowenig ist es bloß die Verwirklichung eines Vorgegebenen. Die Geschichte einer Gattung schreiben darf aber heute auch nicht mehr heißen, daß man die Prinzipien aufsucht, die dem Wandel der Gattung zugrunde zu liegen scheinen – einem Wandel, den man dann an einzelnen Werken exemplifiziert. Kunstwerke sind keine Beispiele, und der Gegenstand der Literaturwissenschaft kann nicht sein, wofür das literarische Kunstwerk nur ein Beispiel wäre: ihr Gegenstand ist das Kunstwerk selbst. Auch die Gattungsgeschichte ist darum gleichsam in das Innere der Kunstwerke zu wenden, die Geschichte der Gattung spielt sich in den Kunstwerken ab, als eine Dialektik von Form und Inhalt, von Überliefertem und Intendiertem. Nur als die Analyse dieser Dialektik ist, wie mir scheint, Gattungsgeschichte heute legitim.

Im Fall des lyrischen Dramas kommt nun ein Zweites hinzu, das es uns verwehrt, die Darstellung, sei's auch in diesem modifizierten Sinn, als ein Kapitel aus der Geschichte des lyrischen Dramas zu denken. Auch nach der Verabschiedung der »ewigen«, geschichtsfremden Gattungsbegriffe, die die Poetik seit den Griechen bis einschließlich zur Aufklärung beherrschten, auch nach der Historisierung der Gattungspoetik selbst, die sich Hegel verdankt, setzt die Gattungsgeschichte eine Kontinuität voraus und eine Identität, welche dem historischen Wandel zwar nicht vorgegeben ist, aber sich in ihm, als Identität des Nichtidentischen, realisiert. Von dieser Identität und Kontinuität aber wird man in der Geschichte der Gattung, die uns beschäftigt, in der Geschichte des lyrischen Dramas kaum sprechen dürfen.

In der Neuauflage des Merker-Stammlerschen *Reallexikons der deutschen Literaturgeschichte* findet sich ein lesenswerter Artikel von Friedrich Wilhelm Wodtke über das lyrische Drama, nach dessen Lektüre man unschwer einsehen wird, daß die Darstellung der Geschichte des lyrischen Dramas etwas sehr viel Problematischeres ist als etwa die Geschichte der Tragödie oder der Novelle oder gar des Sonetts, und zwar gerade wegen des Mangels an Kontinuität und Identität. Wodtke schreibt einleitend:

Lyrische Dramen entstehen immer in Epochen gesteigerter

Empfindsamkeit, in denen der Irrationalismus des Gefühlskults die klassischen Dramenformen sprengt, in Deutschland im Sentimentalismus des 18. Jahrhunderts, im Sturm und Drang, in der Romantik, im Übergang vom 19. zum 20. Jahrhundert, im Symbolismus, Impressionismus und Expressionismus.[5]

Während sich die Geschichte der deutschen Tragödie als ein Jahrhunderte hindurchziehendes Kontinuum darstellt, setzt sich die Geschichte des lyrischen Dramas, zumindest des deutschen, aus einigen erratischen Blöcken zusammen, denen jeweils einige wenige Jahrzehnte entsprechen. Es ist darum sehr die Frage, ob man hier von einer Geschichte, von der Geschichte einer Gattung überhaupt noch sprechen kann. Denn wenn auch die Entstehung einer lyrischen Dramatik in der Romantik etwa oder im Symbolismus ihre eminent historischen Bedingungen hat, sind diese Bedingungen nicht so sehr innerhalb der Gattung zu suchen, im lyrischen Drama früherer Zeiten, als vielmehr in der Situation der zeitgenössischen Dramatik. Die Historizität des lyrischen Dramas im Fin de siècle – so viel kann hier vorweggenommen werden – liegt nicht in seiner Auseinandersetzung mit der Überlieferung, auch wenn es von ihr nicht ganz unabhängig ist (Hofmannsthal z. B. hat auf Lenau verwiesen[6]); die Historizität liegt in dem Spannungsverhältnis zu den Gesetzen der dramatischen Form, einer Form, die noch das lyrische Drama intendiert, obwohl es sich ihrem Scheitern verdankt.[7]

Mit dem Ausbleiben der Kontinuität geht das Ausbleiben der Identität einher. Das machen die Beispiele überdeutlich,

---

5 *Reallexikon der deutschen Literaturgeschichte.* Begründet von Paul Merker und Wolfgang Stammler. 2. Aufl. Berlin 1965, S. 252.
6 In einem Brief an Walther Brecht vom 20. 2. 1929, abgedruckt in *Briefwechsel zwischen George und Hofmannsthal.* 2. Aufl. München/Düsseldorf 1953, S. 234.
7 In der französischen Fassung folgt der Satz: »Le drame poétique marque l'impossibilité historique de la tragédie en cinq actes.« (Das lyrische Drama ist Zeichen der historischen Unmöglichkeit der Tragödie in fünf Akten. – Übers. d. Hrsg.).

die in Wodtkes Artikel für die Geschichte des lyrischen Dramas in den europäischen Literaturen gegeben werden. So heißt es zu Beginn von Wodtkes historischem Abriß:
Der Begriff lyrisches Drama umfaßt im 18. Jahrhundert Oper, Singspiel, Oratorium, Kantate, Mono- und Duodrama und Melodrama. Das lyrische Drama der zweiten Hälfte des 18. Jahrhunderts entwickelt sich aus der Oper (ital. dramma lirico = opera seria, franz. drame lyrique, théâtre lyrique), in der die lyrische Verdichtung der Stimmungen und Affekte in den Arien geschieht, wobei seit Metastasio und Gluck der Dichtung eine entscheidende Rolle zufällt, aus dem Singspiel und den lyrischen Kantaten, auf die ebenfalls die Bezeichnung dramma lirico (oder dramma per musica, wie in Joh. Seb. Bachs ›Der Zufriedengestellte Äolus‹) übertragen wird (vor allem durch Wieland) und aus dem Oratorium, das Schulz 1775 in Sulzers ›Theorie der schönen Künste‹ ein »mit Musik aufgeführtes lyrisches und kurzes Drama« nennt, für das er folgende Begriffsbestimmung gibt: »Die Benennung des lyrischen Drama zeiget an, daß hier keine sich allmählig entwickelnde Handlung, mit Anschlägen, Intrigen und durcheinanderlaufenden Unternehmungen statt habe, wie in dem für das Schauspiel verfertigten Drama.« (a.a.O. 252 f.)
Soweit Wodtke, bzw. die Definition aus Sulzers *Theorie der schönen Künste*. Liest man diese Stelle im Hinblick auf das lyrische Drama, wie es das zu Ende gehende 19. Jahrhundert kennt, so wird man die Frage, ob zwischen den beiden Formen, dem lyrischen Drama des 18. Jh. und dem des Fin de siècle, eine Verwandtschaft besteht, so leicht nicht beantworten können. Denn so sehr auch die Definition aus der Sulzerschen Ästhetik, die das Statische, Eingleisige, Intrigenlose des lyrischen Dramas betont, auch für die Werke des jungen Hofmannsthal oder Maeterlincks zutrifft, sosehr steht andererseits fest, daß diese Werke aus den 1890er Jahren mit der Gattung des dramma lirico, mit Singspiel und Kantate, schlechterdings nichts gemein haben. Sehr zu

Recht – wenn auch ohne auf die methodologischen Schwierigkeiten aufmerksam zu machen – setzt Wodtke mit dem Ausdruck *der Begriff lyrisches Drama* (Hervorh. von Sz.) ein: als Bearbeiter des Artikels *Lyrisches Drama* für ein Reallexikon ist er gezwungen, von dem Begriff, von dem Namen auszugehen, der indessen eine Identität in der Sache mehr vortäuscht als verbürgt. Entwickelt sich das lyrische Drama der zweiten Hälfte des 18. Jahrhunderts aus der Oper, so entsteht das lyrische Drama des Symbolismus gegen Ende des 19. Jahrhunderts – wie Wodtke schreibt (a.a.O.) – aus dem Gegensatz zu den naturalistischen Milieudramen im Rückgriff auf die lyrischen Dramen der deutschen, englischen und französischen Romantik. Offen tritt hier zutage, daß es eine Kontinuität in der Geschichte der Gattung des lyrischen Dramas nicht gibt, daß das lyrische Drama wesentlich als Reaktion auf das Drama oder auf die Schwierigkeiten des Dramas seiner Zeit zu begreifen ist. Daß es dabei Rückgriffe geben kann, sei nicht bestritten, auch thematische Verwandtschaften, die uns noch werden beschäftigen müssen, so die zwischen Klopstocks *Der Tod Adams* und Gerstenbergs *Ugolino* einerseits (1757 und 1768), Hofmannsthals *Der Tod des Tizian* und *Der Tor und der Tod* sowie Maeterlincks *L'Intruse* andererseits: denn alle diese Werke laufen nicht, wie die Tragödie, auf den Tod zu[8], sondern spielen in dem kurzen Zeitraum, der einen zum Sterben Verurteilten vom Tode noch trennt. Das Thema ist wie kein zweites dem lyrischen Drama des Fin de siècle adäquat, verlegt es doch die Entwicklung aus der Handlung ins Innere des Menschen, dessen Gefühlsregungen, Impressionen die Literatur dieser Zeit genauer wiedergeben möchte als es in früheren Epochen geschah. Doch selbst bei solcher Themengleichheit wird man sich fragen müssen, ob

---

[8] In der französischen Fassung heißt es ausführlicher: »Dans toutes ces œuvres la mort n'est pas le résultat, le terme d'une action dramatique dont le but aurait été précisément d'échapper à la mort.« (In all diesen Werken ist der Tod nicht das Ergebnis, das Ende einer dramatischen Handlung, deren Ziel es gerade gewesen wäre, dem Tod zu entgehen. – Übers. d. Hrsg.).

hier eine Tradition vorliegt und die Affinität einer Gattung zu einem bestimmten Motiv, oder ob nicht vielmehr die Konzeption des lyrischen Dramas als einer durch die Jahrhunderte hindurch bestehenden Gattung zu opfern wäre zugunsten einer Vorstellung, die in bestimmten Epochen eine lyrische Dramatik auf Grund jeweils anderer Voraussetzungen entstehen sieht, so daß die Werke, die als lyrische Dramen des Fin de siècle uns in diesem Semester beschäftigen werden, nicht als historische Illustrationen einer vorgegebenen Gattung, sondern die Gattung als mit ihnen entstehend zu begreifen wäre. Nach der Entstehung der Gattung des lyrischen Dramas im Fin de siècle kann man aber nur fragen, indem man nach der Entstehung der einzelnen lyrischen Dramen der Zeit fragt: Darum wird sich der interpretatorische Gesichtspunkt hier mit dem genetischen verbinden müssen.

Ist damit klar geworden, warum wir nicht ein gattungsgeschichtliches Kapitel, sondern die Entstehung einer literaturgeschichtlichen Erscheinung darstellen möchten, so ist nun als Zweites zu begründen, warum diese Darstellung nicht als Darstellung eines Zeitgeistes beabsichtigt werden kann.

Das Werk, an das man sich wenden wird, wenn man über den Geist des Jahrhundertendes Auskunft einholen will, ist der Band *Impressionismus* aus der von Richard Hamann und Jost Hermand gemeinsam verfaßten Reihe *Deutsche Kultur von der Gründerzeit bis zur Gegenwart*[9]. Das Buch gliedert sich in zwei Hauptteile: der erste beschreibt das *Impressionistische Lebensgefühl*, wobei die einzelnen Kapitel die Überschriften tragen: *Imperialismus und Innerlichkeit, Der neue Subjektivismus, Wissenschaft und Feuilleton, Ästhetische Kultur, Fin de siècle;* in dem zweiten Teil suchen

---

9 Richard Hamann, Jost Hermand, *Impressionismus* (= *Epochen deutscher Kultur von 1870 bis zur Gegenwart*, Bd. 3). München 1972 (im weiteren zitiert als: Hamann/Hermand). (Früher: *Deutsche Kunst und Kultur von der Gründerzeit bis zum Expressionismus.* Berlin 1960.)

die Verfasser dann die *Stilprinzipien* impressionistischer Kunst und Dichtung namhaft zu machen; die Kapitel heißen hier: *Abwendung vom Naturalismus, Die Kategorie der Gegebenheit, Formlosigkeit, Intensivierung, Farbigkeit, Flüchtigkeit, Pikanterie, Nuancenkult.* Das Schlußkapitel *Ausklang und Wende* benutzt in seinem zweiten Titel die von Heidegger inaugurierte Mode der auf die Etyma als das Eigentliche weisenden Bindestriche um eines Kalauers willen, auf den die Verfasser besonders stolz zu sein scheinen: Die neuromantische, neo-romantische Kunst wird hier umbenannt in eine *neuro-mantische*, eine Begriffsbildung, von der zum Ruf nach dem Nervenarzt und der Einweisung in die Irrenanstalt der Schritt nicht mehr allzu groß ist.

Demonstriert man Eigenart und Gefahren einer Kunst- und Literaturgeschichte, die sich als Kultur- und Sozialgeschichte versteht, an dem Werk Hamanns und Hermands, so wird man freilich genau zu unterscheiden haben zwischen dem, was die Methode bedingt, und dem, was der Geist der Autoren oder der Geist, dem sie sich verschrieben haben, zur Folge hat. Dennoch besteht Grund zum Verdacht, daß hier eine Affinität vorliegt, daß die Kultur- und Sozialgeschichte einen Blick begünstigt, der nicht am Kunstwerk verweilt, geschweige denn, daß er darein einzudringen suchte, sondern der immer schon darüber hinaus ist um eines Umfassenderen willen, dem das Kunstwerk nur als ein Beispiel unter unzähligen anderen zu dienen hat. Ebenso wird der Wissenschaftler, der von normativen Vorstellungen und Vorurteilen ausgeht, gar nicht in der Lage sein, sich in das einzelne Kunstwerk zu versenken, die Bedingungen seiner Entstehung, die historischen Implikationen seines Gehaltes an ihm selber zu untersuchen, sondern er wird über eine ganze Epoche, über einen Stil schreiben und dabei immer nur Beispiele anführen, ohne auf sie einzugehen.

Was der Bindestrich im Wort *neuro-mantisch* verrät, kennzeichnet die Darstellung Hamanns und Hermands, die eine außerordentlich extensive Berücksichtigung aller Gebiete der Literatur und Kunst in der Epoche des Impressionismus zu einem wichtigen Werk hätte machen können, leider zur Gänze. Jede Seite des Buches ist tingiert von einem Geist vulgärmarxistischen Banausentums (es ist wohl Zeit, diesen Ausdruck wieder richtig zu verwenden). Wo man auch hineinschaut, gewahrt man den Zeigefinger, die Entrüstung, die Zurechtweisung. *Sogar die menschlichen Gefühle werden in diesen synästhetischen Farbenrausch hineingerissen* – heißt es zum Beispiel (a.a.O. 249) ohne weitere Reflexion, denn es wird ebenso vorausgesetzt, daß die Sinne der Menschen hübsch getrennt bleiben sollen und die Synästhesie eine wirklichkeitsfremde oder gar -feindliche Verirrung ist, wie daß die menschlichen Gefühle zu erhaben sind, als daß man ihre synästhetische Wiedergabe hinnehmen dürfte. Eine Seite später heißt es in unfreiwilliger Komik: *Selbst das ehrwürdige Buchwesen wird von diesem Ausstattungskult ergriffen* (a.a.O. 250). Die Entrüstung, mit der das viktorianische London auf die Sitten Oscar Wildes reagierte, bringen die Verfasser noch sechzig Jahre später für dessen Aphorismen auf, ohne sich von der Bedeutung der in ihnen pointiert vorgetragenen ästhetischen Einsichten für das moderne Kunstverständnis beeindrucken zu lassen. An die Stelle der Analyse tritt das Urteil, das von einigen soliden Überzeugungen diktiert wird. Eine Kunst, die nicht mehr die objektive Wirklichkeit gestalten will, sondern sich den Eindrücken, Impressionen verschrieben hat, die diese im Subjekt hervorruft, erfüllt ihre Aufgabe nicht: was zählt, ist das Objekt, nicht das Subjekt; die Gesellschaft, nicht das Individuum; Probleme der Erkenntnistheorie sind abzuschaffen[10], Nuancierung ist vom Übel. Es ist eine Illusion, wenn man meint, man brauche nur solche Urteile und Vorurteile aus-

---

10 In der französischen Fassung heißt es ausführlicher: »Les problèmes de la théorie de la connaissance – ainsi celui de savoir si c'est vraiment la réalité objective que l'on reproduit dans la connaissance – ne présentent aucun intérêt pour eux.« (Fragen der Erkenntnistheorie – etwa die, ob es denn tatsächlich die objektive Wirklichkeit ist, die in der Erkenntnis wiedergegeben wird – sind für sie überhaupt nicht von Interesse. – Übers. d. Hrsg.)

zuklammern, um die Eigenart und das Formgesetz der Kunst des Fin de siècle bei Hamann und Hermand dennoch dargestellt zu finden. Denn diese Voreingenommenheit verschärft noch die Problematik der Beziehung, die jede Kultur- und Sozialgeschichtsschreibung zum Kunstwerk hat. Diesem prinzipiellen Aspekt des Hamann-Hermandschen Buches haben wir uns nun zuzuwenden, wenn wir erklären wollen, warum uns das lyrische Drama des Fin de siècle anders denn als Dokument des Fin de siècle interessiert.

Die Kritik an der kultur- und sozialgeschichtlichen Methode in der Literatur- oder allgemein: in der Kunstwissenschaft hätte einzusetzen mit der Behauptung, daß der Kultur- und Sozialgeschichte das Kunstwerk nicht als Kunstwerk thematisch ist. Keineswegs sollte damit die Kunst als über die Sphäre des sogenannten Unterbaus erhaben, als vom sozialgeschichtlichen Zugriff in ihrer Dignität verletzt hingestellt werden. Daß eine Kunstsoziologie möglich ist, die sich ins Kunstwerk versenkt und noch seine technischen Probleme (Probleme der Komposition, der Dramaturgie) als soziale oder doch sozial vermittelte begreift, wissen wir spätestens seit Adorno, aus dessen musikalischen und musiksoziologischen Schriften (in erster Linie aus der Schönberg-Darstellung in der *Philosophie der Neuen Musik*[11]) die Literaturwissenschaft noch viel zu lernen hätte. Schon der junge Lukács hat 1909 eine Einsicht formuliert, der er bald danach für ein Leben lang untreu werden sollte. In dem Vorwort seiner *Entwicklungsgeschichte des modernen Dramas* heißt es:

Es gibt kaum Literatursoziologie. Die Ursache hierfür liegt – glaube ich – in erster Linie in der Soziologie (davon abgesehen, daß von recht vielen Autoren jede wahre Synthese gescheut wird), in ihrer Ambition, die wirtschaftlichen Verhältnisse einer Zeit als letzte und tiefste Ursache ihrer gesellschaftlichen aufzuweisen und dadurch die unmittelbare Ursache der künstlerischen Erscheinungen aufzuzei-

---

11 Theodor W. Adorno, *Philosophie der Neuen Musik*. Frankfurt am Main 1958, S. 34-126.

gen. Und diese sehr plötzliche und allzu einfache Verbindung ist so ins Auge fallend und grell inadäquat, daß auch die sich der Wahrheit inhaltlich annähernden Resultate keine überzeugende Wirkung hervorzurufen vermögen. Die größten Fehler der soziologischen Kunstbetrachtung sind, daß sie in den künstlerischen Schöpfungen die Inhalte sucht und untersucht und zwischen ihnen und bestimmten wirtschaftlichen Verhältnissen eine gerade Linie ziehen will. Das wirklich Soziale aber in der Literatur ist: die Form.[12]

Demgegenüber befaßt sich die Kultur- und Sozialgeschichte der Kunst zumeist nur mit den Ideen, die in den Werken enthalten sind, sie liest diese, als seien es Manifeste. Ob sie damit für ihren eigenen Forschungsgegenstand, die Kultur einer Zeit, zu gesicherten Erkenntnissen zu kommen in der Lage ist, müßte noch untersucht werden – was feststeht ist, daß sie zu keinen Erkenntnissen über die Werke selber gelangen kann, da sie die Ideen nicht nur isoliert, sondern zumeist auch ihren Stellenwert im Ganzen des Kunstwerks mißachtet. So heißt es bei Hamann und Hermand:

Dieser individuelle Anarchismus, der alle zwischenmenschlichen Beziehungen entweder negiert oder einem bindungslosen Egoismus opfert, führte schließlich zu einem Freiheitskult, der lediglich das Prinzip der uneingeschränkten Persönlichkeit anerkennt. So sagt der Zwergriese Hetman[n] in Wedekinds »Hidalla« (1903): »Ich verfolge von heute ab nur noch das eine Ziel, mir meine Freiheit zu wahren! Meine durch nichts beschränkte Freiheit! Meine unantastbare Freiheit!« (a.a.O. 33)

Mit keinem Wort erwähnen die Verfasser, daß Wedekinds Stück nicht der Propagierung dieses Freiheitskultes dient, sondern dessen Scheitern, daß es den Untergang des Ideologen Hettmann zum Inhalt hat. Ähnlich wird Hofmannsthals dramatischer Erstling *Gestern* – von dem in dieser Vorlesung ausführlich die Rede sein soll – behandelt. Die

---

12 Deutsch in: Georg Lukács, *Schriften zur Literatursoziologie*. Hrsg. P. Ludz, Neuwied 1961, S. 71.

programmatischen Verse seines jugendlichen Helden
Andrea werden in dem Kapitel *Der neue Subjektivismus,*
nach Motiven gegliedert, an fünf verschiedenen Stellen
zitiert, je nachdem, ob sie *der freien Triebe freies Spiel,* das
sich *von jedem Augenblicke Treiben-*Lassen, die Treulosig-
keit oder die Sünde, als ein dem schalen Guten gegenüber
unendlich Reiches, preisen (a.a.O. 41, 43, 49, 59 f.). Aber
wiederum verschweigen die Verfasser den Stellenwert dieser
Gedanken im Stück, die nicht bloß von Andreas Gegenspie-
lern korrigiert, sondern von der Handlung des Stückes selbst
widerlegt werden – entsprechend der Tradition des französischen Proverb-Einakters, der sein Formprinzip in der
Widerlegung und Umkehrung der Anfangsthese hat. Nun
soll damit nicht bezweifelt werden, daß das von Wedekinds
Hettmann und Hofmannsthals Andrea Geäußerte durchaus
zeittypisch ist. (Wedekinds Hettmann nimmt in manchem
die Kompensations-Ideologie einer späteren Figur der historischen Wirklichkeit vorweg, deren Name, als wäre es ein
fiktiver, den Namen Hettmann abzuwandeln scheint.) Auch
ist es kein Zufall, daß sich die Verfasser mit Vorliebe an die
Figuren der Romane und Dramen halten, deren Charaktere
von einer Ideologie wesentlich mitbestimmt sind. Wohl wird
man, indem man Zitate von Wedekind und Hofmannsthal
mit Zitaten aus zahllosen anderen Autoren, nach Motiven
gebündelt, zur Kenntnis nimmt, etwas über die geistige
Situation des Fin de siècle erfahren, nicht aber über die
Werke selbst, aus deren Zusammenhang sie gerissen sind. Sie
brauchen dadurch gar nicht verfälscht zu werden – aber der
Zusammenhang bleibt außerhalb des Blickfelds, und doch ist
es gerade der Zusammenhang, nämlich das Gefüge, die Einheit des einzelnen Werks, worin die Literaturwissenschaft
ihren Gegenstand erblicken sollte.

Man kann den zweiten Teil des Hamann-Hermandschen
Werkes, der *Stilprinzipien* überschrieben ist, von der Intention her als Korrektiv zu diesem kunstwerkfeindlichen Zug
der kulturgeschichtlichen Betrachtungsweise auffassen. Hier

wird der Geist der Zeit nicht mehr an den Ideen, die die Werke vermitteln, sondern an deren Charakteristika, an ästhetischen Phänomenen also, abzulesen versucht. Aber die Fehler des ersten Teils lassen sich solcherweise in einem zweiten, nun dem Kunstwerk zugewandten, nicht wiedergutmachen. Denn die Gliederung des Buches in zwei Teile hält den schlechten Gegensatz Inhalt – Form fest. Nicht daß diese beiden Begriffe geopfert werden sollten. Man gewinnt wenig, wenn man ihre Dialektik in dem einen Begriff des Stils als der Stimmigkeit untergehen läßt, und verliert viel, wenn man ihre Zuordnung zueinander aufhebt, um entweder im Jargon der Eigentlichkeit bloß von Aussage oder in dem der Neuen Sachlichkeit bloß von Struktur zu sprechen. Vielmehr ist die Form-Inhalt-Relation in jedem Werk von neuem zu untersuchen.[13] Es ist sehr fraglich, ob eine Synthese auf Grund solcher Einzeluntersuchungen möglich ist, fest steht aber, daß sie, geht sie den Einzeluntersuchungen voraus, scheitern muß. Und zwar nicht erst, wenn die Synthese sich nach negativen oder negativ verstandenen Begriffen ausrichtet wie *Formlosigkeit, Flüchtigkeit, Nuancenkult*. Über unser Thema heißt es bei Hamann und Hermand:

Dieselben Auflösungstendenzen lassen sich in den lyrischen Dramen dieser Epoche beobachten. So wird in den frühen Einaktern von Hofmannsthal die dramatische Spannung, die stets auf dem Prinzip der funktionellen Verknüpfung beruht, durch eine lockere Reihe gesprochener Gedichte ersetzt, was zu einer völligen Entwertung der geschilderten Ereignisse führt. Vor allem im »Tod des Tizian« (1892)

---

[13] In der französischen Fassung heißt es weiter: »et nous avons vu que c'est justement dans ces rapports que se dévoile son historicité [l'historicité d'une œuvre], étant donné que les idées et la forme ne sont pas déterminées de la même façon par la tradition, par le passé; ils ont, pour ainsi dire, des temps différents.« (Und wir sahen, daß gerade in diesen Relationen seine Historizität [die Historizität eines Werkes] sich zeigt, da Ideen und Form nicht auf gleiche Weise von der Tradition, von der Vergangenheit bestimmt sind; sie sind gleichsam ungleichzeitig. – Übers. d. Hrsg.)

verselbständigen sich die einzelnen Bilder so weit, daß man sie auch gesondert veröffentlichen könnte, da sie nicht einmal die Rolle eines Handlungsreferates erfüllen, sondern wie in der Romantik als poetische Einlagen behandelt werden. (a.a.O. 220)

Abgesehen davon, daß diese Charakterisierung bei genauerem Hinsehen kaum stichhaltig sein dürfte – zu wenig wird in der Literaturkritik berücksichtigt, daß der Befund »kein Zusammenhang« oft nicht den Charakter des Kunstwerks trifft, sondern das Unverständnis des Kritikers dekouvriert, die Unzulänglichkeit seiner Beschäftigung damit –, davon abgesehen verrät die zitierte Stelle, daß den Verfassern gewisse Komponenten des literarischen Kunstwerks mehr wert sind als andere: Die Schilderung von Ereignissen ist rühmenswerter als jede Lyrik, was in der schon unfreiwillig komischen Bemerkung ad absurdum geführt wird, daß die einzelnen lyrischen Partien im *Tod des Tizian nicht einmal die Rolle eines Handlungsreferates erfüllen* (man glaubt sich auf der Sitzung einer politischen Partei). Aufgabe der Literaturwissenschaft sollte es sein, den Wandel in der Funktion und Konstellation der verschiedenen Komponenten des Kunstwerks zu begreifen, sowohl den Ursprung dieses Wandels als auch seine Folgen für das einzelne Werk – nicht aber, Partei zu ergreifen und darüber die Beschäftigung mit der Individualität eines jeden Werkes zu vernachlässigen. Wie wenig der Wille zur Synthese es erlaubt, das Formproblem der Werke zu begreifen, zeigt eine andere Bemerkung über die lyrischen Dramen Hofmannsthals: sie *wirken*, so heißt es bei Hamann und Hermand, *in ihrem episodischen Charakter wie erweiterte Gedichte* (a.a.O. 296). Statt so zu urteilen, wäre es angebracht, auf das Verhältnis von lyrischem Drama und Lyrik zu reflektieren, sei's theoretisch, sei's praktisch, nämlich ausgehend von den Gedichten und lyrischen Dramen, die bei fast allen Autoren, die uns in dieser Vorlesung beschäftigen werden[14], bei Mallarmé und

14 Vgl. editorisches Vorwort.

Hofmannsthal, bei Yeats und Rilke, entweder in einem Nebeneinander oder in höchst aufschlußreichem Nacheinander vorliegen. Wer die lyrischen Dramen *erweiterte Gedichte* nennt, wer ihnen von ihrer *Wirkung* statt von ihren Entstehungsbedingungen her naht, hat bereits jede Chance verspielt, ihre Eigenart zu erkennen.

Dies sind die Gründe dafür, daß die Darstellung des lyrischen Dramas des Fin de siècle in dieser Vorlesung weder als ein Kapitel aus der Geschichte einer literarischen Gattung noch als die Kennzeichnung des Geistes einer Epoche versucht werden soll. Was uns beschäftigen wird, sind einzelne lyrische Dramen: sie suchen wir zu verstehen.

Die Vorlesung wird zwei Schwerpunkte haben: die genaue Analyse von Stéphane Mallarmés *Hérodiade* und eine Gesamtinterpretation von Hofmannsthals lyrischen Dramen. In beiden Fällen wird unser Interesse zugleich entstehungsgeschichtlicher Art sein, wenngleich nicht im selben Sinn. Wollen wir bei Mallarmé versuchen, die Genesis eines einzelnen Werks nachzuzeichnen, so wird es sich bei Hofmannsthal eher darum handeln, die einzelnen Werke in ihrem inneren Entstehungszusammenhang zu zeigen, jedes Drama als den Versuch zu begreifen, die Problematik des vorausgehenden zu lösen.

Neben Mallarmé und Hofmannsthal werden in zweiter Linie *La Gardienne* von Henri de Régnier, die frühen Dramen Maeterlincks, dann die lyrische Dramatik von William Butler Yeats und Rilke zu besprechen sein.[15]

---

15 Vgl. editorisches Vorwort.

Mallarmé: *Hérodiade*

II

Bevor wir mit der Erläuterung von Mallarmés *Hérodiade*-Dichtung beginnen, sind einige bio-bibliographische sowie text- und motivgeschichtliche Bemerkungen angebracht. Die wichtigsten Lebensdaten Mallarmés sind rasch aufgezählt, denn dieses Leben war eines der stillsten, bruchlosesten, alle Lust am Abenteuer, an Aufbruch und Vagabondage waren ihm fremd oder versagt. Mallarmé wurde 1842 in Paris geboren, sein Vater – wie viele andere Mitglieder der Familie – war Beamter, Registrator, was Erwähnung verdient, weil man, vielleicht nicht zu Unrecht, sublimierte Spuren dieser Familientradition noch in dem Dichten Mallarmés hat erkennen wollen, Mallarmés, der gesagt hat, alles sei nur da, um in ein Buch einzugehen.[1] Auch der Sohn, der im Alter von fünf Jahren seine Mutter verlor, sollte nach dem Willen der Familie Registraturbeamter werden, doch es gelang ihm, die Verwandten zu überzeugen, daß er auch als Englischlehrer, an einem Gymnasium, später vielleicht an der Universität, nach kurzer, also billiger Ausbildung, sein sicheres Auskommen haben würde – und so wurde Mallarmé, für viele Jahre seines Lebens, ein mittelmäßiger Englischlehrer, der seinen Beruf wenig mochte, von den Schülern nicht geachtet wurde und über den die Inspektoren nicht allzu schmeichelhaft Bericht zu erstatten pflegten. So heißt es im Jahr 1872:

Dans l'opinion de l'Inspection Générale, il paraît que M. Mallarmé n'est pas très fort en langue anglaise, et que, malgré l'avertissement bienveillant qui lui a été donné l'an dernier, il ne s'est pas occupé sérieusement d'acquérir ce qui lui manque pour être à la hauteur de ses fonctions.[2]

[1] Stéphane Mallarmé, *Œuvres complètes*. Texte établi et annoté par Henri Mondor et G. Jean-Aubry. Paris 1945 (Bibliothèque de la Pléiade 65), S. 872 (Im weiteren zitiert als: Mallarmé.)
[2] Zitiert in: Jacques Scherer, *L'expression littéraire dans l'œuvre de Mallar-*

Die Ausbildung war in der Tat kurz: Privatunterricht nach dem Abitur in Sens, wo Mallarmé nach einer in Paris verbrachten Kindheit die vier letzten Klassen des Gymnasiums besucht hatte, und dann ein Jahr in London. Noch in Sens lernt Mallarmé eine junge Deutsche aus Wiesbaden, Marie Gerhard, kennen, die als Gesellschaftsdame in die kleine Provinzstadt verschlagen worden war. Im August 1863 heiratet sie der Einundzwanzigjährige und tritt wenig später in Tournon seine erste Lehrerstelle an. Hier in Tournon beginnt er im Herbst 1864 die Arbeit an *Hérodiade* – ihr erstes Resultat wird die Szene zwischen Hérodiade und der Amme sein, das einzige Fragment der Dichtung, das Mallarmé selber veröffentlicht hat, während er, wohl mit großen Unterbrechungen, bis zu seinem Tod daran gearbeitet hat, die Hoffnung bis zuletzt nicht aufgebend, das Werk könnte eines Tages abgeschlossen werden. Auf die drei in Tournon verlebten Jahre – eine Zeit schwerster Krisen, aber auch des Sich-Findens: hier überwindet Mallarmé die Einflüsse, die seine dichterischen Anfänge bestimmten (Baudelaire, Gautier, Leconte de Lisle), und wird der, als den wir ihn kennen –, auf Tournon folgen zwei kurze Stationen in Besançon und Avignon, und dann im Herbst 1871 die Rückkehr nach Paris, ins Zentrum des literarischen Lebens, das Mallarmé in der Provinz schmerzlich vermißt hatte. Neben seiner Lehrtätigkeit am Lycée Fontanes (heute Condorcet) und anderen Gymnasien, ist Mallarmé aus finanziellen Gründen gezwungen, zahlreiche literarische Arbeiten zu übernehmen: Er übersetzt, er ediert, er verfaßt Lehrbücher der englischen Sprache, redigiert Zeitschriften, berichtet für eine Londoner Zeitung über die Ereignisse der Literatur und des Theaters. Spätestens um 1877 beginnt

mé. Paris 1947, S. 23. – Nach der Meinung der Schulbehörde scheint es, daß Herr Mallarmé in der englischen Sprache nicht sehr bewandert ist, und daß er, trotz der wohlwollenden Warnung, die ihm im vergangenen Jahr zuteil wurde, sich nicht ernsthaft darum bemüht hat, die ihm fehlenden Kenntnisse zu erwerben, die ihn befähigt hätten, sein Amt angemessen auszuüben. – Übers. d. Hrsg.

Mallarmé, seine Freunde an jedem Dienstag der Woche bei sich zu empfangen; es sind die berühmten, viel beschriebenen »Mardis de la rue de Rome«, denen eine ganze Generation französischer Dichter, die Generation Valérys, Gides, Claudels, wie auch viele Ausländer, darunter Stefan George[3], wichtigste Anregungen verdanken werden: Hier sind die Prinzipien von Mallarmés Dichtungstheorie, die wie keine andere aus dem 19. Jahrhundert heute noch gültig ist und auch die wissenschaftliche Beschäftigung mit Dichtung weiterführen könnte, im Gespräch plaudernd entwickelt worden: Einige der später von Mallarmé unter dem Titel *Divagations* versammelten Stücke scheinen den unverwechselbaren Ton dieses, langjährigen Reflexionen entspringenden, Improvisierens noch festzuhalten. – Mallarmé, der sein Leben lang unter schweren Störungen seiner Gesundheit litt, starb 1898, in seinem sechsundfünfzigsten Lebensjahr.

Dies sind in aller Kürze einige Angaben über sein Leben. Wer sich gründlicher informieren will, sei auf die voluminöse Biographie verwiesen, die Henri Mondor vor mehr als zwanzig Jahren unter dem Titel *Vie de Mallarmé* vorgelegt hat.[4] Sie ist im Stile der englischen »Life and Letters« verfaßt, mit langen Auszügen also aus Mallarmés Briefen, um deren Sammlung sich Mondor die größten Verdienste erworben hat. Seine Biographie ist andererseits leider nicht frei von romanhaft ausmalenden und psychologisierenden Zügen, so daß man sich heute lieber an die *Correspondance* halten wird, die von Mondor und zwei bedeutenden Mallarmé-Forschern, Richard und Austin, ediert wurde.[5] Die

---

[3] In der französischen Fassung steht der Zusatz: »le futur traducteur d'*Hérodiade*« (der künftige Übersetzer der *Hérodiade* – Übers. d. Hrsg.)
[4] Henri Mondor, *Vie de Mallarmé*. Paris 1941. (Im weiteren zitiert als: Mondor.)
[5] Stéphane Mallarmé, *Correspondance*. I 1862-1871, recueillie, classée et annotée par Henri Mondor avec la collaboration de Jean-Pierre Richard. Paris 1959. II 1871-1885, recueillie, classée et annotée par Henri Mondor et Lloyd James Austin. Paris 1965. III 1886-1889, recueillie, classée et annotée par Henri Mondor et Lloyd James Austin. Paris 1969. (Im weiteren zitiert als: *Correspondance* I, II, III.)

wichtigsten Äußerungen Mallarmés zu *Hérodiade* finden sich in dem ersten Band, wie auch schon in einer kleinen Auswahl aus dem Briefwerk, die von Mondor unter dem nicht ganz zutreffenden Titel *Propos sur la poésie* herausgegeben wurde[6]: Der Band enthält Ausschnitte aus Mallarmés Briefen, die sich auf seine eigene Dichtungen oder auf Werke seiner Freunde beziehen.

Die Sekundärliteratur über Mallarmé ist so umfangreich, daß ich mich hier darauf beschränken muß, einige wenige Werke zu nennen, die ich für besonders wertvoll halte und denen meine Erläuterung der *Hérodiade*-Dichtung in vielem verpflichtet sein wird. In der Chronologie ihrer Erscheinungsjahre wären dies: Albert Thibaudet, *La Poésie de Stéphane Mallarmé*[7]; Émilie Noulet, *L'Œuvre poétique de Stéphane Mallarmé*[8]; Jacques Scherer, *L'Expression littéraire dans l'œuvre de Mallarmé*[9]; Jean-Pierre Richard, *L'Univers imaginaire de Mallarmé*[10]. Das zuletzt genannte Werk ist der wohl interessanteste Versuch einer Gesamtdarstellung von Mallarmés dichterischer Welt. Sie folgt den interpretatorischen Prinzipien, die Georges Poulet in seinen bedeutenden (auch Mallarmé-Analysen enthaltenden) *Études sur le Temps humain*[11] und in den *Métamorphoses du cercle*[12] ausgearbeitet hat. Es ist eine »critique de la conscience«, eine Untersuchung nicht so sehr der literarischen Formen, als des Bewußtseins, des Wahrnehmungsvorgangs, dem die Werke sich verdanken.[13] Die sechshundert Seiten von Richards

6 Stéphane Mallarmé, *Propos sur la Poésie*. Recueillies et présentées par Henri Mondor. Monaco 1953. (Im weiteren zitiert als: *Propos*.)
7 Albert Thibaudet, *La Poésie de Stéphane Mallarmé*. Paris 1926. (Im weiteren zitiert als: Thibaudet.)
8 Émilie Noulet, *L'Œuvre poétique de Stéphane Mallarmé*. Paris 1940. (Im weiteren zitiert als: Noulet.)
9 Vgl. Anm. 2.
10 Jean-Pierre Richard, *L'univers imaginaire de Mallarmé*. Paris 1961. (Im weiteren zitiert als: Richard.)
11 Georges Poulet, *Études sur le temps humain*. 1-4. Paris 1949-68.
12 Georges Poulet, *Les métamorphoses du cercle*. Paris 1961.
13 In der französischen Fassung steht der Zusatz: »un des maîtres de Poulet

Mallarmé-Buch versuchen darum durch eine detaillierte Untersuchung aller Realien, die in Mallarmés Dichtung eine Rolle spielen, die Welt seiner Imagination zu rekonstruieren, jene Welt, in der Mallarmés Geist zu sich fand. *C'est dans le monde sensible que la spiritualité la plus pure traverse son épreuve, fixe sa qualité*[14] – so lautet der programmatische Satz in Richards Einleitung. Es ist hier nicht der Ort, die methodologischen Einwände zu diskutieren, die eine solche Interpretationsweise, welche die einzelnen Gedichte auflöst in eine sie umfassende Vorstellungswelt, sich gefallen lassen muß.[15] Richard ist sich ihrer im übrigen bewußt, und in einer sehr lesenswerten Einleitung versucht er nachzuweisen, daß er nur scheinbar, nur vorübergehend die Formrealität der Werke ignoriert. Es heißt hier:

Une telle démarche critique, qui semblait au départ tourner le dos aux formes, aboutit finalement à elles. Elle les fonde même, et leur donne une dignité nouvelle en les réintégrant dans la ligne d'un projet humain; car elle les tient désormais pour les seuls objets où ce projet puisse réaliser sa plénitude. Les formes ne sont plus alors ces irréductibles objectifs qui obligeraient l'invention à en passer par elles, elles apparaissent comme les moules idéaux où l'existence atteint à son vrai bonheur. De données premières, les voici devenues solutions.[16]

étant Dilthey et sa théorie du ›Erlebnis‹« (ist doch eines von Poulets Vorbildern Dilthey und seine Theorie des »Erlebnisses« – Übers. d. Hrsg.)

14 Richard, S. 20. – In der sinnlichen Welt erst besteht die reinste Spiritualität ihre Prüfung, gewinnt sie ihre Eigenart. – Übers. d. Hrsg.

15 In der französischen Fassung heißt es weiter: »Car, en négligeant la forme et ses problèmes, en dissolvant les poèmes, ces microcosmes, qui ont leurs structures propres, pour reconstruire un univers imaginaire qui les comprend tous, le critique risque de fausser la nature de la poésie, qui, en devenant réalité linguistique, n'est plus imaginaire.« (Denn, indem der Interpret die Form und ihre Probleme beiseiteläßt, und er die Gedichte – Mikrokosmen mit eigener Struktur – auflöst, um eine imaginäre Welt zu rekonstruieren, die sie alle enthält, läuft er Gefahr, die Eigenart der Dichtung zu verfälschen, welche, sprachliche Realität geworden, imaginär nicht mehr ist. – Übers. d. Hrsg.)

16 Richard S. 32. – Ein derartiges Verfahren der Interpretation, das anfangs

Diese Konzeption, in der die Form nicht als ein Vorgegebenes, Starres, sondern als die Lösung eines Problems auftritt, wird man ohne Einschränkung akzeptieren können, und man wird verstehen, daß sie zwar als Telos der Richardschen Untersuchung dienen kann, ohne doch von ihr in die Praxis umgesetzt zu werden. Das wäre erst in einem zweiten Buch möglich, dessen Gegenstand nun nicht die gesamte Vorstellungswelt Mallarmés, sondern die Mikrokosmen der einzelnen Werke bilden würden. Ein solches Buch aber ist erst seit Richards Leistung in den Bereich der Möglichkeit gerückt, und was in dieser Vorlesung über *Hérodiade* zu sagen versucht wird, verdankt sich immer wieder Einsichten in die Eigenart der Mallarméschen Imagination, die Richard formuliert hat.

Auf weitere bibliographische Hinweise kann ich um so eher verzichten, als sich in dem Buch von Jean-Pierre Richard eine ausführliche Zusammenstellung der Sekundärliteratur sowie auch der verschiedenen Texteditionen findet.[17] Einzugehen haben wir dagegen auf die Textgeschichte der *Hérodiade*-Dichtung. Mallarmé selber hat, wie schon erwähnt, ein einziges Fragment publiziert, es ist die Szene zwischen Hérodiade und der Amme, entstanden in der Zeit vom Oktober 1864 bis September 1867, erschienen 1869 im *Parnasse Contemporain*, der aber wegen des Krieges erst

---

den Formen den Rücken zu kehren scheint, führt schließlich zu ihnen hin. Es begründet sie eigentlich und verleiht ihnen dadurch eine neue Würde, daß es sie in die Perspektive eines den Menschen betreffenden Plans einbezieht, denn es vermag sie nun für die einzigen Gegenstände zu halten, an denen sich diese Zielsetzung vollkommen verwirklichen kann. Die Formen sind dann nicht mehr jene nicht reduzierbaren Objekte, durch die hindurchzugehen das menschliche Erfinden gezwungen ist, sie erscheinen vielmehr als ideelle Prägemuster, worin das Dasein sein wahres Glück findet. Aus dem, was vorgegeben war, sind Lösungen geworden. – Übers. d. Hrsg.

17 Als deutsche Übersetzung der *Scène* zwischen Hérodiade und der Amme empfahl Szondi die Prosa-Übertragung in dem Band *Französische Gedichte – Von Baudelaire bis Saint-John Perse*. Ausgewählt von Mayotte Bollack, übersetzt von Bernhard Böschenstein und Jean Bollack. Frankfurt am Main 1962 (Fischer-Bücherei 466), S. 32-43. (Im weiteren zitiert als: *Französische Gedichte*, bzw.: Übers. Böschenstein/Bollack.)

1871 ausgeliefert wurde. Der genaue Titel dieser Erstveröffentlichung des Textes lautet: *Fragment d'une étude scénique ancienne d'un poème de Hérodiade*. Bei einer späteren Untersuchung der Entstehungsgeschichte des Werkes, die zugleich die Geschichte eines Scheiterns ist, werden wir uns zu fragen haben, was es bedeutet, daß Mallarmé schon 1869 von einer »alten« szenischen Studie spricht, und warum von »Studie« und *poème*, »Gedicht«, statt von einer Tragödie, als die *Hérodiade* im Anfang gedacht war. – Die Szene ist dann zu Mallarmés Lebzeiten noch zweimal gedruckt worden, 1886 in der Zeitschrift *Le Scapin* und 1887 in einer Facsimile-Publikation von Mallarmés Gedichten, die der Verlag der *Revue Indépendante* herausbrachte. Die Varianten dieser ersten drei Drucke sind am vollständigsten im Anhang des schon zitierten Buches von Emilie Noulet, *L'Œuvre poétique de Stéphane Mallarmé* zusammengestellt. Die Gesamtausgabe von Henri Mondor und G. Jean-Aubry bringt leider nur die Abweichungen, die sich auf einzelne Wörter beziehen, nicht aber die Varianten der Interpunktion, die oft nicht minder aufschlußreich sind. Unter den Bemerkungen und Varianten der Pléiade-Ausgabe findet sich auf S. 1444 die Wiedergabe eines Bruchstückes der Szene, das offensichtlich einer früheren Stufe angehört als der Erstdruck im *Parnasse Contemporain*. Nicht unwichtig ist diese frühe Fassung, weil sie im Unterschied zu den späteren verschiedene Regieanweisungen enthält, deren Wegfall bei der Rekonstruktion der Entstehungsgeschichte, die mit einem Wandel der Gattung einherging, gleichfalls zu berücksichtigen ist. – Die auch heute noch maßgebliche Ausgabe von Mallarmés Dichtungen erschien ein Jahr nach seinem Tod, 1899. Von Mallarmé selber vorbereitet und mit einer sogenannten Bibliographie versehen, darf sie als Ausgabe letzter Hand aufgefaßt werden. Diese Bibliographie nun teilt Einzelheiten über den Aufbau der *Hérodiade*-Dichtung mit und kündigt zugleich die spätere Publikation des ganzen Werkes an. Der Satz lautet (in einer ungewohnten, Mallarmé eigenen Syntax, an die man sich, als sein Leser, gewöhnen muß):

>Hérodiade‹, ici fragment, où seule la partie dialoguée comporte, outre le ›Cantique de Saint Jean‹ et sa conclusion en un dernier monologue, des ›Prélude‹ et ›Finale‹ qui seront ultérieurement publiés et s'arrange en poëme.[18]

Von den hier genannten einzelnen Partien ist das *Cantique de Saint Jean* 1913 in der erweiterten Neuausgabe von Mallarmés Dichtungen zum ersten Mal publiziert worden, 1926 erschien dann in der *Nouvelle Revue Française* ein weiteres Fragment, der einleitende Monolog der Amme: diese drei Texte findet man in der Reihenfolge *Ouverture / Scène / Cantique de Saint Jean* in der Pléiade-Gesamtausgabe (Mallarmé 41-49). Hinzu kommt, in den Anmerkungen abgedruckt, ein weiteres Bruchstück mit dem Anfangsvers *A quel psaume de nul antique antiphonaire*... (a.a.O. 1447 f.). Noch in der Auflage von 1961 versichern die Herausgeber, daß außer diesen Fragmenten (mit dem letztgenannten also vier) nur noch »zwei oder drei schwer entzifferbare Seiten« (a.a.O. 1448) des *Hérodiade*-Komplexes erhalten sind. Indessen hat 1959 Gardner Davies zahlreiche weitere Bruchstücke publiziert und die Rekonstruktion des Gesamtplans versucht.[19] Diese wichtige Publikation trägt den Titel, den Mallarmé in einem kurz vor seinem Tod verfaßten Brief an seine Frau und seine Tochter, seinem literarischen Testament, der Dichtung gab: *Les Noces d'Hérodiade. Mystère:* die Hochzeit der Hérodias. Mysterienspiel. Wer sich mit Mallarmés *Hérodiade* beschäftigt, wird an dieser Edition nicht vorbeigehen können, dennoch wird sie einen über die Mängel der Pléiade-Gesamtausgabe, die im

---

18 Mallarmé S. 1445. – *Hérodiade*, hier Fragment, wo, allein, der Teil des Dialogs nebst dem *Cantique de Saint Jean* und dessen Conclusio in einem letzten Monolog, ein *Prélude* und ein *Finale* einschließt, die später veröffentlicht werden sollen, und sich zum Gedicht ordnet. – Übers. d. Hrsg.
19 Stéphane Mallarmé, *Les noces d'Hérodiade. Mystère.* Publié avec une introduction par Gardner Davies. Paris 1959. (Im weiteren zitiert als: *Les noces.*)

Fall der *Hérodiade* freilich besonders kraß sind, nicht hinwegtrösten können. Denn sie selber scheint als kritische Edition höchst eigentümlich konzipiert zu sein. Sie ist keine historisch-kritische Gesamtausgabe der *Hérodiade*-Fragmente, sondern versteht sich als Ergänzung früherer Publikationen. Das hat zur Folge, daß man die vorhin erwähnte *Ouverture*, den Beschwörungsmonolog der Amme, hier zwar in einer vollständigen, also sämtliche Änderungen enthaltenden, Transkription des Manuskripts finden wird, nicht aber den von Mondor gegebenen Reintext oder dessen auf Grund der Manuskripte revidierte Fassung. Fehlt in diesem Fall der Text, den man als letzte Fassung ansehen dürfte, während die Handschrift mit ihren zahlreichen Änderungen, Überlegungen, Unsicherheiten wiedergegeben wird, so druckt Davies im Fall der Szene zwar die Reinschrift, teilt aber deren Varianten nicht mit. Seltsam ist weiterhin das Prinzip, bei der Herstellung des Textes jedesmal, wenn zwischen verschiedenen Varianten gewählt werden konnte, sich für die erste Fassung zu entscheiden, sofern sie nicht durchgestrichen ist. Trotz diesen Mängeln und Schrullen ist die Edition von Davies eine Fundgrube für die Mallarmé-Forschung, bringt sie doch zum ersten Mal eine Reihe von Notizen Mallarmés zu *Hérodiade*, Angaben über einzelne Szenen, über die Führung der Handlung. Darüber hinaus ermöglicht sie durch die Transkription vieler Manuskriptblätter den Nachvollzug der Entstehung eines Mallarmé-Textes, das Studium der Gründe, der Gesetze, die bei der Arbeit des Dichters am Werk sind und die Änderungen bewirken – ein Studium, das in der Literaturwissenschaft bislang fast ausschließlich unter dem technischen Gesichtspunkt der Textherstellung betrieben wurde, während es auch der Interpretation in höchstem Maß förderlich sein könnte, sobald sich diese nicht als statische Beschreibung des fertigen Werks, sondern als begreifende Wiederholung seiner Genesis versteht.

Zunächst freilich werden wir uns auf die Edition von

Gardner Davies wenig stützen können (und also auch wenig unter ihren Mängeln zu leiden haben). Denn im Zentrum unserer Betrachtung von Mallarmés *Hérodiade*-Dichtung muß der Text stehen, den er als einzigen publiziert hat, und der also als einziger in den letzten Jahrzehnten des 19. Jahrhunderts eine Wirkung hat ausüben können: Es ist jene Szene, die Hérodiade ihrer Amme gegenüberstellt, eine Exposition im buchstäblichsten Sinn des Wortes. Mitte der 60er Jahre entstanden, darf diese Dichtung zwar nicht als Werk des Fin de siècle angesehen werden. Aber es wird zu zeigen sein, inwiefern diese Szene, ursprünglich Fragment einer Tragödie, das Modell der lyrischen Dramen der folgenden Jahrzehnte bildet, inwiefern ihre Herauslösung aus dem geplanten Werkzusammenhang, ihre Emanzipation gleichsam zu einem für sich stehenden szenischen Gedicht, wie sehr sie auch zufälliger Natur gewesen sein mag (Mallarmé wollte im *Parnasse Contemporain* vertreten sein) zugleich einem tieferen Gesetz gehorchte, unter dem die gesamte lyrische Dramatik des Jahrhundertendes stehen wird. Indem wir nach der Entstehung von Mallarmés *Hérodiade* fragen und zunächst Sinn und Formgesetz der Szene zu bestimmen suchen, ist zugleich die Frage nach den Entstehungsbedingungen jenes historischen Phänomens »Lyrisches Drama des Fin de siècle« gestellt, das wir aus den in der ersten Vorlesung erläuterten Gründen nicht als Kapitel einer Gattungsgeschichte, sondern in seiner Eigenart, und d. h. nicht zuletzt in seiner Historizität, betrachten wollen.

Doch zuvor noch ein Wort zum motivgeschichtlichen Hintergrund der Dichtung. Die Umstände der Enthauptung Johannes des Täufers werden von den Evangelisten Markus und Matthäus berichtet. Bei Markus heißt es im 6. Kapitel, 17-28:

Herodes hatte ausgesandt, und Johannem gegriffen, und in das Gefängnis gelegt, um Herodias willen, seines Bruders Philippi Weib: denn er hatte sie gefreiet. – Johannes aber sprach zu Herode: Es ist nicht recht, daß du deines Bruders Weib habest. – Herodias aber stellete ihm nach, und wollte ihn tödten, und konnte nicht. – Herodes aber fürchtete Johannem, denn er wußte, daß er ein frommer und heiliger Mann war; und verwahrete ihn, und gehorchte ihm in vielen Sachen, und hörete ihn gerne. – Und es kam ein gelegener Tag, daß Herodes auf seinen Jahrstag ein Abendmahl gab den Obersten und Hauptleuten und Vornehmsten in Galiläa. – Da trat hinein die Tochter der Herodias, und tanzte und gefiel wohl dem Herodi, und denen, die am Tische saßen. Da sprach der König zum Mägdlein: Bitte von mir, was du willst, ich will dirs geben. – Und schwur ihr einen Eid: Was du wirst von mir bitten, will ich dir geben, bis an die Hälfte meines Königreichs. – Sie ging hinaus, und sprach zu ihrer Mutter: Was soll ich bitten? Die sprach: Das Haupt Johannis, des Täufers. – Und sie ging bald hinein mit Eile zum König, bat und sprach: Ich will, daß du mir gebest jetzt so bald auf einer Schüssel das Haupt Johannis, des Täufers. – Der König war betrübt; doch um des Eides willen, und derer, die am Tische saßen, wollte er sie nicht lassen eine Fehlbitte tun. – Und bald schickte hin der König den Henker, und hieß sein Haupt herbringen. Der ging hin, und enthauptete ihn im Gefängnis. – Und trug her sein Haupt auf einer Schüssel, und gab es dem Mägdlein, und das Mägdlein gab es ihrer Mutter.

Es fällt auf, daß in der Darstellung der Evangelien der Name Salome ebenso fehlt wie in der Dichtung Mallarmés. Anders als in der biblischen Erzählung finden sich aber hier Herodias und ihre Tochter zu einer Person verschmolzen, ist Herodias die Tochter, und nicht die Frau des Herodes. Mallarmé greift damit zurück auf die einfacheren Ursprünge der biblischen Erzählung sowie auf deren Abwandlungen in der Volkslegende. Die Geschichte des Stoffes hat Secundus Reimarus unter dem Titel *Stoffgeschichte der Salome-Dichtungen* dargestellt.[20] Darauf

---

20 Secundus Reimarus, *Geschichte der Salome von Cato bis Oscar Wilde.*

basiert der Artikel *Johannes der Täufer* in dem Lexikon *Stoffe der Weltliteratur* von Elisabeth Frenzel, aus dem hier einiges noch angeführt sei:

[Die biblische] *Erzählung geht auf eine von Livius nach der Anklageschrift des Cato erzählte Tat des Konsuls Flaminius zurück, der im Jahre 192 v. Chr. während des Krieges gegen die Gallier beim Mahl einen Gefangenen erschlug, um seinem Lustknaben das Schauspiel einer Enthauptung zu bieten. Bei Valerius Antius und späteren Autoren trat an die Stelle des Knaben eine Geliebte, die Flaminius die Tat abschmeichelt; Seneca berichtet in den Kontroversien (34-41), daß die effektvolle Episode von den Rhetorikern aufgegriffen und vielfach variiert worden sei: die Verwandlung des Konsuls in einen Statthalter, die Veränderung der Bluttat in einen Hinrichtungsbefehl, der Tanz der Geliebten und das Versprechen des Statthalters erweiterten die Fabel, die dann in der oben erwähnten [biblischen] Johannes-Erzählung auf die sehr geeignete Konstellation in Judäa übertragen wurde, wobei die weibliche Rolle auf zwei Personen, die intrigante Mutter und die bestrickende Tochter, überging. Schon dem Kirchenvater Hieronymus war die Ähnlichkeit der Flaminius- und der Johannes-Geschichte bekannt. [...] Die Kirchenväter gestalteten den Märtyrertod des Johannes aus. Bei Augustin wurde Herodias zur bösen treibenden Kraft, und seit Isidor von Pelusium (Anf. 5. Jh.) trägt die Tochter den historischen Namen Salome, während sie in der Volkslegende oft unbenannt blieb, fälschlich wie ihre Mutter Herodias hieß oder auch mit ihr zu einer Person verschmolz. [...] In Frankreich wurde sie mit einer Fee oder Hexe identifiziert, in Deutschland dagegen in das Wilde Heer verbannt. Hier gelobte Pharaildis, die Tochter des Herodes, keinem anderen anzugehören als dem Johannes, worauf der erzürnte Herodes diesen enthaupten ließ; das Mädchen wollte das Haupt des Toten küssen, aber es blies sie an, so*

Leipzig 1907/8. Neuausgabe: *Stoffgeschichte der Salome-Dichtungen.* Leipzig 1913.

daß sie von da an ruhelos durch die Luft treibt (Nivardus, Ysengrimus 12. Jh.).[21]

Auf die späteren Bearbeitungen des Stoffes haben wir hier, mit einer Ausnahme, nicht einzugehen. Zahlreich waren die mittelalterlichen Mysterienspiele, darunter besonders erfolgreich das seit Anfang des 16. Jahrhunderts bis 1664 (also noch zur Zeit Racines) gespielte *Mystère de la Passion de Saint Jean Baptiste* von Chaumont. Möglicherweise darf die späte Bezeichnung *Mystère* bei Mallarmé als Anspielung auf diese Tradition aufgefaßt werden. Beliebt war der Stoff auch im 16. Jahrhundert: Aus Mallarmés Briefwechsel geht hervor, daß er von einem Freund auf das lateinisch geschriebene Drama *Baptistes* des Engländers G. Buchanan aufmerksam gemacht wurde, freilich als er schon längst an seiner *Hérodiade* schrieb.[22] Die wichtigsten Gestaltungen des Stoffes aus dem 19. Jahrhundert sind später entstanden als Mallarmés Mitte der sechziger Jahre geschriebenen Fragmente, also die Szene und die *Ouverture ancienne*, auf die spätere Arbeit mögen sie als Gegenbilder nicht ganz ohne Einfluß gewesen sein. Es sind das die Erzählung *Hérodias* (1877) von Flaubert und Oscar Wildes in französischer Sprache verfaßtes Stück *Salomé* (1894), von dem sich Mallarmés Vorwort zu distanzieren scheint. Dieser von Gardner Davies zum ersten Mal publizierte und noch zu erläuternde kurze Text beginnt mit dem Satz: *J'ai laissé le nom d'Hérodiade pour bien la différencier de la Salomé je dirai moderne ou exhumée avec son fait-divers archaïque – la danse, etc.*[23] In der Absage an das fait-divers, zu dem die dramatische Handlung im 19. Jahrhundert verkam, darf man die Begründung, das Prinzip des lyrischen Dramas erblicken. Daß aber Mallarmé an dem Namen Herodias festhielt, hat

21 Elisabeth Frenzel, *Stoffe der Weltliteratur.* Stuttgart 1963. S. 314 f.
22 Vgl. Mallarmé S. 1440.
23 *Les noces* S. 51. – Ich habe den Namen ›Hérodiade‹ beibehalten, um der Differenz zu jener Salome willen, die ich die moderne oder ›ausgegrabene‹ nennen würde, mit ihrem archaisierend Anekdotischen – dem Tanz usw. – Übers. d. Hrsg.

noch andere Gründe, die tief in die Bedeutung der Sprache für Mallarmés Dichten führen und so gleichfalls die Eigenart der lyrischen Dramatik erhellen. Darauf ist noch zurückzukommen.

Das einzige Werk aus dem 19. Jahrhundert, das Mallarmé beeinflußt haben mag, ist Heines 1842 entstandene Verserzählung *Atta Troll. Ein Sommernachtstraum,* die 1847 in französischer Übertragung in der *Revue des deux mondes* erschien, 1855 und in Neuauflagen 1859 und 1864 (im Entstehungsjahr von Mallarmés Szene) in dem Band *Poèmes et légendes* von Heines *Œuvres complètes.* Mallarmé muß *Atta Troll* gekannt haben, denn er erwähnt ihn in seinem Prosagedicht *Un spectacle interrompu* (Mallarmé 276). Freilich ist dieser Text erst 1875 veröffentlicht worden (sein Entstehungsjahr ist unbekannt), dennoch ist kaum daran zu zweifeln, daß Mallarmé die Heinesche Version des Herodias-Stoffes schon in den sechziger Jahren vertraut war.

Die Strophen aus *Atta Troll* haben folgenden Wortlaut:

> *Und das dritte Frauenbild,*
> *Das dein Herz so tief bewegte,*
> *War es eine Teufelinne,*
> *Wie die andern zwo Gestalten?*
>
> *Ob's ein Teufel oder Engel*
> *Weiß ich nicht. Genau bei Weibern*
> *Weiß man niemals, wo der Engel*
> *Aufhört und der Teufel anfängt.*
>
> *Auf dem glutenkranken Antlitz*
> *Lag des Morgenlandes Zauber,*
> *Auch die Kleider mahnten kostbar*
> *An Scheherezadens Märchen.*
>
> *Sanfte Lippen, wie Grenaten,*
> *Ein gebognes Liliennäschen,*
> *Und die Glieder schlank und kühlig*
> *Wie die Palme der Oase.*

Lehnte doch auf weißem Zelter,
Dessen Goldzaum von zwei Mohren
Ward geleitet, die zu Fuß
An der Fürstin Seite trabten.

Wirklich eine Fürstin war sie,
War Judäas Königin,
Des Herodes schönes Weib,
Die des Täufers Haupt begehrt hat.

Dieser Blutschuld halber ward sie
Auch vermaledeit; als Nachtspuk
Muß sie bis zum jüngsten Tage
Reiten mit der wilden Jagd.

In den Händen trägt sie immer
Jene Schüssel mit dem Haupte
Des Johannes, und sie küßte es;
Ja, sie küßt das Haupt mit Inbrunst.

Denn sie liebte einst Johannem –
In der Bibel steht es nicht,
Doch im Volke lebt die Sage
Von Herodias' blutger Liebe –

Anders wär' ja unerklärlich
Das Gelüste jener Dame –
Wird ein Weib das Haupt begehren
Eines Manns, den sie nicht liebt?

War vielleicht ein bißchen böse
Auf den Liebsten, ließ ihn köpfen;
Aber als sie auf der Schüssel
Das geliebte Haupt erblickte,

Weinte sie und ward verrückt,
Und sie starb in Liebeswahnsinn.
(Liebeswahnsinn! Pleonasmus!
Liebe ist ja schon ein Wahnsinn!)

Nächtlich auferstehend trägt sie,
Wie gesagt, das blut'ge Haupt
In der Hand, auf ihrer Jagdfahrt –
Doch mit toller Weiberlaune

Schleudert sie das Haupt zuweilen
Durch die Lüfte, kindisch lachend,
Und sie fängt es sehr behende
Wieder auf, wie einen Spielball.[24]

Sinn und Unsinn der Motivgeschichte werden deutlich, will man diese Verse, die humoristisch zu nennen, uns heute nicht eben leichtfällt, als die Quelle von Mallarmés Inspiration bezeichnen. Dennoch scheinen die Forscher, die auf *Atta Troll* aufmerksam gemacht haben, recht zu haben, ohne daß die Feststellung dieses motivgeschichtlichen Zusammenhanges für die Interpretation der Mallarméschen Dichtung von Belang sein könnte. *Atta Troll* ist wohl das missing link zwischen der deutschen Volkslegende, in der nach der Darstellung Elisabeth Frenzels zum ersten Mal die Beziehung der Tochter des Herodes zu Johannes erotisch begründet wird, und der *Hérodiade* Mallarmés. Darauf ist in der Forschung ebensowenig hingewiesen worden wie auf eine Übereinstimmung im Détail, die freilich nichts beweist, da sie auch zufällige Koinzidenz sein kann. Jean-Pierre Richard hat (S. 141 f.) das Motiv der *grenade*, des Granatapfels, einer Metapher für Mund und Lippen, bei Mallarmé verfolgt und seine Bedeutung gerade für die *imagination d'Hérodiade*, für die Vorstellungswelt, die sich in der *Hérodiade* realisiert, hervorgehoben. Nun heißt es aber schon bei Heine: *Sanfte Lippen, wie Grenaten.*

Wissenschaftsgeschichtlich nicht uninteressant ist die Behandlung der Frage, ob *Atta Troll* eine Quelle der *Hérodiade* war, in der großen Mallarmé-Darstellung von Kurt

---

[24] Heinrich Heine, *Sämtliche Werke*, 2. Bd. Hrsg. Ernst Elster. Leipzig/Wien o. J., S. 396 f.

Wais aus dem Jahr 1938.[25] Wie kein Forscher vor und nach ihm geht Wais Einflüssen, Übernahmen, Verwandtschaften in der Bilderwelt nach; oft löst sich in diesem Licht ein Gedicht Mallarmés auf in Einzelbilder, die alle schon bei anderen Dichtern, Zeitgenossen Mallarmés, oder auch bei ihm selber, zu finden sind. *Den Park davor kennt man aus »Symphonie littéraire II« und aus »Soupir«* – heißt es etwa (S. 107) von dem Turm, den in der *Ouverture ancienne* die Amme besingt. Und mit der Frage der Wertung verquickt: *Der schneidende Beginn der »Ouverture« mit seinen symphonisch wuchtigen Dissonanzen entschädigt dafür, daß es zunächst an neuerfundenen Bildern mangelt.* (a.a.O.) Gerade wegen dieses besonderen motivhistorischen Interesses bei Kurt Wais, das sich um die Autonomie des einzelnen Gedichts wenig kümmert, berührt es seltsam, daß er der *Atta-Troll*-Frage nur die folgenden Zeilen widmet:
Daß man den Johannes, den ein Weib tötete, in irgendwelche geheime Gefühlsbeziehung zu diesem brachte, mußte naheliegen, zumal im psychologisierenden neunzehnten Jahrhundert. Das erste Zeugnis für eine geheime Liebe der Herodias begegnet in Heines »Atta Troll« ... *»Denn sie liebte einst Johannem – / In der Bibel steht es nicht. / Doch im Volke lebt die Sage / Von Herodias' blutger Liebe.«* (a.a.O. 104)
Weder wird hier darauf aufmerksam gemacht, daß Mallarmé *Atta Troll* kannte, noch wird verraten, daß Heines Hinweis auf die Volkssage seine historische Grundlage hat, wodurch freilich die Bezeichnung der Heineschen Strophe als des *ersten Zeugnisses* für eine geheime Liebe der Herodias unhaltbar wird. Aber die Erfindung einer solchen Liebesbeziehung paßte im Jahr 1938 offensichtlich wenig in das Bild, das man von den Volkssagen hatte, und nur allzu gut in jenes, das man sich von Heine machte. So heißt es an einer

---

25 Kurt Wais, *Mallarmé, ein Dichter der Jahrhundertwende*. München 1938. (Im weiteren zitiert als: Wais.) (Eine erweiterte und bearbeitete Neuauflage erschien 1952.)

anderen Stelle des Waisschen Buches: Baudelaire habe sich von »*Heinrich Heine und seinem von materialistischer Sentimentalität verfaulten Literatentum*« (a.a.O. 29) abgewandt. Die Anführungszeichen und eine Fußnote weisen die Stelle als eine Formulierung Baudelaires aus, was um so mehr überraschen muß, als der Ausdruck *Literatentum*, dessen Rolle in der offiziellen Terminologie von 1938 hier nicht erörtert zu werden braucht, weder bei Baudelaire noch überhaupt in der französischen Sprache vorstellbar ist. Liest man bei Baudelaire nach, so wird man entdecken, daß das Wort, das Wais mit *Literatentum* wiedergibt, bei ihm schlicht *littérature* heißt.[26] Ein Detail, das zufällig in das Blickfeld unserer Beschäftigung mit den Quellen der *Hérodiade* kam, aber eines, das zeigt, wie jenes Engagement am Ungeist der Zeit, das man heute oft als Anpassung ans »damals Übliche«, gar als Tarnung verharmlosen oder rechtfertigen will, auch noch die philologische Beschäftigung kat'exochen, die Wiedergabe des Wortsinns, die Übersetzung, affiziert hat. –

Geht man der motivgeschichtlichen Herkunft des *Hérodiade*-Stoffes nach, so wird man nicht unerwähnt lassen dürfen, daß die Heldin bereits in einem im März 1864 entstandenen Gedicht, *Les Fleurs* überschrieben, erwähnt wird. Es heißt hier:

> *L'hyacinthe, le myrte à l'adorable éclair*
> *Et, pareille à la chair de la femme, la rose*
> *Cruelle, Hérodiade en fleur du jardin clair,*
> *Celle qu'un sang farouche et radieux arrose!*[27]

---

26 Der vollständige Satz lautet: *Il me semble que cet excès de paganisme est le fait d'un homme qui a trop lu et mal lu Henri Heine et sa littérature pourrie de sentimentalisme matérialiste.* Charles Baudelaire: *L'Art romantique.* In: *Œuvres complètes*, t. 3. Ed. M. Jacques Crépet. Paris 1925, S. 291.

27 Mallarmé S. 34. – Die Hyazinthe, die Myrte mit anbetungswürdigem Blitz / Und, gleich dem Fleisch der Frau, die Rose / Grausam, Hérodiade in Blüte des hellen Gartens, / Jene, die wildes und strahlendes Blut durchfließt. – Übers. d. Hrsg.

Auf die Assoziationen, die sich schon hier um die Gestalt ranken, werden wir noch eingehen müssen; die Art aber, auf die der Name hier in das Gedicht eingesetzt ist, läßt die Faszination ahnen, die er, der Name »Hérodiade«, auf Mallarmé ausgeübt hat. In einem Brief vom Februar 1865 heißt es:

La plus belle page de mon œuvre sera celle qui ne contiendra que ce nom divin ›Hérodiade‹. Le peu d'inspiration que j'ai eu, je le dois à ce nom, et je crois que si mon héroine s'était appelé Salomé, j'eusse inventé ce mot sombre, et rouge comme une grenade ouverte, ›Hérodiade‹.[28]

Und in den Entwürfen zur *Ouverture ancienne*, die Gardner Davies ediert hat, finden sich die Verse

La princesse au beau nom rehaussant son visage
Ainsi qu'un casque d'impératrice enfant[29]

und in einer anderen Fassung:

La dame au lourd nom fier ombrageant son visage
Comme un casque léger d'impératrice enfant
D'où, pour feindre sa joue il tomberait des roses.[30]

Wie das Bild vom Helm sich dem heldischen, das Wort »Heros« (héros) evozierenden Klang der ersten Worthälfte (*Héro-*) verdankt, so das Bild von den herabfallenden Rosen der leichten Kadenz der zweiten Worthälfte *diade*. Jean-

---

28 *Correspondance* I S. 154. – Die schönste Seite meines Werkes wird die sein, die nichts als den göttlichen Namen enthalten wird: *Hérodiade*. Was ich an Inspiration hatte, ich verdanke es diesem Namen und ich denke, hätte meine Heldin Salome geheißen, so hätte ich dies Wort erfunden, dunkel, und rot wie ein offener Granatapfel: *Hérodiade*. – Übers. d. Hrsg.

29 *Les noces* S. 157. – Die Prinzessin mit dem schönen Namen, ihr Gesicht erhebend / Gleich dem Helm einer Kind-Kaiserin. – Übers. d. Hrsg.

30 *Les noces* S. 158. – Die Dame mit dem schweren stolzen Namen, ihr Gesicht beschattend / Gleich dem leichten Helm einer Kind-Kaiserin, / Von woher, um ihre Wangen vorzutäuschen, Rosen [wie Regen] fielen. – Übers. d. Hrsg.

Pierre Richard hat darauf auf S. 144 seines Mallarmé-Buches hingewiesen. Man hat hier mehr vor sich als bloß ein Beispiel symbolistischer Sprachbehandlung. Denn wo die Welt der Dichtung so sehr aus dem Wortinnern entstammt, wo sie so sehr in der Sprache selber angesiedelt ist (statt von ihr bloß bezeichnet zu werden), muß sich, sofern es dramatische Dichtung ist, auch die Frage nach der Beziehung zur Bühnenrealität ganz anders stellen. Es wird zu fragen sein, ob das Mißliche, das die Aufführungen von lyrischen Dramen des Fin de siècle stets haben, wirklich mit ihrem Mangel an Dramatik zu erklären ist – oder ob nicht der Grund darin liegt, daß diese Dichtungen die Wirklichkeit, zu der die Aufführung ihnen verhelfen soll, bereits besitzen, nämlich kraft ihrer Sprache.

III

Die Szene, die Mallarmé als einziges Fragment seiner *Hérodiade*-Dichtung selber veröffentlicht hat, beginnt mit den drei Versen der Amme:

> *Tu vis! ou vois-je ici l'ombre d'une princesse?*
> *A mes lèvres tes doigts et leurs bagues et cesse*
> *De marcher dans un âge ignoré...*[1]

Wir wissen, daß diese Szene später nicht am Anfang der geplanten Dichtung stehen sollte. Seit 1926 kennt man die sogenannte *Ouverture ancienne d'Hérodiade*, den Monolog der Amme, und in der *Bibliographie*, d. h. Mallarmés kurzer Angabe über die Texte, heißt es über das szenische Fragment: *Il était précédé d'une ouverture que je remplace par une autre, en le même sens...*[2] Gardner Davies hat

---

[1] *Les noces* S. 63, V. 1-3. – Du lebst! Oder sehe ich hier den Schatten einer Fürstin? An meine Lippen deine Finger und ihre Ringe, und wandle nicht länger in einem unbekannten Zeitalter... – Übers. Böschenstein/Bollack S. 32, mit leichten Änderungen von Szondi.
[2] *Les noces* S. 21. – Ihm ging eine Ouvertüre voraus, die ich durch eine andere ersetze, in gleicher Art. – Übers. d. Hrsg.

versucht, diese zweite Einleitung zu rekonstruieren, aus drei Teilen, zu denen das *Cantique de Saint Jean* gehört (*Les noces* 55-60). Aber obwohl die Szene hier nicht den Anfang der geplanten Dichtung bildet, ist sie, wie aus Mallarmés Briefen hervorgeht, v o r der *Ouverture ancienne* entstanden, sie darf darum als eigentlicher Einsatz begriffen werden, und dies nicht nur im Sinn der Entstehungsgeschichte. Denn als Mallarmé sie schrieb, dachte er an eine Tragödie in drei Akten; als er die anderen Teile der Dichtung verfaßte, hatte er diesen Plan schon zugunsten eines dramatischen Gedichts aufgegeben. Die Szene ist so nicht zufällig das einzige dialogische Fragment der Dichtung, sie gehört als einziger Text dem ursprünglichen Tragödienplan an. Vergegenwärtigt man sich die Tradition der französischen Tragödie, in die sich die *Hérodiade* Mallarmés nicht allein durch den Alexandriner ursprünglich einreihen wollte, so kann man sich die Szene sehr wohl als den Auftakt des Werkes denken: mit einem Dialog zwischen dem Helden und seinem confident (bzw. der Heldin und ihrer confidente) beginnen viele der Tragödien Racines, so zum Beispiel der *Britannicus*, dessen erste Verse von der Vertrauten Agrippinas gesprochen werden:

> *Quoi! tandis que Néron s'abandonne au sommeil,*
> *Faut-il que vous veniez attendre son réveil?*
> *Qu'errant dans le palais, sans suite et sans escorte,*
> *La mère de César veille seule à sa porte?*
> *Madame, retournez dans votre appartement.*[3]

Wie hier wird auch in den Versen der Mallarméschen Amme, zu Beginn der Handlung, die Heldin gleichsam in

---

[3] Jean Racine: *Œuvres complètes*, T. I. Présentation, notes et commentaires par Raymond Picard. Paris 1950 (Bibliothèque de la Pléiade 5). S. 393. – Was! während Nero sich dem Schlaf hingibt, / Müßt Ihr sein Erwachen hier erwarten? / Muß, durch den Palast irrend, ohne Gefolge und ohne Geleit, / Die Mutter Cäsars einsam an seiner Tür wachen? / Fürstin, begebt Euch zurück in Euer Gemach. – Übers. d. Hrsg.

einer Initialeinstellung gezeigt, die ihre innere Verfassung und Problematik ausdrückt; und in beiden Texten wird zugleich diese Haltung der Heldin kritisiert und die Heldin durch die Infragestellung ihres Verhaltens zur Stellungnahme, zur Erklärung (im doppelten Wortsinn) gezwungen: Sowohl bei Racine als auch bei Mallarmé wollen die Eingangsverse provozieren, die Heldin des Stückes zum Sprechen bringen. Aber anders als in den Versen Racines ist die Heldin in Mallarmés Versen von Anfang an dem sichtbaren Raum der Bühne entrückt: Agrippina irrt im Palast umher, Hérodiade wandelt *dans un âge ignoré*. Sie ist abwesend, sie versagt sich dem Präsens: zeitlich wie räumlich. Und die Amme weiß nicht, in welchen inneren Zeit-Raum ihre Herrin sich zurückgezogen hat: Wesentliches geht verloren, wenn man *âge ignoré*, wie Carl Fischer es getan hat, mit *vergessne Zeit* wiedergibt.[4] Was Hérodiade von den ersten Versen an kennzeichnet, und zwar nicht bloß psychologisch, sondern auch dramaturgisch, ist ihre Entrücktheit, ihre Unsichtbarkeit. Es ist schwer einzusehen, warum Kurt Wais diese Verflüchtigung der dramatischen Präsenz mit einer Ausmalung der Szene rückgängig machen will, die sich auf nichts im Text stützen kann. Er schreibt:

Die Amme betritt die Kammer. Dort ruht das Mädchen, zerzausten Haars, herrisch-apathisch von der Sklavin abgewandt gleich der baudelairesken »Olympia« auf Manets berühmtem Gemälde; doch ohne deren frühreife Neugier und schamlose Nüchternheit. (Wais, a.a.O. 112)

Ein solches Bild wird gerade nicht geboten, ihm steht entgegen, daß die Fürstin, wie es der erste Vers formuliert, ihr eigener Schatten zu sein scheint. Schatten – das bezieht sich natürlich auf die Lebensproblematik[5], die schon mit dem

---

4 Stéphane Mallarmé, *Sämtliche Gedichte*. Französisch mit deutscher Übertragung von Carl Fischer. Köln 1969, S. 61. (Im weiteren zitiert als : *Sämtliche Gedichte*.)
5 In der französischen Fassung heißt es ausführlicher: »la problématique de la vie, [...] la difficulté d'être« (die Lebensproblematik, die Schwierigkeit, zu sein – Übers. d. Hrsg.)

ersten Wort der Szene, mit dem Ausruf der Amme *Tu vis!* anklingt und von der Heldin bald wiederaufgenommen wird. Aber zugleich ist *ombre* mehr als ein Euphemismus für das Gestorbensein. Daß Hérodiade lebt, ist noch keine Gewähr dafür, daß sie nicht doch nur als ihr eigener Schatten lebt. Darauf weist schon die Syntax des Eingangsverses, der die Alternativfrage *ou vois-je ici l'ombre d'une princesse?* paradoxerweise nicht einer anderen Frage, sondern einer Feststellung (*tu vis!*) folgen läßt. Und hat der herrische Befehl der Amme, der nicht minder paradox die Finger an die Lippen, statt diese an jene, zwingen will, zum Sinn, Hérodiade ins Leben, in die Gegenwart zurückzurufen, ihrer als einer Lebendigen, einer Gegenwärtigen und Handelnden sich zu versichern, so ist die schroffe Abweisung, die ihr widerfährt, das Zeichen, daß Hérodiade bei sich bleiben will, d. h. aber zugleich der Außenwelt entrückt. Sie bejaht ihr Schattendasein, und Mallarmé bejaht es mit ihr. Vielleicht darf schon in diesem frühen Text eine erste Spur von Mallarmés späterer poetischer Verfahrensweise erblickt werden, die in der Verflüchtigung der physischen Gegenwart, in der Suggestion der Dinge kraft ihrer Abwesenheit besteht – einer *absence*, die wettgemacht wird durch die Sinn- und Assoziationsfülle des Wortes, und in besonderer Weise: des Namens, was uns die in der letzten Vorlesung zitierte Bemerkung Mallarmés verstehen läßt, derzufolge die schönste Seite seines Werkes jene sein wird, die einzig den göttlichen Namen *Hérodiade* enthält.

Wird in dem zweiten Vers für den Kuß, den die Amme auf die Hand ihrer Herrin drücken will, der Befehl dennoch deren Fingern und Ringen erteilt (*A mes lèvres tes doigts et leurs bagues* [...]), so wird darin über das psychologische Verhältnis, das zwischen den beiden besteht, hinaus zweierlei deutlich: erstens die Passivität der Heldin, die nicht von sich aus die Bühne des Dialogs und der Handlung betreten würde, und zweitens, damit korrelierend, die Bedeutung, welche die gleichsam selbständig gewordenen Teile des Körpers und deren lebloser Schmuck gegenüber der sich verflüchtigenden Person gewinnen: Der Vers bereitet insofern die ersten Worte der Hérodiade vor, in denen sie von ihren Haaren spricht, als wären sie ein ihr Fremdes. Zur grammatischen Fügung dieses Verses hat Emilie Noulet in ihrem Kommentar mit Recht bemerkt, daß die Weglassung des Verbums die Bewegung des Verses beschleunigt. Ob damit, wie sie meint, die frohe Lebhaftigkeit beschworen werden soll, mit der die Amme die Hand der Herodias küssen will (Noulet 369), bleibe dahingestellt, lernen kann man aber aus dem Vers, daß es höchst problematisch ist, den dynamischen Charakter eines Textes aus der häufigen Benutzung des Verbums (und den statischen aus dem Überwiegen der Substantive) ableiten zu wollen. – Da die Bewegung durch das Verbum bezeichnet wird, gerinnt sie in ihm als sein Gegenstand, während sie viel unmittelbarer durch die Konstellation der Satzteile, durch das harte Nebeneinander von *à mes lèvres* und *tes doigts*, die nur ein Ausgespartes in Beziehung setzt, wiedergegeben wird. So wenig mallarméisch dieser Satz im Ton auch ist: die Technik der Suggestion durch Aussparen, die an die Stelle des Benennens tritt, ist dieselbe, die später das Geheimnis von Mallarmés Sprache prägt.

Hérodiades erstes Wort zeigt, daß die Verse der Amme ihre Wirkung getan haben. Die Zurückweisung steht der Annäherung an Intensität nicht nach. Dieses *Reculez.*, mit dem sich die Heldin einführt, dürfte in der dramatischen Literatur, sieht man von der neueren ab, ohne Beispiel sein. Das dramatische Spiel lebt vom Zueinanderkommen, von der Auseinandersetzung der Personen; Hérodiade aber weist schon mit ihrem ersten Wort nicht bloß die Lippen der Amme, sondern auch die Gegenwart des Lebens zurück, in die sie die Amme zurückholen will. Dann folgen die Verse:

> *Le blond torrent de mes cheveux immaculés*
> *Quand il baigne mon corps solitaire le glace*
> *D'horreur, et mes cheveux que la lumière enlace*

> *Sont immortels, ô femme, un baiser me tûrait*
> *Si la beauté n'était la mort...*[6]

Der Funktionssinn dieser Verse ist klar, sie begründen die Zurückweisung der Amme. Wenn es Hérodiades Körper selbst vor ihren eigenen Haaren schaudert, wie sollte er den Kuß der Amme ertragen? Aber indem man solcherart psychologisch interpretiert, biegt man den Text zu dem dramatischen Dialog zurück, von dem er sich doch gerade entfernt. Denn während im traditionellen Dialog der eine auf die Rede des anderen argumentierend eingeht und antwortet, stehen die Verse der Hérodiade zunächst ebenso statuenhaft isoliert, autonom da, wie sie ihren Körper erlebt. Nichts, kein »car« und kein »comment?« verrät den Antwortcharakter. Erst der vorletzte Vers bringt eine Wendung ad hominem, *ô femme*, erst indem Hérodiade vom Kuß spricht, nähern sich ihre Verse den Versen der Amme: Und doch, der Hyperbel, daß nämlich ein Kuß sie töten würde, nimmt Hérodiade selber die Überzeugungskraft, indem sie sie in einen Konditionalsatz sperrt. Da sie schon ihre Schönheit als Tod erfährt, könnte ihr ein Kuß nichts mehr anhaben – Hérodiade schlägt sich so gleichsam selber das Argument aus der Hand, zum Zeichen, daß sie gar nicht gewillt ist, zu argumentieren, als dramatis persona sich in einen Dialog einfangen zu lassen.

Man wird darum die Verse jenseits ihres funktionalen Sinns zu deuten haben. Über den Symbolwert der »chevelure«, der Haare, bei Mallarmé stehen wichtige Bemerkungen bei Jean-Pierre Richard (134 ff.), der eine ganze Reihe von Haarmetaphern anführt und drei Grundmöglichkeiten unterscheidet: »cheveu-eau« (Wassermetaphorik), »che-

---

[6] *Les noces* S. 63, V. 4-8. – Wenn der blonde Strom meiner unbefleckten Haare meinen einsamen Körper benetzt, überfällt diesen eisiger Schauder; und meine Haare, die das Licht umschlingt, sind unsterblich, oh Weib!, ein Kuß würde mich töten, wenn Schönheit nicht schon der Tod wäre... – Übers. Böschenstein/Bollack mit leichten Änderungen von Szondi.

veu-feu ou lumière« (Feuer oder Licht) und »cheveu-touffe« (Büschel). Indessen dürfen wir uns hier auf die Stelle selbst beschränken. Hérodiade erlebt in ihrer Vereinzelung die Haare als ein ihr Fremdes, das ihrem Körper von außen, einem Wasserstrahl gleich, entgegentritt. Unbefleckt werden die Haare genannt, dem reinen Wasser verglichen, es wird ihnen Unsterblichkeit zugeschrieben, und das Farbadjektiv *blond* bereitet schon die trotzige Zuweisung der Haare zur Sphäre des Goldenen vor, die in der nächsten Replik der Hérodiade erfolgt (Vers 35 ff.). Die Haare werden mit diesen Bezeichnungen und Vergleichen als der schon abgestorbene Teil des Körpers aus dem biologischen Zusammenhang herausgehoben, als ein nicht mehr Organisches verklärt. In ihnen als einem Toten kommt das Schönheitsideal, das Hérodiade von sich hat, nach Hause: Indem in ihnen der Körper zum Gold wird, sind sie dessen Schmuck, vergleichbar den Ringen, den die Finger tragen, oder – nach einer Metapher aus den nachgelassenen Fragmenten, die wir im Zusammenhang mit der Namenssymbolik schon zitiert haben – dem Helm, der als metallene Haut den Körper schützt, d. h. aber auch vom Leben isoliert, das Leben in ihm selber abtötet. – Verbunden sind die Haare nicht dem Körper, sondern dem Licht, den Himmelskörpern, deren Unsterblichkeit sie teilen – man wird nicht außer acht lassen dürfen, daß das Prädikat *sont immortels* unmittelbar auf den Relativsatz *que la lumière enlace* folgt – jenen Sternen, an die sich Hérodiade später – Vers 69 – mit verzweifeltem Flehen wenden wird, wenn die Amme, ihre Verbote mißachtend, fortfährt, ihrer Herrin einen Liebhaber zu wünschen. – Bei der Berührung mit dem nicht mehr organischen Haar überfällt den Körper eisiger Schauder, wohl, weil sich Hérodiade dabei bewußt wird, daß sie mit ihrem Körper an der organischen Sphäre teilhat, wie sehr sie sich auch ihr versagen will. Der Schauder zeigt an, daß Hérodiade sich anders erfährt, als sie sich wünscht; etwas in ihr widerspricht dem Bild, das sie von sich selber hat; und dieser innere Widerspruch, diese Blöße ist es, was sie verwundbar macht, was die Tragödie ermöglicht, die ihrer Begegnung mit Johannes folgen wird.

Schon auf Grund der ersten Verse, die die Heldin spricht, darf die Frage gestellt werden, ob Mallarmés *Hérodiade* eine Dichtung für die Bühne ist. Über die dramatische Begabung Mallarmés, über die mutmaßliche Bühnenwirksamkeit seines Werkes sind in der Literatur die gegensätzlichsten Urteile zu finden. So schrieb vor einem halben Jahrhundert der bedeutende Kritiker Thibaudet:

Comme une œuvre byzantine, »Hérodiade« raidit dans une incapacité et une gaucherie naïves tout mouvement de corps vivant. La forme dialoguée du poème ne sert qu'à interrompre ces plaques d'or ciselé et de gemmes, que sont les paroles d'Hérodiade, par les questions et les réflexions, en vers détestables, de la nourrice. Ce poète qui médita de façon si subtile et si originale sur le théâtre était incapable du moindre coup de crayon dramatique, comme le mosaïste byzantin est incapable d'anatomie.[7]

Der amerikanische Komparatist Haskell M. Block hingegen schreibt in seinem kenntnisreichen Buch *Mallarmé and the Symbolist Drama* das Folgende:

Without neglecting the purely literary qualities of Mallarmé's poem, we may say that the »Scène« almost cries out for stage presentation. Had he composed the rest of »Hérodiade« in this manner, Mallarmé would surely have produced a work that would hold and indeed enthrall an audience in the theatre. We may well wonder if the change from »tragé-

---

7 Thibaudet S. 389 f. – Wie ein byzantinisches Werk läßt *Hérodiade* jede Bewegung des lebendigen Körpers in einfältiger Unfähigkeit und Ungeschicklichkeit erstarren. Die dialogische Form des Gedichts dient nur dazu, die aus ziseliertem Gold und Edelsteinen bestehenden Platten, die die Worte der Herodias sind, durch die Fragen und Überlegungen der Amme, in abscheulichen Versen, zu unterbrechen. Dieser Dichter, der auf so feinsinnige und eigenständige Weise über das Theater nachgedacht hat, war unfähig zum geringsten dramatischen Strich – wie der byzantinische Mosaikkünstler unfähig war zur Anatomie. – Übers. Szondi.

die« to »poème« did not entail far greater loss than gain.[8]
Vergleicht man diese beiden Urteile, so wird man schwerlich zögern, Thibaudet gegen Haskell Block recht zu geben. Beide Äußerungen greifen aber gegenüber der Frage, ob Mallarmés Werk eine Dichtung für die Bühne ist, gleichsam zu kurz. Nicht um die geglückte oder mißglückte Bühnenwirksamkeit geht es hier, sondern um das Verhältnis, in dem die *Hérodiade* zu den Gesetzen der Bühne steht. Was unter diesem Gesichtspunkt in den eben besprochenen Eingangsversen der Heldin die Dichtung in einen Gegensatz zur Bühne bringt, ist erstens die Auflösung der dramatischen Person, zweitens der Symbolcharakter, der einem Teil ihres Körpers, den Haaren, eigen ist. Die Dissoziation der Heldin in Anorganisches und Organisches, in Haare und Körper, die einander fremd gegenüberstehen, und in ein Bewußtsein, das die Trennung erfährt und festhält, würde von der geschlossenen physischen Gestalt der Schauspielerin Lügen gestraft. Ebenso widerspricht die physische Unmittelbarkeit der Haare dem, wozu sie in der dichterischen Verwandlung geworden sind, ohne aufzuhören, Haare zu sein. Indem die Wirklichkeit der Bühne auf den prätendierten Symbolgehalt trifft, gibt er ihn der Lächerlichkeit preis. Dem widerspricht nicht, daß es in früheren Epochen ein Theater geben konnte, das mit Symbolen arbeitete, etwa im Mittelalter und im Barockzeitalter. Denn der Symbolgehalt beruhte da auf Konventionen, die eine Verwandlung der physischen Realität in der Aufführung ermöglichten, während sie im wesentlich subjektivistischen Symbolismus des Fin de siècle durch nichts gewährleistet ist. Weder ist daraus auf mangelnde

---

[8] Haskell M. Block, *Mallarmé and the Symbolist Drama.* Detroit 1963, S. 20. – Ohne die rein literarischen Qualitäten von Mallarmés Gedicht zu vernachlässigen, kann man sagen, daß die »Szene« nach einer Aufführung auf der Bühne geradezu schreit. Hätte Mallarmé den Rest der *Hérodiade* in diesem Stil verfaßt, so hätte er sicherlich ein Werk geschaffen, das ein Theaterpublikum in der Tat fesseln würde. Es wäre zu fragen, ob der Übergang von der Tragödie zur Dichtung nicht eher Verlust als Gewinn bewirkt hat. – Übers. Szondi.

dramatische Begabung der Dichter, noch gar auf eine unberechtigte Verwendung der dramatischen Form zu schließen. So wenig wie Hofmannsthals lyrische Dramen ist die *Hérodiade* – um eine Wendung von Hamann und Hermand wieder aufzugreifen – ein *erweitertes Gedicht*. Vielmehr müßte sich die Erkenntnis durchsetzen und in der Analyse der Texte konkretisieren, daß das lyrische Drama seine Wirklichkeit nicht auf der Bühne, sondern in der durch die Sprache evozierten Wirklichkeit der Imagination hat; daß die Qualität des Dialogs im lyrischen Drama nicht daran zu bestimmen ist, ob er sich in einer Situation sprechen läßt, sondern ob er die Situation für die Vorstellung mit den Mitteln der Sprache erstehen läßt. – Lyrisches Drama ist nicht dialogisierte Lyrik, sondern imaginäres Theater.
Diese ersten Beobachtungen werden von den folgenden Versen der Heldin bestätigt. Sie lauten:

> *Par quel attrait*
> *Menée et quel matin oublié des prophètes*
> *Verse, sur les lointains mourants, ses tristes fêtes,*
> *Le sais-je? tu m'as vue, ô nourrice d'hiver,*
> *Sous la lourde prison de pierres et de fer*
> *Où de mes vieux lions traînent les siècles fauves*
> *Entrer, et je marchais, fatale, les mains sauves,*
> *Dans le parfum désert de ces anciens rois:*
> *Mais encore as-tu vu quels furent mes effrois?*
> *Je m'arrête rêvant aux exils, et j'effeuille*
> *Comme près d'un bassin dont le jet d'eau m'accueille*
> *Les pâles lys qui sont en moi, tandis qu'épris*
> *De suivre du regard les languides débris*
> *Descendre, à travers ma rêverie, en silence,*
> *Les lions, de ma robe écartent l'indolence*
> *Et regardent mes pieds qui calmeraient la mer.*
> *Calme, toi, les frissons de ta sénile chair,*
> *Viens et ma chevelure imitant les manières*
> *Trop farouches qui font votre peur des crinières,*

> *Aide-moi, puisqu'ainsi tu n'oses plus me voir,*
> *A me peigner nonchalamment dans un miroir.*⁹

Wiederum würde man den Sinn dieser Verse und in eins damit auch die Eigenart der ganzen Dichtung verfehlen, wollte man sie dramaturgisch von ihrer bloßen Funktion für das Fortschreiten der Handlung bzw. des Dialogs her verstehen wollen. Zwar wird die hier berichtete Begegnung mit dem Löwen später, in Vers 81, wieder aufgenommen und von Hérodiade als der Beweis ihrer Unberührbarkeit angesehen (*Mais qui me toucherait, des lions respectée?* fragt sie die Amme); aber in ihrer Funktion als Antwort an die Amme ist die Reminiszenz keineswegs unmittelbar durchsichtig. Wie wenig die Dichtung die Gesetze der überlieferten Dramaturgie zu befolgen gesonnen ist, zeigen die letzten Verse des zitierten Abschnittes: zwar lenkt hier Hérodiade ihre Erinnerung zurück in die Gegenwart und zu der Situation, in der sie der Amme gegenübersteht – das Gebot dramatischer Funktionalität wird also erfüllt –, aber sie bezieht sich dabei auf die Haltung der Amme als auf ein ihr Bekanntes (*puisqu'ainsi tu n'oses plus me voir* [...]), und doch ist der Widerwille der Amme gegen die wilden Haare ihrer Herrin im Text selbst so wenig zum Ausdruck gekommen wie ihre Angst vor den Löwenmähnen. Von

9 *Les noces* S. 63 f., V. 8-28. – Von welcher Lockung geführt und welcher vergessene Morgen der Propheten gießt über die sterbenden Fernen seine traurigen Feste – weiß ich's? – sahst du mich eintreten, oh winterliche Amme, unter das schwere Verlies aus Stein und Eisen, wo sich die falben Jahrhunderte meiner alten Löwen hinschleppen, und ich schritt, schicksalhaft, mit heilen Händen, im öden Duft dieser einstigen Könige: Doch sahst du auch, welches mein Erschauern war? Ich bleibe stehen, an die Verbannung denkend, und wie an einem Becken, dessen Springbrunnen mich empfängt, entblättere ich die bleichen Lilien, die in mir sind, während die Löwen, hingerissen mit dem Blick verfolgend, wie die matten Trümmer durch meine Träumerei still niederfallen, die Lässigkeit meines Gewands beseitigen und meine Füße schauen, die das Meer beschwichtigen würden. Beschwichtige du die Schauer deines greisen Fleisches, komm: und da mein Haar das allzu wilde Gebaren nachahmt, das dir die Angst vor den Mähnen einflößt, hilf mir, da du mich so nicht mehr zu sehen wagst, mich lässig in einem Spiegel zu kämmen. – Übers. Böschenstein/Bollack mit leichten Änderungen von Szondi.

einer normativen Dramaturgie her wird man ferner bemängeln, daß Hérodiade, kaum hat sie zu sprechen begonnen, die Gegenwart verläßt, um einen Tag der Vergangenheit heraufzubeschwören, daß also an die Stelle präsentischer Handlung die Erzählung tritt. Weiter als solche von außen herangetragene Kritik führt aber die Erkenntnis, daß die Erinnerung der Heldin nicht minder Gegenwart konstituiert als etwa die situationsimmanenten Reden der Amme, und ferner: daß die Erzählung, im Gegensatz zu ihrem reduzierten, weil vermittelten Wirklichkeitscharakter im traditionellen Drama, hier mit dem übrigen Dialog derselben Realitätsstufe angehört. Ein kleines grammatisches Zeichen dieses Ineinanderübergehens von Präsens und Imperfekt im lyrischen Drama ist die Zeitform in Vers 10: Obwohl sich der Morgen auf die folgende Reminiszenz zu beziehen scheint, die zunächst in der Vergangenheit steht (um dann freilich, in Vers 17 *Je m'arrête* [...], in das Erzählpräsens überzugehen), heißt es von ihm präsentisch: *Quel matin oublié des prophètes / Verse, sur les lointains mourants, ses tristes fêtes* [...] (Hervorh. von Sz.)

Die beiden einander ergänzenden Charakteristika, nämlich der einheitliche Realitätscharakter und die homogene Zeitlichkeit, sind bedingt durch die metaphorische Struktur von Mallarmés Dichtung. Sowohl das präsentisch Gesagte als auch das imperfektisch Erzählte ist immer schon verwandelt in eine Sphäre von Bildern, welche die unmittelbare Wirklichkeit hinter sich gelassen haben. Und wenn Gegenwart und Vergangenheit ineinander übergehen, so nicht bloß, weil die Empirie, indem sie metaphorisch verwandelt wird, auch ihre zeitliche Fixierung einbüßt, sondern weil die Metaphorik als ein In-Beziehung-Setzen auch die Einheit der Zeitdimensionen wiederherstellt, welche von der Disparatheit der Empirie verdeckt wird. Die Kontinuität des Mallarméschen Textes, den Zusammenhang zwischen den zitierten Erinnerungsversen 8-28 und dem Kontext, wird man darum in der Ebene der Bilder zu suchen haben.

Als erstes fällt dann auf, daß Hérodiade die letzten Worte der Amme: *cesse / De marcher dans un âge ignoré* wieder aufnimmt, wenn sie von dem Verlies spricht, in welchem *de mes vieux lions traînent les siècles fauves*. Klingt hier der unerwartete Ausdruck *siècles* an *âge* in den Versen der Amme an, so kehrt das Wort *marcher* bei Hérodiade wörtlich wieder: *et je marchais, fatale, les mains sauves, / Dans le parfum désert de ces anciens rois* [...]. *Siècles fauves* wird in der Prosaübersetzung von Böschenstein und Bollack mit *die falben Geschlechter* (*Französische Gedichte* 32) wiedergegeben, und es wird dazu angemerkt, daß *saecla ferarum* bei Lukrez »die Geschlechter der wilden Tiere« bedeutet und daß bei Mallarmé das Wort sowohl den geläufigen als auch diesen etymologisch begründeten Sinn besitzt (a.a.O. 196). Die Bedeutung des etymologischen Sprachgebrauchs für die Dichtung Mallarmés und anderer Dichter wie Saint-John Perse, aber auch schon für Hölderlin, kann schwerlich überschätzt werden. Eine Entschlüsselung von Mallarmés Lyrik auf dieser Basis hat Charles Chassé in *Les Clefs de Mallarmé*[10] versucht. Dabei darf aber nicht, wie Chassé es tut, die Wortbedeutung auf den etymologischen Sinn beschränkt werden: Die Beobachtung, daß »siècle« hier im Sinn von »Geschlecht, Generation« gebraucht ist, wird falsch, wenn darüber der andere Aspekt desselben Faktums vergessen wird, daß nämlich für die Bedeutung »Geschlecht« das Wort »siècle« gewählt wurde, das heute »Jahrhundert, Zeitalter« bedeutet. Etymologischer Sprachgebrauch und Metaphorik sind einander verwandt: beide gründen in der Mehrdeutigkeit. Während diese aber von der Metaphorik geschaffen wird, findet der etymologische Sprachgebrauch sie vor und kann sich so die subjektive Kühnheit des Übertragens und Verbindens von der Objektivität der Sprache legitimieren lassen.

Ob nun aber *siècles* in Vers 13 ein Kollektivausdruck für die Löwen ist oder die vergangene Zeit bezeichnet, die in den

10 Charles Chassé, *Les clefs de Mallarmé*. Paris 1954.

»alten« Tieren, den »einstigen Königen« fortlebt: Beide Bedeutungen, deren eine, die geläufige, schwer auszuschalten ist, während die etymologische die kühne Metapher stützt – um eine Metapher handelt es sich in jedem Fall, da die *fauves* (fahlgelb) genannten *siècles*, die sich im Kerker herumschleppen, durch diesen Kontext zugleich die Löwen selber bedeuten müssen –, beide möglichen Bedeutungen also haben dieselbe poetische Wirkung der Verflüchtigung, der Entmaterialisierung. Man braucht nur statt *la lourde prison / Où de mes vieux lions traînent les siècles fauves* »la lourde prison / Où traînent mes vieux lions fauves« zu sagen, um den Unterschied zu sehen. Diese Verwandlung der Materie, die meist keine Abstraktion ist, da die Dinge in den Bildern ihre Konkretheit bewahren und nur ihre Unmittelbarkeit, Eindeutigkeit, gleichsam ihr An-sich-Sein einbüßen, kennzeichnet nun den Abschnitt insgesamt. Kein *trübes Licht*, wie die Versübertragung von Carl Fischer es haben will (*Sämtliche Gedichte* 61), ergießt der Morgen, sondern »traurige Feste«; nicht ihr Kleid legt die Prinzessin ab, sondern die bleichen Lilien entblättert sie, die in ihr sind. Und als wären die Kleidungsstücke, selbst in Blütenblätter verwandelt, noch zu sehr der stofflichen Sphäre verhaftet, sinken sie *à travers ma rêverie*, durch die Träumerei der Hérodiade hindurch, nicht mehr einen physischen, sondern einen psychischen Raum durchmessend.

Die Metaphorik ist hier keine bloße Darstellungsweise, man wird zum Verständnis dieser Verse nicht gelangen, indem man versucht, durch den Schleier der Bilder hindurch den »eigentlich« gemeinten Vorgang zu erfassen. Denn der Vorgang selber schillert zwischen der physischen und der psychischen Sphäre und ist der Darstellung nicht vorgegeben, sondern wird allererst im metaphorischen Raum Ereignis, in welchem das Sinnliche Bild für das Unsinnliche und das Unsinnliche Bild für das Sinnliche ist. Die Verse 17 f.: [...] *et j'effeuille / Comme près d'un bassin dont le jet d'eau m'accueille / Les pâles lys qui sont en moi* [...] sind nicht die metaphorische Schilderung einer Entkleidung, sondern die Entkleidung ist gleichsam an sich schon anderes als nur sie selbst, sie ist auch ihre eigene Übertragung, nämlich: Enthüllung, Entblößung. Die Blütenblätter der bleichen Lilien, welche die Heldin, durch ihr Schweigen hindurch, niederfallen läßt, sind keine bloße Metapher für das verbum proprium »Kleid«, denn wie sollte man dann den Zusatz *qui sont en moi* verstehen? Was Hérodiade beschreibt, ist das Ablegen ihres Gewandes und die Enthüllung ihres Inneren in einem. Und ihr Inneres sieht sie im Bild der bleichen Lilien. Wie diese zugleich zur Metapher werden für das Gewand, wenn der Kontext die Heldin von einem Wasserstrahl empfangen läßt, so wird andererseits auch das Kleid zur Metapher für Psychisches, wenn *les lions de ma robe écartent l'indolence* (Vers 22): Indolenz im strengen Wortsinn ist Unfähigkeit zur Empfindung, jener Zustand des Abgestorbenseins, den Hérodiade am Metall, an den Edelsteinen und an den Sternen preist und der ihr im Medium ihrer Haare, ihres goldenen Helms, schon beschieden zu sein scheint. Ist bereits der Schauder, der Hérodiades Körper bei der Berührung mit dem eisigen Strahl ihrer Haare überfällt, das Zeichen, daß Hérodiade ein Trugbild von sich selber hat, so wird sie sich in der Szene mit den Löwen vollends ihrer organischen Natur, gegen die sie ankämpft, bewußt. Indem sie den Blick der Löwen auf sich ruhen fühlt, schwindet die Unempfindlichkeit, zu der sie sich sonst anhält.

Man wird die komplexe metaphorische Struktur dieser Verse, die jede Auflösung verbietet, da diese die Komplexität aus der Welt schaffen würde, deutlicher sehen, wenn man sie mit den Versen vergleicht, in denen die Metapher wiederkehrt. In Vers 97, da Hérodiade die Vorstellung der Amme, ein Sterblicher könnte ihr nahen, empört zurückweist, sieht sie ihren Körper als Blumeninneres, das aus dem Blütenkelch nackt hervortritt: *un mortel* – ich zitiere die erste Fassung – *devant qui, des calices / De mes robes* [...] /

Sortirait le frisson blanc de ma nudité.[11] Im Gegensatz zu den früher betrachteten Versen ist hier zwischen dem gemeinten Vorgang und seinem metaphorischen Ausdruck genau zu unterscheiden; die Übertragung findet gleichsam nur in einer Richtung statt. Es wird kein Zufall sein, daß im Zusammenhang dieses traditionellen Metapherngebrauchs auch jene genitivische Fügung auftritt (*les calices de mes robes*), die, heute verfemt, zu den ältesten Möglichkeiten metaphorischen Sprechens gehört. Auch der kühner konstruierte Schluß des Satzes, der das Konkretum, den Körper, im Sinne der schon beobachteten Entmaterialisierungstendenz Mallarmés ausspart und seine Epitheta: »frissonant« und »nu«, in Form von Abstracta an seine Stelle setzt, wobei das dritte Epitheton »blanc« synästhetisch dem »frisson« beigegeben ist – auch der Schluß erlaubt die Unterscheidung von eigentlich Gemeintem und seiner Darstellung, die Zurückführung der letzteren als eines Sekundären auf das erstere. Anders in der Beschwörung der Szene mit den Löwen, deren zentraler Vorgang überhaupt erst in der Metaphorik seine Wirklichkeit hat: An die Stelle der Einbahnstraße, wie sie die traditionelle Metaphorik kennt, tritt hier eine wechselseitige Spiegelung, die Elemente »bedeuten« und verwandeln einander gegenseitig.

Nur weil solcherart das, was die Heldin der Amme erzählt, immer schon mehr ist als ein realer Vorgang der Vergangenheit, weil die Entkleidung im Löwenkerker zugleich die Enthüllung von Hérodiades unterdrückter Natur ist, führen die Verse nicht weg von der Situation, in der sie der Amme Rede und Antwort stehen muß. Die Reminiszenz ist nicht einmal ein Umweg, Hérodiade rekurriert nicht auf ein Vergangenes, sondern der Vorgang der Vergangenheit ist als seine eigene Übertragung ins Ideelle ganz und gar Gegenwart und als solche unmittelbar eins mit Hérodiades Ant-

---

11 Mallarmé S. 1445 und S. 47. – Ein Sterblicher, vor dem aus dem Kelch / meiner Kleider . . . / der weiße Schauer meiner Nacktheit hervorstiege. – Übers. d. Hrsg.

wort an die Amme: Sie enthüllt sich vor ihr, indem sie die Enthüllung, die Entkleidung im Löwenkerker heraufbeschwört.

Doch auch die Löwen bleiben im Bannkreis der Metaphorik nicht sie selbst. Die Beziehung, die Hérodiade in Vers 25 f., nachdem die Evokation ihr Ende gefunden hat, zwischen ihren Haaren (*ma chevelure*) und den Löwenmähnen (*les crinières*) diskursiv ausspricht, hat die Bilderwelt zuvor schon hergestellt. Das Blonde von Hérodiades Haaren kehrt in Vers 13 als das Fahlgelbe der Löwen wieder; *horreur*, der Schauder des Körpers vor den Haaren als *effrois* in Vers 16, der Hérodiade den Löwen zuführt. Daß Hérodiade die Löwen *mes* [...] *lions* nennt, hat auch den tieferen Sinn, daß die Löwen nicht bloß ihr gehören, sondern auch einen Teil ihres Wesens verkörpern. So nimmt die Erregung, in die Hérodiade angesichts der Löwen gerät (*Les lions, de ma robe écartent l'indolence*), die Autoerotik vorweg, die Hérodiade erst in Vers 75 mit einem lakonischen *Pour moi* einbekennen wird. Die Entkleidung ist also nicht nur Enthüllung, sondern auch Selbstbegegnung: der Blick, den die Löwen auf den Körper der Hérodiade werfen, ist zugleich ein Blick, den sie auf sich selber wirft. Darum entspringt der vieldeutig schillernden Reminiszenz der eindeutige Wunsch nach dem Gegenstand, der seit je das Emblem der Selbstbegegnung ist: nach dem Spiegel. *Miroir* ist das Wort, in dem die Verse Hérodiades gipfeln, es ist ein Schlüsselwort alles Folgenden. Allein dem Oberflächenverständnis mag seine Erscheinung in Vers 28 als unvermittelt erscheinen: in Wahrheit ist es von der Metaphorik des Vorausgehenden vorbereitet. Nur indem man die Interdependenz der Bilder begreift, wird man die innere Folgerichtigkeit der Dichtung gewahr: Die Handlung ist hier nicht Gegenstand der Dichtung, sondern vollzieht sich allererst in ihr.

IV

Wir haben gesehen, wie in den ersten 25 Versen, die Hérodiade spricht, die innere Gegensatzspannung ihres Wesens als eine zwischen dem »blonden Strom ihrer unbefleckten Haare« und den »bleichen Lilien, die in ihr sind« begriffen wird. Als wüßte die Amme, daß das drohende Unheil in dieser Spaltung Fuß fassen wird, versucht sie eine Vermittlung herbeizuführen zwischen dem Metallisch-Empfindungslosen, das Hérodiades Bild von sich selbst bestimmt, und dem Blumenhaften, dem ihre Natur zugehört. Diesem Ziel dienen die Verse, die die Sphäre der sinnlichen Wirklichkeit dennoch nicht verlassen:

> *Sinon la myrrhe gaie en ses bouteilles closes,*
> *De l'essence ravie aux vieillesses de roses*
> *Voulez-vous, mon enfant, essayer la vertu*
> *Funèbre?*[1]

Es kennzeichnet das Raffinement der Mallarméschen Dichtung, daß hier die Blumenmetaphorik der vorausgehenden Verse durch die Realität bestätigt und zugleich weiterentwickelt wird. Die Essenz, mit der die Amme die Haare der Herrin aus deren metallischer Unsterblichkeit ins Leben zurückholen will, ist aus Blumen gewonnen, verknüpft die Haare also realiter mit der Sphäre, in welcher der Körper der Hérodiade metaphorisch angesiedelt ist. Indem aber die Amme Rosenduft empfiehlt, wird die Blumenmetaphorik zugleich weitergetrieben. Denn mit den bleichen Lilien und den Rosen sind die beiden gegensätzlichen Blumen genannt, in deren Zusammenhang Mallarmé den Namen seiner Heldin zum ersten Mal verwandt hat. In dem im März 1864 entstandenen Gedicht *Les Fleurs* heißt es:

---

[1] *Les noces* S. 64, V. 29-32. – Wenn nicht die frohe Myrrhe in ihren verschlossenen Flaschen, willst du, mein Kind, die düstere Kraft der dem Alter der Rosen geraubten Essenz erproben? – Übers. Böschenstein/Bollack.

> [...]
> *Et, pareille à la chair de la femme, la rose*
> *Cruelle, Hérodiade en fleur du jardin clair,*
> *Celle qu'un sang farouche et radieux arrose!*
>
> *Et tu fis la blancheur sanglotante des lys*
> *Qui roulant sur des mers de soupirs qu'elle effleure*
> *A travers l'encens bleu des horizons pâlis*
> *Monte rêveusement vers la lune qui pleure!*[2]

Ist die Lilie ein Symbol der unberührten Träumerei, die im Schluchzen bei sich selber bleibt, so die Rose das der Grausamkeit, des Blutes. Indem in der Abfolge der Vorstellungen an die Stelle der bleichen Lilien die Rose tritt, wird jenseits dessen, was man als Handlung oder Dialog bezeichnen würde, und darum auch ohne ausdrückliche Verknüpfung der beiden Stellen (V. 19 und V. 30), jener Vorgang evoziert und vorweggenommen, um den die ganze Dichtung kreist: die Verletzung der Jungfräulichkeit. Von den Versen der Amme ist eine frühere Fassung überliefert, die zeigt, wie Mallarmé im Lauf der Arbeit am Wortlaut einen größeren Assoziationsreichtum anstrebt und damit eine größere Dichte im Bedeutungsnetz, das im Text, jenseits der logischen Verknüpfungen der Rede, von den Verbindungen der Vorstellungswelt geschaffen wird. Statt *De l'essence ravie aux vieillesses de roses* heißt es in dem *Toilette d'Hérodiade* überschriebenen Bruchstück: *[...] de l'essence faite avec la mort des roses.*[3] Indem Mallarmé an die Stelle des technisch-nüchternen *faite*, das nur den Herstellungsvorgang der Essenz bezeichnet, *ravie* setzt, evoziert der Entstehungsvorgang des Rosenöls zugleich den raptus, die Entführung.

---

2 Mallarmé S. 34. – Und, gleich dem Fleisch der Frau, die Rose / Grausam, Hérodiade in Blüte des hellen Gartens, / Jene, die wildes und strahlendes Blut durchfließt! // Und du machtest die schluchzende Weiße der Lilien, / Welche, hinrollend auf den Meeren von Seufzern, die sie kaum streift, / Durch den blauen Weihrauch der verblichenen Horizonte hin, / Träumerisch aufsteigt zum weinenden Mond! – Übers. d. Hrsg.

3 Mallarmé S. 1444. – Von der aus dem Tod der Rosen gemachten Essenz. – Übers. d. Hrsg.

Ohne daß er genötigt ist, das Farbcliché »rot« zu verwenden, gelingt es Mallarmé durch eine Verwendung des Verbums »ravir« im übertragenen Sinn, auch den eigentlichen Wortsinn zu evozieren und so jenen Kontext anzudeuten, dessen Symbol die Rose in seiner Dichtung ist. Düster – *funèbre* – wird die Kraft der Rosenessenz genannt, weil sie – wie die erste Fassung sagt – aus dem Tod der Rosen gemacht ist: man ist versucht, in dieser Andeutung des Opfers, des Todes, der der Preis des Lebens ist, die Vorwegnahme jenes Unterganges zu sehen, den Johannes um Hérodiades Selbstverwirklichung willen erleiden muß.

Wie zu Beginn der Dichtung den Kuß lehnt Hérodiade auch diesen zweiten Versuch der Amme, die Mauer, die sie umgibt, zu durchbrechen, schroff ab, *courroucée*, heftig erzürnt, wie die Bühnenanweisung der eben zitierten frühen Fassung besagt, in der die Dichtung noch dem Theater zugedacht war. Die Verse Hérodiades lauten:

> *Laisse-là ces parfums! ne sais-tu*
> *Que je les hais, nourrice, et veux-tu que je sente*
> *Leur ivresse noyer ma tête languissante?*
> *Je veux que mes cheveux qui ne sont pas des fleurs*
> *A répandre l'oubli des humaines douleurs,*
> *Mais de l'or, à jamais vierge des aromates,*
> *Dans leurs éclairs cruels et dans leurs pâleurs mates*
> *Observent la froideur stérile du métal,*
> *Vous ayant reflétés, joyaux du mur natal,*
> *Armes, vases depuis ma solitaire enfance.*[4]

»Meine Haare, die keine Blumen sind, [...] sondern Gold« – in dieser adversativen Behauptung treffen die beiden Vor-

---

4 *Les noces* S. 65, V. 29-41. – Laß diese Wohlgerüche! weißt du nicht, daß ich sie hasse, Amme, und willst du, daß ich fühle, wie ihre Betäubung mein schlaffes Haupt durchtränkt? Ich will, daß meine Haare, die keine Blumen sind, das Vergessen menschlicher Schmerzen auszubreiten, sondern Gold, auf ewig rein von den Gewürzen, in ihrem grausamen Leuchten und in ihrer matten Blässe die unfruchtbare Kälte des Metalls wahren, da sie euch widergespiegelt haben, Kleinode der heimischen Mauer, Waffen, Gefäße seit meiner einsamen Kindheit. – Übers. Böschenstein/Bollack.

stellungswelten, deren Spannungsverhältnis die erste Replik Hérodiades bestimmt hat, schließlich aufeinander. Zugleich ist eine neue Stufe metaphorischen Sprechens erreicht, die der Analyse bedarf. Zwischen einer Fügung wie *Le blond torrent de mes cheveux immaculés*, der Wendung von den *pâles lys qui sont en moi* und dem Vers *mes cheveux qui ne sont pas des fleurs* [...], *mais de l'or* bestehen wesentliche Unterschiede. Die Genitivmetapher *le blond torrent de mes cheveux immaculés* zeigt das Gemeinte und dessen Bild ineinanderverschränkt, nicht bloß durch die syntaktische Fügung, sondern auch durch die katachrestische Verwendung der Epitheta: das gewohnte Haarattribut *blond* begleitet nicht *cheveux*, sondern *torrent*. Solche Verbindungen, die der metaphorische Genitiv schafft, drücken zwar eine Identität aus, die Haare als Strom, ohne indessen diese Identität als reale zu setzen; am nächsten steht der metaphorische Genitiv wohl dem genitivus qualitatis: *mes cheveux immaculés* bestimmt, qualifiziert die Metapher *le blond torrent*, indem es angibt, wofür das Bild gesetzt wird. – Bei den *pâles lys qui sont en moi* ist durch den Wegfall des eigentlich Gemeinten, des verbum proprium, der Realitätsgrad der Metapher erhöht: Weder wird das Bild durch die Nennung dessen, wofür es steht, a l s Bild relativiert, noch wird es in seiner Bedeutung fixiert (wie es in einer Genitivmetapher der Fall wäre): der Zusatz *qui sont en moi* verschweigt ebensoviel wie er ausspricht. Die Metapher verselbständigt sich, sie ist von nicht minderer Wirklichkeit als das unmetaphorisch Bezeichnete. Dieses unproblematische Verhältnis zwischen Realität und Bild wird erschüttert durch den Versuch der Amme, die Haare realiter den Blumen anzugleichen. Das den Rosen Entrissene, die *vertu funèbre*, eine Kraft der Verwandlung, würde die Haare duften machen wie Rosen. Diesen Vergleich, der keine rhetorische Figur mehr ist, steigert Hérodiades Widerstand zur Identität, die darum, weil sie verneint wird, nicht minder real ist: »Meine Haare, die keine Blumen sind...« Deutlicher noch als zuvor läßt sich hier erkennen, daß die Wirklichkeit dieser Verse nicht umgesetzt werden darf in eine Bühnenwirklichkeit. Wo die Welt der Bilder so real wird, daß gesagt werden kann, die Haare seien keine Blumen, sondern Gold, dürfen weder Haare noch Blumen, noch Gold in ihrer physischen Realität dargeboten werden.

Die Entschiedenheit, mit der Hérodiade das Wesen ihrer Haare bestimmt, wird nicht darüber hinwegtäuschen können, daß hier eher etwas postuliert als festgestellt wird. Über den Hintergrund von Hérodiades Weigerung, ihre Haare als Blumen zu begreifen, steht eine aufschlußreiche Passage bei Richard, die ich hier zitieren möchte:

[Hérodiade] *évoque [...] ses »cheveux qui ne sont pas des fleurs / A répandre l'oubli des humaines douleurs« [...] Mais les ›Noces d'Hérodiade‹ nous apprennent que le nom même d'Hérodiade, si important pour Mallarmé, a été obscurément rêvé par lui comme représentatif d'une chute florale à partir du »casque« d'une »chevelure«:*

»La dame au nom trop pur ombrageant son visage
au lourd nom fier
au joli nom
Comme un casque léger d'impératrice enfant
D'où, pour feindre sa joue il tomberait des roses.«

Hérodiade, dans la ›Scène‹, refuse donc sa vraie nature qui serait de se laisser aller vers l'homme en un libre don rouge de fleurs et de cheveux. En réalité, et avec un geste qui est une sorte de transfert et de demi-aveu, elle se contente d'effeuiller »les pâles lys« qui sont en elle, et d'en laisser tomber les pétales sur les »fauves« lions, virils, mais vieux, que suffit à calmer l'imposition de son pied froid... Don, certes, mais chaste et sans péril, offre, mais glaciale: signe sans doute de mauvaise foi chez celle qui avait d'abord été rêvée sous le signe de la rose rouge et sanglante.[5]

---

5 Richard S. 80 f. – Richard zitiert Mallarmé S. 45 und *Les noces* S. 158. – Hérodiade beschwört ihre »Haare, die keine Blumen sind, / das Vergessen

Indem er Hérodiade die »unfruchtbare Kälte des Metalls« preisen läßt, die auch ihre Haare haben sollen, setzt Mallarmé wiederum ein Wort, das Wort *stérile*, im übertragenen Sinn, dessen eigentlicher Sinn zugleich die Sphäre evoziert, für die die Bilder stehen.

Ähnlich, wenngleich kühner, ist die Verwendung des Wortes *vierge* in Vers 37: *mais de l'or, à jamais vierge des aromates*: der übertragene Sinn ist hier bereits lexikalisiert, was sich nicht zuletzt daran ablesen läßt, daß sich die deutsche Übersetzung vom ursprünglichen Wortverstand entfernen muß: *rein von den Gewürzen* heißt es bei Böschenstein und Bollack (*Französische Gedichte* 34), *frei von würzen* bei Carl Fischer (*Sämtliche Gedichte* 63). Dennoch kann hier von der ersten Bedeutung, »jungfräulich«, nicht abstrahiert werden: Wenn Mallarmé einmal gesagt hat, daß Gedichte aus Wörtern, und nicht aus Gedanken gemacht werden[6], so nicht zuletzt wegen der Mehrdeutigkeit der Wörter, die es erlaubt, daß

menschlicher Schmerzen auszubreiten«. Doch die *Noces d'Hérodiade* lehren uns, daß Mallarmé von dem für ihn so bedeutsamen Namen ›Hérodiade‹ dergestalt träumte, daß er, ausgehend vom »Helm« von ›Haaren‹, darin dunkel eine Kaskade von Blumen sah: ›die Dame mit dem zu reinen Namen, ihr Gesicht beschattend / mit dem schweren stolzen Namen / mit dem lieblichen Namen // Gleich dem leichten Helm einer Kind–Kaiserin, / von woher, um ihre Wangen vorzutäuschen, Rosen [wie Regen] fielen.‹ Hérodiade weist also in der *Scène* ihre wahre Natur zurück, nach der sie auf den Mann zugehen sollte in einer freien Hingabe, rot, von Blumen und Haaren. Nun aber, mit einer Geste, die eine Art Übertragung und halbes Eingeständnis ist, begnügt sie sich, die ›blassen Lilien‹, die in ihr sind, zu entblättern und deren Blütenblätter auf die ›falben‹ Löwen fallenzulassen, die, männlich, aber alt, schon das bloße Aufsetzen ihres kalten Fußes besänftigt... Eine Hingabe gewiß, doch keusch und gefahrlos, ein Angebot, doch eisig: ein Anzeichen wohl für das Trügerische in jener, die ursprünglich unter dem Zeichen der roten und blutenden Rose erträumt worden war. – Übers. d. Hrsg.

6 Dieser Ausspruch wurde von Valéry in *Souvenirs littéraires* wiedergegeben. – Paul Valéry, Œuvres I. Ed. Jean Hytier. Paris 1957 (Bibliothèque de la Pléiade 127), S. 784. (Im weiteren zitiert als: Valéry.)

das Gedicht anstelle eines ein für alle Male fixierten Gehalts ein zwischen den verschiedenen Bedeutungsebenen schillerndes, die verschiedenen Wortbedeutungen kaleidoskopartig immer wieder anders verknüpfendes Leben hat. Was die späte Dichtung Mallarmés in ihrer Totalität bestimmt und von ihm auch theoretisch formuliert wurde, läßt sich bereits in *Hérodiade* in Ansätzen finden.

Nun wird man sich fragen, in welchem Zusammenhang die Begründung zu sehen ist, mit der Hérodiade sich gegen den Duft wendet. Sie will sich nicht von ihm betäuben lassen; die menschlichen Schmerzen soll kein Vergessen zudecken. Sowohl die Rede von ihrer *tête languissante* (ihrem schlaffen oder auch: schmachtenden Haupt) als auch die Bejahung der Schmerzen, also der Empfindlichkeit, kontrastiert mit dem Bild, das Hérodiade in ihren ersten Worten von sich vermittelt. Es ist, als erlebte sie sich nach der Enthüllung, nach der Selbstbegegnung der Löwenszene anders (sie ist der *indolence* entrissen); als wären die bleichen Lilien ihres Inneren nach außen, ihr gegenüber, in ihr Bewußtsein getreten. Was sie bejaht, sind aber wohl nicht die Gefühle (die Schmerzempfindung und die Sehnsucht, falls man *languissante* so verstehen darf), sondern bejaht wird das Bewußtsein, das sie von ihnen hat, die Bewußtheit des Erlebens. Sie will sie nicht der Trunkenheit opfern. Die Schilderung ihrer Haare in Vers 37 ff. deutet nicht nur kraft des Assoziationsreichtums einzelner Wörter wie *éclair, froideur*, vielleicht auch *observent* (das ein früheres *conservent* (Mallarmé 1445) ersetzt) über den beschriebenen Gegenstand, die Haare, hinaus auf das Bewußtsein, das kalt beleuchtet, beobachtet und erkennt; diese Schilderung bereitet zugleich die Wiedereinführung jenes Gegenstandes vor, der das Emblem der Bewußtheit, der Reflexivität ist: des Spiegels. Die Beziehung, die am Ende der ersten Replik Hérodiades, in Vers 28, zwischen den Haaren und dem Spiegel hergestellt wurde, wird hier verinnerlicht: das Haar ist selber ein Spiegel (*Vous ayant reflétés, joyaux du mur natal, / Armes, vases depuis ma solitaire enfance*). Indem so angegeben wird, was von den Haaren gespiegelt wurde, wird ihr Metallenes bestätigt, ihre Affinität mit den Waffen und Gefäßen, die sie seit ihrer einsamen Kindheit umgaben. Zugleich wird die Reflexivität in Zusammenhang gebracht mit dem, was ihre Bedingung und wohl auch ihre Folge ist: die Einsamkeit. Und noch mehr ist in das Bild eingefangen. Es zeigt Hérodiade als Kind von Mauern und von Waffen, von Geschmeide umgeben. Die Mauern evozieren die Abgeschlossenheit von Hérodiades Leben: den Turm, von dem in Vers 60 (*Les noces* 66) die Rede sein wird und den die Amme in der *Ouverture ancienne* (wenig später entstanden als die *Scène*) als *tour cinéraire et sacrificatrice* (Mallarmé, 41, V. 5), als Aschen- und Opferturm, besingt. Zugleich weisen sie zurück auf die *lourde prison de pierre et de fer,* in der Hérodiade inmitten ihrer Löwen wandelt und die es schwerfällt, nicht auch als inneres Gefängnis, als Gefängnis ihres Innern zu verstehen, das noch von jener Vergangenheit erfüllt ist, der die Fürstin, sich der Gegenwart versagend, anhängt: jenes *âge ignoré*, dem die Amme sie entreißen will. – Die Waffen, die das Kind umgeben, zeigen sie als Tochter des Feldherrn, der – wie ebenfalls der *Ouverture ancienne* zu entnehmen ist (Mallarmé 43) – die Tochter verlassen hat, um in den Krieg zu ziehen; das Heldische ist aber auch ihr selber eingeprägt: Wir wissen, daß Mallarmé von den ersten beiden Silben des Namens *Hérodiade* gesagt hat, sie verdüsterten das Gesicht der Heldin wie der leichte Helm einer kindlichen Kaiserin (*Les noces* 158), und daß er die Homonymie mit »héros« = »Held« wohl nicht unbeachtet gelassen hat. Aber darüber hinaus weisen die Verse 40-41 auf etwas sehr viel Konkreteres: auf die goldene Schüssel, die das Haupt des Johannes empfangen wird und von der es in dem Fragment *Si... Génuflexion comme à l'éblouissant* [...], das der neuen Einleitung angehört, heißt: [...] *cette pièce héréditaire de dressoir / Lourd métal usuel* [...] (*Les noces* 55). Ein solcher Hinweis dient nicht bloß der Vorbereitung, dem Schaffen eines dichten Gewebes, in dem das eine mit dem anderen mannigfach verknüpft ist. Die Verknüpfung stiftet zugleich Sinn, hier den Motivierungszusammenhang, der zwischen dem Mord an Johannes und der Verhaftung Hérodiades an ihre Kindheit, ihrem Nicht-Frau-sein-Wollen besteht, wobei eine solche Motivierung nicht diskursiv gegeben wird, sondern entsteht durch die Bildkonstellation »unfruchtbare, goldene Haare« – »Goldgeschmeide des Elternhauses« (wir haben gesehen, daß die Schüssel eine *pièce héréditaire* genannt wird) und die Vorstellungen einerseits der Spiegelung, der Reflexivität, andererseits der einsamen Kindheit.

Die folgenden Verse, mit denen die Amme sich dafür entschuldigt, ihrer Herrin Rosenduft angeboten zu haben, gehören wohl zu jenen, die Thibaudet mit dem Prädikat *détestable* bedacht hat:

> *Pardon! L'âge effaçait, reine, votre défense*
> *De mon esprit pâli comme un vieux livre ou noir* . . .[7]

In dem frühen Fragment *Toilette d'Hérodiade* hieß es: [...] *de mon esprit, obscur comme un vieux livre, et noir* . . . (Mallarmé 1444). Die Änderung zeigt die Verlegenheit, in die Mallarmé durch die Notwendigkeit des Reimwortes *noir* gebracht wurde, dem zu Beginn von Hérodiades dritter Replik, das von langer Hand vorbereitete *miroir* antworten wird. Die Entwürfe, die Gardner Davies veröffentlicht hat, zeigen übrigens, daß Mallarmé beim Schreiben nicht selten vom Reimwort ausging, viele Verse stehen in den unvollendeten Texten bis auf das Reimwort leer (z. B. *Les noces* 80). *Obscur comme un vieux livre, et noir* hieß es zunächst wenig glücklich, weil *obscur* das *noir* überflüssig macht, so setzte Mallarmé statt *obscur pâli*, wodurch die Änderung von *et* in

---

7 *Les noces* S. 65, V. 42 f. – Verzeih! das Alter tilgte, Königin, dein Verbot aus meinem wie ein altes oder schwarzes Buch verblaßten Geist . . . – Übers. Böschenstein/Bollack.

ou nötig wurde. Das *ou noir*, das der Amme gleichsam ein metaphorisches Bewußtsein gibt: Sie zögert, ob sie ihr Gedächtnis einem Buch vergleichen oder ob sie es schwarz nennen soll — diese ungewohnte, dem Charakter der Amme wenig angemessene Kühnheit möchte, so scheint es, wiedergutmachen, was den Vers als Cliché belastet, nämlich der traditionelle Vergleich mit *comme*. Lange vor dem Verdikt des — in seinen ästhetischen Erkenntnissen wohl sehr überschätzten — Gottfried Benn[8] hat sich Mallarmé gegen den Wie-Vergleich gewandt. Aus den achtziger Jahren ist sein Ausspruch überliefert: *Je raye le mot ›comme‹ du dictionnaire.*[9] Zwanzig Jahre früher, zur Zeit der Entstehung der »Szene«, schrieb er an einen Freund: *Hérodiade aux cheveux froids comme l'or*[10]: Solcher traditionellen Formulierung steht der Vers der Dichtung entgegen: *mes cheveux qui ne sont pas des fleurs [...], mais de l'or*. Das *comme*, das Mallarmé an dieser Stelle mit einem entscheidenden Schritt in dem Vorgang, den man die Emanzipierung der Metapher nennen könnte, vermeidet, kehrt wieder in dem Vers der Amme. Nur zweimal findet es sich noch im Text der »Szene«: Vers 18: *et j'effeuille / Comme près d'un bassin dont le jet d'eau m'accueille / Les pâles lys qui sont en moi* [...] und Vers 48: *mes souvenirs qui sont / Comme des feuilles sous ta glace au trou profond*. Man wird indessen nicht übersehen dürfen, daß das *comme* in diesen beiden Stellen nicht an ein Attribut angeschlossen ist wie im Vers der Amme (*pâli comme* [...]) und wie im Brief (*froids comme* [...]) und darum viel weniger clichéhaft wirkt.

Der Niveauunterschied, den Thibaudet zwischen den Versen der Hérodiade und der Amme feststellt, legt es nahe, den dialogischen, den dramatischen Charakter der Dichtung

---

8 Vgl. *Probleme der Lyrik*. Gottfried Benn, *Gesammelte Werke – Essays, Reden, Aufsätze*. Wiesbaden 1959, S. 494 ff.
9 Mondor S. 150. – Ich streiche das Wort »wie« im Wörterbuch. – Übers. Szondi.
10 *Correspondance* I S. 141. – Hérodiade mit den Haaren kalt wie Gold. – Übers. d. Hrsg.

als einen bloß prätendierten aufzufassen, und das Werk – wie es später von Hofmannsthals lyrischen Dramen kritisch heißen wird – als lyrischen Monolog, als Rollengedicht zu bezeichnen. Mallarmés späterer Verzicht auf die dialogische Form für die übrigen Teile der Dichtung scheint einer solchen Ansicht recht zu geben. Dennoch wird sie falsch, sobald sie den Unterschied, der zwischen einem solchen lyrischen Monolog und der reinen Lyrik besteht, zu verwischen trachtet. Anders als das Gedicht setzt der lyrische Monolog die Situation, in der gesprochen wird, also die Szene, voraus, und sei es auch nur in der Vorstellung.

Gerade an dem Requisit des Spiegels, den die Amme nun Hérodiade vorhalten wird, läßt sich einsehen, daß das Werk imaginäres Theater ist. Die dem Spiegel gewidmeten Verse gehören wohl zu dem Vollendetsten in dieser Dichtung eines Dreiundzwanzigjährigen; wenn sich auch Mallarmés Sprache, zumal die Syntax, in den folgenden Jahren radikal verändern wird, lassen sich diese Verse, was die Dichte ihrer metaphorischen Textur betrifft, seiner späten Lyrik an die Seite stellen. Ihre Verbindung von Bilderfülle und limpidité, Durchsichtigkeit, wird später Valéry für seine großen Gedichte *La jeune Parque* und *Fragments du Narcisse*, jenseits der Motive, entscheidendes Vorbild sein.

Die Verse lauten:

> *Assez! Tiens devant moi ce miroir.*
>   *O miroir!*
> *Eau froide par l'ennui dans ton cadre gelée,*
> *Que de fois et pendant des heures, désolée*
> *Des songes et cherchant mes souvenirs qui sont*
> *Comme des feuilles sous ta glace au trou profond,*
> *Je m'apparus en toi comme une ombre lointaine,*
> *Mais horreur! des soirs, dans ta sévère fontaine,*
> *J'ai de mon rêve épars connu la nudité!*
> *Nourrice, suis-je belle?*[11]

---

[11] *Les noces* S. 65, V. 44–52. – Genug! Halte diesen Spiegel vor mich! O

Diese Verse verstehen heißt wiederum ihre Bilder verstehen, und zwar nicht durch die Rückübersetzung ins – wie man zu sagen pflegt – eigentlich Gemeinte (wir haben gesehen, daß man auf diese Weise die Eigenart der Mallarméschen Dichtung verfehlt), sondern durch die Einsicht in die Interdependenz der Bilder, in die Art, wie sie einander bedingen, hervorbringen, erhellen, stützen.

Kaltes Wasser, Eis wird der Spiegel im ersten Vers genannt. Das Bild ist in der Doppelbedeutung des französischen Wortes »glace« (Eis und Spiegel) begründet, d. h. die Metapher, durch die dem Wort für »Eis« die zweite Bedeutung »Spiegel« einst zuwuchs und sich lexikalisch niederschlug, wird von Mallarmé reaktualisiert. Entscheidend aber ist, daß er sich dabei hütet, das Wort »glace« an dieser Stelle zu verwenden: Wortspiele haben keinen Platz im Gedicht. Die Eismetapher geht nicht etwa aus dem anstelle von *miroir* verwandten Wort »glace« hervor, der Mechanismus wäre dann allzu augenfällig, ebensowenig läßt Mallarmé dem Wort *miroir* die Bezeichnung »glace« folgen, denn das würde ans Pleonastische grenzen. Vielmehr meidet er an dieser Stelle das Wort, wählt Umschreibungen (*eau froide* und *gelée*), die zugleich weiterdeuten, und setzt *glace,* dessen Zweideutigkeit die Passage begründet, erst dort, wo es eindeutig ist, wo es nur »Eis« bedeuten kann: Vers 48 in der auf O *miroir!* bezüglichen Possessivfügung *sous ta glace: glace* kann hier nicht Spiegel heißen.

Die Umschreibungen des Beginns bringen aber zugleich manchen Gewinn. Denn erstens verknüpfen sie die Stelle mit früheren Versen: das Wassermotiv wird wiederaufgenommen, das in Vers 4 mit der Metapher *le blond torrent de mes cheveux immaculés* eingeführt und in Vers 18 mit dem

Spiegel! kaltes Wasser, vor Langeweile in deinem Rahmen eingefroren, oft und während Stunden, von den Träumen verlassen und meine Erinnerungen suchend, die wie Blätter unter deinem Eis mit dem tiefen Loch sind, erschien ch mir in dir wie ein ferner Schatten, doch Entsetzen: an Abenden habe ich, in deinem strengen Brunnen, die Nacktheit meines zerstreuten Traums erkannt! Amme, bin ich schön? – Übers. Böschenstein/Bollack.

jet d'eau, das den Körper Hérodiades empfängt, fortgesetzt wurde; *froid* hingegen verweist auf Vers 39: *la froideur stérile du métal.* Solche Querverbindungen wären natürlich bedeutungslos, auch durchaus als Werk des Zufalls anzusehen, wenn sie nicht die Funktion hätten: das scheinbar Disparate auf die Einheit der Vorstellung zurückzuführen, in diesem Fall etwa den geheimen Spiegelungscharakter der Löwenszene anzudeuten.

Hinzu kommt in Vers 45 als ein Gewinn, der durch die Paraphrase erzielt wird, der Prozeßcharakter, d. h. die Einführung der Zeitdimension. Das Eis wird als ein Gewordenes gezeigt: nur als Partizip der Vergangenheit, *gelée,* ist die Wortfamilie von *glace* hier vertreten. Das temporale Moment, wie beiläufig eingeführt, wird in den nächsten Versen eine entscheidende Rolle spielen. Indem die Zuständlichkeit des Spiegels metaphorisch zur Prozessualität des Gefrierens wird, entsteht zugleich Raum für das Agens dieses Vorgangs: Der Spiegel bekommt einen Urheber, der ihn aus der Sphäre des Sichtbaren, aus der Sphäre der Gegenstände herüberzieht in die geistig-seelische Wirklichkeit. Was das Wasser frieren macht, was den Spiegel als Attribut Hérodiades entstehen läßt, ist das *ennui,* die Langeweile. Welche Rolle der Baudelairesche Dämon in der frühen, von der Vorstellungswelt der *Fleurs du mal* stark beeinflußten Dichtung Mallarmés spielt, zeigt allein schon die Häufigkeit seines Auftretens – die sich mit Hilfe der Konkordanz leicht feststellen läßt, die Pierre Guiraud nicht nur für Mallarmé, sondern auch für die anderen Symbolisten ausgearbeitet hat.[12] L'ennui kommt in drei der wichtigsten Gedichte vor, die unmittelbar vor der Hérodiade-Szene entstehen: in *Angoisse* (Mallarmé, 35), *Azur* und *Brise marine* (a.a.O. 37 f.), ferner schon in dem zwei Jahre älteren Gedicht *Renouveau* von 1862 (a.a.O. 34).

Sowenig wie in diesen Gedichten wird das ennui in der

---

12 Pierre Guiraud, *Index du vocabulaire du symbolisme* – III *Index des mots des poésies de Stéphane Mallarmé.* Paris 1953.

Hérodiade motiviert. Was die Langeweile wie auch ihre ausgeprägtere Form: die Schwermut kennzeichnet, ist gerade, daß sie als ein Fremdes erfahren wird, das sich auf die Seele legt. Als Fremde wird sie zum Dämon. Dennoch ist sie in Hérodiades Versen kein bloß eingesetzter Name, vielmehr mit den sie umgebenden Vorstellungen mannigfach verbunden. Der lähmenden Kraft der Langenweile, die dem Menschen das Gefühl der Entseeltheit, des Abgestorbenseins eingibt, entspricht metaphorisch der Vorgang des Gefrierens. Die Vereinzelung des vom ennui Heimgesuchten, dem die Welt der anderen abhanden kommt und dessen Blick nur noch auf sich selbst gerichtet ist, findet ihren Ausdruck im Spiegel, der durch die Ineinssetzung von Spiegel und Eisfläche als vom ennui selbst hervorgebracht erscheint. Die leere Zeit, die – wie das deutsche Wort verrät – nur noch als lange Weile, als ein ewig sich Wiederholendes erlebt wird, schlägt sich in *pendant des heures* und *que de fois* nieder. Das Wort, mit dem der aus den beiden farblosen, aber gerade in ihrer Farblosigkeit expressiven Adverbialausdrücken bestehende Vers schließt, hat besonderes Gewicht: *désolée*. Das enjambement hat sicherlich nicht nur die Funktion, die ihm Émilie Noulet zuschreibt (Noulet 373): nämlich die Ergänzung *des songes* hervorzuheben. Denn indem *désolée* in dem Fortgang des Gedichts als Endreim für einen Augenblick einen Abschluß bildet, hat es noch eine andere Bedeutung als jene, die ihm die Ergänzung geben wird. Die Stellung im Vers zerlegt das Wort prismatisch in zwei Sinnträger: »verlassen«, nämlich von den Träumen, ist die eine Bedeutung, »betrübt«, die andere. Oder statt von Zerlegung wäre richtiger umgekehrt von Vereinigung zu sprechen: Indem Mallarmé das Wort *désolée* als Reimwort setzt, kann er die Verlassenheit und die Reaktion der Seele darauf: die Betrübnis in einen einzigen Ausdruck zusammenfassen. Solche Ambiguität, die – wie im vorliegenden Fall oder in Vers 37: *vierge des aromates* – auch nur eine transitorische sein kann, entspricht nicht nur einem Ökonomieideal, mit dem der

Symbolismus gegen die als hohl empfundene Rhetorik der Romantiker rebelliert. Indem das einzelne Wort zwischen verschiedenen Bedeutungen schillert, erwacht es zu einem Scheinleben und gemahnt an die Gegenstände, die Mallarmé und seiner Zeit besonders lieb waren: die Fächer, die sich öffnen, als wären sie Flügel, die Muscheln, in denen das Meer rauscht, oder die in verschiedenen Farben schillernden Gläser Emile Gallés.

Aber nicht nur das einzelne Wort wandelt sich, sondern auch die Vorstellung: Hier wie dort wird angestrebt, mit einer möglichst geringfügigen Drehung des Kaleidoskops die größtmögliche Veränderung zu erzielen. So wandelt sich der Spiegel, immer noch Eisfläche, in einen zugefrorenen Brunnen *(sous ta glace au trou profond)*: in dessen Tiefe die Vergangenheit so sichtbar und so unzugänglich ist wie Herbstblätter unter der Eisschicht des Winters. Hérodiade, von den Träumen, d. h. von dem Entwurf dessen, was sein könnte, verlassen, sucht erfolglos Zuflucht bei der Vergangenheit: Auch ihre Erinnerungen sind ihr abgestorben wie das Herbstlaub, das auf französisch »feuilles mortes« heißt. Hérodiade begegnet sich im Spiegel als ferner Schatten: Der Vers greift zurück auf den Eingang *vois-je ici l'ombre d'une princesse?* und voraus auf einen anderen Vers der Amme (Vers 63): *vous errez, ombre seule* [...] Einsamer Schatten, das Adjektiv begründet die Schattenhaftigkeit: Hérodiade ist aus Einsamkeit Schatten. Erschien sie zu Beginn der Amme als Schatten, weil sie sich in sich zurückgezogen hatte, so wird sie es hier sich selber. Die Selbstbegegnung der Löwenszene kehrt wieder, gleichsam als Winterlandschaft. Die Blätter von Hérodiades Innerm, die ihr Blumenkörper dort niedersinken ließ, sind hier totes, von Eis zugedecktes Laub. Nicht ohne Zögern zieht man diese Verbindungslinie zwischen den beiden Stellen. Was sie aber legitimiert, ist die nächste Drehung des Kaleidoskops, welche die Spiegelvorstellung der Vorstellung des Löwenverlieses annähert: *Mais, horreur! des soirs, dans ta sévère fontaine, / J'ai de mon rêve*

épars connu la nudité! / Nourrice, suis-je belle? Der Spiegel
ist nun ein Brunnen, in dem sich ein Nacktes spiegelt. Die
Strenge des Brunnens (*ta sévère fontaine* – Hervorh. von
Sz.) gemahnt an dessen metaphorische Herkunft aus der
Eisfläche, die sich zwischen Hérodiade und ihre Vergangenheit geschoben hatte, weist aber zugleich auf den Wandel,
von dem die Enthüllungsvorstellung betroffen wurde. Nicht
ihren nackten Körper spiegelt das Wasser, sondern die
Nacktheit ihres »zerstreuten Traums«. In der frühen Fassung *Toilette d'Hérodiade* heißt es noch: *Horreur, j'ai contemplé ma grande nudité!*[13] Ist hier der nackte Körper durch
das Abstractum *nudité* entsinnlicht, so ist in der späteren
Fassung das Erkannte, nämlich das wahre Wesen von Hérodiades Traum, durch dasselbe Wort zurückgetaucht in die
sinnliche Sphäre. Es kennzeichnet die gleichsam konstitutionelle Ambiguität von Mallarmés Sprache, ihr Schillern zwischen Sensualität und Spiritualität, die mit der üblichen
Metaphorik, die ein Sinnliches als Zeichen eines Geistigen
setzt, scharf kontrastiert, daß er die Frage Hérodiades an die
Amme: *Nourrice, suis-je belle?* aus der ersten Fassung, in
der sie ihren Körper betrachtet, unverändert in die zweite
Fassung übernehmen kann, die ihr ihren Traum, das, was sie
sein will, unverhüllt zeigt. Nicht zu Unrecht hat man zur
Deutung des Verses *J'ai de mon rêve épars connu la nudité*
auf eine Briefstelle verwiesen, in der Mallarmé wenige
Monate nach der Vollendung der *Scène* über die geplante
Dichtung schreibt: *J'ai été assez heureux la nuit dernière
pour revoir mon Poème dans sa nudité, et je veux tenter
l'œuvre ce soir.*[14] Daß Mallarmé immer wieder von seiner
Arbeit mit Worten spricht, die dieser selbst entnommen
scheinen, ist ein Phänomen, das tief ins Geheimnis der
symbolistischen Dichtung führt und uns noch wird beschäfti-

13 Mallarmé S. 1444. – Entsetzen, ich habe meine große Nacktheit angeschaut. – Übers. d. Hrsg.
14 *Correspondance* I S. 195. – Es ging mir gut genug in der letzten Nacht, um mein Gedicht in seiner Nacktheit wieder zu sehen, und ich will heute abend das Werk wagen. – Übers. d. Hrsg.

gen müssen; hier stehe der Hinweis auf den Brief, dem sich noch ein anderer hinzufügen ließe; am 20. April 1868 schreibt Mallarmé: *Pour moi, voici deux ans que j'ai commis le péché de voir le Rêve dans sa nudité idéale*[15], hier sei darauf hingewiesen, um den Sinn der Stelle einzusehen: die Fügung *de mon rêve épars* [...] *la nudité* preßt zusammen, was sich eigentlich widerspricht: das Wesen, die Idee des Traums und seine »Zerstreutheit«, d. h. sein Nicht-bei-sich-selber-Sein, seine Verhüllung durch Akzidentelles. Der Spiegel, in dem Hérodiade ihre Haare kämmen möchte, die selber kalte, grausame Spiegel sind, hat mit ihnen auch dieses gemein, daß er Hérodiade zu einer Selbstbegegnung verhilft, die ihr Schrecken einflößt: *horreur!*, der Ausruf in Vers 50 bildet die letzte Klammer zwischen diesen Versen und den früheren: in ihm gipfelt, was in Vers 5/6 mit *le glace d'horreur* begann und in Vers 16 als *mes effrois* wiederaufgenommen wurde.

V

Wir haben versucht, die metaphorische Struktur der Verse, die gleichsam ein Gedicht auf den Spiegel bilden, zu begreifen. Zu fragen wäre noch, was dabei mit dem Spiegel selber geschieht. Schon daß er beim Namen genannt wird, versteht sich nicht von selber. Mit einem Unterton der Kritik kommentiert den Vers 44 f. Émilie Noulet, wenn sie feststellt, daß die Apposition *Eau froide* usw. dem »Spiegel« als Definition dient, wie wenn man die Lösung und das Rätsel zugleich geben würde, das Definierte und die Definition, später werde Mallarmé den Spiegel unmittelbar mit der Metapher *fontaine* bezeichnen (Noulet 373). Was sie sagt, ist wohl richtig und falsch in einem. Richtig als Feststellung, falsch, weil sie unterläßt zu fragen, warum Mallarmé die

---

15 A.a.O. S. 270. – Was mich betrifft, ist es nun zwei Jahre her, daß ich die Sünde begangen habe, den Traum in seiner idealen Nacktheit anzuschauen. – Übers. d. Hrsg.

Reihe der Metaphern mit dem verbum proprium eröffnet. Der Grund aber liegt gerade in der Reihenstruktur, in der Metamorphose der Vorstellungen. Die Bilder stehen nicht isoliert nebeneinander, jedes mit einem verschwiegenen Sinn, sondern sie bringen einander hervor. Damit aber dieser Vorgang als solcher erfaßbar werde, muß sein Ausgangspunkt, eben der Spiegel, genannt werden. Er selber ist einem Verwandlungsprozeß unterworfen, keineswegs bleibt der Spiegel die Verse hindurch, nur immer wieder anders umschrieben, er selbst: Das Eis und der Brunnen gehören nicht minder der Wirklichkeit des Gedichts an als der Spiegel. Man würde das metaphorische Gesetz von Mallarmés Dichtung mißverstehen, wollte man die physische Realität, die Gegenständlichkeit des Spiegels leugnen, ihn – wie das Modewort heute heißt – als bloße Chiffre ansehen. Denn in der Dichtung Mallarmés herrscht das metaphorische Prinzip selbst: das Prinzip der Übertragung. Der Gegenstand des Spiegels ist nicht Zeichen für etwas, das an seine Stelle zu setzen wäre, sondern er geht in der Vorstellung in das andere, in die Eisfläche und in den Brunnen über. Diese Kontinuität der Übertragung läßt sich nur in der Imagination, nicht auf der Bühne realisieren.

Nun zeigen aber die Verse Hérodiades auf den Spiegel noch eine andere Struktureigentümlichkeit der Dichtung, die ihren dramaturgischen Ort markiert. In der frühen, noch für die Bühne bestimmten Fassung, die nur in dem *Toilette d'Hérodiade* überschriebenen Fragment überliefert ist (Mallarmé 1444), sind diese Verse von zwei Regieanweisungen umrahmt. Nach den zur Amme hin gesagten Worten *Assez! tiens devant moi ce miroir* heißt es: *très rêveuse*, und da Hérodiade sich (nach Vers 51) wieder der Amme zuwendet, um nach ihrer Schönheit zu fragen, heißt es: *Se réveillant et se tournant vers la nourrice*[1]. Das *se réveillant* gibt dem *très rêveuse* nachträglich seinen starken Sinn: »träumerisch«, ja »im Traum«, nicht bloß: »in Gedanken«. Hérodiade ent-

[1] erwachend und sich der Amme zuwendend – Übers. d. Hrsg.

zieht sich der Gegenwart und träumt: Doch der Gegenstand ihres Traums ist nichts anderes als ihr Traum: *j'ai de mon rêve épars connu la nudité* heißt der letzte Vers, nachdem es schon früher geheißen hatte *désolée des songes*. – Ähnlich hatte das erste Rezitativ der Heldin (Vers 3 ff.), in dem sie sich der Amme enthüllt, zum Gegenstand eine Enthüllung: die Entkleidung im Löwenverlies. So ist die Dichtung gleichsam über sich selbst gebeugt, sie spiegelt sich fortwährend. Dramaturgisch bedeutet das die Hereinnahme des szenischen Geschehens in die Sprache: Der Dialog ist nicht das, was auf der Bühne gesprochen wird, was die Handlung markiert oder berichtet, sondern der Vorgang wird zum Gegenstand der Dichtung, und als solcher, unter dem Gesetz der Metaphorik stehend, seinem realen Schauplatz entrissen. Indem Mallarmé aus Gründen und mit Argumenten, die noch zu betrachten sein werden, den Gedanken einer szenischen Realisierung der *Hérodiade* aufgibt und die genannten Regieanweisungen streicht, zieht er aus diesem Vorgang die Konsequenz: Nicht mehr stellt sich der Leser Hérodiade oder gar die Schauspielerin, die Hérodiade verkörpert, träumerisch vor, sondern begreift in den Worten Hérodiades die Gewalt, die der Traum über sie hat, erfährt sie jenseits allen Bühnengeschehens als Träumende.

So kann der Heldin im Verlauf der Handlung nichts widerfahren, was nicht bereits ihr Wesen ausmachen würde. Fast pedantisch rekapituliert sie in den Versen 53 ff. (*Les noces* 66) die Versuche der Amme, sie ihrer statuenhaften Isolierung zu entreißen. Zuerst der versuchte Kuß, dann die »dargebotenen Düfte« und schließlich die Hand, die den herabfallenden Haaren der Herrin zu Hilfe eilen will; erschrocken durch die Nähe ruft Hérodiade aus: *Arrête dans ton crime / Qui refroidit mon sang vers sa source* [...][2] Allein, was hier als Reaktion auf die, wie es in Vers 58 heißt, frevelhafte Handbewegung der Amme erscheint, das wiederholt

---

2 *Les noces* S. 6, V. 54 f. – Halt ein in deinem Frevel, der mein Blut bis zu seiner Quelle hin kältet – Übers. Böschenstein/Bollack.

oder aktualisiert nur das Verhältnis, in dem Hérodiade zu sich selber immer schon steht: Das eisige Erstarren, das die Amme hervorruft, erschien in Vers 4 f. (*Le blond torrent de mes cheveux immaculés / Quand il baigne mon corps solitaire le glace / D'horreur* [...]) als von Hérodiade selber hervorgerufen, und das kalte Blut, das in Vers 54 als schockhafte Antwort auf die menschliche Nähe beschrieben wird, ist die Bedingung, die Hérodiade ihrer Existenz, die von Menschlichem nichts wissen will (Vers 82: *je ne veux rien d'humain*), diktiert; in Vers 103 ff. heißt es:

> *J'aime l'horreur d'être vierge et je veux*
> *Vivre parmi l'effroi que me font mes cheveux*
> *Pour, le soir, retirée en ma couche, reptile*
> *Inviolé sentir en la chair inutile*
> *Le froid scintillement de ta pâle clarté* [...][3]

(der letzte Vers ist an die »weiße Nacht aus Eisschollen und grausamem Schnee« gerichtet). Der Ausdruck *reptile*, der die gewollte kaltblütige Ferne Hérodiades vom Bereich der Menschen markiert, ist vorbereitet durch die Verse, die vom erstarrenden Blut sprechen, während der Kontext auf sehr viel deutlichere Weise zugleich die eben angeführten Verse 4 ff. evoziert: auch dies ein Beleg für die kunstvolle Komposition des Textes. Aber die Komposition bedeutet wiederum mehr als Querverbindungen mit bloß formalen Funktionen[4]. Hérodiade schreckt vor der Hand der Amme, die sie berühren will, zurück. Kein Zweifel besteht, daß diese Berührung drohend auf jene andere verweist, durch deren

---

[3] A.a.O. S. 69, V. 103-107. – Ich liebe das Grauen, Jungfrau zu sein, und ich will leben inmitten des Entsetzens, das mir meine Haare bereiten, um am Abend, auf mein Lager zurückgezogen, ein unversehrtes Reptil, im fruchtlosen Leib das kalte Glitzern deines blassen Schimmers zu spüren. – Übers. Böschenstein/Bollack.

[4] In der französischen Fassung heißt es weiter: »[la composition] relève en même temps de la sémantique, elle exprime quelque chose.« (Die Komposition ist zugleich Teil der Semantik, sie drückt etwas aus. – Übers. d. Hrsg.)

Ablehnung Hérodiade erst ist, was sie ist. In Vers 59 ff. nimmt die Heldin die Geste der Amme als Vorzeichen, als Omina für das Unglück, mit dem der Tag, wie sie fürchtet, enden wird:

> [...] *sont un jour*
> *Qui ne finira pas sans malheur sur la tour...*
> *O jour qu'Hérodiade avec effroi regarde!*[5]

Auf ihre insistierende Frage in Vers 67 *Mais n'allais-tu pas me toucher?*[6] antwortet die Amme mit dem Bekenntnis, daß sie gern wäre, »dem das Schicksal deine Geheimnisse aufbewahrt« (*J'aimerais / Etre à qui le destin réserve vos secrets. Les noces* 67). Und in Vers 81 (a.a.O. 68) kehrt das Wort »toucher« wieder, nun bereits auf den bezogen, dessen Präfiguration die Amme ist. Indem aber so die Linie sichtbar wird, die von Vers 53 ff. (*Arrête dans ton crime / Qui refroidit mon sang vers sa source* [...]) zu Vers 105 f. *(reptile inviolé)* führt, wird deutlich, daß Hérodiade immer schon ist, was sie im Lauf des Geschehens zu werden scheint: Schon als Unberührte ist sie das kaltblütige Wesen, zu dem sie der Schreck der drohenden Berührung zu machen scheint.

Weil dergestalt alles, was geschieht, schon geschehen ist, bleibt die Zeit gleichsam stehen. Keine Wege führen in die Zukunft, der Zukunft wird nicht in jeder Sekunde ein Stück als Gegenwart abgerungen, sondern sie steht als eine Fremde drohend am Horizont. Ziemlich genau in der Mitte der Dichtung steht der Vers, der als erster von der bangen Erwartung spricht, die sich in der Folge immer mehr als ein Hauptmotiv der Szene enthüllt. Es sind die zum Teil eben zitierten Verse, die Hérodiade an die Amme richtet:

---

[5] *Les noces* S. 66, V. 59 f. – sind ein Tag, der nicht ohne Unheil enden wird auf dem Turm... O Tag, den Hérodiade mit Grauen betrachtet! – Übers. Böschenstein/Bollack.

[6] A.a.O. S. 66, V. 67. – Doch wolltest du nicht eben mich berühren? – Übers. Böschenstein/Bollack.

> *ah! conte-moi*
> *Quel sûr démon te jette en le sinistre émoi,*
> *Ce baiser, ces parfums offerts et, le dirai-je?*
> *O mon cœur, cette main encore sacrilège,*
> *Car tu voulais, je crois, me toucher, sont un jour*
> *Qui ne finira pas sans malheur sur la tour...*
> *O jour qu'Hérodiade avec effroi regarde!*[7]

In der 1869 publizierten Fassung hieß es noch: *O tour qu'Hérodiade avec effroi regarde* (Mallarmé 1445): Die Änderung von »Turm« in »Tag« betont das zeitliche Moment, dient aber zugleich der Überwindung der szenischen Realität: Hérodiades entsetzter Blick, auf den Turm gerichtet, gehört der Bühnenwirklichkeit an: richtet er sich auf das Kommende, so hat er nur noch in der Imagination Raum. Dabei fällt auf, daß Hérodiade streng genommen nicht die Zukunft, sondern die Gegenwart, den gegenwärtigen Tag, mit Entsetzen betrachtet, wie auch die Amme in den anschließenden Versen die Zukunft zur Gegenwart macht:

> *Temps bizarre, en effet, de quoi le ciel vous garde!*
> *Vous errez, ombre seule et nouvelle fureur,*
> *Et regardant en vous précoce avec terreur:*
> *Mais toujours adorable autant qu'une immortelle*
> *O mon enfant, et belle affreusement et telle*
> *Que...*[8]

---

7 A.a.O. S. 66, V. 55-61. – oh, erzähle mir, welcher sichere Dämon dich in diese Erregung stürzt, dieser Kuß, diese dargebotenen Düfte, und, werd ich's sagen, mein Herz, diese frevelnde Hand noch, denn du wolltest, ich glaube, mich berühren, sind wie ein Tag, der nicht ohne Unheil enden wird auf dem Turm... O Tag, den Hérodiade mit Grauen betrachtet! – Übers. Böschenstein/Bollack.
8 A.a.O. S. 66, V. 62-67. – Seltsame Zeit, fürwahr, wovor der Himmel dich behüten möge! Du irrst, einsamer Schatten und neue Furie, und blickst in dich, frühreif, erschreckt; doch immer anbetungswürdig gleich einer Unsterblichen, o mein Kind, und furchterregend schön und so wie... [oder vielleicht auch: so daß...] – Übers. Böschenstein/Bollack mit Alternative von Szondi.

Die Zeit, von der hier die Rede ist, wird durch die Schilderung der als einsamer Schatten herumirrenden Hérodiade als Gegenwart, durch den Wunsch der Amme, der Himmel möge die Herrin vor ihr, vor dieser selben Zeit, behüten, als Zukunft bestimmt. Man kann sich in diesem Zusammenhang fragen, ob in Vers 64 *précoce* mit »frühreif« erschöpfend wiedergegeben ist, ob hier nicht auch »vorzeitig« gemeint ist: die Vorwegnahme des Künftigen in der gegenwärtigen Angst, die sowohl den Blick Hérodiades auf das Kommende als auch ihren Blick auf sich selbst begleitet. Diese paradoxe Präsenz der Zukunft ist bedingt durch die Kassierung des Zeitablaufs, durch die Abschaffung des Geschehens. Die Distanz, die die Gegenwart von der Zukunft trennt, kann als zeitliche nur erfahren werden, indem sie sich verringert, indem die Zeit fortschreitet. Bleibt sie stehen, so erstarrt auch die Zukunft und gewinnt durch den Verlust ihres Noch-nicht-Charakters (denn mit dem Zeitablauf fällt auch das »noch« und »noch-nicht« dahin) eine paradoxe Präsenz, die Gegenwart des Nicht-Gegenwärtigen.

Auf den Kausalzusammenhang, der zwischen dieser Zeitstruktur der Dichtung und dem Wesen ihrer Heldin besteht, führen die Verse der Amme, die das Motiv der bangen Erwartung wiederaufnehmen:

> *Comment, sinon parmi d'obscures*
> *Épouvantes, songer plus implacable encor*
> *Et comme suppliant le dieu que le trésor*
> *De votre grâce attend! et pour qui, dévorée*
> *D'angoisses, gardez-vous la splendeur ignorée*
> *Et le mystère vain de votre être?*[9]

Pour moi (»Für mich«) lautet Hérodiades Antwort. Und die Amme erwidert:

---

[9] A.a.O. S. 67, V. 70-75. – Wie, wenn nicht in dunklem Entsetzen, noch unerbittlicher und als Flehenden den Gott sich denken, den der Schatz deiner Anmut erwartet! und für wen, verzehrt von Ängsten, bewahrst du die uner-

> *Triste fleur qui croît seule et n'a pas d'autre émoi*
> *Que son ombre dans l'eau vue avec atonie.*[10]

Von beinahe jedem Wort dieser beiden Verse führen Linien in andere Teile der Dichtung. In *émoi* ist mehr enthalten als das deutsche »bewegt« ausdrückt, nämlich auch die Angst. Die Behauptung des Verses 64 [...] *regardant en vous précoce avec terreur* wird in das Bild der Blume verwandelt, die ihren Schatten im Wasser betrachtet, wobei »Schatten« an die Stelle des Spiegelbildes tritt, wie Hérodiade in Vers 49 von einem »fernen Schatten« sprach, den sie im Spiegel erblickt.

Hérodiade erscheint aber nicht bloß als Schatten im Spiegel, sie ist ein Schatten als sich Spiegelnde. Die Kraftlosigkeit (die *atonie*), mit der sie ihrem Schatten zuschaut, kennzeichnet sie selber als Schatten, als den Schatten, dem schon der erste Vers der Dichtung gilt: *Tu vis! ou vois-je ici l'ombre d'une princesse?* und den Vers 63 (*Vous errez, ombre seule*) von neuem nennt. Innerhalb des Bildes wiederholt sich so, was die Welt der *Hérodiade* insgesamt charakterisiert: Alles Geschehen ist nur die Entfaltung eines schon Seienden: In der Mallarméschen Syntax ist das Prädikat bereits im Subjekt enthalten. Daß die Amme für das Bild, das sie von Hérodiades Los entwirft, als metaphorisches Subjekt die Blume wählt, geschieht sicher nicht bloß um der einheitlichen Vorstellungswelt des Gedichts willen. Vielmehr meint sie, indem sie die Herrin eine Blume nennt, bereits das, was erst der Satz entfalten wird. Was auch die antike Sage von Narziß, der in eine Blume verwandelt wird, zu lehren scheint: die Deutung der floralen Existenz als einer nur für sich selbst seienden, sich selbst genießenden Schönheit, sie scheint der Vorstellungswelt von Mallarmés *Hérodiade*

kannte Pracht und das vergebliche Rätsel deines Wesens? – Übers. Böschenstein/Bollack.

10 A.a.O. S. 67, V. 76 f. – Traurige Blume, die einsam wächst und von nichts anderem bewegt wird als von ihrem Schatten, den sie im Wasser kraftlos schaut. – Übers. Böschenstein/Bollack.

zugrunde zu liegen. Das wirft ein klärendes Licht zurück auf die Verse 17-19 (*j'effeuille / Comme près d'un bassin dont le jet d'eau m'accueille / Les pâles lys qui sont en moi*) und wird seinerseits bestätigt durch das nächste große Rezitativ der Heldin, die nun das eigene *pour moi* und das darauf antwortende Blumenbild der Amme in ihren Eingangsvers zusammennimmt:

> *Oui, c'est pour moi, pour moi, que je fleuris, déserte!*
> *Vous le savez, jardins d'améthyste, enfouis*
> *Sans fin dans de savants abîmes éblouis,*
> *Ors ignorés, gardant votre antique lumière*
> *Sous le sombre sommeil d'une terre première,*
> *Vous, pierres où mes yeux comme de purs bijoux*
> *Empruntent leur clarté mélodieuse, et vous,*
> *Métaux qui donnez à ma jeune chevelure*
> *Une splendeur fatale et sa massive allure!*
> *Quant à toi, femme née en des siècles malins*
> *Pour la méchanceté des antres sibyllins*
> *Qui parles d'un mortel! selon qui, des calices*
> *De mes robes, arôme aux farouches délices,*
> *Sortirait le frisson blanc de ma nudité,*
> *Prophétise que si le tiède azur d'été,*
> *Vers lui nativement la femme se dévoile,*
> *Me voit dans ma pudeur grelottante d'étoile,*
> *Je meurs!*[11]

---

[11] A.a.O. S. 68 f., V. 86-103. – Ja, für mich nur, für mich erblühe ich, verlassen! Ihr wißt es, amethystne Gärten, endlos in kunstvolle, geblendete Schlünde vergraben, unentdecktes Gold, das sein altes Licht unter dem dunklen Schlaf einer frühen Erde hütet, ihr, Steine, denen meine Augen, reinen Edelsteinen gleich, ihre tönende Helle entleihen, und ihr Metalle, die ihr meinem jungen Haar einen schicksalhaften Glanz verleiht und seinen starren Fluß! Du aber, Weib, in tückischen Jahrhunderten geboren für die Bosheit der sibyllinischen Grotten, sprichst von einem Sterblichen! nach dir entstiege den Kelchen meiner Gewänder, Würze wilder Wonnen, der weiße Schauer meiner Nacktheit: prophezeie du, daß, wenn die laue Sommerbläue – vor ihr enthüllt sich das Weib von Natur – mich in meiner fröstelnden Sternenscham sieht, ich sterbe! – Übers. Böschenstein/Bollack.

Das Tempus des letzten Verses ist im Französischen sehr viel weniger selbstverständlich, als man vom Deutschen her, das oft ein Präsens an der Stelle des Futurums gebraucht, annehmen könnte. Vielmehr weist auch dieses *je meurs* auf jene paradoxe Gegenwärtigkeit der Zukunft, von der die Rede war. Um die zeitliche Struktur und zugleich den Wirklichkeitscharakter des Werkes verstehen zu können, hat man die drei Stellen zusammenzusehen, die sich auf den Tod beziehen: Vers 7 f: [...] *un baiser me tûrait / Si la beauté n'était la mort...*, Vers 103: *Je meurs!* und Vers 118: *Madame, allez-vous donc mourir! – Non, pauvre aïeule.*[12] Der erste Passus stellt den Tod als mit der Schönheit gegeben hin, der zweite spricht präsentisch vom Sterben, im dritten verneint die Heldin, daß sie sterben wird. So widersprechen die drei Stellen einander, aber ihre Inkonsequenz ist ein Schlüssel, der zum Verständnis des Werkes verhilft. Die Frage der Amme zielt auf eine reale, auf eine nahe Zukunft (wie schon die Zeitform verrät). Indem Hérodiade sie verneint, scheint sie zugleich alles reale Geschehen, alle Handlung, wie sie das Drama kennt und erfordert, auszuschließen. Affirmativ ist dagegen ihr *je meurs* in Vers 103, weil sie hier die Zukunft, die es real nicht geben wird, in der Vorstellung als Gegenwart erlebt. Noch mehr der Wirklichkeit entrückt ist schließlich die Ebene, in der sie die Schönheit mit dem Tod ineinssetzt: Nicht mehr von sich selber spricht sie hier ausdrücklich, sondern von den Abstracta *beauté* und *mort*, und, indem sie ideell spricht, spricht sie auch von sich selber nicht als von einer realen Gestalt. Ihrer Idee nach ist Hérodiade tot; nicht real, sondern in ihrer Bejahung des Unfruchtbaren, des Leblosen, in ihrem Bei-sich-Bleiben, das sie zum Schattendasein verurteilt. Daß Hérodiade solcherart ganz verschiedene Grade der Realität kennt, wird möglich durch die gleichsam absolut gesetzte Metaphorik, die das Stilgesetz des Werkes ist. Die Heldin wird nicht einer

12 A.a.O. S. 69 f., V. 118. – Herrin, wirst du denn sterben? – Nein, arme Ahne – Übers. Böschenstein/Bollack.

Blume verglichen, sondern sie ist eine Blume, freilich in einer anderen Ebene als in der sie als real gegeben vorgestellt wird, d. h. aber zugleich, daß sie gleichzeitig in verschiedenen Ebenen zu Hause ist, zwischen denen die Übertragungskraft des Bildes vermittelt.

Nannte die Amme in Vers 76 die Herrin eine Blume, nachdem sie das Geständnis, daß sie für sich selber bestimmt sei, ihr entlockt hatte, so nennt sich Hérodiade zu Beginn des großen Rezitativs, das wir besprechen, selber so: *Oui, c'est pour moi, pour moi, que je fleuris, deserte.* (Hervorh. von Sz.) Der Vers antwortet auf den Ausruf der Amme, die ihre Herrin als beklagenswertes, seinem Schicksal dargebrachtes Opfer bezeichnet. Hérodiade ist eine Blume als Opfer, dem alle Macht, über das eigene Schicksal zu entscheiden, genommen ist. Darum kennt sie – und mit ihr die ganze Dichtung – Zukunft nicht als Ziel, nicht als subjektiven Entwurf, sondern als ein Objektives und Fremdes, das über sie verhängt ist. Mit dieser Mythisierung der Zukunft zum Fatum wird die Emanzipation des Subjekts widerrufen, der einst das Drama entsprang – in dem Kampf gegen die mythische Verhaftung zuerst als Tragödie –: dem entspricht die Rolle, die in Vers 57 ff. den Gesten der Amme als Omina zugeschrieben wird, und der Zusammenhang, in den Hérodiade sie in Vers 95 f. mit den »sibyllinischen Grotten« bringt. Ohnmacht und bange Erwartung kennzeichnen die Szene und lassen sie zugleich als das erste der lyrischen Dramen des Symbolismus erscheinen, deren Struktur wesentlich von diesen beiden Momenten bestimmt wird: am deutlichsten die drames statiques Maeterlincks, in erheblichem Ausmaß aber auch die frühen Werke Hofmannsthals. Alle diese Werke könnten den Namen eines lyrischen Monodramas von Marie Pappenheim tragen, das längst vergessen wäre, hätte Schönberg es nicht als Libretto für eine Oper benutzt: das Werk heißt *Erwartung*. Dieses Grundthema der lyrischen Dramatik des Fin de siècle bedingt paradoxerweise sowohl die Distanz, in die sie von dem traditionellen Drama gerät, als auch ihre Angewiesenheit auf die dramatische Form. Die Passivität des Helden verbietet die Handlung, die das Medium des Dramas ist; die Verhaftung des Helden an eine Situation, in der er gelähmt einem Künftigen entgegenharrt, ist aber auf die dramatische Szene, und sei sie auch eine imaginäre, angewiesen. Die Kritik, die Thibaudet an dem Dialog der Szene geübt hat (Thibaudet 389), wird sowohl durch Mallarmés späteren Verzicht auf das Zwiegespräch als auch durch die beiden am unmittelbarsten von der *Hérodiade* sich herleitenden Dichtungen Valérys bestätigt: durch die *Jeune Parque* und durch die *Fragments du Narcisse*. Auch wenn diese kaum zur Kategorie des lyrischen Dramas gezählt werden und ihre Aufführbarkeit nicht einmal diskutiert wird, stehen sie als lyrische Monologe dem lyrischen Drama näher als der Lyrik im strengen Wortsinn, auch der Rollenlyrik. Es wäre zu zeigen, inwiefern ein Gedicht wie Mörikes *Das verlassene Mägdlein* trotz des Präsens, das es von der traditionellen Ich-Lyrik abhebt und der monologischen Form annähert, keine Situation setzt, daß es nicht aus einer Situation heraus gesprochen wird wie Valérys *Junge Parze*. Ein kleines Zeichen dafür sind zum Beispiel die Wörter *da, dann* und *so* in den beiden letzten Strophen:

> *Plötzlich, da kommt es mir,*
> *Treuloser Knabe,*
> *Daß ich die Nacht von dir*
> *Geträumet habe.*
>
> *Träne auf Träne dann*
> *Stürzet hernieder;*
> *So kommt der Tag heran –*
> *O ging' er wieder!*[13] (Hervorh. von Sz.)

---

13 Eduard Mörike, *Sämtliche Werke*. Hrsg. Herbert G. Göpfert. München 1964, S. 50 f.

Mit diesen kurzen, ans Demonstrative grenzenden Wörtern erhebt sich die Klagestimme über die Gegenwart, der sie grammatisch doch verhaftet bleibt, sie hat immer schon eine Distanz zu dem, was sie berichtet. Das mag darin begründet sein, daß diese Gegenwart ganz von der Vergangenheit bestimmt wird, während die *Hérodiade* – wie die *Blinden* von Maeterlinck, wie der *Tod des Tizian* – auf eine Zukunft hin gespannt ist, freilich auf eine Zukunft, unter deren Drohung und Druck die Gegenwart erstarrt, um in diese Erstarrung das Bild der vor-gestellten Zukunft als ein bereits gegenwärtiges hereinzunehmen: So sitzt der Führer der Blinden, dessen Tod sie zuletzt erfahren werden, von Anfang an, nur den Blinden nicht bewußt, unter ihnen. Emil Staigers viel diskutierte Zuordnung der Lyrik zur Vergangenheit – Lyrik als Form der Erinnerung, der die futurische Struktur des Dramas gegenübersteht – scheint von diesem kleinen Exkurs bestätigt zu werden.

Doch kehren wir zu dem Rezitativ Hérodiades zurück, das mit Vers 86 anhebt. Der Eingang gilt den Edelsteinen und Metallen, denen Hérodiade gleichen möchte. Die Härte und Strenge dieses Ideals kehren im Gefüge der Verse wieder: Je ein Verspaar besingt einen Edelstein und ein Metall zunächst für sich: den Amethyst und das Gold, dann erst bringt je ein anderes Verspaar die beiden, nun unter ihrem Gattungsnamen begriffen, mit Hérodiade in Beziehung, wobei die Gliederung der Verse in zwei Vierergruppen durch die anaphorische Verwendung des Pronomens *vous*, das zugleich den hymnischen Ton der Passage begründet, verdeutlicht wird. Daß Mallarmé den Amethyst wählt, dürfte kein Zufall sein. Amethystos heißt: dem Rausche widerstehend, der Amethyst galt nämlich als Schutz vor Trunkenheit. Die Trunkenheit aber ist das, was Hérodiade in Vers 34 als Wirkung der Blumendüfte abwehrt: *veux-tu que je sente / Leur ivresse noyer ma tête languissante? / Je veux que mes cheveux qui ne sont pas des fleurs / A répandre l'oubli des humaines douleurs* [...] (*Les noces* 65

– Hervorh. von Sz.). Indessen kehrt die Vorstellung nicht unverwandelt wieder, wobei sowohl ihr Versenktsein in die Etymologie als auch die Art ihrer Metamorphose für Mallarmés dichterische Verfahrensweise kennzeichnend ist. Von einer Verwandlung ist zu sprechen, weil die Steine, seit dem zweiten Vers in der Dichtung präsent und mit den Metallen und dem Eis die Gegenwelt der Blumen bildend, in dem Ausdruck *jardins d'améthyste* selber als Blumen vorgestellt werden. Die Metapher leistet so eine Vermittlung der beiden gegensätzlichen Sphären, eine Vermittlung, welche die Amme mit den Rosendüften ohne Erfolg versucht hat. Die metaphorische Vermittlung ist keine einseitige: Wie der Amethyst in *jardins d'améthyste* zur Blume wird, so erscheint die Blume der Sphäre des Leblosen, Anorganischen angenähert, wenn Hérodiade im vorausgehenden Vers von sich sagt, sie blühe *déserte*. Die Wirkung dieses Wortes ist um so stärker, als es nicht nur in seinem Inhalt die Idee der Verlassenheit mit der von Öde und Wüste verbindet, sondern, gewöhnlich auf Orte, nicht auf Menschen, auch nicht auf Blumen bezogen, hier die sich so nennende Hérodiade durch seine gleichsam metaphorische Verwendung auch funktional dem Leblosen zuzählt. (Heißt es in der deutschen Übersetzung *verlassen,* so geht Wesentliches verloren, weil man nicht wissen kann, daß diesem Wort im Original nicht etwa das bei Menschen gebräuchliche »abandonné« oder »délaissé«, sondern »désert« entspricht.)

Zugleich weist das Wort zurück auf Vers 15, wo seine Verwendung nicht minder kunstvoll ist: *le parfum désert de ces anciens rois*[14] legt die Vorstellung auch der Wüste (»le désert«) nahe, in der die jetzt gefangengehaltenen Löwen einst zu Hause waren. Indem das *parfum désert* aber auf das Gefängnis, auf die *lourde prison de pierres et de fer,* bezogen wird, erscheint bereits hier die Verbindung von Duft mit Stein und Metall angedeutet, die Hérodiades

---

14 *Les noces* S. 64, V. 15. – im öden Duft dieser alten Könige – Übers. Böschenstein/Bollack.

Metaphorik in den beiden Versen 86 und 87 vollziehen wird.

Daß der Metaphorik gelingt, was der Amme im Medium der Handlung, im Bühnengeschehen, mißlingt, zeigt wiederum die strukturelle Eigenart der *Scène*, die alles Geschehen aus der Realität ins Bild verlegt, und damit die Metaphorik ebenso dynamisiert, wie sie dem Zeitablauf einen statischen Charakter verleiht.

Noch einmal verknüpfen sich Blume und Stein in der Vorstellungswelt der Dichtung, in den Versen, mit denen die Szene ausklingt. Von ihrer Amme sich verabschiedend spricht Hérodiade die Worte:

> *Adieu.*
>   *Vous mentez, ô fleur nue*
> *De mes lèvres!*
>   *J'attends une chose inconnue*
> *Ou peut-être, ignorant le mystère et vos cris,*
> *Jetez-vous les sanglots suprêmes et meurtris*
> *D'une enfance sentant parmi les rêveries*
> *Se séparer enfin ses froides pierreries.*[15]

Auch hier darf die Metapher *fleur nue de mes lèvres* nicht isoliert werden. Ebensowenig wäre es dem Verständnis des Werks, der Einsicht in seine Struktur förderlich, wollte man in der Nachfolge von Curtius das Bild als Topos fassen und, statt seiner Stellung im Kontext, seine Genealogie untersuchen. So wissenswert es sein mag, welche Geschichte die Blume-Lippen-Mund-Metapher hat, so sicher ist es, daß man von Mallarmés *Hérodiade* nach einer Aufzählung ähnlicher Stellen bei anderen Dichtern nicht mehr wissen wird, es sei denn, daß man die fremden Beispiele in differenzie-

---

15 A.a.O. S. 70, V. 129-134. – Lebwohl. Du lügst, nackte Blume meiner Lippen. Ich erwarte Unbekanntes, oder vielleicht, das Geheimnis und deine Schreie verkennend, stößt du das letzte und wunde Schluchzen einer Kindheit aus, die mitten in ihren Träumen fühlt, wie sich endlich ihre kühlen Edelsteine trennen. – Übers. Böschenstein/Bollack.

rendem Vergleich zur Erkenntnis der Eigenart des Mallarméschen Bildes benutzt. Der bloße Hinweis auf vermeintliche Vorbilder hingegen, in welchem sich die historische Schule gefällt, ist (mit Benjamins Lieblingswort) nichtsnutzig: er ist abzulehnen nicht, weil er die Originalität des späteren Dichters zu schmälern scheint, sondern weil er die Erkenntnis nicht fördert, vielmehr durch die Vortäuschung einer Identität oder Analogie den Blick aufs Spezifische verstellt.

Die Besonderheit der Metapher bei Mallarmé ist ihr verweisender, ihr Reprisencharakter. Wenn hier von einer nackten Blume die Rede ist, so darum, weil in dem ersten Rezitativ Hérodiades, Vers 17 ff., die Entkleidung im Bild des Entblätterns erschien: *J'effeuille* [...] *les pâles lys qui sont en moi*. Die Deutung, daß diese Enthüllung zugleich eine im Medium der Sprache ist, ein Geständnis, findet ihre Bestätigung, wenn das Bild der nackten Blume in Vers 129 f. durch die Verknüpfung mit »lügen« und »Lippen« nun ausdrücklich auf die Sprache bezogen wird. Die Spiritualisierung der Entkleidung, die, wie wir gesehen haben, bereits in dem ersten Rezitativ eingeleitet ist, findet ihren Abschluß in Hérodiades letzten Versen, die zugleich das Formgesetz der *Hérodiade* verraten: Was Hérodiade beschreibt: die Enthüllung, ist eins mit ihrer Beschreibung – die Dichtung hat keinen anderen Gegenstand als sich selbst. Wenn ihre Heldin vor dem Spiegel steht, so darum, weil sich die Dichtung selber in ihr spiegelt.

Die Vermittlung von Blume und Stein klingt, kaum vernehmbar, noch einmal in dem letzten Vers der Szene an. Die Lippen Hérodiades logen, wenn sie von einem Land sprachen, in das die Fürstin aufbrechen, in das sie vor sich selbst fliehen wollte: *J'y voudrais fuir* hieß es in der ersten Fassung in Vers 126 statt *J'y partirais*[16]. Die Lüge bestand in der

---

16 Mallarmé S. 1445 / *Les noces* S. 70. – Ich möchte dorthin fliehen / Ich bräche dorthin auf. – Übers. d. Hrsg.

Supposition einer Außenwelt, die sie erlösen könnte, eines Willens, der eine Handlung hervorbrächte, einer Zukunft, die von dieser Handlung, von der Flucht, konstituiert würde. In Wahrheit, in der Wahrheit der *Hérodiade*-Dichtung, gibt es kein äußeres Geschehen, sondern nur ein inneres; kein beabsichtigtes, sondern nur ein erfahrenes, keine Handlung, sondern nur eine Wandlung. Das Unbekannte, in dessen Erwartung – nach Vers 130 – Hérodiade lebt, kommt nicht auf sie zu, sondern aus ihr heraus. Es ist der Abschied von der Kindheit, gesehen im Bild sich trennender Edelsteine. Die Edelsteine sind das Kühle, Harte, dessen Schutz Hérodiade gegen den eigenen Körper gesucht hat. Indem sie sich trennen, von ihr abfallen, geschieht, was Hérodiade in den Versen 17 ff. metaphorisch vorweggenommen hat und was sie in Vers 97 ff. als künftigen Vorgang ausschließt: die Enthüllung. Die kühlen Steine trennen sich voneinander und von dem, was sie beschützt haben, wie sich die Blütenblätter lösen, wenn die Blume zur Frucht werden soll. Entgegen dem Formgesetz des Dramas steht im Zentrum der *Hérodiade*-Dichtung keine Handlung, sondern ein Vorgang.[17] Und nur, weil es ein Vorgang ist, nämlich eine Verwandlung, kann der Gegenstand des Gedichts zugleich in seine Sprache eingehen. Indem sich deren Bilder wandeln, findet die Metamorphose der Hérodiade statt. Sie hat, anders als die dramatische Handlung, zum Schauplatz die Innerlichkeit, in der das Ich nur sich selbst gegenübersteht. Diese Verschließung, die schon in der Wahl der Szene: des Turmzimmers, zum Ausdruck kam, wird zum Schluß des Werkes thematisch: Die Fürstin schickt ihre Amme fort, bittet sie, die Fensterläden zu schließen. Der Härte des Tageslichts, dem ihr Haar verwandt war (*mes cheveux que la lumière enlace* – V. 6), zieht sie nun das weiche Wachs vor, dessen leichtes Feuer ihr zugleich als ein Weinen erscheint:

---

17 In der französischen Fassung heißt es ausführlicher: »un évènement d'ordre naturel« (ein Vorgang im Bereich des Natürlichen – Übers. d. Hrsg.)

Allume encore, enfantillage?
Dis-tu, ces flambeaux où la cire au feu léger
Pleure parmi l'or vain quelque pleur étranger [...][18]

Kaum je zuvor in der Geschichte der dramatischen Literatur ist solcher Rückzug in die Innerlichkeit zum Thema eines Dramas geworden. Was Mallarmés Werk, in den sechziger Jahren entworfen, inauguriert, ist das »Intime Theater« des Jahrhundertendes, die dramatische Form, in welcher der Symbolismus seinen adäquaten Ausdruck zu finden meinte. Die »Scene«, deren Interpretation wir damit abschließen möchten, steht an einer Grenze auch darum, weil sie, als Eingang einer Tragödie in drei Akten verfaßt, zwar als Fragment publiziert, aber als in sich abgeschlossen rezipiert und zum Vorbild genommen wurde: zum Vorbild für das lyrische Drama des Fin de siècle, dessen Einakter-Form, wie noch zu zeigen sein wird, in der Hypostasierung der dramatischen Szene ihren Ursprung hat.

Mallarmé aber hat in den Jahren nach 1865, als die *Scène* entstand, an der *Hérodiade* weitergearbeitet. Die Darstellung dieser Entstehungsgeschichte wird uns nun hinter die Kulissen des lyrischen Dramas führen: vor die Formprobleme, die es zu lösen hatte und an denen Mallarmés Dichtung als Ganzes scheiterte, um als Fragment zu glücken.

VI

Nachdem wir versucht haben, Mallarmés *Hérodiade*-Szene, das einzige von ihm selber publizierte Fragment der Dichtung, zu interpretieren, indem wir dem Wandel der Bilder nachgingen, in den sich die dramatische Handlung hier zurückzieht, und indem wir damit zugleich nach der dramaturgischen Struktur der Szene fragten, wenden wir uns nun

---

18 *Les noces* S. 70, V. 126-128. – Entzünde noch – Kinderei sagst du – diese Fackeln, wo das Wachs bei leichtem Feuer im eitlen Gold fremde Tränen weint. – Übers. Böschenstein/Bollack.

der Entstehungsgeschichte dieses Textes und der anderen *Hérodiade*-Fragmente zu, wie sie in Mallarmés Briefen sich darstellt. Das ist keine Rückkehr zu den Quellen, nicht etwa soll die Deutung des Werkes bestätigt oder berichtigt werden durch das, was uns in den Briefen als Mallarmés Absicht, als seine Überlegungen und Kommentare zu der Dichtung entgegentritt. Was uns interessiert, ist die Entstehungsgeschichte selbst, weil in dem Versuch Mallarmés, eine Tragödie zu schreiben, weil in den Hindernissen, denen er dabei begegnet, in der Änderung seines ursprünglichen Plans, in seinem Scheitern – denkt man an das Werk als Ganzes – sich mehr dokumentiert als bloß ein persönliches Abenteuer. Die *Hérodiade*-Szene ist wie ein Modell des lyrischen Dramas im Fin de siècle, und der Weg, der zu ihr und über sie hinaus führt, ist zugleich der Weg, dem sich die neue dramatische Form verdankt. Weder bei Maeterlinck noch bei Hofmannsthal wird es später möglich sein, die Genesis ihrer kleinen Dramen zu verfolgen, deren Entstehung aus dem Verzicht auf die große Form; eher wird zu zeigen sein, wie sie vom lyrischen Drama zum traditionellen Theater zurückzufinden suchen und es mit den Einsichten und dem Gewinn der lyrischen Dramatik verwandeln. Bei Mallarmé dagegen ist der Ursprung des lyrischen Dramas dieser Zeit zu erkennen: der Ursprung sowohl im Sinne des historischen Positivismus als auch in dem einer geschichtsphilosophischen Poetik, wie sie Walter Benjamin in seinem Trauerspiel-Buch beschäftigt hat.[1]

Die erste wichtige Auskunft Mallarmés über seine Arbeit an *Hérodiade* findet sich in einem undatierten Brief an den Freund Henri Cazalis; wohl im Oktober 1864 geschrieben. Die Stelle lautet:

Pour moi, me voici, résolument à l'œuvre. J'ai enfin commencé mon ›Hérodiade‹. Avec terreur, car j'invente une langue qui doit nécessairement jaillir d'une poétique très

---

[1] Walter Benjamin, *Ursprung des deutschen Trauerspiels*. Revidierte Ausgabe besorgt von Rolf Tiedemann. Frankfurt am Main 1963.

nouvelle, que je pourrais définir en ces deux mots: Peindre, non la chose, mais l'effet qu'elle produit.
Le vers ne doit donc pas, là, se composer de mots; mais d'intentions, et toutes les paroles s'effacer devant la sensation.[2]
(Hervorh. von Mallarmé.)

Daß ein Dichter mit zweiundzwanzig Jahren eine neue Poetik meint schaffen zu müssen, ist wohl weniger erstaunlich, als daß er seinen Vorsatz auch in die Tat umzusetzen vermag, und zwar in eine Tat, deren Besonderheit er vorweg richtig erkennt. »Nicht die Sache, sondern die Wirkung malen, die sie hervorruft« – dieses Programm des jungen Mallarmé nimmt auf erstaunliche Weise die Kunstentwicklung der nächsten Jahrzehnte vorweg. Der Englischlehrer in Tournon, ohne jeden Kontakt mit den Malern der Hauptstadt, formuliert 1864 das Prinzip der impressionistischen Kunst, als deren offizielle Geburtsstunde die Ausstellung von 1874 gilt, in der ein Bild von Monet mit dem Titel *Impression* zu sehen war. Bedenkt man dies, so wird man einer soziologischen Erklärung des impressionistischen Stils, wie sie Hamann und Hermand in dem schon zu Beginn dieser Vorlesung diskutierten Werk anbieten, skeptisch gegenüberstehen. Für diese Autoren ist der Impressionismus, auf dessen Erscheinungsweise in Deutschland ihre Darstellung beschränkt ist, eine Reaktion auf die Aufhebung der Sozialistengesetze im Jahr 1890. Der Künstler, den die Unterdrückung der Sozialdemokratie zum Engagement zwang, zur Schilderung des Elends, zum Naturalismus, wende sich nun, da die Gefahr gebannt ist, von den sozialen Fragen ab und dem in vielen Farben leuchtenden Leben zu,

---

2 *Correspondance* I S. 137. – Was mich betrifft, so bin ich entschlossen am Werk. Ich habe endlich meine *Hérodiade* begonnen. Mit Grauen, denn ich erfinde eine Sprache, die mit Notwendigkeit aus einer ganz neuen Poetik hervorströmen muß, welche ich mit folgenden zwei Worten definieren könnte: – Übers. d. Hrsg. – Nicht die Sache malen, sondern die Wirkung, die sie hervorruft. Der Vers darf also nicht aus Wörtern bestehen, sondern aus Intentionen, und alle Worte müssen hinter der Wahrnehmung zurücktreten. – Übers. Szondi.

dessen Genuß er wiedergeben will, subjektivistisch, als Impression. In unüberhörbar mißbilligendem Ton heißt es hier zum Beispiel:

Selbst auf den Fabrik- und Werkstattbildern werden die erdigen und verstaubten Grautöne jetzt durch hellere Farben ersetzt, wodurch auch diese Bilder ihre lastende Schwere verlieren. [...] Robert Sterl und Leonhard Sandrock interessieren sich auf ihren Fabrikbildern nicht mehr für die arbeitsmäßige Mechanik des menschlichen Tuns, für das Säckeschleppen und Loreschieben, sondern stellen einen Funkenregen dar, der sich mit den farbigen Rauchschwaden zu rein koloristischen Effekten vereint. (Hamann/Hermand 237)

Unser Hinweis auf die frühe Formulierung des impressionistischen Stilprinzips bei Mallarmé – zehn Jahre vor der 1. Ausstellung in Paris, fünfundzwanzig Jahre vor der Aufhebung der Sozialistengesetze – gibt Hamann und Hermand nicht einfach unrecht, zeigt aber, in welchen Grenzen nur sie allenfalls recht haben. Die politische Entlastung um 1890 mag die Verbreitung des impressionistischen Stils in Deutschland zu diesem Zeitpunkt erklären, nicht aber das impressionistische Kunstwerk selbst. Der Gegenstand einer Kunstsoziologie, die in der eben illustrierten Weise argumentiert, ist nicht die Kunst, sondern die Gesellschaft. Man nützt ihr nicht, wenn man in Verkennung dieses Umstands ihre Dienste auch dann in Anspruch nimmt, wenn man nicht die Rolle der Kunst in der Gesellschaft, sondern die sozialen Implikationen des Kunstwerks – gleichsam die Rolle der Gesellschaft in ihm – untersuchen will. Darüber steht manches bei Th. W. Adorno, so im letzten Kapitel seiner *Einleitung in die Musiksoziologie*.[3]

Doch zurück zu Mallarmés »neuer Poetik«. Man hat bemerkt, daß diese Poetik, obwohl ihr, wie Mallarmé schreibt, eine Sprache entspringen soll (*j'invente une lan-*

---

[3] Theodor W. Adorno, *Einleitung in die Musiksoziologie*. Frankfurt am Main 1962, S. 204 ff.

gue), formuliert ist, als sei sie eine Theorie der Malerei: *Peindre, non la chose, mais l'effet qu'elle produit.* Das hat seinen Grund wohl nicht so sehr in einer gleichsam antizipierten Wahlverwandtschaft mit der impressionistischen Malerei, als in dem malerischen Grundzug jenes Dichtungsstils, der in eben dieser Zeit (1860-66) zur Herrschaft gelangt und als dessen Adept auch Mallarmé gilt, obwohl er ihn in dem zitierten programmatischen Satz in Frage stellt, des Stils der Parnassiens, die ein unpersönliches (nämlich antiromantisches), streng gegenstandsbezogenes Kunstideal hatten. Vielleicht kann man sagen, daß Mallarmé den Parnasse überwindet, indem er an die Stelle des Gegenstandes die Wirkung setzt, die dieser hervorruft, daß er aber Parnassien bleibt, insofern er diese Wirkung nicht unmittelbar sprechen lassen will, wie später der literarische Impressionismus, sondern malen, als wären auch noch die Empfindungen Gegenstände.

Wichtiger als solche stilgeschichtlichen Fixierungen ist indessen die Frage, was aus Mallarmés programmatischem Satz für seine Dramaturgie folgt, ist er doch ausdrücklich auf die *Hérodiade* bezogen, von der aus den Briefen hervorgeht, daß sie als Tragödie für die Bühne, nämlich für das Théâtre Français, bestimmt war (*Correspondance* I 157). Das Programm dürfte für das Gelingen von Mallarmés dramatischen Plänen kein gutes Omen gewesen sein. Ein Dramatiker, der malen will, hat die Partie schon im voraus verloren. Weder die dramatis personae, noch was diese zu sagen haben, darf dem Dramatiker zum Gegenstand werden, den er schildern könnte, wie der Maler seinen Gegenstand, der Erzähler die Welt seiner Gestalten schildert: Gerade in der Kassierung dieser Gegenständlichkeit als eines Subjekt-Objekt-Verhältnisses hat die dramatische Form ihre Wurzel. Indem sich aber Mallarmé vornimmt, nicht den Gegenstand, sondern dessen Wirkung aufs Subjekt zu malen, nähert er sich wieder dem Formprinzip der Dramatik. An die Stelle des epischen Ich, das seinen Gegenstand, dem Stilideal des Parnasse entsprechend, unbeteiligt schildern würde, tritt das von seinem Gegenstand betroffene lyrische Subjekt, dessen Sprechen im Gegensatz zu der Allgegenwart des Epikers an eine Situation gebunden ist, aus der heraus es spricht, darin dem dramatischen Charakter nicht unähnlich.

Was es von dem dramatischen Charakter unterscheidet, ist seine Passivität. Das impressionistische Subjekt ist per definitionem passiv, auch wenn es die Wahrnehmungen und Eindrücke, denen es sich öffnet, nicht erleidet, sondern genießt. Zwischen der seelischen Struktur der *Hérodiade* und der Erwartungs-Thematik der Dichtung einerseits und dem impressionistischen Stilprinzip andererseits besteht so eine wichtige Affinität.

Mallarmé hat in der zitierten Briefstelle den von der Malerei her gedachten programmatischen Satz *Peindre, non la chose, mais l'effet qu'elle produit* dann auf die Dichtung angewandt: Der Vers dürfe »also nicht aus Wörtern bestehen, sondern aus Intentionen, und alle Worte müssen hinter der Wahrnehmung zurücktreten.« Man denkt an Mallarmés spätes Diktum, dem zufolge Gedichte aus Wörtern, nicht aus Gedanken gemacht werden (vgl. Kap. IV, Anm. 6), und fragt sich, wie man den Widerspruch erklären soll. Wahrscheinlich hat sich nicht so sehr Mallarmés Auffassung gewandelt, als seine Einsicht in das Wesen des Wortes. *Le mot* scheint in dem Brief des Zwanzigjährigen noch unmittelbar auf den Gegenstand, den es benennt, bezogen: Darum fällt es im Programm seiner neuen Poetik demselben Verbot anheim. Noch hat Mallarmé nicht begriffen – obwohl seine dichterische Praxis, wie uns die Lektüre der *Hérodiade* gezeigt hat, bereits danach verfährt –, daß die subjektive *intention* (das Wort bedeutet hier nicht Absicht, eher Regung) nicht direkt, sondern nur durch das Wort ausgedrückt werden kann, daß das Wort, weit davon entfernt, den Gegenstand nennen, damit festhalten und isolieren zu müssen, kraft seiner verschiedenen Bedeutungsschichten, seines

Assoziationsreichtums und seiner metaphorischen Ambiguität dem feinen Beziehungsnetz gerecht zu werden vermag, in dem die Gegenstände der Welt für das impressionistische Subjekt, zueinander und zu ihm, gegeben sind.

Ist darum die Losung »Intentionen statt Wörter« revisionsbedürftig, so läßt sich die Forderung *toutes les paroles [doivent] s'effacer devant la sensation* aufrechterhalten. *Paroles*, das sind wohl die großen Worte der dramatischen Helden, die Reden, die sie führen. Sie sind dem dramatischen Formgesetz gemäß allemal Entwürfe eines Handelns. Indem Mallarmé an die Stelle dieser Reden die Wahrnehmung setzt, spricht er auch über das Geschehen, in dem sich sonst das Drama entfaltet, das Urteil. In diesem Zusammenhang ist die Stelle eines wahrscheinlich im Februar 1865 geschriebenen Briefes an Eugène Lefébure, einen anderen Jugendfreund, zu sehen, die wir zum Teil bereits zitiert haben. Es heißt hier:

Merci du détail que vous me donnez au sujet d'›Hérodiade‹, mais je ne m'en sers pas. La plus belle page de mon œuvre sera celle qui ne contiendra que ce nom divin ›Hérodiade‹. Le peu d'inspiration que j'ai eu, je le dois à ce nom, et je crois que si mon héroine s'était appelée Salomé, j'eusse inventé ce mot sombre, et rouge comme une grenade ouverte, ›Hérodiade‹. Du reste, je tiens à en faire un être purement rêvé et absolument indépendant de l'histoire. Vous me comprenez. Je n'invoque même pas tous les tableaux des élèves du Vinci et de tous les florentins qui ont eu cette maîtresse et l'ont appelée comme moi.[4]

---

[4] *Correspondance* I S. 154. – Vielen Dank für das Détail, das Sie mir zur *Hérodiade* mitteilen, aber ich verwende es nicht. Die schönste Seite meines Werkes wird die sein, die nichts als den göttlichen Namen enthalten wird: *Hérodiade*. Was ich an Inspiration hatte, ich verdanke es diesem Namen, und ich denke, hätte meine Heldin Salome geheißen, so hätte ich dies Wort erfunden, dunkel, und rot wie ein offener Granatapfel: *Hérodiade*. Im übrigen liegt mir daran, aus ihr ein rein geträumtes und von der Geschichte völlig losgelöstes Wesen zu machen. Sie werden verstehen. Nicht einmal auf all die Bilder von Leonardo-Schülern und von allen Florentinern berufe ich mich, welche sie zur Geliebten hatten und sie so nannten wie ich. – Übers. d. Hrsg.

Wir wissen nicht, welche Einzelheit aus der Überlieferung der Freund Mallarmé mitgeteilt hat, in der Meinung, dieser könnte sie in seiner Hérodiade-Tragödie verwenden. Schon in einem früheren Brief hatte Lefébure sich gefragt, ob Mallarmé in Michelets *Bible de l'humanité* nicht Angaben über Herodias finden könnte (a.a.O. 146). Wenn aber Mallarmés Heldin von aller Geschichte unabhängig ist, so nicht zuletzt darum, weil sie eine Geschichte gar nicht haben soll. Die Inspiration Mallarmés verdankt sich, wie er schreibt, dem Namen *Hérodiade*, diesen läßt er auf sich wirken in der Empfänglichkeit des Impressionisten, und das Bild, das er von ihm hat, das des dunkelroten offenen Granatapfels, wird nachwirken in dem Bild der sich öffnenden Blume, in dem Hérodiade sich selber erscheint. (Es ist übrigens nicht ausgeschlossen, daß die Granatapfel-Assoziation auf eine Stelle von Heines *Atta Troll* zurückgeht, in der von Herodias gesagt wird, sie habe *sanfte Lippen, wie Granaten* (vgl. Kap. II, S. 46); auch die Blumenmetaphorik verdichtet sich ja in der »Szene« zuletzt zu dem Bild *ô fleur nue de mes lèvres.*).

Die Interpretation der »Szene« hat uns gezeigt, inwiefern dieser Text, als Exposition zu Beginn einer dramatischen Handlung konzipiert, sich gleichsam weigert, ein Geschehen einzuleiten und damit eine Zukunft zu entwerfen. Der Expositionscharakter wird vielmehr zum Selbstzweck: Das Geschehen erschöpft sich in der Enthüllung, statt aus ihr hervorzugehen. Mallarmé muß spätestens nach Vollendung Der »Szene« erkannt haben, daß es nicht genügt, das Handlungsgerüst von allen Détails, wie sie die biblische Überlieferung kennt, zu befreien, daß seine Dichtung vielmehr das Handlungsgerüst als solches ausschließt. Darüber heißt es in dem sehr viel später entstandenen Vorwort, mit dem der Text in der Edition von Gardner Davies beginnt:

J'ai laissé le nom d'Hérodiade pour bien la différencier de la Salomé je dirai moderne ou exhumée avec son fait-divers archaïque – la danse, etc., l'isoler comme l'ont fait des tableaux solitaires dans le fait même terrible, mystérieux – et faire miroiter ce qui probablement hanta, en apparue avec son attribut – le chef du saint – dût la demoiselle constituer un monstre aux amants vulgaires de la vie.[5]

Man darf annehmen, daß Mallarmé hier seine Dichtung Oscar Wildes *Salomé* gegenüberstellen will, um sie eher in der Nachbarschaft von Gemälden wie Gustave Moreaus berühmter *Salomé* zu sehen. Schon indem er, wie wir gesehen haben, keineswegs als erster, die Gestalten der Frau und der Tochter des Herodes zu einer einzigen vereinigt und Herodes selber aus der Handlung ausschließt – in der *Ouverture ancienne* heißt es von ihm, er sei in den Krieg jenseits der Alpen gezogen (Mallarmé 43) – hat Mallarmé der Intrige, wie sie die biblische Erzählung bestimmt, den Grund entzogen: Johannes der Täufer kann dem Herodes keine Vorwürfe machen, es gibt keine Frau des Herodes, die nach dem Leben des Propheten trachten würde, keinen Tanz, kein Versprechen, nicht die Unterredung zwischen Mutter und Tochter. Was Mallarmé in dem zitierten Vorwort gleichsam als Gegenstand seiner Dichtung bezeichnet, ist keine Handlung, sondern ein Bild: Hérodiade mit dem Haupt des Heiligen, das als ihr Attribut erscheint. Zwischen der »Szene«, dem *Cantique de Saint Jean*, das der Prophet im Augenblick seiner Enthauptung singt, ferner den von Davies edierten Bruchstücken, in denen sich die Heldin an das Haupt Johannis wendet, besteht kein Handlungszusammenhang. Ursprünglich scheint Mallarmé an einen solchen gedacht zu haben, seine Vorstellungen sind aber nur durch einen Bericht des aus der Biographie Marcel Prousts

---

[5] *Les noces* S. 51. – Ich habe den Namen Hérodiade beibehalten, um der Differenz von jener Salome willen, die ich die moderne oder ausgegrabene nennen würde, mit ihrem archaisierend Anekdotischen – dem Tanz usw. –, um sie zu isolieren, wie es einsame Bilder getan haben, im schrecklichen, geheimnisvollen Ereignis selbst – und um schillern zu lassen, was wahrscheinlich heimsuchte; daraus hervorgegangen mit ihrem Attribut – dem Haupt des Heiligen – muß die junge Dame ein Ungeheuer für die vulgären Liebhaber des Lebens sein. – Übers. d. Hrsg.

bekannten Grafen Montesquiou überliefert. In dessen 1921 erschienenem Werk *Diptyque de Flandre, Triptyque de France* heißt es ausgehend von den letzten Versen der »Szene«:

C'est bien le suprême aveu, le suprême sanglot, le dernier accord; mais leur répercussion leur survit; elle ébauche le secret, lequel, je le tiens du poète lui-même, n'est autre que la future violation du mystère de son être par un regard de Jean qui va l'apercevoir, et payer de la mort ce seul sacrilège; car la farouche vierge ne se sentira de nouveau intacte et restituée tout entière à son intégralité, qu'au moment où elle tiendra entre ses mains la tête tranchée en laquelle osait se perpétuer le souvenir de la vierge entrevue.[6] (Hervorh. von Montesquiou)

Soweit Montesquiou. Darf man seinem Bericht Glauben schenken? Gardner Davies meint, die von ihm veröffentlichten Bruchstücke bestätigten (und ergänzten) die Darstellung Montesquious. Das läßt sich indessen mit dieser Sicherheit wohl kaum sagen. Merkwürdigerweise ist in der sogenannten *Scène intermédiaire*, der überleitenden Szene, von der man auf Grund einer Manuskriptnotiz weiß, daß sie unmittelbar an die letzten Verse der »Szene« anknüpft (von der ja auch Montesquiou ausgeht), von dem Blick des Propheten auf Hérodiade nicht die Rede, hingegen erteilt diese bereits der Amme den Befehl, ihr das Haupt Johannis zu bringen. Nach einem ersten Entwurf sagt die Heldin der bei den letzten Worten der »Szene« noch im Zimmer gebliebenen Amme: *disparais / vieillesse interdite à / l'enfant //*

---

[6] Zitiert in: *Les noces* S. 16. – Es ist in der Tat das äußerste Geständnis, die äußerste Klage, der letzte Akkord; doch deren Widerhall überlebt sie; er entwirft das Geheimnis, das – der Dichter selbst hat es mir gesagt – nichts anderes ist als die künftige Verletzung des Mysteriums ihres Wesens durch den Blick des Johannes, der sie sehen und schon diesen Frevel mit dem Tode bezahlen wird; denn die unerbittliche Jungfrau wird sich erst dann von neuem unberührt und in ihrer Ganzheit wiederhergestellt fühlen, wenn sie den abgeschlagenen Kopf in Händen hält, in dem die Erinnerung an den flüchtigen Anblick der Jungfrau weiterzuleben wagte. – Übers. d. Hrsg.

heure fulgurante // *apporte-moi* / *ses traits sur un* / *plat d'or*
– und Mallarmé fährt fort: *et la vieille* / *reconnaissant* /
prophète – / *s'évanouit*.[7] Dem entsprechend schließt ein
kurzes metrisches Bruchstück dieser Zwischenszene mit den
Versen:

> *Va pour sa peine*
> *Dût son ombre marcher le long du corridor*
> *M'en apportera le chef tranché dans un plat d'or.*[8]

Selbst der auf den Blick beschränkte, von aller Intrige gereinigte Handlungsfaden, den Mallarmé nach dem Bericht Montesquious erdacht haben soll, fand in die Texte, soweit wir sie kennen, keinen Eingang. Das braucht indessen nicht als Zeugnis gegen die Darstellung Montesquious gewertet werden, entspricht es doch, wie wir immer deutlicher sehen, der neuen Form, zu der Mallarmé entgegen seinen ursprünglichen dramatischen Plänen findet, daß er auf alle äußere Handlung verzichtet, daß der Progreß der Verse nicht vom Fortschreiten des Geschehens, sondern von der Metamorphose der Bilder bestimmt wird, in der sich die wandelnden Eindrücke, jene *sensations*, von denen im Brief an Lefébure die Rede ist, niederschlagen.

Um so weniger hat man Veranlassung, Montesquious Bericht anzuzweifeln, als er sowohl mit Mallarmés Vorstellungswelt wie auch mit dem Strukturgesetz der »Szene« aufs genaueste übereinstimmt.

Jean-Pierre Richard hat in seinem wichtigen Buch über *L'univers imaginaire de Mallarmé* die Bedeutung des Blickes in der Erotik Mallarmés analysiert und Hérodiade als Opfer und Heldin des Blickes bezeichnet (S. 96/97). Richard

---

[7] A.a.O. S. 99 f. – verschwinde / Alter verboten für / das Kind / blitzende Stunde / bringe mir / seine Gesichtszüge in einer / goldenen Schüssel – / und die Alte / erkennend / Prophet – / fällt in Ohnmacht – Übers. d. Hrsg.

[8] A.a.O. S. 196 f. – Geh ihn zu strafen / Selbst wenn sein Schatten den Gang entlang ginge / Und bring mir seinen abgeschlagenen Kopf in einer goldenen Schüssel – Übers. d. Hrsg.

scheint übrigens anzunehmen, daß der, wie er sagt, traumatisierende Blick des Propheten der »Szene« vorausgeht, daß die Reaktionen Hérodiades in der Szene eigentlich Reaktionen sind auf diese Verletzung ihres Wesens. Wir werden bald sehen, daß auch über diesen Punkt wenig Sicheres ausgemacht werden kann, da Mallarmé in seiner *Hérodiade* nicht nur mit dem dramatischen Formprinzip der Handlung, sondern mit der Chronologie überhaupt bricht: Es hat wenig Sinn, hier eine Zeitfolge feststellen zu wollen.

Ein Vorher und Nachher gibt es in der *Hérodiade* gleichsam nur im großen, weil sich das ganze Geschehen auf den Unterschied des Vorher und Nachher beschränkt, und zwar mit dem Ziel, den Zustand des Vorher wiederherzustellen. Dies besagt die Darstellung Montesquious, derzufolge das Geheimnis Hérodiades die »künftige« (d. h. wohl gegen Richard: auf die »Szene« erst folgende) »Verletzung ihres Wesens durch einen Blick Johannis«, der »diesen Frevel mit dem Tod bezahlen wird, denn die wilde Jungfrau wird sich erst im Augenblick wieder unberührt [...] fühlen, da sie das [...] Haupt in ihren Händen hält, in dem die Erinnerung [...] an die Jungfrau fortzuleben wagte.« Das Geschehen ist so eine restitutio ad integrum. Das aber entspricht aufs genaueste dem, was wir im kleinen bereits in der »Szene« haben beobachten können: daß der Heldin nichts widerfährt, als was sie bereits ist. Und selbst die Handlung, die zur Zäsur wird zwischen dem Vorher und Nachher, der Blick Johannis, ist nur bedingt ein Novum, ist doch Hérodiade immer schon die sich Spiegelnde, die unter dem eigenen Blick Stehende. Doch erst indem sie nicht von sich selber, sondern von einem Fremden gesehen wird, wird sie, nach der Vernichtung des Fremden, ganz sie selbst. Insofern freilich ist der Endzustand nicht bloß die Wiederholung des Anfangszustandes, ist das Prädikat im Subjekt nicht ganz enthalten, vielmehr kommt das Subjekt erst durch die Explikation im Prädikat, durch die Entäußerung, ganz zu sich. Wir verwenden hier nicht zufällig Hegelsche Begriffe. Bei

Jean-Pierre Richard ist nachzulesen (S. 185), daß Mallarmé erstaunlich gute Hegelkenntnisse gehabt haben muß. Er scheint sich vor allem 1866 intensiv mit Hegels Schriften beschäftigt zu haben, von denen in den Jahren 1855 bis 1864 mehrere in französischen Übersetzungen erschienen waren, so die Logik, die Naturphilosophie, übersetzt von Véra, der 1864 auch eine *Introduction à la Philosophie de Hegel* publiziert hatte. Die *Noces d'Hérodiade*, wie die Dichtung zuletzt heißen sollte, sind die Vereinigung Hérodiades mit dem Blick des Propheten, ihre Wiedererschaffung auf höherer Ebene dank dieser Vereinigung, der das andere zum Opfer fällt. So spricht in einem der Bruchstücke des Finales die Heldin zu dem Haupt, das sie küßt, die Worte: *c'était – baiser / pour te fermer les / yeux – / vous pouvez / vous fermer beaux / yeux / sur votre ouvrage / [...] / moi, non plus l'enfant / capricieuse de tout / à l'heure.*[9]

Wir haben, ausgehend von dem Brief an Lefébure vom Februar 1865, in dem Mallarmés Absage an die geschichtliche Überlieferung des Herodias-Stoffes formuliert ist, zu verfolgen versucht, wie Mallarmé dem Geschehen selber aufkündigt, um es gleichsam formelhaft, als dialektischen Prozeß, zur Fabel seiner Dichtung zu machen. Die Dokumente, auf die wir uns dabei beriefen: der Bericht Montesquious und die von Davies publizierten Fragmente stammen, wie auch Mallarmés Hegel-Lektüre, aus einer späteren Zeit als die »Szene« selbst, deren Entstehungsgeschichte wir rekonstruieren wollen – so ist es richtig, wenn wir zunächst in das Jahr 1865 zurückkehren. Aus demselben Monat wie der Brief an Lefébure ist ein Brief an Cazalis mit der Angabe überliefert: *cette nuit [...] je veux commencer une scène importante d'Hérodiade.*[10] Aus späteren Briefen geht her-

---

9 A.a.O. S. 117. – das war – küssen / um dir zu schließen die / Augen – / ihr könnt / euch schließen schöne / Augen / über eurem Werk / [...] / ich, nicht mehr das Kind, / das launenhafte von / eben – Übers. d. Hrsg.
10 *Correspondance* I S. 159. – Heute Nacht will ich eine wichtige Szene der *Hérodiade* beginnen. – Übers. d. Hrsg.

vor, daß damit die Szene zwischen Hérodiade und der Amme gemeint sein muß. Woran Mallarmé in den vier Monaten seit seinem Oktoberbrief, in dem er den Beginn der Arbeit mitteilt, schrieb, wissen wir nicht; nur über die vielfachen Störungen, die die häuslichen Umstände und sein Beruf mit sich brachten, sind wir unterrichtet. Über seine im Frühjahr wiederaufgenommene Arbeit, der sich die »Szene« verdankt, schreibt er im März folgende aufschlußreiche Sätze:

Cependant, je travaille depuis une semaine. Je me suis mis sérieusement à ma tragédie d'>Herodiade< [...] J'ai [...] trouvé une façon intime et singulière de peindre et de noter des impressions très fugitives. Ajoute, pour plus de terreur, que toutes ces **impressions** *se suivent comme dans une symphonie, et que je suis souvent des journées entières à me demander si celle-ci peut accompagner celle-là, quelle est leur parenté et leur effet... Tu juges que je fais peu de vers en une semaine.*[11] (Hervorh. von Mallarmé)

Wir haben einige Bemerkungen dieser Passage weggelassen, aus denen Mallarmés Verzweiflung spricht, das Gefühl, dem, was er sich vorgenommen hat, nicht gewachsen zu sein – denn wir verfolgen die Entstehung der Dichtung hier im Hinblick nicht auf Mallarmés Psychologie, sondern auf das Formgesetz seines Werkes. Über dieses gibt die zitierte Briefstelle wichtige Auskunft. Mallarmé wiederholt, was er im Oktober 1864 programmatisch formuliert hatte, wobei er statt *effet* nun das epochemachende Wort *impression* setzt, und ihm neben dem schon im früheren Brief stehenden Verb

---

11 A.a.O. S. 160 f. – Inzwischen arbeite ich seit einer Woche. Ich habe ernsthaft mit meiner Tragödie *Hérodiade* begonnen. [...] Ich habe [...] ein sehr persönliches und ganz besonderes Verfahren gefunden, ganz flüchtige Eindrücke zu malen und zu notieren. Nimm hinzu um das Maß des Schreckens vollzumachen, daß all diese E i n d r ü c k e wie in einer Sinfonie aufeinanderfolgen, und daß ich oft ganze Tage damit zubringe, mich zu fragen, ob dieser wohl jenen begleiten kann, worin sie verwandt sind und welches ihre Wirkung ist... Du kannst wohl denken, daß ich nur wenige Verse in einer Woche zustandebringe. – Übers. d. Hrsg.

peindre das angemessenere *noter* beigibt. Zwischen den beiden Briefen hat Mallarmé dieses Programm zu verwirklichen versucht und ist dabei auf die Schwierigkeit gestoßen, der sich das neue Formgesetz seines Werkes verdanken wird: auf das Problem des Zusammenhanges, der Progression. Der Fortgang eines dramatischen Werkes ist im großen von der Handlung, im kleinen von der sich aussprechenden und verwirklichenden Intention des Helden und der Dialektik der aufeinanderstoßenden Intentionen bestimmt. Er steht so unter dem Gesetz der Kausalität und Finalität und ist logischer Natur. Treten aber die Reden hinter der Wahrnehmung zurück, bekennt sich das Werk statt zur Konstruktion eines Geschehensablaufs zur Notation von Eindrücken, so ist der Zusammenhang nicht mehr gegeben, da die punktuellen Impressionen aus eigener Kraft kein konstituierendes Prinzip zu bieten vermögen. Sie müssen, wie Mallarmés Vergleich mit der Symphonie andeutet, komponiert, vom Dichter in eine Ordnung gebracht werden, die nicht vorgegeben ist, wie die chronologische der traditionellen Epik und Dramatik, sondern die – wie Mallarmé schreibt – auf Grund der Verwandtschaft der Impressionen, ihrer gegenseitigen Anziehungskraft, ihrer Affinität – mit jedem Vers von neuem geschaffen werden muß. Damit ändert sich wesentlich das Bild vom impressionistischen Dichter, dessen passive Empfänglichkeit ergänzt werden muß durch einen aktiven konstruktivischen Geist. Darauf weist der Satz in einem Brief Mallarmés vom Februar 1865 an Lefébure, der eine Kritik an den ästhetischen Ansichten Hippolyte Taines formuliert: *Je trouve que Taine ne voit que l'impression comme source des œuvres d'art, et pas assez la réflexion.* Und es folgt der Satz, der nicht nur das Wort *réflexion* näher bestimmt, sondern den späten Mallarmé der *Divagations* vorwegnimmt: *Devant le papier, l'artiste se fait*[12] (Her-

---

12 A.a.O. S. 154. – Ich finde, daß Taine nur den Eindruck als Quelle der Kunstwerke ansieht, und zuwenig die Reflexion. Vor dem Papier wird der Künstler zum Künstler. – Übers. d. Hrsg.

vorh. von Mallarmé). Die Reflexion ist keine Überlegung, die dem Vorgang des Dichtens abstrakt vorausging, sondern ist selber die Arbeit an dem Material, das die Impressionen bereitstellen.

Das Resultat dieser Tätigkeit haben wir in der »Szene« vor uns, deren Kompositionsprinzip wir im einzelnen untersucht haben. Der Unterschied ihrer Sprache gegenüber der überlieferten besteht nicht in ihrem Reichtum an Bildern – alle Dichtung bedient sich der Metapher –, sondern darin, daß das metaphorische Prinzip selber, das Prinzip der Übertragung, zum Baugesetz des Gedichts wird. Werden die Eindrücke als Bilder notiert, so konkretisiert sich ihre Verwandtschaft in der assoziativen Nähe der Bilder, die ein Beziehungsnetz konstituieren, in dem eines das andere spiegelt, erhellt, hervorbringt. Die Verse Hérodiades auf den Spiegel, die Abfolge der Bilder *eau froide [...] dans ton cadre gelée – ta glace au trou profond – ta sévère fontaine* illustrieren am eindrücklichsten vielleicht dieses neue Kompositionsprinzip. Es ist dem musikalischen verwandt, weil die einzelnen Momente, anders als in der kommunikativen Sprache, deren sich auch die traditionelle Dramatik bedient, in ihrer Bedeutung nicht fixiert sind, sondern, in verschiedenen Funktionszusammenhängen stehend, zwischen verschiedenen Bedeutungen schillern, gleich den Noten der Musik, die auch nicht isoliert, sondern nur im Kontext etwas bedeuten und im Fall der enharmonischen Verwechslung in einem doppelten Kontext stehen.[13]

---

[13] Im Manuskript der Vorlesung findet sich hierzu ein Verweis auf eine spätere Briefstelle Mallarmés, *Correspondance* I S. 234: *Le hasard n'entame pas un vers, c'est la grande chose. Nous avons, plusieurs, atteint cela, et je ne crois que, les lignes si parfaitement délimitées, ce à quoi nous devons viser surtout est que, dans le poème, les mots – qui déjà sont assez eux pour ne plus recevoir d'impression du dehors – se r e f l è t e n t les uns sur les autres jusqu'à paraître ne plus avoir leur couleur propre, mais n'être que les transitions d'une gamme.* (Hervorh. von Mallarmé) – Der Zufall kann einem Vers nichts anhaben, das ist das Großartige. Wir, manche, haben es erreicht, und ich glaube, nachdem die Zeilen so vollkommen abgegrenzt sind, muß es vor allem unser Ziel sein, daß im Gedicht

Weil der Progreß des Textes dergestalt nicht vorbestimmt ist, sich auch nicht richten kann nach einem Außersprachlichen, einer Handlung, deren Wiedergabe der Text wäre, sondern die Richtung in jedem Augenblick von neuem bestimmt, jeder Schritt als metaphorische Verknüpfung für sich motiviert werden muß, stellt die Arbeit an den Dichter solche Ansprüche, daß sowohl Mallarmés Angst, ihr nicht gewachsen zu sein, als auch die häufigen Unterbrechungen verständlich sind. Den zitierten Sätzen aus dem Brief vom März 1865 folgt der gequälte Ausruf: *Mais pourquoi te parler d'un Rêve qui ne verra peut-être jamais son accomplissement, et d'une œuvre que je déchirerai peut-être un jour, parce qu'elle aura été bien au-delà de mes pauvres moyens.*[14] In den folgenden Monaten gerät Mallarmé immer mehr in eine Krise. Im Mai schreibt er: *Je n'ai rien fait: depuis longtemps mon cerveau, désagrégé et noyé dans un crépuscule aqueux, me défend l'art* [...][15] Dann flieht er vor der Arbeit an der *Hérodiade* zu einem anderen Plan, der zunächst ebenfalls für die Bühne bestimmt ist und später, konsequenter noch als die *Hérodiade*, als Gedicht komponiert wird. In einem wahrscheinlich Ende Juni 1865 geschriebenen Brief heißt es: *J'ai laissé ›Hérodiade‹ pour les cruels hivers: cette œuvre solitaire m'avait stérilisé et, dans*

---

die Wörter – die schon genug sie selbst sind, um keinen Eindruck von außen mehr aufzunehmen – so sehr einander widerspiegeln, bis sie nicht mehr ihre eigene Farbe zu haben, sondern nichts weiter als die Übergänge in einer Tonleiter zu sein scheinen. – Übers. d. Hrsg. – Zur spezifischen Musikähnlichkeit hermetischer und mehrdeutiger Lyrik vgl. Peter Szondi, *Lecture de Strette*. In: *Critique* 288, Mai 1971, S. 392-394. Zur »enharmonischen Verwechslung« in der Sprache S. 401 und S. 411. (Deutsch: *Durch die Enge geführt*. In: Peter Szondi, *Celan-Studien*. Frankfurt am Main 1972, S. 55-59, bzw. S. 73 und S. 93.)
14 *Correspondance* I S. 161. – Aber warum spreche ich dir von einem Traum, der vielleicht niemals seine Erfüllung finden wird, und von einem Werk, das ich vielleicht eines Tages zerreißen werde, weil es meine dürftigen Mittel weit überstiegen haben wird. – Übers. d. Hrsg.
15 A.a.O. S. 164. – Ich habe nichts getan: seit langem verbietet mein Gehirn, zersetzt und ertränkt in einer wäßrigen Dämmerung, mir die Kunst. – Übers. d. Hrsg.

l'intervalle, je rime un intermède héroïque, dont le héros est un Faune. [...] Je compte le présenter en août au Théâtre Français.[16] So hat nun Mallarmé zwei Theaterprojekte. Im Herbst desselben Jahres trifft er den Dichter Théodore de Banville und den Schauspieler Coquelin, die zunächst dem *Faune,* dann der *Hérodiade* zur Aufführung an der Comédie Française verhelfen sollten, aber die Begegnung läßt Mallarmé einsehen, daß beide Dichtungen dem Theater unangemessen sind und daß er aus dem Verzicht auf die Bühne ein neues Formprinzip gewinnen kann. Über diese Begegnung und diese Änderung seiner Pläne heißt es in einem Brief an Aubanel (den dritten Jugendfreund) vom 16. Oktober 1865: *Les vers de mon ›Faune‹ ont plu infiniment, mais de Banville et Coquelin n'y ont pas rencontré l'anecdote nécessaire que demande le public, et m'ont affirmé que cela n'intéressait que les poètes. — J'abandonne mon sujet pendant quelques mois dans un tiroir, pour le refaire librement plus tard et [...] je commence ›Hérodiade‹, non plus tragédie, mais poème (pour les mêmes raisons) et surtout parce que je gagne ainsi l'attitude, les vêtements, le décor, et l'ameublement, sans parler du mystère.*[17]

Die Sätze markieren den entscheidenden Wendepunkt in der Entstehungsgeschichte der *Hérodiade.* Was der Schauspieler Coquelin und der Autor des Théâtre Français de Banville am *Faune* bemängeln, hätten sie auch der »Szene« aus der *Hérodiade* vorwerfen können: das Fehlen des Anek-

---

16 A.a.O. S. 166. — Ich habe die *Hérodiade* für die grausamen Wintern gelassen: dies einsame Werk hatte mich unfruchtbar gemacht, und in der Zwischenzeit reime ich ein heroisches Zwischenspiel, dessen Held ein Faun ist. [...] ich rechne damit, es Ende August dem Théâtre Français vorzulegen. — Übers. d. Hrsg.

17 A.a.O. S. 174. — Die Verse meines *Faun* haben unendlich gefallen, aber de Banville und Coquelin haben darin nicht die nötige Anekdote gefunden, die das Publikum verlangt, und haben mir bewiesen, daß so etwas nur die Dichter interessiert. — Ich lasse mein Thema für einige Zeit in einer Schublade liegen, um es später frei zu überarbeiten, und [...] ich beginne die *Hérodiade,* nicht mehr als Tragödie sondern als Gedicht (aus den gleichen Gründen), und vor allem, weil ich so die Haltung, die Kostüme, das Bühnenbild, die Möblierung hinzugewinne, vom Geheimnis zu schweigen. — Übers. d. Hrsg.

dotischen, des äußeren Geschehens. Daraus zieht nun Mallarmé die Konsequenz. Er muß eingesehen haben, daß der Text, wie sehr er auch als Szene gedacht ist, keine Wirklichkeit außer sich duldet, die Wirklichkeit vielmehr aus eigener, metaphorischer Kraft selber erschafft. Er kann nicht als Dialog Schauspielern in den Mund gelegt werden, die Kostüme tragen, vor Kulissen stehen, zwischen Requisiten sich bewegen. Wie schon in der »Szene« das Bühnengeschehen gleichsam eingegangen ist in die Dichtung, aufgelöst wurde in den Wandel, dem die Bilder unterworfen sind, so sollen nun auch die Realien der Aufführung, gemäß der Einsicht, daß die Wirklichkeit der Dichtung nicht die der Bühne, sondern die der Imagination ist, zum Besitz der Dichtung werden.[18] Das meint der letzte Satz der zitierten Briefstelle, in dem der Verlust der Bühne bereits in einen Gewinn für die Dichtung umgeprägt erscheint: *Hérodiade* solle nun keine Tragödie sein, sondern ein Gedicht, schreibt Mallarmé, weil er so die Haltung, die Kostüme, das Bühnenbild, die Möblierung gewinnt. Welcher Art dieser Gewinn ist, werden wir sehen, wenn wir Mallarmés weitere Arbeit an der *Hérodiade*, nämlich die Entstehung der *Ouverture Ancienne* zu Beginn des Jahres 1866, darzustellen haben.

VII

Wir sprachen zuletzt von dem entscheidenden Wendepunkt in der Entstehungsgeschichte der *Hérodiade*-Dichtung: von Mallarmés Entschluß, statt einer Tragödie ein Gedicht zu schreiben. Der Entschluß kann ihm nicht leichtgefallen sein. Das zeigt ein nur drei Monate älterer Brief über den

---

[18] In der französischen Fassung heißt es ausführlicher: »Tous ces éléments de la réalité extérieure doivent être transposés à l'intérieur du poème, en devenir la propriété, c'est-à-dire n'exister que sous forme métaphorique, pour l'imagination.« (Alle diese Elemente der äußeren Realität müssen ins Innere des Gedichts transponiert werden, dessen Besitz werden, das heißt, sie dürfen nur in metaphorischer Form existieren, für die Imagination. – Übers. d. Hrsg.)

»Faun«, für den ja dieselbe Änderung der Konzeption gilt. An Henri Cazalis schrieb Mallarmé im Sommer 1865 über dieses Gedicht: *je le fais absolument scénique, non possible au théâtre, mais exigeant le théâtre. Et cependant, je veux conserver toute la poésie de mes œuvres lyriques, mon vers même, que j'adapte au drame.*[1] (Hervorh. von Mallarmé) Man mißversteht diesen Satz, wenn man ihn mit folgenden Worten kommentiert: *Mallarmé visualized the theatre but in writing of the poem he recognized the impossibility. [...] He continued to hope nevertheless that the poem would be suitable for the stage.*[2] Denn »non: possible au théâtre, mais: exigeant le théâtre« heißt wohl: nicht bloß möglich auf der Bühne, sondern sie geradezu erfordernd. Mallarmé genügt es also nicht, daß sein dramatisches Gedicht, sein lyrisches Drama, auch im Theater sich bewähren würde, vielmehr gehört die Aufführung zum Formpostulat des Werkes. Daß aber Mallarmé die Möglichkeit in Erwägung zieht, die Dichtung könnte eben noch möglich sein auf der Bühne, zeigt, daß er seiner Sache so sicher nicht war; und die Formulierung *exigeant le théâtre* bereitet eine Theater-Utopie vor, die auch den Verzicht auf die reale Aufführung überdauert. Diese Theater-Utopie ist dokumentiert einerseits in Mallarmés späteren theatertheoretischen Arbeiten, in seiner Beschäftigung mit Wagners *Gesamtkunstwerk* und dem eigenen, nur skizzenhaft überlieferten Hauptwerk, dem von Jacques Scherer herausgegebenen *Livre*[3], das eine »Metaphysik des Theaters« enthält –

---

1 *Correspondance* I S. 166. – Ich schreibe es völlig szenisch, auf der Bühne nicht möglich, doch die Bühne erfordernd. Und dennoch will ich die Poesie meiner lyrischen Werke ganz bewahren, selbst den Vers, den ich dem Drama anpasse. – Übers. d. Hrsg.
2 F. C. St. Aubyn, *Hérodiade: Eine Frau mit Schatten?* In: *Revue de littérature comparée* Jg. 99, 1959, S. 42. – Mallarmé hielt sich das Theater vor Augen, aber beim Schreiben des Gedichts erkannte er die Unmöglichkeit. [...] Er hoffte trotzdem weiterhin, daß das Gedicht für die Bühne geeignet wäre. – Übers. d. Hrsg.
3 Jacques Scherer, *Le »Livre« de Mallarmé – Premières recherches sur des documents inédits.* Paris 1957.

andererseits in dem wesentlich szenischen Charakter auch der nach dem Verzicht auf die Bühne geschriebenen *Hérodiade*-Partien. In diesem Sinne wohl hat der eben zitierte Aubyn den Ausdruck *absolument scénique* aufgefaßt, und damit, trotz des vom Kontext – wie ich meine – erwiesenen Mißverständnisses, etwas Richtiges erkannt. Mallarmés *Hérodiade* ist nach dem Verzicht auf die theatralische Realisierung nicht mehr auf eine ihr äußerliche, materielle Szene relativiert: Das Werk setzt vielmehr seine Wirklichkeit, seine Szene – losgelöst, absolut – aus eigener Kraft, indem es – wie die oben zitierte Briefstelle besagt – auch Haltung, Kostüme und Bühnenbild hinzu-»gewinnt«, d. h. sie nicht mehr der äußeren Realisierung überläßt, sondern sie selber im Medium der Sprache verwirklicht.

Im Zeichen dieser neuen Formintention steht die Arbeit des zweiten Winters, über die Mallarmé im Frühjahr 1866 an Cazalis mit folgenden Worten berichtet:

J'ai [...] à te raconter trois mois, à bien grands traits; c'est effrayant, cependant! Je les ai passés, acharné sur ›Hérodiade‹, ma lampe le sait! J'ai écrit l'ouverture musicale, presque encore à l'état d'ébauche, mais je puis dire sans présomption qu'elle sera d'un effet inouï et que la scène dramatique que tu connais n'est auprès de ces vers que ce qu'est une vulgaire image d'Épinal comparée à une toile de Léonard de Vinci [...][4]

Der Vergleich mit den primitiven, berühmte Augenblicke aus der Geschichte Frankreichs darstellenden Holzschnitten, den Images d'Épinal einerseits, Gemälden Leonardo da Vincis andererseits deutet nicht bloß auf den Rangunter-

---

4 *Correspondance* I S. 207. – Ich habe dir drei Monate zu erzählen, in groben Zügen; es ist schon fürchterlich! Ich habe diese Zeit verbissen an der *Hérodiade* gesessen, meine Lampe weiß davon! Ich habe die musikalische Ouverture geschrieben, fast noch im Stadium des Entwurfs, aber ohne Anmaßung kann ich sagen, daß sie eine ungeheure Wirkung haben wird, und daß sich die dramatische Szene, die du kennst, mit diesen Versen verglichen, nur ausnimmt wie ein vulgäres Image d'Épinal neben einem Gemälde von Leonardo da Vinci. – Übers. d. Hrsg.

schied, den Mallarmé zwischen der »Szene« und der »Ouverture« (der späteren *Ouverture ancienne*) spürt; dieser Vergleich trifft auch das Anekdotische, das die Sprache bzw. Zeichnung und Farbe zum Kommunikationsmittel degradiert. Die Images d'Épinal sind Darstellungen; sie berichten, wie unbeholfen auch immer, was geschehen ist, und verweisen so auf eine außerkünstlerische, historische Realität; während die Gemälde Leonardo da Vincis, auch wenn sie ein biblisches Ereignis darstellen, als Kunstwerke nicht über sich hinausweisen, sie kennen keine Wirklichkeit außer der eigenen.

Der Blick, den wir auf die »Ouverture« noch werfen wollen, wird uns zeigen müssen, welcher Art der Gewinn ist, den sich Mallarmé in dem Brief vom 16. Oktober 1865 an Aubanel vom Verzicht auf die Bühne verspricht, und inwiefern ihn, im Frühjahr 1866, der inzwischen entstandene Einleitungsmonolog der Amme zu der scharfen Kritik an der »Szene« hat veranlassen können. Zuvor wollen wir aber die Diskussion der Briefzeugnisse zu Ende führen.

Aus den mehr als drei Jahrzehnten, die zwischen dem eben zitierten Brief über die »Ouverture« und Mallarmés Tod liegen, sind nur wenige Briefe überliefert, die uns Hinweise auf die weitere Arbeit in Mallarmés an der *Hérodiade*-Dichtung geben. Weder das in sich abgeschlossene *Cantique de Saint Jean*, noch die von Gardner Davies veröffentlichten Fragmente werden in den Briefen, sieht man von dem allerletzten, testamentartigen, ab, erwähnt. So kennen wir auch die Entstehungszeiten dieser Partien nicht. Mit den von uns bis jetzt besprochenen Briefen geht der rekonstruierbare Teil der Entstehungsgeschichte zu Ende; was in den Briefen der nächsten Jahre noch auf die *Hérodiade* Bezug hat, berichtet nicht die Entstehung neuer Teile, sondern deutet das Entstandene oder ist der Publikation der »Szene« im *Parnasse Contemporain* gewidmet, wobei Mallarmé immer wieder darauf hinweist, wie fremd ihm diese Verse inzwischen geworden sind. Im April 1870 schreibt er an Cazalis über die

Scène: Mais tu les connaissais ces vieux vers. Pourquoi m'en reparler? Je suis bien loin de cela.[5]

Es ist bezeichnend, daß Mallarmé, als er an die Arbeit ging, wohl ein Programm hatte, was seine poetische Verfahrensweise betrifft – man erinnert sich an den Brief über die »neue Poetik« –, daß er aber über den Sinn, den er dem überlieferten Stoff geben wollte oder besser: über den Sinn, den die Gestalt und das Schicksal der Herodias für ihn gewonnen hatte, sich nicht im klaren war. Im Sommer 1866, nach der Entstehung der »Szene« und der »Ouverture«, schreibt er an Cazalis über die Dichtung ›Hérodiade‹, *où je m'étais mis tout entier sans le savoir, d'où mes doutes et mes malaises, et dont j'ai enfin trouvé le fin mot, ce qui me raffermit et me facilitera le labeur.*[6] Es fällt nicht schwer, sich die endlose Reihe von Hypothesen vorzustellen, die von den Interpreten der Frage gewidmet worden wären, welches dieses Schlüsselwort der Dichtung ist, hätte nicht Mallarmé in einem Brief vom 31. Dezember 1865 den Gegenstand seiner Dichtung, wie er selber schreibt, »mit einem Wort« angegeben. In einem Brief an den Dichterfreund Villiers de L'Isle-Adam heißt es:

J'ai le plan de mon œuvre, et sa théorie poétique qui sera celle-ci: »donner les impressions les plus étranges, certes, mais sans que le lecteur n'oublie pour pas une minute la jouissance que lui procurera la beauté du poème«. En un mot, le sujet de mon œuvre est la Beauté, et le sujet apparent n'est qu'un prétexte pour aller vers Elle. C'est, je crois, le mot de la Poésie.[7]

---

5 A.a.O. S. 323. – Aber du kanntest sie, diese alten Verse. Warum mir erneut davon sprechen? Ich bin sehr weit davon entfernt. – Übers. d. Hrsg.

6 A.a.O. S. 221. – *Hérodiade*, der ich mich ganz hingegeben hatte, ohne es zu wissen, daher meine Zweifel und Unbehagen kamen, und deren Schlüsselwort ich schließlich gefunden habe, was mich bestärkt hat und mir die Arbeit erleichtern wird. – Übers. d. Hrsg.

7 A.a.O. S. 193. – Ich habe den Plan meines Werks und seine poetische Theorie, welche die folgende sein wird: es sollen zwar die seltsamsten Eindrücke vermittelt werden, doch so, daß der Leser keinen Augenblick den Genuß vergißt, den ihm die Schönheit des Werks bereiten wird. Mit einem Wort, der

Manches an diesem Kommentar ist bemerkenswert. Zunächst die Degradation des *sujet apparent*, also wohl der überlieferten Herodias-Sage, zum Vorwand. Jener Abbau des dramatischen Geschehens, von dem im Laufe der Erläuterung wiederholt die Rede war, erfährt hier seine theoretische Begründung. Begründet wird er damit, daß der eigentliche Gegenstand des Werkes die Schönheit ist. Mallarmé spricht von der Schönheit des Gedichts, die der Leser über den ihm vermittelten Eindrücken nicht vergessen dürfe. Aber die Schönheit ist nicht nur eine des Gedichts, sie tritt auch im Gedicht auf: Man erinnere sich an ihr Erscheinen von der abstrakten Formulierung in Vers 8 *Si la beauté n'était la mort...* über Hérodiades Frage in Vers 52 *Nourrice, suis-je belle?* und die abgebrochenen, in ihrem Sinn darum nie mehr rekonstruierbaren Verse der Amme *Mais toujours adorable autant qu'une immortelle / O mon enfant, et belle affreusement et telle / Que...* (Vers 65 ff.) (*Les noces* 63, 65, 66) bis zu den Versen der Heldin, die den Vergleich der Amme mit den unsterblichen Göttern im Bild des Götzendienstes wiederaufnehmen:

> *Et tout, autour de moi, vit dans l'idolâtrie*
> *D'un miroir qui reflète en son calme dormant*
> *Hérodiade au clair regard de diamant...*[8]

Schönheit ist so nicht bloß dem Gedicht eigen (*la beauté du poème*), sie ist ihm auch thematisch. Damit wird aber das Gedicht zu einem Gedicht über sich selbst.[9] Es beugt sich

---

Gegenstand meines Werkes ist die Schönheit, und der scheinbare Gegenstand ist nur ein Vorwand, zu ihr (der Schönheit) hinzuführen. Das ist, glaube ich, das Wort der Dichtung. – Übers. Szondi.

8 *Les noces* S. 69, V. 114-116. – Szondi zitierte an dieser Stelle in der Vorlesung die Übersetzung von Stefan George: *Und alles lebt um mich im götzendienst / Des spiegels der in schlafesstille zeigt / Herodias mit klarem demantblick.* – *Zeitgenössische Dichter.* Übertragen von Stefan George. Zweiter Band. Berlin 1905, S. 41.

9 In der französischen Fassung heißt es ausführlicher: »le poème est un

über die eigene Schönheit, wie sich die Heldin über ihr Spiegelbild beugt und nicht die eigene Gestalt, sondern nur den Spiegel, der sie einfängt, als Gegenstand des Götzendienstes bezeichnet, dem alles um sie herum, d. h. der ganze Mikrokosmos des Gedichts, lebt. Aber in der Schönheit Hérodiades spiegelt sich nicht bloß die Schönheit des Gedichts, sondern die Schönheit selbst (Mallarmé schreibt *Beauté* mit großem Anfangsbuchstaben), die Schönheit, die *le mot de la Poésie* ist (auch *Poésie* steht mit der Majuskel) – das Wort also nicht allein dieses Gedichts, sondern von Dichtung überhaupt. Wie jedes Werk des Symbolismus, zu dessen Vorbereitern und Schöpfern Mallarmé neben Rimbaud und Verlaine gehört, tritt auch das Gedicht *Hérodiade* mit dem Anspruch auf, durch sein Thema und seine Form ein »Symbol« geschaffen zu haben, in dem das Rätsel der Welt gelöst wird. Man hat Mallarmé und die späteren Dichter des Symbolismus, etwa den jungen Hofmannsthal, nicht verstanden, wenn man sie im Namen sogenannter Gesinnungstüchtigkeit des bloßen Ästhetizismus zeiht. Vielmehr muß man ihren emphatischen Schönheitsbegriff in dem metaphysischen Zusammenhang sehen, dem er sich verdankt. Jene Verwandtschaft von Nihilismus und Artistik, die man gerne mit dem Namen Gottfried Benns verbindet, hat einen ihrer ersten Zeugen – Benn wußte es – in Mallarmé. So heißt es in dem Juli-Brief an Cazalis, aus dem wir schon den Satz zitiert haben, der von dem gefundenen »Wort« der *Hérodiade*-Dichtung spricht, unmittelbar vor dieser Stelle:

Imagine que je suis en voyage et que, par ce soleil, l'encre des auberges est séchée. En vérité, je voyage, mais dans des pays inconnus et si, pour fuir la réalité torride, je me plais à évoquer des images froides, je te dirai que je suis depuis un mois dans les plus purs glaciers de l'Esthétique – qu'après avoir trouvé le Néant, j'ai trouvé le Beau, – et que tu ne

poème sur lui-même, poésie sur la poésie.« (Das Gedicht ist ein Gedicht über sich selbst, Dichtung über Dichtung. – Übers. d. Hrsg.)

peux t'imaginer dans quelles altitudes lucides je m'aventure. Il en sortira un cher poème [...]¹⁰
– nämlich die *Hérodiade*. Das auf die *Hérodiade* bezügliche *dont j'ai enfin trouvé le fin mot* erklärt sich aus dem vorausgehenden *j'ai trouvé le Beau*. Ohne daß wir hier versuchen könnten, die von Mallarmé angedeutete Erfahrung, aus der er gewandelt hervorgeht, in ihrem Ursprung, ihrem Inhalt und ihren Ergebnissen darzustellen – Jean-Pierre Richard und andere haben ihr einsichtsvolle Seiten gewidmet –, müssen wir uns damit begnügen, auf die Züge aufmerksam zu machen, die schon in diesem Brieffragment der Begriff des Schönen und die Gestalt der Hérodiade gemein haben. Mallarmé spricht von einer Flucht aus der Hitze der Wirklichkeit (es ist die reale Julihitze, aber zugleich mehr) in die Eiswelt des Schönen, in die klaren Höhen der Gletscher. *Lucide* bedeutet sowohl »klar« als »klarsichtig«, das Wort gehört in den Zusammenhang der Spiegelmetaphorik der »Szene«, in der das Eis ein Medium der Selbsterkenntnis ist. Das Schöne ist die Negation sowohl des Seienden als auch des Nichts, es überwindet das Nichts, ohne darum affirmativ zu werden. Affirmation ist es nur seiner selbst. Daher seine Isolation, seine Selbstbespiegelung, seine Abstraktheit. Nicht schon durch die Abwendung von der Welt, sondern erst durch ihre – wie Hegel sagen würde – bestimmte Negation, indem es sich mit seinem anderen, durch die Negation hindurch, versöhnt, kann das Schöne konkret werden: Manches deutet darauf, daß Mallarmé, unter dem Eindruck der Hegelschen Dialektik, die Selbstverwirklichung seiner Heldin durch die Enthauptung des Johannes, daß er ihre mysti-

---

10 *Correspondance* I S. 220 f. – Stell dir vor, daß ich auf der Reise bin, und daß bei dieser Sonne die Tinte in den Gasthäusern eingetrocknet ist. In Wahrheit reise ich, doch in unbekannten Ländern, und wenn ich, um vor der heißen Wirklichkeit zu fliehen, Gefallen daran finde, kalte Bilder vorzustellen, sag ich dir, daß ich seit einem Monat in den reinsten Gletschern der Ästhetik bin – daß ich nach dem Nichts das Schöne gefunden habe – und daß du dir nicht vorstellen kannst, in welche klaren Höhen ich mich wage. Es wird ein teures Gedicht daraus werden ... – Übers. d. Hrsg.

sche Hochzeit – man denke an den späteren Titel: *Les Noces d'Hérodiade. Mystère* – in diesem Sinn aufgefaßt hat.

So ist das Geschehen, auf das Mallarmé die überlieferte Herodias-Handlung reduziert, kein bloßer Vorwand, sondern einer, der zugleich auf den wirklichen Gegenstand des Gedichts, auf das Schöne, verweist. Weil aber die Schönheit die Antwort des symbolistischen Dichters auf das Nichts ist, zu dem ihm die Wirklichkeit zerrinnt, weil die Dichtung des Symbolismus nicht imitatio, sondern creatio sein will, sehen sich seine Dichter und Theoretiker in der Nähe der Alchimisten. Auch Mallarmé spricht nach der metaphysischen Krise der Jahre 1865-67, den sogenannten »nuits de Tournon«, nicht mehr von einzelnen Gedichten, sondern von einem *Œuvre* – und zwar nicht im Sinne des Gesamtwerkes, sondern des Opus magnum der Alchimie. Am 14. Mai 1867 schreibt er an Cazalis:

ce ne serait pas sans un serrement de cœur réel que j'entrerais dans la Disparition suprême, si je n'avais pas fini mon œuvre, qui est L'Œuvre, le Grand Œuvre, comme disaient les alchimistes, nos ancêtres.[11] (Hervorh. von Mallarmé)

Und weil der Gegenstand der *Hérodiade* das Schöne ist, genauer: der dialektische Prozeß, in dem es sich verwirklicht, kann sie Mallarmé als einleitenden ersten Teil dieses Opus magnum betrachten. In dem eben zitierten Brief an Cazalis, der die Erkenntnisse der Nächte von Tournon zu formulieren versucht, heißt es:

Fragile comme est mon apparition terrestre, je ne puis subir que les développements absolument nécessaires pour que l'Univers retrouve, en ce moi, son identité. Ainsi je viens, à l'heure de la Synthèse, de délimiter l'œuvre qui sera l'image de ce développement. Trois poèmes en vers, dont ›Hérodia-

---

11 A.a.O. S. 243 f. – Und träte ich ein ins letzte Verschwinden, geschähe es nicht ohne wirkliche Beklemmung, wenn ich mein Werk noch nicht beendet hätte, welches Das Werk ist, das Große Werk, wie unsere Vorfahren, die Alchimisten, sagten. – Übers. d. Hrsg.

de« est l'Ouverture, mais d'une pureté que l'homme n'a pas atteinte et n'atteindra peut-être jamais, car il se pourrait que je ne fusse le jouet que d'une illusion, et que la machine humaine ne soit pas assez parfaite pour arriver à de tels résultats. Et quatre poèmes en prose, sur la conception spirituelle du Néant.[12]

Das Bemerkenswerteste an diesen Sätzen ist vielleicht die Formulierung: *pour que l'Univers retrouve, en ce moi, son identité:* »damit das Weltall in diesem meinem Ich seine Identität wiederfindet«. Den Stoff seiner Alchimie findet der symbolistische Dichter in sich selbst, der Prozeß findet an ihm selber statt. In diesem Zusammenhang muß alles gesehen werden, was aus den Briefen als Übereinstimmung zwischen dem Werk und der Person des Dichters hervorgeht. Deutlich wird dieser Konnex in dem Brief an Aubanel vom 3. Januar 1866, wenn es heißt:

Le déplacement, si brusque! précédent, m'avait sorti de mon Rêve, et je ne pouvais plus me remettre au travail. J'ai été assez heureux la nuit dernière pour revoir mon Poème dans sa nudité, et je veux tenter l'œuvre ce soir. Il m'est si difficile de m'isoler assez de la vie pour sentir, sans effort, les impressions extraterrestres, et nécessairement harmonieuses que je veux donner, que je m'étudie jusqu'à une prudence qui ressemble à de la manie.[13]

---

12 A.a.O. S. 242. – Zerbrechlich, wie meine irdische Erscheinung ist, bin ich nur den unbedingt notwendigen Entwicklungen gewachsen, damit das Weltall in diesem meinem Ich seine Identität wiederfindet. So habe ich zur Stunde der Synthese das Werk abgegrenzt, welches das Bild dieser Entwicklung sein wird. Drei Gedichte in Versen, deren Ouverture die *Hérodiade* ist, aber von einer Reinheit, wie sie der Mensch noch nicht erreicht hat und vielleicht niemals erreichen wird, denn es könnte sein, daß ich nur Spielzeug einer Illusion gewesen bin und der Mechanismus des Menschen nicht ausreicht, um zu solchen Ergebnissen zu gelangen. Und vier Prosagedichte, über die Empfängnis des Nichts im Geist. – Übers. d. Hrsg.

13 A.a.O. S. 195. – Der – so abrupte! – vorhergehende Ortswechsel hatte mich aus meinem Traum gerissen, und ich konnte die Arbeit nicht wieder aufnehmen. Es ging mir gut genug in der letzten Nacht, um mein Gedicht in seiner Nacktheit wieder zu sehen, und ich will heute abend das Werk wagen. Es fällt mir dermaßen schwer, mich genügend vom Leben abzuschließen, um

Tenter l'œuvre – das Dichten wird zum Versuch, zum Experiment wie in der Alchimie. Als die Bedingung, unter der das Werk allein glücken kann, wird die Ablösung vom Leben und die permanente Selbstbeobachtung bezeichnet; als Stoff des Werkes jene Impressionen, die schon zu Beginn der Arbeit an der *Hérodiade* programmatisch genannt wurden, deren Beschaffenheit aber erst jetzt erkennbar wird: Die Eindrücke, die das Werk notiert, sind »außerirdisch« wie das Schöne die Antithesis zur Welt ist; sie sind »notwendig harmonisch«, Harmonie ist ihr Wesen und ihr Unterscheidungsmerkmal gegenüber der Wirklichkeit, und sie sind nicht erdacht, sondern vom Dichter selber empfangen.

Der Kenner der *Hérodiade*-Dichtung wird aber den Konnex zwischen Person und Werk auch an Einzelheiten dieses Brieffragments bemerken, an Übereinstimmungen des Ausdrucks. Wie Hérodiade in Vers 51 spricht auch Mallarmé von seinem Traum, und wie Hérodiade ihren Traum in dessen *nudité* (*Les noces* 65) erkennt, so Mallarmé seine Dichtung in ihrer Nacktheit: *J'ai été assez heureux la nuit dernière pour revoir mon Poème dans sa nudité* [...] Und beide sind darauf angewiesen, sich aus dem Leben zurückzuziehen. Solche Übereinstimmungen sind in Mallarmés Briefen keineswegs auf diesen einen Fall beschränkt. Einige weitere Beispiele müssen hier genügen: Dem Wunsch Hérodiades, ihre Haare möchten *la froideur stérile du métal* (a.a.O. V. 39 – »die unfruchtbare Kälte des Metalls«) haben, entspricht die Klage Mallarmés über sein Werk: *moi, stérile et crépusculaire, j'ai pris un sujet effrayant*[14] oder, kurz danach, nun geradezu als Wirkung des Gedichts begriffen: *cette œuvre solitaire m'avait stérilisé.*[15] Die Aura von

---

ohne Mühe die außerirdischen und notwendigerweise harmonischen Eindrücke zu empfinden, die ich vermitteln will, daß ich mich mit einer Behutsamkeit, die schon ans Manische grenzt, erforsche. – Übers. d. Hrsg.
14 A.a.O. S. 161. – Steril und der Dämmerung verschrieben, habe ich ein grausiges Thema gewählt. – Übers. d. Hrsg.
15 A.a.O. S. 166. – dies einsame Werk hatte mich unfruchtbar gemacht. – Übers. d. Hrsg.

Schrecken (»horreur«, »effrois«) umgibt nicht nur die Erwartung Hérodiades, sondern auch die Arbeit des Dichters. *Un sujet effrayant* hieß es im eben zitierten Satz, aber schon zu Beginn der Arbeit schrieb Mallarmé *J'ai enfin commencé mon ›Hérodiade‹. Avec terreur* [...][16] und ähnlich in der Fortsetzung der vorhin angeführten Stelle: *Ajoute, pour plus de terreur* [...].[17] Auch das erotische Vokabular der Dichtung findet Eingang in die Briefe. Mallarmé spricht von der *solitude* und der *silence inviolés*[18], in denen er um seines Gedichts willen lebt und den *nuits ravies*[19], deren Werk die *Hérodiade* ist. Und schließlich sieht er auch die Entstehung des Werkes als denselben Vorgang, als den Hérodiade ihre Wandlung, ihr Zu-sich-Kommen begreift: als ein Hervorgehen. [...] *des calices / De mes robes* [...] */ Sortirait le frisson blanc de ma nudité* (*Les noces* S. 69, V. 97-99 – Hervorh. von Sz.) sagt Hérodiade von sich, Mallarmé aber wird nicht müde, das Wort »sortir« auf sein Werk zu beziehen, am prägnantesten in einem Brief vom Dezember 1865, in dem er zugleich die Juwel-Edelstein-Metaphorik der Dichtung und die *débris,* die Trümmer, aus Vers 20 der *Scène* (a.a.O. S. 64) wiederaufnimmt. Es heißt hier: *Ah! ce poème, je veux qu'il sorte, joyau magnifique, du sanctuaire de ma pensée; ou je mourrai sur ses débris!*[20]
Nun sind solche Übereinstimmungen zwischen Werk und Person die Wonne so konträrer Schulen in der Literaturwissenschaft wie des älteren Positivismus, der jedes Motiv der Dichtung auf eine biographische Gegebenheit zurückführen wollte, und der Psychoanalyse, aus der denn auch über Mallarmé ein wichtiges Werk vorliegt: Charles Mauron,

---

16 A.a.O. S. 137. – Ich habe endlich meine *Hérodiade* begonnen. Mit Schrecken [...] – Übers. d. Hrsg.
17 A.a.O. S. 161. – Nimm hinzu, um das Maß des Schreckens vollzumachen [...] – Übers. d. Hrsg.
18 A.a.O. S. 180. – unverletzte Einsamkeit und Stille – Übers. d. Hrsg.
19 A.a.O. S. 190. – hingerissene Nächte – Übers. d. Hrsg.
20 A.a.O. S. 180. – Ach, dies Gedicht, ich will, daß es, herrliches Juwel, aus dem Sanktuarium meines Gedankens hervorgeht; oder ich werde auf seinen Trümmern sterben. – Übers. d. Hrsg.

Introduction à la psychanalyse de Mallarmé.[21] (Der Titel gibt erfreulicherweise zu, daß der Gegenstand der Analyse nicht Mallarmés Dichtung, sondern seine Psyche ist.) Man würde aber nicht nur unsere Intention bei der Anführung solcher Übereinstimmungen, vielmehr – und das ist schwerwiegend – man würde die Bedeutung dieser Übereinstimmungen selbst verkennen, wollte man sie psychologisch verstehen, so als hätte Mallarmé in der Hérodiade bloß objektiviert, was seine private Erfahrung war. Das mag im übrigen, wie mehr oder weniger bei allen Dichtern, zumal seit der Romantik, nebenbei auch der Fall sein, ohne daß es für das Verständnis der Werke von Belang wäre. Entscheidend hingegen ist die Erkenntnis, daß Mallarmés sämtliche angeführten Äußerungen im Zusammenhang mit seinem Werk stehen, daß sie seine Erfahrungen nicht als Person, sondern als Dichter meinen. Nicht ist das Werk die Objektivation der Ängste, der Isolation, des Sterilitätskomplexes eines Menschen, dessen Erfahrungsgehalte ein Primäres sind, zu dem die Arbeit am Gedicht als ein Sekundäres hinzukommt, das aber ebenso auch ausbleiben könnte. Sondern Mallarmé spiegelt sich in seiner Heldin als Dichter. Weil sein Geschöpf ein Symbol des Schönen ist, das Schöne aber vom Dichter-Alchimisten erschaffen werden muß, ist Hérodiade zugleich ein Symbol seines Schaffens. So sieht denn Mallarmé seine Dichtung nicht anders als seine Heldin: in sich selbst verliebt. In dem langen Brief an Cazalis vom 14. Mai 1867, dem wichtigsten Dokument der vorausgegangenen Krise und der aus ihr geschöpften Erkenntnisse – wir haben daraus schon wiederholt zitiert –, heißt es: *Pour moi, la Poésie me tient lieu de l'amour par ce qu'elle est éprise d'elle-même et que sa volupté d'elle retombe délicieusement en mon âme.*[22]

21 Charles Mauron, *Introduction à la psychanalyse de Mallarmé.* Neuchâtel 1950.
22 *Correspondance* I S. 243. – Für mich ersetzt die Dichtung die Liebe, weil sie in sich selbst verliebt ist, – Übers. Szondi – und weil ihre Lust an sich selbst köstlich in meine Seele fällt. – Übers. d. Hrsg.

Soweit unsere Betrachtung der Entstehungsgeschichte des Werkes auf Grund von Mallarmés Briefen, die uns zugleich einen Exkurs über die Eigenart symbolistischer Dichtung nahelegten. Bevor wir nun unsere Beschäftigung mit Mallarmés lyrischem Drama *Hérodiade* abschließen, um seine Spuren bei den Zeitgenossen und Jüngern — bei Henri de Régnier, Maeterlinck, Hofmannsthal, George — zu verfolgen, kehren wir noch einmal zu dem Gedicht zurück, um einen Blick auf zwei Texte zu werfen, die nach der entscheidenden Wende, nach dem Verzicht aufs Theater, entstanden sind und in denen die Konsequenzen daraus gezogen werden. Es ist zunächst der Beschwörungsmonolog der Amme, meist *Ouverture ancienne* genannt, da Mallarmé sie später durch eine andere ersetzt hat.

Die erste Konsequenz, die Mallarmé aus dem Verzicht auf die Bühne zieht, ist in dem Umstand selber zu sehen, daß er eine *Ouverture* schreibt. Die geplante Tragödie begann, alter Tradition folgend, mit einem Dialog, der medias in res führen sollte; Ort und Zeit des Dialogs wären durch szenische Mittel angezeigt worden. An deren Stelle tritt nun die Sprache. Der Monolog der Amme bereitet als *Ouverture* das Erscheinen Hérodiades vor: Die erste Partie ist dem Turm gewidmet, der in der Szene in Vers 60 (*Les noces*, 66) gerade nur genannt wird — hier wird er zugleich metaphorisch verwandelt, als ein Grab gesehen (*lourde tombe*), das den Ausspruch der Heldin »die Schönheit ist der Tod« vorbereitet und zugleich (*tour sacrificatrice*) mit dem Opfertod Johannis verknüpft (Mallarmé 41, V. 6 u. V. 5). Die zweite Partie führt über das offene Fenster (V. 19) ins Innere des Zimmers, in dem der Dialog stattfinden wird. Auch hier weisen die Einzelheiten auf Künftiges voraus: die Waffen und das Geschmeide der ersten beiden Verse (a.a.O. 41, V. 20/21) auf die Stelle des Dialogs, in der Hérodiade ihre Haare als Spiegel der *joyaux du mur natal, / Armes, vases* feiert und sie damit an der *froideur stérile du métal* (*Les noces* 65, V. 39-44) teilhaben läßt. Das Motiv der Unfruchtbarkeit wird zentral zu Beginn der letzten Partie der *Ouverture* in den Versen 59 f.:

> *le lit aux pages de vélin,*
> *Tel, inutile et si claustral, n'est pas le lin!*[23]

Das Fruchtlose und Klösterliche verwandelt die leinenen Tücher in Buchseiten, wobei diese Verwandlung nicht diskursiv wiedergegeben wird, sondern im Bild des »Bettes mit den Pergamentblättern« (seltsamerweise heißt »vélin« auf Deutsch »Jungfernpergament«) als bereits vollzogen erscheint. Das Bild aber schafft zugleich ein rapprochement zwischen dem vordergründigen und dem geheimen Thema der *Hérodiade*, holt jenen in den Briefen deutlich gewordenen Zusammenhang zwischen Mallarmés Dichten und dem Gegenstand seines Dichtens in das Gedicht herein, ohne dessen Welt durch die Enthüllung des heimlichen Konnexes zu zerstören.

Als eine weitere Konsequenz aus dem Verzicht auf die Bühne ist der musikalische Charakter dieses Textes aufzufassen. Auf ihn deutet schon der Name *Ouverture*, und die Briefstelle *J'ai écrit l'ouverture musicale* [...] (Correspondance I 207) bezeichnet ihn ausdrücklich. Diese Wendung zur Musik wird man im Zusammenhang jener anderen Briefstelle sehen müssen, in der Mallarmé das Progressionsgesetz seiner Dichtung reflektiert, das von keiner fortschreitenden Handlung bestimmt ist: *ces impressions se suivent comme dans une symphonie* (a.a.O. 161) heißt es in dem schon zitierten Brief an Cazalis vom März 1865, also auf die »Szene« bezogen. Widerspricht dieses symphonische Prinzip, das nicht logischer, sondern assoziativer Natur ist, dem Medium der dramatischen Form: der Handlung, und deren sprachlicher Realisierung: dem Dialog, so wird in der *Ouverture* sowohl der Handlung als auch dem Dialog auf-

---

23 Mallarmé S. 42. – das Bett mit den Pergamentseiten / Derart, nutzlos und so verschlossen, ist nicht einmal das Leinen! – Übers. d. Hrsg.

gekündigt. An die Stelle von Rede und Gegenrede tritt die eine Stimme der Amme, tritt ihre incantatio – eine Beschwörung, die sich – wie die Etymologie verrät – im Gesang vollzieht. Schon in der Überschrift deutet so die *Ouverture*, wie auch das *Cantique de Saint Jean,* auf eine Steigerung des Lyrischen, die ebenfalls im Zusammenhang des Verzichts auf die Bühne zu sehen ist – aber weder die Abkehr vom Dialog, noch die Lyrisierung haben zur Folge, daß der dramatische Grundcharakter aufgegeben wird: Gegenüber der Lyrik setzen sowohl der Monolog der Amme als auch das Lied Johannis des Täufers eine Situation voraus, die sie, wie die *Ouverture*, sei's spannungschaffend vorbereiten, sei's, wie das *Cantique*, zum Thema haben.

Ein wichtiger Unterschied zwischen der Szene und der *Ouverture,* der ebenfalls einen Gewinn deutlich macht, den Mallarmé dem Verzicht auf die Bühne verdankt, ist die Wandlung, welche die Gestalt der Amme erfahren hat. Aus einem dramatischen Charakter ist sie zur musikalischen Stimme geworden. Thibaudets Kritik an den *vers détestables*, welche die Amme in der Szene spricht, wird gegenüber deren Eröffnungsmonolog hinfällig. Weil Mallarmé keinen Dialog schreiben muß, ist seiner Sprache nicht mehr die ihr wenig angemessene Aufgabe gestellt, Personen zu charakterisieren, voneinander abzuheben.

Wir wissen nicht, wann und warum sich Mallarmé entschloß, an die Stelle dieses Monologs eine andere Einleitung zu setzen. In der Bibliographie von *Noces d'Hérodiade* heißt es von dem szenischen Fragment: *il était précédé d'une ouverture que je remplace par une autre, en le même sens.*[24] Gardner Davies hat auf Grund einer Notiz Mallarmés, welche den Versumfang der drei Teile dieser neuen Einleitung – sie wird jetzt *Prélude* genannt – festhält, angenommen, daß ihr mittlerer Teil vom *Cantique de Saint Jean* gebildet wird (*Les noces* 22), dem Lobgesang des Propheten im

---

[24] *Les noces* S. 21. – Ihr ging eine Ouverture voraus, die ich durch eine andere ersetze, in gleicher Art. – Übers. d. Hrsg.

Augenblick seiner Enthauptung. Gegen diese Konjektur kann das chronologische Argument, daß der Sterbensgesang Johannis nicht am Anfang stehen darf, nicht ins Feld geführt werden, folgt doch die Komposition der Dichtung anderen Gesetzen als dem der Chronologie. Eher wird man im Anschluß an Mallarmés Ausdruck *ouverture musicale* daran erinnern dürfen, daß die Ouverture einer Oper deren Höhepunkt musikalisch, ohne Worte vorwegzunehmen pflegt — so die Ouverture zum *Don Giovanni* in dem chromatischen Thema das Auftreten des steinernen Gastes zum Schluß, wo es zum ersten Mal nach der Ouverture wieder erscheint. Was dem *Cantique de Saint Jean,* aller Chronologie zum Hohn, den Platz in der Einleitung zuweist, ist ferner, daß es als einziges Fragment den Stimmen der Hérodiade und ihrer Amme eine dritte hinzufügt. Mit dem Verzicht auf die Bühne setzt sich auch der geheime monologische Charakter der Dichtung stärker durch, wird sie zum Monolog der Hérodiade, während die Amme, außer ihrer reduzierten, von Mallarmé, wie man annehmen möchte, kaum mehr gern gesehenen Rolle in der Szene (*Je suis bien loin de cela* — *Correspondance* I 323), gleichfalls nur in der *Ouverture* zu Wort kommt.

Das *Cantique de Saint Jean,* dem ein letzter Blick gelten soll, hat folgenden Wortlaut:

> *Le soleil que sa halte*
> *Surnaturelle exalte*
> *Aussitôt redescend*
>   *Incandescent*

> *Je sens comme aux vertèbres*
> *S'éployer des ténèbres*
> *Toutes dans un frisson*
>   *A l'unisson*

> *Et ma tête surgie*
> *Solitaire vigie*
> *Dans les vols triomphaux*
>   *De cette faux*
>
> *Comme rupture franche*
> *Plutôt refoule ou tranche*
> *Les anciens désaccords*
>   *Avec le corps*
>
> *Qu'elle de jeûnes ivre*
> *S'opiniâtre à suivre*
> *En quelque bond hagard*
>   *Son pur regard*
>
> *Là-haut où la froidure*
> *Éternelle n'endure*
> *Que vous le surpassiez*
>   *Tous ô glaciers*
>
> *Mais selon un baptême*
> *Illuminée au même*
> *Principe qui m'élut*
>   *Penche un salut.*[25]

Die Strophen 2-7 bilden einen einzigen Satz, dessen Rückgrat die auf die Strophen 4, 5 und 7 verteilte Doppelkonjunktion »plutôt... que... mais...« (»eher... als... sondern«) bildet, gemäß der syntaktischen Analyse Jean-Pierre Richards, der das Gedicht auf den Seiten 161-164 seines Buches erläutert.

25 A.a.O. S. 57 f. – Die Sonne, die ihr übernatürlicher Halt erregt, geht sogleich wieder unter, weiß glühend / Ich fühle, wie in den Wirbeln, die Finsternis sich ausbreiten, alle in einem Schauder übereinstimmend / Und mein erhobenes Haupt, einsamer Ausguck in den siegreichen Flügen dieser Sense / Als offener Riß drängt es die alten Uneinigkeiten mit dem Körper eher zurück, oder bricht sie ab, als daß es, trunken vom Fasten, darauf bestünde, seinem reinen Blick in einem wilden Sprung zu folgen / Da hinauf, wo die ewige Kälte es nicht duldet, daß ihr, o ihr Gletscher alle, ihn überragt / Sondern gemäß einer Taufe, die derselbe Grundsatz erleuchtet, der mich erwählt hat, neigt es sich vielmehr zum Gruß. – Übers. Szondi.

Es fehlt uns leider die Zeit für eine eingehende Interpretation dieser sieben Strophen. Zu insistieren ist auf ihrer Bewegung, die eine nicht in die Höhen, sondern zur Erde hinunter ist: Das Haupt folgt nicht in wildem Sprung dem reinen Blick, der sich schon von allem Irdischen befreit hat, sondern neigt sich zum Gruß und akzeptiert seine irdische Bestimmung. In Verkennung der grammatischen Konstruktion hat man lange die fünfte Strophe als Optativ, als Programm aufgefaßt, was verständlich ist, da das zur »plutôt-que«-Konstruktion gehörige »ne« im Reintext fehlt. Erst seit der Edition von Gardner Davies wissen wir, daß es in der Handschrift zweimal stand (dort heißt es in zwei wieder durchgestrichenen Versen: *Qu'elle ne de jeûnes ivre* [...] und *Qu'elle ne pourra suivre* [...] – *Les noces* 181/182). Freilich: das *Cantique* mißzuverstehen liegt nahe in einer Zeit, die in Dichtung den letzten Zipfel des in der Philosophie verabschiedeten Idealismus erhaschen möchte. So heißt es in einem Aufsatz *Die erste Fassung der Hérodiade Mallarmés* von Franz Julius Nobiling, der 1937/38 in der von Ernst Gamillscheg herausgegebenen Übersetzungsreihe *Vom Leben und Wirken der Romanen* einen Band Mallarmé-Gedichte herausgeben konnte[26], obwohl seine Übersetzung z. B. der dritten und vierten Strophe wahrlich mehr das Wirken des Übersetzers als der Romanen dokumentiert: *le cantique de Saint Jean, in dem das abgeschlagene Haupt des Täufers zum Himmel fliegt, excelsior, excelsior, fort von allem Irdischen, fort auch von den frevelhaften Liebesgedanken zu einem schönen Kinde.*

Und nun folgt Nobilings Übersetzung:

Mein Haupt in reinrer Sphäre
Frei, kettenlos, gerettet,
Zertritt, zerreißt, was kettet

---

[26] Stéphane Mallarmé, *Gedichte*. Übersetzt von Franz Nobiling. Berlin 1938. (*Vom Leben und Wirken der Romanen*. Hrsg. Ernst Gamillscheg. Band II.)

> Den Leib, was unerhört
> Den Einklang stört.[27]

Solcher idealistischen Verfälschung entgegen wäre die Entscheidung Johannis im Zusammenhang einer Absage an das Reich der Idee zu sehen, das bei Mallarmé im Bild des *azur* erscheint. Dem gilt schon in der Szene die Verachtung der Herodias, V. 122: *je déteste, moi, le bel azur*[28]. Mallarmés Wandlung in den Jahren 1865-67, in denen er, wie er schreibt, zuerst das Nichts und dann das Schöne gefunden hat, ist die Überwindung des romantischen, identitätsphilosophischen Idealismus seiner Jugendlyrik im Sinne einer Zuwendung zu Realien, wie sie nicht nur seine spätere Dichtung, sondern auch seine Nebenbeschäftigungen, etwa die Herausgabe einer durchweg von ihm selber geschriebenen Modezeitschrift *(La Dernière Mode)* kennzeichnet. Davon gibt Jean-Pierre Richards Buch eine meisterhafte Darstellung.

Im Zusammenhang unserer Beschäftigung mit dem lyrischen Drama ist aber die Einsicht wichtiger, daß die *Hérodiade*-Dichtung noch dort, wo sie, wie im *Cantique de Saint Jean*, sich einer lyrischen Strophenform bedient, dramatisch bleibt. Über die Unmöglichkeit einer Aufführung dieses Textes ist kein Wort zu verlieren. Um so mehr muß aber darauf hingewiesen werden, daß er entgegen allen Formen der traditionellen Lyrik, sowohl der Rollenlyrik, wie sie etwa im Tagelied vorliegt, als auch der Balladendichtung: eine einmalige Situation setzt, und einen einmaligen Vorgang stattfinden läßt. Während die Rollenlyrik wesentlich von der Auswechselbarkeit des Subjekts kraft der Einfühlung und der Wiederholbarkeit dessen, was ihm widerfährt, lebt, die Ballade hingegen einen Vorgang zum Gegenstand

---

27 Franz Julius Nobiling, *Die erste Fassung der Hérodiade Mallarmés*. In: *Deutsch-Französische Rundschau*. 2. Jg. 1929, H. 2, S. 94 – Vgl. Szondis Prosa-Übersetzung in Anm. 25.

28 *Les noces* S. 70. – Ich aber hasse den schönen Azur. – Übers. d. Hrsg.

hat, ist der Gesang Johannis des Täufers nicht minder an einen einmaligen dramatischen Augenblick gebunden als etwa der Entschluß des Macbeth, König zu werden.

Aber der Vorgang folgt dem metaphorischen Formprinzip der *Hérodiade* nicht nur, indem er in der Sphäre des Körpers und des Geistes zugleich statthat: als Niederfallen des Hauptes und als Beugung zum Gruß; er wird auch ineinsgesehen mit der Bewegung der Sonne. Diese Identifizierung stützt sich auf das Zusammenfallen der Sommersonnenwende mit dem Fest Johannis, wobei die Umkehr in der Deklination der Sonne zugleich als Sonnenuntergang gesehen wird, der den Himmel rot färbt. Indem an die Stelle der Handlung, der Aktion, die von den Entschlüssen der dramatis personae bestimmt wird, die Wandlung, die Metamorphose tritt, wird die Zeit des Dramas zur Zeit der Natur. Die Wandlung Hérodiades von der bleichen Lilie zu der roten Rose, der *rose cruelle*, kann mit dem Verbluten Johannis jenseits der dramatischen Logik verknüpft werden, weil beide zugleich mit dem Sonnenuntergang ineinsgesetzt sind. Schon Henri de Régniers lyrisches Drama *La Gardienne*[29], von dem nun die Rede sein soll, wird uns zeigen, wie die symbolistische Dramatik auch weit unter dem Niveau der *Hérodiade* deren Verknüpfung des Geschehens mit dem von Menschen unabhängigen Wandel der Natur aufrechterhält.

---

29 In: Henri de Régnier, *Tel qu'en songe*. Paris 1892. Und in: Henri de Régnier, *Œuvres* 5. Paris 1925. S. 221–239. (Diese Ausgabe wird im Folgenden als *Œuvres* 5 zitiert.)

VIII

Bevor wir das französische Sprachgebiet verlassen, um uns dem dramatischen Frühwerk Hofmannsthals zuzuwenden, haben wir von einem Dichter des Fin de siècle in Frankreich zu sprechen, der in der Nachfolge Mallarmés und an die Szenenform des *Hérodiade*-Fragments anknüpfend, ein lyrisches Drama schrieb, das man, dies sei vorweg zugegeben, freilich mehr aus entstehungsgeschichtlichem Interesse als seines künstlerischen Ranges wegen lesen wird.

Im Jahre 1891 erschienen im *Echo de Paris* Interviews, in denen der Journalist Jules Huret verschiedene Schriftsteller über die *Evolution littéraire,* über die Entwicklung der Literatur, befragte. Die letzte an Mallarmé gerichtete Frage lautete: »Welches sind die Namen, die Ihrer Ansicht nach die gegenwärtige literarische Entwicklung repräsentieren?« Mallarmé antwortete:

Les jeunes gens qui me semblent avoir fait œuvre de maîtrise, c'est-à-dire œuvre originale, ne se rattachent à rien d'antérieur, c'est Morice, Moréas, un délicieux chanteur, et, surtout, celui qui a donné jusqu'ici le plus fort coup d'épaule, Henri de Régnier, qui, comme de Vigny, vit là-bas, un peu loin, dans la retraite et le silence, et devant qui je m'incline avec admiration. Son dernier livre: ›Poëmes anciens et romanesques‹ est un pur chef-d'œuvre.[1]

Über den so Gepriesenen heißt es in derselben Interviewserie:

---

[1] Mallarmé S. 871. – Die jungen Leute, die mir etwas Meisterliches, d. h. etwas Originales geschaffen zu haben scheinen, schließen sich an nichts schon Vorhandenes an, das sind Morice, Moréas, ein prächtiger Sänger, und vor allem derjenige, von dem bisher die stärksten Impulse ausgegangen sind, Henri de Régnier, der wie de Vigny in der Ferne lebt, etwas abseits, zurückgezogen und still, und vor dem ich mich mit Bewunderung verneige. Sein letztes Buch, *Poëmes anciens et romanesques*, ist ein reines Meisterwerk. – Übers. d. Hrsg.

Henri de Régnier est grand et mince; il a vingt-sept ans; les traits fins de sa physionomie, son œil gris bleu, sa moustache cendrée, sa voix douce et musicale, les gestes aisés de sa main très longue donnent rapidement l'impression d'une délicatesse extrême, d'une réserve, presque d'une timidité maladive.[2]

Über die Vorläufer des Symbolismus befragt, sagte Régnier: *Je crois qu'on doit beaucoup à Verlaine; mais, pour ma part, je m'en sens un peu loin; c'est à S. Mallarmé, à l'exemple de ses œuvres et à l'influence de ses splendides causeries, que je dois d'être ce que je suis.*[3]

Régnier, 1864 geboren, war einer der engsten Freunde Mallarmés in dessen letztem Lebensjahrzehnt. Er gehörte natürlich zu den regelmäßigen Gästen der Dienstagabende und hat dort, was durchaus nicht üblich war, jenes dramatische Gedicht vorgelesen, das wir im folgenden betrachten wollen: *La Gardienne*, Die Wächterin, 1891 geschrieben, 1892 in dem Gedichtband *Tel qu'en songe* (So wie im Traum) erschienen.

Als Motto hat Régnier seinem lyrischen Drama einen Vers aus der *Hérodiade* vorausgeschickt; es ist einer der Verse, die Hérodiade zum Spiegel spricht: *Je m'apparus en toi comme une ombre lointaine* (*Les noces* 65, V. 49 – *Œuvres* 5, S. 221). Wir werden bald sehen, daß die Erinnerung an diesen Vers Mallarmés sehr viel mehr bedeutet als eine bloße Hommage.

Auf die Eigenart des Werkes, die es von der überlieferten

---

2 Mondor S. 601. – Henri de Régnier ist groß und schlank; er ist 27 Jahre alt; die feinen Züge seiner Physiognomie, sein graublaues Auge, sein aschblonder Schnurrbart, seine sanfte und musikalische Stimme, die leichten Gesten seiner sehr langen Hand erwecken rasch den Eindruck von außerordentlicher Zartheit, von Zurückhaltung, fast von kränklicher Furchtsamkeit. – Übers. d. Hrsg.
3 A.a.O. – Ich glaube, daß wir Verlaine viel verdanken; aber meinerseits fühle ich mich etwas fern von ihm; S. Mallarmé vielmehr, dem Vorbild seiner Werke und dem Einfluß seiner glanzvollen Konversation verdanke ich, daß ich bin, was ich bin. – Übers. d. Hrsg. – Die ganze Interviewserie erschien 1891 unter dem Titel *Enquête sur l'évolution littéraire*.

Dramatik abhebt, verweist schon die Überschrift des Personenverzeichnisses: *Personnages emblématiques* (*Œuvres* 5, S. 221). Inwiefern haben die vier Personen des Werkes emblematischen, sinnbildlichen Charakter? Die Antwort fällt leicht bei der Titelheldin, schwerer beim Helden, der als *Le Maître*, »Der Herr«, bezeichnet wird, und bei den beiden *Frères d'armes*, seinen Waffenbrüdern. Die Wächterin, eine verhüllte Gestalt, die bei ihrem Erscheinen »halb im Schatten« steht (a.a.O. 235) und sich in der Folge ganz ins Dunkel zurückzieht, sagt von sich selber: *je reste l'Emblème / Du passé qui persiste à travers ton oubli*[4]: Sie ist das Sinnbild der Vergangenheit, die durch das Vergessen des Helden hindurch fortbesteht, eine Gestalt ohne Autonomie, die ein vom Helden Verlassenes, Abgespaltenes verkörpert und eine physische Realität nur als Sinnbild, als auf ein Anderes, Unsinnliches, Verweisendes hat. Demgegenüber hat die Zentralfigur der Dichtung, der Herr, wie auch seine beiden Begleiter, in diesem thematischen Sinn keinen emblematischen Charakter: Sie können von sich darum auch nicht sagen, daß sie Sinnbilder sind. Wenn sie vom Dichter dennoch als *personnages emblématiques* eingeführt werden, so um den Realitätsverlust anzudeuten, der — wie uns schon bei der *Hérodiade* deutlich wurde — mit dem Formprinzip des lyrischen Dramas im Symbolismus gesetzt ist. Régnier hat zwei Jahre nach der Entstehung der *Gardienne* über Ibsens *Die Frau vom Meere* (1888), anläßlich der Pariser Aufführung bei Lugné-Poe (dem bedeutendsten Regisseur und Schauspieler des französischen Symbolismus), hellsichtige Sätze geschrieben, die zeigen, daß ihn das Spannungsverhältnis zwischen der intendierten Tiefe des Symbolismus und der Plastizität der traditionellen Dramenperson beschäftigt hat. Es heißt hier:

Ibsen a inventé une chose qui lui appartient: des personnages tout en profondeur. Il y a en eux des remous d'âme qui

---

[4] *Oeuvres* 5 S. 239. — Ich bleibe das Emblem / Der Vergangenheit, die durch dein Vergessen hindurch dauert. — Übers. d. Hrsg.

tout à coup se creusent en vortex et laissent voir en leur spirale tortueuse le fond des songes les plus intérieurs. Ce qu'il y a en eux de latent et d'inavoué se découvre et apparaît et au-delà de l'être normal et superficiel s'en révèle un autre, à nu, plus étrange et véridique. Les personnages sont comme leurs propres spectres.[5]

Nicht anders haben auch die deutschsprachigen Autoren von lyrischen Dramen im Fin de siècle Ibsen verehrt, man denke an Hofmannsthal und Rilke. Was sie faszinieren mußte, war nicht zuletzt Ibsens Mut, Konzeptionen des Symbolismus – formale wie thematische – auf die traditionelle Dramenform anzuwenden und so der Bühne – im Gegensatz zu ihnen – nicht verlustig zu gehen[6]. Régniers Bewunderung war oder blieb im übrigen nicht ganz frei von gemischten Gefühlen, 1896 bekannte er, daß ihn Ibsen erschreckt wie ein Prophet, aber auch langweilt wie ein Professor[7]. Was er über die Personengestaltung Ibsens in der *Frau vom Meere* schrieb, gilt insofern auch für die *Gardienne*, als die »emblematischen Personen« wie ihre eigenen Gespenster, wie ihre eigenen Schatten sind – freilich mit dem entscheidenden Unterschied, daß Régnier, wie schon Mallarmé und wie gleichzeitig mit ihm auch Maeterlinck, Hofmannsthal und andere, die Personen ihrer von Ibsen noch bewahrten Oberflächenplastizität beraubt und sie einzig aus ihrer Tiefendimension erstehen lassen will.

---

5 Zitiert in: Jacques Robichez, *Le symbolisme au théâtre. Lugné-Poe et les débuts de l'Œuvre.* Paris 1957, S. 157. (Im weiteren zitiert als: Robichez.) – Ibsen hat etwas erfunden, was ihm ganz eigen ist: Personen, die nichts als Tiefe haben. Es gibt bei ihnen seelische Strömungen, die sich plötzlich zu Strudeln höhlen und in ihrer gewundenen Spirale den Grund der innersten Träume sichtbar werden lassen. Was in ihnen verborgen und uneingestanden ist, wird bloßgelegt und erscheint, und jenseits des normalen und oberflächlichen Wesens gibt sich daraus ein anderes zu erkennen, nackt, fremder und wahrheitsgetreu. Es ist, als wären die Personen ihre eigenen Gespenster. – Übers. d. Hrsg.
6 Vgl. das Kapitel über Ibsen in: Peter Szondi, *Theorie des modernen Dramas.* Frankfurt am Main 1963. S. 22-31.
7 Robichez S. 263.

Dem entspricht die Bedeutung, die im lyrischen Drama die Stimme, d. h. die Sprache, gewinnt – eine Emanzipation von der Handlung, der bei den französischen Symbolisten, und besonders deutlich in Régniers *La Gardienne*, eine weitere Emanzipation an die Seite trat: die Befreiung des Verses vom traditionellen Metrum des Alexandriners, die revolutionäre Einführung des sogenannten freien Verses; des »vers libre«. Davon wird noch zu sprechen sein.

Die Dominanz der lyrischen Stimme auf Kosten des dramatischen Gesamtgeschehens bringt Régniers Werk wie die *Hérodiade* in einen Gegensatz zu den Gesetzen der Bühne. Auch hier ordnet sich die Sprache nicht der Szene unter, als gäbe sie einen in der Szene stattfindenden Dialog wieder, sondern nimmt die Szene in sich hinein. Aber seit den sechziger Jahren, in denen Mallarmé wegen des negativen Eindrucks, den seine Dichtung auf die Theaterpraktiker der Comédie Française gemacht hatte, auf die Bühne verzichtete, hat der Symbolismus auch das Theater ergriffen. Und so wurde Régniers *Gardienne* im Jahr 1894 nicht nur aufgeführt, sondern es wurde für sie ein neuer Aufführungsstil entwickelt, der uns hier, obwohl wir nicht Theaterwissenschaft treiben, interessieren muß, und zwar nicht nur, weil er auf die Kluft, die das lyrische Drama der Zeit vom überlieferten Theater trennt, ein Licht wirft, sondern auch, weil er die literarische Entwicklung ähnlich vorwegzunehmen scheint wie in den zwanziger Jahren die Inszenierungen Piscators das Brechtsche Epische Theater antizipiert oder doch vorbereitet haben.

Wie man der wichtigen theatergeschichtlichen Darstellung dieser Epoche: *Le Symbolisme au théâtre. Lugné-Poe et les débuts de l'Œuvre* von Jacques Robichez entnehmen kann, wurde das Werk Régniers von Lugné-Poe am 21. Juni 1894 auf folgende Weise aufgeführt: Im Orchestergraben lasen Schauspieler, dem Publikum unsichtbar, das Gedicht, während die Handlung von anderen Schauspielern auf der Bühne, hinter einem Gazeschleier, als Pantomime dargeboten wurde. Robichez spricht von einer doppelten Abstraktion: An die Stelle der physischen Realität der Schauspieler seien einerseits ihre geisterhaften Gestalten getreten (man denkt an Régniers Worte über die Figuren Ibsens, die ihre eigenen Gespenster seien), andererseits Stimmen, die, an keinen sichtbaren Sprecher gebunden, gleichfalls geheimnisvoll waren. *Fantômes* und *voix mystérieuses* – ich übernehme diese Ausdrücke nicht ohne Kopfschütteln von Robichez, sie dürften wohl mehr für die Intention Lugné-Poes als für die szenische Realisierung Geltung haben. Daß der neue Inszenierungsstil keinen Beifall fand und verlacht wurde, braucht nicht – wie der Historiker annimmt – an der mangelhaften Synchronisierung von Stimme und Pantomime oder an der Trägheit des Publikums gelegen zu haben[8]; entscheidender hat wohl dem Gelingen ein innerer Widerspruch im Wege gestanden, nämlich der Widerspruch zwischen dem Antiillusionismus der Aufspaltung in stummes Spiel und Stimme einerseits und den illusionistischen Mitteln andererseits, mit denen dem Spiel und den Stimmen zu einer Aura des Geheimnisvollen verholfen werden sollte. Lugné-Poes Konzeption scheitert, weil sie an der Illusion festhält, sie ist aber die hellsichtige Vorwegnahme eines Regieprinzips, dem sich – sobald es konsequent zu Ende gedacht, d. h. bis zur Aufhebung der Illusion geführt wird – so gültige Lösungen des modernen Theaters verdanken wie die *Noces* von Strawinski und manches aus dem Umkreis des Epischen Theaters. Statt die Schauspieler in den Orchestergraben zu verbannen, holte Strawinski konträr auch noch die Musiker auf die Bühne; nichts sollte dem Publikum verborgen bleiben. Erst in diesem Anti-Gazeschleier-Stil, der das Gesamtkunstwerk nicht durch Magie, sondern durch Analyse, Zergliederung, erreichen wollte, kam Lugné-Poes kühner Einfall, Bewegung und Sprache auseinanderzureißen, ganz zu seinem Recht.

8 A.a.O. S. 364.

Die Dissoziation von szenischem Geschehen und Wort entspricht dem Charakter, welcher der Sprache im lyrischen Drama eigen ist und uns schon in der *Hérodiade* begegnete. Dialog und Handlung sind nicht mehr eins im Sinne dramatischer Illusion. Die Sprache spaltet sich von der Handlung ab, sei es, indem sie sie (die Sprache die Handlung) zu ihrem Gegenstand erwählt, sei es, indem sie auf paradoxe Weise die Handlung in sich hereinnimmt, so daß die Handlung, wird sie szenisch realisiert, gleichsam als Projektion, als Versinnbildlichung erscheint: dem wollte Lugné-Poes Regiekonzeption gerecht werden. Schon Robichez weist auf die Verwandtschaft seiner Inszenierungstechnik mit der dramatischen Technik Maeterlincks hin, der in dem kleinen Drama *Intérieur*, im Jahr der Lugné-Poeschen Inszenierung der *Gardienne* entstanden, die Trennung von stummem Geschehen und Kommentar im Stück selbst verwirklicht. Das lyrische Drama des Fin de siècle blieb eine Episode: Aber der in ihm vorbereitete Bruch mit der herkömmlichen Konzeption der dramatis personae als in sich geschlossener, plastischer Figuren, d. h. die Zerstörung der dramatischen Illusion und die Befreiung der Sprache aus ihrer illusionistischen Szenenimmanenz sollte entscheidend werden für die Geschichte des modernen Dramas.

Auf das Verzeichnis der emblematischen Personen, das uns zu diesem Exkurs veranlaßt hat, folgt eine kurze Beschreibung der Szene. Dabei sind sowohl der Schauplatz als die Zeitangabe bemerkenswert. Über den Ort heißt es: *Une antique forêt, sur une colline, environne un vieux manoir en ruines parmi d'incultes jardins.* Und über die Zeit: *Le soleil décline derrière les arbres; il effleure de jaunissantes cimes et les toits du manoir.*[9] Henri Mondor teilt in seiner Briefauswahl *Propos sur la Poésie* ein Fragment aus einem

---

[9] Oeuvres 5 S. 221. – Ein uralter Wald auf einem Hügel umgibt ein altes verfallenes Schloß, das inmitten verwilderter Gärten steht. Die Sonne versinkt hinter den Bäumen; sie streift die sich gelb färbenden Wipfel und Dächer des Schlosses. – Übers. d. Hrsg.

Brief Mallarmés an Henri de Régnier vom 7. Dezember 1891 mit. Er verschweigt leider, wie auch sonst in diesem Buch, worauf sich Mallarmés Sätze beziehen. Da wir von keinen anderen dramatischen Werken Régniers aus dieser Zeit wissen und Mallarmés Äußerung darauf schließen läßt, daß es sich um ein solches handelt, ist es nicht unwahrscheinlich, daß er über die *Gardienne* schreibt, die Régnier im selben Jahr bei ihm vorgelesen hat. Es heißt hier:

Jamais je n'ai subi, comme cette relecture [...] l'enchantement de votre art, qui crée un milieu, indépendant, entre l'objet abjuré et la parole (car ce ne sont pas, non plus, malgré leur présence et leur éclat, les mots qui occupent le premier plan), le sens idéal en jouit, les écarts aussi et sans toucher à la réalité d'aucun décor, évoque un pays de sentiment, pur, qui m'a l'air d'être cela qu'on entendit par Poésie...[10]

Die Sätze verraten denselben paradoxen Wirklichkeitsbezug, der uns aus der *Hérodiade* bekannt ist: Der Spiegel ist keine bloße Chiffre, er büßt seine Gegenständlichkeit nicht ein, ist aber zugleich auch anderes, Eis, Brunnen. So spricht Mallarmé in dem zitierten Brief einerseits von dem *objet abjuré*, dem abgeschworenen Gegenstand – es klingt hier die Stellungnahme der Symbolisten gegen den Dingkult der Parnassiens an –, andererseits aber von der »Wirklichkeit der Szenerie«, an die nicht gerührt wurde. Nicht anders verhält es sich mit dem Bühnenbild der *Gardienne*. Man kann diese in uraltem Wald gelegene, verfallende Burg als Cliché des Symbolismus verlachen, sinnvoller ist es aber einzusehen, wie Régnier versucht, *sans toucher à la réalité*

---

10 *Propos* S. 175. – Nie bin ich so wie bei dieser erneuten Lektüre der Bezauberung durch Ihre Kunst erlegen, die eine Mitte schafft, unabhängig, zwischen dem verbannten Objekt und dem Wort (denn trotz ihrer Gegenwart und ihrem Glanz sind es nicht, nicht mehr die Wörter, die den Vordergrund einnehmen würden), das kommt dem idealen Sinn zugute, auch den Abständen, und ohne an die Wirklichkeit einer Szenerie zu rühren, stellt er ein Land der Empfindung dar, rein, das mir zu sein scheint, was man unter der Poesie versteht. – Übers. d. Hrsg.

d'aucun décor, auch noch die Szenerie unter das Gesetz der Metaphorik zu stellen.

Die Handlung der *Gardienne* besteht in nichts anderem als in der Rückkehr des *Maître*, des Herrn, in die Burg, die er in der Jugend verlassen hat, um in den Krieg, Inbegriff des nach äußerem Erfolg haschenden tätigen Lebens, zu ziehen. Müde, verwundet, von den beiden Waffenbrüdern gestützt, kehrt er wieder und begehrt Einlaß. Dieser wird ihm von der Gardienne gewährt, der Wächterin, die nicht nur über die Burg, sondern auch über den Herrn wacht, dessen Vergangenheit, dessen Identität sie verkörpert. Ausdrücklich werden Handlung, Zeit und Ort – nämlich Rückkehr, Abend und die alte Burg – zu Beginn des Gedichts aneinandergereiht und zusammengenommen:

> O retour, ô tristesse, ô soir!
> Comme les sentiers sont noirs
> Qui mènent vers le vieux manoir;
> Les herbes et les fleurs sont mortes
> Sous le feuillage des branches trop fortes,
> La mousse ronge les écorces
> Comme la rouille les claires lames torses,
> Comme le temps les beaux Espoirs.
>
> O tristesse, ô soir![11]

Über den Niveauunterschied zwischen solchen Versen und Mallarmés *Hérodiade* ist kein Wort zu verlieren. An die Stelle der Suggestion durch vielfache Querverbindungen zwischen den Wortbedeutungen, an die Stelle des schillernden Lebens, zu dem das Einzelwort bei Mallarmé erwacht, tritt hier die Addition, die Wiederholung, der Wie-Vergleich. Kaum je ist eine Stilrichtung, was ihren Rang betrifft,

---

11 *Oeuvres* 5 S. 222, V. 6-14. – o Rückkehr, o Traurigkeit, o Abend! / Wie schwarz sind die Wege, / Die zum alten Schloß führen; / Die Gräser und die Blumen sind tot / Unter dem Laub der zu schweren Zweige, / Das Moos zerfrißt die Baumrinde / Wie der Rost die hellen gedrehten Klingen, / Wie die Zeit die schönen Hoffnungen. // O Traurigkeit, o Abend! – Übers. d. Hrsg.

so weit hinter ihren Vorläufern zurückgeblieben wie der Symbolismus hinter Verlaine, Rimbaud, Mallarmé.
Kühner greift Äußeres und Inneres ineinander, wird Szenengeschehen zugleich als seelische Wandlung gesetzt, wenn auf die Verse der Waffenbrüder:

> Voici le vieux château de ciment et de marbre,
> En sa douceur d'abandonné,
> Parmi le jardin sans arbres,
> Et ses murs vétustes et frustes
> Et les guirlandes du portail et les volutes[12]

wenn auf diese Verse, die ihr Genüge finden an der Aufzählung des Äußerlichen, Stofflichen, die Antwort des Herrn folgt:

> Merci, au nom du seuil où vous m'avez mené.
> Le Passé, c'est le soir derrière la forêt
> Et la mer par delà les plaines, les landes, les grèves;
> C'est l'ombre où l'oiseau disparaît
> Qui saigna d'une flèche à l'aile
> Pour avoir plané sur les piques, les arcs et les glaives.
> Merci, Frères, vos pas m'ont rouvert la forêt
> Et mon âme est rentrée en le lieu de ses rêves.[13]

Nicht nur wird hier der Wie-Vergleich durch die Prädikation ersetzt, die eine Identität behauptet (*Le Passé, c'est le*

---

12 A.a.O. S. 223, V. 25-29. – Hier ist das alte Schloß von Mörtel und Marmor, / In seiner Anmut von Verlassenheit, / Inmitten des Gartens ohne Bäume, / Und seine morschen und rauhen Mauern / Und die Guirlanden des Portals und die Voluten. – Übers. d. Hrsg.
13 A.a.O. S. 223 f., V. 30-37. – Ich danke euch im Namen der Schwelle, an die ihr mich geführt habt. / Die Vergangenheit, das ist der Abend hinter dem Wald / Und das Meer jenseits der Ebenen, Heiden und Strände; – Übers. Szondi. – / Das ist der Schatten, darin der Vogel verschwindet / Der von einem Pfeil am Flügel blutete / Weil er über den Piken, den Bogen und den Schwertern schwebte. – Übers. d. Hrsg. – / Dank Brüder, eure Schritte haben mir den Wald wieder eröffnet / Und meine Seele ist zurückgekehrt an den Ort ihrer Träume. – Übers. Szondi.

soir derrière la forêt), der letzte Vers: *Mon âme est rentrée en le lieu de ses rêves* meint zugleich, und ohne diese Doppelbedeutung thematisch zu machen, die Rückkehr in das Schloß der Kindheit, des Ursprungs und die Verwandlung der Dramenperson, ihren Übergang aus der Wirklichkeit in die Welt ihrer Träume. Abzulesen ist diese Metamorphose, die nicht etwa Gegenstand der Dichtung ist, sondern sich an dieser selber vollzieht, daran, daß zwischen dem Herrn und seinen Begleitern fortan kein Dialog mehr stattfindet. Auf den zuletzt zitierten Vers folgt die Regieanweisung: *Il s'avance de quelques pas. Les Frères d'Armes le considèrent et alternent à mi-voix.*[14] Die Inszenierung Lugné-Poes versuchte, indem sie das Wort von der Bewegung abhob, dieser den Symbolcharakter zu geben, der in den Regieanweisungen intendiert erscheint. Die wenigen Schritte, die der Herr tut, führen ihn in sich hinein, weg von seinen Begleitern. Diesen bleibt die Rolle des Betrachters, des griechischen Chors. Das dramatische Werk spaltet sich in die monologische Stimme des Helden – der im letzten Teil des Werkes der Monolog der Wächterin antworten wird – und in den begleitenden Wechselgesang der beiden Waffenbrüder. Weil sich dergestalt die Struktur des ganzen Werks wandelt, kann es auch zwischen den beiden Begleitern keinen Dialog mehr geben. Ihr Wechselgesang ist streng musikalisch komponiert: Jeder spricht zuerst eine Terzine, deren Schlußverse sich reimen, dann folgen vier alternierend gesprochene Verse, jedoch ganz ohne die dialogische Spannung der antiken Stichomythie, und schließlich der gemeinsam gesprochene Schlußvers, in dessen Thematik die Zweistimmigkeit der musikalischen Form nach Hause kommt:

Voici que le Destin consulte le Destin.[15]

14 A.a.O. S. 224. – Er geht einige Schritte weiter. Die Waffenbrüder betrachten ihn und sprechen im Wechselgesang mit halblauter Stimme. – Übers. d. Hrsg.

15 A.a.O. S. 225, V. 48. – Hier geschieht es, daß das Schicksal das Schicksal um Rat fragt. – Übers. d. Hrsg.

Destin, das Schlußwort auch der ganzen Dichtung, als dessen Gegenbegriff die *fausses Destinées* erscheinen – *le prestige casqué des fausses Destinées*[16], der Kriegerruhm, dem zuliebe der Held sich untreu wurde, weil er ihn für seine Bestimmung hielt – das Schicksal erscheint in diesem Vers verdoppelt, sich selber befragend, wie vor dem Spiegel. Keine andere Funktion hat der Wechselgesang der beiden Begleiter, als dieses Thema, das schon das Motto aus der *Hérodiade* exponiert *(Je m'apparus en toi comme une ombre lointaine),* gleichsam zu instrumentieren. Der erste Vers des Herrn nach diesem Chorstück nimmt seinen letzten wieder auf:

Amis, mon soir en pleurs retourne à son matin[17],

wiederholt und bestätigt die Bewegung der Rückkehr aus dem Vers *Et mon âme est rentrée en le lieu de ses rêves.* Dabei wird die Rückkehr, die Bewegung des Sichspiegelns, wiederum auch szenisch verdeutlicht.

Dem Vers *Amis, mon soir en pleurs retourne à son matin* geht die Regieanweisung voraus: *Le Maître qui se retourne vers eux*[18]. Daß die Rückwendung des Herrn zu seinen Begleitern mit seiner Rückkehr zu sich selbst, mit seiner Spiegelung, thematisch nicht zusammenfällt, widerlegt diese Deutung nicht, zeigt vielmehr, wie die Dissoziation von Gestik und Wort schon im Text Régniers angelegt ist. Die Bewegung des Helden, durch die Abschneidung vom Wort in der Inszenierung hypostasiert, wird zum symbolischen Ausdruck der Rückkehr und überträgt so die seelische Bewegung in die Sprache der äußeren Realität, obwohl sie dort primär eine andere Bedeutung hat.

Sowenig die Szene, die verfallende Burg, bloßer Schauplatz ist, sowenig ist die Abenddämmerung dem Geschehen äußerlich. Während das überlieferte Drama im Gegenspiel

16 A.a.O. S. 231, V. 180. – der behelmte Ruhm falscher Geschicke. – Übers. d. Hrsg.
17 A.a.O. S. 225, V. 49. – Freunde, mein weinender Abend kehrt zu seinem Morgen zurück. – Übers. d. Hrsg.
18 A.a.O. – Der Herr, der sich zu ihnen zurückwendet. – Übers. d. Hrsg.

der Personen den Zeitablauf selber erschafft und Zeitangaben wie etwa der Abend am Schluß des *Othello* nicht mehr sind als ein Moment der Thematik, ist in der *Gardienne* die Bewegung aus dem Bereich der dramatis personae übergegangen an den Vorgang in der Natur, und was im Helden der Dichtung vor sich geht, wird ebenfalls im Bild dieses Vorgangs, des Sonnenuntergangs, begriffen. Mit dem Tag versinkt die ganze Vergangenheit[19]: *le tragique passé se meurt avec le soir*[20], sagt der Held, und später:

> [...] *sur les jours passés* [...]
> *Toute l'ombre où mon soir s'efface va descendre.*[21]

Nicht mehr die Reden der Personen markieren die Progression, sondern die auf den Sonnenuntergang bezüglichen Regieanweisungen. Heißt es zunächst, daß die Sonne im Untergehen die gelblichen Spitzen der Burg streift, so lautet später eine Regieanweisung: *Au ciel un peu assombri auparavant, les derniers éclats du couchant rayonnent*[22] und gegen Ende des Monologs, den der Herr spricht, schließlich: *Le couchant est éteint. Crépuscule.*[23] Die Verknüpfung der inneren Wandlung des Helden mit dem Sonnenuntergang wird auch daran deutlich, daß dieser nicht etwa die ganze Dichtung begleitet, sondern nur den ersten Teil, in dem der Herr und anfangs auch seine beiden Begleiter sprechen. Der zweite Teil, der Monolog der Gardienne, dem der Herr nur

---

19 In der französischen Fassung steht statt dieses Satzes: »La fin du jour est en même temps la fin de la vie.« (Das Ende des Tages ist gleichzeitig das Ende des Lebens. – Übers. d. Hrsg.)
20 *Oeuvres* 5 S. 228, V. 112. – Das vergangene Tragische stirbt mit dem Abend dahin. – Übers. d. Hrsg.
21 A.a.O. S. 232, V. 184 f. – [...] auf die vergangenen Tage [...] / Wird bald aller Schatten, in dem mein Abend schwindet, herabkommen. – Übers. d. Hrsg.
22 A.a.O. S. 228. – am zuvor etwas verdüsterten Himmel erstrahlt der letzte Glanz des Sonnenuntergangs. – Übers. d. Hrsg.
23 A.a.O. S. 234. – Der Sonnenuntergang ist erloschen. Dämmerung. – Übers. d. Hrsg.

noch stumm zuhört, ohne daß ihm die Möglichkeit der Erwiderung gegeben wäre, hat die Zuständlichkeit der eingebrochenen Nacht, wie sie in dem Vers des Helden beim Namen genannt wird, der in der überlieferten dramatischen Literatur einmalig sein dürfte, für das lyrische Drama des Fin de siècle aber um so kennzeichnender ist:

> *Voici le terme enfin et la suprême halte.*[24]

Gemahnt die erste Vershälfte an den Anfang von Valérys *Fragments du Narcisse*: *Que tu brilles enfin, terme pur de ma course!*[25], so die zweite an die erste Strophe des *Cantique de Saint Jean*: *Le soleil que sa halte/Surnaturelle exalte / Aussitôt redescend / Incandescent* (*Les noces* 57).

Nun stehen aber Ort und Zeit, die Burg und die Abenddämmerung, die – mit Eliots Ausdruck – objektive Korrelate dessen sind, was in dem Helden vorgeht[26], nicht unvermittelt nebeneinander. Was sie verbindet, ist auch nicht etwa bloße Stimmung, das in der ersten Szenenanweisung gegebene Bild der Burg, deren Spitzen sich mit den letzten Strahlen der untergehenden Sonne verbinden. Sondern die metaphorische Kraft der Sprache soll, wie in der *Hérodiade*, auch hier, wenngleich mit sehr viel bescheideneren Mitteln, die Bilderwelt von innen her einen. So wird die Burg in das Medium der Zeit getaucht, die Abenddämmerung hingegen verräumlicht. Dem heimkehrenden Herrn wird die Burg zu einem finis im Bilde des Grabs. Seine Faust, sagt er, die sich von dem Schwert trennt, *heurte, en ce soir de paix, la porte du tombeau*[27]. Und deutlicher noch wird die Burg verzeitlicht in den Versen, denen ihr Zerfallen zum Bild der Vergänglichkeit wird:

---

24 A.a.O. S. 228, V. 109. – Hier endlich ist das Ziel und die letzte Rast. – Übers. d. Hrsg.
25 Valéry S. 122, V. 1. – Wie glänzest du endlich, reines Ziel meines Laufs! – Übers. Böschenstein / Bollack.
26 Den Ausdruck *objective correlative* gebrauchte Eliot in dem Essay *Hamlet and his Problems*. In: T. S. Eliot, *The Sacred Wood*. London 1960, S. 100.
27 *Oeuvres* 5 S. 226, V. 59. – sie klopft an diesem Friedensabend an die Tür der Gruft. – Übers. Szondi.

> *Quelqu'un qui vient, un soir, vers le château qui tombe*
> *Pierre à pierre ainsi que nos jours vont à la tombe*
> *[...]*[28]

Umgekehrt erscheint die Abenddämmerung ins Räumliche übertragen in der folgenden Stelle: *Le crépuscule se hâte / De m'enfermer loin des chemins.*[29] Kurz zuvor hatte es geheißen: *le château désert où mon âge se mure.*[30] Kraft der Übereinstimmung im Verbalen – *enfermer, murer* – erscheinen hier die Subjekte, deren eines zeitlicher, das andere räumlicher Natur ist: *le crépuscule* und *le château* – im Bild ineinsgesehen. Sie sind die Macht, der sich der Held des Dramas im Rückzug aus der vita activa überantwortet: Nicht zufällig begegnet er in den beiden zuletzt zitierten Stellen im Akkusativobjekt. Es ist dieselbe Entmündigung des dramatischen Subjekts, die Maeterlincks kleine Dramen prägt und die schon in dem drohenden Fatum der *Hérodiade* sich abzeichnet – doch mit dem wesentlichen Unterschied, daß hier der Held selber der Aktivität, dem, was ihn als dramatischen Helden ausmachen würde, entsagt und sich in die Schattenwelt begibt, in der Hérodiade von Anfang an gefangen ist.

La Gardienne kann insofern als Umkehrung der *Hérodiade* begriffen werden. Zentral wie dort ist auch hier das Doppelmotiv von Schatten und Spiegel: ein Zusammenhang, auf den de Régnier im Motto ausdrücklich verweist. Er kehrt wieder in den Versen, mit denen die Wächterin – wie die Regieanweisung bemerkt: halb im Schatten, verschleiert (*Œuvres* 5 235) – den Maître empfängt:

---

28 A.a.O. S. 228, V. 99 f. – Jemand, der eines Abends zu dem Schloß kommt, das zerfällt, / Stein für Stein, gleich wie unsere Tage auf das Grab zugehen [...] – Übers. d. Hrsg.
29 A.a.O., V. 107 f. – Die Dämmerung beeilt sich, mich fern der Wege [– die ins Leben zurückführen –] einzuschließen. – Übers. Szondi.
30 A.a.O. S. 227, V. 94. – das verlassene Schloß, in dem sich mein Alter zumauert. – Übers. Szondi.

> *Toi qui heurtes au nom du passé*
> *Et de toute ta misère*
> *Revenue à jamais sur tes pas effacés*
> *Du fond de l'aventure amère,*
> *O toi dont l'orgueil est faussé*
> *Par les griffes de la chimère*
>
> *Entre.*
>
> *Pauvre Âme, quel laurier ombrage enfin ton soir*
> *Las de ce morne ébat qui trompa ton espoir?*
> *La torche*
> *Eclaire-t-elle la route où ton pied s'écorche*
> *Quelle face viens-tu mirer à mes miroirs?*
> *L'escorte de ta gloire hennit-elle au porche?*[31]

»Welches Gesicht kommst du in meinen Spiegeln spiegeln?« fragt jene, die von sich sagt: *N'étais-je point toujours près de toi, moi, ton Âme? / J'étais ton ombre au soleil [...]*[32] Indem Régniers Held dem Leben entsagt, begegnet er – in der Gestalt der Gardienne – sich selber, dem eigenen Schatten. Die Dichtung ist eine Umkehrung der *Hérodiade*, weil, was dort als ein Erstes begegnet, hier ein Letztes ist.

Das Ideal der lebensfernen Dichtung, die, nur auf sich selbst bezogen, den Nihilismus als einziges Seiendes überdauert, verkörperte sich für Mallarmé in der Gestalt seiner kindlichen Heldin: in deren Ängsten hielt er das Prekäre dieser

---

[31] A.a.O. S. 235 f., V. 257–270. – Du, der anklopft im Namen der Vergangenheit / Und all deines Elends, / Das für immer wiedergekehrt ist in deinen ausgetilgten Spuren / Vom Grund des bittern Abenteuers, / O du, dessen Stolz verfälscht ist / Durch die Klauen der Chimäre, // Tritt ein. // Arme Seele, welcher Lorbeer beschattet schließlich deinen Abend, / Matt von diesem düsteren Spiel, das deine Hoffnung betrog? / Die Fackel, / Erhellt sie die Straße, wo dein Fuß sich wund läuft, / Was für ein Gesicht kommst du in meinen Spiegel spiegeln? / Wiehert das Gefolge deiner Glorie in der Vorhalle? – Übers. d. Hrsg.

[32] A.a.O. S. 238, V. 302 f. – Bin ich nicht immer in deiner Nähe gewesen, ich, deine Seele? / Ich war dein Schatten in der Sonne [...] – Übers. d. Hrsg.

Position fest. Fünfundzwanzig Jahre später, bei de Régnier, ist aus dem kühnen, sich selbst nicht geheuren Entwurf eine tantenhafte Moral geworden, die uns an der Geschichte des verwundet in das öde Schloß heimkehrenden Kriegers demonstriert wird. Zwar bekennt sich der Held – wie Hérodiade – zu dem Ideal der Nutzlosigkeit, der inutilité. An seine beiden Begleiter richtet er die Worte:

> *Adieu, Frères, priez que l'ombre me soit bonne,*
> *Que mes mains [...]*
> *Obtiennent le secours d'être à jamais oisives [...]*[33]

Zu nichts mehr sollen seine Hände, deren todbringendes Wirken im Krieg er in denselben Versen schildert, fortan taugen. Aber das Schloß, in das er sich aus dem Leben zurückzieht, in das sich Hérodiade nie hinausgewagt hat, ist das Schloß nicht nur der Träumerei, sondern auch der Weisheit – ein Wort, für das in der Welt der Hérodiade kein Platz war. Die Wächterin empfängt den Herrn mit dem Vers *Je t'ouvre le château de songe et de sagesse*[34], und in ihren Strophen, mit denen Régniers Dichtung ausklingt, wird die Hérodiade-Welt, die den Helden erwartet und die er zu bejahen scheint, paradoxerweise als Strafe ausgelegt. Die erste dieser sieben gleichgebauten Strophen, deren Eingangsvers wir eben zitiert haben, lautet:

> *Je t'ouvre le château de songe et de sagesse*
> *Où le seuil ruiné disjoint la porte haute,*
> *Et, si l'âtre allumé chauffe mal ta détresse,*
> *Pense à tes jours perdus et pleures-en la faute.*[35]

---

33 A.a.O. S. 226, V. 70-75. – Lebt wohl, Brüder, betet, daß der Schatten mir gnädig sei, / Daß meinen Händen [...] / Beistand gewährt wird, für immer müßig zu sein [...] – Übers. d. Hrsg.
34 A.a.O. S. 238, V. 310. – Ich öffne dir das Schloß des Traums und der Weisheit. – Übers. d. Hrsg.
35 A.a.O., V. 310-313. – Ich öffne dir das Schloß des Traums und der Weisheit, / Wo die verfallene Schwelle Risse in das hohe Tor treibt – Übers. d. Hrsg. – / Wenn das Feuer im Herd deine Verzweiflung schlecht erwärmt, / So denke an deine verlorenen Tage und beweine ihre Schuld. – Übers. Szondi.

Erscheint hier Hérodiades geliebte *froideur* nur noch als die lästige Kälte des schlechtgeheizten Ofens, so kehrt in der vorletzten Strophe der Dichtung das Ideal der Fruchtlosigkeit, nicht minder erstaunlich, als verdiente Strafe wieder:

> *Viens, je t'ouvre la porte, et si ton âme est vieille*
> *De tant de soins perdus à son âpre folie,*
> *Ne reproche qu'à toi le peu qu'à notre treille*
> *Vendangeront ta faute et ta mélancolie.*[36]

Es fehlt uns leider die Zeit, die genannten Widersprüche und Unstimmigkeiten bis in die Metaphorik hinein zu verfolgen – statt dessen ist abschließend ein Wort zu der neuartigen Verssprache der *Gardienne* zu sagen. Die zuletzt zitierten Verse der Wächterin waren Alexandriner, die zu Vierzeilern mit Kreuzreimen zusammentreten. Gegenüber den ohne strophische Gliederung aneinandergereihten und paarweise gereimten Alexandrinern der französischen Dramendichtung, die auch Mallarmés *Hérodiade* in den ausgeführten Partien (mit der einen Ausnahme des *Cantique de Saint Jean*) kennt, ist das Ordnungsprinzip hier strenger geworden. Dennoch darf bei Régniers Werk paradoxerweise von »vers libres«, von freien Versen gesprochen werden. Denn das Werk *La Gardienne* ist nicht als Ganzes in Alexandrinerstrophen gebaut, erst in dem zweiten Teil des Monologs der Wächterin verfestigt sich ihre Sprache zu diesem Gleichmaß von Vers und Strophe, das im Gegensatz zu der überlieferten Dramensprache dem Werk nicht vorgegeben ist, sondern aus dem thematischen Bereich sich zu ergeben scheint. Die Freiheit, die sich die Lyriker des Symbolismus der seit Jahrhunderten unerschüttert herrschenden Verssprache gegenüber herausnahmen, führte nicht zur Abschaffung des

---

36 A.a.O. S. 239, V. 334-337. – Komm, ich öffne dir die Tür, und wenn deine Seele alt geworden ist / Durch die vielen an ihre Torheit verschwendeten Dienste, / So wirf keinem andern als dir selber vor, wenn von unserer Weinlaube / Deine Schuld und deine Schwermut nur wenig ablesen werden. – Übers. Szondi.

Alexandriners, sondern zu der Möglichkeit, ihn in einem nichtalexandrinischen Verszusammenhang gleichsam frei zu wählen und emphatisch einzusetzen. Der Sinn solcher Freiheit ist die größere Angemessenheit an das lyrische Ich. Indem de Régnier dem vers libre Eingang in seine dramatische Dichtung gewährt, kündigt er der selbstverständlichen Kontinuität auf, die den Fortgang von Rede und Handlung im traditionellen Drama kennzeichnet. Es ist die Konsequenz, die auf dem Gebiet der Versifikation aus der Hereinnahme des Geschehens in die wesentlich monologische Sprache gezogen wird.

Spricht man im Zusammenhang der symbolistischen Lyrik von »vers libres«, so ist freilich darauf zu achten, daß diese freien Verse nicht identisch sind mit den ebenfalls »vers libres« genannten des französischen 17. Jahrhunderts, der Versform der Lafontaineschen Fabeln und einiger Verskomödien Molières (so des *Amphitryon* – die meisten sind in Alexandrinern geschrieben). Die »vers libres« des 17. Jahrhunders, die im 18. Jahrhundert auch in Deutschland beliebt waren und mit den schon früher aus Italien eingeführten Madrigalversen formal zusammenfallen, sind Verse, die nicht in ihrem Bau, sondern nur in ihrer Kombination frei sind. Sie sind wie die Alexandriner meist paarweise gereimt und nicht strophisch gegliedert. Die Einheit der symbolistischen vers libres hingegen ist die Strophe, deren Struktur freilich ebensowenig wie die der einzelnen Verse an eine paradigmatische Form gebunden ist. Vielmehr ist es der Stolz dieser Dichtung, die Ordnung, statt ihr als einer vorgegebenen zu folgen, als individuelle Ausdrucksform jedes Moments ad hoc hervorzubringen. So kontrastiert mit dem statuarischen Gleichmaß der Vierzeiler, welche die Wächterin spricht, in dem Monolog des Herrn die folgende Strophe, die auch innerhalb des Monologs, in den sie gehört, keine formale Entsprechung hat: Der Maître spricht von der Geliebten seiner Jugend, die er um des Kriegs willen verließ:

> *Ses mains enchantaient l'aurore autour d'Elle*
> *Et j'étais auprès d'Elle*
> *Et j'étais enchanté,*
> *Elle était tellement à moi,*
> *Elle était tellement en moi,*
> *Que je la cherchais dans le silence,*
> *Que je la cherchais en fermant les yeux;*
> *Le tiède soleil ruisselait sur ses cheveux,*
> *Le matin rayonnait sur nos adolescences.*[37]

Zu dem Endreim treten hier als Kompositionsmittel die Anapher und die Epipher hinzu. Aber das Beispiel zeigt deutlich, daß sie mehr sind als rhetorische Figuren, die der Rede äußerlich blieben. Das Moment der Wiederholung, aus dem alle Komposition ihre Kraft schöpft, ist hier enger, als es beim Endreim der Fall ist, mit dem thematischen Bereich verknüpft, ist nicht bloß ein Formales, sondern ebenso unmittelbarer Ausdruck der Insistenz des Sich-Erinnernden, der die Vergangenheit festhalten will, Ausdruck auch seiner Ohnmacht, die der Rede einen Fortschritt nur noch mit kleinsten Schritten erlaubt und sie immer wieder in die alten Fußstäpfen zurückzwingt: *Elle était tellement à moi, / Elle était tellement en moi, / Que je la cherchais dans le silence, / Que je la cherchais en fermant les yeux* [...]

Indem de Régniers lyrisches Drama mit dem vers libre auch die Strophenform einführt, setzt es sich, mehr noch als die alexandrinische *Hérodiade* oder die jambischen Dramen des jungen Hofmannsthal dem Vorwurf der Gedichtfolge, des »erweiterten« Gedichts aus. Darauf wäre nicht nur mit dem Hinweis auf die Situationsbezogenheit der Dichtung zu antworten, es könnte auch gezeigt werden, daß die ad-hoc-Bildung der lyrischen Einheiten, der Strophen, gegenüber der

37 A.a.O. S. 230, V. 139-147. – Ihre Hände bezauberten die Morgenfrühe um Sie her, / Und ich war nahe bei Ihr, / Und ich war bezaubert, / Sie war so mein, / Sie war so in mir, / Daß ich sie suchte, in der Stille, / Daß ich sie suchte, geschlossenen Auges; / Die milde Sonne rieselte über ihr Haar, / Der Morgen strahlte über unsere Lenze. – Übers. d. Hrsg.

traditionellen Lyrik selber ein dramatisches Moment ist, indem selbst die Versifikation, ein sonst Vorgegebenes, in die Aktualität des freilich ganz ins Innere gewandten Geschehens gerissen wird. Der Fortgang, der im Drama von Szene zu Szene führt, oder besser: Szene aus Szene hervorgehen läßt, ist hier nur noch der Fortgang im Erleben des lyrischen Ich, das, in eine einzige Szene gebannt, seine Verwandlung bekundet. Will man, was es spricht, Gedichte nennen, so setzt sich das lyrische Drama doch nicht aus ihnen zusammen, sondern es besteht in ihrem Entstehen.

Der junge Hofmannsthal – *Gestern*

IX

Im Jahr 1891 brachte die in Wien erscheinende *Moderne Rundschau: GESTERN. Dramatische Studie in einem Akt in Versen* von Theophil Morren.[1] Das Werk, das zugleich in Buchform publiziert wurde, ist der Erstling eines Siebzehnjährigen, des siebzehnjährigen Hofmannsthal, der als Gymnasiast sich hinter einem Pseudonym verbergen mußte. Diesem Werk gilt zunächst unsere Aufmerksamkeit.
Es nennt sich im Untertitel *Dramatische Studie*. Was ist darunter zu verstehen? Ist es eine Studie in dramaticis, die Etüde des Anfängers, der sich in der dramatischen Kunst erprobt? Das mag die Biographie nahelegen. Vom Stück her fällt auf die Bezeichnung ein anderes Licht. Was hier vorliegt, ist eine Studie psychologisch-zeitpsychologischer Natur, wie sie in der Literatur des ausgehenden 19. Jahrhunderts, im Fin de siècle, immer wieder unternommen wurde, so z. B. in dem Roman, dessen Rezension Hofmannsthals erste essayistische Arbeit war: »Zur Physiologie der modernen Liebe«: *Physiologie de l'amour moderne* des Franzosen Paul Bourget.[2] Diese Studie Hofmannsthals gibt sich nun in dramatischer Form, als eine Folge von zehn Szenen, und zwar in Versen, wie das Titelblatt weiterhin angibt: *Gestern* ist das erste der »Lyrischen Dramen« Hofmannsthals. Zugleich gehört es aber, wohl als einziges unter den lyrischen Dramen, auch in eine überlieferte Gattung, in die des Proverbs. Am 5. August 1892, also ein Jahr nach der Veröffentlichung der dramatischen Studie, schrieb Hofmannsthal an Marie Herzfeld:

---

[1] Hier zitiert nach: Hugo von Hofmannsthal, *Gedichte und Lyrische Dramen*. Hrsg. Herbert Steiner. Stockholm 1946, S. 207-249. (Im weiteren zitiert als: *GLD*.)
[2] *Zur Physiologie der modernen Liebe*. In: Hugo von Hofmannsthal, *Prosa* I. Hrsg. Herbert Steiner. Frankfurt am Main 1950, S. 7-13. (Im weiteren zitiert als: *Prosa* I.)

Meine Lieblingsform von Zeit zu Zeit, zwischen größeren Arbeiten, wäre eigentlich das Proverb in Versen mit einer Moral; so ungefähr wie »Gestern«, nur pedantesker, menuetthafter: im Anfang stellt der Held eine These auf (so wie: das Gestern geht mich nichts an), dann geschieht eine Kleinigkeit und zwingt ihn, die These umzukehren (»mit dem Gestern wird man nie fertig«); das ist eigentlich das ideale Lustspiel, aber mit einem Stil für Tanagrafiguren oder poupées de Saxe.[3]

Wir wollen den verschiedenen Andeutungen dieser Briefstelle hier noch nicht nachgehen. Festzuhalten ist aber, daß Hofmannsthal schon am Anfang seiner Produktion an das Lustspiel denkt: ein erster Hinweis auf die Kontinuität, die allem Wandel zum Trotz seinem Werk eigen ist und das entsetzte Urteil mancher Verehrer seines lyrischen Jugendwerks über Komödien wie *Cristinas Heimreise* und *Der Rosenkavalier* Lügen straft, etwa den Satz von Gundolf, in dem mit Verachtung vom *heutigen Hofmannsthal der dialekt-komödien und operetten-texte* die Rede ist.[4]

Die Gattung des Proverbs, auf die Hofmannsthal anspielt, war ihm zumal im Werk des französischen Romantikers Alfred de Musset begegnet, dessen Einakter sich schon im Titel gern zum Sprichwort bekennen. So heißt einer der berühmtesten *On ne badine pas avec l'amour*, »Man scherzt nicht mit der Liebe« (1834). Im Unterschied dazu trägt das Proverb Hofmannsthals ein einziges Wort als Titel: *Gestern*. An die Stelle der Explizität der These (etwa: das Gestern geht mich nichts an) tritt die Implizität des einzelnen Wortes mit seinen verschiedenen Bedeutungsschichten – ein Umstand, der uns erst im Lauf der Interpretation seinen Sinn verraten wird.

Dem Werk ist eine ausführliche Beschreibung der Szene vorangestellt:

3 Hugo von Hofmannsthal, *Briefe 1890-1901*. Berlin 1935, S. 62. (Im weiteren zitiert als: *Briefe*.)
4 Friedrich Gundolf, *Das Bild Georges*. In: *Jahrbuch für die geistige Bewegung* I. Hrsg. Friedrich Gundolf und Friedrich Wolters. Berlin 1910, S. 37.

In Andreas Haus zu Imola. Zur Zeit der großen Maler. — Gartensaal im Hause Andreas. Reiche Architektur der sinkenden Renaissance, die Wände mit Stukkaturen und Grotesken geziert. Links und rechts je ein hohes Fenster und je eine kleine Tür mit Gobelinvorhängen, darauf Darstellungen aus der Äneis. Mitteltür ebenso, dahinter eine Terrasse, die rückwärts mit vergoldeten Efeugittern abgeschlossen ist, links und rechts Stufen zum Garten hat. In der linken Ecke von Wand zu Wand eine dunkelrote Hängematte an silbernen Ringen. An den Pfeilern geschnitzte Truhen zum Sitzen. In der Mitte eine Majolikaherme des Aretino. Am Pfeiler rechts eine tragbare kleine Orgel mit freien Blasebälgen; sie steht auf einer schwarzen Ebenholztruhe, die in lichtem eingelegten Holz harfenspielende Tritonen und syrinxblasende Faune zeigt. Darüber hängen an der Wand eine dreisaitige Geige, in einen Satyrkopf auslaufend, und ein langes Monochord, mit Elfenbein eingelegt. Von der Decke hängen Ampeln in den strengeren Formen der Frührenaissance. — Morgendämmerung, Fenster und Türen verhängt. (GLD 207 f.)

Ein Siebzehnjähriger beschreibt hier mit eifersüchtiger Liebe den Raum, in dem das erste Spiel seiner Phantasie stattfinden soll; nichts will er dem Zufall, nichts der Erfindungskraft des Lesers oder des Regisseurs überlassen. Zugleich wirkt das große kulturhistorische Interesse mit, die Beschäftigung der Zeit mit der Renaissance, der Einfluß Jacob Burckhardts. So leidenschaftlich sich auch Hofmannsthal der Beschwörung des vergangenen großen Jahrhunderts der Kunst widmet, die Bühne erinnert als Bühne an die Intérieurs, die die Gründerzeit liebte, an Wagners Haus in Bayreuth, an Böcklins Atelier; auch das Echte erscheint im Licht des Fin de siècle als Fälschung, die Phantasiewelt der Vergangenheit als Kulisse aus dem Jahr 1891. Das ist eine Belastung für das Spiel, das nun anheben soll; die Stofflichkeit, das statisch Überfüllte der Bühne liegt im Widerstreit mit der Lyrik des Dialogs; das allzu Zeitbedingte, Attrappenhafte mit der Authentizität, die Hofmannsthals Sprache schon in diesem Erstling erreicht und dank der sie gerade als Sprache des Fin de siècle überdauern wird. Und dennoch: ist man in die Welt dieser dramatischen Studie einmal eingedrungen, dann erkennt man, daß das Bühnenbild kein Selbstzweck ist, keine kulturhistorische Studie à part, sondern streng auf den Helden bezogen. Der dramaturgische Sinn der Szenerie erschöpft sich nicht darin, daß sie als Renaissanceintérieur die Umwelt eines Renaissancemenschen darstellt; gerade das, was an ihr peinlich berührt, hat seine Funktion in diesem Spiel, das nicht, wie man lange Zeit angenommen hat, bloß dem lyrischen Monologisieren des Helden gewidmet ist, der dann als Hofmannsthals alter ego aufgefaßt wird, sondern zugleich der Kritik an ihm, zugleich seiner Bloßstellung.

Wenden wir uns nun dem Geschehen zu. Schon die beiden ersten Verse setzen den Leser ins Bild:

> ARLETTE *(durch die kleine Tür rechts; sie läuft in die Mitte des Zimmers, lauscht)*
> Madonna! ja! Die Gartentür... und Schritte!
> *(Nach rechts zurückrufend)*
> Er ist's, geh! geh! und bück Dich! durch die Mitte!
> *(Dann schiebt sie schnell den Gobelin zu, läuft nach der Hängematte und legt sich hinein. Sie streckt noch einmal den Kopf empor und stellt sich dann schlafend.*
> ANDREA *kommt durch die Mitteltür, pfeifend; er legt den Degen ab, dann bemerkt er Arlette, geht hin und küßt sie auf die Stirn.)* (a.a.O. 208, 1. Sz.)

Wenige Worte und Bewegungen enthüllen schon zu Beginn: Arlette ist Andrea untreu geworden. So beginnt manches Stück, das seine dramatische Spannung bis zum Schluß, da der Held seine Lage erkennt, nicht zuletzt daraus bezieht, daß der Zuschauer eingeweiht ist, der Betroffene aber nicht.

Doch Hofmannsthals Werk verfolgt andere Ziele. Es geht hier nicht um Untreue und Eifersucht, nicht um den Prozeß der Erkenntnis, der sich stufenweise vollzieht. Untersucht wird in dieser *dramatischen Studie* eine Haltung, die mit den genannten Handlungsmotiven gar nicht primär zusammenhängt: die Haltung Andreas. Sie wird untersucht, indem sie auf die Probe gestellt wird, indem sie mit der Wirklichkeit, mit einem wirklichen Faktum, konfrontiert wird. Dafür ist die Fabel ersonnen, sie ermöglicht gleichsam ein Experiment, in dem nicht mehr das äußere Geschehen von Belang ist, sondern der Charakter dessen, der geprüft wird, und die Art, wie er auf die Prüfung reagiert. So dienen die ersten Szenen der Charakteristik Andreas. Kaum hat er Arlettes Ausrede dafür, daß sie nicht in ihrem Zimmer geschlafen, vernommen und seinerseits mit wenigen Worten von dem nächtlichen Gelage mit seinen Freunden, die bald erscheinen würden, berichtet, da gleitet das Zwiegespräch unmerklich in Andreas Monologisieren hinüber, in dem ein erstes Licht auf jene Züge fällt, aus denen sich seine Haltung zusammensetzt. Auf Arlettes Bedenken, seine Freunde liebten ihn nur, weil sie ihn brauchen können, antwortet Andrea:

ANDREA
Und wenn's so ist! Ich frage nicht nach Gründen!
Nur aus sich selber strömt, was wir empfinden,
Und nur Empfindung findet rück die Pforte:
Ohnmächtig sind die Taten, leer die Worte!
Ergründen macht Empfinden unerträglich,
Und jedes wahre Fühlen ist unsäglich...
Nicht was ich denke, glaube, höre, sehe,
Dein Zauber bindet mich und Deine Nähe...
Und wenn Du mich betrögest und mein Lieben,
Du wärst für mich dieselbe doch geblieben!
ARLETTE
Nimm Dich in acht, der Glaube ist gefährlich!

ANDREA

    O nein, nur schön und kühn, berauschend, ehrlich,
    Er spület fort, was unsern Geist umklammert,
    Als Rücksicht hemmt und als Gewissen jammert,
    Mit tausend unverdienten Strafen droht,
    Wenn wir nicht lügen, wo Empfinden tot;
    Er lehret uns als weises Recht erkennen,
    Was wir gewöhnlich tuen und nicht nennen ...
    (leiser)
    Es ist ja Leben stummes Weiterwandern
    Von Millionen, die sich nicht verstehn,
    Und wenn sich jemals zwei ins Auge sehn,
    So sieht ein jeder sich nur in dem andern.

ARLETTE

    Und was sind jene, die wir Freunde nennen!

ANDREA

    Die, drin wir klarer unser Selbst erkennen.
    ... Es gärt in mir ein ungestümes Wollen,
    Nach einem Ritt, nach einem wilden, tollen ...
    So werde ich nach meinem Pferde rufen:
    Es keucht, die Funken sprühen von den Hufen,
    Was kümmert's mich, die Laune ist gestillt!
    Ein andermal durch meine Seele quillt
    Ein unbestimmtes, schmelzendes Verlangen
    Nach Tönen, die mich bebend leis umfangen ...
    So werd ich aus der Geige strömen lassen
    Ihr Weinen, ihres Sehnens dunkle Fluten,
    Ekstatisch tiefstes Stöhnen, heißes Girren,
    Der Geigenseele rätselhaftes Bluten ...
    (Er hält einen Augenblick inne)
    Ein andermal werd ich den Degen fassen,
    Weils mich verlangt nach einer Klinge Schwirren:
    Das Roß, das Geigenspiel, die Degenklinge,
    Lebendig nur durch unsrer Laune Leben,
    Des Lebens wert, so lang sie uns es geben,
    Sie sind im Grunde tote, leere Dinge!

Die Freunde so, ihr Leben ist ein Schein,
Ich lebe, der sie brauche, ich allein!
In jedem schläft ein Funken, der mir frommt,
Der früher, später doch zu Tage kommt:
Vielleicht ein Scherz, der meine Laune streichelt,
Ein Wort vielleicht, das mir im Traume schmeichelt,
Ein neuer Rausch vielleicht, ein neu Genießen,
Vielleicht auch Qualen, die mir viel erschließen,
Vielleicht ein feiger, weicher Sklavensinn,
Der mich erheitert, wenn ich grausam bin,
Vielleicht ... was weiß ich noch ... ich kann sie brau-
chen,
Weil sie für mich nach tausend Perlen tauchen,
Weil eine Angst nur ist in meiner Seele:
Daß ich das Höchste, Tiefste doch verfehle!
(Leise)
Dem Tode neid ich alles, was er wirbt,
Es ist vielleicht mein Schicksal, das da stirbt,
Das andere, das Große, Ungelebte,
Das nicht der Zufall schnöd zusammenklebte.
Darum, Arlette, bangt mir im Genusse,
Ich zage, wenn der volle Becher schäumt,
Ein Zweifel schreit in mir bei jedem Kusse:
Hast Du das Beste nicht, vielleicht, versäumt?!

ARLETTE *(mit geschlossenen Augen)*
Ich habe nie von Besserem geträumt.

ANDREA
Es ahnt das Herz ja nicht, was es entbehrt,
Und was ihm zugefallen, hält es wert.
Ich aber will kein Dämmern, ich will Wachen,
Ich will mein Leben fühlen, dichten, machen!
Erst wenn zum Kranz sich jede Blume flicht,
Wenn jede Lust die rechte Frucht sich bricht,
Ein jedes Fühlen mit harmonisch spricht,
Dann ist das Leben Leben, früher nicht!
(a.a.O. 213—216)

Was wird hier gesagt? Mit großer Hellsicht, einer Lust an der schonungslosen Analyse seiner selbst, die sich ihrer schockierenden Wirkung bewußt ist, entfaltet Andrea sein Lebensprogramm, sein Glaubensbekenntnis. Alles darin ist dem höchsten Ziel untergeordnet, das mit dem letzten Vers *Dann ist das Leben Leben, früher nicht!* bezeichnet wird – einem Vers, der nur scheinbar tautologisch ist. Denn das Wort *Leben* hat nicht beidemal die gleiche Bedeutung. Was das Leben sein soll, wird wiederum mit dem Wort Leben bezeichnet, einem Begriff, der hier für eine ganze Lehre steht. Welcher Art sie ist, geht aus Andreas Monolog hervor, den Arlette nur gelegentlich mit einem Vers unterbricht.
Immer wieder tritt in den Anfangsversen das Wort *Empfinden* auf. Die Sensation, die sinnliche Wahrnehmung, ist für Andrea die einzige Verbindung zwischen Ich und Welt, die gelten soll. Das Empfinden ist sich selber genug. Andrea will nicht nach Gründen fragen noch nach Worten suchen; was er fühlt, soll weder relativiert (in einen Kausalzusammenhang eingebettet) noch festgehalten, (durch das Wort aus dem Fluß der Zeit herausgehoben) werden. *Nicht was ich denke, glaube, höre, sehe, / Dein Zauber bindet mich und Deine Nähe...*, sagt Andrea zu Arlette, und Hofmannsthal ist schon in seinem Erstling mit dramatischen Wirkungen genügend vertraut, um diese Anwendung des zunächst ganz allgemein Gesagten noch enger an das Geschehen des kleinen Spiels zu knüpfen. So fährt Andrea fort: *Und wenn Du mich betrögest und mein Lieben, / Du wärst für mich dieselbe doch geblieben!* und wird zum ersten Mal gewarnt:
ARLETTE: *Nimm Dich in acht, der Glaube ist gefährlich!*
Aber Andrea beharrt auf seiner These und verfolgt sie weiter. Die erste Konsequenz der Alleinherrschaft des Fühlens, dieser Lehre von der Welt als Empfinden, ist die Vereinzelung, ist Selbstbezogenheit und Selbstbespiegelung. Wenn die Welt für das Ich nur in der Sensation gegeben ist, wenn die Spannung zwischen Subjekt und Objekt nicht ausgehalten wird, sondern hereingenommen in die Subjektivi-

tät, dann wird das andere nur noch als Spiegel benützt, dann liebt das eine Ich nicht das andere, sondern seine Liebe zum anderen, das heißt sich selber. Andrea steht dazu, aber er, der eben noch seinen Glauben *schön und kühn, berauschend ehrlich* genannt hat, senkt doch die Stimme, wenn er die Worte spricht, die den vorangegangenen über Arlettes Zauber und Nähe, die ihn binden, nicht einfach widersprechen, vielmehr die Widersprüchlichkeit aufdecken, die in seiner Liebe verborgen ist:

> *Es ist ja Leben stummes Weiterwandern*
> *Von Millionen, die sich nicht verstehn,*
> *Und wenn sich jemals zwei ins Auge sehn,*
> *So sieht ein jeder sich nur in dem andern.*

Ein zweites Mal unterbricht hier Arlette Andrea mit der Frage: *Und was sind jene, die wir Freunde nennen!*, und hört die Antwort: *Die, drin wir klarer unser Selbst erkennen.* Auch diese Unterbrechung dient nicht bloß zur Auflockerung von Andreas monologischem Reden, sie setzt den Akzent auf einen Vers, der zum ersten Mal über Andreas Selbstenthüllung hinausgeht, indem er eine Inkonsequenz, einen Riß in seinem Glaubensbekenntnis verrät: Andrea, der im Empfinden aufgehen will, unreflektiert, diesseits der Fragen und Antworten, starrt in Wahrheit auf das eigene Selbst und sucht es zu erkennen. Hier bricht ein erster Widerspruch in seiner Haltung durch, auf den noch zurückzukommen sein wird. Eines sei aber hier schon hinzugefügt: Man könnte versucht sein, zu sagen, daß nicht nur dieser Vers Andrea widerlegt, sondern sein ganzes Sprechen, der Umstand, daß er überhaupt spricht. Allein, mit diesem Einwand würde man das Formgesetz der Dichtung mißachten. Daß Andrea über sein Bekenntnis zum unreflektierten Leben reflektiert, bildet nicht schon ein Moment seines Charakters, sondern erst eine Voraussetzung formaler Natur, ohne die das Werk nicht hätte entstehen können.

Die Ichbezogenheit Andreas gilt nicht nur im menschlichen Bezirk, auch die Sachwelt wird von ihr betroffen:

Das Roß, das Geigenspiel, die Degenklinge,
Lebendig nur durch unsrer Laune Leben,
Des Lebens wert, so lang sie uns es geben,
Sie sind im Grunde tote, leere Dinge!

Diese Verse werfen ein Licht auf das Bühnenbild, auf die Akribie, mit der es Hofmannsthal geschildert hat. Die Spannung zwischen dem Ich des lyrischen Dramas, das auf keinen realisierten Raum, auf keine Dingwelt angewiesen zu sein scheint, und der Szenerie, die Kunstobjekt auf Kunstobjekt häuft, hat ihre Funktion im ganzen der Dichtung: Gerade weil für Andrea die Dinge nur in dem Augenblick Präsenz haben, da er sie ergreift, da sie in seiner Sensation Teil seiner selbst werden, genügt es nicht, daß Andrea von ihnen spricht, sie müssen in ihrer Realität, ihrer toten Dinglichkeit zu spüren sein, damit man auch die Kluft spüre, die Andrea von ihnen trennt.

Dann nähert sich Andreas Reden wieder einer Stelle, in der Entscheidendes aufbricht: Wieder markiert sie Hofmannsthal mit der Anweisung *leise*, wieder folgt darauf ein Vers Arlettes. Dieser Monolog, den ein Siebzehnjähriger geschrieben hat, ist mit viel Überlegung und Kunstverstand phrasiert. Andrea spricht von seinen Freunden, deren Leben für ihn nur ein Schein ist, die seine Freunde sind, nur weil *in jedem ein Funken schläft, der* ihm *frommt* – die späteren Szenen mit dem Auftritt der Freundesschar werden hier vorbereitet –, er zählt die Gelegenheiten auf, bei denen sie seiner Genußsucht nützlich sein könnten, die Gründe, aus denen er sie brauchen kann, und kommt dann zur Erkenntnis:

Weil eine Angst nur ist in meiner Seele:
Daß ich das Höchste, Tiefste doch verfehle!
(Leise)

Dem Tode neid ich alles, was er wirbt,
Es ist vielleicht mein Schicksal, das da stirbt,
Das andere, das Große, Ungelebte,
Das nicht der Zufall schnöd zusammenklebte.
Darum, Arlette, bangt mir im Genusse,
Ich zage, wenn der volle Becher schäumt,
Ein Zweifel schreit in mir bei jedem Kusse:
Hast Du das Beste nicht, vielleicht, versäumt?!

Der kühne Hedonismus Andreas ist mit der Angst verschwistert. Nicht mit der Todesangst, der Tod tritt vielmehr als Rivale auf. Daß etwas stirbt (Andrea gebraucht lauter Neutra: die Menschen haben für ihn, der sie benützt, Dingcharakter), daß etwas stirbt, betrifft Andrea nur, insofern es ihm entgeht; nicht als Besitz, sondern als möglicher Besitz. Damit wird eine grundsätzliche Antinomie in Andreas Haltung sichtbar. Gerade weil ihm der erfüllte Augenblick des Empfindens alles ist, kann er in diesem Augenblick nicht aufgehen, muß er schielen nach dem, was er noch nicht genießt. Seine Lehre von der Einzigartigkeit des jeweiligen Fühlens zwingt ihn paradoxerweise zum Vergleich, zur Frage, ob es wirklich einzigartig ist. Aber auch dieser Widerspruch hat seinen Grund nicht so sehr in dem, was Andrea lehrt, als vielmehr in dem Umstand, daß er es lehrt, statt es zu leben. Das wird an der Gestalt Arlettes deutlich. Auf die Worte Andreas *Ein Zweifel schreit in mir bei jedem Kusse: / Hast Du das Beste nicht, vielleicht, versäumt?!*, erwidert sie *mit geschlossenen Augen: Ich habe nie von Besserem geträumt.* Arlette kennt den Komparativ, den Vergleich von dem, was sie empfindet, mit dem, was sie empfinden könnte, nicht: sie geht wirklich in der Gegenwart ihres Fühlens auf. Nur mit einem Vers wird hier ihre dramaturgische Rolle: daß sie ist, was Andrea zu sein vorgibt, angedeutet; aber diese Rolle ist wichtig, denn nur dadurch, daß Arlette solcherart auf Andreas Haltung bezogen ist, gewinnt das Geschehen des Spiels seinen tieferen Sinn. Die Ironie, daß der, der sich zum Betrug bekennt, betrogen wird, ist mehr, als die traditionelle Strafe des Lustspiels, sie deckt den Bruch in Andrea auf.

Die Verse, die nun folgen, vergrößern noch diese innere Gegensatzspannung des Helden und enthüllen seine eigentliche Ambition. Andrea, der nur in der Aktualität seines Fühlens leben will, widersetzt sich doch der Gewalt, die über diese Aktualität entscheidet: er widersetzt sich dem Zufall. Während er sich eben noch zu dem je und je Gelebten bekannte, spielt er nun dagegen *das andere, das Große, Ungelebte* aus, das ihm zum Schicksal werden könnte; seine Gegenwart entwertet er dagegen als eine vom *Zufall schnöd zusammengeklebte*. Das Wort kehrt wieder nach dem *mit geschlossenen Augen,* wie im Schlaf, vorgebrachten Einwand Arlettes:

Es ahnt das Herz ja nicht, was es entbehrt,
Und was ihm zugefallen, hält es wert.
Ich aber will kein Dämmern, ich will Wachen,
Ich will mein Leben fühlen, dichten, machen!
(Hervorh. von Sz.)

Damit tritt die Widersprüchlichkeit von Andreas Haltung klar hervor. Im Gegensatz zu Arlette, für die das Leben wirklich Fühlen ist, die darum auch keinen Blick hat auf ihr eigenes Leben, will Andrea sein Leben mit wachem Sinn *fühlen,* ja er selber will es *machen.* Andrea steht zu seinem Leben wie der Künstler zu seinem Werk. *Erst wenn zum Kranz sich jede Blume flicht,* sagt er, ist das Leben Leben. Was Andrea vom Leben erwartet, die ungebrochene Spontaneität, das Naive, Natürliche: er will es selber hervorbringen. Indem er es aber hervorbringt, zerstört er es. Denn er färbt es mit seiner Reflexion, zieht es in die Sphäre des Bewußtseins. Die Natur wird als zum Programm erhobene zur Kunst, das Naive sentimentalisch. Andrea ist sich dieses Widerspruchs nicht bewußt: So kann sein großes Credo, das von der Allmacht des Fühlens ausgegangen ist, scheinbar in der Forderung gipfeln, die in Wahrheit seine Aufhebung bedeutet: in der Forderung, daß das Leben ein Kunstwerk sei.

Bevor nun aber der Reigen der Nebenfiguren beginnt, die Szenenfolge, die Andreas Haltung in der Konfrontation mit seiner Umwelt verdeutlicht und zugleich auf die Probe stellt, schließt die erste Szene nach einem kurzen Dialog Andreas mit Arlette in einer zweiten lyrischen Sequenz mit einem Motiv, das zwar in dem, was bis jetzt entwickelt wurde, angelegt ist, aber noch nicht klar ausgesprochen wurde. Und es muß klar ausgesprochen werden, denn es bildet den Grund des Ganzen, der schon im Titel genannt wird.

Die kurze Wechselrede zwischen Arlette und Andrea bereitet den Auftritt der Gäste vor und gibt zugleich das Stichwort für den wichtigen Szenenschluß. Es geht um die Frage, in welchem Kleid Arlette vor Andreas Freunden erscheinen soll. Das Kleid, das Arlette vorschlägt, gefällt Andrea nicht, es habe ihm nie gefallen, meint er, und da Arlette ihn korrigiert: *O ja, erst gestern sagtest Du's vor allen...* (Hervorh. von Sz.), fällt das entscheidende Wort, und Andrea kann, weit über den Anlaß hinausgehend, erwidern:

ANDREA
Mußt Du mit gestern stets das Heute stören?
Muß ich die Fessel immer klirren hören,
Die ewig Dir am Fuß beengend hängt,
Wenn ich für mich sie tausendmal gesprengt!
Weil gestern blasse Dämmerung um uns hing,
Zum grünen Nil die Seele träumen ging,
Weil unbestimmte Lichter um uns flogen,
Am Himmel bleiche Wolken sehnend zogen...
Ein Abgrund trennt uns davon, sieben Stunden,
Für immer ist dies Gestern hingeschwunden!
Heut ist ein Tag Correggios, reif erglühend,

> *In ganzen Farben, lachend, prangend, blühend,*
> *Heut ist ein Tag der üppigen Magnolien,*
> *Der schwellenden, der reifen Centifolien;*
> *Heut nimm dein gelbes Kleid, das schwere, reiche,*
> *Und dunkelrote Rosen, heiße, weiche, ...*
> *Verlerntest Du am Gestern nur zu halten,*
> *Auf dieses Toten hohlen Ruf zu lauschen:*
> *Laß Dir des Heute wechselnde Gewalten,*
> *Genuß und Qualen, durch die Seele rauschen,*
> *Vergiß das Unverständliche, das war:*
> *Das Gestern lügt und nur das Heut ist wahr!*
> *Laß Dich von jedem Augenblicke treiben,*
> *Das ist der Weg, Dir selber treu zu bleiben;*
> *Der Stimmung folg, die Deiner niemals harrt,*
> *Gib Dich ihr hin, so wirst Du Dich bewahren,*
> *Von Ausgelebten drohen Dir Gefahren:*
> *Und Lüge wird die Wahrheit, die erstarrt!*
> *Jetzt geh, mein Kind. Nimm auch die goldnen*
> >> *Reifen,*
> *Die mit den Gemmen. Und die neuen Spangen,*
> *Wir haben frühe Gäste zu empfangen.* (a.a.O. 216 f.)

Drei Gegensatzpaare durchziehen diese Rede: Gestern und Heute, Tod und Leben, Lüge und Wahrheit. Sie sind einander zugeordnet. Die Vergangenheit empfindet Andrea als *Fessel*, sie hindert den Menschen, sich ganz dem Heute, dem ständigen Wechsel der Empfindungen hinzugeben. Sie hindert ihn damit, meint Andrea, am Leben selbst, das nur im Wechsel, nur in der Bewegung ist. Sowenig Andrea eine Bindung des Ichs an die Welt kennt, die den Augenblick, in dem die Welt in das Fühlen des Ichs eingeht, überdauert, sowenig gibt es für ihn eine Dauer, eine Kontinuität im Ich selber. Dessen Wesen ist Verwandlung, darum ist der Mensch in Andreas Augen nur dann sich selber treu, wenn er sich untreu ist, wenn seine Identität nur darin besteht, auf Identität zu verzichten. *Laß Dich von jedem Augenblicke treiben, / Das ist der Weg, Dir selber treu zu bleiben* – so lautet der paradoxe Rat, den Andrea seiner Geliebten gibt, ohne zu ahnen, daß sie ihn nicht braucht und daß er nicht fähig ist, ihn zu befolgen. In dieser überspitzten Wendung tritt zum ersten Mal in Hofmannsthals Werk das Wort »Treue« auf, das aus ihm nicht mehr verschwinden wird. In den verschiedensten Formen wird er versuchen, den Weg zur Treue aufzuzeigen – hier ist es die Form des Proverbs, das eine These ad absurdum führt, damit ihr Gegenteil daraus hervorspringe.

Andrea meint die Fessel des Gestern für sich *tausendmal gesprengt* zu haben, er meint sich ganz vom Augenblick treiben zu lassen. Dieser Glaube ist möglich, weil in dem Augenblick seines Fühlens weder die Welt noch das Ich wirklich vorhanden sind. Die Sensation, als Brücke zwischen Ich und Welt, betrifft die Welt nur als ästhetisches Phänomen und das Ich nur als künstlerisch-rezeptives Organ. Indem Andrea sein Leben als Kunstwerk leben will, tritt er aus ihm zurück, gewinnt er eine ästhetische Distanz zu sich selbst. Auch das dritte Gegensatzpaar »Lüge und Wahrheit« ist darauf bezogen. Nur aus der Ästhetisierung des Lebens erhellt der Sinn des Verses *Das Gestern lügt und nur das Heut ist wahr!* Es wird kein Zufall sein, daß Hofmannsthal die Rede Andreas, in der dies vertreten wird, aus einer Auseinandersetzung hervorgehen läßt, deren Gegenstand die Wahrheit nicht im ästhetischen, sondern im realen Bereich ist, wie belanglos dieser im vorliegenden Fall auch ist. Andreas Behauptung, das Kleid mit den Wasserrosen habe ihm nie gefallen, wird von Arlette widerlegt *O ja, erst gestern sagtest Du's vor allen...*, aber diese Widerlegung vermag Andrea nicht etwa Lügen zu strafen, vielmehr wird sie entkräftet, weil das Gestern selber die Lüge sei. Was bedeuten hier die Begriffe Wahrheit und Lüge? Wahrheit ist auch für Andrea Übereinstimmung. Aber während sich sonst der Wahrheitsbegriff der Veränderung entgegenstellt, die Zeit negiert, indem ein Satz nur dann unwahr wird, wenn sich die Tatsachen ändern, mit denen er übereinstimmen soll, und im Hinblick auf die einstigen Tatsachen auch wahr bleibt, ist der Wahrheitsbegriff für Andrea hereingerissen in die Zeitlichkeit: Er kann nur eine Übereinstimmung im Augenblick selbst bezeichnen, die ästhetische Stimmigkeit des gelebten Moments. Lüge ist alles, was nicht in diesem Augenblick aufgeht, was ihn von außen daran erinnert, daß er nur ein Augenblick ist. Dabei geht es gar nicht mehr um die Übereinstimmung eines Satzes mit Tatsachen. Nicht erst der Satz kann unwahr sein oder werden, sondern schon die Tatsachen werden unwahr, sobald der neue Augenblick sie überholt, sobald sie aus der Gegenwart in die Vergangenheit hinabgleiten: *Von Ausgelebten drohen Dir Gefahren: / Und Lüge wird die Wahrheit, die erstarrt* – sagt Andrea. Die Tatsachen aber können nur unwahr werden, weil sie als Tatsachen gar nicht anerkannt worden sind, weil sie nie an sich, sondern immer nur für das Fühlen, nur als ästhetische Phänomena gezählt haben. Andreas Wahrheitsbegriff ist ein ästhetischer, und er läßt sich nur deshalb nicht aufrechterhalten, weil das als Kunstwerk gelebte Leben, auf das er bezogen wird, den Bannkreis des Ästhetischen durchbricht und auf seine Faktizität pocht. In diesem Moment wird Andrea die These, daß das Gestern lüge, opfern müssen: Darauf strebt das Geschehen des kleinen Spiels zu.

Es bleibt noch zu fragen, mit welchen Mitteln Hofmannsthal auf den ästhetischen Charakter von Andreas Wahrheitsbegriff hinweist. Kein ausdrückliches Wort ist hier erlaubt, auch der Zusammenstoß der beiden Bereiche im Dialog zwischen Arlette und Andrea wird nicht beredet, seine Funktion erschöpft sich darin, auf das ganz andere bei Andrea aufmerksam zu machen. Der Zusammenhang von Andreas Wahrheitsbegriff mit dem intendierten Kunstwerkcharakter seines Lebens wird vielmehr dadurch verdeutlicht, daß Andrea die Gegenwart seines Fühlens, die allein über wahr oder unwahr entscheiden soll, nicht direkt, sondern durch die Kunst vermittelt beschreibt: *Heut ist ein Tag Correg-*

gios, reif erglühend, / In ganzen Farben, lachend, prangend, blühend [...] sind seine Worte. Und von da fällt auch ein Licht auf die letzten Verse der ersten großen Sequenz, in denen das, was Andrea nun Wahrheit nennt, noch mit Ausdrücken aus der ästhetischen Sphäre bezeichnet wurde:

> *Wenn jede Lust die rechte Frucht sich bricht,*
> *Ein jedes Fühlen mit harmonisch spricht,*
> *Dann ist das Leben Leben, früher nicht!*
> (Hervorh. von Sz.)

Im Dienste dieses Harmonieideals steht Andreas Absage an das Gestern.

Soweit die erste Szene, soweit die Exposition dessen, was wir Andreas Lebensprogramm genannt haben. Bevor wir uns den weiteren Szenen zuwenden, ist die Frage am Platz, ob dieses Programm nicht über Andrea weit hinausweist, ob es Andrea nicht als Repräsentanten einer ganzen Zeitstimmung erscheinen läßt. Das ist, wie man merkt, eine rein rhetorische Frage; die Zusammenhänge sind nur allzu deutlich, und indem wir versuchten, das trotz der lyrischen Sprache schon bei Hofmannsthal auf den Begriff Gebrachte als ein solches, als eine Gedankenwelt, zu erfassen, umschrieben wir schon den Gehalt der Begriffe, die in der Geistesgeschichte dafür gebraucht werden: Lebensphilosophie, Ästhetismus, Impressionismus. Einige Hinweise müssen hier genügen.

Andreas Lebensbegriff ist der sogenannten Lebensphilosophie des ausgehenden 19. Jahrhunderts verpflichtet. Leben wird jenes Prinzip genannt, das nicht immer schon realisiert ist, wenn gelebt wird, das vielmehr zu bewahren ist vor den Gefahren, die ihm drohen, zu verwirklichen im Kampf gegen Mächte, die es unterdrücken wollen: gegen das Positive der Institutionen; gegen die Geschichte, welche die Gegenwart auf die Vergangenheit bezieht; gegen die Reflexion, die das Leben zu ihrem Objekt macht und die Subjekt-

Objekt-Spaltung in das Leben selber hineinträgt. Die Grundgedanken der Lebensphilosophie lassen sich bis ins 18. Jahrhundert zurückverfolgen: bei Rousseau, im Sturm und Drang und bei Herder bricht der Aufstand gegen die Ratio der Aufklärungszeit durch; bei den drei Freunden aus dem Tübinger Stift: bei Hegel, Schelling und Hölderlin wird im Begriff des Lebendigen und der Natur dieser höchste Wert erfaßt. Wichtig ist die Rolle Nietzsches, seiner zweiten *Unzeitgemäßen Betrachtung*[5], die sich gegen die Historie wendet, während der Kampf im 18. Jahrhundert eher gegen die Ratio geführt werden mußte. Systematisiert wird diese Gedankenwelt dann um die Jahrhundertwende bei Dilthey und bei Bergson, dem Philosophen des »élan vital«. — Mit dem Hintergrund von Hofmannsthals Lebens-Begriff haben sich u. a. beschäftigt: O. F. Bollnow, *Der Lebensbegriff des jungen Hofmannsthal*,[6] und Karl Pestalozzi, *Sprachskepsis und Sprachmagie im Werk des jungen Hofmannsthal* (mit weiteren Literaturangaben)[7].

Der Ästhetismus läßt sich im Gegensatz zur Lebensphilosophie viel genauer datieren. Nietzsches Satz, daß das Dasein und die Welt nur als ein ästhetisches Phänomen gerechtfertigt seien[8], mag den Grund gelegt haben, darauf baut die Gedankenwelt des Fin de siècle auf, wie sie vor allem aus England (Oscar Wilde, Walter Horatio Pater), auch aus dem Frankreich der Parnassiens und der Symbolisten wieder nach Deutschland zurückströmt. Man kann den Ästhetismus auffassen als letzten verzweifelten Versuch, den auf die Gedanken der Stürmer und Dränger und der Romantiker zurückgehenden Lebensbegriff in einer Welt zu verteidigen, deren zunehmende Verdinglichung ihn immer mehr zur

---

5 Friedrich Nietzsche, *Werke in drei Bänden*. Hrsg. Karl Schlechta. München 1966, Bd. I, S. 209-285.
6 In: Otto Friedrich Bollnow, *Unruhe und Geborgenheit im Weltbild neuerer Dichter*. Stuttgart 1953, S. 15-30.
7 Karl Pestalozzi, *Sprachskepsis und Sprachmagie im Werk des jungen Hofmannsthal*. Zürich 1958.
8 *Die Geburt der Tragödie aus dem Geist der Musik*. Nietzsche a.a.O. S. 40.

Illusion macht. Man kann darin zugleich die Antwort sehen auf den Zusammenbruch des deutschen Idealismus, der den Begriff des Lebens noch durchaus politisch, mit dem Ziel politischer Realisierung gedacht hatte (beim jungen Hegel und bei Hölderlin); die Antwort zugleich auf den Materialismus, der im 19. Jahrhundert aus den Trümmern des Idealismus entstand. Es ist, wenn man so will, der paradoxe Rückzug des Lebens aus dem Leben, die Verklärung des Lebens zum Kunstwerk, der Wille, die Realität nur noch als ästhetische zu berücksichtigen, unter Verzicht auf die übrigen Bindungen des Ich an die Wirklichkeit, unter Verzicht also auf das Handeln und auf die Prinzipien des Handelns, auf die Ethik.

Der Begriff des Impressionismus, den nach Richard Hamann vor allem Richard Alewyn[9] in seiner meisterhaften Analyse von Hofmannsthals *Gestern* verwendet, deutet schließlich gewisse Konsequenzen aus dem ästhetisierten Lebensbegriff an. Das Leben, in seiner Flüchtigkeit, in seiner Wandelbarkeit genommen, läßt nur eine Augenblickskunst zu. Und der Mensch, der das Leben nur noch als ästhetisches Phänomen gelten läßt, als Phänomen seiner Wahrnehmung, fordert damit zugleich eine Kunst, die die Wirklichkeit weder abbilden noch neu errichten, auch nicht stilisieren oder ins Groteske verzerren soll, keinen Realismus, keinen Klassizismus, keinen Manierismus also, sondern eine Kunst, die alles darauf setzt, die Welt im flüchtigen Eindruck zu erhaschen, darin aber die größte Wahrheitstreue zu erreichen, der ganzen Vielfalt der sinnlichen Wahrnehmung gerecht zu werden. Aus solchen Ambitionen erwuchs, wie man weiß, die impressionistische Malerei; ähnliche Tendenzen lassen sich auch in der Musik und der Dichtung der Jahrhundertwende feststellen. Im Impressionismus

---

[9] Richard Alewyn, *Hofmannsthals Anfang: »Gestern«*. In: *Trivium* VI, 1949, S. 241-261. Wieder abgedruckt in: Richard Alewyn, *Über Hugo von Hofmannsthal*. 3. Aufl. Göttingen 1963, S. 46-63. (Dies Buch wird im Folgenden zitiert als: Alewyn.)

als Kunstrichtung wird eine Antinomie ausgetragen, die mit der Ästhetisierung des Lebensbegriffs gesetzt ist. Daß es diese Antinomie, diesen inneren Widerspruch der impressionistischen Kunst gibt, zeigt schon die Tatsache, daß der Lebens- bzw. Naturbegriff bei den Stürmern und Drängern, bei Herder, bei Hölderlin zum Gegenbegriff die Kunst hatte, die Welt des Objektivierten, Festgelegten, Gesetzmäßigen. Nun soll dieser Lebensbegriff, der sich der Kunst zu entziehen scheint, selber die Kunst hervorbringen. Dieser Widerspruch ist bekanntlich lange Zeit polemisch gegen die französischen Impressionisten ins Feld geführt worden, im Namen eines epigonalen, von oben verordneten Akademismus. Es ist nicht unsere Aufgabe, zu zeigen, wie der französische Impressionismus den Widerspruch nicht bloß bewältigt hat, sondern ihm seine Authentizität verdankt, während das, was gegen ihn weiterhin Kunst zu sein behauptete, in Wahrheit nur noch seine eigene Parodie war. Wichtig für uns ist bloß, die Antinomie zu sehen: ihr ist eine spätere Szene von Hofmannsthals Erstling gewidmet.

X

Nach der großen Eingangsszene, einer mehr monologischen als dialogischen Exposition der Haltung, die der Held des Stückes, Andrea, verkörpert, beginnt eine rasche Folge von Szenen. Sie bringen die Freunde Andreas auf die Bühne, konfrontieren dieses zum Renaissancemenschen stilisierte kritische Selbstporträt des Fin de siècle mit Gegenbildern, die, mit weniger feinen Zügen gemalt, Möglichkeiten der Renaissancekultur vorführen, ohne in die Problematik Andreas, die eben keine der Renaissance ist, einbezogen zu sein. Ihre Funktion ist mit einem Wort nicht anzugeben; sie dienen den kulturhistorischen Ambitionen des Stückes ebenso wie seinen dramatischen; und sie spielen, wie man sehen wird, keine unwichtige Rolle in der Probe, auf die Andreas Haltung gestellt, in der Kritik, die an ihm geübt wird.

Bevor aber die angekündigten Freunde Andreas erscheinen, meldet der Diener einen fremden Mann, der seinen Namen nicht nennen will. Auch hier ist dramaturgisches Geschick am Werk: Retardation, Spannung, Kontrast wird geschaffen. Statt der Freunde tritt nämlich Marsilio auf, der Gefährte Andreas in einer längst vergangenen Zeit, statt der zechfreudigen Genossen seines Heute ein Jünger Savonarolas, dunkel gekleidet, der für sich und für seine Gruppe von Flagellanten in dem Ort Andreas Schutz erfleht. Warum dieser Auftritt? Ging es Hofmannsthal darum, das Bild, das er von der Renaissance entwirft, wechselreicher zu gestalten, den hellen, lebensfrohen Farben das Schwarz Savonarolas beizugeben? Das mag eine Rolle gespielt haben, aber Hofmannsthal hat die unerwartete Begegnung zugleich benutzt, das in der Eingangsszene Dargelegte fortzuführen, Andreas Thesen nun in der Handlung zu verdeutlichen und auf die Probe zu stellen.
Eng auf die Eingangsszene bezogen erscheinen Andreas *halblaut* zu Marsilio gesprochene Verse:

> *Du Stück lebendiger Vergangenheit,*
> *Wie unverständlich, unerreichbar weit!*
> *Wie schwebst du schattenhaft und fremd vorbei,*
> *Du abgestreiftes, enges Kleid: Partei!* (GLD 219, 2. Sz.)

Die These, daß das Gestern *ausgelebt,* ein *Toter* sei, ist schon hier in Frage gestellt. In Marsilio lebt Andreas Vergangenheit fort. Noch undeutlich, schimmert hier die Lehre des Schlusses durch, daß die Vergangenheit nur so lange aus der Gegenwart sich verbannen läßt, als der Mensch sich zur Welt ästhetisch verhält. Das Gestern mag in der als Kunstwerk gelebten Gegenwart ein Fremdkörper sein, in Gestalt eines Menschen aber bricht es den Bann des Ästhetismus; was zwischen einem Ich und einem anderen Ich sich wirklich begibt, geht in der Folge der Augenblicke nicht auf, sondern ist in der Treue begründet, für die das Gestern keine

Lüge ist. Der andere Mensch, der Andrea am Schluß des Stückes diese Wahrheit des Gestern vermitteln wird, ist Arlette; hier tritt, vorbereitend, Marsilio auf. Aber noch steht Andrea zu seinem Programm, und gerade die Erinnerung an die gemeinsame Zeit mit Marsilio (*Andrea, hast Du ganz der Zeit vergessen, / Da wir so viel, so Großes uns vermessen...? / Wir schworen uns, ein neu Geschlecht zu gründen* [...] a.a.O. 218) – gerade diese Erinnerung bekräftigt Andrea in seiner Absage an Bindung, an das *abgestreifte, enge Kleid: Partei*.

Nicht unwichtig ist der Auftritt des Jugendfreundes noch aus einem anderen Grund: Denn wir erfahren, daß Andrea eine Vergangenheit hat. Sein Bekenntnis zur reinen Gegenwart hat eine Vorgeschichte, es ist hervorgegangen aus einem Glauben, dem nur die Zukunft galt, aus einer religiösen Utopie. Ihr hat Andrea entsagt. Sein Hedonismus erscheint damit plötzlich als Zeichen eher der Schwäche denn der Kraft, eher dem Alter, als der Jugend zugehörig: Unter dem Purpur der Renaissance schimmert hier das müde Lila des Fin de siècle durch. Was schon die erste Szene ahnen ließ, wird bestätigt: Andreas Naivität ist sentimentalisch.

Die Welt Savonarolas, die Welt kunstfeindlicher Askese, die mit Marsilio Andrea gegenübertritt, vermag dessen Ästhetismus freilich nicht zu erschüttern. Andrea weist die Bitte seines Freundes auch nicht ab:

> *Ich will Dich schützen: hier in meinem Haus,*
> *Von Licht umfunkelt, zwischen Spiel und Schmaus,*
> *Hier sollen sie das Kreuz, die Geißel finden,*
> *Den Totenkopf, in blumigen Gewinden!*
> *Ein Grabesschauer soll den Saal durchfluten,*
> *Und wenn Du weckst die heiligtollen Gluten,*
> *Und wenn sie einen Scheiterhaufen schichten*
> *Aus Bildern, Blumen, Teppichen, Gedichten,*
> *Wenn sie vergessen auf ihr eignes Grauen*
> *Und taumelnd schlingen einen Büßerreigen...*

*Die Stirnen in den Staub des Bodens neigen,
Zu Füßen Dir die blassen, schönen Frauen! ...
Ich will Dich schützen ... denn das möcht ich schauen.*
(a.a.O. 221)

Diese Verse, mit denen die zweite Szene schließt, werfen ein neues Licht auf Andreas Haltung. Sein Ästhetismus ist so total, daß er noch das, was gegen ihn gerichtet ist, was ihn aufzuheben bestimmt ist, zur Quelle des Genusses umwerten kann; die Lust wird nur raffinierter, wenn sie sich statt an ihrer eigenen Sphäre an ihrem Todfeind entzünden kann.
Die nächste Szene läßt aus dem Kreis der Freunde, die Andrea erwartet, zunächst zwei auftreten: den Kardinal von Ostia und den Maler Fortunio; erst mit der vierten Szene belebt sich dann die Bühne mit einer bunten Vielfalt, die Hofmannsthal ebenso genau angibt wie das Bühnenbild zu Beginn. Die Regieanweisung lautet:
Ser Vespasiano, Mosca, Corbaccio; Vespasiano, eine Condottierefigur, Degen und Dolch, Corbaccio in schreienden Farben gekleidet, Mosca ganz weiß; die geschlitzten Ärmel lichtgelb ausgeschlagen, weißen barettartigen Hut mit weißen Federn, gelb gefüttert und mit einem Spiegel im Innern; gelbe Handschuhe im Gürtel; kurzen Degen, weiße Schnabelschuhe. (a.a.O. 224, 4. Sz.)
Nicht zu Unrecht hat Richard Alewyn hier von *lebenden Bildern* gesprochen,
Charaden, aus denen man erraten soll, welches Kapitel der ›Kultur der Renaissance‹ sie illustrieren. Der behagliche und genüßliche Kardinal von Ostia steht als Beispiel für den verweltlichten Klerus, der verwegene und verschlagene Vespasiano für das gewissenlose Tatmenschentum, der Stutzer und Schmarotzer Mosca und der Possenreißer Corbaccio sind die typischen Höflinge. (Alewyn 48)
Eine besondere Rolle spielen die beiden Künstler, der Maler Fortunio und der Dichter Fantasio. Das zeigt sich schon in der dritten Szene, die nicht zufällig den Maler vor den

übrigen auf die Bühne bringt, so wie der Dichter erst nach allen anderen, in der fünften Szene, auftreten wird. Zwischen Fortunio und Andrea entwickelt sich ein Gespräch, das sowohl in seinem Anlaß als auch in seinem Thema vielleicht nur allzu sehr an das Gespräch Andreas mit Arlette erinnert. Nicht davon ist nun die Rede, daß ein Kleid Arlettes, das Andrea einst gefiel, heute von ihm verworfen wird; an die Stelle des Kleides tritt ein Bild des Malers: Nachdem Fortunio *erstaunt die rechte Seitenwand* gemustert hat, spricht er:

> *Du, ich darf wohl fragen,*
> *Sag, wo ist denn das alte Bild von mir, ...*
> *Der Schwan der Leda hing doch früher hier? ...*
> *Daß jetzt ein Palma die Lünette schmückt,*
> *Den die Umgebung noch dazu erdrückt? ...*
> *Er flog wohl fort auf Nimmerwiedersehen,*
> *Mein armer Schwan, vor Deiner Laune Wehen?*
> (GLD 222 f., 3. Sz.)

Andreas Antwort knüpft an die erste Szene an. Dem Wechsel seiner Laune opfert er alles, *Was macht das Alte gut und schlecht das Neue? / Wer darf verlangen, wer versprechen Treue?* Die Eigenart der verschiedenen Maler – er nennt *die keuschen Engel Giottos, des Meisters von Cadore heiße Farben,* Giorgiones *Graun* und *Dämonenbangen* (a.a.O. 223) – all dies versammelt Andrea unverbindlich und ungebunden um sich, um seine wechselnden Stimmungen einmal von diesem, das andere Mal von jenem Maler gespiegelt zu genießen. Streng antwortet ihm der Maler Fortunio, in einem antithetisch gespannten, kargen Zweizeiler: *Was sprichst Du viel, so Einfaches zu sagen: / Du trägst die Stimmung nicht, Du läßt dich tragen!* (a.a.O. 224) Noch hat er zwar nicht das letzte Wort; die lyrische Kadenz der Szene gehört Andrea: ein Bekenntnis zu diesem »Tragenlassen«, ein Nietzschesches amor fati: *Ist es nicht weise, willig sich zu wandeln, / Wenn wir uns unaufhaltsam wandeln müssen* (a.a.O.). Dabei gerät nun auch die Treue, die in der ersten Szene noch in einer paradoxen Formulierung bejaht wurde (*Laß Dich von jedem Augenblicke treiben, / Das ist der Weg, Dir selber treu zu bleiben* – a.a.O. 217, 1. Sz.) in den Wirbel einer gleichfalls an Nietzsche erinnernden Umwertung und Desillusionierung: Was man Treue heißt, sei nur Schwäche, meint Andreas letzter Vers. Indessen hat sich hier etwas ereignet, was bald deutlicher zu erkennen sein wird: Der Ästhet findet seinen Widerpart im Künstler, ein erster Hinweis auf die Kluft, die den Ästhetismus von der Kunst trennt, der er sich doch verschrieben wähnt, ein erster Hinweis aber auch auf die Position, die Hofmannsthal zur Kritik am Ästhetismus befähigen wird.

Die vierte Szene stellt Andrea die Condottierefigur, den Tatmenschen Vespasiano, gegenüber. Andrea bezichtigt ihn des Betrugs beim Pferdekauf, Vespasiano will den Degen ziehen, aber Andrea wehrt ab, *mit leiser Ironie*, wie die Regieanweisung lautet:

> *Bitte, steckt nur ein!*
> *Ich weiß, man sagt das nicht ... man tut es nur.*
> *Ich kenne dieses edlen Stahles Pflicht,*
> *Er löscht im Blute jedes Argwohns Spur,*
> *Doch – unter uns – da brauchts dergleichen nicht.*
> (a.a.O. 225, 4. Sz.)

Andrea weigert sich, sich zu duellieren, nicht nur, weil er jeder Tat abgeschworen hat, weil im Duell ein Konflikt der Vergangenheit (und sei's auch des eben vergangenen Augenblicks) seine endgültige Lösung für die Zukunft finden soll, während Andrea doch nur in der Gegenwart leben will; der Gedanke an das Duell ist Andrea schon deshalb fremd, weil ihm an *gemeiner Ehrlichkeit,* wie er sagt, nichts liegt: Wie der Begriff der Treue, so fällt auch der der Ehre seiner Lehre vom allmächtigen Trieb zum Opfer und erscheint als Zeichen der Schwäche. Stolz bekennt sich Andrea zu dieser Amoral:

> *Es ist manchmal so gut, Verrat zu üben!*
> *So reizend, grundlos, sinnlos zu betrüben!*
> *Der grade Weg liegt manchesmal so fern!*
> *Wir lügen alle und ich selbst – wie gern!* (a.a.O. 226)

Aus der Ästhetisierung des Wahrheitsbegriffes wird hier die letzte Konsequenz gezogen. Das Gestern wurde als Lüge verworfen, weil es die als Kunst erlebte Gegenwart stört; die Lüge wird dagegen bejaht, sobald sie zu einem Moment der Kunst selbst wird:

> *O goldne Lügen, werdend ohne Grund,*
> *Ein Trieb der Kunst, im unbewußten Mund!*
> *O weise Lügen, mühevoll gewebt,*
> *Wo eins das andre färbt und hält und hebt.* (a.a.O.)

Keine Absicht darf die Lüge begleiten, es sei denn die ästhetische. Grundlos, unreflektiert, kann sie sein, ein »acte gratuit«, wie später André Gide formulieren wird, oder dann »kunstvoll« ausgedacht.

Mit ihren Schlußversen berührt dann Andreas Rede ahnungslos jenen Punkt wieder, dem schon sein Gespräch mit Arlette genaht war und dem das äußere Geschehen der Dichtung entspringt:

> *Eintönig ist das Gute, schal und bleich,*
> *Allein die Sünde ist unendlich reich!*
> *Und es ist nichts verächtlicher auf Erden,*
> *Als dumm betrügen, dumm betrogen werden!* (a.a.O.)

Die Regiebemerkung verdeutlicht noch den Zusammenhang für den Leser; Andrea *spricht die letzten Worte mit Beziehung auf Vespasiano; Corbaccio und der Kardinal sehen einander verstohlen an und lachen. Andrea sieht sich einen Augenblick fragend um.* (a.a.O.) Daß der Kardinal von Arlettes Liebschaft weiß, wird schon in der übernächsten Szene deutlich werden; Andreas Gestik (das Sich-fragend-Herumsehen) zeigt ihn am Anfang des Weges, an dessen Ende er die Wahrheit erfahren wird. Zunächst aber tritt der Dichter Fantasio auf.

Fantasio (ein Mussetscher Name – Hofmannsthal huldigt hier dem Dichter, bei dem er die Form des Proverbs lernte)[1] ist neben dem Maler Fortunio der zweite Repräsentant der Kunst. Beide scheinen ganz zur Welt des reichen Mäzens und Ästheten Andrea zu gehören: In Wahrheit sind sie aber seine Kritiker, enthüllen sie eine grundlegende Paradoxie des Ästhetismus, nämlich seine Kunstfeindlichkeit. Fantasio überrascht die Gäste Andreas mit einer Neuigkeit, die dieser ihnen vorenthalten hat: Er hat den Architekten, der für ihn bauen sollte, mitten in der begonnenen Arbeit fortgeschickt. Es entwickelt sich das folgende Gespräch:

> KARDINAL
>   *Ja warum?*
> CORBACCIO
>   *Seit wann?*
> ANDREA
>   *Ich konnte nicht mehr reden mit dem Mann.*
> FANTASIO
>   *Ich glaub vielmehr, er nicht mehr mit Dir!*
> ANDREA
>   *Gleichviel!*
>   *Ich bin ihm dankbar. Er hat mich gelehrt,*
>   *Wie sehr man frevelt, wenn man Totes nährt,*
>   *Und der Gewohnheit Trieb mißnennet »Ziel«.*
>   *Mein Architekt, weil wir uns nicht verstanden,*
>   *Hat mich gelöst aus meiner Pläne Banden...*

[1] *Fantasio* heißt ein Theaterstück von Alfred de Musset.

FORTUNIO

So baust du nicht?

ANDREA

Jetzt nicht. Ein andermal.
Jetzt nicht! weil alles, was da wird und ragt,
In Marmorformen reift — mir nichts mehr sagt!
Weil meine Schöpferkraft am Schaffen stirbt
Und die Erfüllung stets den Wunsch verdirbt.
(Von einem zum andern gehend)
Gib mir die Weihe, Oheim Kardinal,
Die mich erst schützt vor dieser Höllenqual!
Entzünde, Dichter, wieder in der Brust
Wie damals Kraft, Tyrannenkraft und Lust!
Laß mich verkörpert sehen, Histrione,
Mein Selbst von damals, mit dem wahren Tone!
Laß Du mich, Maler, Formen, Farben schauen,
Die damals mich erfüllt: dann will ich bauen!
(Pause.)
Ihr könnt es nicht: dann gibt's auch keine Pflicht,
Die dieses Heut an jenes Damals flicht.
Dann sollen in den Teich, den spiegelnd blauen,
Ruinen, totgeboren, niederschauen.
Ich sehe schon das irre Mondenlicht,
Wie's durch geborst'ne Säulen zitternd bricht.
Ich sehe schon die schaumgekrönten Wogen
Sich sprühend brechen an zersprengten Bogen.
Und langsam webt die Zeit um diese Mauern
Ein blasses, königliches, wahres Trauern:
Dann wird, was heute quält wie ein Mißlingen,
Uns schmerzlich reiche, leise Träume bringen.

FANTASIO

Du rufst ihn nicht zurück? Der Bau verfällt?

ANDREA

Mein Bau verfällt. (a.a.O. 227–229, 5. Sz.)

Die Episode bedeutet die Anwendung von Andreas Absage

an das Gestern auf die Kunst. Nicht ohne List wählt der Dichter als Beispiel die Architektur, deren Material am prägnantesten Dauer verkörpert, die sich darum mehr noch als die anderen Künste dem Impressionismus entzieht. Aber was nun sichtbar wird, was Andrea mit der ihm eigenen, die Jugendlichkeit des Verfassers verratenden Schonungslosigkeit der Selbstanalyse gerade seinen beiden Künstlerfreunden, Fantasio und Fortunio, eröffnet, ist nicht auf die Architektur, auch nicht bloß auf seine (Andreas) jetzigen Pläne beschränkt. Die Umsetzung der Idee in Stein steht symbolisch für alle Objektivierung der Subjektivität, für das Nach-Außen-Treten und Konkret-Werden des abstrakten Innen. Diese Selbstentäußerung im Schaffen scheut Andrea ebenso wie die Tat im außerästhetischen Bereich. Es zeigt sich, daß der Ästhetismus, dem jeder gelebte Augenblick ein Kunstwerk sein soll, nicht nur das Leben zerstört, insofern es nicht im Augenblick aufgeht, er verbietet auch das Kunstwerk selbst. Seine Schöpferkraft sterbe am Schaffen, klagt Andrea; er kann so klagen, weil er die Schöpferkraft in seinem eifersüchtigen Drang, das eigene Leben zu »fühlen«, absolut gesetzt, von ihrem Ziel, dem Geschaffenen nämlich, abgelöst hat.

Es gehört zu den inneren Widersprüchen dieser Haltung Andreas, daß sie die Vollendung dem vermeintlichen Leben zuliebe verhindert und ihr das Unvollendete, die Ruinen, vorzieht, die er selber *totgeboren* nennt. Und es ist kein Zufall, daß Andrea die Ruinenlandschaft, die ihm nun Genuß verspricht, als Wasserlandschaft beschwört; daß die Umwertung der Ruine zum ästhetischen Phänomen, zum Kunstwerk gleichsam malgré-lui ihrer Verbindung mit dem Teich entspringt, in den sie niederschaut, ihrer Verbindung mit den *schaumgekrönten Wogen*, die sich an ihr brechen. Das flüssige Element zieht den Stein in seinen Bann, löst ihn auf, gibt ihn dem Wechsel der Spiegelungen und der Wogen anheim. Im Wasser erkennt Andrea das Element, das seinem Wesen gemäß ist. Darum erhält er von seinen Plänen als einzigen den eines Landungsstegs und einer Terrasse aufrecht. Geschickt nutzt Hofmannsthal diese Fortführung des Baumotivs zu verschiedenen Zwecken. Das Motiv des Wassers – eines der Grundthemen von Hofmannsthals ganzem Werk – tritt mehr hervor; die Bitte Andreas, seine Freunde möchten ihm bei der Wahl der Uferstelle helfen, entleert die Bühne für die folgenden Szenen, in denen das Entscheidende zwischen Andrea und Fantasio, dem Dichter, schließlich zwischen Andrea und Arlette sich vollzieht. Drittens aber wird dabei ein neuer Zug Andreas deutlich: die Unfähigkeit, sich zu entscheiden: *Wenn mich die Dinge zwingen zum Entscheiden: / Mich zu entschließen, ist mir unerträglich, / Und jedes Wählen ist ein wahllos Leiden [...]* (a.a.O. 229), *Ich kann nicht wählen, denn ich kann nicht meiden* (a.a.O. 230 – Hervorh. von Hofmannsthal). Auch dieses Motiv überführt den Impressionismus Andreas eines inneren Zwiespalts. Die Stelle erinnert an seine Verse in der Eingangsszene: *Ein Zweifel schreit in mir bei jedem Kusse: / Hast Du das Beste nicht, vielleicht, versäumt?!* (a.a.O. 215, 1. Sz.) Indem Andrea die Dauer, die Kontinuität negiert, um nur dem Augenblick zu leben, wird er nicht etwa freier in seinen Entschlüssen, als wenn er jeden Augenblick sub specie aeternitatis prüfen würde. Der hohe Anspruch des absolut gesetzten Moments und das Auseinanderfallen der Dauer in miteinander konkurrierende Momente, die zum ständigen Vergleich zwingen, machen die Entscheidung beinahe unmöglich.

Wir stehen nun in der Mitte des kleinen Spiels. Fünf Szenen liegen hinter, weitere fünf vor uns. Die Zäsur wird deutlich markiert: Auf der Bühne bleibt für einen Augenblick nur der Kardinal, dann wird Arlette kommen. Man kann diese Zäsur auch als das Ende der Exposition betrachten. Was nun folgt, leitet auf die Enthüllung zu; was bisher gesagt wurde, fand seine Krönung in den beiden letzten Sätzen Andreas: jenem, die Frage Fantasios *Du rufst ihn nicht zurück? Der Bau verfällt?* in trotziger Affirmation wiederholenden Halbvers

Mein Bau verfällt (a.a.O. 229, 5. Sz.), in dem Andrea die Ruine zu seinem Emblem zu erwählen scheint und fast überdeutlich den Begriff heraufbeschwört, der außerhalb der Dichtung für ihn steht, den Begriff der Dekadenz. Und dann in dem Vers, den Andrea *halblaut* spricht, da seine Freunde sich in Vorschlägen für die Uferstelle überbieten und der letzte meint *Herr, ich weiß, welche Bucht wir nehmen sollen...* (a.a.O. 230) Andrea: *O, wie ich sie beneide um ihr Wollen!* (a.a.O. 231). Wenig ist von dem kühnen Bekenntnis Andreas, mit dem das Stück begonnen hat, noch übriggeblieben; noch bevor die eigentliche Prüfung einsetzt, steht Andrea als Gerichteter da.

Wenn er kurz darauf wieder die Szene betritt, ist *Gereiztheit in seiner Stimme*, es ist, als ahnte er, was ihn erwartet, so wie er es ja ist, durch den der Stein ins Rollen kommt. Das geschieht nicht ohne Ironie. Angeekelt von seinen Freunden, weil sie *des Augenblicks Verlangen, / Den Geist des Augenblicks* (a.a.O. 234, 7. Sz.) nicht wahrnehmen, kehrt Andrea von ihnen zurück, es verlangt ihn nach seinem besten Freund: Es ist Lorenzo, mit dem ihn Arlette betrogen hat. Auf die Frage des Kardinals, ob er denn für jede seiner Stimmungen einen anderen Freund habe, zählt Andrea seine Freunde auf, wie er in einer früheren Szene die Maler aufgezählt hat, als Spiegelung seiner Launen. *Ist nicht die ganze ewige Natur / Nur ein Symbol für unsrer Seelen Launen?* (a.a.O. 235) fragt er, einen Satz Amiels variierend *Tout paysage est un état de l'âme*[2], jenes Amiel, über den Hofmannsthal im selben Jahr einen Aufsatz erscheinen ließ: sein Titel *Das Tagebuch eines Willenskranken*[3] weist wiederum auf Andrea, auf sein *O, wie ich sie beneide um ihr Wollen* (a.a.O. 231, 5. Sz.) zurück.

Ser Vespasiano ist mein Hang zum Streit, / Und Mosca... Mosca meine Eitelkeit! [...] Du, Oheim Kardinal, bist mein

---

[2] Hofmannsthal zitiert den Satz in dem Aufsatz *Das Tagebuch eines Willenskranken.* Prosa I, S. 30.
[3] s. Anm. 2.

Behagen! (a.a.O. 235, 7. Sz.) so lauten einige Verse aus Andreas Freundeskatalog. Wie bei den Kunstobjekten der Szenerie wird auch hier deutlich: Die typologische Zeichnung hat zur Aufgabe mehr als die Illustrierung der verschiedenen Kapitel der Burckhardtschen *Kultur der Renaissance*. Es fragt sich auch, ob man Andrea, der *alle die Eigenschaften vereinigt, die seine Freunde getrennt besitzen* mit Alewyn als den »*uomo universale*« betrachten sollte, als der der Renaissancemensch *von Stendhal bis Burckhardt und Nietzsche* »*im Buche steht*« (Alewyn 49). Aus der Konfrontierung mit den beiden Künstlern, dem Maler und dem Dichter, geht am deutlichsten hervor, daß Andrea die Eigenschaften seiner Freunde nur zu haben scheint (wie er auch sein Lebensprogramm eher lehrt denn lebt).

Der letzte in Andreas Katalog ist Lorenzo, an seine Nennung schließt der Dialog zwischen Andrea und Arlette an, in dem das Spiel seinen ersten dramatischen Höhepunkt hat:

> *Lorenzo ruf ich, wenn die Degen klirren.*
> *Wenn Sturm die Segel bauscht, die Taue schwirren.*
> *O denkst Du noch an jene Nacht, Arlette:*
> *Wir flogen mit dem Sturme um die Wette...*
> *Kein Lichtstrahl... nur der Blitze zuckend Licht*
> *Zeigt mir die Klippen, weißen Schaum, den Mast.*

ARLETTE
> *(mit zurückgeworfenen Armen und halbgeschlossenen Augen, stehend)*
> *Ich schloß die Augen... aber fest und warm,*
> *An Deiner Brust... hielt mich Dein Arm umfaßt.*

ANDREA
> *(schnell)*
> *Das war nicht mein, das war Lorenzos Arm!*
> *Ich saß am Steuer.*

ARLETTE
> *(in der Erinnerung versunken, ohne recht auf ihn zu hören, nickend)*

> *Mir war wie im Traum.*
> *Ich dachte nicht. Versunken Zeit und Raum,*
> *Vor mir noch seh ich jenen, fern und bleich ...*
> *Verschwommen alles ... der das Steuer hielt,*
> *Lorenzo ... fremd erschien mir sein Gesicht ...*
> *Ich kannt ihn kaum ... Mir war nicht kalt ... nicht bang,*
> *Ich fühlte nur den Arm, der mich umschlang ...*
> *Dann schlief ich ein ...*
> ANDREA
> *(sehr laut)*
> *Das war Lorenzo nicht!*
> *(Mißtrauisch auf sie zugehend)*
> *Ich saß am Steuer.*
> *(Sehr leise)*
> *Ich ... ich war wohl bleich ...*
> *Ich, ich war Dir so fern ... so fremd ... so gleich ...*
> *Und als ich uns gerettet in den Hafen,*
> *Warst in Lorenzos Arm Du eingeschlafen.*
> *(Ganz nahe)*
> *Weißt Du das nicht?! Hast Du das nie gewußt?!*
> *(Er faßt sie am Arm und sieht sie forschend an. Dann wendet er sich plötzlich von ihr ab und geht mit starken Schritten zur Türe.)* (GLD 236-237, 7. Sz.)

Ein Höhepunkt ist dies, nicht nur für die dramatische Bewegung des Spiels. Mehr als in den anderen Szenen ist dem Siebzehnjährigen hier etwas Vollendetes, Bruchloses geglückt: Hier zum ersten Mal haftet der Erfindung, dem dramatischen Einfall das Allzubewußte und darum auch Allzudurchsichtige nicht mehr an, das sonst, bei Motiven wie Arlettes Kleid, Fortunios Bild, den Bauplänen Andreas, den Genuß stören mag. So vielfältig die Episode mit den Problemen der Dichtung auch verwoben ist, wie verschiedenen dramaturgischen Notwendigkeiten sie auch gerecht wird, sie ist stark genug, den Anschein zu erwecken, als

stünde sie für sich selber da, dem Dialog entwachsen.
Dramaturgische Notwendigkeiten: Lorenzo, der abwesende Freund, seine flüchtige Verbindung mit Arlette, für die Gegenwart des Stückes schon ein Gestern: Die Erinnerung hebt sie in die Gegenwart herein und gibt ihnen durch die Stimme der in sich versunkenen Arlette eine Kraft und Präsenz, welche die Gegenwart in den Schatten stellen und gefühlt werden müssen, soll ihre Folge, die das Stück beschließt, glaubwürdig werden.

Was geschieht hier? Zunächst ist der Eingang zu beachten, Andreas Frage *O denkst Du noch an jene Nacht, Arlette* [...]. Die Vergangenheit beschwört Andrea selber herauf. Er, der sich doch zum Augenblick zu bekennen wähnt, gibt den Weg der Erinnerung frei. Und nicht um der Erinnerung willen. Was schon früher anklang: daß Andrea, indem er nicht im Augenblick lebt, sondern darüber reflektiert, den Augenblick immer schon verlassen hat, diese Antinomie des seiner selbst bewußt gewordenen Impressionismus – hier wird sie nun dramatisch verankert, hat sie Folgen für das weitere Geschehen. Zur Erinnerung wird der vergangene Augenblick erst bei Arlette. Andrea weiß davon, zitiert ihn herbei, spricht darüber – Arlette, wie die Regieanmerkung besagt: *mit zurückgeworfenen Armen und halbgeschlossenen Augen*, gibt sich der Vergangenheit hin, lebt sie noch einmal und macht sie damit zur Gegenwart. Man möchte vom Bergson-Proustschen Gegensatz der mémoire volontaire und der mémoire involontaire sprechen, der willkürlichen und der unwillkürlichen Erinnerung. Wie in den von Proust verherrlichten Augenblicken geht auch für Arlette jetzt Vergangenes und Gegenwärtiges ineinander über. Mit *halbgeschlossenen Augen* spricht sie die Verse *Ich schloß die Augen...* Was ihr jetzt geschieht, das Erlebnis der Zeitlosigkeit in der Wiederkehr der Vergangenheit, war der Inhalt auch jenes Augenblicks: *Mir war wie im Traum. / Ich dachte nicht. Versunken Zeit und Raum* [...]. Hier schon wird Andreas These, daß das Gestern lügt und nur das Heute wahr ist, widerlegt. Arlette kann ganz in der Stimmung des Augenblicks aufgehen, unreflektiert, ohne Blick auf sich selbst: So vermag sie auch das Vergangene in der Erinnerung von neuem zu leben, ohne daß es das Heute stören müßte, als Erinnertes ist es ja ein Heute und es schmiegt sich der Gegenwart an: Sicherlich unbewußt verändert Arlette das einst Geschehene, setzt sie Andrea, dem heute ihre Liebe wieder gilt, an die Stelle Lorenzos; Lorenzo, der ihr heute schon wieder fremd ist, an die Andreas. Für Arlette gibt es gerade um des erfüllten Augenblicks willen keine schroffe Trennung von Gestern und Heute, sondern eine Kontinuität, in der das Gestern fortlebt und sich wandelt, statt wie bei Andrea als Gestern festgehalten und damit zum Feind des Heute erklärt zu werden. Arlette lebt das Gestern im Heute, Andrea weiß es: so verrät der unbewußt vollzogene Personentausch in ihrer Erinnerung Arlette dem überbewußten Andrea: Er weiß, daß Lorenzos Arm sie umfaßt hielt und daß er, Andrea, am Steuer saß. Statt die Verwandlung des Gestern mitzuvollziehen, statt ihr zu entnehmen, daß Lorenzo für Arlette wieder zum Fremden geworden ist und er ihre Liebe hat, insistiert Andrea gleichsam auf der Wahrheit des Gestern, das ihm doch als Lüge gilt, während Arlettes unbewußte Lüge das Gestern für das Heute rettet und die Wahrheit des Gestern mit der Wahrheit des Heute versöhnt.

Zur Vollendung dieser Szene gehört ihre geheime Kontrapunktik. Andrea tritt in ihr als der auf, der Arlette die Wahrheit eröffnet, dessen letztes, emphatisches *Weißt Du das nicht?! Hast Du das nie gewußt?!* Arlettes Traum zerstören soll. Aber in Wirklichkeit wird sein Traum zerstört, er erfährt die Wahrheit, und diese erschöpft sich nicht darin, daß Arlette ihm untreu wurde. Gerade sein letzter Vers straft seine programmatische Absage an die Reflexion Lügen, zeigt ihn in Widerspruch zu dem, was er verkündet, und bereitet so jene Umkehrung seiner Thesen vor, die das Formgesetz der kleinen Dichtung bildet.

Zunächst aber läßt der Dichter das seit der zweiten Szene nicht wiederaufgenommene Savonarola-Motiv in die Handlung eingreifen, es ist die Szene Corbaccios, des Komödianten unter den Freunden Andreas, des einzigen, dessen Kontur bis jetzt noch nicht deutlich wurde. Er berichtet *mit lebhaftem Gebärdenspiel, später mit allen Mitteln der schauspielerischen Erzählung* (so die Regieanweisung a.a.O. 238, 8. Sz.) über Marsilio und seine Wirkung auf das Volk, das in seiner Folge stöhnend und weinend, Psalmen singend durch die Straßen zieht, unterbrochen nur von einzelnen, die niederkniend ihre Sünden bekennen. Der Bericht dient nicht nur dazu, zu zeigen, wie das religiöse Geschehen im Umkreis Andreas zum Schauspiel, zum ästhetischen Genuß wird – die ersten Worte des hereinstürzenden Corbaccio lauten:

> *Madonna, hört, Andrea! Kardinal!*
> *Ein Schauspiel habt ihr, sondergleich, versäumt:*
> *[...]*
> *Wie's niemals so komödienhaft sich träumt!*
> (a.a.O. 237 f.)

Zugleich ist der Bericht Folie für das, was sich zwischen Andrea und Arlette begibt; Hofmannsthal ist schon hier Dramatiker genug, das Flagellantenmotiv mit dem Motiv von Arlettes Untreue wirkungsvoll zu verknüpfen, in Anlehnung vielleicht an eine Szene aus Hebbels *Herodes und Mariamne,* in der es auch ein Bericht über die Taten einer unbekannten Frau ist, den Herodes zur Prüfung Mariamnes verwendet: *Das will ich Mariamnen doch erzählen / Und ihr dabei in's Auge schaun!*[4], sagt Herodes. Und ähnlich sieht Andrea – wie die Regieanweisung vorschreibt – Arlette *ab und zu forschend an* (a.a.O. 238), wenn Corbaccio berichtet:

---

4 1. Akt 1. Szene. – Friedrich Hebbel, *Sämtliche Werke.* Hrsg. Richard Maria Werner. Berlin o. J., S. 201.

Dann kam ein Weib, das wie gefoltert schrie,
Der Schande sich, des Treuebruches zieh...
(a.a.O. 238 f.)

Allein, noch ist der Augenblick der Auseinandersetzung zwischen Andrea und Arlette nicht gekommen. Andrea wendet sich dem Dichter Fantasio zu, mit der Frage: *Du hast's gesehen und Du staunst wie er?* (a.a.O. 239), und was Fantasio ihm antwortet, befähigt Andrea überhaupt erst klar zu sehen, schafft den Raum, in dem dann das letzte Gespräch zwischen Andrea und Arlette stattfinden kann. Fantasio sei Mundstück des Verfassers, seiner Gedanken, so wie Andrea seiner Gefühle, hat Richard Alewyn wie beiläufig, in einer Parenthese, bemerkt (Alewyn 48): Diesem Hinweis gilt es zu folgen, will man den archimedischen Punkt begreifen, von dem aus Hofmannsthal schon in seinem ersten dramatischen Werk Kritik übt an dem, was man allzulange für sein Selbstporträt meinte halten zu dürfen. In Wahrheit handelt es sich um Selbstkritik, die in der von Alewyn namhaft gemachten Spaltung in Andrea und Fantasio ihre Bedingung hat, um eine Selbstkritik aber, die weit über sich hinausweist, zur Kritik an einer ganzen Zeitstimmung wird und dem eigenen Betroffensein ihre Wahrhaftigkeit verdankt.

XI

Die letzten Szenen der dramatischen Studie *Gestern* gehören Andrea, Arlette und dem Dichter Fantasio. In der Konfrontation Andreas mit Arlette und Fantasio wird sichtbar, was er ist und was er nicht ist. Sein ästhetizistischer Impressionismus wird auf die Probe gestellt angesichts Fantasios, der nicht Ästhet sondern Künstler ist, und Arlettes, die sich jenem Augenblick auch hingibt, dessen Allmacht Andrea nur lehrt. Zwei Gespräche bilden so den Schluß, zwischen Andrea und Fantasio, zwischen Andrea und Arlette, unterdessen ziehen sich die übrigen Gestalten wieder zurück, zunächst umgeben sie noch die Sprechenden, dann sind sie auf der Terrasse sichtbar, schließlich geht auch Fantasio fort: Am Schluß sind Andrea und Arlette allein, wie sie es zu Beginn gewesen sind. Die dramatische Bewegung in der Folge der zehn Szenen ist schon in diesem Erstling mit hellem Kunstverstand gestaltet: Mit der Geradlinigkeit des eigentlichen Vorgangs, Andreas Erkenntnisprozeß, kontrapunktiert das Crescendo und Decrescendo des dramatischen Lebens, das die Nebenfiguren erschaffen, und auch diese Bewegung ist in sich gegliedert, mit einer Zäsur, einem toten Punkt, in der Mitte, die den Schluß der Exposition markiert.

Von szenischer Kunst zeugt auch der Beginn des letzten Teils, die Art, wie Hofmannsthal zu dem Gespräch zwischen Andrea und Fantasio hinführt, wie er Andrea in dieses Gespräch, das zum ersten Mal die Schutzwand seiner Monologie durchstoßen wird, hineinführt. Es ist die äußerlich lebhafteste Szene des Spiels, der Komödiant Corbaccio mimt den Zug der Flagellanten. Andrea wendet sich zu Fantasio, der erst jetzt hinzukommt: *Du hast's gesehen und Du staunst wie er?* Die Regieanweisung lautet:

Das folgende spricht Fantasio zu Andrea, beide stehen in der Mitte, Andrea ist sichtlich mit Arlette beschäftigt. Corbaccio tritt links zu Arlette und dem Kardinal, scheint seine Erzählung fortzusetzen: man sieht ihn beichtende und betende Bauern nachahmen. (GLD 239, 8. Sz.)

Die Konstellation gibt Wesentliches wieder. An die Stelle des Komödianten tritt der Dichter, an die Stelle des ästhetischen Genusses, zu dem das Schauspiel der Flagellanten für Corbaccio und seine Freunde wurde, tritt die Erkenntnis, von der Fantasio sprechen wird. Er spricht davon zu Andrea, dessen Frage er ja beantwortet. Aber Andrea ist mit Arlette beschäftigt, er hört – wie es in der nächsten Regieanweisung heißen wird – Fantasio kaum zu. Diese Stellung zwischen Fantasio und Arlette ist wie ein letztes Zögern, bevor Andrea der Wahrheit in die Augen sieht; noch wagt er es nicht, sich ganz dem hinzugeben, was Fantasio als Dichter ihn lehren wird; aber zugleich kann er sich von Arlette schon deshalb nicht abwenden, weil er alles, was Fantasio sagt, auf sie beziehen muß, auf sein Verhältnis zu ihr, so daß nicht nur Arlette Andrea von Fantasio ablenkt, sondern Fantasio Andrea auch wieder auf Arlette hinlenkt. Von solcher geheimen, aber darum nicht minder ausdrucksvollen Dynamik ist der Schluß der achten Szene getragen, die in die beiden Gespräche einmündet. Was aber sagt Fantasio, was ist der Inhalt dieses »Der Dichter spricht«? Auf Andreas Frage, ob er den Zug der Flagellanten auch gesehen, ob er wie Corbaccio erstaunt sei, antwortet Fantasio:

> Gedanken weckt's in mir, erkenntnisschwer.
> Mir ist, als hätt ich Heiliges erlebt.
> Grad wie wenn Worte, die wir täglich sprechen,
> In unsre Seele plötzlich leuchtend brechen,
> Wenn sich von ihnen das Gemeine hebt
> Und uns ihr Sinn lebendig, ganz erwacht!
> (*Er fühlt, daß Andrea ihm kaum zuhört und hält inne.*)

ANDREA

> Sprich fort.

FANTASIO

> Um uns ist immer halbe Nacht.
> Wir wandeln stets auf Perlen, staubbedeckt,
> Bis ihren Glanz des Zufalls Strahl erweckt,
> Die meisten sind durchs Leben hingegangen,
> Ein blutleer Volk von Gegenwartsverächtern,
> Gespenstisch wandelnd zwischen den Geschlechtern
> Durch aller Farben glühend starkes Prangen,
> Durch aller Stürme heilig großes Grauen,
> In taubem Hören und in blindem Schauen,
> In einem Leben ohne Sinn verloren:
> Und selten nahet, was sie Gnade nennen,

Das heilige, das wirkliche Erkennen,
Das wir erstreben als die höchste Gunst
Des großen Wissens und der großen Kunst.
Denn ihnen ist die Heiligkeit und Reinheit
Das gleiche Heil, was uns die Lebenseinheit.
(a.a.O. 239 f.)

Den Unterschied setzt Fantasio zunächst zwischen sich und Corbaccio. Aber es ist zugleich ein Unterschied, der ihn über Andrea hinaushebt. Corbaccio hatte den Zug der Flagellanten, in deren Bekenntnissen die Wahrheit offen und rücksichtslos zum Ausbruch kam, als Komödie erlebt; er hat ihm einen ästhetischen Genuß abgewonnen, der wohl oberflächlicher war als jener, den sich Andrea in der Szene mit Marsilio versprochen hatte (*Ich will Dich schützen... denn das möcht ich schauen.* – a.a.O. 221, 2. Sz.), oberflächlicher, aber doch nicht von wesentlich anderer Art. Auch Fantasio verläßt nicht seine dichterische Welt, das Erlebnis hat keine Bekehrung zur Folge. Doch an die Stelle des ästhetischen Genusses tritt bei ihm der Gedanke, tritt die Erkenntnis. Was er erlebt hat, drückt Fantasio aus, indem er einen Vergleich aus seiner Welt, aus der Welt des Wortes, wählt: *Mir ist, als hätt ich Heiliges erlebt. / Grad wie wenn Worte, die wir täglich sprechen, / In unsre Seele plötzlich leuchtend brechen, / Wenn sich von ihnen das Gemeine hebt / Und uns ihr Sinn lebendig, ganz erwacht* [...]. Dieser Vergleich sollte dazu dienen, das Erlebnis der Flagellanten zu verdeutlichen – in Wahrheit macht er sich davon selbständig, nimmt es nur zu einem Anlaß, der in dem Dichter *Gedanken weckt,* die sich auf seine eigene Sphäre beziehen. In der Übertragung des Vergleichs tritt eine Umkehrung ein: das Bild wird zur Wirklichkeit und die Wirklichkeit zum Bild, an dem etwas abzulesen ist. Diese Wirklichkeit Fantasios, die das real Erlebte zum Bild verfremdet, ist nicht religiöser, sondern ästhetischer Natur: Aber es ist die Wirklichkeit nicht des Empfindens, der Stimmung, sondern die der künstleri-

schen Praxis, in der die Worte zu ihrem eigentlichen Sinn kommen.
Diesem Erkenntnisvorgang sind die nächsten Verse Fantasios gewidmet. *Um uns ist immer halbe Nacht*, spricht er klagend, und man entsinnt sich Andreas *Ich [...] will kein Dämmern, ich will Wachen, / Ich will mein Leben fühlen, dichten, machen!* (a.a.O. 216, 1. Sz.) Ist hier vom selben Wachen die Rede? Keineswegs. Was Andrea in jenem Gespräch von Arlette unterschied, war die künstlerische Distanz zum eigenen Leben. Andrea sind Leben und Fühlen nicht immer schon eins, darum muß er sein Leben selber fühlen, er muß fühlen, daß er fühlt: Die Reflexion, die sich damit in den Ästhetismus einschleicht, hebt ihn zwar auf, ohne aber über ihn hinauszuführen. Das Erkennen, das Fantasio meint, ist nicht auf den gelebten Augenblick bezogen, es ist auch nicht einfach das künstlerische Erkennen, wie es noch der Wort-Vergleich vermuten lassen könnte, sondern ein Erkennen, dem sich die Kunst unterordnet und das sie zugleich gewährt: *Das heilige, das wirkliche Erkennen, / Das wir erstreben als die höchste Gunst / Des großen Wissens und der großen Kunst.* Was haben wir darunter zu verstehen?
Die Antwort ist in jenen Versen gegeben, die erklären, warum *um uns immer halbe Nacht* ist.

> *Wir wandeln stets auf Perlen, staubbedeckt,*
> *Bis ihren Glanz des Zufalls Strahl erweckt.*

Hätte man noch nicht gemerkt, welches Gewicht die Worte Fantasios haben, dieses Verspaar müßte es verraten, steht es doch in einem der wichtigsten Motivzusammenhänge, die Hofmannsthals Dichtung durchwirken. In einem seiner mit Recht berühmtesten Gedichte heißt es vom *Weltgeheimnis*:

> *In unsern Worten liegt es drin,*
> *So tritt des Bettlers Fuß den Kies,*
> *Der eines Edelsteins Verlies.* (a.a.O. 16)

Auch hier wird mit dem Bild (wobei an die Stelle der Perle der Edelstein tritt) die Bedeutung des Wortes erhellt: Das Wort birgt das Weltgeheimnis, den Sinn des Lebens — aber es verbirgt es zugleich, weil es im täglichen Gebrauch wie von Staub bedeckt ist. Dem Wort, das ein Medium der Erkenntnis ist, gilt das Leben Fantasios; der Dichter verspricht sich von ihm, dem Wort, in seltenen Augenblicken das Licht, in dem ihm die *Lebenseinheit* erkennbar wird. Mit höchster Emphase gipfelt Fantasios Rede in diesem Ausdruck als einem höchsten Wert, so wie einst die Rede Andreas in dem Vers *Dann ist das Leben Leben, früher nicht* (a.a.O. 216, 1. Sz.) gegipfelt hatte. Wieder stellt sich die Frage, ob hier vom selben die Rede ist. Fantasio nennt jene, die nie den Glanz der Perle gesehen, *Gegenwartsverächter*,

> *Gespenstisch wandelnd zwischen den Geschlechtern*
> *Durch aller Farben glühend starkes Prangen,*
> *Durch aller Stürme heilig großes Grauen,*
> *In taubem Hören und in blindem Schauen,*
> *In einem Leben ohne Sinn verloren.*

Von *Gegenwartsverächtern* hätte auch Andrea sprechen können. Aber in Fantasios Augen zählt Andrea wohl selber zu ihnen. Denn hier wird nicht mehr die Allmacht der Empfindung, die Welt als ästhetischer Schein gelehrt. Für Fantasio ist sich das Leben nicht selbst genug, für ihn geht es nicht in der Stimmung des Augenblicks auf; Fantasio fragt nach dem Sinn des Lebens, und vieles spricht dafür, daß sein Begriff der Lebenseinheit in Wahrheit Kritik üben soll an Andreas Begriff vom Leben, dem durch die Punktualität der Stimmungen, durch die Negation der Dauer, die Einheit ja gerade abgeht. So wären das taube Hören und das blinde Schauen, das Fantasio anprangert, gerade die Haltung Andreas, sein Ästhetismus, dem das Hören und Schauen als Sinnesgenuß gelten und als solcher genügen, während sie für Fantasio über sich hinausweisen, dem Erkennen dienen und erst damit wirkliches Hören und Schauen werden. Wir ziehen hier den Strich, der die Welt Fantasios von der Welt Andreas trennt, vielleicht schärfer, als er in der Dichtung gezogen wird. Wollte man nach den Gründen dieser Unschärfe suchen, man fände wohl die Verquickung von Selbstdarstellung und Selbstkritik im Doppelbildnis des jungen Hofmannsthal, dessen Gefühle – nach einem Wort Alewyns (a.a.O. 48) – Andrea, dessen Gedanken dagegen Fantasio ausspricht. Aber während man bei einem Ausdruck wie *Gegenwartsverächter* noch zögern könnte, ob Fantasio und Andrea wirklich zwei verschiedenen Welten angehören, fühlt man sich durch andere Motive bestätigt: Weder das Wort noch das Erkennen, weder der Zufall noch der Lebenssinn haben bei Andrea die Bedeutung, die ihnen Fantasio zuschreibt; sie wird ihnen in den programmatischen Monologen der ersten Szenen vielmehr ausdrücklich genommen. An die Stelle der Erkenntnis, die immer ein Transzendieren ist, setzte Andrea die Empfindung, die aus sich selber strömt und sich selbst genug ist; leer nannte er die Worte, und sein Wille, das Leben als Kunstwerk zu leben, kam dem Versuch gleich, es dem Zufall, der es *schnöd zusammenklebt* (GLD 215, 1. Sz.), zu entreißen. Der Sinn des Lebens dagegen, von dem Fantasio spricht und der allein für ihn Licht in die Dämmerung bringt, will erkannt sein, erkannt im dichterischen Wort; aber ob der Glanz der Perle erweckt wird oder nicht, darüber entscheidet allein der Zufall.

Soweit hat Fantasio in der achten Szene gesprochen, zu einem Andrea, der inmitten der Freunde mit Arlette beschäftigt war, nun fordert Mosca sie auf, dem Zug der Geißler von der Terrasse aus zuzusehen: Im Gartensaal bleiben allein Andrea und Fantasio zurück, und man erfährt, welche Wirkung die Worte Fantasios auf Andrea hatten, was er davon aufgenommen hat. Die neunte Szene beginnt mit folgendem Gespräch:

    ANDREA *(da Fantasio sich zum Garten wendet, stockend)*

> *Fantasio, bleib, mein Freund: Du sollst mir sagen,*
> *Getreu, was ich versuchen will zu fragen.*
> *Du sagst, Du hast's in Deiner Kunst erlebt,*
> (*Langsam, suchend*)
> *Daß manchmal Worte, die wir täglich sprechen,*
> *In unsre Seele plötzlich, leuchtend brechen,*
> *Daß sich von ihnen das Gemeine hebt*
> *Und daß ihr Sinn lebendig, ganz erwacht?*
>
> FANTASIO
> *Das ist. Doch steht es nicht in unsrer Macht.*
>
> ANDREA (*wie oben*)
> *Das mein ich nicht. Doch kann es nicht geschehen,*
> *Daß wir auf einmal neu das Alte sehen?*
> *Und kann's nicht sein, daß, wie ein altklug Kind,*
> *Wir sehend doch nicht sehen, was wir sind,*
> *Mit anempfundener Enttäuschung prahlen*
> *Und spät, erst spät mit wahrem Leiden zahlen!*
> (a.a.O. 241, 9. Sz.)

Beinahe wörtlich wiederholt Andrea die Verse Fantasios, die das plötzliche Einbrechen eines Wortes in die Seele, das jähe Lebendigwerden seines verborgenen Sinnes schildern. Was bei Fantasio der Form nach noch Vergleich, Verdeutlichung war (*Mir ist, als hätt ich Heiliges erlebt. / Grad wie wenn Worte* [...] – a.a.O. 239, 8. Sz.), wird hier selbständig, und dies allein hat Andrea von dem, was Fantasio zu ihm gesprochen, begriffen. Aber die Kluft zwischen seiner und Fantasios Sphäre ist ihm dennoch deutlich; es ist kein »uomo universale«, der hier laienhaft Neues erfahren hat: *Du sagst, Du hast's in Deiner Kunst erlebt, / Daß manchmal Worte* [...]. Und daß die Kunst nicht Andreas Welt ist, erhellt vollends daraus, daß er nun die Umkehr in der Übertragung, von der wir gesprochen haben, wieder rückgängig macht, an die Stelle des Wortes wieder die erlebte Realität setzt: *Kann es nicht geschehen, / Daß wir auf einmal neu das Alte sehen?*, lautet seine Frage, die kaum noch auf Antwort

wartet, denn sie formuliert ja nur, was Andrea in dem mit
Arlette gemeinsam unternommenen Ausflug in die Vergangenheit erlebt hat. Seine These, daß das Gestern lügt, gerät
ins Wanken, ihn durchzuckt das Gefühl, daß er sein wahres
Wesen bei aller Selbstreflexion doch nicht gekannt hat, daß
seine Enttäuschungen *anempfunden* waren und seine Klagen Prahlerei; was man dem Erstling Hofmannsthals vorgeworfen hat: *unreifes Posieren mit Schmerz und Tiefsinn*[1],
scheint dem Dichter selbst nicht unbekannt gewesen zu sein,
er ließ es seinen Helden Andrea erfahren und baute diese
Erfahrung in die Peripetie ein, die aus dem Proverb-Charakter des Stückes folgt.

Halblaut spricht Andrea die Verse:

> *O Blitz, der sie mir jetzt wie damals zeigte*
> *Im Boot... im Sturm... gelehnt an seine Brust* [...]
> (a.a.O. 242, 9. Sz.)

Diese Szene ist das Alte, das er nun neu sieht, und der Blitz,
der es jetzt ihm zeigt, ist der der Erkenntnis. Und doch gibt
Andrea seine Lehre von der Allmacht des Augenblicks nicht
auf. Aber sie hat sich gegen ihn gewendet. *Jeder ist des*
Augenblickes Knecht, heißt es jetzt, denn *vorwärts reicht*
kein Wissen, noch zurück (a.a.O.). Nicht das Gestern
erscheint ihm nun als Fessel, sondern das Heute. Während er
früher dem Vergessen das Wort geredet, auf das Wissen des
Gestern stolz verzichtet hat, weil er darin den Feind des
Heute sah, erkennt er nun, da es ihm darum geht, zu wissen,
im Heute die Grenze der Erkenntnis. Das trifft ihn um so
mehr, als er begreift, daß in jenem Augenblick der Vergangenheit, den sein Wissen, vom Heute gefesselt, nicht mehr
erreicht, Arlette, an Lorenzos Brust gelehnt, nichts anderes
tat, als dem Augenblick zu huldigen, ohne an ein Gestern
und ein Morgen zu denken:

[1] Edgar Hederer, *Hugo von Hofmannsthal*. Frankfurt am Main 1960, S. 110.

> [...] *nur das Jetzt, das Heut, das Hier hat Recht!*
> *Das gilt für mich ... nicht minder gilt's für sie,*
> *Und seltsam, daran, glaub ich, dacht ich nie ...* (a.a.O.)

Hier holt Andreas Erkenntnis ein, was der Dichter schon früh angedeutet hat: die ironische Übereinstimmung zwischen Arlettes Leben und Andreas Lehre. Im Augenblick aber, da Andrea dies erkennt, stürzt seine Lehre von der Alleinherrschaft der Gegenwart zusammen. Nach einer Pause fragt er Fantasio: *Kannst Du denn nicht erraten, was mich quält?* (a.a.O.), und dieser erwidert, nach der Regieanweisung *schonend, aber wissend:*

> *Ein Glaubenwollen, wo der Glaube fehlt:*
> *Dich fesselt noch ein trügerisches Grauen:*
> *Wir wollen nicht das Abgestorbne schauen:*
> *Was hold vertraut uns lieblich lang umgab,*
> *Ob nicht mehr unser, neiden wir's dem Grab.*
> (a.a.O. 242 f.)

Kein anderes Mal verweist Hofmannsthal so ausdrücklich auf die Bedeutung, die den Versen Fantasios zukommt, *wissend* nennt er ihn hier, nachdem er ihm schon von Anfang an die entscheidenden Erkenntnisse anvertraut hatte. Die fünf Verse Fantasios, seine letzten in der Dichtung, sind nicht leicht zu verstehen. Was Andrea quält, sei *ein Glaubenwollen* ohne Glauben: Fantasio scheint auf jene innere Antinomie hinzuweisen, die schon früh in Andreas Lebensprogramm deutlich wurde, ohne daß sie diesem selbst bewußt geworden wäre. Aber Glauben woran? Fantasio fügt erläuternd hinzu, Andrea sei noch von einem *trügerischen Grauen* gefesselt, und wieder haben wir zu fragen: Grauen wovor? und warum trügerisch? Darauf antworten die letzten Verse. Es ist das Grauen vor dem Abgestorbenen, vor dem toten Gestern, wie Andrea sagen würde, das wir nicht schauen wollen. Trügerisch aber ist dieses Grauen, weil es nicht die ganze Wahrheit unserer Seele wiedergibt. In ihr ist zugleich ein anderes am Werk, der Wille nämlich, das Gestern zu behalten: *was holdvertraut uns lieblich lang umgab, / Ob nicht mehr unser, neiden wir's dem Grab.* Das Grauen ist trügerisch, weil es zugleich Faszination ist: Die Vergangenheit wird von ihm zugleich verstoßen und begehrt. So kann Andrea bloß glauben wollen, daß er allein dem Augenblick gehört und das Gestern keine Macht über ihn hat, glauben kann er es nicht.

Fantasio hat Andreas Zwiespalt erkannt. Aber die Vergangenheit, von der sich Andrea, obwohl sie nicht mehr die seine ist, doch nicht trennen kann, hat nicht die *hold vertrauten* Züge, von denen Fantasio spricht. So kann ihm Andrea erwidern:

> *Dies ist die Formel, für was ich empfinde:*
> *Ein Aug, entblößt von weich gewohnter Binde,*
> *Dem grell die Wirklichkeit entgegen blinkt,*
> *Das Heute kahl, das Gestern ungeschminkt.*
> (a.a.O. 243)

Andrea sieht sich einer Wirklichkeit gegenüber, die sich aus einem Heute und einem Gestern zusammensetzt. Anders gesagt: er hat den Wirklichkeitscharakter der Vergangenheit erfahren. Hat er aber die Haltung, um derentwillen er das Gestern als Lüge verdammte, hat er den Ästhetismus schon aufgegeben? Ist die Binde, die nun seine Augen nicht mehr umgibt, der ästhetizistische Selbstschutz gewesen, der ihn aus der Wirklichkeit nur das wahrnehmen ließ, was er genießen konnte, als wäre sein Leben ein Werk der Kunst? Der Zeitpunkt für diese Ernüchterung ist noch nicht gekommen, Andrea scheint dafür noch nicht reif zu sein. Denn statt die Konsequenz aus seiner Erfahrung zu ziehen, nimmt er seine Zuflucht wiederum zum Ästhetismus: Er versucht das Unerträgliche zu ertragen, indem er es zum Gegenstand eines raffinierten Genusses umwertet. In dieser Stimmung ist Andrea, wenn Arlette wieder eintritt. Er nimmt von Fantasio Abschied, und es beginnt das letzte entscheidende Gespräch. Wiederum, wie das erste, bestreitet es Andrea fast allein. In einem langen Monolog analysiert er seine Empfindungen:

> (*Andrea, Arlette.*
> *Er geht langsam auf und ab. Endlich bleibt er vor ihr stehen. Er spricht leise, mit zurückgedrängter Heftigkeit.*)
> ANDREA
> *Ich weiß, Arlette, daß Du mich betrügst,*
> *Betrügst wie eine Dirne, feig, unsäglich.*
> *Beinahe lächerlich und fast doch kläglich!*
> (*Pause.*)
> *Was hier geschah, alltäglich und gemein,*
> *Dem will ich ja sein reiz- und farblos Sein,*
> *Sein unbegreiflich Schales gerne gönnen . . .*
> *Verstehen nur, verstehen möcht ich's können.*
> (*Pause.*
> *Gemacht verächtlich*)
> *Du bist nicht schuld daran, wenn ich jetzt leide,*
> *Nicht schuld an diesem ganzen blöden Wahn . . .*
> *Es ist kein Grund, daß ich Dich zürnend meide . . .*
> *Du konntest, Du hast mir nicht weh getan!*
> (*Nach einer Pause mit steigender Heftigkeit*)
> *Verbergen brauchst Du's nicht und nicht beklagen,*
> *Nur sagen sollst Du mir . . . ganz . . . alles sagen:*
> *Nur eines fürcht ich, werd ich nie verstehn:*
> *Warum Du den, warum gerade den . . .*
> ARLETTE
> *So hör doch auf, ich will ja alles sagen.*
> ANDREA
> (*zurücktretend*)
> *Schweig noch! Mich dünkt, ich werd es nicht ertra-*
> *gen.*

> *Mich dünkt, ich darf Dich jetzt nicht reden hören.*
> *In mir ist's klar. Das darf man nicht verstören.*
> *Ich müßte nach Dir schlagen, müßte schrei'n,*
> *Verführt vom Blut, verblendet ... nein, nein! nein!*
> *Das wäre Fälschung, Lüge, Selbstbetrug*
> *An meinem Fühlen, kalt und klar und klug.*
> *(Pause.*
> *Boshaft und schmerzlich)*
> *Doch hat mein Denken erst sich vollgesogen*
> *Mit diesem Wissen, wie Du mich betrogen,*
> *Dann wird sich mir Dein Wesen neu erschließen,*
> *Verschönt, zu süßem, schmerzlichen Genießen.*
> *Und was mich heute quält wie dumpfe Pein,*
> *Wird eine Wonne der Erinnerung sein.*
> *Die tausend Stunden, wo ich nichts empfand,*
> *Wenn mich Dein Arm betrügerisch umwand,*
> *Ich werde sie durchbebt zu haben wähnen,*
> *Verklärt durch wissende, durch Mitleidstränen.*
> *Jetzt sprich: denn es durchweht mich ein Erkennen,*
> *Wie grenzenlose Weiten Menschen trennen!*
> *Wie furchtbar einsam unsre Seelen denken:*
> *Sprich, was Du sagen kannst, kann mich nicht*
>   *kränken.*
> *Sag, wann's zum erstenmal und wie es kam,*
> *Ob Du Dich ihm verschenktest, er Dich nahm.*
> (a.a.O. 244 ff., 10. Sz. – Hervorh. von Hofmannsthal)

Der Monolog weckt die Erinnerung an den des Eingangs, er zeigt Andrea als den alten und doch auch verändert. Was er erfahren hat, brachte seine Welt ins Wanken, aber er hat sie nicht verlassen können. Manches mußte er über Bord werfen, aber um so verbissener scheint er sich an das zu klammern, was ihm noch geblieben: als wäre es der Mast seines untergehenden Schiffes. Verschwunden ist der stolze Verzicht auf alles Begreifen, Nach-Gründen-Fragen; verschwunden das Aufgehenwollen in der Seligkeit des Augenblicks. *Verstehen nur, verstehen möcht ich's können, Nur eines, fürcht ich, werd ich nie verstehn: / Warum Du den, warum gerade den...* (Hervorh. von Hofmannsthal). So spricht nun, der einst gelehrt hatte, Ergründen mache Empfinden unerträglich. Verschwunden ist auch die Absage an die Vergangenheit. Sie nimmt nun Andrea in das Reservat seines Genießens herein; schon verspricht er sich von der Erinnerung an die mit Arlette verbrachte Zeit, die er nun als Betrogener anders meint sehen zu müssen, ein *süßes, schmerzliches Genießen*. Und dieses Genießen hängt, anders als das einst gelehrte, vom Begreifen ab: Darum nimmt Andrea Arlette ins Verhör.

Er nimmt sie ins Verhör, ohne sie anhören zu wollen. Im Grunde hört er nur sich selber zu. Nichts hat sich an seiner Ichbezogenheit geändert, und er wiederholt, was er schon in der ersten Szene verkündet hat: *es durchweht mich ein Erkennen, / Wie grenzenlose Weiten Menschen trennen! / Wie furchtbar einsam unsre Seelen denken.* Aber wenn Andrea im monologischen Raum verbleibt, so ist das auch Selbstschutz, und er durchschaut dies selber. *Mich dünkt, ich darf Dich jetzt nicht reden hören. / In mir ist's klar. Das darf man nicht verstören.* Wie er einst das Gestern als Lüge von der Harmonie des als Kunstwerk erlebten Heute fernhalten wollte, so will er jetzt die Wirklichkeit, die Auseinandersetzung mit dem anderen Menschen von sich fernhalten, damit sein Fühlen *kalt und klar und klug* bleibe. Er versagt sich die Handlung, um die ästhetische Aura, die er um sein Ich haben will, nicht zerstören zu müssen; wollte er sich rächen, es wäre nur Lüge, Selbstbetrug an seinem Fühlen.

Erst nachdem er sich so gegen die Wirklichkeit abgedichtet zu haben meint, läßt er Arlette sprechen: *Sprich, was Du sagen kannst, kann mich nicht kränken*, aber schon ein Vers Arlettes, kein Geständnis, bloß die Richtigstellung dessen, was Andrea vermutet, genügt, um sein Denkgebäude zum Einsturz zu bringen: Es ist der Augenblick der Peripetie in diesem Drama, das seinen Titel von dem Wort hat, das die Peripetie herbeiführt:

> ANDREA
> *Sag, wann's zum erstenmal und wie es kam,*
> *Ob Du Dich ihm verschenktest, er Dich nahm.*
> ARLETTE
> *Zum erstenmal? Es gibt kein zweites Mal.*
> *Nur gestern...*
> ANDREA
> *(fast schreiend)*
> *Gestern?!*
> ARLETTE
> *(macht sich los)*
> *Laß mich!*
> ANDREA
> *Sprich!*
> ARLETTE
> *Ich weiß*
> *Ja selbst nicht. Hör doch auf, mich so zu quälen*
> *Und schick mich fort von Dir.*
> ANDREA
> *Du sollst erzählen!*
> ARLETTE
> *Was hat Dich jetzt von neuem so verstört...*
> *Ich fürchte mich.*
> ANDREA
> *(halblaut)*
> *O wie mich das empört.*
> *Dies Gestern? dessen Atem ich noch fühle*
> *Mit seines Abends feuchter, weicher Schwüle.*
> *(Sehr heftig, über sie gebeugt)*
> *Da war's. Da! wie ich fort war. Da, sag ja!*
> *In blauem Dufte lag der Garten da...*
> *Die Fliederdolden leuchteten und bebten...*
> *Der Brunnen rauschte und die Falter schwebten...*

ARLETTE
> *(suchend)*
> *So war's, allein ... der Garten ... und das Haus,*
> *Das war so anders ... sah so anders aus.*

ANDREA
> *Am Himmel war ein Drängen und ein Zieh'n,*
> *Des Abends Atem wühlte im Jasmin*
> *Und ließ verträumte Blüten niederweh'n.*

ARLETTE
> *Das alles war's. Doch kann ich's nicht verstehn.*
> *Es scheint so fremd, so unbegreiflich weit.*
> *Ja, was Du sagst, das war, doch nicht allein.*
> *Es muß ja mehr, viel mehr gewesen sein.*
> *Ein Etwas, das ich heute nimmer finde,*
> *Ein Zauber, den ich heute nicht ergründe.*
> *Je mehr Du fragst, es wird nur trüb und trüber,*
> *Ein Abgrund scheint von gestern mich zu trennen,*
> *Und fremd steh ich mir selber gegenüber ... –*
> *(Das Gesicht bedeckend)*
> *Und, was ich nicht versteh, heiß mich nicht nennen!*
> *Vergib, vergiß dies Gestern, laß mich bleiben,*
> *Laß Nächte drübergleiten, Tage treiben ...*

ANDREA
> *(ruhig ernst)*
> *Dies Gestern ist so eins mit Deinem Sein,*
> *Du kannst es nicht verwischen, nicht vergessen:*
> *Es **ist**, so lang wir wissen, daß es war.*
> *In meine Arme müßt ich's täglich pressen,*
> *Im Dufte saug ich's ein aus Deinem Haar!*
> *Und heute – gestern ist ein leeres Wort.*
> *Was einmal war, das lebt auch ewig fort.*

(a.a.O. 246 ff. – Hervorh. von Hofmannsthal)

Auf diesen letzten Vers hin ist das ganze Stück gebaut, was darauf folgt, ist eine Coda, ein Ausklang, der eher von der Verlegenheit des Dichters zeugt, als daß er eine Lösung zeigte. Hier aber hat sich die These Andreas vom Anfang umgekehrt; Andrea hat erfahren, daß die Vergangenheit nicht einfach vergeht, sondern als Vergangenheit gegenwärtig bleibt; daß die Zeit sich nicht in eine Folge isolierter Augenblicke zerreißen läßt; daß der Mensch nicht fähig ist, sein Leben als Kunstwerk zu komponieren und zu diesem Behuf alles auszuschließen, was die Harmonie stören könnte: Andrea hat eine Gegenmacht erfahren, die Wirklichkeit, das was ist. Und es gehört zur ironischen Struktur der Dichtung, daß Arlette, durch die es Andrea erfährt, nicht etwa im Namen dieser Wirklichkeit spricht: Für sie ist das Gestern tatsächlich fremd, und sie steht auch ihrem gestrigen Selbst fremd gegenüber. Das bedeutet aber, daß Andrea die Umkehrung seiner These zwar durch die Vermittlung Arlettes, aber nicht an ihr, sondern an sich selber erlebt; und es bedeutet ferner, daß er durch diese Ernüchterung, durch diese Aufgabe seiner Verblendung, nicht etwa den Weg zu Arlette findet, sondern noch einsamer wird, als er bis jetzt gewesen. Es mag beim siebzehnjährigen Dichter Unschlüssigkeit, aber auch ein grausamer Rigorismus gewesen sein, der dieses Alter ja kennzeichnet, daß er Andrea aus der Krise nicht mehr hinausführt; daß er aus dem Geschehen des Stückes, in dem Andrea in der *Erfahrung des Du* – wie Alewyn es genannt hat (a.a.O. 56) – zugleich die Einheit von Sein und Werden, die Dauer im Wechsel, das Janusgesicht der Zeit, erfährt – daß er aus diesem Geschehen Andrea nur als Ernüchterten, nicht aber als Bekehrten hervorgehen ließ: Daß der Weg der Treue, den später seine Lustspiele zeigen, hier noch nicht begangen wird.

Mit diesem Problem hat man den Spielraum dieser Dichtung, ja des Frühwerks insgesamt, wohl schon verlassen. Anders steht es um die Frage, die sich bei einer genaueren Betrachtung der Peripetie, die das Wort »Gestern« zur Folge hat, stellen muß. Richard Alewyn hat ihr so präzise und scharfsinnige Sätze gewidmet, daß sie hier in extenso zu zitieren sind.

Der Verdacht von Arlettes Untreue findet Andrea leidlich gefaßt. Er tröstet sich mit der Aussicht, im Schmerz der Erinnerung eine Entschädigung zu finden. Über die Eröffnung, daß es erst gestern geschehen ist, kommt er nicht hinweg. Das ist schon rein psychologisch eine seltsame Umkehrung der wahren Gewichtsverhältnisse. Mißlicher aber noch ist, daß damit das Gegenteil dessen demonstriert wird, was bewiesen werden soll. Andrea soll lernen, daß alles, was einmal war, ewig fortdauert, und daß die zeitliche Nähe oder Ferne daran nichts mehrt oder mindert, und er zeigt gerade, wieviel es ihm ausmacht, daß etwas erst gestern geschah und nicht etwa schon vorgestern. Auch ist, wenn ihn nur das Gestern quält, nicht einzusehen, warum er Arlette auf immer davonschickt. Der Fehler entspringt einer unbemerkten Begriffsverschiebung zwischen dem buchstäblichen und dem symbolischen Gebrauch des Wortes »gestern«. In der Handlung bedeutet »gestern« nur einen bestimmten Tag, den dem heutigen vorangegangenen, und so geht es hier um die Frage: Gestern oder Vorgestern?, in der Moral aber steht »gestern« für alles, was dem Heute vorhergegangen ist, und hier geht es um die Frage: Vergangenheit oder Gegenwart. Aber schlimmer noch: Was Andrea geleugnet hatte, war ja die Fortdauer seiner *gestrigen Stimmung oder Ansicht gewesen. Ist diese These eigentlich durch seine Erfahrung widerlegt? Was er erfährt, ist ja doch nur Arlettes Gestern, für ihn dagegen ist diese Erfahrung durchaus eine heutige. Wenn also Andrea aus dieser Erfahrung Schlüsse auf die Fortdauer des Gestern zieht, kann er sich nur auf Arlettes Gestern berufen, nicht auf sein eigenes. Was Andrea hier erfährt, ist etwas ungleich Verwickelteres, nämlich, daß Arlette auch noch heute für ihn dieselbe ist, die sie für sich gestern gewesen ist, mit anderen Worten: nicht die Fortdauer des Ich, sondern die Fortdauer des Du.*
(Alewyn 56 f. – Hervorh. von Alewyn)
Nur eines haben wir dem hinzuzufügen. Es ist die Frage nach dem tieferen Sinn jener Begriffsverschiebung, auf die

Alewyn beim Wort »Gestern« aufmerksam macht. In der Tat ergibt sich aus ihr ein Widerspruch: Das Wort, das in Andreas Reden immer für die Vergangenheit gebraucht wurde, deren Gegenwart er nicht wahr haben wollte, meint nun in Arlettes Geständnis den vorangegangenen Tag, und Andreas Verse *O wie mich das empört. / Dies Gestern? dessen Atem ich noch fühle / Mit seines Abends feuchter, weicher Schwüle*, diese Verse zeigen, daß dieses Gestern für Andrea noch gar nicht vergangen ist und daher auch nicht als Vergangenes sein Fortleben erweisen kann. Das ist eine Unstimmigkeit, die logischem Denken hohnspricht, so daß man mit gutem Recht sagen kann, hier würde das Gegenteil dessen demonstriert, was bewiesen werden soll. Indessen hat die Kunst eine ihr eigene Logik, sie nimmt um der Verdeutlichung, um der sinnlichen Darstellung willen einen solchen Widerspruch in Kauf, oder besser: sie benützt gerade den Widerspruch, um ihre Ziele zu erreichen. Daß das Gestern qua Vergangenheit nicht vergangen ist, sondern fortlebt, kann sie besonders sinnenfällig machen, wenn das vergangene Geschehen ein gestriges ist. Die These wird trotz des Widerspruchs mit größerer Ausdruckskraft dargelegt, weil das Medium des Ausdrucks nicht der Gedanke, sondern das einzelne Wort ist. Gerade kraft seiner Doppeldeutigkeit vermag das Wort »Gestern« die Moral zu tragen. Und seine Bedeutung im Stück, die schon der Titel verrät, steht wohl in jenem Zusammenhang, der im Gespräch zwischen dem Dichter Fantasio und Andrea klar wird. Die Begriffsverschiebung, von der Alewyn spricht, wäre dann nichts anderes als der Wandel, den Fantasio beschwört: das Lebendigwerden, das Erwachen des eigentlichen Wortsinns. So mag Andrea, der in seinen Reden leichtsinnig von *Gestern* sprach, wenn er die Vergangenheit meinte, der er ihr Recht absprechen wollte, eines Besseren gerade dadurch belehrt werden, daß das Wort »Gestern« als Realität, als Bezeichnung des vergangenen Tages, *dessen Atem* er *noch fühlt*, vor ihn hintritt: Es bricht – mit Fantasios Worten – in die Seele

Andreas plötzlich leuchtend ein, leuchtend, d. h. erhellend, Erkenntnis stiftend, aber eine Erkenntnis nicht des Geistes, sondern der Seele. Freilich darf nicht verschwiegen werden, daß dieser Zusammenhang in der Dichtung nicht nur nicht ausgesprochen wird – ein Vers Andreas scheint ihn sogar zu widerlegen: *Und heute – gestern ist ein leeres Wort. / Was einmal war, das lebt auch ewig fort.* Allein, was besagt dieser Satz? Leer nennt Andrea nicht etwa die Wörter »heute« und »gestern«, sondern den Gegensatz *heute – gestern*, der so oft in seinen Reden erschien. Nun hat er eingesehen, daß er mit Hilfe von Wörtern einen Gegensatz zwischen toter Vergangenheit und lebendigem Heute in der Wirklichkeit postuliert hat, den es nicht gibt: Darum war sein *heute – gestern* ein leeres, die Realität nicht treffendes Wort. Für das *gestern* hingegen, das ihm aus Arlettes Geständnis wirklichkeitsgesättigt entgegentritt, gilt, was Fantasio ganz im Sinne des Symbolismus, im Sinne Mallarmés, beschrieben hat: Und wenn Andrea die Einsicht in das Fortleben des Gestern überfällt, ohne daß ihm bewußt würde, daß er sie einem Wort verdankt, so zeigt dies ein letztes Mal die Kluft, die der junge Hofmannsthal zwischen Fantasio und Andrea, zwischen den Dichter und den Ästheten gesetzt hat.

Der Tod des Tizian

XII

Betrachtet man die Chronologie der Dramen des jungen Hofmannsthal, so folgt auf die dramatische Studie *Gestern* im Jahr 1892 das Fragment *Der Tod des Tizian*, das in Georges *Blättern für die Kunst* erschien. Es ist, trotz seines fragmentarischen Charakters, neben *Der Tor und der Tod* die berühmteste und wohl auch vollkommenste Dichtung im dramatischen Frühwerk. Man könnte sich darum bei der Darstellung von Hofmannsthals lyrischer Dramatik auf diese beiden Dichtungen konzentrieren, ohne freilich das von Hofmannsthal selber immer wieder ins Zentrum gerückte *Kleine Welttheater* zu vergessen, wenn nicht gerade von der Unvollkommenheit von *Gestern* her ein Licht auf die Vollkommenheit der späteren Werke fiele, wenn sich im *Tod des Tizian* nicht die Probleme gelöst oder doch ihrer Lösung näher gerückt fänden, die den Erstling bestimmen und dort so offen an der Oberfläche liegen, daß gerade dieses Werk, *Gestern*, besonders geeignet scheint, in die Gedankenwelt des jungen Hofmannsthal einzuführen.

Es steht nicht zu fürchten, daß wir die formale und thematische Eigenständigkeit des *Tod des Tizian* verfehlen, wenn wir den Zugang über die Problematik von *Gestern* suchen; Kunstwerke sind nicht zuletzt Antworten und Lösungen – Antworten auf Fragen, Lösungen von Problemen, die die Zeit, das Ich, aber ebenso auch das vorausgegangene Werk des Dichters stellen oder verkörpern können. Wir fragen also danach, wie *Der Tod des Tizian* die Probleme von *Gestern* wiederaufnimmt und inwieweit er sie anders stellt oder löst. Dabei gehen wir vom Formalen aus.

Wir erinnern uns der Briefstelle, in der Hofmannsthal mit wenigen Worten den formalen Aufbau von *Gestern* zu skizzieren scheint. In Anknüpfung an die Gattung des Proverbs, spricht er davon, daß der Held im Anfang eine These aufstellt, die er dann, durch das Geschehen im Spiel dazu gezwungen, umkehren muß.[1] Auch zum *Tod des Tizian* kennen wir eine Äußerung Hofmannsthals dieser Art. An den Ästhetiker und Dramaturgen Alfred von Berger schrieb er bei der Übersendung des Buches (am 5. Oktober 1892), es sei *viel eher ein Dialog in der Manier des Platon aus Athen als ein Theaterstück* (*Briefe* 69). Die Worte treffen genau zu, zumindest für das Fragment, das Hofmannsthal publiziert hat.[2] Die Frage, inwiefern es nur ein Vorspiel darstellen sollte, das in eine wirkliche Handlung hinüberführt, inwiefern also doch ein Theaterstück geplant war, wird uns später noch beschäftigen müssen. Auch ohne ihr nachzugehen, darf man die Form des 1892 publizierten Fragments für sich betrachten und als Glied in der Entwicklung der dramatischen Formenwelt des jungen Hofmannsthal auffassen, ist doch gerade die Tatsache kennzeichnend, daß er das geplante Stück nicht ausgeführt hat und das Fragment, – soweit wir wissen – ohne jede äußere Nötigung, als Fragment wenige Monate nach der Entstehung publiziert hat. Daß freilich Hofmannsthal an ein größeres Stück gedacht hat, dem die Handlung nicht fremd gewesen wäre, verrät etwas von den dramatischen Präokkupationen dieser Jahre seines Schaffens, von denen man sich auf Grund der allein publizierten lyrischen Dramen ein falsches Bild machen müßte. Nicht nur ist *Der Tod des Tizian* nur das Vorspiel zu einem nie ausgeführten Stück, er ist auch nicht einfach das zweite dramatische Werk, das auf *Gestern* folgt. Denn das Jahr 1892 ist für Hofmannsthal, das geht aus seinen Briefen mit aller Deutlichkeit hervor, in erster Linie der Arbeit an einer großen Tragödie aus der Renaissance gewidmet. Durch seine Lektüre, vor allem der Schriften Otto Ludwigs,

---

1 Vgl. S. 161.
2 Szondi empfahl in der Vorlesung außer dem Abdruck in GLD auch die Ausgabe: Hugo von Hofmannsthal, *Kleine Dramen*. Wiesbaden 1949 (Insel-Bücherei 750), in der alle in der Vorlesung behandelten lyrischen Dramen Hofmannsthals außer *Gestern* zu finden sind. Sie wird im weiteren neben GLD als KD zitiert.

und in seinen Gesprächen mit den Wiener Freunden Schnitzler, Beer-Hofmann und anderen, versucht er, sich über die große dramatische Form, die er anstrebt, Klarheit zu verschaffen. *Über Technik des dramatischen Dramas zum Unterschied vom herrschenden Novellendrama muß überhaupt nächsten Winter bei Ihnen sehr viel geredet werden*[3], schreibt er etwa in einem Postskriptum am 4. August an Arthur Schnitzler. Wie er diesen Unterschied und den Stellenwert der beiden Formen sah, das hatte er schon wenige Monate früher in einem Brief an Richard Beer-Hofmann anzudeuten versucht. Am 26. Juni schreibt er:

Ich lerne allmählich noch vag und halb instinktiv einsehen, daß wir mit der Anwendung aller möglichen Motive der psychologischen Novelle auf das Drama wirklich im tiefsten Nebel der Barbarei stecken; vielleicht steht es mit den Graden so: Der Pöbel (Publikum etc.) und die naiven Künstler wie Anzengruber stehen bei 1; wir (Stücke ohne Handlung, dramatisierte Stimmungen, Wirkung durch Detailmalerei) bei 2, die großen Dramatiker bei 3, für unsern Blick scheinbar auch bei 1. Vielleicht noch undeutlicher ausgedrückt: wir haben uns einseitig mit Farbe und Ton beschäftigt, wo es auch auf die Architektur, Gruppierung, Form sehr stark ankommt. (Briefe 45)

Die Stelle zeigt deutlich, daß Hofmannsthal die kleine Form, die Form der lyrischen Dramen, nur für eine Übergangslösung hält; von Anfang an strebt er die Form Shakespeares an, die ihm nicht zuletzt in den Studien Otto Ludwigs auch theoretisch vermittelt wurde. Die kleine Form ist eine Übergangslösung und nicht einfach Skizze, Einübung im dramatischen Handwerk. Das wird deutlich aus ihrer Einstufung zwischen der dramatischen Produktion des frühen volkstümlichen Naturalismus (Hofmannsthal nennt Anzengruber), mit der ihn wohl nichts verbindet, und der großen Dramatik, wie sie Shakespeare verkörpert und über

---

3 Hugo von Hofmannsthal / Arthur Schnitzler, *Briefwechsel.* Hrsg. Therese Nickel und Heinrich Schnitzler. Frankfurt am Main 1964, S. 26.

die er mit einer außerordentlich wichtigen Wendung bemerkt, sie stehe bei 3 (stelle also den höchsten Grad dar), *für unsern Blick,* d. h. für den Blick seiner Dichtergeneration aber, *scheinbar auch bei 1* (Hervorh. von Sz.), also auf der untersten Stufe. Darin drückt sich, wenngleich unreflektiert, die Spannung aus, die Hofmannsthal zwischen den eigenen Ambitionen, psychologisch-impressionistischer Natur, und der überkommenen dramatischen Form gewahrt. Zwar hat er sich wohl Rechenschaft darüber abgelegt, daß die große Form der Gebrauchsdramatik seiner Zeit nur eine heruntergekommene Gestalt des Dramas ist, dessen Sprache bei Shakespeare etwa wahrlich nicht minderen dichterischen Ansprüchen genügt als die eigene lyrische Dramatik. Dennoch scheint auch die authentische Dramatik der Vergangenheit für den Blick des Fin-de-siècle-Dichters mit der falschen auf einer Stufe zu stehen, zu der er nicht hinabsteigen will, weil er fürchtet, in der Plastizität der Charaktergestaltung, in der Handlungsfülle die Feinheiten einbüßen zu müssen, auf die es ihm in der Wiedergabe der Stimmungen und Reflexionen gerade ankommt. Es bricht hier eine Problematik durch, die weit über Hofmannsthal hinausreicht und uns von Mallarmé her schon bekannt ist. Hofmannsthal selber war der Ansicht, daß die »große Form« keineswegs aus historisch-objektiven Gründen verwehrt ist, sondern das Ungenügen bei ihm selber lag, und seit 1892 hat er auf verschiedenen Wegen, immer wieder abbrechend und Neues versuchend, nach der Realisierung dieses Ziels gestrebt. Noch einmal wird er, wie beim *Tod des Tizian,* zuerst nur den Anfang eines Stücks publizieren, wir meinen *Das Bergwerk zu Falun,* das indessen vollendet wurde und aus dem Nachlaß publiziert werden konnte. Eine kritische Darstellung Hofmannsthals hätte zu zeigen, inwiefern die Publikation des ersten Aktes allein der Einsicht in die Problematik des Werkes entspringt, die seine Entfaltung zur großen Form trotz der Ausführung in Wahrheit verwehrt. Die Linie der noch unveröffentlichten Renaissancetragödie, *Ascanio und Gioconda,* die Hofmannsthal 1892 beschäftigt hat, führen *Das gerettete Venedig* und *Der Turm* fort; nahe daran liegen die Griechendramen. Man kann nicht behaupten, daß es Hofmannsthal gelungen wäre, in dieser schon in seinen Anfängen erstrebten Stillage auch nur ein einziges im mehr als äußerlichen Sinn vollendetes Werk zu schaffen. Und es ist nicht ohne Ironie, daß ihm die große dramatische Form auf einem Umweg erst glücken sollte, an den jene Tabelle mit Pöbel und Anzengruber als unterstem Grad noch nicht zu denken erlaubt, auf dem Umweg der Volkstümlichkeit nämlich, dessen Ergebnis die Lustspiele sind. In ihnen dürfen wir nicht nur die Erfüllung der dramatischen Ziele des jungen Hofmannsthal erblicken, sondern auch die Fortsetzung dessen, was die lyrischen Dramen verkörpern (als Zwischenstufe ist hier *Der Abenteurer und die Sängerin* besonders interessant), eine Synthese von wienerisch-barocker Volkstümlichkeit und Poesie, die auch eine Handlung erlaubt, in der das Ich der lyrischen Dramen nicht untergeht, sondern allererst zu sich findet.

Doch zurück zur Formproblematik von *Gestern* und vom *Tod des Tizian.* Was verbindet und was trennt das Proverb und die platonische Dialogform? Die Welt beider ist nicht so sehr eine zweite Welt dramatischer Illusion als die Welt der Gedanken; was sie gemeinsam haben ist die These, der formulierte Gedanke, der, sobald er geäußert wird, auf Widerstand stößt. Und hier unterscheiden sich schon die beiden Gattungen. Im Proverb ist der Widerstand die Realität, an der die These erprobt wird, sich als Unwahrheit erweist und von ihrem Gegensatz, der Antithese, abgelöst wird. Der platonische Dialog dagegen verläßt die Welt des Gedankens nicht. Der Widerstand entstammt nicht der äußeren Welt, hier stößt eine These auf die andere, entwickelt sich jenes Streitgespräch, das in einem ursprünglichen Wortsinn dialektisch heißt. Auch muß es nicht durchaus ein Streitgespräch sein, in welchem der eine den anderen überzeugt; verschiedene Thesen, verschiedene Haltungen kommen zur Sprache, bilden ein Gespräch. So könnte man auch die Form des Fragments *Der Tod des Tizian* auffassen. Was ihm, im Gegensatz zum Erstling *Gestern*, abgeht, ist also die dramatische Handlung, in der jede Aussage ihren Stellenwert hat, die Handlung durch die jedes Wort motiviert sein und in die es als folgenhaftes wieder zurückführen müßte. Das ganze Gewebe von Reflexion und Geschehen, das in *Gestern* zwar durchaus nicht kunstlos, eher allzu künstlich war; jene ängstliche Berechnung und Ausnutzung der Auftritte und Enthüllungen – all das wird nun über Bord geworfen, wie auch nichts mehr zu beweisen ist, sondern nur darzustellen im dichterischen Wort. Dieser Verlust ist der eigentliche Gewinn des zweiten Werks; seine Überlegenheit stammt nicht so sehr von der schlackenloseren lyrischen Diktion – auch hier könnte der Fortschritt aufgezeigt werden – als vielmehr von der adäquateren dramatischen Technik.

Wenn der platonische Dialog auch keine eigentliche Handlung hat, so hat er doch eine bestimmte Situation; Ort und Zeitpunkt spielen durchaus eine Rolle, sie färben das Gespräch, ohne daß sie sich mit ihm, wie im eigentlichen Drama, eng verknüpfen würden. Dem Stück sind die Sätze vorausgeschickt: *Spielt im Jahre 1576, da Tizian neunundneunzigjährig starb. Die Szene ist auf der Terrasse von Tizians Villa, nahe bei Venedig (GLD 250 / KD 5).* Ursprünglich hieß es im Manuskript *da Tizian neunundneunzigjährig an der Pest starb*, mit einem Vorgriff auf die Ereignisse der geplanten Fortsetzung. George, der davon nichts wußte, strich das Wort mit der Bemerkung: *damit brachten Sie eine schädliche Luft in Ihr Werk und augenscheinlich ungewollt.*[4] Man mag Georges Sensibilität selbst dort bewundern, wo sie ihn in die Irre geführt hat – und man mag sich freilich auch fragen, wie sich George zum Plan der Fortsetzung gestellt hätte, ob er ihn nicht gar divinatorisch

---

4 *Briefwechsel zwischen George und Hofmannsthal.* A.a.O. S. 42.

betroffen, mit dem Strich durch das Wort *an der Pest* hat vereiteln wollen.

Die Situation nun ist in doppelter Hinsicht bedeutungsvoll und über das Stück hinaus von dramengeschichtlichem Interesse. Zwar schrieb Hofmannsthal an Berger, es handle sich eher um einen Dialog als um ein Theaterstück; aber auf dramatische Spannung konnte er doch nicht verzichten, und sie ist gegeben durch den gewählten Zeitpunkt, die letzten Stunden des Tizian, dessen in Gedanken schon vorweggenommener Tod den Gesprächen des Sohnes und der Schüler nicht bloß ein anderes Gewicht verleiht, sondern auch den Gravitationspunkt darstellt, auf den hin sie alle gespannt sind, auf den sie zustreben. Damit steht Hofmannsthals zweites Werk – wie man weiß – nicht allein, die Einakter Maeterlincks und Strindbergs etwa, an die wir neben der *Hérodiade* denken müssen, sind ebenfalls in den Jahren um 1890 entstanden. Welche Rolle diese Struktur in der Entwicklungsgeschichte des modernen Dramas spielt, habe ich – wenn ich darauf hinweisen darf – in den Kapiteln über Maeterlinck und über den Einakter in der Schrift *Theorie des modernen Dramas*[5] nachzuweisen versucht.

An ein Stück Maeterlincks, das zwei Jahre nach dem *Tod des Tizian* entstandene *Intérieur*, gemahnt auch der Schauplatz: die Terrasse (dort der Garten) vor dem Haus, in dem Tizian die Todesstunde erwartet. Der Verzicht auf direkte dramatische Handlung drückt sich örtlich in diesem Proszenium aus, das den Vorhang über das eigentliche Geschehen das ganze Stück hindurch nicht aufgehen läßt. Sowenig wie die Wahl der Todesstunde läßt sich indessen diese Scheu auf bloß dramaturgische Überlegungen zurückführen: Beide haben in Hofmannsthals Dichtung, und gerade auch in diesem Werk, ihren präzisen Symbolwert. Aber nichts wäre törichter als die symbolische Deutung gegen die dramentechnische auszuspielen, statt zu begreifen, daß gerade der

---

[5] Peter Szondi: *Theorie des modernen Dramas.* A.a.O. S. 57 ff. und S. 90 ff.

doppelte Sachverhalt, die Übereinstimmung, die Vollendetheit der Dichtung gewährleistet.

Auf dieser Terrasse vor dem Haus werden die Gespräche geführt, die selber nur Vorspiel sind, die einer Handlung präludieren, welche Hofmannsthal freilich nicht mehr ausgeführt hat. Wer führt die Gespräche? Die Charakteristik der Personen dieses Spiels leitet uns zu der zweiten Frage hinüber, die wir uns gestellt haben: zur Frage, wie die thematische Problematik von *Gestern* im *Tod des Tizian* abgewandelt und weitergeführt wird. *Gestern* war ganz um den einen Helden Andrea zentriert; Arlette und seine Freunde gaben ihm nur Stichworte, bis auf den einen, den Dichter Fantasio, dessen Bedeutung im Lauf des Stückes immer mehr hervortrat, ohne daß Hofmannsthal daraus für die Handlung die Konsequenz gezogen hätte. Die Entlarvung des Ästheten durch den Künstler, die Erkenntnis, daß der Ästhetismus, obwohl er nur die Kunst gelten zu lassen scheint, paradoxerweise unkünstlerisch ist, weil er die Empfindung der Gestaltung vorzieht, ist im *Tod des Tizian* gleichsam in den Grund des Stückes versenkt, sie bestimmt schon die Auswahl der dramatis personae. Aus den Randfiguren Fantasio und Fortunio, den beiden Künstlern, die nur um Andreas willen auftreten und erst als Raisonneure mehr werden als die anderen episodischen Gestalten, wird der eine Künstler Tizian. Er ist als historische Figur immer schon mehr als bloße Dramenperson, von der Aura der Todesstunde umgeben, den Blicken der Zuschauer unsichtbar, von Vorhängen verhüllt – nicht anders als der große Pan, der Gott des Lebens, den er als verhüllte Puppe malt. Nicht weniger wichtig als diese Akzentverlagerung vom Ästheten auf den Künstler, in der Namensprache von *Gestern:* von Andrea auf Fantasio, ist die Differenzierung des Alters, die Gliederung in Generationen, die nun, wiederum im Gegensatz zu *Gestern,* eintritt. Daß Tizian in der Stunde seines Sterbens dargestellt wird – wenn die indirekte Darstellung überhaupt so genannt werden kann – hat zwar auch von ihm her gesehen einen genauen Grund, davon später mehr – es hat aber auch eine Funktion in der Figurenkomposition des Stückes, und zwar unter dem Gesichtspunkt des Ästhet-Künstler-Problems. Vom Alter war in *Gestern* kaum die Rede, nur aus der Begegnung mit dem Jugendfreund Marsilio ging hervor, daß Andrea – man bedenke: das kritische Selbstbildnis eines Siebzehnjährigen – die Träume seiner Jugend verleugnet hat, daß das, was er ist oder zu sein vorgibt, etwas Spätes, Sekundäres darstellt, nichts Naives, sondern ein Sentimentalisches im Schillerschen Wortsinn. Andreas Alter mögen im *Tod des Tizian* Tizianello, des Meisters Sohn, und die Schüler haben, die mit ihm die Todesstunde bangend erwarten. Sie bilden neben Tizian eine zweite Personengruppe, eine zweite Generation. Die dritte, jüngste, verkörpert Gianino, Tizianellos Freund, von dem schon die Liste der dramatis personae vermerkt, er sei *sechzehn Jahre alt und sehr schön* (*GLD* 250 / *KD* 5). Alle Gestalten des Stückes, der abwesende Tizian, der Sohn, die Schüler und der Jüngling Gianino sind auf das eine bezogen, das auch alle Reden Andreas bestimmt hat: das Leben in jenem emphatischen Wortsinn, über den die Interpretation von *Gestern* uns aufgeklärt haben mag. Aber die Nuancierung des Alters erlaubt nun, diese Problematik ohne die dramatisch-pseudodramatische Spannung der Enthüllung zu gestalten, wie sie sich in *Gestern* letztlich der Enthüllung von Arlettes Untreue verdankt. Das Licht, das auf den greisen Künstler und auf den Jüngling gleichermaßen fällt, und der Schatten, in dem Tizianello und seine Freunde stehen – mit diesem Kontrapunkt vermag Hofmannsthal die Spannungen seines Denkens und Fühlens bedeutend reiner, auch entschiedener wiederzugeben, als es in der kleinen Proverbhandlung möglich war. Darum haben wir uns nun den drei Generationen zuzuwenden.

Wie wird Tizian gesehen? Er tritt nie selber auf, wird nicht gezeigt, aber fast alles, was der Sohn, die Schüler und die drei Frauen, die ihm Modell stehen, sagen, bezieht sich auf ihn, versucht in Worte zu fassen, was er war, was er für sie war und was ihm nun, in der Todesstunde, widerfährt. Hofmannsthals Sprache hat auch hier, wie in *Gestern,* jene Ausdrücklichkeit, die man so gerne über der magischen Sprachkraft vergißt; jenen analytischen Zug, der ihn mit dem Psychologismus des Fin de siècle verbindet und auf den er erst später, nach der Chandos-Krise, verzichten wird, mit der Erkenntnis, die im Aufsatz über die *Ägyptische Helena* so formuliert wird: Der Dichter hat andere Kunstmittel als die Rede. *Die geheimsten, kostbarsten, wenigst bekannten – die einzig wirksamen. Er ist zu allem fähig, wenn er darauf verzichtet, daß seine Figuren durch direkte Mitteilung ihre Existenz beglaubigen sollen.*[6] Diese Worte, Ende der 20er Jahre niedergeschrieben, in einem Zusammenhang, dem Hofmannsthals Jugenddichtung fremd ist, scheinen dennoch auch die Sprache des Erstlings, das Reden Andreas, aufs genaueste zu treffen. Sie gelten wohl auch für die Sprache der Tizianschüler – es sei denn, daß man in der Tatsache, daß nicht Tizian selber spricht, bereits eine Abschwächung jener allzu direkten Selbstmitteilung sehen will, einen ersten Versuch, dem später viel radikalere folgen werden – man denke nur an den Ton der Lustspiele, der nur deshalb auch das Tiefste zu sagen erlaubt, weil er es – wie ein Wort Hofmannsthals lautet – an der Oberfläche versteckt.[7] Doch wie dem auch sei: Was die Schüler über Tizian sagen, ist durchreflektiert genug, um für sich selbst zu sprechen und auch den Zusammenhang mit *Gestern* ins Blickfeld zu rücken. Und man wird sich wohl auch des Eindrucks nicht erwehren können, daß die indirekte Art der Mitteilung ihrer Authentizität zugute kommt: Die peinliche Prahlerei Andreas weicht dem ergreifenden Preisen des Tizian, dessen

---

6 Hugo von Hofmannsthal, *Prosa IV.* Hrsg. Herbert Steiner. Frankfurt am Main 1955, S. 458. (Im weiteren zitiert als: *Prosa IV.*)

7 Im *Buch der Freunde* heißt es: *Die Tiefe muß man verstecken. Wo? An der Oberfläche.* In: Hugo von Hofmannsthal: *Aufzeichnungen.* Hrsg. Herbert Steiner. Frankfurt am Main 1959, S. 47. (Im weiteren zitiert als: *Aufzeichnungen.*)

größere Wahrhaftigkeit freilich zunächst in seinem Künstlertum gründet; wozu dann noch hinzukommt, daß er, anders als Andrea, nicht in sich selber eingeschlossen, nicht von Spiegeln umgeben ist, sondern seinen Kindern und Schülern Unschätzbares gegeben hat – auch das geht aus den Reden hervor, die sie über ihn führen. Was sagen sie?
Tizian schaffe das Leben.

> *Er hat den regungslosen Wald belebt:*
> *Und wo die braunen Weiher murmelnd liegen*
> *Und Efeuranken sich an Buchen schmiegen,*
> *Da hat er Götter in das Nichts gewebt:*
> *[...]*
> *Er hat den Wolken, die vorüberschweben,*
> *Den wesenlosen, einen Sinn gegeben:*
> *[...]*
> *Er hat aus Klippen, nackten, fahlen, bleichen,*
> *Aus grüner Wogen brandend weißem Schäumen,*
> *Aus schwarzer Haine regungslosem Träumen*
> *Und aus der Trauer blitzgetroffner Eichen*
> *Ein Menschliches gemacht, das wir verstehen,*
> *Und uns gelehrt, den Geist der Nacht zu sehen.*
>
> *Er hat uns aufgeweckt aus halber Nacht*
> *Und unsre Seelen licht und reich gemacht*
> *[...]*
> *Was uns wachend Herrliches umgibt:*
> *Hat seine große Schönheit erst empfangen,*
> *Seit es durch s e i n e Seele durchgegangen.*
> *[...]*
> *»Erweck uns, mach aus uns ein Bacchanal!«*
> *Rief alles Lebende, das ihn ersehnte*
> *Und seinem Blick sich stumm entgegendehnte.*
> (GLD 263 f. / KD 14 f. – Hervorh. von Hofmannsthal)

Das sind einige Zitate aus den Reden der Schüler. So würde auch Andrea über Fantasio gesprochen haben, wenn ihm gegeben gewesen wäre, über den eigenen Schatten zu springen und den anderen, sei's auch – wie hier – vom eigenen Standpunkt aus, den eigenen Mängeln her, zu verstehen. So hätte er gesprochen, wenn Hofmannsthal schon in *Gestern* dem Künstler – gegenüber dem Ästheten – die Bedeutung verliehen hätte, die ihm im *Tod des Tizian* zukommt. Beinahe wörtlich nehmen die Verse *Er hat uns aufgeweckt aus halber Nacht / Und unsre Seelen licht und rein gemacht* jene aus *Gestern* wieder auf, die der Dichter Fantasio spricht: *Um uns ist immer halbe Nacht* und [...] *wie wenn Worte, die wir täglich sprechen, / In unsre Seele plötzlich leuchtend brechen* (GLD 239, 8. Sz.). Wie der Sinn des Wortes, den der Alltag gleich der Staubdecke auf einer Perle verhüllt, erst im dichterischen Prozeß *lebendig, ganz erwacht* (a.a.O.), so erwacht die Natur erst in Tizians Gemälden zum Leben. Die Lehre, die Fantasio am Ende des Spiels Andrea erteilt, ist im *Tod des Tizian* von Anfang an befolgt – Grund genug anzunehmen, daß der Erstling *Gestern* nicht einfach die Formulierung von Problemen des jungen Hofmannsthal war, sondern daß Hofmannsthal über die Probleme erst Klarheit gewann, indem er sie in dem Stück zu gestalten suchte. Tizian lebt nicht das Leben als Kunstwerk, sondern er erweckt das Seiende im Kunstwerk zum Leben. Anders als bei Andrea, der die gegebene Welt nur in der Empfindung, nur im flüchtigen Spiel der Stimmungen wahrnimmt und sie im strengen Wortsinn konsumiert, in der Flamme des Genusses verzehrt, gewinnt die Welt beim Maler nicht nur Beständigkeit im Bild, sondern sie kommt zu sich selbst, indem sie sinnvoll, begeistet wird (*Er hat den Wolken, die vorüberschweben, / Den wesenlosen, einen Sinn gegeben*) – es ist hier auch jene Sinnfeindschaft, jener Verzicht auf Ergründung und Reflexion überwunden, von denen Andrea wähnt, er schulde sie seinen Sinnen, obwohl sie in Wahrheit nur die Frucht seiner Reflektiertheit sind, der verzweifelte Versuch, aus ihr in die Unmittelbarkeit des Sinnengenusses auszubrechen.

Aber was wir bis jetzt aus den Reden der Schüler über Tizian zitiert haben, zeichnet seine Gestalt noch nicht ganz. Noch blieb unerwähnt, was Tizian in den letzten Stunden seines Lebens widerfährt. Zu den wenigen Handlungsmomenten der Dichtung gehört der Auftritt eines Pagen, dem ein Diener folgt. *Alle erschrecken*, lautet die Regieanweisung, und Tizians Sohn, Gianino und ein Schüler fragen gleichzeitig: *Was ist?*

> PAGE
> *Nichts, nichts. Der Meister hat befohlen,*
> *Daß wir vom Gartensaal die Bilder holen.*
> TIZIANELLO
> *Was will er denn?*
> PAGE
> *Er sagt, er muß sie sehen ...*
> *»Die alten, die erbärmlichen, die bleichen,*
> *Mit seinem neuen, das er malt, vergleichen ...*
> *Sehr schwere Dinge seien ihm jetzt klar,*
> *Es komme ihm ein unerhört Verstehen,*
> *Daß er bis jetzt ein matter Stümper war ...«*

Und Gianino bemerkt:

> *Er sprach schon früher, was ich nicht verstand,*
> *Gebietend ausgestreckt die blasse Hand ...*
> *Dann sah er uns mit großen Augen an*
> *Und schrie laut auf: »Es lebt der große Pan.«*
> *Und vieles mehr, mir wars, als ob er strebte,*
> *Das schwindende Vermögen zu gestalten,*
> *Mit überstarken Formeln festzuhalten,*
> *Sich selber zu beweisen, daß er lebte,*
> *Mit starkem Wort, indes die Stimme bebte.*
> (GLD 254 ff. / KD 8 f.)

Jetzt erst wird ganz verständlich, was der Titel *Der Tod des Tizian* über die bloße Handlung hinaus bedeutet, an Bedeutung enthält; warum der achtzehnjährige Hofmannsthal zu seinem Helden den neunundneunzigjährigen Tizian gewählt hat. Und auch hier noch ist Verschiedenes auseinanderzuhalten.

Mir wars, sagt Gianino, *als ob er strebte* [...] *sich selber zu beweisen, daß er lebte* [...] Der Vers läßt aufhorchen. Ähnliches haben wir über Andrea gesagt, als wir sein gequältes Lebensprogramm analysierten, das nicht so sehr aufs Leben abzielt, als auf die Versicherung seiner selbst, daß er lebt; nicht auf das Fühlen, sondern auf das Fühlen des Fühlens. Nun kehrt die Problematik beim greisen Tizian wieder. Heißt das, daß die Grenze zwischen Andrea und Tizian, dem Ästheten und dem Künstler wieder verwischt wird? Wohl nicht. Es darf nicht vergessen werden, daß wir nicht Tizian hören, sondern Gianino, das sechzehnjährige, von Narzißmus vielleicht nicht ganz freie Ebenbild des jungen Dichters. Das soll freilich nicht besagen, daß die Behauptung, Tizian wolle sich selber beweisen, daß er lebt, nicht richtig ist. Die Frage nach falsch und richtig wäre in diesem Raum dichterischer Erfindung ohnehin absurd. Aber es soll besagen, daß hier Tizian gesehen wird von einem jungen Menschen, in welchem sich wiederum Hofmannsthal sieht; daß hier ein Gefühl der jungen und doch schon müden Generation des Fin de siècle projiziert wird auf die letzten Tage einer an sich besonders kraftvollen Gestalt der Renaissance. Diese Wahlverwandtschaft mag nicht zuletzt dazu beitragen, daß das historische Kostüm im *Tod des Tizian* ungleich weniger künstlich, weniger forciert, daß es – im künstlerischen Sinn – wahrer erscheint als in *Gestern*. Weder versucht hier ein Dichter des Fin de siècle die qualvolle Verbindung der Lebenskraft der Jugend und der Schwäche des Zeitalters, dem sie doch angehören will und auch angehört, mit den prunkenden, überlauten Farben der Renaissance zu übertönen, – noch setzt er sich einfach über die historische Kluft hinweg und gibt dem kritischen Selbstporträt die aufgesetzten Züge eines Renaissancemenschen.

Sondern zwischen der Müdigkeit der Jugend einer sich als alt empfindenden Zeit und der Müdigkeit des Alters in einer frühen Epoche herrscht eine tiefe Affinität, die der Dichtung erst zu ihrer Wahrhaftigkeit verhilft.

Doch auch dies rührt nicht an den Kern des Themas, wie es der Titel *Der Tod des Tizian* der Faktizität nach benennt. Im Sterben widerfährt dem greisen Tizian ein Zweifaches, das freilich im Grunde eines und dasselbe ist. Es sind zwei Aspekte eines Erlebnisses, der eine auf die Vergangenheit, der andere auf die Gegenwart bezogen. Die Stunde des Sterbens wirft auf das bisherige Leben ein neues Licht; prüfend wendet sich Tizian seiner Vergangenheit zu. Hofmannsthal hat ein überaus glückliches szenisches Mittel gefunden, diesen Blick zurück, dem das eigene Leben gegenständlich wird, zu gestalten: Auf Tizians Wunsch tragen Pagen zwei Bilder über die Bühne, die Regieanweisung nennt sie: es ist die Venus mit den Blumen und das Große Bacchanal, auf das der zitierte Vers anspielt: *»Erweck uns, mach aus uns ein Bacchanal!«* / *Rief alles Lebende, das ihn ersehnte.* Wir haben die Worte schon zitiert, mit denen Tizian seinen Wunsch motiviert: *erbärmlich* und *bleich* nennt er seine alten Bilder, die er mit dem letzten, das er malt, vergleichen will, denn er hat erkannt, daß er *bis jetzt ein matter Stümper war*... Man wird diesen Versen eine um so größere Bedeutung zuschreiben, als sie im ganzen Fragment die einzigen sind, die Tizians Worte enthalten – nur ein einziger Halbvers kommt noch hinzu, kurz darauf von Gianino in Erinnerung gerufen, denn es ist ein Wort von früher: Aber jetzt erst versteht Gianino es, und erst dieses Wort ist der Schlüssel, der uns die zitierten Verse der Selbstkritik, der Selbstverurteilung verstehen läßt. Warum nennt Tizian seine alten Bilder *erbärmlich* und *bleich,* warum war er ein *matter Stümper*? Solche Härte sich selbst, dem, was man geleistet hat gegenüber, gehört wohl in die Psychologie des Sterbens: Wo die Zukunft schwindet, die Züge für immer erstarren, gilt auch ein strengerer Maßstab – einer, der nicht mehr dem

Leben entnommen scheint und der dem Leben deshalb auch nicht gerecht wird. Tizians Verurteilung seiner Vergangenheit hat aber einen anderen Grund, sie steht nicht in psychologischen, sondern in mythischen Zusammenhängen. Er selber sagt es jetzt nicht, nur die Wörter, die er für seine alten Bilder und für das, was er war, gebraucht – *bleich* und *matt* – lassen erahnen, von welcher neuen Stufe her das Urteil über die Vergangenheit fällt: Bleich und matt erscheint sie nicht vom Tod her, sondern von einem höheren, intensiveren Leben, das Tizian im Sterben beschieden wird und von dem der laute Aufschrei zeugt, den Gianino erst jetzt versteht: *Es lebt der große Pan*. Auf ihn kommt die Dichtung zurück, wenn Tizians Tochter und zwei andere Mädchen das Bild beschreiben, zu dem sie Modell stehen. Lisa:

> *Ich halte eine Puppe in den Händen,*
> *Die ganz verhüllt ist und verschleiert ganz,*
> *Und sehe sie mir scheu verlangend an:*
> *Denn diese Puppe ist der große Pan,*
> *Ein Gott,*
> *Der das Geheimnis ist von allem Leben.*
> (GLD 266 f. / KD 17)

Es wäre eine billige Verharmlosung, in dem Ausruf des Tizian und in seinem letzten Bild bloß jenen Preis des Lebens zu sehen, zu dem der Sterbende, weil es ihm entschwindet, mehr als der Lebende Veranlassung hat. Was der sterbende Tizian preist, mit seinem Pinsel und mit dem Wort vom großen Pan, der lebt, ist das Leben, das er erst jetzt, auf rational nicht erklärbare Weise, im Sterben ganz erfährt. Auf diese mythische Paradoxie hin ist die Dichtung vom Tod des Tizian angelegt, sie meint die Überschrift. In verhüllter Weise hat Hofmannsthal darauf vorbereitet. Bei der Nachricht vom drohenden Ende, das der Arzt voraussagt, sprechen Paris und Desiderio, zwei aus dem Schülerkreis:

PARIS
> *Nein, sterben, sterben kann der Meister nicht!*
> *Da lügt der Arzt, er weiß nicht, was er spricht.*

DESIDERIO
> *Der Tizian sterben, der das Leben schafft!*
> (GLD 254 / KD 7)

Was hier noch manieristisches Spiel mit den Gegensätzen zu sein scheint, ist im Grund nur die Vorwegnahme dessen, was Tizians Tod bedeutet: der Paradoxie, daß ihm der Tod zum Leben wird. Wir nannten dies eine mythische Sicht des Todes. Das Wort mythisch soll uns zwar davor bewahren, auf einer rationalen Erklärung zu bestehen – es soll uns aber anderseits nicht darüber hinwegtäuschen, daß in dem Fragment *Der Tod des Tizian* die Gestaltung dieses Themas nicht zu Ende geführt ist und vielleicht auch nicht zu Ende geführt werden konnte. Wir wissen nicht, inwiefern Hofmannsthal am Sterben Tizians selber das Motiv von dem Tod, der das Leben ist, noch weiter ausführen wollte. Was wir wissen, ist nur, daß er nach Tizians Tod das Motiv bei seinen Schülern wiederaufzunehmen beabsichtigte: Wenige Monate vor seinem Tod hat Hofmannsthal an den befreundeten Germanisten Walther Brecht geschrieben:

Es sollte diese ganze Gruppe von Menschen (die Tizianschüler) mit der Lebenserhöhung, welche durch den Tod (die Pest) die ganze Stadt ergreift, in Berührung gebracht werden. Es lief auf eine Art Todesorgie hinaus. Das Vorliegende ist nur wie ein Vorspiel – alle diese jungen Menschen stiegen dann, den Meister zurücklassend, in die Stadt hinab und erlebten das Leben in der höchsten Zusammendrängung – also im Grund das gleiche Motiv wie im ›Tor und Tod‹.[8]

Nicht weniger wichtig als die Mitteilung der geplanten Fortsetzung und als die Interpretation, die mit ihr verbunden ist, scheint uns der Hinweis auf die Dichtung zu sein, die in der

---

8 *Briefwechsel zwischen George und Hofmannsthal.* A.a.O. S. 234.

Reihe der lyrischen Dramen auf den *Tod des Tizian* folgt: *Der Tor und der Tod*. Hofmannsthal hat Walther Brecht gegenüber immer wieder auf die Kontinuität in seinem Schaffen hingewiesen. Aber hier geht es um mehr als eine bloße Motividentität, es geht um die Genesis des neuen Werkes. *Der Tor und der Tod* läßt sich ebenso auf die ungelösten Probleme vom *Tod des Tizian* beziehen, wie dieser auf die von *Gestern*. Ungelöst scheint aber im *Tod des Tizian* trotz allem, daß jene mystische Erfahrung, daß der Tod zum Leben wird, abgelöst ist von ihren Bedingungen bei Hofmannsthal: So erklärt sich, wenn wir richtig sehen, daß er das Motiv noch im *Tod des Tizian* wiederaufnehmen wollte – woran die dramatische Ökonomie des Werkes wohl Schaden genommen hätte – aufnehmen bei dem Kreis der Tizianschüler, die im Gegensatz zu Tizian von jenen Empfindungen und Gedanken geprägt sind, die Hofmannsthals eigene zu sein scheinen und die er im Helden von *Gestern* zum ersten Mal dargestellt und kritisiert hat. Was beim sterbenden Tizian nicht ganz glaubwürdig erscheint, die Enthüllung, daß er nicht gelebt hat, wäre es bei den Tizianschülern geworden. Weil aber Hofmannsthal die Dichtung nicht vollendet hat, nahm er das Motiv in der nächsten wieder auf; und nun findet es sich auf eine einzige Gestalt konzentriert, die zugleich die Entstehungsbedingungen des Todeserlebnisses zu verstehen erlaubt: Es ist ein weiterer Bruder Andreas, Tizianellos und der Tizianschüler: Claudio, der Tor. Bevor wir aber unsere Aufmerksamkeit ihm schenken können, müssen wir die beiden anderen Generationen im *Tod des Tizian* noch betrachten.

XIII

Es war Hofmannsthals Absicht, den Sohn und die Schüler des Tizian vom Hügel hinabsteigen zu lassen in die Stadt, in der die Pest wütet. Sie hätten dort – mit Hofmannsthals Worten – *das Leben in der höchsten Zusammendrängung* erfahren, eine Art *Todesorgie* (auch dies ein Hofmannsthalscher Ausdruck), nichts anderes also als jene Lebenserhöhung, zu der schon Tizian selber das Sterben wurde. Dem Brief Hofmannsthals an Walther Brecht, dem wir die Kenntnis dieses Fortsetzungsplans verdanken, kann man ferner entnehmen, daß die ganze Tizian-Dichtung an die Stelle eines anderen Plans getreten war. Hofmannsthal schreibt: *Diese Welt (Venedig und die Tizianschüler) war anstelle einer andern Welt plötzlich eingesprungen: denn etwa einen Monat vorher wollte ich das Gastmahl der verurteilten Girondisten so darstellen.*[1] Man darf sich fragen, was Hofmannsthal dann bewogen hat, das Motiv der Lebenserhöhung im Tod, der Todesorgie, um das es sich auch beim Girondistensymposion gehandelt hätte, in einer anderen Welt, in der Welt Tizians, darzustellen. Die Formidee des Werkes, die Wiederaufnahme der platonischen Dialogform, ging wohl unmittelbar aus dem ersten Plan, dem Gastmahl, hervor. Aber Hofmannsthal mag einerseits die Sokratesgestalt des älteren Meisters im Girondistenkreis vermißt haben, anderseits mag sowohl seine Beschäftigung mit der Renaissance – man denke an den großen Tragödienplan, *Ascanio und Gioconda,* derselben Zeit – als auch ein aus dem Erstling *Gestern* übriggebliebenes Desiderat den Ausschlag zugunsten des Tizianstoffes gegeben haben, das Bedürfnis nämlich, das Thema des Künstlers und den Gegensatz, in dem er zum Ästheten steht, in den Mittelpunkt zu rücken. Wir sprechen von diesem ursprünglichen Plan eines Girondistendramas, weil er noch in der geplanten Fortsetzung zum *Tod des Tizian* weiterzuwirken scheint: als Todesorgie der Tizianschüler in der verpesteten Stadt. Aber diese, der Einheit des Werkes wohl abträgliche Verdoppelung des Motivs (Der Tod des Tizian – Der Tod der Tizianschüler), hat noch einen anderen, im Stück selbst liegenden Grund, den wir schon angedeutet haben. Die Vorstellung der

---

[1] *Briefwechsel zwischen George und Hofmannsthal.* A.a.O.

Lebenserhöhung im Tod ist bei Hofmannsthal in einem bestimmten Lebensgefühl verwurzelt, dem die magistrale Gestalt Tizians eher als Gegenbild denn als Repräsentant dienen kann. Die eigentliche Notwendigkeit dieses Motivs konnte Hofmannsthal an Tizian nicht darstellen; an den Girondisten – die er möglicherweise als dem Leben entfremdete Ideologen gezeichnet hätte – und an den Tizianschülern wäre sie zwingender aufzuzeigen gewesen; die überzeugende Formulierung fand das Motiv erst im Helden des nächsten Werks: im Claudio von *Der Tor und der Tod*. Indessen dürfen wir über den Plänen und unseren Vermutungen nicht das Fragment aus dem Blick verlieren: Dieses Fragment hat ja Hofmannsthal veröffentlicht, und was uns nun, nach der Gestalt des Tizian, zu beschäftigen hat, ist die Rolle, die die beiden anderen Generationen: die Tizianschüler auf der einen, der Jüngling Gianino auf der andern Seite, in der Dichtung spielen – wenn hier von Rolle und Spiel überhaupt die Rede sein kann, handelt es sich doch weit eher um das, was Hofmannsthal später selbstkritisch *die direkte Mitteilung der Existenz* der Figuren genannt hat (*Prosa* IV 458) – eine im Grund monologische Aussageweise, die nur insofern am Drama teilhat, als sie an eine dramatische Situation, die Erwartung von Tizians Tod, gebunden ist. Im Gegensatz zu den Gestalten Tizians und Gianinos, die ganz in sich ruhen, von den anderen nicht abhängig sind, kommt bei den Schülern und bei Tizians Sohn hinzu, daß alles, was sie sagen, Reaktion ist – und solcherart in eine scheinbare Dialogie hineingewoben. Dieser Haltung liegen aber keineswegs primär dramentechnische Erwägungen Hofmannsthals zugrunde, noch läßt sie sich einfach aus der Situation, die das Stück darstellt, erklären. Ihr tieferer Sinn dürfte leicht aus den folgenden Beispielen ersichtlich sein, wobei auch der Unterschied gegenüber dem Erstling *Gestern* klar wird, der Fortschritt in der Wahrhaftigkeit der dramatischen Technik, die in *Gestern* dem Helden Andrea eine Überzeugung und eine Programmatik abverlangt, die den

Gefühlen selbst, denen sie gelten, kaum entsprechen dürften. Wie sehr Andreas Problem im Kreis der Tizianschüler wiederaufgenommen wird, zeigen ihre Reden deutlich genug.
Während der sterbende Tizian im Haus sein letztes Bild malt, ruhen die Schüler und der Sohn Tizianello auf die Stufen der Terrasse gelagert:

>   ANTONIO
>   *So legen wir uns auf die Stufen nieder*
>   *Und hoffen bis zum nächsten Schlimmern wieder.*
>   BATISTA
>   *(halb für sich)*
>   *Das Schlimmre... dann das Schlimmste endlich...*
>   *nein.*
>   *Das Schlimmste kommt, wenn gar nichts Schlimmres*
>   *mehr,*
>   *Das tote, taube, dürre Weitersein...*
>   (GLD 256 / KD 9)

Dieses tote Weitersein, der Tod im Leben selber, droht ihnen, sobald Tizian nicht mehr lebt: denn nicht nur die Natur erweckt Tizian in seinen Werken zum Leben, sondern auch seine Schüler. Sie leben nur durch ihn, aus seinen Bildern und aus seinen Lehren – sie leben aus zweiter Hand. Ein eigenes Erleben kennen sie nicht. Nach Gianinos Schilderung dessen, was ihm in der voraufgegangenen Nacht widerfahren ist – auf diese Schilderung müssen wir noch zurückkommen –, bemerkt Antonio:

>   *Beneidenswerter, der das noch erlebt* [...]
>   (GLD 259 / KD 9)

Und Tizianello, der Sohn gesteht:

> [...] *von den Leiden und von den Genüssen*
> *Hab längst ich abgestreift das bunte Kleid,*
> *Das um sie webt die Unbefangenheit,*
> *Und einfach hab ich schon verlernt zu fühlen.*
> (GLD 261 f. / KD 13)

Hier wird das Verlorene beim Namen genannt: die Unbefangenheit, die Naivität im Schillerschen Wortsinn, die der Reflexion zum Opfer fiel. Wie Andrea sind auch die Tizianschüler Zuschauer ihrer selbst: Von Tizian sagt Paris in Versen, die wir zum Teil schon zitiert haben:

> *Er hat uns aufgeweckt aus halber Nacht*
> *Und unsre Seelen licht und rein gemacht*
> *Und uns gewiesen, jedes Tages Fließen*
> *Und Fluten als ein Schauspiel zu genießen,*
> *Die Schönheit aller Formen zu verstehen*
> *Und unsrem eignen Leben zuzusehen* [...]
> (GLD 263 f. / KD 14 f.)

Man muß sich hüten, in diesen Versen eine Art Lehre des Hofmannsthalschen Tizian zu erblicken. Mehr noch als das Wort Gianinos, ihm sei, als wolle der sterbende Meister *sich selber beweisen, daß er lebte*, sind diese Verse perspektivisch zu verstehen: Sie zeigen nicht so sehr, was Tizian für sich, als vielmehr, was er für seine Schüler war. Aber waren sie seine Schüler? Zwar scheinen sie ihm alles zu verdanken: jene Kunstwelt, in die sie sich zurückgezogen haben, entfremdet den Dingen und den Menschen, die sie nur noch im ästhetischen Genuß wahrnehmen oder dann aus der Ferne verachten. So spricht Desiderio, der verbittertste und darum auch hochmütigste unter den Schülern, zu Gianino, dem Jüngling, der noch kaum aus der geeinten Welt der Kindheit herausgetreten ist und darum auch den Riß noch nicht kennt, der die Welt für den Blick des Ästheten Desiderio durchzieht:

> *Siehst du die Stadt, wie jetzt sie drunten ruht?*
> *Gehüllt in Duft und goldne Abendglut*
> *Und rosig helles Gelb und helles Grau,*
> *Zu ihren Füßen schwarzer Schatten Blau,*
> *In Schönheit lockend, feuchtverklärter Reinheit?*
> *Allein in diesem Duft, dem ahnungsvollen,*
> *Da wohnt die Häßlichkeit und die Gemeinheit,*
> *Und bei den Tieren wohnen dort die Tollen;*
> *Und was die Ferne weise dir verhüllt,*
> *Ist ekelhaft und trüb und schal erfüllt*
> *Von Wesen, die die Schönheit nicht erkennen*
> *Und ihre Welt mit unsren Worten nennen...*
> *Denn unsre Wonne oder unsre Pein*
> *Hat mit der ihren nur das Wort gemein...*
> *Und liegen wir in tiefem Schlaf befangen,*
> *So gleicht der unsre ihrem Schlafe nicht:*
> *Da schlafen Purpurblüten, goldne Schlangen,*
> *Da schläft ein Berg, in dem Titanen hämmern –*
> *Sie aber schlafen, wie die Austern dämmern.*
> (GLD 259 f. / KD 12)

Dieser Ton begegnet uns auch bei anderen Dichtern der Jahrhundertwende, Oscar Wilde, mit seinem Kult des »shokking«, hat ihn gepflegt, Gedichte von Stefan George, wie das über den *Herrn der Insel*[2], sind von ihm bestimmt. Politische Empörung solchem Dünkel gegenüber ist wohl nicht nur deplaciert, sondern auch nichtsnutzig. Sinnvoller erscheint es, den Zusammenhang mit dem Ästhetismus zu gewahren und also auch, in Hofmannsthals Augen, dessen Unhaltbarkeit: Nicht anders als Desiderio wird im nächsten Stück Claudio aus der Einsamkeit seiner Villa auf die ferne Stadt niederblicken, aber schon er wird ganz anders sprechen, als Fremder zwar, aber nicht ohne Sehnsucht, wie

---

[2] *Das Buch der Hirten- und Preisgedichte* (1895). In: Stefan George, *Werke*, Ausgabe in zwei Bänden. Band 1, München/Düsseldorf 1958, S. 69.

denn der Haß des Ästheten gegen die als häßlich wahrgenommene Welt nur schwer die Liebe verdeckt, deren Perversion der Haß ist, eine Liebe, die der Ästhet jener Welt entgegenbringt, aus der ihn die Reflexion in eine qualvolle Lebensferne und Vereinzelung getrieben hat. Den Weg aus dieser Isolation zurück in die Welt hätten die Tizianschüler in der geplanten Fortsetzung gehen sollen; andere Gestalten der Dichtung Hofmannsthals tun es an ihrer Stelle: so der Kaufmannssohn im *Märchen der 672. Nacht*[3], das ein Jahr nach dem *Tod des Tizian* entsteht – in einem gewissen Sinn ist es der Weg, den Hofmannsthals ganze Dichtung einschlägt, von der Lyrik und lyrischen Dramatik des ersten Jahrzehnts seines Schaffens zu den späteren Werken, zumal den Lustspielen, in denen die Welt nicht mehr in der Häßlichkeit erscheint, die sie an sich hat, solange sie von außen, aus einer künstlichen zweiten Welt des Schönen heraus betrachtet wird. Diese Übertragung auf die Dichtung Hofmannsthals ist indessen gefährlich, denn sie erweckt leicht den Eindruck, daß das lyrische Jugendwerk ganz dieser ästhetischen Weltferne verhaftet sei – während doch schon der Erstling *Gestern* uns gezeigt hat, daß es Hofmannsthal nicht zuletzt um die Kritik an den Gefühlen Andreas geht, in dem wir dennoch auch sein Selbstporträt glauben gewahren zu dürfen. *Ein himmelblaues Lehrgedicht* hat er gelegentlich *Gestern* genannt[4], dieses Stück, in dem die Pädagogik in der Tat das Gewand kindlichen Gefühlsüberschwangs trägt.

Der asoziale Dünkel, der aus Desiderios Worten spricht, ist nicht politische Überzeugung, sondern Folge der Verwechslung von Kunst und Leben, jener Verwechslung, die den Ästhetismus bedingt. Hofmannsthal scheint dies schon in *Gestern* durchschaut zu haben, und auch die Verse, die auf die Desiderios folgen, lassen sich nur so verstehen: Nachdem

---

3 Hugo von Hofmannsthal, *Die Erzählungen*. Hrsg. Herbert Steiner. Stockholm 1945, S. 7-28.
4 Brief an Hermann Bahr vom 2. 7. 1891. *Briefe* S. 19.

Desiderio auf die ferne Stadt gewiesen hat, in der *die Häßlichkeit und die Gemeinheit* wohnen, sagt

> ANTONIO *(halb aufgerichtet):*
> *Darum umgeben Gitter, hohe, schlanke,*
> *Den Garten, den der Meister ließ erbauen,*
> *Darum durch üppig blumendes Geranke*
> *Soll man das Außen ahnen mehr als schauen.*
> PARIS
> *(ebenso)*
> *Das ist die Lehre der verschlungnen Gänge.*
> BATISTA
> *(ebenso)*
> *Das ist die große Kunst des Hintergrundes*
> *Und das Geheimnis zweifelhafter Lichter.*
> (GLD 260 f. / KD 12)

Unmerklich geht hier die Sprache der realen Welt in die Kunstsprache über, in die Fachsprache der Maler. Was Tizian von seinen Bildern gesagt hat, scheinen die Schüler auf die Wirklichkeit übertragen zu haben. Ihnen ist das Leben ein Kunstwerk, weil sie kein Werk der Kunst schaffen können. Gleich Andrea sind sie nur rezeptiv, aber anders als er geben sie angesichts von Tizians großem Vorbild ihre Unproduktivität nicht für Stärke aus. Andreas Vorwand, seine Schöpferkraft sterbe am Schaffen, ist durchschaut, und sie bekennen, Tizian mit sich selbst vergleichend:

> *Er aber hat die Schönheit stets gesehen,*
> *Und jeder Augenblick war ihm Erfüllung,*
> *Indessen wir zu schaffen nicht verstehen*
> *Und hilflos harren müssen der Enthüllung ...*
> *Und unsre Gegenwart ist trüb und leer,*
> *Kommt uns die Weihe nicht von außen her.*
> (GLD 268 / KD 18)

So spricht derselbe Desiderio am Schluß des Fragments, der kurz vorher seinen Schlaf dem Schlaf eines Berges verglichen hatte, in dem Titanen hämmern.

Noch in einem andern Punkt erscheinen die Tizianschüler in Andreas Nachfolge, als Verkörperung dessen, was Andrea am Schluß des Stückes ist, nach der Ent-täuschung, dem desengaño des spanischen Barock: Ich meine das Thema der Zeit, der Feindschaft von Gestern und Heute. Nach den zitierten Versen über die *große Kunst des Hintergrundes* führt Tizianello von der Kunst wieder ins Leben, genauer: in das ästhetische Leben zurück:

> TIZIANELLO
> *Das macht so schön die halbverwehten Klänge,*
> *So schön die dunklen Worte toter Dichter*
> *Und alle Dinge, denen wir entsagen.*
>
> PARIS
> *Das ist der Zauber auf versunknen Tagen*
> *Und ist der Quell des grenzenlosen Schönen* [...]
> (*GLD* 261 / *KD* 13)

Einziges Kriterium ist auch hier die Schönheit. Auch der Wurzelgrund von Andreas hektischem Bekenntnis zum Heute, zur je gegenwärtigen Stimmung ist geblieben; ihn bezeichnen die Verse Desiderios: *Indessen wir zu schaffen nicht verstehen / Und hilflos harren müssen der Enthüllung... Und unsre Gegenwart ist trüb und leer*. Weil die Tizianschüler vom Leben abgeschnitten sind und aus sich heraus nichts erschaffen können, sind sie, um ihr Leben zu fühlen, auf anderes angewiesen: Erst in den Augenblicken der *Enthüllung*, wenn die Realität in einem flüchtigen Moment sich zum Kunstwerk ordnet, auf ihren Sinn transparent wird, haben sie an ihr teil. Die Erkenntnis Andreas, daß das Gestern sich nicht als Lüge abtun läßt, und mehr noch die andere: daß die Vergangenheit und nicht die Gegenwart die prädestinierte Zeitform ist für das aus der

Distanz des Ästhetismus gelebte Leben – nur so nämlich lassen sich die Verse Andreas verstehen, die er am Schluß zu Arlette spricht:

> [...] *daß Du mich betrogen und mein Lieben,*
> *Davon ist kaum ein Schmerz zurückgeblieben...*
> *Doch eines werd ich niemals Dir verzeihn:*
> *Daß Du zerstört den warmen, lichten Schein,*
> *Der für mich lag auf der entschwundnen Zeit.*
> (*GLD* 248, 10. Sz.)

diese Erkenntnis Andreas bestimmt die Haltung der Tizianschüler. Der Umweg über die falsche These, der die Form von *Gestern* abgibt, war gleichsam auch für Hofmannsthal ein Fortschritt: In seinem zweiten Werk braucht er nicht mehr die dramatische Ent-täuschung Andreas zu vollziehen, seine Position ist von Anfang an erkannt, und nun kann sie eingeordnet werden, nun kann sie – deutlicher als es in *Gestern* geschah – konfrontiert werden mit der Position des Künstlers. Die Abhängigkeit der Schüler von Tizian, ihr unproduktives Spätlingstum ist das gültige Bild für die problematische Existenz des Ästheten, wie sie Hofmannsthal – so sehr er davon selber fasziniert war oder gar daran teilhatte – mit unbarmherzigem Blick muß durchschaut haben.

Allein, die Tizianschüler stehen im Schatten nicht nur Tizians, noch eine zweite Gestalt läßt als leuchtende Kontrastfigur ihre Gebrechen schärfer sehen: der Jüngling Gianino. An dem Gegensatz, in dem er zu den älteren Schülern und zu Tizianello steht, konnte Hofmannsthal die zweite Verdeutlichung des Andrea-Bildes ausführen: das Späte, dem Ursprung Entfremdete des Ästheten, die Müdigkeit des Fin de siècle, erscheint nun am Lebensalter verdeutlicht. Was bei Andrea nur in der Marsilio-Szene anklang, daß er seine Jugend, aber auch deren Träume, das, was er hätte werden sollen, verloren hat, wird in der Konfrontierung der

Tizianschüler mit dem sechzehnjährigen Gianino gezeigt. Dessen Sonderstellung, die ihn in die Nähe des greisen Tizian rückt, geht nicht bloß daraus hervor, daß er jenes Schlüsselwort aus dem Munde Tizians *Es lebt der große Pan* berichten darf. Ihm als einzigem ist in dem Gespräch ein Raum ausgespart, der nur ihm gehört, seiner Schilderung der vergangenen Nacht – einer Dichtung in der Dichtung, die zu den wichtigsten Texten des jungen Hofmannsthal gehört und auch die deutlichste Brücke von den lyrischen Dramen zur Lyrik schlägt. Gianino erzählt – es muß in extenso zitiert werden –

> *Mir wars, als ginge durch die blaue Nacht,*
> *Die atmende, ein rätselhaftes Rufen.*
> *Und nirgends war ein Schlaf in der Natur.*
> *Mit Atemholen tief und feuchten Lippen,*
> *So lag sie, horchend in das große Dunkel,*
> *Und lauschte auf geheimer Dinge Spur.*
> *Und sickernd, rieselnd kam das Sterngefunkel*
> *Hernieder auf die weiche, wache Flur.*
> *Und alle Früchte, schweren Blutes, schwollen*
> *Im gelben Mond und seinem Glanz, dem vollen,*
> *Und alle Brunnen glänzten seinem Ziehn.*
> *Und es erwachten schwere Harmonien.*
> *Und wo die Wolkenschatten hastig glitten,*
> *War wie ein Laut von weichen, nackten Tritten...*
> *Leis stand ich auf – ich war an dich geschmiegt –*
> *(Er steht erzählend auf, zu Tizianello geneigt)*
> *Da schwebte durch die Nacht ein süßes Tönen,*
> *Als hörte man die Flöte leise stöhnen,*
> *Die in der Hand aus Marmor sinnend wiegt*
> *Der Faun, der da im schwarzen Lorbeer steht*
> *Gleich nebenan, beim Nachtviolenbeet.*
> *Ich sah ihn stehen, still und marmorn leuchten;*
> *Und um ihn her im silbrig-blauen Feuchten,*
> *Wo sich die offenen Granaten wiegen,*

Da sah ich deutlich viele Bienen fliegen
Und viele saugen, auf das Rot gesunken,
Von nächtgem Duft und reifem Safte trunken.
Und wie des Dunkels leiser Atemzug
Den Duft des Gartens um die Stirn mir trug,
Da schien es mir wie das Vorüberschweifen
Von einem weichen, wogenden Gewand
Und die Berührung einer warmen Hand.
In weißen, seidig-weißen Mondesstreifen
War liebestoller Mücken dichter Tanz,
Und auf dem Teiche lag ein weicher Glanz
Und plätscherte und blinkte auf und nieder.
Ich weiß es heut nicht, obs die Schwäne waren,
Ob badender Najaden weiße Glieder,
Und wie ein süßer Duft von Frauenhaaren
Vermischte sich dem Duft der Aloe ...
Und was da war, ist mir in eins verflossen:
In eine überstarke, schwere Pracht,
Die Sinne stumm und Worte sinnlos macht.

ANTONIO

Beneidenswerter, der das noch erlebt
Und solche Dinge in das Dunkel webt!

GIANINO

Ich war in halbem Traum bis dort gegangen,
Wo man die Stadt sieht, wie sie drunten ruht,
Sich flüsternd schmieget in das Kleid von Prangen,
Das Mond um ihren Schlaf gemacht und Flut.
Ihr Lispeln weht manchmal der Nachtwind her,
So geisterhaft, verlöschend leisen Klang,
Beklemmend seltsam und verlockend bang.
Ich hört es oft, doch niemals dacht ich mehr ...
Da aber hab ich plötzlich viel gefühlt:
Ich ahnt in ihrem steinern stillen Schweigen,
Vom blauen Strom der Nacht emporgespült,
Des roten Bluts bacchantisch wilden Reigen,
Um ihre Dächer sah ich Phosphor glimmen,

> *Den Widerschein geheimer Dinge schwimmen.*
> *Und schwindelnd überkams mich auf einmal:*
> *Wohl schlief die Stadt: es wacht der Rausch, die Qual,*
> *Der Haß, der Geist, das Blut: das Leben wacht.*
> *Das Leben, das lebendige, allmächtge –*
> *Man kann es haben und doch sein' vergessen! ...*
> (GLD 257 ff. / KD 10 ff. – Hervorh. von Hofmannsthal)

Wir können hier keine stilkritische Analyse dieses mit Sprachmagie beschwörenden, alle Mittel romantischer, zumal Brentanoscher Stimmungslyrik souverän meisternden Textes unternehmen; das überaus kunstvolle Gewebe in seinen Einzelheiten betrachten: den zahlreichen Alliterationen, Binnenreimen, Lautspielen, seinem dem dargestellten Geschehen auf den Fersen folgenden Rhythmus, der freien Reimbehandlung – um nur das Wichtigste zu nennen. Ein Überblick und die Reflexion auf das Grundthema und die Eigenart dieser Dichtung in der Dichtung müssen genügen. Gianinos Monolog gliedert sich in zwei Teile, die mit identischem Reimpaar schließen und zur Zäsur Antonios unterbrechendes Verspaar haben: *Beneidenswerter, der das noch erlebt / Und solche Dinge in das Dunkel webt!* Vor diesem Kommentar Antonios ist Gianino auch in dem, was er berichtet, mit sich allein, ohne Gegenwelt, die ihm sein Anderssein ins Bewußtsein riefe, er ist darum unreflektiert. Das Erlebnis aber, zu dem ihn die Nacht aus dem Kreis der Tizianschüler isoliert, ist gerade die Aufhebung des Alleinseins, der Vereinzelung: eine Teilhabe an dem »en kai pan«, dem »Ein-und-alles« der Natur. Das meint der Schluß des ersten Teils, ohne es freilich theoretisch zu benennen: [...] *Und was da war, ist mir in eins verflossen: / In eine überstarke, schwere Pracht, / Die Sinne stumm und Worte sinnlos macht.* (Hervorh. von Hofmannsthal) Was Gianino in eins verfließt, ist die Vielfalt der nächtlichen Natur, die er beschrieben und in der Beschreibung zwangsläufig hat auseinanderhalten müssen, obwohl ihm gerade die Einheit, der geschlossene Zusammenhang der Natur zum Erlebnis wird. Diese Einheit erlebt er nun nicht etwa statisch, sondern in höchster Dynamik, die Natur erwacht zum Leben, all ihre Bereiche nehmen teil an dem Bacchanal. Es ist eine Orgie, deren einziges Ziel die Vereinigung ist; die Natur erscheint in einem panerotischen Licht, das ihr Wesen, eben das »en kai pan«, die All-Einheit, vor Augen führt. – Die Nacht selbst wird zum Lebewesen, sie atmet und lauscht *auf geheimer Dinge Spur*. Diesem Lauschen antwortet das *rätselhafte Rufen*, das durch die Nacht geht, die *schweren Harmonien*, die erwachen, der Laut, wie *von weichen, nackten Tritten*, den die Wolkenschatten hervorrufen – solche Synästhesie ist mehr als dichterische Übertragung, sie wird jener Allverbundenheit gerecht, die hier ausgedrückt werden soll –; die Reihe gipfelt dann in dem *süßen Tönen*, das durch die Nacht schwebt, und nun wird der Ursprung dieser Laute, über deren Charakter freilich von Anfang an kein Zweifel bestand, vollends offenbar: *Als hörte man die Flöte leise stöhnen, / Die in der Hand aus Marmor sinnend wiegt / Der Faun, der da im schwarzen Lorbeer steht* [...]. Es ist der erotische Lockruf des römischen Fruchtbarkeitsgottes, der im Mittelpunkt von Gianinos Vision steht wie seine griechische Entsprechung Pan im Zentrum der letzten Gedanken und des letzten Bildes des sterbenden Tizian steht: dort als leblose Puppe, verhüllt und verschleiert, hier als Statue, *still und marmorn leuchtend*. Nichts kennzeichnender für die Erlebnisweise Hofmannsthals als diese Paradoxie, daß die Gottheit des Lebens mitten in dessen bacchanalischem Erwachen still, auf dem Bild gar verhüllt, wie leblos ist: Es gehört zu Hofmannsthals innersten Überzeugungen, daß das Sein – das er in den Neunzigerjahren noch das Leben nennt – seinem Gegensatz, der Scheinwelt, immanent ist, deren verborgenes Kraftzentrum bildet: daß es nicht darum geht, die Scheinwelt hinter sich zu lassen, um zum Eigentlichen vorzustoßen, sondern den Schein als Scheinen des Seins zu erkennen. Die Hülle, die sich darum legt, ist keine Larve, die man von ihm abreißen soll — Hofmannsthal nimmt immer wieder das Zwiebelgleichnis aus Ibsens *Peer Gynt* auf: Wer auf der Suche nach der Wahrheit Schale nach Schale abreißt, hält am Ende nichts in der Hand — das Verborgen-und-Verhülltsein ist vielmehr selber die Existenzweise der Wahrheit. Hofmannsthal wurde später, in seinen Lustspielen, nicht müde, diese Paradoxie darzustellen und ihr auch das Stilprinzip seiner Werke zu entnehmen — man hat es mit gutem Recht ein *verbergendes Enthüllen*[5] genannt. Hier, im *Tod des Tizian* dürfen wir bei dem als verhüllte Puppe gemalten Pan an ein Vor-Bild dieser Auffassung denken — das Motiv selbst stammt übrigens von dem Bild *Venus und die Bacchantin*, einem Gemälde aus der Tizianschule (Bayrische Staatsgemäldesammlungen), auf dem Venus gleichfalls eine verhüllte Puppe hält. Ich habe es im Insel-Almanach 1965 publiziert.[6]

Der marmorne Faun in Gianinos Schilderung freilich erwacht fast selber zum Leben, indem seiner Flöte die süßen Töne zu entsteigen scheinen. Er steht im Mittelpunkt des Bacchanals, des Fruchtbarkeitsfestes, dessen Gott er ist. Alles verbindet sich mit allem. Das Sterngefunkel kommt auf die weiche, wache Flur hernieder: kosmische Begattung von Himmel und Erde; die Früchte schwellen *schweren Blutes;* die Bienen sinken *von nächtgem Duft und reifem Safte trunken* auf die *offenen Granaten;* im Mondlicht tanzen *liebestoll* die Mücken. Dieses Einswerden in der Natur und damit das Einssein des Alls, das die Natur ist, erlebt Gianino, und er bekennt davon am Ende der ekstatischen Schilderung, daß es *die Sinne stumm und Worte sinnlos*

---

[5] Martin Stern, *Hofmannsthals verbergendes Enthüllen.* In: *Deutsche Vierteljahresschrift für Literaturwissenschaft und Geistesgeschichte.* 33. Jg. 1959, S. 38-62.
[6] Die Glosse mit dem Titel *Tizians letztes Bild* und die Reproduktion sind wieder erschienen in: Peter Szondi, *Lektüren und Lektionen.* Frankfurt am Main 1973, S. 121 f.

macht. Der Sprachzauber mündigt so in die Verneinung der Sprache als Mitteilung von Sinn: Die Sinne wollen nicht die Sprache weiter sprechen, deren herkömmliche Wortbedeutungen dem, was sie erfahren, nicht gerecht werden. Eine Sprachskepsis, die schon Andrea vertraut war (*leer sind die Worte* (*GLD* 248), sagte er, und: *jedes wahre Fühlen ist unsäglich* (*GLD* 213)), kehrt bei Gianino wieder. Sie durchzieht Hofmannsthals ganze Dichtung, ballt sich um die Jahrhundertwende zur sogenannten Chandos-Krise zusammen und bestimmt später die Wahl der neuen Aussagemittel: der Mundart, der Pantomime, der Sprache für Musik (in den Libretti). Die schon bei Gianino naheliegende Frage, wie denn innerhalb der Sprache selbst der Sprache das Vertrauen entzogen werden kann, der Hinweis auf diesen Widerspruch steht aber in Wahrheit nicht, wie manche meinen, die spöttisch-belustigt damit argumentieren, am Ende, vielmehr am Anfang dieser Problematik: Die Antinomie, daß die Sprache in der Sprache selbst verneint werden soll, hebt das Problem nicht etwa, als ein trügerisches, auf, diese Antinomie i s t vielmehr das Problem. Die Lösung, die es auf der Stufe der lyrischen Dramen findet, läßt sich im Terminus »Wortmagie« fassen: Untersucht man die Aussageweise Gianinos, so erkennt man unschwer, daß in der Schilderung, die er von der Nacht gibt, in der Tat nicht seine Sinne sprechen, die Sprache versucht nicht, direkte Mitteilung der Sinneswahrnehmungen zu sein. Und die Worte werden nicht benutzt, um das Empfundene zu benennen: Im Gegensatz zur Sprache Andreas und der Tizianschüler ist die Sprache Gianinos frei von jenen Begriffen wie Leben, Wahrheit, Fühlen, bei denen die Sinnlosigkeit des Wortes allererst sich einstellen kann. Gianino b e s c h r e i b t sein Erlebnis. Die Pfeiler seiner Sprache sind die Worte, welche die Gegenstände der Natur bezeichnen: die Flur, die Wolken, der Lorbeer und die Granaten, die Bienen und die Mücken, der Teich und der marmorne Faun. Diese Realien aber sind eingetaucht in eine Beschwörungsmagie, die mit allen der

Sprache zur Verfügung stehenden Mitteln: der Metaphorik, der Synästhesie, dem Laut- und Reimspiel, jenes »In-eins-Verfließen« gegenwärtig machen soll, das sich mit Worten nicht benennen läßt. Es ist der Versuch, aus der Erinnerung einen Zustand der Sprachlosigkeit in der Sprache zu evozieren, ohne ihm die Gewalt anzutun, die dem benennenden Wort notwendig eigen ist.

Die negative Bestimmung dieses Erlebnisses, daß es *die Sinne stumm und Worte sinnlos macht*, kann so den Höhepunkt von Gianinos Schilderung bilden. Sie wird von Antonio unterbrochen:

> *Beneidenswerter, der das noch erlebt*
> *Und solche Dinge in das Dunkel webt!*

Es ist überaus kennzeichnend, daß das Wort »Leben«, in dessen Zeichen alles steht, was Gianino heraufbeschwört, von ihm selber noch nicht ausgesprochen wurde: es tritt ihm aus fremdem Mund entgegen. Gianino versuchte unreflektiert mitzuteilen, was ihm widerfahren: Er nennt es kein Erlebnis und sagt nicht, daß, was er erlebt hat, das Leben gewesen sei. Das Verspaar Antonios ist aber noch aus einem anderen Grund wichtig. Es spricht nicht nur von Gianinos Fähigkeit zu erleben, die die Tizianschüler nicht mehr haben (ähnlich wird Tizianello sagen: *und einfach hab ich schon verlernt zu fühlen* – GLD 262 / KD 13) – es fügt ihm hinzu, daß Gianino *solche Dinge in das Dunkel webt*. Man muß sich hüten, darin eine Art Entlarvung erblicken zu wollen, als wollte Antonio das von Gianino Erlebte als Halluzination, als von Gianino selber in die Nacht Projiziertes, entwerten. Das ist weder von Antonio noch vom Dichter so gemeint. Vielmehr wird hier, aus der Unfähigkeit heraus, erkannt, daß solchem Erleben und Fühlen ein produktives Moment eigen ist; daß der Mensch daran nicht nur rezeptiv, sondern schöpferisch beteiligt ist. Das verbindet es mit dem Künstlertum, das verbindet Gianino mit dem greisen Tizian und hebt ihn über die Tizianschüler hinaus.

Wenn Gianino nach den beiden Versen Antonios weiterspricht, ist es, als habe der Kontrast, der ihm darin entgegentrat, zu seiner Bewußtwerdung, zu einem Erwachen geführt. Er sieht nun nicht bloß das All-Eine der Natur und sich selbst darein verwoben, er richtet, und zwar in der Erinnerung selbst, seinen Blick auf die Stadt unten, auf die Gegenwelt jenes ästhetischen Reservats, das die Villa Tizians auf dem Hügel darstellt. Gianino wird dann, nach der Schilderung der Nacht, *in der so viel war* (GLD 259 / KD 12), diesen Blick hinunter wiederholen, diesmal von Desiderio geleitet – wir haben dessen von Menschenverachtung geprägte Verse, die aus einem elfenbeinernen Turm gesprochen scheinen, schon kommentiert. Desiderios abschätzige Rede steht als Korrektiv, als Belehrung im Gegensatz zu dem, was Gianino an der nächtlichen Stadt aufging: Zwar lag sie in *steinern stillem Schweigen*, aber doch flüsterte sie, *Ihr Lispeln weht manchmal der Nachtwind her* – und dieses Flüstern war derselbe Lockruf des Lebens, den Gianino im Garten der Villa im Bereich der Natur vernahm:

> *Wohl schlief die Stadt: es wacht der Rausch, die Qual,*
> *Der Haß, der Geist, das Blut: das Leben wacht.*
> *Das Leben, das lebendige, allmächtge –*
> *Man kann es haben und doch sein' vergessen!* ...

Was ist das für ein Jüngling der da ausruft: »das Leben, man kann es haben und doch sein vergessen«? was für merkwürdige Zustände![7] – so wird Hofmannsthal mehr als zwanzig Jahre später selber diese Stelle unterstreichen. Man versteht sie nicht ganz, wenn man ihre antizipatorische Bedeutung für die geplante Fortsetzung nicht beachtet: Es ist die pestverseuchte, verachtete Stadt, in der die Tizianschüler im Tod die Lebenserhöhung erleben werden, die Rückkehr ins Lebendige, dem sie entfremdet waren. Aber die Stelle

---

7 *Ad me ipsum. Aufzeichnungen* S. 224.

braucht über das Fragment dennoch nicht hinauszuführen, sie hat ihren Sinn auch als Abschluß von Gianinos Monolog – ein Abschluß, dessen Begrifflichkeit – die dreimalige Wiederholung des Schlüsselwortes *Leben*, das in der Schilderung selbst unausgesprochen blieb – das Erwachen markiert, die Vertreibung aus dem Paradies der Unbefangenheit, deren Vertreter Gianino war. So erscheint auch dieses Jünglingsporträt, das erste im Werk des jungen Hofmannsthal, in einem elegischen Licht, gleichsam im Abschiednehmen. Wie wenig es die Dramatik Hofmannsthals tragen kann, zeigt nicht nur der Platz, den Gianinos Monolog als Dichtung im Spiel einnimmt; es geht auch aus dem nächsten lyrischen Drama, dem *Tor und Tod* hervor, dessen Held, Claudio, wieder aus dem müden Geschlecht Andreas und der Tizianschüler stammen wird. Im *Tod des Tizian* aber hat Gianino zwei Brüder: den Pagen des Prologs und das Bild des Infanten, in dem sich der Page erkennt, so wie der Leser in Gianino wieder den Pagen erkennen wird. Den Pagen erinnert das ganze Stück an ihn selbst, es gefällt ihm, *weils ähnlich ist wie ich:*

> *Vom jungen Ahnen hat es seine Farben*
> *Und hat den Schmelz der ungelebten Dinge;*
> *Altkluger Weisheit voll und frühen Zweifels,*
> *Mit einer großen Sehnsucht doch, die fragt.*
> *[...]*
> *So, dünkt mich, ist das Leben hier gemalt*
> *Mit unerfahrnen Farben des Verlangens*
> *Und stillem Durst, der sich in Träumen wiegt.*
> (GLD 252 / KD 6 f.)

Treffendere Worte hat die Forschung bis zum heutigen Tag nicht gefunden für Hofmannsthals lyrische Dramen: für ihren Zauber und für ihre Grenzen.

Der Tor und der Tod

XIV

Mit der 1893 entstandenen und im *Modernen Musenalmanach für 1894* erschienenen Dichtung *Der Tor und der Tod* schließt die erste Reihe von Hofmannsthals lyrischen Dramen. Was 1891 in *Gestern* noch nicht frei von Fehlern des Anfängers begann, im Jahr darauf mit dem *Tod des Tizian* schon eine höhere Stufe erreichte, aber Fragment blieb, gipfelt nun in dem Spiel vom Toren und dem Tod, dieser *kleinen Totentanzkomödie* (GLD 178) – wie der aus dem Nachlaß erst publizierte Prolog es nennt – einem Werk, das zu Recht das vielleicht berühmteste des jungen Hofmannsthal ist. Es fällt auf, wie wenig man in der Literatur über Hofmannsthal einen Blick hat für den Prozeß, als der sich die Folge der lyrischen Dramen verstehen läßt, sobald man sie nicht als undifferenzierte Einheit sieht, sondern, auf die Entstehungszeiten achtend, in ihrem inneren Zusammenhang zu verstehen sucht. So wie der *Tod des Tizian* Probleme von *Gestern* wieder aufnimmt und zu lösen versucht, Probleme thematischer wie formaler Natur, so schließt *Der Tor und der Tod* an das Tizian-Fragment und auch an den Erstling *Gestern* wieder an. Vollendeter als die beiden Vorgänger, gewichtiger als die im selben Jahr entstehende *Idylle* (das kürzeste der lyrischen Dramen), scheint *Der Tor und der Tod* zunächst das letzte, krönende Stück der lyrischen Dramen zu sein – erst vier Jahre später, 1897, entstehen die vier anderen, die wiederum Themen aus *Tor und Tod* übernehmen und näher ausführen: *Der weiße Fächer*, *Der Kaiser und die Hexe*, *Die Frau im Fenster* und *Das Kleine Welttheater*. Die vier Jahre, die zwischen den beiden Dramengruppen liegen, sind – auch das wird meist zu wenig beachtet – die Entstehungszeit der wichtigsten Gedichte des jungen Hofmannsthal. So viel zur Chronologie.

Hofmannsthal hat in seinem schon zitierten Brief an Walther Brecht selber darauf hingewiesen, daß *Der Tor und der Tod* das gleiche Motiv gestaltet wie die geplante Fortsetzung des *Tod des Tizian:* die Lebenserhöhung durch den Tod, das Erleben des Lebens in der höchsten Zusammendrängung, in der Stunde des Sterbens. Das Motiv steht freilich auch im Zentrum des Tizian-Fragments, als das Erlebnis des sterbenden Meisters, dessen Ausruf *Es lebt der große Pan!* davon zeugt – aber erst im *Tor und Tod* wird es in seinem Ursprungszusammenhang gezeigt, erst hier enthüllt sich die Verknüpfung zwischen dem Motiv vom Tod, der das Leben ist, und dem andern: dem vom ungelebten Leben; erst hier wird der Funktionscharakter deutlich, der dem Tod in der Dichtung Hofmannsthals zukommt und der die Brücke schlägt zu den späteren Werken: zur *Ariadne auf Naxos* und, entscheidend modifiziert, zu den Lustspielen, deren erstes, *Silvia im »Stern«*, das Todesmotiv immerhin noch beibehält. Hat man diesen Zusammenhang vor Augen, so wird man zögern, von einer »Todeserotik« des jungen Hofmannsthal zu sprechen: Noch die Verklärung des Todes steht hier im Dienst des Lebens.

Es hat zweifellos zum Gelingen dieses dritten lyrischen Dramas beigetragen, daß Hofmannsthal nun auf die Renaissancewelt, die in den beiden ersten weder der Kulissenhaftigkeit noch der fatalen Bindung an den herrschenden Zeitgeschmack der Gründerjahre entraten konnte, verzichtet hat: Die große Renaissancetragödie *Ascanio und Gioconda*, an der er 1892 arbeitet, bleibt denn auch unvollendet, und das Stück, das gleichsam an ihre Stelle tritt und zum ersten Mal die große Dramenform verwirklicht, wagt den Schritt nur bis zum Rokoko zurück, ins Venedig Casanovas, zu dem die Verbindung in Wien nie abgebrochen war. Die Zeit von *Der Tor und der Tod* sind die zwanziger Jahre des 19. Jahrhunderts, der Schauplatz ein Studierzimmer im Empiregeschmack. Wie in *Gestern,* und aus demselben Grund, ist der Raum auch hier von Kunstwerken und Kunstgegenständen bestimmt: einem Glaskasten mit Altertümern, einer gotischen Truhe mit Schnitzereien, altertümlichen Musikinstrumenten und dem Bild eines italienischen Meisters. Gegenüber *Gestern* und auch dem *Tod des Tizian*, in dem zwei Bilder Tizians über die Bühne getragen werden, ist dies alles diskreter geworden, so wie auch das Problem von Kunst und Ästhetentum zwar keineswegs verschwindet, aber nun viel verhaltener zur Sprache kommt.

Dieser Raum umgibt Claudio, der am Fenster die versinkende Abendsonne, die Berge, die unter ihm liegenden Städte und das Meer betrachtet. Sein Diener meldet ihm verängstigt seltsame Gestalten, die im Garten sitzen und nicht von dieser Welt zu sein scheinen. Dann erklingt Geigenspiel: Es stammt aus der Totentanztradition, ist aber zugleich der erste Ausdruck jenes Motivs, das aus dem *Tod des Tizian* übernommen ist und nun das ganze Geschehen bestimmt. Immer klarer wird es im Lauf des Spiels hervortreten und seinen Sinn offenbaren. Von der Musik, die er noch für das Geigenspiel eines Bettlers hält, sagt Claudio, es sei ihm, *Als strömte von den alten, stillen Mauern / Mein Leben flutend und verklärt herein.* (GLD 277 / KD 25) *Weither mit großem Glockenläuten / Ankündigt sich ein kaum geahntes Leben* [...] (GLD 278 / KD 26) Dem antworten die Verse, mit denen sich der eintretende Spieler vorstellt. Auf Claudios *Geh weg! Du bist der Tod. Was willst du hier? / Ich fürchte mich* [...], erwidert er:

> *Steh auf! Wirf dies ererbte Graun von dir!*
> *Ich bin nicht schauerlich, bin kein Gerippe!*
> *Aus des Dionysos, der Venus Sippe,*
> *Ein großer Gott der Seele steht vor dir.*
> (GLD 279 f. / KD 27)

Richard Alewyn hat in seiner Analyse von *Tor und Tod* (*Der Tod des Ästheten* – Alewyn 64-77) den geistesgeschichtlichen Ursprung dieser Verse, eine romantische Synthese von heidnischem Dionysos-Kult und christlicher Mystik, dargestellt und davon gesprochen, daß *dem geheimen Kult dieses Todesgottes die ganze Generation des Jahrhundertendes inbrünstig ergeben* (a.a.O. 76) war: Schopenhauer und Nietzsche waren die wichtigsten Vermittler. *Für eine kurze Zeit*, schreibt Alewyn, ist diesem Todesgott *auch das Werk des jungen Hofmannsthal gewidmet* (a.a.O.). Man darf in der Tat die Bedeutung, die ihm bei Hofmannsthal zukommt, nicht allzu hoch einschätzen, und selbst bei den Werken der gemeinten Zeit (1892-93), beim *Tod des Tizian* und dem *Tor und Tod*, fragt es sich, ob sie wirklich diesem Todesgott gelten, ob nicht Hofmannsthal dieser Zeitströmung (die Alewyn an dem Wunsch der Ibsenschen Hedda Gabler, *mit Weinlaub im Haar in Schönheit* zu *sterben* exemplifiziert) nur dem Scheine nach folgt, um im Bild des dionysischen Todes eine durchaus nicht der Mode verhaftete, auch nicht auf Nietzsche und Schopenhauer zurückgehende und in ihrer Radikalität und Schwierigkeit jeder Popularisierung sich entziehende Einsicht in die Dialektik von Tod und Leben zu gestalten. Was damit gemeint ist, wird deutlich, wenn man den zitierten Versen, in denen sich der Tod als *ein großer Gott der Seele* bezeichnet, oder dem Brief Hofmannsthals über die *Todesorgie* der Tizianschüler die späteren Stellen aus *Der Tor und der Tod* gegenüberstellt. So spricht Claudio, nachdem die Gestalten der Mutter, der Geliebten und des Freundes an ihm vorübergezogen sind und er die Lehre gezogen hat, die Verse zum Tod:

> [...] *Gewähre, was du mir gedroht:*
> *Da tot mein Leben war, sei du mein Leben, Tod!*
> *Was zwingt mich, der ich beides nicht erkenne,*
> *Daß ich dich Tod und jenes Leben nenne?*
> (GLD 291 / KD 37)

Und seine letzten Worte, bevor er *tot zu den Füßen des Todes niedersinkt*, lauten:

> *Wenn einer träumt, so kann ein Übermaß*
> *Geträumten Fühlens ihn erwachen machen,*
> *So wach ich jetzt, im Fühlensübermaß,*
> *Vom Lebenstraum wohl auf im Todeswachen.*
> (*GLD* 292 / *KD* 37)

Souverän wird hier die alte, euphemistische Schlafmetaphorik für den Tod in ihr Gegenteil verkehrt. Calderons *Das Leben ein Traum* hält darüber schützend die Hand, mehr aber noch verdankt die kühne Formulierung Hofmannsthals jener dialektischen Anschauung vom Traum, in der das Erwachen nicht von außen, den Traum zerstörend, hinzutritt, sondern aus dem Traum selber hervorgeht, durch einen dialektischen Umschlag, den die Potenzierung des Traums herbeiführt. Bei Novalis heißt es in den Fragmenten des *Blütenstaub*: *Wir sind dem Aufwachen nah, wenn wir träumen, daß wir träumen.*[1] An die Stelle dieser Reflexivität, (man träumt, daß man träumt) tritt in Claudios Worten das *Übermaß geträumten Fühlens*. Auf ihn selbst bezogen, meint es jene Intensität, von der er zum Tod sagt:

> *In eine Stunde kannst du Leben pressen,*
> *Mehr als das ganze Leben konnte halten.*
> (*GLD* 291 / *KD* 37)

Aber dieses Fühlen ist, solange er lebt, nur ein geträumtes: Denn sein ganzes Leben war ein wirklichkeitsferner Traum. Hier schon ist die Dialektik von Leben und Tod deutlich: Der Tod wird zum Erwachen statt zum Entschlafen, weil das Leben ein Traum war, statt ein Wachen zu sein. Ohne diesen metaphorischen Umweg hat es ein Vers Claudios kurz zuvor mit einer Knappheit und antithetischen Schärfe gesagt, die uns wiederum daran erinnert, daß die Sprache der lyrischen Dramen mit dem Terminus »Wortmagie« höchst unzurei-

---

[1] Novalis (Friedrich von Hardenberg), *Schriften*. Hrsg. Ludwig Tieck und Friedrich Schlegel. Berlin 1826, Zweiter Theil, S. 103.

chend erfaßt ist. Der schon zitierte Satz lautet: *Da tot mein Leben war, sei du mein Leben, Tod!*
Der Kausalnexus weist auch der Interpretation den Weg: Sie darf sich nicht beim dionysischen Todesgott, der das Leben ist, aufhalten, sondern hat sich dem als tot empfundenen Leben zuzuwenden und zu fragen, warum es sich in sein Gegenteil verkehrt hat. Was im *Tod des Tizian* mit den Worten *bleich* und *matt*, vom sterbenden Meister auf seine früheren Bilder und somit auf sein Leben geprägt, nur angedeutet war – das wird in Claudios Worten unbarmherzig genannt und mit höchster Luzidität auf seinen Grund zurückgeführt. Die erste Erkenntnis geht dem Auftreten des Todes voraus, sie ist mit dem Blick Claudios auf die Dörfer und Städte verbunden, mit dem eine Szene aus dem *Tod des Tizian* wiederkehrt und in der Wiederkehr zurückgenommen wird. An die Stelle der Verachtung, die Desiderio für die gewöhnlichen Menschen hegt, *die die Schönheit nicht erkennen* (GLD 260 / KD 12), tritt bei Claudio die Sehnsucht, und seine Sehnsucht mündet in Selbsterkenntnis, in Selbstentlarvung.

> *Wie nah sind meiner Sehnsucht die gerückt,*
> *Die dort auf weiten Halden einsam wohnen*
> *Und denen Güter, mit der Hand gepflückt,*
> *Die gute Mattigkeit der Glieder lohnen.*
> *[...]*
> *Jetzt zünden sie die Lichter an und haben*
> *In engen Wänden eine dumpfe Welt*
> *Mit allen Rausch- und Tränengaben*
> *Und was noch sonst ein Herz gefangenhält.*
> *Sie sind einander herzlich nah*
> *Und härmen sich um einen, der entfernt;*
> *Und wenn wohl einem Leid geschah,*
> *So trösten sie ... Ich habe Trösten nie gelernt.*
> *[...]*
> *Was weiß ich denn vom Menschenleben?*

> *Bin freilich scheinbar drin gestanden,*
> *Aber ich hab es höchstens verstanden,*
> *Konnte mich nie darein verweben.*
> *Hab mich niemals daran verloren.*
> *Wo andre nehmen, andre geben,*
> *Blieb ich beiseit, im Innern stummgeboren.*
> [...]
> *Wenn ich von guten Gaben der Natur*
> *Je eine Regung, einen Hauch erfuhr,*
> *So nannte ihn mein überwacher Sinn,*
> *Unfähig des Vergessens, grell beim Namen.*
> *Und wie dann tausende Vergleiche kamen,*
> *War das Vertrauen, war das Glück dahin.*
> *Und auch das Leid! zerfasert und zerfressen*
> *Vom Denken, abgeblaßt und ausgelaugt!*
> (GLD 270 ff. / KD 19 ff.)

Nicht zufällig erinnert der letzte Vers an den von »des Gedankens Blässe angekränkelten« Hamlet. Alewyn hat überzeugend auf die Ahnen Claudios verwiesen: Auch Faust gehört zu ihnen, und das erklärt die oft ans Peinliche grenzende Nähe der Sprache des *Tor und Tod* zur Goetheschen Dichtung. Es bleibt merkwürdig, daß der junge Hofmannsthal seinen doch schon im *Tod des Tizian* nicht nur selbständigen, sondern auch meisterhaft gehandhabten Stil um einer thematischen Verwandtschaft willen – auch der Auftritt des Todes erinnert an Mephistos Eintreten in Fausts Studierkammer – oder von dieser Verwandtschaft verführt, in solchem Ausmaß wieder opfern konnte. Doch für uns ist im Augenblick der genaue Sinn und der Hintergrund der zitierten Verse wichtiger als die Ahnenreihe Claudios: Nur seine Hofmannsthalschen Vorfahren, die aus *Gestern* und dem *Tod des Tizian*, dürfen wir nicht aus den Augen verlieren.

Der *überwache Sinn*, der alles beim Namen nennt; das Vergleichen, das eines gegen das andere in Gedanken abwägt und das Versinken im Glück des jeweiligen Augenblicks verhindert; das Denken, das die Gefühle überlagert und zerfrißt – sie tragen, nach Claudios Einsicht, die Schuld daran, daß er sein Leben nicht gelebt hat. Von hier fällt ein klärendes Licht auf *Gestern*. Was uns seinerzeit an Andrea auffiel: daß er in seinem zu Beginn entfalteten Credo sich wütend gegen das Ergründenwollen, gegen das Benennen, gegen das Vergleichen von Heute und Gestern wendet, daß er aber anderseits ganz von den Mauern der Reflexion umgeben ist, unfähig, einem Genuß sich ganz hinzugeben, weil er fürchtet, er versäume darüber einen anderen, tieferen – dieser Widerspruch in Andreas Charakter, den Hofmannsthal dadurch noch deutlicher macht, daß Arlette tatsächlich das Leben lebt, das Andrea lehrt, und daß, indem sie es lebt und Andrea betrügt, dessen programmatische Welt einstürzt und die These von der Nichtexistenz des Gestern sich in ihr Gegenteil verkehrt: Dieser Widerspruch wird uns jetzt erst ganz verständlich. Er ist keineswegs bloß um der dramatischen Wirkung, um der Spannung der Demaskierung willen erfunden. Sondern er erklärt sich aus dem Kampf, den Andrea gegen die Bedingung seiner geistigen Existenz führt – während Claudio diese Bedingung erst im Augenblick seines Sterbens gewahrt. Andrea wußte um die zerstörerischen Folgen seines *überwachen Sinns* und versuchte ihm zu entrinnen, indem er verzweifelt das Gegenteil dessen pries und für sein eigenes Leben ausgab, was in Wahrheit sein Leben war. So ist Hofmannsthals Erstling nicht bloß seine erste Kritik am ästhetischen Dasein, sondern zugleich der erste Versuch, es zu überwinden, und die Einsicht in die Vergeblichkeit dieses, an Andrea vorgeführten, Versuchs. Mit anderen Mitteln wird er im *Tor und Tod* wiederaufgenommen: Hier soll nicht die Lüge, sondern die tiefere Wahrheit, nicht die Maske, sondern die Selbsterkenntnis den Weg weisen aus der Lebensferne des Ästhetismus und der Reflexivität.

Erkannt wird im *Tor und Tod* der Grund dieser Lebensferne. Was in dem Prolog zum *Tod des Tizian* erst anklang:

Altkluger Weisheit voll und frühen Zweifels, / Mit einer großen Sehnsucht doch, die fragt (GLD 252 / KD 6) nennt der Page das folgende Spiel –, das wird von Claudio in aller Schärfe begriffen. Noch vor der Konfrontierung mit dem Tod und den drei Gestalten aus seinem Leben spricht er die Verse:

> *Stets schleppte ich den rätselhaften Fluch,*
> *Nie ganz bewußt, nie völlig unbewußt,*
> *Mit kleinem Leid und schaler Lust*
> *Mein Leben zu erleben wie ein Buch,*
> *Das man zur Hälft noch nicht und halb nicht*
> *mehr begreift,*
> *Und hinter dem der Sinn erst nach Lebendgem*
> *schweift –*
> *Und was mich quälte und was mich erfreute,*
> *Mir war, als ob es nie sich selbst bedeute,*
> *Nein, künftgen Lebens vorgeliehnen Schein*
> *Und hohles Bild von einem vollern Sein.*
> *So hab ich mich in Leid und jeder Liebe*
> *Verwirrt mit Schatten nur herumgeschlagen,*
> *Verbraucht, doch nicht genossen alle Triebe,*
> *In dumpfem Traum, es würde endlich tagen.*
> (GLD 274 / KD 23)

Schon hier wird die Traummetaphorik der Schlußverse vorbereitet: das Leben als dumpfer Traum bezeichnet, der im Warten aufs Tagen vergeht. Aber zugleich wird gesagt, was diesen Traumzustand verschuldet hat. Die ästhetische Distanz zum eigenen Leben, die schon Andreas Schicksal ist, hier wird sie in dem Bild erfaßt, demzufolge Claudio sein Leben wie ein Buch erlebt, und sie wird zugleich näher bestimmt: [...] *wie ein Buch, / Das man zur Hälft noch nicht und halb nicht mehr begreift*. Diese nähere Bestimmung ist zeitlicher Art, sie besteht darin, daß der Traumzustand, zu dem Claudio das ganze Leben wurde, als ein

Zwischenzustand, eine Zwischenzeit aufgefaßt wird. Wenn Claudio sein Leben *zur Hälft noch nicht und halb nicht mehr* begriffen hat, so deshalb, weil er es maß an einem Verlorenen und einem erst Erhofften. Das besagen die nächsten Verse ohne den Umweg der Buch-Metapher: *Und was mich quälte und was mich erfreute, / Mir war, als ob es nie sich selbst bedeute, / Nein, künftgen Lebens vorgeliehnen Schein / Und hohles Bild von einem vollern Sein.* Das Gefühl, daß das, was man erlebt, nicht sich selbst bedeutet, ist der Hebel, der einen über den Augenblick, in dessen Genuß man versinken möchte, immer schon hinaushebt und die Distanz schafft, die auch die Menschen, mit denen einen das wirkliche Erleben verbinden würde, zu Schatten entwirklicht. Schon in dieser Stelle leuchtet der tiefere Sinn von Hofmannsthals *Totentanzkomödie* auf – die Schatten, als die dem Toren die Toten: die Mutter, die Geliebte und der Freund, an denen er sich versündigt hat, erscheinen, sie sind nichts anderes, als wofür er sie schon nahm, als sie noch lebten: nicht anders als sein eigener Tod ihm nur bewußt macht, daß er sein Leben nicht gelebt hat, daß sein Leben der Tod war.

Claudio hat es nicht gelebt, weil es ihm nur eines künftigen Lebens *vorgeliehner Schein / und hohles Bild von einem vollern Sein* war. Das verhinderte jene impressionistische Hingabe ans Heute, die Andrea lehrt und deren Problematik er zugleich vor Augen führt. Sie hat Hofmannsthal in seiner Jugend wohl verlockt: Die Gestalt Arlettes ist der Beweis, daß sie ihm weder unmöglich noch reizlos erschien. Aber schon als er den *Tor und Tod* schrieb, mag Hofmannsthal geahnt haben, was er im Rückblick über Claudio vermerkt und was die Werke seiner späteren Jahre bestimmt: *Im »Tor und Tod« bezieht die Selbstanklage sich [...] auf die schwankende Zugehörigkeit zum Reich des Ewigen und des Vergänglichen – auf die Unfähigkeit, jeden einzelnen Augenblick [...] durch den Überschwang ins Reich des Ewigen zu heben* (Aufzeichnungen 227). Das Fal-

sche an Claudios Existenz war also nicht schon, daß er das Hier und Jetzt als Bild eines vollern Seins genommen hat, sondern erst, daß es ihm nicht gelang, die Vermittlung zwischen dem Vergänglichen und dem Ewigen oder: zwischen dem Jetzt und dem verlorenen Einst und erhofften Dereinst ganz zu vollziehen. Erst dann nämlich wäre das Hier und Jetzt wirklich der Schein oder das Bild des andern geworden und nicht bloß, wie Claudio bekennt, sein *vorgeliehner Schein*, sein *hohles Bild*.
Doch was ist dieses »Andere« und wie kommt es dazu, daß der Mensch sein Leben an ihm messen kann? Claudio sagt es in seinem Schlußmonolog:

> *Warum bemächtigt sich des Kindersinns*
> *So hohe Ahnung von den Lebensdingen,*
> *Daß dann die Dinge, wenn sie wirklich sind,*
> *Nur schale Schauer des Erinnerns bringen?*
> (*GLD* 291 / *KD* 36)

Man bemerkt, daß die temporale Struktur des Zwischenzustands, als der Claudio sein Leben erscheint, hier modifiziert ist. Das *zur Hälft noch nicht und halb nicht mehr*, jene *schwankende Zugehörigkeit zum Reich des Ewigen und des Vergänglichen*, erweist sich als die Spannung nicht einfach zwischen dem Vergangenen und dem Künftigen, sondern als die Spannung zwischen der Gegenwart und dem Bild, das die Vergangenheit von ihr, als ihrer Zukunft, sich gemacht hatte und das als Erinnerung überlebt. Es ist die Enttäuschung des der Kindheit Entwachsenen, der das Leben, das ihm noch keine Wirklichkeit war, schon verstand, und der es nun, da es seine Wirklichkeit ist, nicht als solche nehmen kann, weil sie der frühen Ahnung nicht genügt und vom frühen Verstehen, jenem *überwachen Sinn*, verworfen und zerstört wird. Um diesen Zusammenhang möglichst pointiert ausdrücken zu können, griff Hofmannsthal in Claudios erstem Monolog zum Mittel des grammatischen Reims, bei dem zwei verschiedene Ableitungen desselben Wortstamms verbunden werden:

> *Was weiß denn ich vom Menschenleben?*
> *Bin freilich scheinbar drin gestanden,*
> *Aber ich hab es höchstens verstanden* [...]
> (GLD 271 / KD 21)

So sehr man sonst versucht sein mag, Hofmannsthals Problematik in jene geschichtsphilosophische Tradition zu stellen, die – zumal bei den Frühromantikern: bei Friedrich Schlegel, bei Novalis, und zuvor schon bei Schiller – einer ungebrochenen ersten Epoche der Naivität, der Natur, eine zweite: sentimentalische, reflektierte der Kunst gegenüberstellt – hier ergibt sich ein wesentlicher Unterschied. Es erweist sich als das spezifisch Hofmannsthalsche, daß das Moment des Verstehens – das bei Schlegel das Künstliche, Zergliederte der Spätzeit verschuldet – bei Hofmannsthal gerade ein Rest der Frühzeit, des Kindseins, ist: jene *altkluge Weisheit,* die er im Prolog zum *Tod des Tizian* mit zärtlicher Selbstkritik seinem Werk selber bescheinigt.

Aber noch in einem weiteren wichtigen Punkt verhilft uns *Der Tor und der Tod* zum Verständnis auch der beiden lyrischen Dramen, die ihm vorausgehen. So wie erst hier das Motiv vom Tod, der das Leben ist, aus dem *Tod des Tizian* und die Gegensatzspannung zwischen Impressionismus und Reflexion in *Gestern* ganz durchsichtig werden, so fällt erst von hier auf den Ästhetismus, der beide Werke bestimmt, das klärende Licht. Hatten uns *Gestern* und *Der Tod des Tizian* das Verlockende und das Gefährliche dieser Haltung gezeigt, die an die Stelle des Lebens die Kunst setzt, die das Leben als Kunstwerk nimmt, so werden uns jetzt die Augen geöffnet für ihre Motive: Wir verstehen nun, warum Hofmannsthals Helden Ästheten geworden sind. Claudios ersten Monolog unterbricht der Diener, der eine Lampe bringt: Nun wendet sich Claudio von der Außenwelt, die ihm seine eigene Existenz aus dem Gegensatz heraus deutlich gemacht hat, ab und dem Intérieur seines Studierzimmers zu, das zugleich das objektive Korrelat zu seinem Innern ist:

> *Jetzt läßt der Lampe Glanz mich wieder sehen*
> *Die Rumpelkammer voller totem Tand,*
> *Wodurch ich doch mich einzuschleichen wähnte,*
> *Wenn ich den graden Weg auch nimmer fand*
> *In jenes Leben, das ich so ersehnte.* (GLD 272/KD 22)

Die Antiquitäten, aus denen er seine Umwelt errichtet hatte, die Kunstwerke als Abbild des Lebens – zu ihnen nahm der aus der Kindheit Erwachte seine Zuflucht, da ihm die Wirklichkeit des Lebens, von der *hohen Ahnung,* von dem Bild vom *vollern Sein* gerichtet, zum Traum zu verflüchtigen drohte. Aber diese Zuflucht war trügerisch. Vor dem Bild eines italienischen Meisters spricht Claudio:

> *Gioconda, du, aus wundervollem Grund*
> *Herleuchtend mit dem Glanz durchseelter Glieder,*
> *Dem rätselhaften, süßen, herben Mund,*
> *Dem Prunk der träumeschweren Augenlider:*
> *Gerad so viel verrietest du mir Leben,*
> *Als fragend ich vermocht dir einzuweben!*
> (GLD 273/KD 22 – Hervorh. von Sz.)

Das ist die Antwort auf den *Tod des Tizian,* in dem die Tizianschüler das Leben leben wollen, das Tizian durch seine Bilder schafft. Die Ernüchterung, die ihnen in der geplanten Fortsetzung bereitet werden sollte, sie holt *Der Tor und der Tod* nach: Auch darin erweist sich diese Dichtung als stellvertretend für das Fragment, das ihr vorausgeht. Nicht die Kunst freilich wird durchschaut, sondern wiederum nur der Ästhetismus. Anders als der Künstler ist der Ästhet unfähig, das Leben ins Kunstwerk zu überhöhen und damit neues Leben zu schaffen: Er sucht das Leben, das er selber nicht leben kann, aus dem von anderen geschaffenen Kunstwerk zu beziehen. Aber nun erkennt Claudio, daß das Bild der Gioconda ihm nur so viel Leben verriet, als er fragend in sie einzuweben vermochte: Die Kunst war nur die Projektion seines Innern, und sein Inneres nur ein Fragen, eine Sehnsucht, der die Antwort, die Erfüllung versagt blieb.

Eine trügerische Zuflucht ist die Kunstwelt nicht nur, weil sie den Wunsch nach Leben nicht erfüllen kann; sie ist es auch, weil sie selber verhindert, daß dieser Wunsch dort in Erfüllung gehe, wo er es allein könnte: in der Wirklichkeit. Vor den kunstvollen Schnitzereien der gotischen Truhe stehend, spricht Claudio:

> *Ihr Kröten, Engel, Greife, Faunen,*
> *Phantastsche Vögel, goldnes Fruchtgeschlinge,*
> *Berauschende und ängstigende Dinge,*
> *Ihr wart doch all einmal gefühlt,*
> *Gezeugt von zuckenden, lebendgen Launen,*
> *Vom großen Meer emporgespült,*
> *Und wie den Fisch das Netz, hat euch die Form gefangen!*
> *Umsonst bin ich, umsonst euch nachgegangen,*
> *Von eurem Reize allzusehr gebunden:*
> *Und wie ich eurer eigensinnen Seelen*
> *Jedwede, wie die Masken, durchempfunden,*
> *War mir verschleiert Leben, Herz und Welt,*
> *Ihr hieltet mich, ein Flatterschwarm, umstellt,*
> *Abweidend, unerbittliche Harpyen,*
> *An frischen Quellen jedes frische Blühen ...*
> *Ich hab mich so an Künstliches verloren,*
> *Daß ich die Sonne sah aus toten Augen*
> *Und nicht mehr hörte als durch tote Ohren* [...]
> (*GLD* 273 f./*KD* 22 f.)

Die Kunst, die im *Tod des Tizian* als Lebensschöpfung gefeiert wird, erweist hier ihre Schattenseite, ihr Tödliches: Wie beiläufig berührt Hofmannsthal ein Thema, das später in der Lebensphilosophie, zumal bei Simmel, eine große Rolle spielen wird: der Gegensatz, in den die Form als fixierte, geronnene, zum Ewig-Fließenden des Lebens tritt – so vergleicht Claudio die geschnitzten Formen einem Netz, welches das vom großen Meer des Lebens Emporgespülte fängt und tötet.

Von der Kunstwelt umstellt, die er für das Leben nehmen wollte, blieb Claudio abgeschnitten vom wirklichen Leben. Und wo dieses ihm begegnete, in der Gestalt eines anderen Menschen, wurde es selbst als Welt der Kunst genommen, als Spiel, in dem die Gesten keine Gefühle verbürgen und keine Taten bedingen. Zu spät begreift das Claudio, aber zum ersten Mal in Hofmannsthals lyrischen Dramen wird begriffen und gesagt, daß dieses Leben keines ist. Wie ungelebt sein Leben war, wie wenig reif er für den Tod ist, Claudio will es diesem klarmachen, indem er ihm *Pakete geordneter alter Briefe* vorzeigt:

> *Mit Schwüren voll und Liebeswort und Klagen;*
> *Meinst du, ich hätte je gespürt, was die –*
> *Gespürt, was ich als Antwort schien zu sagen?!*
> (GLD 283/KD 30 – Hervorh. von Hofmannsthal)

Ein *Ewigspielender* (GLD 288/KD 34) wird er von dem Jugendfreund genannt, der nach der Mutter und der Geliebten, sein Zimmer betritt: *der keinem etwas war und keiner ihm* (GLD 290/KD 36) – damit schließt er, und Claudio nimmt die Worte zu Beginn seines letzten Monologs wieder auf: *Wohl keinem etwas, keiner etwas mir* (a.a.O.) und vergleicht sich selber einem Komödianten, und sein Leben der Bühne, wie er es früher einem Buch verglichen hatte. Was Claudio seinen Brüdern Andrea und den Tizianschülern voraus hat, ist der Blick für das, was an die Stelle der ästhetischen Distanz zu treten hätte; für das, was die ästhetische Distanz verhindert hat; Er erkennt es schon zu Beginn, noch bevor der Tod und die Gestalten aus seinem Leben ihm seine Schuld vorrechnen: in jenem sehnsüchtigen Blick auf die Bewohner der umliegenden Dörfer, die *einander herzlich nah* sind und sich *mit einfachen Worten / Was nötig zum Weinen und Lachen, sagen* (GLD 271/KD 20 f.) können. Der Tod wird den Sinn des Lebens, das Kriterium, daß man sein Leben lebt, in den Vers fassen: *Man bindet und man wird gebunden* (GLD 282/KD 29), und Claudio, noch in der Hoffnung, er könne dem Tod entrinnen, verspricht, was nun ein Versprechen für Hofmannsthals ganzes Werk sein wird, dessen Erfüllung es ebenso darstellt wie es sie selber zu realisieren versucht: *Ich will die Treue lernen, die der Halt / Von allem Leben ist . . .* (GLD 282/KD 30). Hofmannsthal hat in diesen Versen selber die Keimzelle seiner späteren Dichtung, zumal der Lustspiele, gesehen, und es ist nicht unwichtig, bei einer historischen Darstellung seiner frühen Dramatik, auf dieses erste Auftreten des später in den Mittelpunkt rückenden Motivs hinzuweisen. Das Lernen der Treue – der Ausbruch aus der Unverbindlichkeit des ästhetischen Daseins (Er fixiere nicht, weil er nicht genug Herz hat, sagt Antoinette von Hans Karl, dem Schwierigen[2]), der Schritt in die Wirklichkeit des Lebens – das tritt im *Tor und Tod* erst als Ziel auf. Um es darzustellen, hat Hofmannsthal auf die Monologie, auf die handlungsfreie Lyrik seiner kleinen Dramen verzichten und den Weg der Komödie einschlagen müssen.

Es bleibt uns ein letzter Blick auf die formale Struktur von *Der Tor und der Tod* zu werfen.[3] Sosehr es sich mit seinen

---

[2] *Der Schwierige*, 1. Akt, 8. Szene. In: Hugo von Hofmannsthal, *Lustspiele* II. Hrsg. Herbert Steiner. Stockholm 1948, S. 297. (Im weiteren zitiert als: *Lustspiele* II.)

[3] An dieser Stelle folgt in der Fassung der Vorlesung, die Szondi in Jerusalem hielt: »die uns zugleich die Zugehörigkeit dieses Stückes zu der Tradition des lyrischen Dramas im Fin de siècle erweist, die von Mallarmés *Hérodiade*-Szene begründet wurde.«

Vorgängern und den vier anderen lyrischen Dramen von 1897 zu einer Gruppe zusammenschließt und sich von dem späteren Dramenwerk Hofmannsthals abhebt, sosehr bildet es doch zugleich eine eigenständige Variante, in der auch formale Probleme gelöst werden, an denen *Gestern* und der *Tod des Tizian* noch kranken.

Gegenüber *Gestern* fällt auf, daß auf eine Handlung verzichtet wird. Schon im *Tod des Tizian* sollte die Künstlichkeit der so deutlich bloß zur Kaschierung der Monologie erfundenen dramatischen Handlung vermieden werden, die Lösung hieß dort Dialog in der Manier Platos. Die Lösung von *Tor und Tod*, eine Anlehnung an die alte Totentanzform, an das mittelalterliche Mysterienspiel, zeichnet sich gegenüber der Dialogform zweifellos durch höhere Bühnenwirksamkeit, durch die Legitimation ihrer Verknüpfung mit der Bühne aus. Sie hat aber der Dialogform des *Tod des Tizian* auch voraus, daß sie sich, wie schon der Erstling, auf e i n e Figur konzentrieren kann: So wird sie der Monologie, die der Frühdichtung Hofmannsthals wesentlich ist und die selber erst durch Claudios Bekenntnis zur Treue überwunden wird, gerecht. Die Auflösung in einzelne Generationen, wie sie den *Tod des Tizian* bestimmt, wird hier wieder zurückgenommen; zumal der Unterschied zwischen Gianino und den übrigen Tizianschülern, der nicht die Verschiedenheit zweier Menschentypen, sondern die zweier Altersstufen desselben Menschen verdeutlichen soll, kann nun adäquat ausgedrückt werden in dem Rückblick Claudios auf sein eigenes Leben, auf sein früheres Ich, den der Tod ermöglicht. Die eigentliche Bedeutung des Todes in dieser Dichtung liegt nicht etwa in der Feier, die ihm, als einem dionysischen Gott, zuteil wird. Sie liegt vielmehr in seiner Wirkung auf Claudio. Zwei Tagebuchnotizen Hofmannsthals zeigen dies deutlich. Schon im Dezember 1891 heißt es, die beiden »Todesdichtungen« der Jahre 1892 und 1893 gleichsam entwerfend:

Das Erwachen des Gedächtnisses (Hypermnesie) im Traum,

in Krankheit, Gefahr, in der Sterbestunde. (Aufzeichnungen 93) Und im Rückblick heißt es, unter dem Datum des 4. Januar 1894: ›*Der Tor und der Tod*‹. *Worin liegt eigentlich die Heilung? – Daß der Tod das erste wahrhaftige Ding ist, das ihm begegnet, das erste Ding, dessen tiefe Wahrhaftigkeit er zu fassen imstande ist. Ein Ende aller Lügen, Relativitäten und Gaukelspiele. Davon strahlt dann auf alles andere Verklärung aus.* (a.a.O. 106) Nicht anders mußten wir die Wirkung deuten, die in *Gestern* die Entdeckung von Arlettes Untreue auf Andrea ausübte: Die beinah peinliche Diskrepanz aber, die dort der Anlaß und die Folge aufwiesen, die Banalität der »Handlung« gemessen an dem Gewicht dessen, was in Andreas Gedankenwelt sich ereignet – hier ist sie vermieden: Auch darin löst also *Der Tor und der Tod* ein frühes Formproblem Hofmannsthals. Indem der Tod das Gedächtnis erwachen läßt, indem er die Schatten der Mutter, der Geliebten und des Jugendfreundes herbeizitiert, öffnet sich zugleich die Gegenwart zur Vergangenheit hin: Die zeitliche Enge des Einakters, die sonst durch die Krisensituation ihre Fülle erlangt (Arlettes Untreue, Tizians Tod), wird hier auf viel legitimerem Weg aufgehoben, durch die zweite Realität, die das Stück als Mysterienspiel zu der ersten hinzunimmt. In dieser zweiten Realität gibt es kein dramatisches Präsens mehr, die ganze Vergangenheit strömt herein, und so kann auch jene Kindheit beschworen werden, ohne die Claudios späteres Leben – wie wir gesehen haben – nicht zu verstehen ist, die in *Gestern* beinahe unerwähnt bleiben mußte und im *Tod des Tizian* eine eigene Gestalt, die Gestalt Gianinos, bedingt hat. Gianino, das ist der junge Claudio, so wie Desiderio und Tizianello der alternde Claudio sind. Die erste Wirkung der Todesmusik auf Claudio ist denn auch die Wiederkehr *jedes Langverlornen,* sie wirft ihn *in ein jugendliches Meer,* und Claudio erlebt in der Erinnerung elegisch wieder, was im *Tod des Tizian* isoliert zum Erlebnis Gianinos wurde:

> *Ein Knabe stand ich so im Frühlingsglänzen*
> *Und meinte aufzuschweben in das All,*
> *Unendlich Sehnen über alle Grenzen*
> *Durchwehte mich in ahnungsvollem Schwall!*
> *Und Wanderzeiten kamen, rauschumfangen,*
> *Da leuchtete manchmal die ganze Welt,*
> *Und Rosen glühten, und die Glocken klangen,*
> *Von fremdem Lichte jubelnd und erhellt:*
> *Wie waren da lebendig alle Dinge,*
> *Dem liebenden Erfassen nahgerückt,*
> *Wie fühlt ich mich beseelt und tief entzückt,*
> *Ein lebend Glied im großen Lebensringe!*
> *Da ahnte ich, durch mein Herz auch geleitet,*
> *Den Liebesstrom, der alle Herzen nährt,*
> *Und ein Genügen hielt mein Ich geweitet,*
> *Das heute kaum mir noch den Traum verklärt.*
> (GLD 277 f./KD 26)

Diese Verse gemahnen, wie die Gianinos, an die Lyrik des jungen Hofmannsthal, die indessen zu der lyrischen Dramatik in einem charakteristischen Spannungsverhältnis steht. Davon soll nun die Rede sein.[4]

---

[4] In der Fassung der Vorlesung, die Szondi in Jerusalem hielt, heißt es anstelle der beiden letzten Sätze: »Die Aufhebung der Handlung, das Ineinander der Zeiten, die monologische Struktur – von Hofmannsthal in seinem dritten lyrischen Drama am deutlichsten verwirklicht – erlauben ebenso wie die Thematik von Schönheitskult, Lebensferne und Tod, diese Dichtung in dem Gattungsrahmen zu sehen, den wir an der *Hérodiade*-Szene untersucht haben und zu dessen Geschichte unsere Analyse der *Gardienne* und von *Tor und Tod* beitragen wollten – einer Geschichte, die in einem Trimester natürlich nur angedeutet werden konnte.«

Lyrik und lyrische Dramatik[1]

XV

In den Jahren 1894-96, die Hofmannsthals dramatisches Frühwerk deutlich in zwei Gruppen scheiden, entstehen seine bedeutendsten Gedichte: *Weltgeheimnis, Ballade des äußeren Lebens, Terzinen I-III, Ein Traum von großer Magie*. Der Gedanke liegt nahe, hier einen ursächlichen Zusammenhang anzunehmen. Verdankt sich, so muß man sich fragen, das Gelingen der reinen Lyrik Hofmannsthals dem Verstummen seiner lyrischen Dramatik? Um dies behaupten zu dürfen, müßte man die Einheit seiner Lyrik deutlich sehen und ihren Charakter gegen den der lyrischen Dramen abheben können. Beides indessen stößt auf Schwierigkeiten. Zwar ist Hofmannsthal nur mit wenigen Gedichten – den eben genannten und einigen anderen – in dem musée imaginaire der deutschen Lyrik vertreten (ohne daß dies seinem hohen Rang Abbruch tut), seine lyrische Produktion war aber überraschend reich und vielfältig, und sie war auch nicht auf die wenigen Jahre zwischen den ersten vier und den letzten vier lyrischen Dramen beschränkt. Die strenge Auswahl, die wir heute noch aus dieser Fülle treffen, ist Hofmannsthals eigene: Als er 1903 im Verlag von Georges *Blättern für die Kunst* seine *Ausgewählten Gedichte* erscheinen ließ, nahm er den hergebrachten Titel wörtlicher als andere: der Band enthält nur 14 Gedichte. Mit dieser Zahl kontrastiert die Zahl der Gedichte, die er in den neunziger Jahren in Zeitschriften publiziert hatte – es sind etwa achtzig –, ferner die erst aus dem Nachlaß bekanntgewordene Lyrik mit einem weiteren halben Hundert Gedichten, und einiges ist noch unveröffentlicht.

[1] Der Teil dieser Vorlesung, der die Gedichte *Frage, Dein Antlitz* und *Für mich* sowie die Stelle aus dem *Gespräch über Gedichte* behandelt, war die Grundlage des Aufsatzes *Lyrik und lyrische Dramatik in Hofmannsthals Frühwerk*. In: Peter Szondi, *Satz und Gegensatz*. Frankfurt am Main 1964, S. 58-70.

Sobald man nun den Blick auf Hofmannsthals Lyrik in ihrer Gesamtheit richtet, fällt nicht nur ihr ungleiches Niveau, sondern auch ihre Zugehörigkeit zu zahlreichen lyrischen Gattungen, zu ganz verschiedenen Modi lyrischen Sagens auf, so daß es schwerfällt, sie als geschlossene Gruppe der lyrischen Dramatik gegenüberzustellen. Der Übergänge gibt es viele: So wie uns Gianinos Monolog im *Tod des Tizian* als ein Gedicht im lyrischen Drama erschien, so könnte das Gedicht *Erlebnis (Mit silbergrauem Dufte war das Tal / Der Dämmerung erfüllt [...]* – GLD 10 f.) in einem lyrischen Drama stehen, so ist das Gedicht *Der Jüngling und die Spinne* (GLD 35 ff.) beinahe ein kleines Drama. Auf eine scharfe Grenzziehung werden wir ferner aus chronologischen Gründen verzichten müssen; zwar war die Pause in der dramatischen Produktion für die eigentlich lyrische besonders fruchtbar, in Wahrheit aber stammen Hofmannsthals früheste Gedichte aus einer Zeit, aus der wir noch keine lyrischen Dramen kennen, andere entstehen dagegen erst nach 1897.

Wollen wir dennoch versuchen, an einigen Gedichten das Verhältnis von Lyrik und lyrischer Dramatik bei Hofmannsthal abzulesen, so lohnt es, zunächst die wenigen überlieferten Gedichte aus dem Jahr 1890 zu betrachten: Hofmannsthal war sechzehn Jahre alt.

Das erste Gedicht, das Hofmannsthal veröffentlicht hat, ist *Frage* überschrieben:

FRAGE

Merkst du denn nicht, wie meine Lippen beben?
Kannst du nicht lesen diese bleichen Züge,
Nicht fühlen, daß mein Lächeln Qual und Lüge,
Wenn meine Blicke forschend dich umschweben?

Sehnst du dich nicht nach einem Hauch von Leben,
Nach einem heißen Arm, dich fortzutragen

> *Aus diesem Sumpf von öden, leeren Tagen,*
> *Um den die bleichen, irren Lichter weben?*
>
> *So las ich falsch in deinem Aug, dem tiefen?*
> *Kein heimlich Sehnen sah ich heiß dort funkeln?*
> *Es birgt zu deiner Seele keine Pforte*
> *Dein feuchter Blick? Die Wünsche, die dort schliefen,*
> *Wie stille Rosen in der Flut, der dunkeln,*
> *Sind, wie dein Plaudern: seellos, Worte, Worte...?*
> (GLD 63)

Das Gedicht ist ein Sonett, wenngleich die beiden Terzette, die ein Strophensprung verknüpft, auch graphisch eine Einheit bilden. Am Ende jedes Satzes steht ein Fragezeichen: Die Sätze wollen fragen und als Frage an ein Du sich richten. Doch im Grunde wird hier nicht gefragt, sondern enthüllt: die eigene Liebe und die Leere, auf die sie beim anderen zu stoßen meint. Das Fragen hat bloß die Aufgabe, die Verbindung des Sprechenden zum angesprochenen Du zu suggerieren, es wird eine Dialogie vorgetäuscht, obwohl gerade ihr Gegenteil erlebt wird: der Sprechende ist auf sich zurückgeworfen. Dieses Erlebnis ist nicht, wie man meinen könnte, zufälliger, anekdotischer Natur: nicht erst, daß er nicht erhört wird, macht den Fragenden einsam. Hört man den Fragen des ersten Quartetts genauer zu: *Merkst du denn nicht, wie meine Lippen beben? / Kannst du nicht lesen diese bleichen Züge –*, so wird deutlich, daß das Gegenüber des lyrischen Ich hier nicht so sehr das Du, als das eigene Spiegelbild ist. Sich selbst, nicht den anderen Menschen *umschweben* in Wahrheit seine Blicke. Nicht minder verräterisch ist das zweite Quartett: Was der Eingang der Frage nahelegt: *Sehnst du dich nicht nach einem Hauch von Leben, / Nach einem heißen Arm, dich fortzutragen*, das wird von der Fortsetzung Lügen gestraft, denn es heißt: *fortzutragen / Aus diesem Sumpf von öden, leeren Tagen, / Um den die bleichen, irren Lichter weben.* Der hier spricht, erlebt die Tage selber als öd und leer, und zu seinen bleichen Zügen, seinem gequälten Lächeln will der *heiße Arm*, den er für sich in Anspruch nimmt, wenig passen. Man ist an Andrea, den Helden von *Gestern*, das ein Jahr später entsteht, erinnert: an seine Sehnsucht nach dem Leben, an sein »falsches Bewußtsein«, das im Lauf des kleinen Spiels zerstört wird, an seine Selbstbespiegelung und seine Sprachskepsis: *Worte, Worte...?* – so schließt das Sonett. Solche Analogien können uns nicht überraschen. Sie entsprechen vielmehr der Erwartung, die sich auf die Jugend des Dichters und auf den von ihm selbst hervorgehobenen autobiographischen Zug seines Frühwerks besinnt: der Erwartung, daß aus der Lyrik und der lyrischen Dramatik des jungen Hofmannsthal dieselbe Stimme spricht. Aber schon die Gedichte der nächsten Jahre strafen diese Annahme Lügen. Denn es hat den Anschein, als sei das, was im Sonett *Frage* sowohl den Gehalt als auch den Ton prägt, zum Ausgangspunkt seiner lyrischen Dramen geworden, während seine Lyrik in ihren vollendetsten Werken andere Wege ging. Darauf deutet schon, daß in der Auswahl von 1903 nur ein einziges Gedicht die Form der Anrede kennt: Es ist das titellose Gedicht, mit dem Eingangsvers *Dein Antlitz war mit Tränen ganz beladen*, das 1896 zum ersten Mal erschien. Gerade weil auch dieses Gedicht an die Geliebte gerichtet ist, wird der Unterschied gegenüber dem sechs Jahre älteren Gedicht *Frage*, auf dem Hintergrund der gemeinsamen Form, besonders deutlich. Das Gedicht lautet:

> *Dein Antlitz war mit Tränen ganz beladen.*
> *Ich schwieg und sah dich an mit stummem Beben.*
> *Wie stieg das auf! Daß ich mich einmal schon*
> *In frühern Nächten völlig hingegeben*
>
> *Dem Mond und dem zuviel geliebten Tal,*
> *Wo auf den leeren Hängen auseinander*
> *Die magern Bäume standen und dazwischen*
> *Die niedern kleinen Nebelwolken gingen*

Und durch die Stille hin die immer frischen
Und immer fremden silberweißen Wasser
Der Fluß hinrauschen ließ – wie stieg das auf!

Wie stieg das auf! Denn allen diesen Dingen
Und ihrer Schönheit – die unfruchtbar war –
Hingab ich mich in großer Sehnsucht ganz,
Wie jetzt für das Anschaun von deinem Haar
Und zwischen deinen Lidern diesen Glanz! (GLD 15)

Die Spannung zwischen dem Erleben des Du und dem eigenen Erleben, die im frühen Gedicht verheimlicht wird und jene vorgetäuschte Dialogie erschafft, ist hier gleichsam thematisch geworden. Da diese Spannung offen ausgesprochen wird, verzerrt sie die Züge des Sprechenden nicht mehr. Die Geliebte wird nur in den ersten beiden und den letzten beiden Versen angeredet: Dazwischen steht die Erinnerung, mit dreimaligem *Wie stieg das auf!* hervorgehoben, nicht weniger auch durch das Enjambement: *Daß ich mich einmal schon / In frühern Nächten völlig hingegeben // Dem Mond und dem zuviel geliebten Tal* – die Spannung zwischen der Gegenwart der Geliebten und dem erinnerten Naturerlebnis wird durch das zunächst objektlos dastehende Wort *hingegeben*, das in die erotische Aura der Eingangsverse zu gehören scheint, in Wahrheit aber den Mond und das Tal meint, noch vergrößert. Doch diese Spannung hat nichts Verderbliches, die beiden Augenblicke – der gegenwärtige und der vergangene – schließen sich nicht aus, kommen vielmehr zur Deckung. Was Hofmannsthal als die Verschuldung Claudios ansah, daß dieser unfähig ist, jeden einzelnen Augenblick durch den Überschwang ins Reich des Ewigen zu heben, das scheint hier sowohl in der Erinnerung als auch in der Gegenwart geleistet: Das Wiederaufsteigen des einst Erlebten – eines Kindheitserlebnisses, wie es auch Claudio heraufbeschwört – steht dem gegenwärtigen Liebesglück nicht im Wege; anders als bei Claudio bringt es

nicht *nur schale Schauer des Erinnerns* (GLD 291/KD 36).
Die Erkenntnis Claudios, die ihm die Todesstunde gebracht
hat, scheint in dieses, drei Jahre später veröffentlichte,
Gedicht eingegangen zu sein: Wie beiläufig, zwischen
Gedankenstrichen, nennt der Erinnernde die Schönheit des
einst Erfahrenen *unfruchtbar* und bricht so aus dem ästhetischen Bannkreis aus, um den Weg zum andern und in die
Gegenwart zu finden. Doch bevor sein lyrisches Ich dessen
fähig ist, scheint Hofmannsthal, kaum hat er ein Jahr nach
Frage die Form des lyrischen Dramas gefunden und in
Gestern erprobt, die Form der strengen Lyrik, des Gedichts,
von dieser mehr gewollten als geleisteten Dialogie zu
befreien. So wenigstens glauben wir den Umstand deuten zu
können, daß unter den von Hofmannsthal 1903 ausgewählten Gedichten einzig das verhältnismäßig späte Gedicht
Dein Antlitz war mit Tränen ganz beladen die Du-Anrede
der Liebeslyrik kennt. Betrachtet man ein zweites, ebenfalls
1890 vom Sechzehnjährigen publiziertes Gedicht, so
erkennt man noch deutlicher, in welcher Weise die lyrische
Dramatik kurz darauf die Lyrik von einer Last befreit und
ihr dadurch erst zum vollen Gelingen verhilft. Das Gedicht,
ein Ghasel, heißt *Für mich*...

FÜR MICH...
GHASEL

> *Das längst Gewohnte, das alltäglich Gleiche,*
> *Mein Auge adelt's mir zum Zauberreiche:*
> *Es singt der Sturm sein grollend Lied für mich,*
> *Für mich erglüht die Rose, rauscht die Eiche.*
> *Die Sonne spielt auf goldnem Frauenhaar*
> *Für mich – und Mondlicht auf dem stillen Teiche.*
> *Die Seele les' ich aus dem stummen Blick,*
> *Und zu mir spricht die Stirn, die schweigend bleiche.*
> *Zum Traume sag ich: »Bleib bei mir, sei wahr!«*
> *Und zu der Wirklichkeit: »Sei Traum, entweiche!«*
> *Das Wort, das Andern Scheidemünze ist,*

> *Mir ist's der Bilderquell, der flimmernd reiche.*
> *Was ich erkenne, ist mein Eigentum*
> *Und lieblich locket, was ich nicht erreiche.*
> *Der Rausch ist süß, den Geistertrank entflammt,*
> *Und süß ist die Erschlaffung auch, die weiche.*
> *So tiefe Welten tun sich oft mir auf,*
> *Daß ich drein glanzgeblendet, zögernd schleiche,*
> *Und einen goldnen Reigen schlingt um mich*
> *Das längst Gewohnte, das alltäglich Gleiche.*
> (GLD 64 – Hervorh. von Hofmannsthal)

Ein einziger Reim durchzieht, das Gesetz des Ghasels befolgend, dieses Gedicht: Seine Verse münden immer wieder in den selben Klang, sein Schluß kehrt wieder zum Eingang zurück, so wie seine Aussage sich in einem Kreis bewegt, dessen Mittelpunkt schon der Titel nennt: *Für mich*, in einem Kreis, der in dem letzten Verspaar thematisch wird: *Und einen goldnen Reigen schlingt um mich / Das längst Gewohnte, das alltäglich Gleiche*. Mehr noch als bei *Frage* gemahnt das lyrische Ich dieses Gedichts an Andrea: an seine Ichbezogenheit, seinen Impressionismus, an sein Bestreben, die Außenwelt als Kunstwerk zu erleben: *Das längst Gewohnte, das alltäglich Gleiche*, dem auch Andreas Bannfluch gilt, wird vom Auge, dem Organ des teilnahmslos Zuschauenden, zum ästhetischen *Zauberreiche* geadelt. Claudios späte Erkenntnis, daß sein Leben ein Traum war, nicht wirklich gelebt, ist hier noch positiv gefaßt: *Zum Traume sag ich: »Bleib bei mir, sei wahr!« / Und zu der Wirklichkeit: »Sei Traum, entweiche!«* Was indessen das lyrische Ich hier vor den Helden der lyrischen Dramen auszeichnet, ist seine Bindung an das Wort: *Das Wort, das Andern Scheidemünze ist, / Mir ist's der Bilderquell, der flimmernd reiche*. Wohl führt auch von hier ein Weg zu *Gestern*, aber nicht zu Andrea, sondern zu Fantasio, zu seinen Versen: *Mir ist, als hätt ich Heiliges erlebt. / Grad wie wenn Worte, die wir täglich sprechen, / In unsre Seele plötzlich leuchtend brechen, / Wenn sich von ihnen das Gemeine hebt / Und uns ihr Sinn lebendig, ganz erwacht!* (*GLD* 239, 8. Sz.). Es ist vom gleichen die Rede. Von der magischen Kraft des Wortes und der Paradoxie, daß diese Kraft, unerkannt, demselben Wort innewohnt, das jedermann spricht: als Scheidemünze gebraucht. Bei Mallarmé steht der berühmte Vers, der diese Einsicht formuliert: *Donner un sens plus pur aux mots de la tribu*[2]. Die Scheidemünze-Metapher tritt bei Hofmannsthal an die Stelle jener anderen von der staubbedeckten Perle, deren Bedeutung für ihn wir seinerzeit gezeigt haben. Auch die Münz-Metapher hat in seiner Bilderwelt einen privilegierten Platz. So heißt es in einer noch unpublizierten Tagebuchnotiz aus den neunziger Jahren: Die Sprache sei *so abgegriffen wie schlechte Münzen und doch so rein wie der frische Bruch eines Bergkristalls*. Noch Jahrzehnte später, im *Schwierigen*, kann man dem Vergleich begegnen.[3]

Doch kehren wir zum Ghasel *Für mich* zurück. Zusammen mit dem Sonett *Frage* wirft es auf die Wandlung des Lyrikers Hofmannsthal ein interessantes Licht. Diese Wandlung bewirken die lyrischen Dramen. Es hat den Anschein, als habe Hofmannsthal für sein problematisches Ich die lyrische Dramatik der reinen Lyrik vorgezogen, und zwar aus Gründen, die leicht zu erraten sind: Der höhere Objektivitätsgrad des Dramas, selbst des lyrischen, gewährte ihm die Distanz zum eigenen Ich, eine Distanz, deren er bedurfte, um an sich selber Kritik üben zu können. Andrea und Claudio sind die wichtigsten Gestalten, die als kritische Selbstbildnisse für den Dichter zugleich eine Überwindung, eine Befreiung bedeuten. Was in den frühen Gedichten *Frage* und *Für mich* an sie gemahnt, schwindet aus der Lyrik

---

[2] *Le Tombeau d'Edgar Poe*. Mallarmé S. 70, V. 6. – einen reineren Sinn den Wörtern des Stammes geben. – Übers. d. Hrsg.
[3] *Sie sprechen es aus, Graf Freudenberg, Ihr Onkel liebt es, in Gold zu zahlen; er hat sich an das Papiergeld des täglichen Verkehrs nicht gewöhnen wollen. Er kann mit seiner Rede nur seine Intimität vergeben, und die ist unschätzbar.* – 1. Akt, 11. Szene. Lustspiele II S. 309.

der folgenden Jahre. Deren Formprinzip ist ein anderes, weil ihr Verhältnis zum dichterischen Ich ein anderes ist: sei es, daß dieses von sich selber absieht – wie in *Vorfrühling* (GLD 8 f.), *Weltgeheimnis* (a.a.O. 16), *Ballade des äußeren Lebens* (a.a.O. 17) –, sei es, daß es zu sich selbst ein Verhältnis gewinnt, das kein kritisches mehr ist: wie in *Erlebnis* (a.a.O. 10 f.) oder den *Terzinen. Über Vergänglichkeit* (a.a.O. 18). Dieses Abdrängen des kritischen Selbstverständnisses in die lyrische Dramatik um deren höheren Objektivitätsgrades willen wird noch deutlicher, wenn man das noch unpublizierte Fragment des Jahres 1892: *Ascanio und Gioconda* betrachtet. Wir sprachen schon davon, daß Hofmannsthal nach dem Erstling *Gestern* den Weg zur großen Form gesucht hat, aus Shakespeare und aus Otto Ludwigs *Shakespeare-Studien* lernen wollte, wie er die kleine Form des *novellistischen Dramas* zu überwinden vermöchte. Hofmannsthal war schon in seinen Anfängen viel zu sehr Dichter aus eigener Macht, als daß er in ein Shakespeare-Epigonentum hätte verfallen können. So schließt das Fragment *Ascanio und Gioconda* in der Thematik aufs engste an das vorangegangene lyrische Drama an, auch zum gleichzeitig entstehenden *Tod des Tizian* gibt es Verbindungen. Der eigentliche Unterschied, der qualitative Sprung aber, der von dem novellistischen Drama, vom lyrischen Einakter, zur großen Form (deren Sprache immer noch lyrisch ist) führt, setzt den Weg fort, der von der frühen Lyrik zu *Gestern* geht und den wir als Objektivierung des eigenen als problematisch erlebten Ich bezeichnet haben. Die große Form stellt eine neue Etappe auf diesem Weg dar, und zwar dadurch, daß die vom lyrischen Ich zunächst auf Andrea projizierten und in der Projektion schon bis zu einem gewissen Grad objektivierten und der Kritik ausgelieferten Gefühle ihm nun noch stärker entfremdet werden, indem sie als die Gefühle der Heldin Gioconda auftreten. Was dagegen aus den ersten Gedichten in die spätere Lyrik übernommen wird und dort eine zentrale Stelle einnimmt, ist eben die Wort-Thematik, die wir an den Versen des Ghasels aufgezeigt haben *(Das Wort, das Andern Scheidemünze ist, / Mir ist's der Bilderquell, der flimmernd reiche.)* und die den zentralen Gestalten der lyrischen Dramen fremd bleibt: In *Gestern* bleibt sie an die Kontrastfigur Fantasio gebunden, im *Tod des Tizian* kehrt sie verwandelt, als Schöpfung nicht durchs Wort, sondern durch die Malerei wieder. Welche Bedeutung die Wort-Thematik, die Besinnung der Dichtung auf sich selber, in der gültigen Lyrik Hofmannsthals spielt – diese Frage muß uns nun beschäftigen. Wir gehen von einer Stelle aus dem 1903, also relativ spät, entstandenen *Gespräch über Gedichte* aus, das Georges Gedichtband *Das Jahr der Seele* gewidmet ist, aber auch auf Hofmannsthals eigene Lyrik ein klärendes Licht wirft. Hier heißt es:

Wovon unsere Seele sich nährt, das ist das Gedicht, in welchem, wie im Sommerabendwind, der über die frischgemähten Wiesen streicht, zugleich ein Hauch von Tod und Leben zu uns herschwebt, eine Ahnung des Blühens, ein Schauder des Verwesens, ein Jetzt, ein Hier und zugleich ein Jenseits, ein ungeheures Jenseits. Jedes vollkommene Gedicht ist Ahnung und Gegenwart, Sehnsucht und Erfüllung zugleich. Ein Elfenleib ist es, durchsichtig wie die Luft, ein schlafloser Bote, den ein Zauberwort ganz erfüllt; den ein geheimnisvoller Auftrag durch die Luft treibt: und im Schweben entsaugt er den Wolken, den Sternen, den Wipfeln, den Lüften den tiefsten Hauch ihres Wesens, und der Zauberspruch aus seinem Munde tönt getreu und doch wirr, durchflochten mit den Geheimnissen der Wolken, der Sterne, der Wipfel, der Lüfte. Und Goethe? Seine Taten sind vielfältig wie die Taten eines wandernden Gottes. Er gleicht dem Herakles, dessen Abenteuer, jedes eingehüllt in eine Glorie, jedes wohnend in einer anderen Landschaft, nichts voneinander wissen. Die Lieder seiner Jugend sind nichts als ein Hauch. Jedes ist der entbundene Geist eines Augenblickes, der sich aufgeschwungen hat in den Zenith und dort strahlend hängt und alle Seligkeit des Augenblickes rein in sich saugt und verhauchend sich löst in den klaren Äther. Und die Gedichte seines Alters sind zuweilen wie die dunklen tiefen Brunnen, über deren Spiegel Gesichte hingleiten, die das aufwärtsstarrende Auge nie wahrnimmt, die für keinen auf der Welt sichtbar werden als für den, der sich hinabbeugt auf das tiefe dunkle Wasser eines langen Lebens [...][4]

Schon die flüchtigste Kenntnis von Hofmannsthals Gedichten wird dem Leser hier sagen, daß der Dichter in diesen Sätzen mindestens so sehr von der eigenen Lyrik wie von der Georges oder Goethes spricht (d. h.: die Gesprächsfigur Gabriel sprechen läßt). Vergleicht er das Gedicht dem Sommerabendwind, *der über die frischgemähten Wiesen streicht,* und in dem *zugleich ein Hauch von Tod und Leben zu uns herschwebt,* so ist die Anspielung auf sein Gedicht *Vorfrühling* ebenso deutlich wie beim Vergleich der Gedichte des alten Goethe mit *dunklen tiefen Brunnen* die Anspielung auf *Weltgeheimnis,* dessen Anfangsvers lautet: *Der tiefe Brunnen weiß es wohl* [...]. Das kann so wenig Zufall sein, daß man in der Nennung Goethes, im Versuch, dessen Jugendlyrik von der Spätlyrik zu unterscheiden, fast schon bewußte Ablenkung sehen kann: als wollte Hofmannsthal die Selbstinterpretation wieder zurücknehmen oder doch verheimlichen. Ihre Bedeutung wird aber nur noch deutlicher erkennbar, wenn man bedenkt, daß das *Gespräch über Gedichte* aus dem Jahre 1903 stammt, also kurz nach dem Brief des Lord Chandos (*Prosa* II 7-20) entstanden ist, in dem man die Absage Hofmannsthals an die eigene lyrische Produktion sehen darf. Und das Gedicht *Vorfrühling,* das in der zitierten Stelle des Gesprächs, wie sehr auch metaphorisch verhüllt, mit dem Gedicht als solchem ineinsgesetzt wird, eröffnet die Auswahl Hofmannsthals vom Jahr 1903 und steht seither in jeder Ausgabe

---

[4] Hugo von Hofmannsthal, *Prosa* II. Hrsg. Herbert Steiner. Frankfurt am Main 1959, S. 94. (Im weiteren zitiert als: *Prosa* II.)

seiner Lyrik auf der ersten Seite. Diesem Gedicht haben wir uns nun zuzuwenden mit einer Vermutung, die wir der Selbstinterpretation des *Gesprächs über Gedichte* verdanken: Ist das Gedicht wie der Wind, der über die Wiesen streicht, Leben und Tod, Jetzt und Hier zu uns bringt, so ist Hofmannsthals berühmtes Gedicht über den Frühlingswind zugleich wie Mallarmés *Hérodiade* ein Gedicht über das Gedicht, ein Gedicht über sich selbst. Das Gedicht *Vorfrühling* lautet:

VORFRÜHLING

Es läuft der Frühlingswind
Durch kahle Alleen,
Seltsame Dinge sind
In seinem Wehn.

Er hat sich gewiegt,
Wo Weinen war,
Und hat sich geschmiegt
In zerrüttetes Haar.

Er schüttelte nieder
Akazienblüten
Und kühlte die Glieder,
Die atmend glühten.

Lippen im Lachen
Hat er berührt,
Die weichen und wachen
Fluren durchspürt.

Er glitt durch die Flöte
Als schluchzender Schrei,
An dämmernder Röte
Flog er vorbei.

Er flog mit Schweigen
Durch flüsternde Zimmer
Und löschte im Neigen
Der Ampel Schimmer.

Es läuft der Frühlingswind
Durch kahle Alleen,
Seltsame Dinge sind
In seinem Wehn.

Durch die glatten
Kahlen Alleen
Treibt sein Wehn
Blasse Schatten.

Und den Duft,
Den er gebracht,
Von wo er gekommen
Seit gestern Nacht. (GLD 9 f.)

Nichts erinnert in diesem Gedicht von 1892 an Hofmannsthals lyrische Anfänge, wie sie das Sonett *Frage* und das Ghasel *Für mich* bezeugen. Es zeigt aufs deutlichste jene Abkehr von der Problematik des eigenen Ich, die das Stilprinzip seiner Lyrik im Gegensatz zu und dank der lyrischen Dramatik geworden ist – ein Prozeß, den Émilie Noulet schon bei Mallarmé festgestellt hat. Sie schreibt:

Avec ›Hérodiade‹ [Mallarmé] *s'est délivré de lui-même; du poids de son âme; de la fièvre de fierté et de gloire que l'on porte avec soi dans sa jeunesse; élans, mécontentements, ivresses, malaises, souffrances moroses, thèmes anecdotiques de poésie, ce que la rêverie est à la pensée.*

Après ›Hérodiade‹, nulle poésie ne sera plus décantée que la sienne; plus pure de tout élément trouble et sentimental. Plus personnelle dans son écriture, plus impersonnelle dans son émotion.[5]

---

[5] Noulet S. 98 f. – Mit der *Hérodiade* hat Mallarmé sich von sich selbst befreit; von der Last seiner Seele; vom Fieber des Stolzes und der Ruhmsucht,

In Hofmannsthals *Vorfrühling* tritt kein Ich auf, aber ist es darum abwesend? Der Frühlingswind, dem jede Strophe und jeder einzelne Vers gewidmet ist, scheint durch das Gedicht selbst zu laufen: Alle Mittel romantischer Sprachbeschwörung sind aufgeboten; der hier spricht, schmiegt sich ganz an seinen Gegenstand an, verliert sich darein. Das ist kein Ding-Gedicht Rilkescher Prägung, in dem das lyrische Ich seinen Gegenstand gleich dem Bildhauer *zu begreifen und nachzubilden* sucht (Rilke am 17. 3. 1926)[6], das lyrische Ich tritt aus einem anderen Grund nicht hervor als aus dem Flaubertschen der impassibilité, der teilnahmslosen Schilderung. Wenn hier kein Ich spricht, so darum, weil es ganz eingegangen ist in das, was es spricht. Was spricht es aber? Seltsame Dinge seien im Wehn des Frühlingswindes, sagt die erste Strophe, und bis die Strophe kurz vor dem Schluß wiederkehrt, wird das Gedicht nicht müde werden, die seltsamen Dinge wenn nicht zu nennen (wie es die Prosastelle aus dem *Gespräch über Gedichte* tut), so doch zu suggerieren, indem es dem Weg des Windes nachgeht, indem es aufzählt, was er berührt hat, wodurch und woran vorbei er geflogen ist. Das hat nicht die Spannweite des Windes im Spätsommer, von dem Gabriel spricht; mit der ersten Strophe:

> *Es läuft der Frühlingswind*
> *Durch kahle Alleen,*
> *Seltsame Dinge sind*
> *In seinem Wehn.*

---

das man in der Jugend mit sich trägt; Anwandlungen, Unzufriedenheit, Trunkenheit, Unbehagen, Qualen des Trübsinns, anekdotische Themen der Dichtung, das, was die Träumerei dem Denken ist. – Nach der *Hérodiade* wird es keine klarere Poesie mehr geben als die seine; keine, die reiner von jeder Verwirrung und allem Gefühl ist. Keine persönlicher in der Schreibweise, unpersönlicher in der Empfindung. – Übers. d. Hrsg.
6 Rainer Maria Rilke, *Briefe aus Muzot 1921 bis 1926*. Hrsg. Ruth Sieber-Rilke und Carl Sieber. Leipzig 1935, S. 371.

ist eine Saite angeschlagen, die immer weiter klingen wird: Weinen und zerrüttetes Haar, Niederschütteln und Kühlen, Schluchzen, Flüstern und das Löschen des Ampelschimmers: Die Atmosphäre dieser Worte verdichtet sich noch in der Strophe, die auf die Wiederholung des Eingangs folgt, mit schroffem Rhythmuswechsel setzt sie trochäisch statt jambisch ein, wie eingeschrumpft:

> *Durch die glatten*
> *Kahlen Alleen*
> *Treibt sein Wehn*
> *Blasse Schatten.*

Der Frühlingswind scheint der Bote mehr des Todes als des Lebens zu sein. Und dennoch: der Duft, *Den er gebracht, / Von wo er gekommen / Seit gestern Nacht* ist der Duft des Lebens, des Lebensganzen, in dem der Tod eingeschlossen ist. So gleicht der Frühlingswind, der durch alles hindurchweht und alles mit allem verbindet, trotz seiner unheimlichen Schattenaura jener Naturorgie, die Gianino in der Nacht erlebt. Schwebt dort durch die Nacht *ein süßes Tönen, / Als hörte man die Flöte leise stöhnen* (GLD 258 / KD 10), so gleitet hier der Frühlingswind *durch die Flöte / Als schluchzender Schrei*. Dieser Parallele kommt um so mehr Bedeutung zu, als es die Flöte Pans ist, eines Gottes, von dem es im *Tod des Tizian* heißt, er sei *das Geheimnis [...] von allem Leben* (GLD 267 / KD 17). Wie Gianino in der Nacht das Leben erfährt, so weht auch das dichterische Ich im Gedicht *Vorfrühling* das Leben an. Aber warum wäre es zugleich ein Gedicht über das Gedicht? Diese Frage läßt sich am besten durch die Betrachtung des anderen Gedichts beantworten, auf das die Stelle aus dem *Gespräch* anspielt: *Weltgeheimnis*.

WELTGEHEIMNIS

Der tiefe Brunnen weiß es wohl,
Einst waren alle tief und stumm,
Und alle wußten drum.

Wie Zauberworte, nachgelallt
Und nicht begriffen in den Grund,
So geht es jetzt von Mund zu Mund.

Der tiefe Brunnen weiß es wohl;
In den gebückt, begriffs ein Mann,
Begriff es und verlor es dann.

Und redet' irr und sang ein Lied —
Auf dessen dunklen Spiegel bückt
Sich einst ein Kind und wird entrückt.

Und wächst und weiß nichts von sich selbst
Und wird ein Weib, das einer liebt
Und — wunderbar wie Liebe gibt!

Wie Liebe tiefe Kunde gibt! —
Da wird an Dinge, dumpf geahnt,
In ihren Küssen tief gemahnt...

In unsern Worten liegt es drin,
So tritt des Bettlers Fuß den Kies,
Der eines Edelsteins Verlies.

Der tiefe Brunnen weiß es wohl,
Einst aber wußten alle drum,
Nun zuckt im Kreis ein Traum herum. (GLD 16)

Das Gedicht ist nach Hofmannsthals Angabe 1894 entstanden, publiziert wurde es erst zwei Jahre später. Sowenig wie *Vorfrühling* kennt es ein lyrisches Ich, das von sich selber spräche. Aber aus einem anderen Grund. *Vorfrühling* gibt einem Erlebnis Raum, dem sich das Ich nicht entgegenstemmt, dessen Spuren in der Subjektivität es nicht verfolgt: sondern es öffnet sich ihm und spricht von sich selber nur, insofern es vom Frühlingswind spricht. *Weltgeheimnis* dagegen gibt nicht ein Erlebnis wieder, sondern ist ein Gedicht über das Erlebnis, über das Erleben des Lebens. Es ist, wenn man so will, Gedankendichtung, Reflexion auf das, was sonst im Gedicht unmittelbar laut wird, aber eine Reflexion in Bildern, die nicht nach der abstrakten Sprache des Denkens greift.

Die ersten beiden Strophen (denen in der Komposition des Gedichts zwei Schlußstrophen entsprechen: die vier umrahmen den vierstrophigen Mittelteil) setzen das Bild des Brunnens, das alle Gedanken des Gedichts trägt. Der Brunnen, als dessen einzige Eigenschaft die Tiefe genannt wird, die Verbindung mit dem Quellwasser, *weiß es wohl*. Was weiß er? Man darf das *es* sicherlich auf die Überschrift beziehen: auf *Weltgeheimnis*, aber zugleich steht das *es* stellvertretend für ein Wort, das eben das Weltgeheimnis ist, aber im Gedicht mit einer Scheu vermieden wird, die den ersten lyrischen Dramen noch fremd ist: vermieden nicht bloß aus stilistischen Gründen, sondern auch aus Gründen der Wahrhaftigkeit. Denn es geht dem Gedicht gerade darum, zu zeigen, in welcher Verborgenheit es sein Dasein hat – so wie Tizian den Gott, der *das Geheimnis ist von allem Leben* als verhüllte Puppe malt. Das Weltgeheimnis ist das Leben selber (in dem emphatischen Sinn, der Andrea zu sagen erlaubt: *dann ist das Leben Leben* – GLD 216). Das Weltgeheimnis ist das Leben – der interpretatorische Satz ist nicht falsch, was seinen Inhalt betrifft, aber er ist als Aussage falsch, denn er deckt auf, was das Gedicht verhüllt, so daß nur die Interpretation im Recht wäre, die nicht nur aufdeckt, sondern auch die Verhüllung zur Sprache bringt und so sich selber wieder aufhebt.

Der Brunnen ist verbunden mit dem Quellwasser, mit dem Strömen der Tiefe, das ein Bild für das Leben ist. Das Verhältnis der Menschen zu diesem All-Einen sagen die nächsten Verse in geschichtsphilosophischer Differenzierung aus: *Einst waren alle tief und stumm, / Und alle wußten drum. // Wie Zauberworte, nachgelallt / Und nicht begriffen in den Grund, / So geht es jetzt von Mund zu Mund.* Einst: das ist nicht bloß eine historische Frühzeit, von der sich das abendländische Denken seit den Anfängen der Geschichtsphilosophie abhebt, um sich als zweite, dem Ursprung entfremdete Zeit zu erleben; es ist zugleich in der Entwicklung jedes Individuums von neuem als Kindheit verwirklicht. Claudio sprach davon, daß *sich des Kindersinns* eine *hohe Ahnung von den Lebensdingen* (GLD 291 / KD 36) bemächtigt, und das nächtliche Erleben des All-Einen der Natur machte dem jungen Gianino die *Sinne stumm und Worte sinnlos* (GLD 258 / KD 11), wie die Menschen, die um das Weltgeheimnis wissen, einst *tief und stumm* waren. Mit diesem Einst kontrastiert das Jetzt. Seine Menschen, die reden, haben die Verbindung zum Leben nicht etwa ganz eingebüßt. In der Diskursivität ihres Sprechens wird zwar immer nur Einzelnes benannt, werden rationale Beziehungen geschaffen, welche die ursprüngliche Einheit des Lebens sei's zerreißen, sei's verfälschen. Aber dieses All-Eine ist dennoch in dem, was sie reden, enthalten, ohne daß sie davon wissen müssen: Es liegt im Grund der Worte, der nicht begriffen wird, solange das Wort als Scheidemünze nur dem täglichen Austausch gilt.

Auf welche Weise auch jetzt noch die Beziehung zur Lebenseinheit hergestellt werden kann, und zwar nicht jenseits der Sprache, in der Rückkehr zur Stummheit, sondern kraft der Sprache selbst, kraft dessen, was in ihr liegt, ohne meist gesehen und aufgenommen zu werden – dieser Frage ist der Mittelteil des Gedichts gewidmet, der so die Worte Fantasios aus *Gestern* aber auch die Verse aus dem frühen Ghasel wiederaufnimmt: *Das Wort, das Andern Scheidemünze ist, / Mir ist's der Bilderquell, der flimmernd reiche.*

Drei Gestalten treten auf: ein Mann, ein Kind, ein Weib.

Aber man würde das Gedicht mißverstehen, wenn man hier gleichsam die ganze Menschheit repräsentiert sehen wollte. Davor müßten uns schon die nächsten Verse abhalten:

> *Der tiefe Brunnen weiß es wohl;*
> *In den gebückt, begriffs ein Mann,*
> *Begriff es und verlor es dann.*
> *Und redet irr und sang ein Lied —*

Was wird hier gesagt? Während das Leben, das das Geheimnis der Welt ist, nur noch *nachgelallt / Und nicht begriffen in den Grund* von Mund zu Mund geht, hat einer es *begriffen:* ergriffen und verstanden. Aber das kann nicht Dauer haben. Einst wußten alle drum, heute muß selbst der, der es begreift, es wieder verlieren. Der Verlust ist aber zugleich ein Gewinn. Das Erlebnis, dem Erlebnis Gianinos, des jungen Claudio oder des lyrischen Ichs von *Dein Antlitz war* [...] vergleichbar, verändert den Menschen, verändert seine Sprache, so daß er *irr redet*, irr vom Standpunkt der anderen. Er redet irr, weil sein Reden ein Singen geworden ist: Das verlorene Erlebnis überlebt im Lied, in der Dichtung, welche die Worte nicht mehr als Scheidemünze gebraucht. Der Mann, der es begriff und dann verlor, ist der Dichter.
Er singt ein Lied. Dann folgen die Verse:

> *Auf dessen dunklen Spiegel bückt*
> *Sich einst ein Kind und wird entrückt.*

Wie beim *es* des Eingangs (*Der tiefe Brunnen weiß es wohl*) ist der Bezug auch hier bewußt doppeldeutig. Bückt sich das Kind auf den dunklen Spiegel des Brunnens? Das legt die Anschauung nahe. Aber der grammatische Nexus deutet auf anderes: Das Kind bückt sich auf den dunklen Spiegel des Liedes, das der Dichter aus dem Brunnen geschöpft hat; er kann dies, weil das Lied, das Gedicht, selbst wie der

Brunnen ist: den Menschen, der es hört, mit sich selber konfrontierend, in der Spiegelung sein Selbst ihm vor Augen führend, zugleich aber in die Tiefen hinabführend, die seinen Worten eigen ist. So wird hier, im Gedicht *Weltgeheimnis*, das Gedicht selbst dem Brunnen verglichen — wie Hofmannsthal die Gedichte des alten Goethe tiefen Brunnen verglichen hat.

Das Kind, dem durch das Lied die Begegnung mit dem Leben und zugleich mit seinem eigenen Selbst widerfuhr, wird entrückt — aus der Alltagsgegenwart hinausgehoben gleich dem Dichter selbst, der irr redet. Der Zustand der Entrückung kann so wenig währen wie der Besitz des aus dem Brunnen Begriffenen beim Dichter. Das Kind wächst auf, wird ein Weib, aber was es einst erlebt hat, kehrt ihm wieder in der Ekstase der Liebe, in jenen Augenblicken, die — mit Hofmannsthals Worten über Claudio — *durch den Überschwang ins Reich des Ewigen* gehoben werden. Dessen war Claudio unfähig. Das Liebespaar des Gedichts aber erhält Kunde von dem All-Einen, in der Sprache der Liebe, die so wenig wie die Sprache der Dichtung die Dinge nennt.

Die vorletzte Strophe zieht daraus die Konsequenz. Was einst jenseits der Sprache gewußt wurde, das *liegt in unsern Worten drin*. Es ist nicht verloren, aber auch nicht immer schon gegeben. Nur in einzelnen Augenblicken tritt der Edelstein unter dem Kies hervor, die Perle unter der Staubschicht. Dann hört das Wort auf, Scheidemünze zu sein, es öffnet sich und läßt den, der es vernimmt, teilhaben an dem Ganzen, das einst dem Leben immanent war, heute aber versprengt ist und nur je und je für einen Augenblick wiederhergestellt werden kann. Was in Hofmannsthals erstem lyrischen Drama, *Gestern*, in den Versen Fantasios anklang, aus der Problematik der nächsten Dramen aber zugunsten der Selbstkritik des ästhetischen Ichs verdrängt wurde, behauptet seine Position in den Gedichten. Am deutlichsten vielleicht in dem Gedicht, das nach Hofmannsthals eigener Angabe im selben Jahr entstand wie *Weltgeheimnis* und ihm in den Ausgewählten Gedichten von 1903 an die Seite gestellt wurde: der *Ballade des äußeren Lebens* (GLD 17). Dieses Gedicht, dessen Überschrift ursprünglich *Terzinen von der Dauer des äußeren Lebens* geheißen haben soll[7], ist in der Tat ein Gegenstück zu *Weltgeheimnis*. Schildert dieses, wie der Mensch – als Dichter, als Kind, als Liebender – teilhaben kann an der Lebenseinheit, der sein Leben sich entfremdet hat, so wendet sich die *Ballade* eben diesem unerleuchteten Leben zu, dem kein Sinn sichtbar innewohnt; sie nennt es das *äußere* Leben, ein Ausdruck übrigens, der in den Briefen jener Jahre öfter wiederkehrt. Noch einmal haben wir an die lyrischen Dramen zu denken und an den qualitativen Sprung, der sie von Hofmannsthals Lyrik trennt. Auch hier wird das Leben gesehen, wie es Andrea, Tizianello, Claudio leben, oder vielmehr: nicht leben: der Vergänglichkeit anheimgefallen, von Augenblick zu Augenblick taumelnd, ohne hinter allem Wechsel einen Sinn zu gewahren, ohne dem Wechsel selber ein Ziel aufzuprägen. Aber diese Ansicht des Lebens ist schon im Titel in ihre Schranken gewiesen durch die Einschränkung: *Ballade des äußeren Lebens* (Hervorhebung von Sz.). Und sie ist von der Person des lyrischen Ich abgehoben durch die Generalisierung, durch die Schilderung von Begebenheiten und Zuständen, die eine gewisse Objektivität vortäuscht (darauf scheint auch das Wort *Ballade* im Titel zu deuten). Der wichtigste Unterschied gegenüber den lyrischen Dramen wird aber erst am Ende des Gedichtes klar. Die Wort-Thematik, durch die es gleichsam den Schritt vom äußeren Leben zum Leben selbst tut, läßt das Vorausgegangene als ein Wirklichkeitsloses verflüchtigen. Die Wortthematik ist hier die Antwort des dichterischen Ichs auf die Ansicht des äußeren Lebens, das sich für das Leben selbst nehmen könnte. Sie ist nicht mehr hereingenommen in den Monolog, wie im Ghasel *Für mich...*, sondern wird zu dem Weg, der

[7] Clemens Heselhaus, *Deutsche Lyrik der Moderne*. Düsseldorf 1961, S. 82.

aus der Monologie herausführt. Trotzdem scheint in diesem Gedicht, das zu Hofmannsthals bedeutendsten zählt, das Problem der Distanzierung vom eigenen als problematisch erlebten Ich, das Stilproblem also seiner Lyrik, nicht ganz gelöst zu sein: Das erklärt den pathetischen Ton der sechsten Strophe: *Was frommt das alles uns und diese Spiele, / Die wir doch groß und ewig einsam sind*, diese Verse, in denen Selbstverklärung und Selbstbemitleidung an den Ton Andreas gemahnen und dem Gedicht empfindlich schaden.

Es bildet die Kühnheit der *Ballade des äußeren Lebens*, daß Hofmannsthal die Einsicht in die Einheit von äußerem Leben und Leben, von Sprache als abgegriffener Münze und als Bergkristall konsequent realisiert, indem er das äußere Leben mit denselben Motiven schildert, die in seiner Dichtung sonst das Leben selbst bezeichnen: Von den Kindern ist die Rede und ihren tiefen Augen, dem Reifen der Früchte und ihrem Niederfallen, dem Wehen des Winds, von den Teichen... Das äußere Leben ist kein anderes als das Leben selbst, es ist das Leben in seiner Äußerlichkeit, die sich selbständig gemacht hat, weil das Leben selbst nicht mehr erahnt wird. *Und immer weht der Wind, und immer wieder / Vernehmen wir und reden viele Worte:* Dem korrespondiert der Schluß des Gedichts:

> *Was frommts, dergleichen viel gesehen haben?*
> *Und dennoch sagt der viel, der »Abend« sagt,*
> *Ein Wort, daraus Tiefsinn und Trauer rinnt*
> *Wie schwerer Honig aus den hohlen Waben.*

Man hat diese Verse oft mißverstanden. Sei es, daß man übersehen hat, daß hier der Nichtigkeit und Sinnlosigkeit des äußeren Lebens nicht etwa der Abstand, sondern das Wort »Abend«, das Sagen dieses Wortes, gegenübergestellt wird. Sei es, daß man den Vergleich, aus dem Wort rinne Tiefsinn und Trauer wie schwerer Honig aus den hohlen Waben, so aufgefaßt hat, als werde das Wort den hohlen Waben, seine Bedeutung aber dem schweren Honig vergli-

chen. Die magische Kraft indessen, welche die gequälten
Fragen des Gedichts beantwortet, und das äußere Leben für
einen Augenblick zum Leben selbst werden läßt, wohnt
nicht dem Abend inne, sondern dem Wort. Und was als
schwerer Honig und als hohle Wabe zum Gegensatz auseinandertritt, um die Paradoxie dieser Erlösung zu verdeutlichen, ist nicht die Wortbedeutung und das Wort, sondern
das Doppelleben des Wortes, das uns aus den immer wiederkehrenden Staub-Perle-, Kies-Edelstein-, Münze-Quell-Metaphern vertraut ist. So schließt auch die *Ballade des
äußeren Lebens* mit einer Besinnung der Dichtung auf sich
selbst.[8]

[8] In der ersten Fassung der Vorlesung (unter dem Titel »Der junge
Hofmannsthal« in Göttingen gehalten) folgte hier noch: »Diese Selbstbesinnung aber hat keine andere Aufgabe als die lyrischen Dramen: die Versöhnung von Traum und Wirklichkeit, den Weg des traumverhafteten Ich ins
Leben. Das Gedicht lautet:

> BALLADE DES ÄUSSEREN LEBENS
>
> *Und Kinder wachsen auf mit tiefen Augen,*
> *Die von nichts wissen, wachsen auf und sterben,*
> *Und alle Menschen gehen ihre Wege.*
>
> *Und süße Früchte werden aus den herben*
> *Und fallen nachts wie tote Vögel nieder*
> *Und liegen wenig Tage und verderben.*
>
> *Und immer weht der Wind und immer wieder*
> *Vernehmen wir und reden viele Worte*
> *Und spüren Lust und Müdigkeit der Glieder.*
>
> *Und Straßen laufen durch das Gras, und Orte*
> *Sind da und dort, voll Fackeln, Bäumen, Teichen,*
> *Und drohende, und totenhaft verdorrte ...*
>
> *Wozu sind diese aufgebaut? und gleichen*
> *Einander nie? und sind unzählig viele?*
> *Was wechselt Lachen, Weinen und Erbleichen?*
>
> *Was frommt das alles uns und diese Spiele,*
> *Die wir doch groß und ewig einsam sind*
> *Und wandernd nimmer suchen irgend Ziele?*
>
> *Was frommts, dergleichen viel gesehen haben?*
> *Und dennoch sagt der viel, der »Abend« sagt,*
> *Ein Wort, daraus Tiefsinn und Trauer rinnt*
>
> *Wie schwerer Honig aus den hohlen Waben.* (GLD 17)«

Der weiße Fächer[1]

XVI

Das Jahr 1897 stellt für Hofmannsthal einen Neubeginn seiner lyrischen Dramatik dar, die er für längere Zeit, zugunsten der reinen Lyrik, unterbrochen hatte: von diesem Jahr datieren vier kleine Dramen: *Der weiße Fächer, Der Kaiser und die Hexe, Das kleine Welttheater* und *Die Frau im Fenster*. Die genaue Chronologie ihrer Entstehung kennen wir nicht, auch die Publikationsdaten sind kein Indiz: Im Jahr 1897 erschienen Teile aus dem *Kleinen Welttheater*, 1898 erschienen *Der weiße Fächer* und der Schluß des *Kleinen Welttheaters* sowie *Die Frau im Fenster*. Erst 1900 dagegen wurde *Der Kaiser und die Hexe* publiziert, nachdem 1899 bereits weitere dramatische Werke veröffentlicht worden waren: *Die Hochzeit der Sobeide, Der Abenteurer und die Sängerin*. Soviel zur Chronologie. Die vier kleinen Werke unterscheiden sich stärker voneinander als die vier ersten Dramen der Jahre 1891-1893; mit Hofmannsthals künstlerischem Reifen wächst die Vielfalt der Töne, der Register, über die er verfügt. Gemeinsam aber ist den Werken ihre tiefere Problematik, und mit ihr knüpfen sie deutlich an die ersten Dramen und an die Lyrik der Zwischenzeit an. Wieder dürfen wir bei der Betrachtung der neuen Werke vergleichend vorgehen: Der Vergleich soll nicht einebnen, sondern gerade das Neue, die weiteren Schritte aufzeigen, in denen sich die Dramen des Jahres 1897 realisieren.

Der weiße Fächer wird im Untertitel *Ein Zwischenspiel* genannt, ein Intermezzo, bei dem der heitere Ton, aber auch der Zusammenhang mit ernstem Geschehen als Gattungs-

---

[1] Diese Vorlesung ist, so weit sie vom *Weißen Fächer* handelt, Grundlage des Aufsatzes *Hofmannsthals ›Weißer Fächer‹*. In: *Die Neue Rundschau* 75. Jg. 1964, 1. Heft, S. 81-87. Wieder abgedruckt in: Peter Szondi, *Lektüren und Lektionen*. A.a.O. S. 103-112.

merkmal gelten dürfen. Diesen Ton und diesen Zusammenhang verraten schon die ersten Verse des Prologs:

> *Merkt auf, Ihr guten Herrn und schönen Damen:*
> *Nun kommt ein Spiel, das hat nicht größre Kraft*
> *Als wie ein Federball. Sein ganzer Geist ist dies:*
> *Daß Jugend gern mit großen Worten ficht*
> *Und doch zu schwach ist, nur dem kleinen Finger*
> *Der Wirklichkeit zu trotzen.* (GLD 293 / KD 45)

Die Handlung des kleinen Spiels ist rasch erzählt. Vor dem Eingang eines Friedhofs, nahe der Hauptstadt einer westindischen Insel, treffen sich Fortunio, ein junger Witwer, und seine Kusine Miranda, eine junge Witwe. Beide haben sich seit dem Tod ihrer Gatten zurückgezogen, sie leben nur ihrer Treue zum Toten und leben so ein totes Leben. Den Rat ihrer Nächsten – bei Fortunio ist es die Großmutter, bei Miranda ihre Dienerin, eine Mulattin – überhören sie. Aber ihre Begegnung wird sie beide verwandeln, und obwohl sich der Dichter hütet, die Handlung allzu energisch dem traditionellen Lustspielschluß, der Verlobung der sei's störrischen sei's durch äußere Gewalt getrennten Liebesleute, entgegenzutreiben, spricht der Epilog eine deutliche Sprache:

> *Nun gehn sie hin ... was weiter noch geschieht,*
> *Erratet Ihr wohl leicht, doch dieses Spiel*
> *Will sich mit mehr an Inhalt nicht beladen,*
> *Als was ein bunter Augenblick umschließt.*
> (GLD 328 / KD 66)

Was ein bunter Augenblick umschließt, das ist der Zusammenstoß zwischen den großen Worten, die das Leben Fortunios und Mirandas bestimmen sollen, und der Wirklichkeit, die sie füreinander werden. Die großen Worte sind die der Treue zum Verstorbenen, die Wirklichkeit ist für den in Trauer und Treue Erstarrenden das eigene Spiegelbild: Miranda für Fortunio, Fortunio für Miranda. *Der weiße*

Fächer ist ein ironisches Spiel von der Treue. Sein Aufbau erinnert an den Erstling *Gestern:* Auch dort stürzt eine Welt von Worten, von dem *kleinen Finger* der Wirklichkeit berührt, zusammen. Aber was hier über Bord geworfen wird, die Treue, ist gerade das, was Andreas schmerzvolle Erfahrung als Grundbedingung des wirklichen, nicht bloß ästhetischen Lebens ahnen, was Claudios Erkenntnis in der Todesstunde vollends einsehen ließ: *Ich will die Treue lernen, die der Halt / Von allem Leben ist...* (GLD 282 / KD 30). Diesen Kernsatz aus dem *Tor und Tod* scheint *Der weiße Fächer* ironisieren zu wollen. Die Ironie liegt nicht bloß im Verlauf des kleinen Spiels, das den *Halt von allem Leben* in den Bereich der *großen Worte* zu verlegen scheint. Ironisch ist bereits die Grundsituation, die wechselseitige Spiegelung der beiden Trauernden. Man darf hier wohl an das alte Motiv erinnern, das seit Petronius Erzähler wie Dramatiker in allen Epochen beschäftigt hat und Hofmannsthal auch in einer Novelle des von ihm in seiner Jugend besonders verehrten d'Annunzio[2] begegnet sein mag: an die Geschichte von der treulos-treuen Witwe von Ephesus. Ein anderes Drama aus dem Jahr 1897, *Der Kaiser und die Hexe*, zeigt ebenfalls, daß Hofmannsthal um diese Zeit (*Alkestis* ging 1893 voran) die Anlehnung an Bestehendes, die Bearbeitung und Variation als eine Möglichkeit des Dichtens für sich entdeckt, die später das Bild seiner Produktion immer mehr bestimmen und für das kritische Auge mancher Zeitgenossen verzerren wird. Das überlieferte Motiv wandelt Hofmannsthal ab, indem er – wie schon Gottfried Keller in dem Gedicht *Die Gräber*[3] – an die Stelle des Soldaten, der die Witwe aus der Treue zum Toten dem Leben zurückgewinnt, einen Witwer setzt, der zunächst nicht anders denkt als sie. Die Ironie, die dem Thema imma-

---

[2] *L'idillio della vedova*. In: Gabriele d'Annunzio, *San Pantaleone*. Milano 1886.
[3] Gottfried Keller, *Sämtliche Werke*. Hrsg. Jonas Fränkel. 1. Band, Bern und Leipzig 1931, S. 218.

nent ist, wird dadurch im buchstäblichen Sinn potenziert, am deutlichsten in jenem Gespräch zwischen den beiden, in dem Fortunio, scheinbar noch unverändert, Miranda beschwört, ihr Leben zu ändern. So relativiert Fortunios eigene Existenz das, was er sagt – und was er sagt, relativiert seine Existenz. Nicht anders hat Hofmannsthal in seinem Aufsatz über die *Ironie der Dinge* (*Prosa* IV 40-44) das Gesetz der Ironie begriffen.

Man hat Grund genug, von diesem Spiel sich bezaubern zu lassen. Seine Leichtigkeit, seine Diskretion gemahnen nicht minder als der Prosadialog, der hier zum ersten Mal in den kleinen Dramen neben den Vers tritt, an die späteren Lustspiele: Wenn irgendwo, so sind diese hier vorbereitet, und diese Vorbereitung ist selber schon volles Gelingen. Allein die Rolle, die der weiße Fächer des Titels im Stück spielt, zeugt von der spielerischen Auflockerung, die Hofmannsthals Symbolsprache auf dem Weg zu den Lustspielen erfährt. Zunächst tritt der Fächer in Mirandas Traum auf. Ihr träumte, daß die Blumen auf dem Grab ihres Mannes wie lebendige Lippen und Augen leuchteten. Wie sie sich hinabbeugte, sah sie, daß unter den Blumen wirklich das Gesicht ihres Mannes war, funkelnd von Frische und Leben. Dann fingen die Blumen zu welken an, auch das Gesicht schrumpfte zusammen, sie konnte es nicht mehr deutlich sehen. Da wehte sie mit ihrem weißen Fächer die Blumen an, um das Gesicht wieder zu erblicken. *Raschelnd flogen sie auseinander wie dürre Blätter, aber das Gesicht war nun nicht da; der Grabhügel leer, kahl und staubtrocken* [...] (*GLD* 306 f. / *KD* 53 f.). Bald nachdem sie diesen Traum ihrer Dienerin erzählt hat, verlangt sie nach einem Fächer. Die Mulattin reicht ihr den weißen, Miranda weist ihn zornig zurück, (*Hab ich dir nicht befohlen, einen anderen zu nehmen.* [...] *So will ich lieber gar keinen.* – *GLD* 308 / *KD* 54 f.), besinnt sich aber, nimmt ihn mit der Begründung, man solle Träumereien gleich widerstehen. Damit verrät, unmittelbar bevor sie Fortunio begegnet, ihre Gestik den

Wandel in ihrem Herzen, von dem sie selber noch nichts weiß. Sie bekennt sich zum Fächer und damit zu der Handlung des kleinen Spiels, die sie wieder einem Lebenden zuführen will. Daß dies gelingt, ist nicht zuletzt das Werk des Fächers. Mirandas Mann hatte sie auf dem Sterbebett gebeten, solange die Erde über seinem Grab nicht trocken ist, an keinen andern zu denken. Was der Fächer dann in ihrem Traum tat, als beim Wegfegen der verwelkten Blumen (und des Gesichts) der Grabhügel staubtrocken hervortrat, das wiederholt er nun in der Wirklichkeit. Nach ihrem Gespräch mit Fortunio kehrt Miranda verstört vom Grab zurück: *Feucht war sein Grab und schrie mit stummem Mund / Und schreckt mich mehr als zehn Lebendige, / Die flüsterten und mit dem Finger wiesen / Nach mir.* (*GLD* 524 / *KD* 63) Aber ihre Dienerin belehrt sie, daß es der Tau ist, der selbst die ältesten Gräber feucht macht, bis wieder die Sonne kommt, und erleichtert macht Miranda darauf die Probe, indem sie mit dem Fächer gegen ihre linke Hand weht und sieht, daß die Finger davon trocken werden. So betreibt der Fächer, wiederum in einer Geste Mirandas, das alte Geschäft des Lustspiels: die Vereinigung der Liebenden; und die kleine Dichtung nimmt sowohl in der Rolle, die sie dem Gebärdenspiel läßt, als auch in der Sublimierung der Komödienhandlung vorweg, was Hofmannsthal nach 1907 in seinen großen Lustspielen glücken wird. Zum Fächer bekennt sich aber das Werk noch in einem anderen Sinn. Indem es den Ausgang nur erraten läßt und sich nicht mit mehr beladen will, *als was ein bunter Augenblick umschließt,* läßt es im Epilog eben dem Gegenstand sich vergleichen, der sein anmutiges Requisit war: *Nehmts für ein solches Ding, wie man auf Fächern / Gemalt sieht, nicht für mehr...* (*GLD* 328 / *KD* 66). Auch das ist Fin de siècle, wenngleich nicht mehr die Schwere und Schwüle des *Tod des Tizian,* sondern Verspieltheit, in der aber nicht minder Ernst waltet. So hat auch Mallarmé seine Éventail-Gedichte (Mallarmé 57 f.) geschrieben.

Nun wird aber die Freude über solche Grazie den Leser des *Weißen Fächer* nicht von der Frage abhalten können, wie denn die Ironisierung der Treue zu verstehen sei. Nicht um den Standpunkt der Moral geht es dabei, wohlgemerkt, sondern um Hofmannsthals eigenen, den der Weg von der Kritik der ästhetischen Existenz in seinen ersten Dramen über Claudios: *Ich will die Treue lernen* [...] zu den Lustspielen dokumentiert. Was besagt es, daß Hofmannsthal, bevor er das von Claudio zu spät Beschlossene seinen Werken zugrunde legt, nach der Pause der Jahre 1894-96, in einem der nächsten Stücke die Treue der Ironie ausliefert – nicht viel anders, als er in *Gestern* Andreas programmatische Untreue in das dialektische Spiel der Ironie zog. Gewiß, man soll den Vers Claudios, von dem freilich Hofmannsthal selber gesagt hat, darin sei *das Entscheidende ausgesprochen (Aufzeichnungen* 228) nicht zum Programm erstarren lassen: Keine Entwicklung ist so geradlinig, wie es die Darstellung wahrhaben möchte. So werden wir zwei anderen Dramen dieses Jahres, dem *Kleinen Welttheater* und dem *Kaiser und die Hexe* entnehmen können, daß neben dem Weg zum Sozialen, der im Zeichen der Treue steht und den die Lustspiele vorführen, Hofmannsthal in den Jahren vor der Jahrhundertwende einen anderen erwogen hat, um die Abgeschlossenheit der ästhetischen Existenz zu überwinden: dieser zweite Weg, der Weg der Magie, hat seinen Ursprung in Gedichten, die wir in der letzten Vorlesung besprochen haben, besonders aber auch im *Traum von großer Magie*. Dennoch stellt sich die Frage nach dem Sinn der Ironisierung, die hier der Treue widerfährt, mit aller Schärfe, und man sollte sich nicht auf die Verspieltheit und Unverbindlichkeit des jungen Hofmannsthal herausreden. Sieht man genauer zu, so erweist sich, daß *Der weiße Fächer* den Weg, den Claudio gehen möchte, aber nicht mehr gehen kann, nur zum Schein ironisiert: Fortunio und Miranda sind Schüler Claudios, und erst ihre Untreue verhilft ihnen zu der Befreiung, die Claudio von der Treue sich versprach.

Zu Miranda sagt Fortunio: [...] *du hast nicht recht, bei Gott, du hast nicht recht, Miranda! Du machst dich schuldig, auf eine geheimnisvolle Weise schuldig.* – MIRANDA: *Gegen wen?* – FORTUNIO: *Es gibt Verschuldungen gegen das Leben, die der gemeine Sinn übersieht: aber sie rächen sich furchtbar.* (*GLD* 316 / *KD* 58 f.) Diesen Satz Fortunios, der ihn ebenso wie Miranda trifft, könnte auch der Tod zu Claudio sprechen. Weder Miranda noch Fortunio stehen auf jener höheren Stufe, die Claudio über die Treue erreichen will. Als ganz ihrer Treue zu Toten Lebende haben sie sich vom Leben wie Claudio entfernt: Der Friedhof ist wie das Studierzimmer ein symbolischer Schauplatz. Aber nicht erst ihre Treue zu Toten entfremdet die beiden jungen Leute dem Leben, und das Problem, das die Ironisierung der Treue in diesem Stück aufwirft, sollte nicht mit dem Hinweis aus der Welt geschafft werden, daß es hier nicht um die Treue, sondern um ihre Übertreibung geht, von der nicht einzusehen ist, wie sie *der Halt von allem Leben* sein soll, bindet sie doch die ihr Ergebenen ans Totenreich. Denn Hofmannsthal gibt keine Kasuistik der Treue. Was ihn im *Weißen Fächer* beschäftigt, ist kein anderes Thema als das aus *Tor und Tod*: die Versuchung des jungen Menschen, in dem Schatten, den das leuchtende Bild der Kindheit auf die ersten Erfahrungen der Wirklichkeit wirft, dieser auszuweichen und in einer Traumwelt die verlorene Kindheit als unverlierbare zu behaupten. In dem Gespräch zwischen Fortunio und der Großmutter, einer *schönen alten Frau* (*GLD* 298 / *KD* 49) mit *leisem, sehr anmutigem Spott* (*GLD* 300 / *KD* 49) erweist sich immer wieder, wie sehr Fortunio ein Bruder Claudios ist, wenngleich ein glücklicher. Auch ihm ist das Leben *nichts als ein Schattenspiel*,[4] und er muß von seiner Großmutter strenge Worte hören: *Du hast sehr wenig erlebt, Fortunio* (*GLD* 302 / *KD* 51) und: (mit einer Anspielung darauf, daß er als Kind den Spielen seines Alters die

---

4 Vgl. auch: *FORTUNIO: Ich will besser sein / Als dieses Schattenspiel.* (*GLD* 295 / *KD* 46).

Gesellschaft seiner Kusine Miranda vorzog) *So hast du dir damals das vorweggenommen, was für später gehört, und was du damals versäumt hast, holst du nie wieder nach (GLD 303 / KD 52).* Allein, was er sich damals vorweggenommen hat, die Verbindung mit Miranda, hatte keine Wirklichkeit. Im Gespräch zwischen beiden fallen die Worte:

> MIRANDA *(mit schwachem Lächeln): Das paßt zu uns: wir waren füreinander immer nur wie Schatten.*
> FORTUNIO: *Warum sagst du das?*
> MIRANDA: *Findest du nicht, daß es wahr ist?*
> FORTUNIO: *Du meinst, in unserer Kinderzeit?*
> MIRANDA: *Ja, ich meine in der früheren Zeit, bevor wir uns verheirateten.*
> FORTUNIO: *Bevor du dich verheiratetest.*
> MIRANDA: *Und du. Es war fast gleichzeitig. Gleichviel. Aber Schatten ist vielleicht nicht das richtige Wort. Es war nichts Düsteres dabei. Nur so etwas Unbestimmtes, etwas unsäglich Unbestimmtes, Schwebendes. Es war wie das Spielen von Wolken in der dämmernden Luft im Frühjahr.*
> FORTUNIO: *Wolken, aus denen nachher kein Gott hervortrat.* (*GLD* 310 / *KD* 55 f.)

Der Gott, der aus diesen Wolken der kindlichen Spiele nicht hervortrat, ist die Wirklichkeit. Wenn Fortunio und Miranda sich nun doch noch verbinden werden, so holen sie nach, was sie einst versäumt haben: die Realisierung ihrer kindlichen Traumwelt und damit den Schritt ins Leben. Diese Erfüllung des einst Entworfenen ist das Telos des kleinen Spiels, ihm zuliebe nimmt es die Untreue und die Ironisierung der Treue in Kauf. Indessen wird die teleologische Würde der Verbindung Fortunios und Mirandas nicht allein von der Kindheit verliehen. Hofmannsthals Kunst der diskreten Andeutung bewährt sich im *Weißen Fächer* nicht zuletzt darin, daß er erkennen läßt: Weder Fortunio noch Miranda haben, als sie heirateten, den Schritt ins Leben getan, den sie getan hätten, würden sie einander geheiratet haben. Fortunios verstorbene Frau wird in den strahlendsten Farben gemalt, aber jeder, der von ihr spricht – Fortunio, der Freund Livio und die Großmutter – sagt auch den Grund dieser Strahlkraft: *Sie war ein Kind.* (GLD 297 / KD 48) *Sich gebend wie die Blume unterm Wind, / Weil sie nichts andres weiß, und unberührt, / Ja unberührbar, keiner Scham bedürftig* [...] (GLD 298 / KD 48). Fortunio selber scheint zu ahnen, was seine Treue zur Verlorenen ist: *Hätt ich ein Kind von ihr, vielleicht ertrüg ichs / Und käm einmal im Jahr an dieses Grab: / So – ist Erinnrung alles, was mir blieb.* (GLD 298 / KD 48 f.) Die Kinderlosigkeit ist das Zeichen, daß der Schritt ins Leben durch diese Verbindung nicht vollzogen wurde (in der *Frau ohne Schatten* wird das Motiv ins Zentrum des Geschehens rücken). So hat nicht erst die Treue über das Grab hinaus Fortunio dem Leben entfremdet, diese Treue ist nichts anderes als seine Treue zu der Kindheit, die er in der Liebe zu dem Kind, das seine Frau war, in das Mannesalter hinüberzuretten versucht.

Soviel zu Fortunio. Wie aber soll man Mirandas Treue verstehen? Die Symmetrie der Handlung atmet den Geist der Ironie. Ihr kann die Treue anheimfallen, weil sie nicht die von Claudio gemeinte ist. W a r u m sie es aber nicht ist, das spielt sich auf einem Gebiet ab, zu dem die Ironie keinen Zugang haben darf. So hat sich Hofmannsthal gehütet, die Ehe Mirandas wie die Ehe Fortunios zu schildern. Mit bewundernswerter Sicherheit hat er ein anderes Motiv aus seinen Dichtungen hier anklingen lassen: Aufs schärfste hebt dieses Motiv die eine Vorgeschichte von der anderen ab und erfüllt doch dieselbe Aufgabe. Da Fortunio sie sehr verändert findet, sagt Miranda: *Es gibt Augenblicke, die einen um ein großes Stück weiterbringen, Augenblicke, in denen sich sehr viel zusammendrängt. Es sind die Augenblicke, in denen man sich und sein Schicksal als etwas uner-*

bittlich Zusammengehöriges empfindet. – FORTUNIO: *Du hast viele solche Augenblicke erlebt?* ... MIRANDA: *Es waren einige in den Tagen, bevor mein Mann sterben mußte.* [...] (*GLD* 312 / *KD* 56) Und sie erzählt von einem Abend, da sie ihm vorlesen will, die Geschichte von Manon Lescaut, aber ihr Mann macht gegen das Buch eine kleine Handbewegung, als wollte er sagen: *Was kümmert das alles mich, da ich doch sterben muß.* [...] *Ich fühlte in diesem Augenblick, da dieser Blick auf mir ruhte, die entsetzliche Gewalt der Wirklichkeit.* (*GLD* 313 / *KD* 57 – Hervorh. v. Hofmannsthal.) Das Schicksal, mit dem sich Miranda in den Sterbestunden ihres Mannes verbunden fühlt, ist das Zeichen, daß sie ins Leben hinausgetreten ist: Darum fühlt sie im Blick des Sterbenden die entsetzliche Gewalt der Wirklichkeit. Ihr Mann stirbt den Opfertod der Alkestis: Sein Tod schenkt der Geliebten das Leben – das Leben, das Admet hätte verlieren müssen und das Miranda allererst gewinnen muß. Während Fortunio in der Verbindung mit einem Kind der Schritt ins Leben erspart – verwehrt – blieb und seine Treue zur Verstorbenen eine Treue zu seiner Kindheit ist, hat Miranda diesen Schritt erst durch den Tod ihres Mannes vollziehen können: Ihre Treue zu ihm über das Grab hinaus ist so zwar Treue zu ihm selbst, sie widerspricht aber dem, um dessentwillen er sich, ohne sein Wissen, geopfert hat: ihrer Verknüpfung mit dem Leben. Indem Hofmannsthal die beiden Witwer untreu werden und einander finden läßt, indem er so die Treue scheinbar ironisiert, errichtet er ihr als dem Halt des Lebens in Wahrheit ein Denkmal: Denn Fortunios Treue war Treue zum Falschen, und Mirandas Treue war falsche Treue. Erst durch die Untreue werden sie beide treu.

Der Kaiser und die Hexe

Mit dem Drama *Der Kaiser und die Hexe* betritt man eine andere Welt. Die Thematik aber bleibt die gleiche. Das zeigen schon die Worte, die der Kaiser Porphyrogenitus (der »Purpurgeborene«) zu seinem jungen Kämmerer spricht:

Nimm du dich in acht, das Leben,
Hat die rätselhafte Kraft,
Irgendwo von einem Punkt aus
Diesen ganzen Glanz der Jugend
Zu zerstören, blinden Rost
Auszustreun auf diesen Spiegel
Gottes... wie das alles kommt?
(Halb für sich)
Anfangs ists in einem Punkt,
Doch dann schiebt sichs wie ein Schleier
Zwischen Herz und Aug und Welt,
Und das Dasein ist vergällt;
Bist du außen nicht wie innen,
Zwingst dich nicht, dir treu zu sein,
So kommt Gift in deine Sinnen,
Atmests aus und atmests ein,
Und von dem dir gleichen Leben
Bist du wie vom Grab umgeben,
Kannst den Klang der Wahrheit hören,
So wie Hornruf von weither,
Doch erwidern nimmermehr;
Was du sprichst, kann nur betören,
Was du siehst, ist Schattenspiel,
Magst dich stellen, wie du willst,
Findest an der Welt nicht viel,
Wandelst lebend als dein Grab,
Hexen deine Buhlerinnen...

> *Kehr dich nicht an meine Reden,*
> *Wohl! wenn du sie nicht verstehst.*
> *Denk nur eins: ich will dir Gutes!*
> *Nimms, als käm es dir von einem,*
> *Den du sterbend wo am Wege*
> *Liegen findest; nimms an dich,*
> *Drücks an dich wie eine Lampe,*
> *Wenn dich Finsternis umschlägt;*
> *Merk dir: jeder Schritt im Leben*
> *Ist ein tiefer. Worte! Worte!*
> *Merk dir nichts als dies, Tarquinius:*
> *Wer nicht wahr ist, wirft sich weg!*
> *... Doch vielleicht begreifst du dies*
> *Erst, wenn es zu spät ist; merk*
> *Dies allein: nicht eine einzige*
> *Stunde kommt zweimal im Leben,*
> *Nicht ein Wort, nicht eines Blickes*
> *Ungreifbares Nichts ist je*
> *Ungeschehn zu machen, was*
> *Du getan hast, mußt du tragen,*
> *So das Lächeln wie den Mord!*
> *(Nach einer kleinen Pause)*
> *Und wenn du ein Wesen liebhast,*
> *Sag nie mehr, bei deiner Seele,*
> *Als du spürst. Bei deiner Seele!*
> *Tu nicht eines Halms Gewicht*
> *Mit verstelltem Mund hinzu:*
> *Dies ist solch ein Punkt, wo Rost*
> *Ansetzt und dann weiterfrißt.*
> (GLD 339-341 / KD 74-76)

Nicht zufällig erinnert ein Vers wie *Zwingst dich nicht, dir treu zu sein* an den Vers des Polonius: *This above all: to thine own self be true*[5] (d. h. freilich »wahr«, nicht »treu«): Die Rede des Kaisers steht in einer Tradition, es ist der

---

[5] William Shakespeare, *Hamlet*. 1. Akt, 3. Szene.

Topos der von einem alten Menschen an einen jungen weitergereichten Lebenserfahrung. Zwar ist der Kaiser wenig älter als der Kämmerer, beide sind jung: dieser fast noch Kind, jene kaum schon Mann. Aber für das Problem Hofmannsthals sind es gerade die entscheidenden Jahre. Nicht der Lebenserfahrung, genau genommen, sondern der Lebensentfremdung, der Gefahr, den Weg aus der Phantasiewelt der Kindheit in die Wirklichkeit des Lebens nicht zu finden, weil sich die Kindheit als eine imaginäre Welt gleichsam überlebt und zwischen das Ich und die Welt stellt. Von dieser Gefahr spricht der junge Kaiser zum Kämmerer; was er sagt, gemahnt immer wieder an die späte Einsicht Claudios, an das Lebensgefühl Andreas und der Tizianschüler. Von dem vergällten Dasein ist die Rede, vom Leben, das einem gleichgültig wird, von der Unwahrheit dessen, was man sagt, und dem Schattenspielcharakter dessen, was man erlebt. Andreas Erfahrung, daß »nichts je sich ungeschehen« machen läßt, kehrt in den Worten des Kaisers ebenso wieder wie die Einsicht Claudios, daß nicht eine einzige Stunde zweimal im Leben kommt. Der Kaiser scheint freilich zu ahnen, daß solches sich nur erfahren, nicht aber in Sentenzform mitteilen läßt. Denn wem es fremd ist, der kann es auch nicht verstehen. Darum sagt er zum Kämmerer: *Wohl! wenn du sie* [nämlich seine Reden] *nicht verstehst.* [...] *Nimms, als käm es dir von einem, / Den du sterbend wo am Wege / Liegen findest*. Allein, dieser Vergleich ist mehr als ein Vergleich. Er bindet den Kaiser an seinen Vorgänger, den sterbenden Toren. Und wie bei diesem ist auch beim Kaiser der Tod nichts Äußerliches, die Todesstunde ist vom Dichter nicht um der dramatischen Wirkung willen gewählt. Denn sie ist in dem Totentanzspiel nicht – wie dann beim reichen Jedermann – das Zeichen, daß auch der Tor sterben muß, sondern daß sein Leben tot war. Ähnlich sagt der Kaiser zum Kämmerer: *Magst dich stellen, wie du willst, / Findest an der Welt nicht viel, / Wandelst lebend als dein Grab* [...]. So entspringt diese Dichtung derselben Problematik wie *Der Tor und der Tod*. Aber sie ist nicht etwa seine Wiederholung. Denn ebensogut könnte man sagen, daß sie ihren Ursprung im *Tor und Tod* hat. Gleich dem *Weißen Fächer* führt auch *Der Kaiser und die Hexe* über die *Totentanzkomödie* hinaus: nicht, indem er sie widerlegt, sondern indem er den Prozeß wiederaufnimmt, dem Angeklagten noch einmal eine Chance läßt. Die Erkenntnis in sein verfehltes Leben wird hier dem Helden nicht erst vom Tod zuteil: War sie im *Weißen Fächer* noch an den Tod gebunden, an den Tod der Nächsten: von Fortunios Frau und Mirandas Mann, so wird der Kaiser noch mehr begünstigt; er vermag selber seinen Irrgang zu erkennen und sich aus der unverbindlichen Phantasiewelt in die Verpflichtungen des Lebens durchzuringen. Dem gilt zum Schluß des kleinen Spiels sein Dankgebet:

> *Herr, der unberührten Seelen*
> *Schönes Erbe ist ein Leben,*
> *Eines auch ist den Verirrten,*
> *Denen eines, Herr, gegeben,*
> *Die dem Teufel sich entwanden*
> *Und den Weg nach Hause fanden.* (GLD 372 / KD 97)

Als teuflisch erscheint hier, was in *Gestern*, im *Tod des Tizian*, ja auch noch im *Tor und Tod* als das »schöne Leben«, der »ästhetische Schein« auftrat. Aber der Unterschied ist in Wahrheit nicht groß. Denn sowenig das Verführerische und Verderbliche an der Kunst dort übersehen wurde, sowenig ermangelt das Teuflische, dem sich der Kaiser entwinden muß, der Schönheit: Die Hexe ist seine Personifikation, und bei ihrem ersten Auftreten nennt sie die Regieanmerkung: *jung und schön, in einem durchsichtigen Gewand, mit offenem Haar* (GLD 331 / KD 68). Was sich gegenüber den früheren Dramen geändert hat, ist ein Zweifaches. Zunächst erscheint die zentrale Problematik des jungen Hofmannsthal in einer metaphysischen Dimension, wie sie die berufenen Gestalten des Herrn, der Engel, des Teufels, wie sie aber auch die Gegenspielerin des Kaisers: die Hexe umreißen. Diese Dimension wächst dem Spiel zu, weil die Problematik seit dem *Tor und Tod* nicht mehr bloß von den Gefühlen, vom Erleben des Helden her entwickelt wird, sondern sie wird mit ethisch-religiösen Kategorien gezeigt: als Schuld. Was in *Gestern* und im *Tod des Tizian* noch ausgespart blieb und allenfalls in Momenten wie dem Auftritt des Jugendfreundes Marsilio, des Savonarola-Jüngers, oder ex negativo: in der Hybris eines Desiderio oder Andrea sichtbar wurde, die bewußt »shocking«, d. h. das moralische Empfinden verletzend, sprechen, das tritt nun in den Mittelpunkt. Die zweite Änderung ist die stilistische Konsequenz der ersten. Zwar zeigt der *Weiße Fächer* in bewundernswertem Vorgriff auf den Lustspielstil der Jahre nach 1907 Hofmannsthals Kunst der Ironisierung, des Verbergens, die lieber den Schein in Kauf nimmt, den Ernst der Sache an den leichtfertigen Komödienton zu verraten, als das Pathos, das als hohles den Ernst der Sache tatsächlich verrät. In *Der Kaiser und die Hexe* – wie auch im *Bergwerk zu Falun* des Jahres 1899 – bedient sich Hofmannsthal einer fast allzu penetranten Symbolik, eines Legendentons, der die Werke deutlich als solche des Jugendstils lokalisiert. Daran vermag auch das Metrum von *Der Kaiser und die Hexe* wenig zu ändern: der trochäische Vierheber spanischen Ursprungs, dessen schroffe Rhythmik und schnelles Tempo sowohl der äußeren wie der inneren Handlung entsprechen: der Jagd, auf der der Kaiser ist, und dem Kampf, den er, als innerlich Gejagter, gegen die Hexe auszutragen hat. Das trochäische Metrum, seit der Hereinholung der spanischen Barockdichtung in die deutsche Sprache durch Herder und die Romantiker gleichsam ein hispanisierender Rivale des Blankverses, der vom Vorbild Shakespeares geprägt ist und den barocken Alexandriner französischen Ursprungs verdrängt hat – der trochäische Vierheber erinnert in *Der Kaiser und die Hexe* aber auch daran, daß

Hofmannsthal hier – wie schon im *Weißen Fächer* – ein berühmtes Motiv der Weltliteratur abwandelt, und zwar eben ein spanisches: das der Jüdin von Toledo.[6] Aus der Geschichte Spaniens im 12. Jahrhundert stammend, wurde es u. a. von Lope de Vega behandelt (1616), im 19. Jahrhundert dann auch von Grillparzer. An dieses Motiv knüpft Hofmannsthal an, wenn er das falsch gelebte Leben des jungen Kaisers in dessen irrealer, der Wahnwelt zugehörigen Liebesbindung an die Hexe symbolisiert. Wie sehr diese erotische Bindung, als ein Zeichen, hereingenommen ist in die Problematik, die der Kaiser mit Andrea, Claudio und den Tizianschülern gemein hat, zeigt der Schluß der schon zitierten Verse aus des Kaisers Mahnrede an den Kämmerer: Mit ihm unterbricht sich der Kaiser selbst, drei Punkte folgen und dann die Einsicht, daß der Kämmerer ihn wohl gar nicht verstehen kann. Die Verse lauten: *Was du sprichst, kann nur betören, / Was du siehst, ist Schattenspiel, / Magst dich stellen, wie du willst, / Findest an der Welt nicht viel, / Wandelst lebend als dein Grab, / Hexen deine Buhlerinnen* ...

Nicht nur dem Kämmerer, auch dem Leser fällt es nicht ganz leicht, das Schicksal des Kaisers, den Sinn seiner Bindung an die Hexe, zu verstehen.

Hofmannsthal übernimmt mit dem Motiv der Jüdin von Toledo die Grundsituation: Sieben Jahre lang ist der Kaiser der Hexe verfallen, vergißt er darüber seine Pflichten als Gatte und als Herrscher. Die Hexe vertritt so die mit dem Sozialen nicht vermittelte Erotik, die Liebe in ihrer unverbindlichen Form, deren Kennzeichen die Kinderlosigkeit und die Vereinzelung sind. Seinen eigentlich Hofmannsthalschen Sinn bekommt aber das Thema erst durch den Stellenwert der sieben Jahre, sie liegen nicht irgendwann im Leben des Kaisers, sondern zwischen der Kindheit und dem Man-

---

6 In Szondis Notizen zu Hofmannsthal findet sich auf einem einzelnen Blatt der Satz: »Die spanischen Trochäen von Hofmannsthals kleinem Drama *Der Kaiser und die Hexe* weisen nach Toledo den Weg.«

nesalter: Die ersten Worte, die er im Spiel zur Hexe spricht, lauten:

> *Heute, heute ist ein Ende!*
> *Ich will dirs entgegenschrein:*
> *Sieben Jahre war ich dein,*
> *War ein Kind, als es begann,*
> *End es nun, da ich ein Mann!* (GLD 331 / KD 69)

Auf sein eigenes Leben zurückblickend, hat Hofmannsthal einmal von dem *Jugenderlebnis (16-22tes Jahr etwa)* gesprochen, *daß alles gegenwärtige Schöne in der Natur nur auf ein ganz unerreichbares Früheres hinzudeuten schien (Aufzeichnungen* 227). Es mag ein Zufall sein, daß es auch hier genau sieben Jahre sind, die dieses Erlebnis, diese Erlebnisweise gewährt haben. Sicherlich handelt es sich aber um dieselbe Zeit; und die Bemerkung verhilft uns dazu, die Erotik, als deren Personifizierung wir die Hexe zunächst auffassen müssen, in den Zusammenhängen zu sehen, in denen sie in Hofmannsthals Jugendwerk steht. Noch einmal ist der Vers des Toren Claudio zu zitieren: *Warum bemächtigt sich des Kindersinns / So hohe Ahnung von den Lebensdingen, / Daß dann die Dinge, wenn sie wirklich sind, / Nur schale Schauer des Erinnerns bringen?* (GLD 291 / KD 36) Das unterscheidet sich von dem eben angeführten autobiographischen Satz nur darin, daß es auch die Enttäuschung berücksichtigt, welche die Begegnung mit der Wirklichkeit nach sich zieht. Diese Enttäuschung führt dann zu der Flucht aus der Wirklichkeit, die bei Andrea als impressionistischer Ästhetismus erscheint, bei den Tizianschülern als Rückzug in ein Reservat der Kunst, ohne daß sie, als Künstler, selber Wirklichkeit erschaffen würden, bei Claudio (wie auch schon bei seinen Vorgängern, aber erst bei ihm wird das Problem gezeigt, und dieses Zeigen deutet schon auf seine Lösung voraus) als Schauspielertum, das die menschlichen Bindungen nicht ernst nimmt, die Menschen zu Schatten, die Wirklichkeit zu einem *Schattenspiel* verflüchtigt. Als Allegorie dieser Flucht darf die Hexe gelten, der der Kaiser verfällt. Dabei hat diese Allegorie gleichsam zwei Böden. Schon die reine Erotik, die nichts als Erotik ist, an den Augenblick (als welche die sieben Jahre zu gelten haben) gebunden, unhistorisch, weil sie keine Nachkommenschaft erzeugt, sah Hofmannsthal als Flucht, als Merkmal des jungen Menschen, der sich nicht binden will. Die zweite allegorische Schicht kommt hinzu, indem Hofmannsthal an die Stelle der Geliebten des Kaisers, wie sie die Chroniken und die zahlreichen Bearbeitungen des Stoffes kennen, die Hexe setzt: eine imaginäre Gestalt, die durch ihren Irrealitätscharakter den allegorischen Sinn noch verdeutlicht. Man hat den *Kaiser und die Hexe*, seiner Intention nach, nicht verstanden, wenn man diese enge Verknüpfung von Erotik und Imagination nicht sieht, in der auch jenes Schauspielertum, jene Unwahrhaftigkeit der Sprache ihren Ursprung haben, vor denen der Kaiser den jungen Kämmerer warnt: [...] *wenn du ein Wesen liebhast, / Sag nie mehr, bei deiner Seele! / Als du spürst. Bei deiner Seele! / Tu nicht eines Halms Gewicht / Mit verstelltem Mund hinzu: / Dies ist solch ein Punkt, wo Rost / Ansetzt und dann weiterfrißt.* Daß der Kaiser die Wendung *bei deiner Seele!*, die wörtlich zu verstehen ist und vorausweist auf das Dankgebet des Kaisers, wiederholt, zeugt davon, welche Bedeutung diesen Versen, dem Motiv des »Mehr sagen als man spürt« zukommt; das Insistieren verrät aber zugleich, daß Hofmannsthal bewußt geworden sein mag, wie wenig er dieses Motiv in der Handlung selbst verankern konnte. Zwar wird der Kaiser in dem kurzen Monolog, der dem Gespräch mit dem Kämmerer folgt, darauf zurückkommen: *Ja, im Mund wird mir zur Lüge, / Was noch wahr schien in Gedanken* (GLD 341 / KD 76), und noch einmal wird gesagt, daß diese Unwahrhaftigkeit der Sprache die Folge dessen ist, daß der Kaiser nur seiner imaginären Bindung an die Hexe lebt und sich den Menschen um ihn herum entfremdet, daß er *Menschenschicksal / So gelassen ansehn kann / Wie das Steigen und Zerstäuben / Der Springbrunnen* [...] (*GLD* 342 / *KD* 76 f.). Aber es wird eben nur gesagt. Daran mag die allzu gewichtige Rolle der Hexe, die ihre eigene allegorische Funktion beengt, Schuld tragen; zurückzuführen ist es aber auch auf Hofmannsthals Scheu, das Problem des Dichters — denn dieses ist gemeint mit dem schauspielernden Wortkünstler — in den lyrischen Dramen zu behandeln: Wir haben gesehen, daß er dafür als Gattung das Gedicht vorzieht. Hofmannsthal hat in späteren Jahren angemerkt, *Der Kaiser und die Hexe* stelle eine *Analyse der dichterischen Existenz* dar (*Aufzeichnungen* 223), und in einer frühen Tagebuchnotiz ist der Zusammenhang der Hexe mit der Welt der Dichtung, und zwar der Dichtung als eines Spiels, das imaginäre Wirklichkeit erschafft, noch da: *Prolog zu einer phantastischen Komödie. Die Hexe, die mit dem Fürsten Cantacuzeno von Sparta nach Irland fliegt (Insel des Erne Sees) und jeden Abend von Teufeln vor ihm Theater spielen läßt. Wie er den Namen Gottes ausspricht, zerstäubt das Theater* (*Aufzeichnungen* 97). Demgegenüber ist im *Kaiser und die Hexe* die Erlösung des Kaisers genauer gestaltet, sie besteht nicht bloß im Anrufen Gottes, und die vier Stufen, die man in der kleinen Handlung als Stufen der Befreiung des Kaisers aus dem magischen Bann der Hexe unterscheiden kann, werfen doch noch ein Licht auf das Wesen seiner Bindung und holen nach, was in der Gestalt der Hexe eher intendiert als verwirklicht ist. Vier Begegnungen sind es, alle vier hervorgerufen durch den Willen des Kaisers, sich von der Hexe zu lösen, die Leere, die um ihn herrscht (denn solange er an die Hexe gebunden ist, ist er nur an sie gebunden), mit Menschen zu füllen. *Meine Wachen! Menschen, Menschen!* (*GLD* 335 / *KD* 71) schreit der Kaiser, die Hand vor den Augen, nach seinem ersten Gespräch mit der Hexe, und es erscheint der junge Kämmerer. Die Szene haben wir bereits kommentiert, aber nachzutragen haben wir ihren funktionalen Sinn im ganzen des

Geschehens: Hofmannsthal selber hat bemerkt, daß dem Kaiser in dem Kämmerer gleichsam sein jüngeres Spiegelbild entgegentritt, der, der er war, bevor er der Hexe verfiel (*Aufzeichnungen* 228). Die Spiegelung – wie im *Weißen Fächer* – bedeutet die Begegnung mit dem eigenen Selbst und verhilft zur Erkenntnis, daß dieses Selbst verraten wurde: sei's – wie im *Weißen Fächer* – in der falschen Treue, sei's – wie hier – in der falschen Liebe: Beide sind falsch, weil sie die Verbindung mit dem Leben nicht schaffen, sondern vereiteln. Auch der zweiten Begegnung geht des Kaisers verzweifelter Aufschrei *Menschen, Menschen, ich will Menschen!* (GLD 343 / KD 78) voraus: Es erscheinen Soldaten, die einen Gefangenen mit sich führen: *Der ein ganzes Land verbrannte, / Feuer warf in dreizehn Städte, / Sich Statthalter Gottes nannte / Und der Ungerechten Geißel.* (GLD 345 / KD 79) Auf des Kaisers Frage, wie das begann, antwortet er: *[...] mit einem Unrecht. – Das du tatest? – Das ich litt* (GLD 346 f. / KD 80). Der Kaiser spricht ihn frei und ernennt ihn zum Führer der Galeeren nach Dalmatien. Die Bedeutung dieser Ernennung geht weit über ihren individuellen Sinn hinaus: Mit ihr reißt sich der Kaiser aus seiner weltfernen Bindung an die Hexe, an das Reich des Imaginären, los und findet zu seinem Amt zurück: *Auf mein ungeheures Amt / Will ich Kaiser mich besinnen:* – sagt er – *Meine Kammer ist die Welt, / Und die Tausende der Tausend / Sind im Kreis um mich gestellt, / Ihre Ämter zu empfangen. / Ämter! darin liegt noch mehr!* (GLD 349 / KD 81) Noch gegen Schluß wird er auf diese Episode zurückkommen im Gespräch mit dem Kämmerer: *Ich bin heiterer, mein Lieber, / Als ich sagen kann... gleichviel, / Denk nicht nach!... Es ist der neue / Admiral, der mich so freut. / Sieh, ein Schicksal zu erfinden, / Ist wohl schön, doch Schicksal sein, / Das ist mehr; aus Wirklichkeit / Träume baun, gerechte Träume [...]* (GLD 366 / KD 93). Hier scheint der Zusammenhang der Fabel mit dem Problem der dichterischen Existenz durch: Der Dichter ist es, der Schicksale erfindet, und seine Tätigkeit wird »schön« genannt. Aber es scheint Hofmannsthals Überzeugung gewesen zu sein, zu der er in den Jahren 1897-99 fand (er war dreiundzwanzig), daß die wirkliche Verknüpfung mit dem Leben nur auf anderem Wege möglich ist. Dabei hieß der Weg in die Wirklichkeit nicht Resignation, er war nicht Absage an die Träume: *aus Wirklichkeit Träume baun*, lautet das Programm, es ist die Schaffung einer neuen Wirklichkeit, die Realisierung der Träume: in der Familie und im Staat.

Wenn der Kaiser in der Begegnung mit dem Gefangenen zu seinem Kaiseramt zurückfindet, findet er zugleich in seine Kindheit zurück. Er überspringt den Zwischenzustand der sieben Jahre und verwirklicht nun, was in seiner Kindheit, als Antizipation der Reife, schon angelegt war. *Als ich in der Wiege lag*, spricht der Kaiser bei der Ernennung des Gefangenen zum Admiral, *Trug ich Purpur, um mich her / Stellten sie im Kreise Männer, / Und auf wen mit unbewußtem / Finger ich nach Kindesart / Lallend deutete, der war / Über Heere, über Flotten, / Über Länder zum Gebieter / Ausgewählt. Ein großes Sinnbild!* (GLD 348 f. / KD 81) Man wird mit Recht wieder bemängeln, daß der Kaiser selber auf die symbolische Kraft des Gesagten verweist (wie vorhin mit *Ämter! darin liegt noch mehr!*); solcher Hinweis tut dem Symbol eher Abbruch, verrät seine Schwäche, das Überanstrengte, das es kennzeichnet. Der Vergleich mit dem *Weißen Fächer* ist auch hier lohnend: Wie dort Miranda und Fortunio ihre kindliche Verbindung nach dem Tod ihrer Gatten, nach einer Zwischenzeit, die nur scheinbar die Verknüpfung mit der Wirklichkeit brachte, realisieren werden, so verwirklicht der Kaiser, indem er sich von der Hexe befreit, indem er die Zwischenzeit der Jugend überwindet, die Bestimmung, der er als Kind nur unbewußt, lallend nachkommen konnte.

Auch die dritte Begegnung entspringt dem Willen des Kaisers, sich von der Hexe zu befreien. Sie war ihm in Gestalt einer Taube, als himmlischer Bote maskiert, genaht, er hatte sie mit dem Dolch getötet und ihre Leiche ins Gebüsch schleppen lassen. Aber nun spürt er, daß sie ihn immer noch besitzt, der Mord war keine Befreiungstat: *Wenn ich sie nicht noch einmal / Sehen kann, werd ich nie glauben, / Daß ich mich mit eignem Willen / Von ihr losriß;* [...] (GLD 356 / KD 86). Er reißt die Ranken des Gebüsches weg, aber es wird eine Höhle sichtbar, und aus ihr tritt ein Greis hervor, blind, nur mit einem linnenen Hemd bekleidet (eine Reminiszenz wohl an Calderons *Das Leben ein Traum*, der spanischen Sprach- und Motivwelt des Stückes korrespondierend und eine lebenslange Beschäftigung mit diesem Stoff, aus dem der *Turm* entwuchs, beginnend). Denn der Greis ist wie Sigismund ein verbannter, gefürchteter Herrscher, die Inschrift auf dem Ring, den er um den Hals trägt, lautet: *Ich, Johannes der Pannonier, / War durch dreiunddreißig Tage / Kaiser in Byzanz. Geblendet / Bin ich nun und ausgestoßen / Als ein Fraß der wilden Tiere / Auf Befehl* [...] *des höchst heiligen, höchst / Weisen, des unbesiegbarsten, erlauchtesten / Kindes...* (GLD 361 f. / KD 90), und es folgt der Name des Kaisers, des Purpurgeborenen. Wie der Gefangene bringt also auch der Greis wieder die Kindheit herauf, aber auf andere Weise: Nun geht es nicht um die bewußte Ausübung des einst unbewußt erfüllten Amtes, sondern um Entsühnung. *Ja, den Platz, auf dem ich stehe, / Gab mir ungeheurer Raub* [...] gesteht der Kaiser, doch die Sühne besteht nicht im Verzicht auf sein Amt, sondern in dessen bewußter Übernahme: *ich muß das / Licht in mir tragen für den, / Der geblendet ward um meinet- / Willen – denn ich bin der Kaiser* (GLD 363 f. / KD 91 f.).

In diesem Bekenntnis des Kaisers zu seinem Amt hat die Dichtung ihr Telos, es bedeutet die Überwindung des Claudio-Schicksals, und entstehungsgeschichtlich kann man sagen, daß um dieses Zieles willen der Held als Kaiser erscheint und nicht als reicher Dilettante und Privatier wie Andrea und Claudio. Indessen hat sich der Kaiser auch jetzt noch nicht ganz von der Hexe befreien können, und die letzte Stufe, die letzte Begegnung, zeigt, daß das kaiserliche Amt nur stellvertretend gemeint ist für das Amt, das jedem im Leben bestimmt ist, wo er auch stehen mag. Nach dem Kämmerer, dem Gefangenen und dem Greis scheint dem Kaiser die Kaiserin entgegenzutreten, es ist aber, verschleiert und das Gewand der Kaiserin tragend, die Hexe, die noch einmal, ein letztes Mal den Kaiser für sich zu retten versucht. Hatte sie sich vorhin in eine Taube verwandelt und war sie so in die Sphäre des Geistes geschlüpft, so leiht sie sich nun die Erscheinung der Gestalt, die sie in Wahrheit verdrängen will: der Kaiserin. Der Kaiser ist wie Fortunio ein Jungvermählter – so lautet eine Notiz Hofmannsthals (*Aufzeichnungen* 223), seine Ehe war der erste Schritt, dem Bann der Hexe zu entrinnen. Die als Kaiserin verkleidete Hexe ist die kühne Verbindung zweier Bereiche. Hofmannsthal hat aus verständlichen Gründen darauf verzichtet, die Kaiserin auftreten zu lassen: Grillparzers Absicht war eine andere, darum konnte er sie als kalte Frau zeigen und damit Alfons entlasten. Bei Hofmannsthal ist die Kaiserin nur als vom Kaiser Angesprochene gegenwärtig: Der Unterschied zwischen der Kaiserin und der Hexe wird nicht realiter ausgetragen, sondern als Unterschied in der Haltung des Kaisers: Indem er, in der Meinung, er spreche zur Kaiserin, zur Hexe nur von seinen Kindern spricht, durchkreuzt er, ohne es zu wissen, den Plan der Hexe, sich an die Stelle der Kaiserin zu setzen; als Mutter angesprochen, hört sie auf, sie selbst zu sein; sie gibt sich zu erkennen, und nun hat sich der Kaiser ganz von ihrem Bann befreit. Seine Errettung durch Engel, wie sie in der Geschichte von der Jüdin von Toledo überliefert wird, klingt hier an: *Aus allen Klüften, / Von der Straße, aus den Wäldern, / Von dem Boden, aus den Lüften / Sprangen Engel, mich zu retten* (*GLD* 370 / *KD* 96) – aber diese Engel waren Menschen, die dem Kaiser den Weg ins Leben zeigten, indem sie ihn zwangen, für die anderen dazusein. So führten sie ihn zu sich selbst zurück. Denn die Phantasie, deren Sklave er war, hatte ihn sich selbst entfremdet (*daß ich meine / Eigne Stimme immer höre, / Fremd und deutlich wie das Schreien / Ferner Möwen* (GLD 342 / KD 77) sagt er zum Kämmerer), nun erkennt er seine Identität und seine Bestimmung. *Und so ungeheure Kunde, / Wer ich bin und was ich soll, / Brachte diese eine Stunde, / Denn ihr Mund war übervoll / Von Gestalten* ... (GLD 364 / KD 92) – so begreift er die Lektion, die ihm zuteil wurde, *Wo ich hingriff, dich zu spüren, / Taten sich ins wahre Leben / Auf geheimnisvolle Türen, / Mich mir selbst zurückzugeben.* (GLD 370 / KD 96).

Das Kleine Welttheater

XVII

Unter den vier kleinen Dramen, die Hofmannsthal im Jahr 1897 während eines Aufenthaltes in Varese geschrieben (oder doch entworfen) hat, bereitet das *Kleine Welttheater oder Die Glücklichen* dem Verständnis die größten Schwierigkeiten. Zumal im Rahmen einer genetischen Betrachtung, die die einzelnen Werke nicht nur an sich selbst, sondern in ihrem Entstehungszusammenhang deutlich zu machen sucht, kennzeichnet das *Kleine Welttheater* etwas Änigmatisches. Weder scheint der Prozeß, der mit *Gestern* als einer Demaskierung des ästhetischen Ichs begonnen, mit *Tor und Tod* als tödliche Selbsterkenntnis vertieft und in den beiden Dramen von 1897 *Der weiße Fächer* und *Der Kaiser und die Hexe* mit dem entscheidenden Schritt in die Wirklichkeit in Gang gebracht wurde, hier fortgeführt, noch stellt diese Dichtung ihrerseits, wie die vorausgehenden, einen bestimmten Vorgang dar, der sich zu dem der früheren Werke in welchem Sinn auch immer verhielte. Und doch steht das *Kleine Welttheater* in Hofmannsthals Jugenddichtung nicht etwa als erratischer Block da, vielmehr spiegelt es ihre ganze Motivwelt. Alle Fragen der früheren und der gleichzeitig entstehenden Dichtungen klingen hier an, sie werden aber nicht als dramatische Probleme aufgeworfen, die zu lösen eine Handlung berufen wäre. Weder von einer Handlung kann in dieser Dichtung gesprochen werden, noch auch von einem Gespräch, wie es dem *Tod des Tizian* die Form gibt: Jede der auftretenden Gestalten bildet eine Welt für sich, steht statuenhaft vereinzelt da, spricht vor sich hin und tritt wieder ab, nachdem sie gesprochen. Das historische Vorbild des *Kleinen Welttheaters* ist, wie schon der Titel verrät, im Barock zu suchen, entstehungsgeschichtlich wäre aber auf die Formveränderungen der *Hérodiade*-Dichtung zu verweisen: Wie diese dem Gespräch, der Szene entspringt und auf das aus einer Situation heraus gesprochene Gedicht, das *Cantique de Saint Jean,* zustrebt, so ist auch die aus mehreren solchen lyrischen Monologen zusammengesetzte Form des *Kleinen Welttheaters* aus der Konsequenz der Absage an die Handlung zu verstehen. Die größere Nähe dieses Werkes zur reinen Lyrik erschöpft sich nicht im Formalen. Es ist jene Abkehr vom eigenen als problematisch erlebten Ich, die Leistung der Hofmannsthalschen Lyrik nach dem Einsetzen der Dramatik 1891 und vor allem in der Pause des dramatischen Schaffens 1894-96, die hier auf das lyrische Drama zurückzuwirken scheint. Zwar tritt alles unter dem Gesichtspunkt einer einzelnen Gestalt, an deren Ich gebunden, auf, aber dieses Ich hat einen seltsamen Gleichmut gegenüber den Fragen seiner Existenz, es »dramatisiert« sie nicht: das Wort in seinem banalsten Sinn verwendet, der hier aber zugleich die Ferne dieser Dichtung selbst von jener Dramatik anzeigt, die Hofmannsthals lyrische Spiele sonst aufweisen. Grete Schaeder charakterisiert das Werk treffend, wenn sie schreibt, es gebe *keine zweite Dichtung Hofmannsthals, die in diesem Sinn problemlos und gedankenreich zugleich ist.*[1]

Das weist auch der Interpretation den Weg. Wir können nicht nach dem dramatischen Grundgedanken fragen, nach dem Motiv, dem sonst die Handlung entspringt. Wir haben vielmehr der Reihe nach die Gestalten anzuhören, das Rätsel ihres Seins aufzulösen zu versuchen: »Rätsel«, denn es ist zweifelhaft, ob Hofmannsthal von dem Werk zu Recht gesagt hat, es sei in ihm *innere Fülle ohne Dunkelheit*[2] (Hervorh. von Sz.). Wie bei Mallarmés *Hérodiade* wäre auch hier die genaueste Analyse der Metaphorik und ihrer immanenten Dynamik angebracht; aus Zeitgründen muß

---

[1] Grete Schaeder und Hans Heinrich Schaeder, *Hugo von Hofmannsthal.* Band 1: Grete Schaeder, *Die Gestalten.* Berlin 1933 (Neue Forschungs-Arbeiten zur Geistesgeschichte der germanischen und romanischen Völker 21/1), S. 25.
[2] Brief an den Vater vom 7. 8. 1897. *Briefe* S. 215.

ich mich im folgenden mit einigen Hinweisen und Marginalien begnügen.

Das einzige, das die Gestalten des Spiels von vorneherein verbindet, ist die Szenerie: *Die Bühne stellt den Längsschnitt einer Brücke dar, einer gewölbten Brücke, so daß die Mitte höher liegt als links und rechts. Den Hintergrund bildet das steinerne Geländer der Brücke, dahinter der Abendhimmel und in größerer Ferne die Wipfel einiger Bäume, die Uferlandschaft andeutend.* (GLD 373 / KD 99)
Der Schauplatz symbolisiert das Spannungsfeld, in dem fast alle Gestalten des *Kleinen Welttheaters* leben: das Spannungsfeld zwischen dem ewig Fließenden des Lebens und dem Steinernen des von ihm getrennten, darüber stehenden Ich.

Zur Szenerie, welche die Gestalten zum Spiel zusammenfaßt, gehört auch der Zeitpunkt: Es ist Abend, und im Laufe des Spiels bricht die Nacht herein. Man wird sich zu fragen haben, wie die Abendstunde in den Reden der einzelnen Gestalten jeweils bedeutend wird, und ferner: wie sich das Einbrechen der Nacht mit der Aufeinanderfolge der Sprechenden zu einem Vorgang verbindet, der dem Spiel letztlich doch eine dramatische Zielstrebigkeit verleiht.

Den Reigen der Gestalten eröffnet der Dichter. Zum ersten Mal seit *Gestern*, wo er den Namen Fantasio trug, tritt er in einem lyrischen Drama Hofmannsthals wieder auf. Auf die Bedeutung der Wortthematik in den Gedichten zurückblickend, kann man sagen, daß das *Kleine Welttheater* auch in diesem Punkt der reinen Lyrik Hofmannsthals näher steht. Die Eingangsverse des Dichters lauten:

> *Ich blieb im Bade, bis der Widerschein*
> *Des offnen Fensters zwischen meinen Fingern*
> *Mir zeigte, daß der Glanz der tiefen Sonne*
> *Von seitwärts in die goldnen Bäume fällt*
> *Und lange Schatten auf den Feldern liegen.*
> *Nun schreit ich auf und ab den schmalen Pfad,*

> *Von weitem einem Vogelsteller gleichend,*
> *Vielmehr dem Wächter, der auf hoher Klippe*
> *Von ungeheuren Schwärmen großer Fische*
> *Den ungewissen Schatten sucht im Meer:*
> *Denn über Hügel, über Auen hin*
> *Späh ich nach ungewissen Schatten aus* [...]
> (GLD 373 f. / KD 99)

Dreimal in diesen Versen kehrt das Wort »Schatten« wieder, ein Schlüsselwort des *Kleinen Welttheaters*, ein Schlüsselwort aber im besonderen dessen, was hier als dichterische Existenz erscheint. Am prägnantesten tritt das hervor, wenn sich der Dichter selber korrigiert: Nicht so sehr einem Vogelsteller gleicht er als *vielmehr dem Wächter, der auf hoher Klippe / Von ungeheuren Schwärmen großer Fische / Den ungewissen Schatten sucht im Meer* [...]. Was der Dichter einfängt, ist nichts Wirkliches, es sind nicht die Dinge selbst, sondern ihr Widerschein, ihr Schatten. Darum verschloß er sich dem hellen Tageslicht, der Zeit des Handelns; erst in der Abendstunde, wenn *lange Schatten auf den Feldern liegen*, tritt er hervor. Doch damit ist erst die eine Bedeutungsschicht des Schatten-Motivs erfaßt. Die andere wird deutlicher in einer späteren Stelle, die dieser auf charakteristische Weise korrespondiert: Denn nicht mehr von sich selbst spricht nun der Dichter, sondern von einer Gestalt seiner Imagination. Die Entsprechungen, Spiegelungen, die zwischen dem Dichter, seinen Gestalten und dann wieder denen walten, die seine Gedichte hören, nehmen hier ein Gestaltungsmotiv wieder auf, das uns aus dem Prolog zum *Tod des Tizian*, aber auch aus *Der Kaiser und die Hexe* vertraut ist. Hatte sich der Dichter in den zitierten Versen dem Wächter verglichen, der im Meer die Schatten der Fische sucht, so spricht er nun von einem der

> [...] *mit den Augen auf dem Wasser schwimmt*
> [...] *und fängt mit trunknen Blicken auf*

Die feuchten Schatten, durcheinanderkreisend,
Der hohen Wolken und des stillen Goldes,
Das zwischen Kieseln liegt im Grund. [...]
(GLD 375 / KD 101)

Mit dem Gold, das in der Tiefe zwischen Kieseln verborgen liegt – das Wort »still« bezeichnet die Verborgenheit –, klingt hier die Wort-Thematik der Gedichte an: bei der Gestalt des Fremden wird die Dichtung diesen Motivzusammenhang noch deutlicher offenbaren. Neu gegenüber jenen Stellen ist aber der Kontext: die Verbindung mit dem Wasser. Sie ist freilich in einem Gedicht wie *Weltgeheimnis* schon vorbereitet, wenn dort das Lied aus dem Brunnen »geschöpft« wird und seinerseits ein Brunnen ist, auf dessen *dunklen Spiegel* das Kind sich bückt (GLD 16). Und die *feuchten Schatten* des Goldes verbinden sich ferner mit denen der *hohen Wolken*. Diese Dualität von Oben und Unten durchzieht den ganzen Monolog des Dichters und gliedert die Gesichte, die er beschreibt. Die zunächst ganz unauffällige Angabe

Denn über Hügel, über Auen hin
Späh ich nach ungewissen Schatten aus [...]
(Hervorh. von Sz.)

erweist sich in der Folge als das Bauprinzip dieser Doppelschilderung, die mit dem Gegeneinander zweier Visionen: der badenden Kämpfenden am Fluß und der Pilger an den Hängen den Gegensatz von vita activa und vita contemplativa ins Bild zu bringen scheint, zwei Welten, die den Dichter gleicherweise betreffen. Beiden gilt seine Aufmerksamkeit, obwohl er an keiner der beiden realiter teilhat. Auf dieses sein ungeklärtes Verhältnis zu dem, was ihn umgibt, reflektiert der Dichter und, wie es scheint, nicht ohne darunter zu leiden. Wenn das *Kleine Welttheater* die Probleme auch nicht in der Weise der Dramatik stellt, wenn sein

Untertitel die auftretenden Figuren auch *die Glücklichen* nennt: Ein zweifelnd-klagender Ton bricht in ihm dennoch manchmal durch, so in den Versen des Dichters bei der ersten Erwähnung der Gestalten seiner Phantasie:

> *Gestalten! und sie unterreden sich.*
> *O wüßt ich nur, wovon! ein Schicksal ists,*
> *Und irgendwie bin ich dareinverwebt.*
> (*GLD* 374 / *KD* 100)

Wie sehr auf dieser Stelle der Akzent liegt, zeigt der Schluß des Monologs, der ihre Worte wiederaufnimmt:

> *(die Bühne wird dunkler)*
> *Nun setz ich mich am Rand des Waldes hin,*
> *Wo kleine Weiher lange noch den Glanz*
> *Des Tages halten und mit feuchtem Funkeln*
> *Die offnen Augen dieser Landschaft scheinen:*
> *Wenn ich auf die hinsehe, wird es mir*
> *Gelingen, das zu fertigen, wofür*
> *Der Waldgott gern die neue Laute gäbe*
> *Aus einer Schildkrot, überspannt mit Sehnen:*
> *Ich meine jenes künstliche Gebild*
> *Aus Worten, die von Licht und Wasser triefen,*
> *Worein ich irgendwie den Widerschein*
> *Von jenen Abenteuern so verwebe,*
> *Daß dann die Knaben in den dumpfen Städten,*
> *Wenn sie es hören, schwere Blicke tauschen*
> *Und unter des geahnten Schicksals Bürde,*
> *Wie überladne Reben schwankend, flüstern:*
> *»O wüßt ich mehr von diesen Abenteuern,*
> *Denn irgendwie bin ich dareinverwebt*
> *Und weiß nicht, wo sich Traum und Leben spalten.«*
> (*GLD* 376 f. / *KD* 101 f.)

Jetzt erst spricht der Dichter von seinem Werk, und nicht mehr der strömende, von Gestalten bevölkerte Fluß, sondern die kleinen Weiher am Waldrand lassen es entstehen, in denen die Erinnerung an den Tag und an seine Abenteuer überlebt. Denn Erinnerung ist der Ursprung von Hofmannsthals dichterischer Imagination. Mit einem deutlichen Anklang an Verse aus seinen ersten lyrischen Dramen schrieb er 1892 an einen Freund: *Mir fehlt die Unmittelbarkeit des Erlebens; ich sehe mir selbst leben zu* (25 Jahre vorher schrieb Cazalis an Mallarmé: *Tu te sens trop vivre, c'est ce qui te tue, mon ami...*[3]) *und was ich erlebe ist mir wie aus einem Buch gelesen, erst die Vergangenheit verklärt mir die Dinge und gibt ihnen Farbe und Duft. Das hat mich wohl auch zum »Dichter« gemacht dieses Bedürfnis nach dem künstlerischen Leben, nach Verzierung und poetischer Interpretation des gemeinen und farblosen...* Was das fünf Jahre später entstandene *Kleine Welttheater* vor diesen Sätzen wie auch den ersten lyrischen Dramen voraushat, ist der Wille, den hier beschriebenen Ästhetismus zu überwinden: Wie im *Weißen Fächer* und ausgeprägter noch in *Der Kaiser und die Hexe* markiert der Begriff des Schicksals diesen Schritt ins Leben (*Sieh, ein Schicksal zu erfinden, / Ist wohl schön, doch Schicksal sein, / Das ist mehr [...]* (GLD 366 / KD 93) sagt der Kaiser): Der Dichter des *Kleinen Welttheaters* fühlt sich *irgendwie* in dieses Schicksal verwebt wie seine jugendlichen Leser, in denen er sich spiegelt, aber wie sie weiß auch er nicht, *wo sich Traum und Leben spalten.* Dieses Nichtwissen zeichnet den Dichter vor den Helden der ersten Dramen aus, die nicht in einer ununterschiedenen Doppelsphäre gelebt haben, sondern den Traum an die Stelle des Lebens setzten und so schuldig wurden. Es zeugt von dem Wandel in der Gedankenwelt des jungen Hofmannsthal, einer Befreiung von der Problematik dieser Werke, daß er nun nicht mehr auf der Scheidung insistiert, sondern dem Dichter die Zugehörigkeit zu beiden Welten erlaubt: dank dem ist er ein Glücklicher.

[3] *Correspondance* I, S. 222. – Du fühlst dich zu sehr leben, das ist es, was dich tötet, mein Freund... – Übers. d. Hrsg.

Nach dem Dichter tritt der Gärtner auf. Die Regieanweisung beschreibt ihn als einen *Greis mit schönen, durchdringenden Augen. Er trägt eine Gießkanne und einen kleinen Korb aus Bast.* (GLD 377 / KD 102) Im Gegensatz zum Dichter, der in reimlosen Jamben spricht, sind die Verse des Gärtners in gereimte Vierzeiler gefaßt. Dem lyrisch bewegten Parlando des seine Gesichte und Gedanken in unmittelbarer Ergriffenheit aussprechenden Dichters tritt beim Gärtner Distanz, Abgeklärtheit gegenüber: Er trägt sein Leben wie ein Gedicht vor. Das Geheimnis dieses Lebens lüftet schon die erste Strophe:

> *Ich trug den Stirnreif und Gewalt der Welt*
> *Und hatte hundert der erlauchten Namen,*
> *Nun ist ein Korb von Bast mein Eigentum*
> *Ein Winzermesser und die Blumensamen.* (a.a.O.)

Die Gestalt des einstigen Herrschers, der seine Macht umgetauscht hat, wie er sagt, *für diese Beete, dieses reife Lasten / Der Früchte* (GLD 377 / KD 103) und der diesen Tausch als Befreiung empfindet – sie weist uns ein zweites Mal auf das Verhältnis hin, in dem das *Kleine Welttheater* zu der Problematik der früheren und der gleichzeitig entstehenden lyrischen Dramen steht: Während es im *Tor und Tod* auf die Trennung von Traum und Leben ankam, fließen diese für den Dichter wieder zusammen; während der Kaiser Porphyrogenitus sich zu seinem Amt durchringt und in der Übernahme der Pflichten den Schritt aus der Traumwelt in die Wirklichkeit vollzieht, entsagt der Gärtner-Kaiser seinem Amt. Aber es hieße Hofmannsthal gründlich mißverstehen, wollte man hier eine Zurücknahme, eine Rückkehr ins Überwundene sehen. Denn der Gärtner wäre nicht, der er ist, hätte er nicht ein langes Leben als Kaiser hinter sich. Ihn kennzeichnet nicht die Lebensahnung des Jünglings, sondern die Lebenserinnerung des Greises, und dieser Erinnerung verdankt er – darin dem Dichter nicht unähnlich – sein

»Glück«. Wieder tritt das Motiv des Schattens auf. War der Gärtner einst *von dem Ruhm und Glanz der Welt* (a.a.O.) überflogen, so nun vom *Schatten und gedämpften Licht / Der ruhelosen Blätter* (GLD 377 / KD 102). Es ist derselbe Gegensatz von Tageshelle und Abenddämmerung, der auch die Verse des Dichters durchzieht. Wie dem Dichter das Kunstgebilde ein Widerschein des wirklichen Lebens ist, so erkennt der Gärtner an den Blumen *die wahren Wege aller Kreatur* (GLD 378 / KD 103). Er nennt dies ein Großes, das ihm widerfährt, und durchschaut kritisch sein früheres Verhältnis zum Leben:

> [...]
> *Die wahre Art, wovon ich früher nur*
>
> *In einem trüben Spiegel Spuren fand,*
> *Wenn ich umwölkt von Leben um mich blickte:*
> *Denn alle Mienen spiegelten wie Wasser*
> *Nur dies: ob meine zürnte oder nickte.*
>
> *Nun aber webt vor meinen Füßen sich*
> *Mit vielen Köpfen, drin der Frühwind wühlt,*
> *Dies bunte Leben hin: den reinen Drang*
> *Des Lebens hab ich hier, nur so gekühlt,*
>
> *Wie grüne Kelche sich vom Boden heben,*
> *So rein und frisch, wie nicht in jungen Knaben*
> *Zum Ton von Flöten fromm der Atem geht.*
> *So wundervoll verwoben sind die Gaben*
>
> *Des Lebens hier: mir winkt aus jedem Beet*
> *Mehr als ein Mund wie Wunden oder Flammen*
> *Mit schattenhaft durchsichtiger Gebärde,*
> *Und Kindlichkeit und Majestät mitsammen.*
> (GLD 378 f. / KD 103 f.)

Der letzte Vers des Gärtners, in dem die Beschreibung seines »Glückes« ausklingt, nimmt die beiden Motive zusammen, die schon im Namen des Kaisers aus dem anderen Drama zu einer Einheit verbunden waren, im Namen des Purpurgeborenen. Die Affinität von Kindlichkeit und Majestät erinnert zugleich an die Wahlverwandtschaft, die zwischen dem greisen Tizian und dem jungen Gianino besteht. Aber soweit es die Gestalt des Gärtners betrifft, ist wieder anzumerken, daß hier das Problem ausgespart ist, zu dem früher die in der Jugend vorweggenommene Majestät führen mußte: zu dem Leben des Toren Claudio und der Tizianschüler, zu den sieben Jahren des der Hexe verfallenen Kaisers.

Auf den Gärtner ist diese Feststellung zu beschränken, weil es den Anschein hat, als wollte Hofmannsthal in der nächsten Gestalt und dann wieder in der drittnächsten das Problem doch noch aufrollen: Wir meinen die Gestalt des *Jungen Herrn* und die des *Mädchens*.

Zwischen ihnen tritt der *Fremde* auf, der – wie die Regieanweisung besagt – *nach seiner Kleidung [...] ein geschickter Handwerker* sein könnte, *etwa ein Goldschmied* (GLD 382 / KD 106). Mit ihm wird die Thematik des Dichters fortgeführt, wobei nun nicht mehr die Sphäre der Imagination, sondern die des Kunstwerks im Mittelpunkt steht, auf die ja die Verse des Dichters hingeleitet haben. Schon die ersten Strophen zeigen diese innige Verwandtschaft der beiden Gestalten, den Fremden als Steigerung des Dichters, eine Steigerung, die auch die Verschuldung in sich einschließt:

> *Dies hängt mir noch von Kindesträumen an:*
> *Ich muß von Brücken in die Tiefe spähen,*
> *Und wo die Fische gleiten über Grund,*
> *Mein ich, Geschmeide hingestreut zu sehen,*
>
> *Geschmeide in den Kieselgrund verwühlt,*
> *Geräte, drin sich feuchte Schatten fangen.*
> *Wie Narben an dem Leib von Kindern wuchs*
> *Mit mir dies eingegrabene Verlangen!*
> (GLD 382 / KD 106 f.)

Die Wort-Gold-Metapher aus den Versen des Dichters wird hier gleichsam beim Wort genommen. Aber der Fremde erfährt, wie sich das Wasser seinem Gestaltenwollen entgegenstemmt. Die Kunst, die doch das Leben ausdrücken, dem Leben gerecht werden will, erkennt ihr Gegensatzverhältnis zum Leben. Der Künstler möchte die Formen nachbilden, die der strömende Fluß erschafft und seinerseits wieder vernichtet: *Aus Krügen schwingen Schultern sich heraus, / Aus Riesenmuscheln kommt hervorgegossen / Ein knabenhafter Leib, ihm drängt sich nach / Ein Ungeheuer und ist schon zerflossen!* (GLD 383 / KD 107) Aber er muß einsehen:

> *Nur ist es viel zu viel, und alles wahr:*
> *Eins muß empor, die anderen zerfließen.*
> *Gebildet hab ich erst, wenn ichs vermocht,*
> *Vom großen Schwall das eine abzuschließen.*
>
> *In einem Leibe muß es mir gelingen,*
> *Das unaussprechlich Reiche auszudrücken,*
> *Das selige Insichgeschlossensein:*
> *Ein Wesen ists, woran wir uns entzücken!*
> (GLD 383 / KD 107 f. – Hervorh. von Sz.)

Kaum einen Vers aus seinen lyrischen Dramen hat Hofmannsthal später so oft wiederaufgenommen und kommentiert wie diesen letzten: *Ein Wesen ists, woran wir uns entzücken.* Er hat auch in der Forschung die Beachtung gefunden, die ihm gebührt. Aber er scheint nicht selten mißverstanden worden zu sein, nicht anders als seine Auslegung durch den Dichter. Der Kontext läßt keinen Zweifel daran, daß hier von »einem Wesen« – oder wie es in Hofmannsthals Kommentar heißt: von einer Totalität (*Aufzeichnungen* 213, 225) – im ausschließenden und nicht im einschließenden Sinn die Rede ist. Das Insichgeschlossensein, das im Vers vorher genannt wird, bedeutet Isolierung, Verzicht auf das All-Eine, Allverbundene, das ein Prinzip des Lebens ist und in das Kunstwerk einzugehen hätte.

So spitzt sich im Übergang vom Dichter zum *Fremden* (der ein Goldschmied sein könnte) das Problem des Kunstwerks kritisch zu, aber wiederum wird auf eine gewaltsame Lösung verzichtet, der Fremde tritt ab, während sein Lebensmotiv in einer anderen, in der letzten Gestalt des *Kleinen Welttheaters* wiederaufgenommen wird, in dem *Wahnsinnigen*. Er tritt nicht allein auf, ein Diener und ein Arzt begleiten ihn; und zum erstenmal erschließt eine Gestalt ihr Wesen nicht selber, sondern wird vorgestellt in den Versen des Dieners, die an Länge um ein Vielfaches die des Wahnsinnigen übertreffen. Damit wird diese Gestalt von den übrigen abgehoben, in eine Ferne entrückt, die ihr gemäß ist. Denn der Wahnsinnige gehört kaum noch zu den Menschen, die ihn umgeben. Seine letzten Verse, mit denen zugleich das *Kleine Welttheater* sein – gerade in seiner Problemlosigkeit so problematisches – Ende findet, lauten:

> *Hier ist ein Weg, er trägt mich leichter als der Traum.*
> *Ich gleite bis ans Meer, gelagert sind die Mächte dort*
> *Und kreisen dröhnend, Wasserfälle spiegeln*
> *Den Schein ergoßnen Feuers, jeder findet*
> *Den Weg und rührt die andern alle an ...*
> *Mit trunknen Gliedern, ich, im Wirbel mitten,*
> *Reiß alles hinter mir, doch alles bleibt*
> *Und alles schwebt, so wie es muß und darf!*
> *Hinab, hinein, es verlangt sie alle nach mir!*
> *(Er will über das Geländer in den Fluß hinab. Die*
> *beiden halten ihn mit sanfter Gewalt. Er blickt, an sie*
> *gelehnt, und ruft heiter, mit leisem Spott)*
> *Bacchus, Bacchus, auch dich fing einer ein*
> *Und band dich fest, doch nicht für lange.*
> (GLD 394 / KD 117)

Die Geste des Wahnsinnigen ist die Antwort auf das Problem des Künstlers. An die Stelle von dessen Bemühung, »den Schatz zu heben«, der das Leben enthalten sollte, als gehobener aber ihm schon entfremdet ist – an die Stelle dieser in sich widersprüchlichen Bemühung tritt die Sehnsucht des Wahnsinnigen, sich mit dem Fluß zu vereinen. Auch sie gelangt nicht an ihr Ziel – noch beim Wahnsinnigen, in dem der Reigen der *Glücklichen* die reinste Ausprägung findet, bleibt alles in der Schwebe: Sein Versuch, den Gegensatz zwischen Ich und Leben mit dem Sprung in die Tiefe zu überwinden, scheitert, aber er überwindet den Gegensatz zwischen der Wirklichkeit und seiner Sehnsucht in der Heiterkeit, in der Berufung auf und der Identifikation mit Bacchus, diesem Gott der Vereinigung.

Was in den letzten Versen und in der letzten Geste des Wahnsinnigen zum Ausdruck kommt, wurde vorbereitet in seiner Lebensgeschichte, die der Diener erzählt. Von magischen Praktiken ist die Rede, die den *unerhörten Weg* [...] *in den Kern des Lebens* (GLD 389 / KD 113) weisen sollten, und noch einmal klingt hier, gesteigert und in eine andere Realität transponiert, das Motiv des Dichters vom Anfang des Spieles an:

> *In der kahlen Kammer, kaum der Nahrung,*
> *Die ein zahmer Vogel nimmt, bedürftig,*
> *Wirft sich seine Seele mit den Flügeln,*
> *Mit den Krallen kühner als ein Greife,*
> *Wilder als ein Greife, auf die neue*
> *Schattengleiche, körperlose Beute.*
> *Mit dem ungeheueren Gemenge,*
> *Das er selbst im Innern trägt, beginnt er*
> *Nach dem ungeheueren Gemenge*
>
> *Äußern Daseins gleichnishaft zu haschen.*
> (GLD 390 / KD 114)

Im Rückblick auf diese Tätigkeit spricht der Diener von Wahnsinn:

> *Ja, daß ich es sage:*
> *Wahnsinn war das wundervolle Fieber,*

Das im Leibe meines Herren brannte!...
Nichts hat sich seit jenem Tag verändert,
Mit den süßen hochgezognen Lippen
Tauscht er unaufhörlich hohe Rede
Mit dem Kern und Wesen aller Dinge.
(GLD 391 / KD 114)

[Ich muß mit diesen Andeutungen die Betrachtung des *Kleinen Welttheaters* abbrechen und viele Fragen, vor die uns dieses Werk stellt, offenlassen, so etwa die, inwieweit in der Gestalt des Wahnsinnigen Züge der Ästheten Andrea und Claudio verklärt, aller Kritik entrückt, überleben. Das Problem der Magie im Jugendwerk Hofmannsthals wird uns aber noch einmal beschäftigen, wenn wir uns der Selbstdeutung Hofmannsthals, wie sie in *Ad me ipsum* vorliegt, zuwenden wollen.][4]

Diese Vorlesung über das lyrische Drama des Fin de siècle hat Vollständigkeit in der Darstellung des Stoffes nicht angestrebt. Aber so bruchstückhaft, wie sie nun hinter uns liegt, sollte sie meinem Plan nach doch nicht sein. Ich möchte deshalb mit wenigen Sätzen andeuten, was ich über das Vorgetragene hinaus noch vorhatte.

Es war meine Absicht, die beiden Teile des Kollegs, die Mallarmé- und die Hofmannsthal-Analyse, durch einen dritten Teil nicht nur zu ergänzen, sondern auch untereinander stärker zu verfugen. Dabei wäre auch der Gesichtspunkt der Wirkungsgeschichte, die Frage nach der historischen Kontinuität mehr zu ihrem Recht gekommen. Neben Régnier, von dem kurz die Rede war, hat Mallarmé in der Dramatik des Fin de siècle zwei Schüler gehabt: Maeterlinck und dessen Freund Charles Van Lerberghe.

Maeterlincks Erstling, *La Princesse Maleine*, ein Drama in

---

4 Der vorhergehende Abschnitt in eckigen Klammern bildete den Schluß der Vorlesung in ihrer ersten Fassung. Die Vorlesung über *Ad me ipsum* folgt als Anhang A. – Der folgende Abschnitt bildete den Schluß der zweiten Fassung. (Vgl. editorisches Vorwort.)

fünf Akten, zeigt, auf andere Weise als der ursprüngliche Plan der *Hérodiade*, das Scheitern der großen Form: Maeterlinck widerstrebt es, die Handlung in ihrer inneren Logik, wie sie ihm die Vorlage, ein Grimmsches Märchen, anbietet, seinem Werk zugrunde zu legen: Das Stück läßt die Handlung hinter sich, läßt sie überwuchern von stimmungsbildhaften Shakespeare-Reminiszenzen – es ist eine Auflösung der Form, wie sie uns aus spätromantischen Kompositionen vertraut ist. Der *Princesse Maleine* hat Mallarmé enthusiastische und in der Formanalyse scharfsinnige Sätze gewidmet (nachzulesen in den *Divagations*)[5], aus ihrer inneren Formproblematik sind aber die nächsten, strenggebauten dramatischen Werke Maeterlincks zu verstehen: jene *drames statiques Les Aveugles, L'Intruse, L'Intérieur*, die, von Van Lerberghes Stück *Les Flaireurs* beeinflußt, ihrerseits den stärksten Einfluß auf die deutschsprachige Dramatik der Zeit hatten: auf Hofmannsthal, der *Les Aveugles* übersetzt hat, auf Rilke und auch auf George. Eine Darstellung der drei Fassungen von Georges dramatischem Fragment *Manuel* und von Rilkes *Weißer Fürstin* war ebenso beabsichtigt wie ein Ausblick auf das Frühwerk von Yeats – vielleicht läßt sich das in einer anderen Form später noch nachholen.

---

[5] Zitiert in dem Fragment einer Vorlesung über *Princesse Maleine*, das sich im Anhang B findet, S. 357 f.

Anhang

A Hofmannsthal: *Ad me ipsum*[1]

Theodor W. Adorno hat einmal gesagt, *der Gehalt eines Kunstwerks* beginne *genau dort, wo die Intention des Autors aufhört; sie* erlösche *im Gehalt*[2]. Trifft dies Wort zu, so muß seine Wahrheit besonders dann aufs sorgfältigste berücksichtigt werden, wenn es darum geht, in die Interpretation eines Kunstwerks Momente aus der Selbstinterpretation des Dichters einzubauen. Denn diese geht allemal von der Intention und nicht vom Gehalt aus und erreicht wohl die Grenze der ihr möglichen »Objektivität«, wenn sie, was sie selten genug tut, auf die Differenz von Intention und Gehalt reflektiert. Mehr darf von ihr nicht verlangt werden. Dennoch hat die Interpretation keinen Grund, die Äußerungen der Dichter über ihre Werke zu mißachten: Dieses Postulat der sogenannten »immanenten Interpretation« ergibt sich auch nicht aus der Behauptung Adornos. Sowenig die vom Dichter in Briefen, Kommentaren oder ähnlichen Dokumenten verratene Intention vom Interpreten mit dem Gehalt des Kunstwerks von vorneherein ineinsgesetzt werden darf, sowenig soll er sie aus seiner Beschäftigung mit der Dichtung ausschließen. Wie die Biographie, der geschichtliche Kontext, all das, was für den Positivisten einst im Zentrum seines Forschungsinteresses stand, so sind auch die Selbstinterpretation des Dichters und die Intention, die ihr meist entnommen werden kann, zwar kategorial unterschieden vom Kunstwerk, aber sie gehören mit ihm zusammen in den Entstehungsvorgang, von dem nicht einzusehen ist,

---

[1] Das folgende Kapitel bildete den Abschluß der Vorlesung über den jungen Hofmannsthal (vgl. editorisches Vorwort). Aus ihr ging ein Aufsatz hervor: unter dem Titel *Über »Ad me ipsum«* unter *Zwei Beiträge zu Hofmannsthal* in: *Insel-Almanach auf das Jahr 1965*. Frankfurt am Main 1964, S. 49-57. Jetzt unter dem Titel *Intention und Gehalt. Hofmannsthal ad se ipsum* in: Peter Szondi, *Lektüren und Lektionen.* A.a.O. S. 113-120.
[2] Theodor W. Adorno, *Zu einem Porträt Thomas Manns*. In: *Noten zur Literatur III.* Frankfurt am Main 1965, S. 20.

warum er tabuiert werden müsse um der immanenten Werkbetrachtung willen, wenn nur die kategoriale Verschiedenheit von Dichtung und Biographie, von Kunst und Leben, dabei nicht übersehen wird. Wer sich mit Hofmannsthal beschäftigt, dem kann nicht gleichgültig sein, was Hofmannsthals Intention war – selbst wenn wir auch hier noch zu unterscheiden haben zwischen der Intention, deren er sich bewußt war und die wir allein erfahren können, und der »wirklichen«, die darüber hinausgehen, dahinter zurückbleiben, mit ihr zusammenfallen kann – ohne daß wir sie je erkennen könnten. Ebensowenig gleichgültig kann dem mit Hofmannsthal Beschäftigten die Interpretation sein, die der Dichter von seinen Werken gab: Auch wenn er sie anders versteht als wir, auch wenn sein Verständnis nicht das Werk selbst ist, warum sollten wir von ihm nicht lernen können? Er wird es nicht am schlechtesten verstanden haben.

Noch etwas kommt hinzu. Gerade beim minder geglückten Werk, dort also, wo sich die Intention nicht oder nicht ganz umgesetzt hat in Gehalt, wird die Interpretation, die zugleich Kritik, Analyse des Gelingens oder Nicht-Gelingens ist, auf die Intention rekurrieren müssen. Nicht, um sie an die Stelle des unrealisierten Gehalts zu setzen, sondern um die Bedingungen erkennen zu können, die zu dem Scheitern geführt haben. Diesem gesteigerten Interesse des Interpreten eines unvollkommenen Werks an der Intention entspricht beim Dichter immer wieder ein gesteigertes Interesse an eben diesem Werk: Das darin nicht ganz Realisierte zwingt ihn zu erneuter Beschäftigung; die Sorge, seine Absicht nicht ganz in Gehalt umgesetzt zu haben, wird ihn drängen, seine Absicht offener und mit mehr Insistenz als sonst in Worte zu fassen. Es waltet so eine geheime Ökonomie in dem Verhältnis von Interpretation und Selbstinterpretation: Je vollendeter das Werk, um so eher wird der Interpret auf die Äußerungen des Dichters verzichten können – und um so seltener werden diese Äußerungen auch sein.

Zu solchen Bemerkungen, deren Allgemeingültigkeit noch zu erhärten wäre, gibt die dramatische Dichtung Hofmannsthals, die wir in Kapitel XVI analysiert haben, *Der Kaiser und die Hexe*, Veranlassung: Kein anderes Werk hat der Dichter in den Entwürfen zu seiner Selbstinterpretation, *Ad me ipsum*, so ausführlich kommentiert, und man erkennt: Was hier intendiert war, ist nur sehr unvollkommen Gehalt geworden.

Ad me ipsum stellt natürlich nicht die einzige Äußerung Hofmannsthals zu seinem Werk dar: Briefe, Vorreden, ferner die Notizen theoretischen Charakters, die oft die ersten Entwürfe seiner Werke begleiten, wären noch heranzuziehen, wollte man ein Gesamtbild erhalten. *Ad me ipsum* ist aber trotz seiner fragmentarischen Natur das wichtigste Dokument der Beschäftigung Hofmannsthals mit dem eigenen Werk, und es nimmt auch im Vergleich mit den Äußerungen und Selbstinterpretationen anderer Dichter einen besonderen Rang ein, den wir gleich näher zu bestimmen haben.

Entstanden ist es in den Jahren zwischen 1916 und 1928 – im Jahr darauf starb Hofmannsthal.[3] Der Text verleugnet kaum je seinen fragmentarischen, ja provisorischen Charakter. Oft sind es nur Stichwörter, Kategorien, Titel im Hinblick auf eine ausführlichere Darstellung. Zudem handelt es sich um verschiedene Ansätze: Was jetzt nebeneinander steht, repräsentiert verschiedene Stufen eines Plans, Fassungen, die einander abgelöst haben. Das erklärt die Wiederholungen. Da aber nur wenige Notizen datiert sind, kann die Chronologie doch nicht genau rekonstruiert werden: So entgeht uns zunächst ein wichtiges Mittel, die Entwicklung des Hofmannsthalschen Selbstverständnisses in

---

3 Das Manuskript wurde zum ersten Mal von Walther Brecht, dem zunächst in Wien, dann in München wirkenden Germanisten-Freund Hofmannsthals (für den es nicht zuletzt bestimmt war) publiziert, 1930 im Jahrbuch des Freien Deutschen Hochstifts. Ein revidierter und ergänzter Text erschien 1954 in der *Neuen Rundschau* und wurde später in den Band *Aufzeichnungen* der Gesamtausgabe übernommen.

den letzten dreizehn Jahren seines Lebens zu erkennen. Erst wenn die Notizen in einer historisch-kritischen Ausgabe zur Verfügung stehen werden, wird sich ihr ganzer Wert für die Beschäftigung mit Hofmannsthals Werk erweisen.

Was unterscheidet *Ad me ipsum* von verwandten Dokumenten der Beschäftigung der Dichter mit dem eigenen Werk? Führt man zunächst an, was auf diesen Blättern nicht steht, so hat man freilich den Entstehungszusammenhang von *Ad me ipsum* zu berücksichtigen, der möglicherweise das Fehlen gewisser Gesichtspunkte erklärt. Weder berichtet Hofmannsthal über die Genesis, über die autobiographischen Voraussetzungen und den Objektivierungsprozeß der einzelnen Werke, noch pflegt er expressis verbis die Intention, das, was mit diesen Werken gesagt werden sollte, zu nennen. Nur ausnahmsweise steht bei dem Titel einer Dichtung eine Notiz wie *reines Bekenntnis* (*Aufzeichnungen* 240) (ohne daß der private Zusammenhang erklärt würde), nur selten nennt ein Ausdruck wie *Analyse der dichterischen Existenz* (a.a.O. 223) die Intention beim Namen: Daß es sich in beiden Fällen um den *Kaiser und die Hexe* handelt, wird, wie wir gesehen haben, kein Zufall sein. – Solche Auskünfte, die nur der Dichter geben kann, fehlen meist in *Ad me ipsum*, möglicherweise weil Hofmannsthal von vornehereinauf die Verwendung seiner Aufzeichnungen durch Walther Brecht in Kolleg und Publikationen Rücksicht nehmen wollte. Jedenfalls muß es Hofmannsthals Absicht gewesen sein, sein Werk zu betrachten, als wäre es ein fremdes; davon zeugt schon die Überschrift: *H. v. H. eine Interpretation*. Man hat den Eindruck, als wollte er sich an die Stelle eines anderen setzen und das eigene Werk übersehen und nachzeichnen, so wie er um die Jahrhundertwende zur Vorbereitung seiner geplanten akademischen Laufbahn eine *Studie über die Entwickelung des Dichters Victor Hugo* verfaßt hat. Man braucht nur den Namen zu ändern und hat die gültigste Bezeichnung für *Ad me ipsum*.

Die Entwicklung des Dichters Hugo von Hofmannsthal –

dieses Thema bedingt die charakteristischen Züge von *Ad me ipsum*. Es soll ein Gesamtbild entworfen werden, aber kein statisches; das Gesamtbild einer Entwicklung, deren einzelne Momente nicht realiter, sondern nur unter dem teleologischen Gesichtspunkt zur Ganzheit zusammenschießen. Das hat zur Folge, daß weder die einzelnen Werke für sich betrachtet werden, noch das Gesamtwerk als gegebene Einheit charakterisiert wird. Der Blick Hofmannsthals gleitet vielmehr immer wieder die Bahn entlang, die er als die seiner Entwicklung erkannt hat: Er versucht einerseits das Gesetz dieser Bahn in eine Formel zu bannen, anderseits den Stellenwert der einzelnen Werke in der Entwicklung anzugeben, sie als Marksteine des Weges auszuweisen. Diese Betrachtungsweise wirft unter anderem auch die Frage nach dem Subjekt der Entwicklung auf: wessen Entwicklung wird nachgezeichnet? Hofmannsthals Habilitationsschrift behandelte die Entwickelung des Dichters Victor Hugo: nicht die seines Werks also, aber ebensowenig die Victor Hugos tout court, sondern die des Dichters Victor Hugo, der *literarischen Person*[4], wie die Einleitung präzisiert, bestehend aus Individuum, Werk, Wirkung und Nachwirkung. Ähnliches dürfte von *Ad me ipsum* gelten. Aber was besagt die Rede von der literarischen Person? Sie entfernt sich ebenso weit von einer objektivierenden, vom dichterischen Subjekt absehenden Betrachtung des Werks wie anderseits von dessen rein biographisch-autobiographischer Auslegung, der Zurückführung des Werks auf den privaten Ursprung. Es gehört zu den Eigenheiten dieser Selbstdarstellung, daß die Werke zwar immer als Marksteine einer subjektiven Entwicklung auftreten, das Subjekt dieser Entwicklung aber kaum private Züge trägt; mit anderen Worten: daß das Autobiographische in *Ad me ipsum* mit der übrigen Darstellung nicht verschmilzt, sondern isolierte Abschnitte bildet. Hier herrscht die Zufälligkeit des Privaten vor: Die Freunde

---

4 Hugo von Hofmannsthal, *Prosa* I. A.a.O. S. 369.

werden genannt; die Autoren, die er las, die Epochen, von denen er sich angezogen fühlte u. ä. Aber in diesen Skizzen zur Lebensgeschichte spiegelt sich doch die gleiche Entwicklung, der eigentlich Hofmannsthals Interesse gilt. Hofmannsthal muß deutlich gesehen haben, wie eng die Entwicklung seines Werkes mit der seiner Person zusammenhing, aber ebenso deutlich muß ihm gewesen sein, daß das Werk seine Bedeutung erst erlangt, indem es die Sphäre des Privaten durchbricht. Aus dieser doppelten Einsicht läßt sich das zwischen privatem Bekenntnis und gleichsam mit fremder Feder geschriebener Werkinterpretation hin- und herschwingende Pendel von *Ad me ipsum* erklären. Zwar spricht Hofmannsthal einerseits, im Zusammenhang mit seinem Jugendœuvre, von dessen Bekenntnischarakter, von dem *furchtbar Autobiographischen* (*Aufzeichnungen* 240) daran; anderseits versucht er aber seine Entwicklung zu objektivieren, sie über das Autobiographische hinauszuheben. Das geschieht in erster Linie kraft einer Terminologie, die in der Entwicklung des Dichters eine allgemeingültige Gesetzmäßigkeit aufzudecken bestrebt ist. Wir sprechen damit von einem zweiten Charakteristikum von *Ad me ipsum*, das es von anderen Selbstdarstellungen unterscheidet: von der Einführung einiger Begriffe, welche die Stadien und das Ziel der Entwicklungsbahn kennzeichnen sollen. Mit einem solchen Begriff setzen die Notizen in ihrer von Herbert Steiner publizierten Fassung ein: *Praeexistenz. Glorreicher, aber gefährlicher Zustand* (*Aufzeichnungen* 213). Es folgen Namen von Gestalten des Jugendwerks – Claudio, Andrea –, es folgen Gedichtüberschriften – *Ballade des äußeren Lebens, Erlebnis*. Mit diesem Einsatz nun ist der Hofmannsthal-Forschung, vor allem für das Frühwerk, aber auch für die Lustspiele, ein Weg gewiesen worden, neben dem sie dann bald keinen anderen dulden wollte, und der nur allzu rasch in der – wie Hegel sagen würde – abstrakten, d. h. unvermittelten, mechanischen Subsumtion der einzelnen Werke unter die Begriffe Praeexistenz, Existenz usw.

versandete. Die Reaktion blieb nicht aus, man stellte die Frage, ob *Ad me ipsum* das Verständnis des Hofmannsthalschen Werkes überhaupt fördern könne, und verneinte die Frage, kaum daß sie gestellt war. Indessen, das Nein wäre nicht so schroff gewesen, wenn zuvor das Ja weniger kritiklos gewesen wäre, und zwar kritiklos nicht so sehr gegenüber *Ad me ipsum* als gegenüber seiner Verwendung in der Interpretation. Die Enttäuschung war die Frucht der falschen Hoffnungen, die man sich und seinen Lesern gemacht hatte, indem man die Begriffe »Praeexistenz« und »Existenz« gebrauchte, als könnten sie die Werke Hofmannsthals entschlüsseln. Wenn davon nicht die Rede sein kann, so nicht, weil diese Begriffe falsch oder inadäquat wären, sondern weil es Begriffe sind. In Wahrheit erklären nicht sie die Werke, sondern sie werden von den Werken erklärt. An sich sind sie leer, im Hegelschen Wortsinn »abstrakt«, und nach ihrer Definition sucht man in *Ad me ipsum* vergebens. Aber wiederum wäre es ein Irrtum, wenn man darum meinte, Hofmannsthal arbeite mit vagen Begriffen. Was er mit ihnen meint, sagen die Werke selbst. Und wenn Hofmannsthal den für einen Dichter ungewohnten Schritt von dem Konkreten und Besonderen des Werks zur Allgemeinheit und Abstraktheit des Begriffs tut, so nicht, um den Begriff an die Stelle des Werkes, Gedachtes an die Stelle von Gestaltetem zu setzen, sondern um die Vielfalt der Erscheinungen auf dem Hintergrund eines Schemas oder Koordinatensystems in ihrem wechselseitigen Zusammenhang aufzuzeigen. Nichts anderem dienen die Begriffe Hofmannsthals, die ganz ohne Grund eine hermetische Aura umgibt, als enthielten sie mehr und anderes, als was die Werke enthalten. Aus diesem Grund haben wir es bis jetzt unterlassen, bei der Analyse der kleinen Dramen und der Gedichte auf die Terminologie von *Ad me ipsum* zu rekurrieren – was nicht besagen soll, daß unsere Analysen von *Ad me ipsum* nicht profitiert hätten. Aber es folgt aus der besonderen Aufgabenstellung von *Ad me ipsum* – die wir mit dem Titel der Habilitationsschrift über Victor Hugo verdeutlicht haben –, daß es nicht so sehr kommentiert als Zusammenhänge sehen läßt, und darum, als Schema-Entwurf, bei der Interpretation nicht etwa das letzte Wort haben kann, sondern wieder einzuschmelzen ist in die Konkretheit der Werke, deren unterirdische Relationen es abstrakt erfaßt. Wenn wir nun zum Schluß dieser Vorlesung auf *Ad me ipsum* zu sprechen kommen, so geschieht dies nicht etwa, um die besprochenen Dichtungen Hofmannsthals in einem neuen Licht zu sehen, sondern konträr: um das wichtige Dokument der Hofmannsthalschen Selbstinterpretation im Lichte seiner Werke zu zeigen. In eins damit sollte auch ein zusammenfassender Rückblick auf die besprochenen Dichtungen und ein Ausblick auf Hofmannsthals spätere Werke möglich sein. *Ad me ipsum* entwirft eine solche Zusammenfassung, indem es nach der Entwicklung der *literarischen Person* Hofmannsthal fragt, nach der Entwicklung von Werk und Mensch. Dabei geht es weniger um die stilistische Entwicklung als um die gehaltliche: Fragen der Form, der Gattung, des Stils werden in *Ad me ipsum* kaum berührt. Dem resumierenden Blick dieser Selbstdeutung erscheint das Gesamtwerk als eine Art Entwicklungsroman, der statt in Kapitel in einzelne Dichtungen zerfällt. Indem *Ad me ipsum* die Beziehungen zwischen den einzelnen Gestalten und den einzelnen Motiven herstellt, sie, sei's als spätere Entwicklungsstufen der früheren, sei's als Alternativen zu ihnen begreift, tritt ihr geheimer Zusammenhang, tritt die eine Entwicklung, die sie alle meinen oder suchen, hervor. Welcher Art ist diese Entwicklung, welches sind ihre spezifischen Merkmale?

Es ist ein Prozeß durchaus im Sinne der klassischen Entwicklungsromane, etwa des *Wilhelm Meister*. Die beiden Pole sind auch hier das Ich und die Welt, das Individuum und die Gesellschaft. Ihre Beziehungen zueinander sind aber viel verwickelter, als daß man sagen könnte, das Individuum entwickele sich zur »Person«, wie ein heute gängiger Terminus lautet; das Ich finde den Weg in die Welt. Es geht um mehr als bloß um die *Lehrjahre*, deren Ziel Hegel in seiner *Ästhetik* darin gesehen hat, *daß sich das Subjekt die Hörner abläuft, mit seinen Wünschen und Meinen sich in die bestehenden Verhältnisse und die Vernünftigkeit derselben hineinbildet, in die Verkettung der Welt eintritt und in ihr sich einen angemessenen Standpunkt erwirbt.*[5] Zwar hätte Hofmannsthal einer solchen Zielsetzung seine Zustimmung nicht versagt. Aber die Entwicklung, die gerade seine Jugendwerke zugleich dokumentieren und selber fördern, hat Voraussetzungen, die in der etwas derben Formulierung Hegels (wenn es die seine ist, und nicht die des Herausgebers Hotho) keinen Platz zu finden scheinen, so hegelisch sie im Grunde sind.

Sie sind hegelisch insofern, als sie den Gegensatz Ich und Welt, Individuum und Gesellschaft für keinen Augenblick als einen unvermittelten implizieren. Am Anfang steht nicht das weltlose Ich, und am Ende steht nicht das ichlose Gesellschaftswesen. Was steht am Anfang?

Der Anfang ist pure Magie: Praeexistenz (Aufzeichnungen 238), heißt ein oft zitierter Satz aus *Ad me ipsum.* Ein mehr autobiographisch getönter Abschnitt gibt an: *Jugendstadium: Magie* (a.a.O. 232). Was ist damit gemeint? Die Antwort findet sich im Werk, etwa im Gedicht *Ein Traum von großer Magie*. Hier heißt es von dem Magier:

> *Er setzte sich und sprach ein solches Du*
>
> *Zu Tagen, die uns ganz vergangen scheinen,*
> *Daß sie herkamen trauervoll und groß:*
> *Das freute ihn zu lachen und zu weinen.*
>
> *Er fühlte traumhaft aller Menschen Los,*
> *So wie er seine eignen Glieder fühlte.*
> *Ihm war nichts nah und fern, nichts klein und groß.*

---

[5] Georg Wilhelm Friedrich Hegel, *Ästhetik*. Hrsg. Friedrich Bassenge. Berlin 1955, S. 558.

> *Und wie tief unten sich die Erde kühlte,*
> *Das Dunkel aus den Tiefen aufwärts drang,*
> *Die Nacht das Laue aus den Wipfeln wühlte,*
>
> *Genoß er allen Lebens großen Gang*
> *So sehr – daß er in großer Trunkenheit*
> *So wie ein Löwe über Klippen sprang. (GLD 21 f.)*

Der Magier ist der Zeit enthoben, für ihn gibt es die Schranke des Vergangenen nicht. Was uns vergangen scheint, ist für ihn immer noch Gegenwart, wird von ihm aufgerufen, und ebenso ist er mit allen Menschen verbunden: Er fühlt ihr Los wie seine eignen Glieder. Dieses Verbundensein mit allem Lebenden ist für ihn Genuß, dionysische Trunkenheit. Nicht viel anders zeichnet Hofmannsthal in dem Gedicht *Ein Knabe* den Anfang:

> *Lang kannte er die Muscheln nicht für schön,*
> *Er war zu sehr aus einer Welt mit ihnen,*
> *Der Duft der Hyazinthen war ihm nichts*
> *Und nichts das Spiegelbild der eignen Mienen.*
>
> *Doch alle seine Tage waren so*
> *Geöffnet wie ein leierförmig Tal,*
> *Darin er Herr zugleich und Knecht zugleich*
> *Des weißen Lebens war und ohne Wahl.*
>
> *Wie einer, der noch tut, was ihm nicht ziemt,*
> *Doch nicht für lange, ging er auf den Wegen:*
> *Der Heimkehr und unendlichem Gespräch*
> *Hob seine Seele ruhig sich engegen. (GLD 91)*

Der Magier wie der Knabe sind mit allem was sie umgibt – und noch das Fernste umgibt sie, denn ihnen ist *nichts nah und fern* – in *unendlichem Gespräch* verbunden. Die beiden Gedichte klären den Begriff »Magie« und legitimieren seine Verwendung in dem Satz *Der Anfang ist pure Magie*. Ist nun dies der Anfang, so bedeutet das, daß die Entwicklung nicht beim Individuum einsetzt, das zunächst nur für sich selber lebt, sondern geradezu umgekehrt: bei einem Stadium vor aller Individuation und damit auch vor aller Subjekt-Objekt-Spaltung, vor allem Gegensatz Ich und Welt. Darum spricht Hofmannsthal in *Ad me ipsum* von einem *antizipierten Weltbesitz (Aufzeichnungen* 224), und als Gleichnis dieser Stufe, die bei ihm *Praeexistenz* heißt, nennt er Homunculus: *das alles überschauendste, fast unbegrenzte Wesen* (a.a.O. 242). In dieser Überschau ist begründet, daß Hofmannsthal schon zu Beginn die Praeexistenz einen *glorreichen, aber gefährlichen Zustand* nennt: Er spricht von der *geistigen Souveränität:* [der Mensch] *sieht die Welt von oben* und zugleich vom *Nachteil:* [der Mensch] *sieht nur Totalitäten* (a.a.O. 213). Das Ich des Menschen, der in diesem Zustand lebt, ist immer schon mehr als es selbst: *Das Ich als Universum* (a.a.O.) heißt es in *Ad me ipsum* und dieses Ich wird *Über-ich* genannt (was man mit dem Freudschen Terminus Über-Ich = ethische Bewußtseinsinstanz nicht verwechseln darf). Das Über-Ich, besagt eine andere Notiz, (*dem Sein untertan*) *über die Zeit erhaben: kulminierend im magischen Augenblick* (a.a.O. 219). Was heißt das? Wichtig ist der Gegensatz Sein und Zeit, es könnte auch heißen (und heißt an anderen Stellen) Sein und Werden oder Dauer und Zeit. Hofmannsthal hat darin eine der Grundantinomien des Daseins gesehen, eine andere im Gegensatz Einsamkeit und Gemeinschaft, und gesagt, diese beiden seien in seinem Werk zu lösen gewesen (a.a.O. 228). (Auch das ist hegelisch gedacht.) Das Über-Ich, die präexistentielle Ich-form ist dem Sein untertan und über die Zeit erhaben, das heißt: es lebt in der zeitlosen Dauer, in einer Welt ohne Geschichte: Das erklärt auch das Auftreten eines eschatologischen Begriffs im Zusammenhang mit der Präexistenz: von *millenarischen Anklängen* (a.a.O. 213) ist die Rede, von Anklängen also ans Tausendjährige Reich.

Auch bei dem Begriff des *Über-ich* erweist sich übrigens, daß nicht die Begriffssprache von *Ad me ipsum* die Dichtungen erläutert, sondern die Dichtungen sie erläutern: Die Bedeutung des Terminus *Über-ich* veranschaulicht Hofmannsthal selbst mit einem Zitat, jenen zentralen Versen aus *Der Tor und der Tod*:

> *Warum bemächtigt sich des Kindersinns*
> *So hohe Ahnung von den Lebensdingen,*
> *Daß dann die Dinge wenn sie wirklich sind,*
> *Nur schale Schauer des Erinnerns bringen?*
> (GLD 291 / KD 36)

Die Verse nennen aber nicht bloß den magischen Zustand der Kindheit, sondern auch, was auf ihn folgt: Sie spiegeln die Problematik, der Hofmannsthals gesamte Jugenddichtung entspringt: das Nicht-mehr und Noch-nicht, den quälenden Zwischenzustand dessen, der den imaginären Weltbesitz eingebüßt hat, ohne die Verknüpfung mit der Welt zu gewinnen, um derentwillen der Verlust notwendig war: jene bittere Einsicht, die Hofmannsthal in *Ad me ipsum* wiederum mit einem Werk-Zitat formuliert: *Die Welt besitzt sich selber, o, ich lerne* (GLD 36), heißt es in *Der Jüngling und die Spinne*.

Von diesem Zwischenzustand ist in *Ad me ipsum* immer wieder die Rede. Es ist *der ambivalente Zustand zwischen Prae-existenz und Leben* (*Aufzeichnungen* 216) oder mit einem Begriff, der im späteren Werk an die Stelle des Lebensbegriffs tritt und das entdämonisierte, weil erschlossene Leben meint: die *leidenschaftliche Vorwegnahme des Sozialen bis zum Frevelhaften, auch ein Verwischen der Grenze zwischen Phantasie und Wirklichkeit also Lüge* (a.a.O. 230 f.). In diesem Zwischenzustand lebt der Kaiser, solange er der Hexe verfallen ist; die Hexe ist nichts anderes als das Sinnbild *eines zweideutigen und schrecklichen Zwischenzustands* (a.a.O. 216). Die Hexe ist überwunden, wenn der Kaiser am Schluß des Spiels *der Mitwelt als gleichberechtigt* (a.a.O. 218) gewahr wird, wenn er sich zu seinem Amt bekennt und damit zum Sozialen.

Eine andere Form des Zwischenzustands nennt der folgende Satz von *Ad me ipsum: Versuch diesen erhöhten Zustand zu wahren durch Supposition des Quasi-Gestorbenseins* (a.a.O. 213). Gemeint ist der Versuch, jene Optik der Kindheit, die *die Welt von oben* zu sehen erlaubt, nachdem die Kindheit vorbei ist, aufrechtzuerhalten, indem man, wie Claudio gesteht, sich nicht ins Menschenleben verwebt und nur zum Schein drin steht, mit dem *überwachen Sinn,* der alles einsehen läßt. Die *kleine Totentanzkomödie* führte den Beweis, daß dieses Leben ein »totes« ist. Das *Quasi-Gestorbensein* begegnet uns aber auch in den anderen lyrischen Dramen, wenngleich in versteckter Form: Erinnert sei an das Wort des Kaisers an den Kämmerer *wandelst lebend als dein Grab* und an seinen Vergleich *Nimms, als käm es dir von einem, / Den du sterbend wo am Wege / Liegen findest* [...] (*GLD* 340 / *KD* 75). Ähnlich ist auch die Treue über den Tod hinaus, wie sie im *Weißen Fächer* gestaltet ist, der Versuch, den erhöhten Zustand der Kindheit, die Fortunios verstorbene Frau verkörpert, aufrechtzuerhalten.

In zwei Gestalten, die als Urbilder in Hofmannsthals Dichtung immer wiederkehren, hat sich der ambivalente Zustand zwischen Präexistenz und Existenz herauskristallisiert: im Abenteurer und im Dichter. Mit einem Abenteurer setzt Hofmannsthals lyrische Dramatik ein: so nennt *Ad me ipsum* Andrea, die zentrale Gestalt von *Gestern*. Betonter noch erscheint das Motiv in der dramatischen Dichtung *Der Abenteurer und die Sängerin* und wird dann von den Prosalustspielen übernommen, von *Cristinas Heimreise* zumal, und, entschieden modifiziert, noch in der Gestalt des Schwierigen. Den Abenteurer beschreibt Hofmannsthal in *Ad me ipsum* mit den Worten: *jener die Totalität umfassende, umarmende Geist – in die Sphäre des Lebens gefallen: der Zeit und den verändernden Gewalten ausgeliefert.* (*Aufzeichnungen* 221). Das hektische Leben des Abenteurers dient paradoxerweise demselben Zweck wie das Quasi-Gestorbensein: der Bewahrung jener Zeitenthobenheit und magischen Allverbundenheit, die das Kind, in Hofmannsthals Erleben, kennzeichnet. Der Abenteurer versucht das Verlorene in der Glückseligkeit des Augenblicks als Erotiker wiederzugewinnen, er negiert den Zeitablauf, indem er ihn bloß als Aufeinanderfolge erfüllter Augenblicke nimmt: daher der Impressionismus Andreas, seine Lehre vom lügenden Gestern. Schon in diesem frühesten Dokument zeigt aber Hofmannsthal die Einsicht, daß die Zeit sich nicht negieren läßt: *Was einmal war, das lebt auch ewig fort* (*GLD* 248). Dem entspricht das Handeln seiner Gestalten, die den Zwischenzustand zu verlassen vermögen.

Das Verhältnis von Abenteurer und Dichter in Hofmannsthals Frühwerk gehört zu den umstrittenen Problemen. Ihre Verwandtschaft läßt sich nicht leugnen, sowohl die künstlerischen Züge des Abenteurers als auch die impressionistisch-unverbindlichen des Dichters sind klar ausgeprägt. Aber die Gestalt des Dichters bleibt dennoch viel weniger eindeutig als die des Abenteurers, weil er in den Dramen kaum je als Person auftritt, in den Gedichten dagegen ganz in seinem Werk aufgeht. Daß er indessen unsichtbar hinter der Gestalt des Kaisers steht, haben wir schon gesehen, eine *Analyse der dichterischen Existenz* (*Aufzeichnungen* 223) nennt ja Hofmannsthal das Stück *Der Kaiser und die Hexe,* und warum er es so nennen darf, geht aus folgenden Sätzen von *Ad me ipsum* hervor: *Versuch des Kaisers, sich gegen den jungen Kämmerer über diesen scheinbar ganz kleinen Fehltritt zu äußern. Er besteht in einer Verfehlung gegen die Wortmagie. Die magische Herrschaft über das Wort das Bild das Zeichen darf nicht aus der Praeexistenz in die Existenz hinübergenommen werden.* (a.a.O. 215 f.) Das kann sich nur auf die Ermahnung des Kaisers beziehen, nie mehr zu sagen, als man empfindet: *Tu nicht eines Halms Gewicht / Mit verstelltem Mund hinzu: / Dies ist solch ein Punkt, wo Rost / Ansetzt und dann weiterfrißt* (*GLD* 341 / *KD* 76). Man darf hier wohl den Ursprung der Hofmannsthalschen Kritik am Dichter sehen, die ihn zur Sprachkrise des Chandos-

Briefes geführt hat. Es ist, wie man sieht, nicht Kritik an der dichterischen Wortmagie als solcher: Fragwürdig wird das dichterische Wort erst durch den Raum, in dem es fällt: durch seine Herübernahme aus der Präexistenz in die Existenz. Es wäre unter diesem Gesichtspunkt der Standort der reinen Lyrik Hofmannsthals zu prüfen, ihr Stellenwert in dem Stufensystem von *Ad me ipsum*. Einiges dazu haben wir seinerzeit, als wir den Unterschied zwischen dem Ich der lyrischen Dramen und dem Ich der Gedichte zu bestimmen suchten, schon angedeutet.

Doch nun haben wir uns zum Schluß den Wegen zuzuwenden, auf denen Hofmannsthals Gestalten den qualvollen Zwischenzustand zu verlassen suchen. Es sind verschiedene Wege, aber das Ziel ist dasselbe, in der begrifflichen Formulierung von *Ad me ipsum: Übergang von der Praeexistenz zur Existenz* (*Aufzeichnungen* 226). Was versteht Hofmannsthal unter »Existenz«? Sowenig am Anfang der Entwicklung das weltlose Ich steht, sowenig steht an ihrem Ende das ichlose Gesellschaftswesen. Es gehört vielmehr zur innersten Überzeugung Hofmannsthals, daß der Mensch erst durch die reale Verknüpfung mit dem Leben zu sich selber kommt (ein Hegelscher Gedanke) – sein Selbst erringt. Das Zu-sich-selber-Kommen ist eines der wichtigsten Motive von *Ad me ipsum*. Als Zielgedanken seiner ganzen Dichtung gibt Hofmannsthal hier an: *Das höhere Leben muß die Steigerung des Selbst sein, empfangen durch das Draufkommen aufs Richtige, aufs Eigentliche* (a.a.O. 220 f.). Der Weg zum Leben entfremdet den Menschen weder sich selbst noch dem, was er in der Prae-existenz gewesen war: Er führt ihn vielmehr in jenen höheren Zustand zurück, indem er ihm nun ein *Selbst* gibt. So hat Hofmannsthal die vom Zufall regierte Welt begriffen: *Tyche* – heißt es in *Ad me ipsum* –: *die Welt, die das Individuum von sich entfernen will, um es zu sich zu bringen.* (a.a.O. 218)

Als der Interpret seines eigenen Werks versucht Hofmannsthal mit höchster Luzidität die Abwandlungen dieses Motivs in seinem Werk aufzuspüren. Dabei lassen sich verschiedene Stufen unterscheiden, denen verschiedene Wege entsprechen. Zunächst spricht Hofmannsthal vom *direkten Weg* (a.a.O. 216) und weist auf die Gedichte *Traum von großer Magie* und *Weltgeheimnis*. Zu dem Vers *der tiefe Brunnen weiß es wohl* (GLD 16) vermerkt er: *der tiefe Brunnen als das eigene Ich* (*Aufzeichnungen* 216). Der *direkte Weg* hat es mit der Spiegelung zu tun, mit der Selbstbegegnung: Er ist direkt, weil er kein Medium braucht. Weitere Beispiele nennt Hofmannsthal in den Sätzen: *das Kommen zu sich selber variiert mit den verschiedensten Vorzeichen:* »*Erlebnis*« – *das Erblicken seiner selbst* – »*Vor Tag*« *(zurückkehren ins eigne Zimmer) Erblicken seiner selbst doppelgängerhaft mit wohlwollendem oder ironischem Blick (Der Dichter und der Page. Cesarino Tarquinius.)* (a.a.O.). Cesarino ist der Sohn des Abenteurers im Drama *Der Abenteurer und die Sängerin*, Tarquinius der junge Kämmerer des Kaisers: In der Begegnung mit ihm begegnet der Kaiser seinem jüngeren Selbst, dem Kaiser, der noch nicht der Hexe verfallen ist: diese Begegnung ist der erste Schritt zur Erlösung.

Neben diesem *direkten Weg* nennt Hofmannsthal den Weg durchs *Opfer*, durch die *Selbst-aufgabe*, und führt aus seinem Werk die beiden Griechendramen *Alkestis* und *Ödipus* an (a.a.O. 217). In diesen Zusammenhang gehört, wie wir gesehen haben, auch die eine Vorgeschichte des *Weißen Fächers:* der Opfertod von Mirandas erstem Mann, durch den sie erst mit dem Leben verknüpft wird.

Für Hofmannsthals spätere Werke, zumal die Lustspiele, ist aber der sogenannte *nicht-mystische* Weg der wichtigste: Es ist der Weg zum Sozialen, und zwar, wie Hofmannsthal differenziert: *a) durch die Tat, b) durch das Werk, c) durch das Kind* (a.a.O.). Diesen drei Motiven hätten wir nun nachzugehen, stünden wir am Anfang und nicht am Ende dieser Vorlesung, hieße sie »Hofmannsthals Lustspiele« und nicht »Der junge Hofmannsthal«.

B Maeterlinck: *La Princesse Maleine*[1]

Am 9. Januar 1892 schrieb Stefan George an Hofmannsthal, den er kurz zuvor (im Dezember 1891) kennengelernt hatte: *ich gebe Ihnen meine beiden bücher. ich lege Ihnen das versprochene von Bruno Wille bei und ein werk von Mallarmé was ich Ihnen schenke da Sie ja doch wahrscheinlich keine zeit zum abschreiben haben...*[2] Um welches Werk Mallarmés es sich dabei handelt, geht aus einer Stelle von Hofmannsthals fragmentarischer Selbstinterpretation *Ad me ipsum* hervor, hier heißt es: *Zeitpunkt 1892. Frühe Einflüsse: Edgar Poe – Baudelaire – Verlaine – Mallarmé (Georges Kopie des »Après-midi d'un faune«). Zeitgeist: das Musikhafte [.] ferner: Novalis – die englischen Dichter, besonders Keats.* (*Aufzeichnungen* 237) Erst sechzig Jahre später, 1952, fand sich in Hofmannsthals Nachlaß die Abschrift, die George mit Mallarmés Erlaubnis angefertigt hatte und die Hofmannsthal gegen Ende seines Lebens für verloren hielt. Daß George das Gedicht Mallarmés von eigener Hand abschrieb, daß er Hofmannsthal das Gedicht in dieser handschriftlichen Form mitteilte, entsprach wohl nicht nur Georges Idiosynkrasien, die sich später im Zeremoniell des Kreises niederschlugen, sondern auch dem Umstand, daß um 1890 Mallarmés Dichtungen nur in schwer erhältlichen, weil in kleinen Auflagen erschienenen Ausgaben vorlagen. Da in diesen Ausgaben das Gedicht *Après-midi d'un faune* neben der *Hérodiade*-Szene steht und Hofmannsthal den Monolog des Fauns offenbar aus der

---

[1] Als Szondi im WS 65/66 die Vorlesung »Das lyrische Drama des Fin de Siècle« hielt, sollte auf die neuausgearbeiteten Teile über Mallarmé und Régnier und die Wiederholung der Hofmannsthal-Vorlesung ein dritter Teil über Maeterlinck, van Lerberghe, Rilke, George und Yeats folgen, wozu es durch eine Erkrankung Szondis nicht mehr kam (vgl. editorisches Vorwort und den Schluß von Kap. 17). Im Nachlaß fanden sich die hier folgenden ersten Seiten einer Vorlesung über Maeterlincks *Princesse Maleine*, die als Nr. 18 jenen dritten Teil einleiten sollte. (Vgl. auch Anhang C.)
[2] *Briefwechsel zwischen George und Hofmannsthal.* A.a.O. S. 11.

Georgeschen Abschrift kennengelernt hat, ist es nicht unwahrscheinlich, daß ihm in diesen Jahren die *Hérodiade* unbekannt blieb – sie findet sich in seinen bis heute publizierten Aufzeichnungen und Briefen nicht erwähnt. Man wird also bei der Behauptung, die Emanzipation des szenischen Fragments aus dem Tragödienplan Mallarmés stehe am Ursprung der Szenenform des lyrischen Dramas im Fin de siècle, in Hinsicht auf Hofmannsthal, solange nicht neues Material bekannt wird, an keinen unmittelbaren Einfluß denken dürfen, wohl aber an einen vermittelten. Als solcher läßt sich erstens die Lektüre des *Après-midi d'un faune* zu Beginn des Jahres 1892 bezeichnen, zweitens aber die Auseinandersetzung mit dem dramatischen Werk eines anderen Dichters, der seinerseits von Mallarmé beeinflußt war: mit den ersten Dramen Maurice Maeterlincks, von denen nun die Rede sein soll. Überblickt man die dramatischen Anfänge Hofmannsthals unter einem formgeschichtlichen Gesichtspunkt, so wird man zwischen dem Erstling *Gestern* und den folgenden Dramen *Der Tod des Tizian, Der Tor und der Tod, Idylle* usw. eine Zäsur finden: *Gestern* folgte der Proverbform Mussets, es war ein Drama en miniature, das sich in der Umkehrung der These seines Helden dem Grundgesetz der großen Form, der Peripetie, fügt: Erst 1892, mit *Der Tod des Tizian* beginnt die Reihe der lyrischen Dramen, deren Grundriß nicht die Handlung, sondern die Situation, die Szene ist, wie in der *Hérodiade*, wie in de Régniers *La Gardienne* und wie in den beiden Werken Maeterlincks *L'Intruse* und *Les Aveugles*, die 1890 erschienen. Hofmannsthal hat *Les Aveugles* für eine Wiener Aufführung im Jahr 1892 übersetzt – die Angabe in den Anmerkungen des Briefwechsels Hofmannsthal–Schnitzler, das von Hofmannsthal übersetzte Werk sei *L'Intruse* gewesen, ist in diesem Sinn zu korrigieren.[3] Über den Einfluß Maeterlincks auf Hofmannsthal ist in der Forschung viel geschrie-

---

[3] Hugo von Hofmannsthal / Arthur Schnitzler, *Briefwechsel*. A.a.O. S. 328.

ben worden.[4] Im Zusammenhang unserer Beschäftigung mit dem lyrischen Drama des Fin de siècle ist aber wichtiger als der Nachweis solcher Verbindungen die Einsicht in die Werke selbst — statt von Hofmannsthals Jugendwerk ausgehend zu fragen, worin es Maeterlinck verpflichtet ist, haben wir dessen erste Dramen aus ihren eigenen Ursprüngen zu verstehen. Darum müssen wir über die zwei schon genannten kleinen Dramen *L'Intruse* und *Les Aveugles*, zu denen noch das vier Jahre später entstande *Intérieur* hinzuzufügen wäre, einen Schritt zurück tun und Maeterlincks dramatischen Erstling, die fünf Akte der *Princesse Maleine* betrachten.

Maeterlinck, 1862 in Gent geboren, publizierte seine ersten Gedichte 1886 in Zeitschriften, 1889 folgte der Gedichtband *Serres Chaudes* (Treibhäuser) und die in wenigen Exemplaren erschienene Ausgabe seines ersten Dramas: *La Princesse Maleine*. Diesem, heute vergessenen Stück, das Maeterlinck später in der unveränderten Form nur zögernd und um Nachsicht bittend in die dreibändige Ausgabe seiner Dramen aufnahm[5], widmete der Schriftsteller und Kritiker Octave Mirbeau im August 1890 eine so enthusiastische Besprechung im *Figaro*, daß Maeterlinck über Nacht gleichsam bekannt wurde. In dieser Kritik heißt es u. a.:

L'œuvre la plus géniale de ce temps et la plus extraordinaire et la plus naïve aussi, comparable — et, oserai-je le dire — supérieure en beauté à ce qu'il y a de plus beau dans Shakespeare. [...] Un admirable et pur et éternel chef-d'œuvre qui suffit à immortaliser un nom et à faire bénir ce nom par tous les affamés du beau et du grand; un chef-d'œuvre comme les artistes, honnêtes et tourmentés, parfois, aux heures d'enthousiasme, ont rêvé d'en écrire un et comme ils n'en ont écrit aucun jusqu'ici.[6]

[4] Die betreffenden Titel findet man leicht in dem bibliographischen Anhang von Gotthard Wunbergs Buch *Der frühe Hofmannsthal*. Stuttgart 1965.
[5] Maurice Maeterlinck, *Théâtre*. Tome premier. Paris 1925, S. VI f. (Im weiteren zitiert als *Théâtre* I.)
[6] *Le Figaro* 26. August 1890. — Das genialste Werk dieser Epoche und das

Man hätte wenig Grund auf diese so nichtssagenden wie unhaltbaren Phrasen hinzuweisen, stünde nicht fest, daß sie dem Wunsch dessen entsprachen, der Mirbeau sein Exemplar der *Princesse Maleine* wohl nicht ohne Hintergedanken, angeblich sogar mit der ausdrücklichen Bitte um diese Besprechung übergeben hatte – und dieser nicht minder begeisterte Leser war Mallarmé. Nach dem Erscheinen der Kritik schrieb er an Mirbeau:

Il n'y a que vous pour faire un coup pareil: régulièrement et de temps à autre par vous l'honneur de la presse est sauf. Vous avez deviné, et j'ai senti toute la délicate intention de mon nom prononcé, quelle joie me causerait l'article sur Maeterlinck, d'abord que vous raffoliez aussi du livre, et l'éclat fait autour; il n'y a pas jusqu'au sourire, en songeant à la stupéfaction des gens... Quelle lointaine tapisserie que cette ›Princesse Maleine‹ avec un vent d'au delà dans les trous...[7]

Über die keineswegs nur begeisterte Aufnahme des Stückes in Frankreich, auf die Mallarmé anspielt, informierte wenig später Hermann Bahr seine Leser, unter ihnen Hofmannsthal, in dem Essayband *Die Überwindung des Naturalismus* (1891), er führte die Widerstände darauf zurück, daß Maeterlinck kein Franzose, sondern Belgier sei, und zitierte

außerordentlichste und zugleich das naivste, vergleichbar, und – ich gehe soweit – in seiner Schönheit überlegen dem, was es an Schönstem bei Shakespeare gibt. [...] Ein großartiges, reines und ewiges Meisterwerk, ausreichend, einen Namen unsterblich zu machen, geeignet, von all jenen benedeit zu werden, die nach dem Schönen und Großen dürsten; ein Meisterwerk, so wie es die redlichen und gepeinigten Künstler manchmal, in Stunden der Entzückung, zu schreiben geträumt haben und wie es bis heute keiner geschrieben hat. – Übers. d. Hrsg.

7 Zitiert bei Mondor S. 754. – Es gibt niemanden außer Ihnen, der das Zeug hätte, so etwas zustande zu bringen; regelgemäß und von Zeit zu Zeit wird durch Sie die Ehre der Presse gewahrt. Sie haben erraten, und ich habe die feine Absicht in der Erwähnung meines Namens wohl bemerkt, welche Freude mir der Artikel über Maeterlinck bereiten würde, die zuerst, daß auch Sie in das Buch vernarrt sind, und die glanzvolle Aufnahme; bis hin zum Lächeln, wenn man sich die Verblüffung der Leute vorstellt... – Übers. d. Hrsg. – Welch ferner Bilderteppich ist diese *Princesse Maleine* mit einem Wind aus dem Jenseits der Löcher... – Übers. Szondi.

den Ausspruch eines, wie er hinzufügte, geistreichen Kritikers, demzufolge Maeterlinck ein *deutscher Shakespeare ist, der in französischer Sprache dichtet.*[8] So früh also tritt in der Maeterlinck-Literatur der Hinweis auf die Zugehörigkeit des flämischen Dichters nicht zum französischen, sondern zum deutschen Kulturkreis (um kein anderes Wort zu wählen) auf – die Rezeption Maeterlincks in Deutschland läßt sich von diesem Aneignungsstreben nicht trennen, und eine Arbeit wie die Würzburger Dissertation von Silke Brückler über *Hugo von Hofmannsthal und Maurice Maeterlinck* sieht in beiden Dichtern *germanische Mystiker*[9], deren Werke der Autorin sich so sehr miteinander verwischen, daß man es schließlich für Zufall halten wird, wenn der *Tod des Tizian* nicht von Maeterlinck und *Pelléas et Mélisande* nicht von Hofmannsthal geschrieben wurden. Hermann Bahr, der in der Rezeption des französischen Symbolismus in Österreich und Deutschland eine wichtige Rolle gespielt hat, zitierte in seinem Essay nicht nur die eben angeführte Charakteristik Maeterlincks, sondern auch die Sätze aus der Kritik Mirbeaus, in denen die *Princesse Maleine vergleichbar, ja überlegen dem allerschönsten, was in Shakespeare zu finden ist*[10] genannt wurde. Er zitierte dieses Lob Mirbeaus, das uns so hochgegriffen scheint, daß wir es heute schwerlich ernst nehmen wollen, um es abzuweisen: *Es war sehr thöricht*, Maeterlinck *Shakespeare zu vergleichen*. Aber nicht nur wird man Bahrs Argumentation, die Shakespeare im Gegensatz zu Maeterlinck einen *Naturalisten*[11] nennt, als nicht minder töricht empfinden; der Vergleich Mirbeaus gibt, versteht man ihn richtig, von Maeterlincks Erstling kein ganz falsches Bild. Denn es darf nicht übersehen werden, daß es durchaus nicht dasselbe bedeutet, ob man ein

---

8 Hermann Bahr, *Zur Überwindung des Naturalismus. Theoretische Schriften 1887-1904*. Stuttgart/Berlin/Köln/Mainz 1968, S. 99.
9 Silke Brückler, *Hugo von Hofmannsthal und Maurice Maeterlinck*. Diss. Würzburg 1953 [Masch.], S. 4.
10 Hermann Bahr, *Zur Überwindung des Naturalismus*. A.a.O. S. 97.
11 A.a.O. S. 100.

Werk 1890 in Paris oder in Deutschland mit Shakespeare vergleicht.

Als Mirbeau es tat, meinte er nicht einfach den Rang, dann hätte er Racine nennen können, sondern etwas sehr Spezifisches, das dem Naturalismus, den Bahr anführt, geradezu widerspricht. Nicht nur erinnern die Helden der *Princesse Maleine* an einzelne Gestalten Shakespeares, wovon noch die Rede sein muß – das würde wohl den Vergleich, nicht aber die Gleichstellung legitimieren –, das Werk Maeterlincks muß im Fin de siècle sehr genau dem Bild entsprochen haben, das man sich von Shakespeare machte. Einem Bild, das auf einer Auswahl beruhte, auch mehr ein Erinnerungsbild war, als das Resultat genauen Zusehens, ein Bild, zusammengesetzt aus Hamlets Monologisieren, dem Herumirren Lears im Sturm, der panischen Angst des Macbeth. Shakespeare erschien so als der Dichter von Reflexionen und Stimmungen, Menschenschicksale ins Naturgeschehen verwebend und darin, mehr als jeder französische Dramatiker der Vergangenheit, der Intention des Impressionismus verwandt. So verhält sich Maeterlincks Erstling zu den Werken Shakespeares wie die romantischen Klavierphantasien, die Bachsche und Mozartsche Themen, ihrem strengen Kompositionszusammenhang entrissen, in der neuen Tonsprache erklingen lassen. Damit ist mehr als eine literaturgeschichtliche Affinität festgestellt. Die Art, wie diese Verwandtschaft vom Werk selbst realisiert wird: als Phantasie, als Andeutung, als punktuelles Heraufbeschwören einer Figur, einer Stimmung – schlägt sich in der *Princesse Maleine* zur Form nieder. Unvergleichbar in seiner gleichfalls nur andeutenden und doch präzisen Sprache der letzte Satz Mallarmés aus dem zitierten Brief an Mirbeau: *Quelle lointaine tapisserie que cette Princesse Maleine avec un vent d'au delà dans les trous...* Jean-Pierre Richard hat in seinem Mallarmé-Buch zwei aufschlußreiche Seiten dem Stellenwert der *tapisserie* in dem *univers imaginaire* Mallarmés gewidmet (S. 81 ff.), auf sie müßten wir zur Deutung des Satzes zurückgreifen, gäbe es nicht von Mallarmé selber einen Text, der das in dem einen Satz Angedeutete entfaltet. Es handelt sich um den zweiten Teil des Abschnittes *Planches et Feuillets* aus *Crayonné au Théâtre* (Im Theater skizziert), einer Abteilung der *Divagations*, Ausführungen, die, leicht modifiziert, einem Artikel entnommen sind, den Mallarmé im Jahr 1893 im Londoner *National Observer* über Maeterlincks Werke veröffentlicht hat.

Auch Mallarmé geht von Shakespeare aus, spricht im Zusammenhang der *Princesse Maleine* von einer *expresse succession de scènes, à la Shakespeare*[12] – es ist also die in der französischen Dramatik, im Gegensatz zur deutschen, nie heimisch gewordene lockere Szenenfolge, die Form des offenen Dramas, die ihn zunächst an Shakespeare gemahnt. Es sei angebracht, diesen Namen auszusprechen – schreibt Mallarmé – obwohl, wie er änigmatisch hinzufügt: zwischen Maeterlinck und dem Gott kein Zusammenhang besteht, außer dem notwendigen. Und nachdem er Mirbeau, wie schon in dem Brief, bescheinigt, daß er die Ehre der Presse rette und daß er recht gehabt habe, Shakespeare heraufzubeschwören, wendet er sich der Differenzierung zu:

Lear, Hamlet lui-même et Cordélie, Ophélie, je cite des héros reculés très avant dans la légende ou leur lointain spécial, agissent en toute vie, tangibles, intenses: lus, ils froissent la page, pour surgir, corporels. Différente j'envisageai la »Princesse Maleine«, une après-midi de lecture restée l'ingénue et étrange que je sache; où domina l'abandon, au contraire, d'un milieu à quoi, pour une cause, rien de simplement humain ne convenait. Les murs, un massif arrêt de toute réalité, ténèbres, basalte, en le vide d'une salle – les murs, plutôt de quelque épaisseur isolées les tentures, vieillies en la raréfaction locale; pour que leurs hôtes déteints avant d'y devenir les trous, étirant, une tragique fois, quelque membre de douleur habituel, et même souriant, bal-

---

12 Mallarmé S. 329. – rasche Folge von Szenen, in der Art Shakespeares. – Übers. d. Hrsg.

butiassent ou radotassent, seuls, la phrase de leur destin. Tandis qu'au serment du spectateur vulgaire, il n'aurait existé personne ni rien ne se serait passé, sur ces dalles. Bruges, Gand, terroir de primitifs, désuétude... on est loin, par ces fantômes, de Shakespeare.[13]

---

13 A.a.O. S. 329 f. – Lear, Hamlet selbst und Cordelia, Ophelia, ich führe Gestalten an, die weit vorn in der Sage oder in der ihnen eigenen Ferne angesiedelt sind, handeln aus dem Leben heraus, greifbar, stark. Beim Lesen zerknittern sie die Seite, um ihr in ihrer Körperlichkeit zu entsteigen. Anders betrachtete ich die *Princesse Maleine*, die an dem Nachmittag, da ich sie las, frei und denkbar seltsam blieb; es herrschte im Gegenteil die Verlassenheit einer Umwelt vor, der aus einem Grund nichts einfach Menschliches entsprach. Die Mauern, ein fester Damm gegen alle Wirklichkeit, Finsternis, Basalt, in der Leere eines Saales – die Mauern, oder eher von irgendwelcher Dicke getrennt die Wandteppiche, gealtert in stellenweiser Verdünnung; damit ihre entfärbten Gäste, bevor sie ihnen zu Löchern werden, ein gewohntes Schmerzensglied tragisch streckend, gar lächelnd, den Satz ihres Schicksals allein stammeln und faseln. Während nach dem Eid des gemeinen Zuschauers auf diesen Steinfliesen niemand gestanden hat und nichts vorgefallen ist. Bruges, Gent, Heimat der alten flämischen Maler, Veraltetsein... durch diese Geister ist man weit weg von Shakespeare. – Übers. Szondi.

C Materialien zu Maeterlinck[1]

Charles Van Lerberghe, *Les Flaireurs* (1889)
»He wrote the play, he declared ›suivant le procédé indiqué par Poe dans la genèse d'un poème en prenant pour base l'effet de terreur d'un frappement à la porte‹.«
»Anticipates [...] *L'Intruse* and *Les Aveugles.*«
»In a letter of 1892 attached to the program for a performance of *Les Flaireurs,* Maeterlinck leaves no doubt about Van Lerberghe's priority in technique.« (p. 108)
»In an entry in his *Journal* in 1889, Van Lerberghe declared that the discovery of Mallarmé constituted, for both Maeterlinck and himself, a literary revolution:
[...] *Ce fut lui* [Maeterlinck] *aussi qui apporta un soir au grand café dans une gazette la splendide Hérodiade.*
[...] *Pour Maeterlinck et moi le dieu de la Poésie nouvelle devint Mallarmé.*« (p. 109)[2]

*   *   *

---

[1] Notizen Szondis zur Fortsetzung der Vorlesung über Maeterlinck, die nicht in die ausgearbeiteten Teile eingegangen sind. (Vgl. editorisches Vorwort.)
[2] Exzerpte aus Haskell M. Block, *Mallarmé and the Symbolist Drama.* A.a.O. – Er schrieb das Spiel, wie er erklärte, »dem Verfahren gemäß, das von Poe in seiner ›Entstehung eines Gedichts‹ damit dargelegt wird, daß die Schrecken einflößende Wirkung eines Klopfens an der Tür zugrundegelegt wird.« – Antizipiert [...] *L'Intruse* und *Les Aveugles.* – In einem Brief von 1892, der dem Programm von *Les Flaireurs* beigefügt ist, läßt Maeterlinck keinen Zweifel an van Lerberghes technischer Überlegenheit. – In einem Eintrag in seinem Tagebuch von 1889 erklärte van Lerberghe, daß die Entdeckung Mallarmés für beide, Maeterlinck und ihn selbst, eine literarische Revolution bedeutete: »[...] Er (Materlinck) war es auch, der eines Abends im Grand Café die herrliche Hérodiade in einer Zeitschrift mitbrachte. – [...] Für Maeterlinck und mich wurde Mallarmé zum Gott der neuen Poesie«. – Übers. d. Hrsg.

Maeterlinck

Interview mit Huret (1893) → Robichez p. 168³
Brief an Lugné-Poe über Pelléas → Rob. p. 169⁴

Chronologie *La Princesse Maleine*   1889 (Erstdruck)
                L'Intruse   1890
                Les Aveugles   1890
                Pelléas   1892
                Intérieur   1894

3 Die zentrale Stelle aus der umfangreichen Antwort, die Maeterlinck in einem Interview Huret gab, lautet: *La pièce de théâtre doit être avant tout un poème; mais comme des circonstances fâcheuses en somme le rattachent plus étroitement que tout autre poème à ce que des conventions reçues pour simplifier un peu la vie nous font accepter comme des réalités, il faut bien que le poète ruse par moments pour nous donner l'illusion que ces conventions ont été respectées et rappelle çà et là par quelque signe connu l'existence de cette vie ordinaire et accessoire, la seule que nous ayons l'habitude de voir. Par exemple ce qu'on appelle l'étude des caractères, est-ce autre chose qu'une de ces concessions du poète?* – Das Theaterstück muß vor allem ein Gedicht sein; da mißliche Umstände es aber schließlich enger als irgendein anderes Gedicht mit dem verknüpfen, was wir aufgrund von allgemeinen Konventionen, die wir, um das Leben ein wenig zu vereinfachen, als Wirklichkeit hinnehmen, kann der Dichter nicht umhin, mitunter auch durch eine List uns die Illusion zu verschaffen, jene Konventionen seien zwar eingehalten, wobei er aber hie und da mittels eines bekannten Zeichens an die Existenz jenes alltäglichen und nebensächlichen Lebens erinnert, des einzigen, das wir gewöhnlich sehen. Ist z. B. das, was man Charakterzeichnung nennt, etwas anderes als eine dieser Konzessionen des Dichters? – Übers. d. Hrsg.

4 Der bei Robichez zitierte Teil des Briefes von Maeterlinck lautet: *J'admire l'acuité de votre remarque au sujet de Golaud dans les souterrains. Non, il n'y a pas fait descendre Pelléas avec le dessein de l'y tuer, mais d'abord simplement en se mentant à soi-même, pour le motif qu'il dit de rechercher les sources qui empoisonnent le château, ensuite dans le désir de l'avoir là, seul et loin de tous, et de pouvoir lui parler librement et gravement de ses soupçons dans l'obscurité. Seulement, une fois qu'ils y sont, il sent qu'un seul mot troublerait la sorte de prestige qui le retient, qu'il éclaterait et aurait tué son frère. (C'est pourquoi il n'osera parler qu'au grand jour et sous les yeux lointains des gens du château.) Enfin, au fond de lui-même, par une tentation mauvaise qu'il ne s'avoue pas de jouer ainsi au bord d'un crime, le plaisir comme vous dites, du sentiment de faiblesse de Pelléas dans sa main, et l'espoir, de je ne sais quel accident et quel hasard dont il ne serait pas seul coupable.* – Ich bewundere den Scharfsinn Ihrer Bemerkung über Golaud in den unterirdischen Gewölben. Nein, er hat Pelleas nicht mit der Absicht dort hinuntergeführt, ihn dort zu töten, sondern zunächst einfach aus dem Grund, den er, indem er sich selbst belügt, nennt, nämlich um die Quellen zu suchen, die das

Der Charaktergegensatz in *L'Intruse* zwischen dem sehenden Blinden und dem blinden Sehenden. In *Les Aveugles* homogener Chor. In *Intérieur* zwei Ebenen in der Form.

* * *

Princesse Maleine

Naturgewalten (p. 54)[5]
Dialog (Szene im Turm)[6]
Motiv der Erwartung, der Unruhe von Anfang an.
Das Klopfen an der Tür p. 110-112, p. 184[7]

Schloß vergiften, sodann mit dem Wunsch, ihn dort zu haben, allein und fern von allen, und frei und ernst mit ihm in der Dunkelheit von seinem Verdacht sprechen zu können. Nur, nachdem sie einmal da sind, spürt er, daß ein einziges Wort die Art von Verzauberung, die ihn zurückhält, zerstören würde, daß er in Erregung geraten würde und seinen Bruder getötet hätte. (Deswegen wird er erst im hellen Tageslicht und unter den fernen Blicken der Leute vom Schloß zu sprechen wagen.) Im Grunde geht es in seinem Innersten, ohne daß er die böse Versuchung, am Rande eines Verbrechens sein Spiel zu treiben, sich eingesteht, um die Lust, wie Sie sagen, die er an der Schwäche des ihm ausgelieferten Pelleas empfindet, und um die Hoffnung vielleicht auf irgendeinen Unfall oder Zufall, für den er nicht allein verantwortlich wäre.
– Übers. d. Hrsg.

5 2. Akt, 3. Szene.
ANGUS *Attention! ne regardez pas, ils vont nous voir.*
HJALMAR *Non, nous sommes dans l'obscurité et leur chambre est éclairée. Mais voyez donc comme le ciel devient rouge au-dessus du château!*
ANGUS *Il y aura une tempête demain.*
HJALMAR *Elle ne l'aime pas cependant...*
ANGUS *Allons-nous-en!*
HJALMAR *Je n'ose plus regarder ce ciel-là; et Dieu sait quelles couleurs il a pris au-dessus de nous aujourd'hui!* [...]
– A. Achtung! Schaut nicht hin, sie werden uns sehen. – H. Nein, wir sind im Dunkeln, und ihr Zimmer ist hell erleuchtet. Aber schaut, wie der Himmel rot wird über dem Schloß! – A. Es wird morgen einen Sturm geben. – H. Und indessen liebt sie ihn nicht ... – A. Gehen wir! – H. Ich wage nicht länger, diesen Himmel anzusehen; und Gott weiß, wie vielfältig er sich heute schon über uns gefärbt hat! [...] – Übers. d. Hrsg.

6 S. 25-34. 1. Akt, 4. Szene. – Die Szene spielt zwischen der Prinzessin Maleine und ihrer Amme.

7 3. Akt, 4. Szene.
        Ici on frappe étrangement à la porte.
ANNE *On frappe!*
HJALMAR *Qui est-ce qui frappe à cette heure?*

Fenster →p. 218⁸

ANNE *Personne ne répond.*
      On frappe.
LE ROI *Qui peut-ce être?*
HJALMAR *Frappez un peu plus fort; on ne vous entend pas!*
ANNE *On n'ouvre plus!*
HJALMAR *On n'ouvre plus. Revenez demain!*
      On frappe.
LE ROI *Oh! oh! oh!*
      On frappe.
ANNE *Mais avec quoi frappe-t-il?*
HJALMAR *Je ne sais pas.*
ANNE *Allez voir.*
HJALMAR *Je vais voir.*
      Il ouvre la porte.
ANNE *Qui est-ce?*
HJALMAR *Je ne sais pas. Je ne vois pas bien.*
ANNE *Entrez!*
MALEINE *J'ai froid!*
HJALMAR *Il n'y a personne!*
TOUS *Il n'y a personne?*
HJALMAR *Il fait noir; je ne vois personne.*
ANNE *Alors c'est le vent; il faut que ce soit le vent!*
HJALMAR *Oui, je crois que c'est le cyprès.*
LE ROI *Oh!*
(Hier klopft es seltsam an die Tür.) A. Es klopft! – H. Wer klopft zu dieser Stunde? – A. Es antwortet niemand. (Es klopft.) DER KÖNIG. Wer kann das sein? – H. Klopft etwas stärker; man hört euch nicht! – A. Es wird nicht mehr geöffnet! – H. Es wird nicht mehr geöffnet. Kommt morgen wieder! (Es klopft.) K. O! o! o! (Es klopft.) A. Womit klopft er nur? – H. Ich weiß nicht. – A. Schaut nach. – H. Ich schaue nach. (Er öffnet die Tür.) A. Wer ist es? – H. Ich weiß nicht. Ich sehe nicht gut. – A. Tretet ein! – M. Mir ist kalt. – H. Es ist niemand da! – ALLE. Ist niemand da? – H. Es ist finster; ich sehe niemanden. – A. Dann ist es der Wind; es muß so sein, daß es der Wind ist! – H. Ja, ich glaube, es ist die Zypresse. – K. O! – Übers. d. Hrsg.
5. Akt, 2. Szene.
      On frappe à une petite porte.
UN SEIGNEUR *On frappe à la petite porte...*
LE ROI *Ah! on frappe à toutes les portes ici! Je ne veux plus qu'on frappe aux portes!*
ANNE *Voulez-vous aller voir, Seigneur?...*
UN SEIGNEUR, *ouvrant la porte. C'est la nourrice, Madame.*
(Klopfen an einer kleinen Tür.) EIN EDELMANN. Es klopft an der kleinen Tür... – DER KÖNIG. Ach! es klopft hier an allen Türen! Ich will nicht mehr, daß es an den Türen klopft! – A. Wollt ihr nachschauen, Edelmann?... – EIN EDELMANN (die Tür öffnend). Es ist die Amme, Madame. – Übers. d. Hrsg.
8 5. Akt, 4. Szene.
LE ROI *Ils vont avoir froid sur les dalles... – Elle a crié Maman! et puis, oh!*

Die Wiederholung der Repliken in Frageform.
thematisiert p. 108⁹
Die konventionelle Gestalt der Königin Anne.
Solange sie agiert, ist es nicht Schicksal, was den anderen widerfährt.
mais il y a bien des choses inconnues qui entrent malgré tout (p. 68)¹⁰

---

⁸ *oh! oh! – C'est dommage, n'est-ce pas? Une pauvre petite fille ... mais c'est le vent ... Oh! n'ouvrez jamais les fenêtres! – Il faut que ce soit le vent ... Il y avait des vautours aveugles dans le vent cette nuit! – Mais ne laissez pas traîner ses petites mains sur les dalles ... Vous allez marcher sur ses mains! – Oh! oh! prenez garde!*

DER KÖNIG Sie werden frieren auf den Fliesen ... – Sie hat Mama! geschrien und dann, o! o! o! – Es ist schade, nicht wahr? Ein armes kleines Mädchen ... aber es ist der Wind ... O! öffnet niemals die Fenster! – Es muß der Wind sein ... Es waren blinde Geier im Wind heute Nacht! – Laßt ihre kleinen Hände nicht auf den Fliesen liegen ... Ihr werdet ihr auf die Hände treten! – O! o! gebt acht! – Übers. d. Hrsg.

⁹ 3. Akt, 5. Szene.
LE ROI *Non, non, c'est trop terrible!*
HJALMAR *Qu'est-ce qu'il y a?*
ANNE *Qu'est-ce qui est terrible?*
LE ROI *Rien! rien!*
ANNE *Mais faites attention à ce que vous dites! Vous effrayez tout le monde!*
LE ROI *Moi? J'effraye tout le monde?*
ANNE *Mais ne répétez pas toujours ce que l'on dit!* [...]

DER KÖNIG Nein, nein, es ist zu schrecklich! – H. Was gibt es? – A. Was ist schrecklich? – K. Nichts, nichts. – A. So paßt doch auf, was ihr sagt! Ihr erschreckt alle Welt! – K. Ich? Ich erschrecke alle Welt? – A. So wiederholt doch nicht alles, was gesagt wird! [...] – Übers. d. Hrsg.

¹⁰ Aber es gibt schon unbekannte Dinge, die trotz allem hereinkommen. – Übers. d. Hrsg.

D Hofmannsthal: *Silvia im »Stern«*[1]

Zur Idee des Ganzen (*Silvia* 113, N 80)[2]
  (a.a.O. 117, N 13)[3] (sp. Fassg.)
die *ideale Kuppelei* der Natur (a.a.O. 42 »zufällige
  Begegnung«)[4]
die Menschen ihre Werkzeuge
das Abstreifen des Gewandes
vgl. (a.a.O. 11, N 78) das Hervortreiben der *wahren
Silvia aus dem feigen kleinen Mädchen*

---

1 Notizen zur Vorbereitung der Behandlung dieses Stückes im Seminar »Hofmannsthals Lustspiele«. Vgl. editorisches Vorwort. – Die Nachweise beziehen sich auf die Ausgabe: Hugo von Hofmannsthal, *Silvia im »Stern«*. Auf Grund der Manuskripte neu herausgegeben von Martin Stern. Bern/Stuttgart 1959. Dieser Text ist wesentlich vollständiger als der Abdruck in dem Band *Lustspiele* II. Es bedeuten: *Silvia* und Zahl: die Seitenzahl in dem von Stern herausgegebenen Text. Wo keine weitere Angabe folgt, handelt es sich um Stellen aus dem fortlaufenden Manuskript; N, n bzw. V und Zahl bedeuten gemäß den Bezeichnungen und Numerierungen bei Stern: Notizen zu der frühen Fassung, Notizen zu einer späteren Fassung, Varianten.
2 *Silvia im Stern.*
  Zur Idee des Ganzen.
Alle treiben eine höchst ideale Kuppelei, die Natur zuerst und die Menschen als ihre Werkzeuge: nämlich einander die Liebenden zuzuführen in ihrer schönsten Verklärung – ihr Gewand ihnen abzustreifen. Dazu hilft der Baron und Sertos, hilft die Musik, hilft Theodor mit dem Giftfläschchen, helfen Adjunkt und Kathi, die Nacht und der Morgen, helfen (unbewußt) die Seelen der Liebenden selbst und ihre scheinbar widersinnigen Herzen. Die Schamlosigkeit der Natur bedarf der äußersten Umwege denn sie hat sich edle Geschöpfe ausgewählt deren Dialektik innerlich ist und deren Sittlichkeit jedem Ding seinen Weg anweist.
3 XII 22 *Silvia: der eigentliche Inhalt.*
Sie hat dem Baron weisgemacht, sie habe schon Liebhaber gehabt: um ihn loszuwerden, um sich seiner zu erwehren; sie hat allen Hoffnungen gemacht, das liegt in ihrer Natur (Lauffer spricht es aus).
Der eigentliche Inhalt: das Ungeheure der Erwartung, das Furchtbare und Prüfende der Realisierung.
4 Z. B.: JOHANN *Und diese erste Begegnung! die sollte, werden schon verzeihen, zufällig gewesen sein? Zufällig bittet man Sie und zugleich das Fräulein Neuhaus zu Paten bei Zwillingen? Fragen Sie die braven Schneidersleut, was sie für die Gelegenheitsmacherei bekommen haben.*

> → das *allomatische Element: die gegenseitige Verwandlung Ad me ipsum (Aufzeichnungen* 218)
> die Natur bedarf *der äußersten Umwege*
> →Zusammenhang mit der Komödienform (Intrigue etc.)
> Wahrheitsproblematik (*Silvia* 136, V 1) *Pivot ist* [...]⁵
> Sein und Schein. (a.a.O. 114, N 81)⁶ →Sprachproblem (a.a.O. 67).⁷
> heben einander nicht auf, sondern unterstützen einander
> →Lebenskunst.
> →Zusammenhang mit dem komischen Widerspruch.
> Von dieser Einsicht her die Charaktere
> Rudolf + Silvia. Auch Theodor (a.a.O. 63)⁸
> →(a.a.O. 172, V 102)⁹

5 *Pivot ist: die Wahrheit: die äußerste Wahrheit, die Unmöglichkeit sie festzustellen bei Silvia, welche den Grafen, ihren Onkel, umsonst zur Zeugenschaft, Rudolf umsonst zu reinem Glauben ziehen will. Die Unmöglichkeit einer Neigung auf den Grund zu sehen: bei Romana: so daß der Adjunkt sie schließlich auf Treu und Glauben nehmen muß.*
6 Alle Hervorhebungen bis hierher von Szondi. – Der Abschnitt aus N 81, auf den Szondi sich vor allem bezieht, lautet: *Daß es sich in der Komödie um Lebenskunst im höchsten Sinne handelt, ist so zu verstehen: Durch Sein und durch Scheinen wirkt jeder Mensch im Dasein. Beide Formen sind aber nicht bestimmt, einander aufzuheben, sondern einander zu unterstützen. Der das Leben instinktiv oder bewußt als Kunst treibt (wohin jedes schöpferische Individuum zu rechnen ist), muß sich an den Schein halten, weil er das fremde Sein nur in dieser Form in sich aufnehmen kann. Form ist Maske, aber ohne Form weder Geben noch Nehmen von Seele zu Seele. Darum ist Rudolf, der meint dem Leben Larve auf Larve abreißen zu müssen um das wahre Gesicht zu sehen, im Unrecht, und Silvia hat recht, deren Instinkt, von der Liebe befeuert, sie treibt, die Form zu realisieren (und wäre es indem sie ihn und sich in Leiden verstrickt), in welcher sie sich ihm ganz geben, er sie grenzenlos empfangen kann. (Etwas Ähnliches scheint mir in »Käthchen von Heilbronn« den scheinbar naiv-verworrenen Geschehnissen zugrundezuliegen.)*
7 SILVIA [...] *Mir ist manchmal, als ob alle die vielen Worte, dies gibt, nur dazu da wären, daß man sich damit verwirrt.*
8 Z. B.: THEODOR *Ja? Haben Sie in Ihrer Engelsklugheit manchmal geahnt, daß ich vielleicht so ganz ein verworfener Scherben nicht bin, daß ich vielleicht der verschmitzte Bettler bin, der zuweilen seine gesunde Hand in der Schlinge trägt? Gott segne Sie für Ihren Blick – denn ich bin allerdings in keiner Beziehung, der ich scheine. Ich gehöre einer mehr als geachteten Familie an, mein wahrer Name – doch mein Name tut nichts zur Sache ...*
9 *Aussee, den 13. Juli 1912. –*
Im Wald, unterm Lesen von Bettinas Briefen: Silvia. Sie kennt das Schlechte

Vielleicht geht es um das zwischen uns [...] daß er nie wissen wird, wie ich wirklich bin, weil alles zu leicht war [...] (a.a.O. 47)
   Was Rudolf zu Silvia hinzieht (a.a.O. 90, N 7)[10] Anschein von Unreinheit, Sünde.
Das Wahrheitsmotiv auch bei den übrigen Figuren →Adjunkt (a.a.O. 100, N 39-41)[11]

Silvia
Bei ihr gibts nur eine Devise: von nichts reden, von nichts wissen. Immer eine Barriere zwischen sich und der Welt (Mme Laroche) (a.a.O. 15)
Er hat hundert Arten, mich glücklich zu machen – und ich hab nicht eine, ich bin immer nur da! (a.a.O. 46 – Hervorh. von Hofmannsthal)
Was er ungefragt läßt, das bleibt in mir liegen wie ein Stein

an den Menschen recht wohl, läßt es aber so hingehen und gibt sich mit den Leuten ab. Dies Verhalten von ihr wie Rudolf es gewahr wird, macht ihn irre an ihr.

10 RUDOLF [...] *Schuld, ihre Unreinheit, das ist es was so wollüstig mich entzückt mir die Tränen in die Augen treibt. Ich habe nie begriffen was Sünde sein soll – das ist es diese unheimliche Vermischung mit anderen von denen ich nichts weiß, deren Böses und Dunkles in ihr fortvibriert, all diese nichtaufgegangnen Rechnungen, dieses Unendliche das fordert – das haucht Wollust aus wie die faulenden Blätter im Wald – wie die Jagdlust, wie meine wildesten Träume –* (Hervorh. von Hofmannsthal.)

11 DER ADJUNKT *Ein Mann hätte ich sein müssen! ein ganzer Mann – Glauben – da hätt ich aber keine liederliche Mutter und keinen Totschläger als Vater haben dürfen ... Glauben das ist es! So aber muß ich mir die Wahrheit aus einem Menschen herausgraben! Aber gibts denn Wahrheit – sind das nicht lauter Schalen, Schalen – kann man darüber nicht wahnsinnig werden? – Glauben das springt aus der tiefsten Seele hervor wie der Mord wie die tiefste Lust ...* [...]
Ich müßte ein Verhör veranstalten – müßte euch unter der Pistole einander gegenüberstellen – und wüßte ich dann die Wahrheit? Wahrheit ist magischer Gebrauch der irdischen Dinge ist beflügelte Seelenkraft – ist aus einem Stück – ich Elender weiß es – und habe es nicht – lebe und mach einen stümperhaften viehischen Gebrauch vom Leben.
Er legt Rudolf Antworten in den Mund die er ersonnen hat um sich selbst ad absurdum zu führen. [...]
Der Adjunkt, in dem er ⟨jeweilig⟩ nach der Pistole zu greifen droht, zwingt Rudolf, ähnlich den Pagoden, auf die widerstreitendsten Fragen mit Ja zu antworten. (Hervorh. von Hoffmannsthal.)

im Brunnen. (a.a.O. 46) →(a.a.O. 93, N 16)¹² *Glaubst du denn, liebhaben ist ein Kinderspiel.* (a.a.O. 66) →(a.a.O. 74)¹³
→(a.a.O. 75)¹⁴ ⎫
→(a.a.O. 168, V 83)¹⁵ ⎬ Praeexistenz.
glaubt nur an den Augenblick (a.a.O. 166, V 74 – Hervorh. von Hofmannsthal).
Läßt das Schlechte hingehen, das macht Rudolf irre an ihr →(a.a.O. 172, V 102)¹⁶

Rudolf
Was für andere eine verschmitzte leichtfertige Aventüre wär wird für ihn eine bitter ernste Angelegenheit (a.a.O. 42 f.)
Rein und unerfahren […] gewohnt […] aus einem Stück zu handeln (a.a.O. 166, V 75) (Johann)
Ich kenne Rudolfs »Alles oder nichts«. (a.a.O. 52) (Silvia)
Ich war mein Lebtag allein für mich, mutterseelenallein (a.a.O. 53)
Ich bin gemartert von Unwissenheit (a.a.O. 88, N 2)
Hat Furcht vor dem Zweideutigen (a.a.O. 144, V 19)
Seine Unreife, das nicht Unterscheiden-können (a.a.O. 172, V 101)¹⁷

Theodor
die Innerlichkeit (a.a.o. 27)¹⁸, die Macht seiner Phantasie

12 SILVIA [...] *Der Rudolf war so weit weg. Mein tiefstes Selbst hob sich aus mir wie aus einem Brunnen.*
13 Z. B.: SILVIA [...] *Ich war zugleich ein Kind und eine Frau, das ist grauenhaft, das zugleich zu sein.*
14 Z. B.: SILVIA [...] *seit ich ahne, was das wirkliche Leben zu geben hat und was es fordern darf, grauts mich vor meinem damaligen Wesen wie vor einem Gespenst.*
15 Z. B.: *Mir ist als hätt ich schon einmal im Traum gewußt, was ich für ihn tun könnte oder hätts schon voraus getan und müßte mich nur erinnern.*
16 S. Anm. 10.
17 *Die Unreife Rudolfs ist, daß er nicht Herz und Nieren zu prüfen versteht, daß er Details wie die Beziehung zu der Laroche schwer nimmt, daß er nicht zu unterscheiden weiß zwischen Heuchlern und Leuten, die sich unvorteilhaft geben, wie die Laroche.*
18 Z. B.: THEODOR *Der bin ich, mein Knabe, innerlich, jede Nacht, jeden Morgen, jeden Nachmittag, jede von den vierundzwanzig Stunden des*

(a.a.O. 18 f.)[19]. *Musik. Tod (Gift)* (a.a.O. 27 f.)[20] *Ich habe [...] die Eigenheit, zuweilen meine Würde zu vergessen.* (a.a.O. 57)
Ich bin [...] in keiner Beziehung, der ich scheine. (a.a.O. 63)
Phantasie von einem Kind (a.a.O. 108, N 67)[21]

Baron
Dieses Gesicht ist nur eine Larve – ich habe die Seele eines schüchternen Knaben [...] (a.a.O. 101, N 44) vgl. *Sein Malheur ist, daß er nicht das Temperament hat, seinen Träumen nachzuhängen.* (a.a.O. 143, V 19) Darum kritischer Beobachter.

Sertos
er glaubt, was er sagt. *Der Glaube macht ihn stark [...] Ein Glauben, daß er gut ist und die Welt schlecht.* (a.a.O. 68)
(Name) *Die Selbstsicherheit, mit der er Silvia, die er verkennt, heiraten will.* (a.a.O. 79 f.)[22]

Tages, ausgenommen die Stunde, wo ich bei ihr bin und sie auf dem Klavier akkompagniere.

19 Z. B.: THEODOR *Eine erbärmliche Phantasie, die nicht so weit reicht, das geliebte Wesen dann noch um soviel mehr zu vergöttern.*

20 Z. B.: THEODOR *Der armselige Klavierlehrer. Und ohne es zu wissen, ohne es zu wollen, zog er die Phiole des schlummernden Todes hervor und umklammerte sie in feuchter Hand, und sie sah es, sie verlangte von ihm, sie erbat von ihm dieses Geschenk.*

21 *Gibt Bruder Laurenz dem Justiziar die Aufklärung über Theodor der in (ihrem) Spital einmal gelegen nach dem Brand, den er vielleicht gelegt hatte: daß der von einem Sohn oder einer Tochter phantasiere die er niemals gehabt habe...*
JUSTIZIAR *Item er stiehlt er ist ein Verbrecher*
BRUDER *Dieses Wort wiegt schwer, Herr Justiziar. Als Arzt möchte ich ihn einen phantasievollen Kranken nennen, als Geistlicher eine irre Seele.*
Ich kann ihnen übrigens als Arzt sagen, es ist ganz unmöglich daß er je ein Kind gehabt hat

22 Z. B.: SERTOS *– erneuere meine Anträge, wie ich sie heute hier erneuere, feierlich erneuere durch mein Herkommen, wo du wieder allein und in Schande dastehst, und habe es mir heute in heiliger Stunde, deren blutigen Ernst du zu fassen nicht fähig bist, zugeschworen, deinem bübischen Liebhaber so zu vergeben wie dem gewissenlosen Verführer.*

Die kunstvolle Exposition in den Szenen 3 + 4 + 5 (a.a.O.
17-23). Die Sätze verraten mehr, als was sie meinen.
Die symbolischen Motive (teils gedeutet)
  Silvias Kinderkrankheit (a.a.O. 14)
  Das unauffindbare Fremdenbuch (a.a.O. 19 f., 30, 35)
  Das Schachspiel (a.a.O. 26, 36) (vgl. a.a.O. 78)[23]

Das Ironisieren
Der Schritt in die Welt hinaus (Mme Laroche/Baron a.a.O. 15)[24]
Der Sinn der Namen (a.a.O. 22)[25]
Die zufällige Begegnung (→a.a.O. 133, N 80)[26] (a.a.O. 22)[27]
  (vgl. a.a.O. 42)[28]
Sein und Schein (→a.a.O. 114, N 81)[29]
Das Element der Komödie ist die Ironie.
Die wirkliche Komödie setzt ihre Individuen in ein tausendfach verhäkeltes Verhältnis zur Welt, sie setzt alles in ein

---

23 SERTOS [...] – *und das war einem Manne wohl zuzutrauen wie mein gnädigster Graf einer ist, der gewohnt ist, die Menschen wie Schachfiguren zu behandeln* – [...]
24 MME. LAROCHE [...] *Immer eine Barriere zwischen sich und der Welt.*
DER BARON *Aber hie und da passiert doch jemand die Barriere?*
MME. LAROCHE *Das ist es ja, was ich sage: – seine Unabhängigkeit muß man wahren – was gehen mich die Menschen an – hundert Schritte vom Leib, perfides Volk! Aber natürlich, man muß sich in die Welt zu schicken wissen – allein ist man eben nicht auf der Welt – man muß eben mit den Wölfen heulen. Nicht wahr, Herr Baron, wir verstehen uns?*
25 DER BARON *Allerdings dieses sogenannte Fräulein Neuhaus mit der sogenannten Tante.*
DER WIRT *Warum solls' denn nicht Neuhaus heißen? Is doch ganz ein gewöhnlicher Nam.*
DER BARON *Eben, von einer verdächtigen Gewöhnlichkeit, von einer Unauffälligkeit, hinter dem das geübte Auge etwas recht Auffälliges wittert.* [...] *und dazu diese Madame Laroche mit dem Namen aus der Theatergarderobe und der konfiszierten Physiognomie.*
26 S. Anm. 3.
27 Z. B.: *diese Kreuzerkomödie der zufälligen Begegnung*
28 S. Anm. 5.
29 S. Anm. 7.

Verhältnis zu allem und damit alles in ein Verhältnis der Ironie. (Die Ironie der Dinge – Prosa IV, 40)

Die Sprache

Ja, auf die Goldwaag legt die Welt eben ihre Wörter nicht. (Laroche) (*Silvia* 50)

[...] es im Kopf hundertmal vorauf zu tun, war namenlose Seligkeit, es zum ersten Male auszusprechen, ist wie ein Frevel. (Rudolf) (a.a.O. 54)

Kennen? Mein Gott, lieb hab ich ihn. Kenn ich ihn deswegen? Mir ist manchmal, als ob all die vielen Worte, dies gibt, nur dazu da wären, daß man sich damit verwirrt. (a.a.O. 67)

Gott im Himmel, warum hast Du Menschen, wie diese zwei sind, etwas in den Mund gelegt wie die Sprache? Sprache sollte sein wo Liebe ist, nirgends anders. (a.a.O. 70)

Die Worte sind schamlos. Das Denken ist schamhaft. (a.a.O. 75)

Sst! das sind die Worte der verbrannten Liebesbriefe meiner Mutter, ich darf nichts dergleichen **sagen**, *mir ist der Mund verboten..* : (a.a.O. 103, N 50 – Hervorh. v. Hofmannsthal)

Die Vergangenheit Vergessen/Wandlung

Weil das vergangen ist und hinter mir und ich nichts wissen will davon [....] (a.a.O. 51)

Die Gesellschaft

SILVIA *Einsam, als wären wir auf einer Insel, will ich ihm entgegentreten.* (a.a.O. 52)

JOHANN *Ja, warum leben Sie nicht allein mit ihr auf einer wüsten Insel?* (a.a.O. 61)

Als Hintergrund (Silvias Herkunft) die Perversion der Ehe (Eltern, Sertos: Verlobung (am Totenbett der Gräfin))

Der Gott, der mir den zum Vater und die zur Mutter gab – von dem hatte ich freilich erwarten müssen, daß er Sie [Sertos] mir zum Mann geben würde... (a.a.O. 84)

Silvia im »Stern« als Umkehrung von Cristinas Heimreise

---

30 Z. B.: *Ich bin bereit, Ihre – das heißt, meine – kurz, ich bin bereit, das Fräulein Neuhaus zu heiraten.*

1. Silvia bereit, auch nur die Geliebte Rudolfs zu werden.
2. Unschuld beim Mann, nicht bei der Frau
3. Der Baron bietet sich als Gatte an (↔Kapitän) (a.a.O. 60)[30]

Die Handlung. (Vgl. HvH über Handlung – Geschehen a.a.O. 114, N 81)[31]

SILVIA *Das hat alles so kommen müssen. Du mußtest mich so weit treiben, sonst ⟨triebst⟩ du die wahre Silvia nicht aus dem feigen kleinen Mädchen hervor, und der böse Mensch mußte dir zum Schein helfen* [...] (a.a.O. 111, N 78) (Hervorh. v. Hofmannsthal)

SILVIA *Der Rudolf war so weit weg. Mein tiefstes Selbst hob sich aus mir wie aus einem Brunnen.* (a.a.O. 93, N 16) vgl. (a.a.O. 46)[32]

→(a.a.O. 102, N 47)[33]

Der Selbstmord. Die Befreiung von den Eltern. *Eine Höhle, aus der hinten der Tag hervorbrach.*
Sie fängt ein Stück der Ewigkeit mit einem hinten vorgehaltenen Tod auf. (a.a.O. 108, N 68)
Sie schläft. Aber sie schläft herüber ins Leben. (a.a.O. 109, N 69) →Ariadne.

---

31 *Handlung, das sage ich nicht als der erste, ist symbolisches Geschehen. Es ist die notwendige nicht die zufällige Lebensäußerung der Figuren (daher ist es ganz gleichgültig, ob es unter das Schema des Tuns oder des Leidens falle, – ja in den höchsten Beispielen, Lear, Penthesilea, ist es kaum zu sagen, ob es Tun oder Leiden sei). Handlung ist ein Geschehen, das den Figuren nicht von außen aufgedrängt wird, sie nicht integriert und zudeckt, sondern ihren Platz im Dasein und ihre Funktion im Dasein als einer potentiellen zu einer aktuellen macht, wie für jede Figur im Schachbrett innerhalb des Spiels einmal der Moment kommt, wo sie durch den Platz, auf dem sie steht, und die Kräfte, die ihr zugeteilt sind, über ihr eigenes und über das Schicksal aller anderen Figuren im Feld entscheidet.*
32 *Was er ungefragt läßt, das bleibt in mir liegen wie ein Stein im Brunnen.*
33 *Madame erzählt nur die gräßlichen Symptome der Nacht um Rudolf zu zerschmettern / zu cajolieren –*
Silvia weiß dann nichts mehr von allem Finsteren: in ihr hat sich alles gewendet alles in sein Gegenteil verkehrt: Sertos lag auf ihr und würgte sie; dann wurde das eine Höhle aus der hinten der Tag hervorbrach – Die Nacht: furchtbares Zudringen von Vater, Mutter und Sertos dann gräßliche Narrheit. (Hervorh. von Hofmannsthal)

E Register zu *Ad me ipsum*[1]

I »STATES«

PRAEEXISTENZ 213,9; 214,4,6,17; 216,1; 217,11; 225,3, 18; 238,11; 241,28; 242,21.

Kindheit 232,2.

EXISTENZ 214,7; 215,15; 216,2.

Ambivalenter Zustand zwischen Präexistenz und Verschuldung 215,6.

Ambivalenter Zustand zwischen Präexistenz und Leben, Sozialem 216,5; 230, 30 ff.

Zwischenzustand 216,15.

Übergang 226,14.

II WERK-GESTALTEN

Andrea 213,10; 216,28; 223,9.

Ariadne 217,27 ff.; 225,31; 226,5; 240,14.

Cesarino 216,25; 219,17; 228,5.

Chandos 215,16; 216,20; 231,6.

Claudio 213,10; 215,7; 220,7; 224,15; 226,28; 231,6.

Elektra 215,21; 221,11; 225,31; 226,5,17; 234,20; 237,16.

Elis Fröbom 215, 22.

Fortunio 213,12; 224,19; 228,11.

Gianino 224,16.

Hans Karl 231,7; 237,6; 239,4.

Harlekin 223,10.

Hexe 216,15.

Kämmerer Tarquinius 216,25; 228,4,10.

Kaiser Porphyrogenitus 215,22; 224,16,20; 228,4; 239,14.

Kreon 224,20; 225,15; 226,29.

Miranda 228,11.

Ödipus 215,21; 217,4; 221,10; 226,1.

Page 224,16; 228,3.

---

[1] Vgl. Anhang A und editorisches Vorwort. – Die erste Zahl bedeutet jeweils die Seite, die darauffolgende(n) die Zeile(n) in *Aufzeichnungen*.

III GESTALTEN

Abenteurer 213,13; 221,16; 223,9,21; 228,5; 237,6; 240,13.
Dichter 213,15; 214,22; 223,1 f.,19; 225,27; 226,26; 233,25; 235,17.
Kaiser 213,13.
Kind 213,16.
Wahnsinniger 213,16; 215,5; 223,16,23; 226,25; 228,17; 237,6; 239,12.
Weiser 213,14.
Zauberer 213,14.

IV MOTIVE

Eros 224,24.
Geisterstunde 216,18; 223,14.
höchste Welt 213,13; 214,22,28; 215,2,5.
letzte Stunde – Steigerung 229,19 f.
Magie 232,22; 238,11.
millenarisch 213,14; 224,3.
Mythos 233,6,10; 240,13 ff.
Quasi-Gestorbensein 213,18.
Schicksal 216,29; 217,1,11,20 (= Treue); 218,4,14,29; 221,3 f., 12 ff., 24; 225,2,13; 229,21; 237,18.
Schweigen 215,18.
Spiegelung 213,27 f.; 216,22 f.; 219,6,16 ff.; 223,9; 227,27; 228,1 f., 16; 229,1 ff.,5; 232,5.
Treue 217,20 ff.; 221,28 f.
Tyche 218,16 ff.; 221,23; 222,3 ff.
Über-ich 213,21; 219,22; 226,25; 227,1.
Urbild 214,27.
Verknüpfung mit dem Leben 214,6,19; 218,1; 220, 21 f.; 222,14.
Verschuldung 214,8,15; 216,2; 220,21; 230,32.
Verwandlung 217,28; 218,11 (allomatisch); 221,7 f.; 222,12.
Vorwegnahme 224,23,25,28; 229,21; 232,6.
Weisheit 220,6; 224,23; 228,10.
Wiedergeburt 217,29.

Wortmagie 215,31; 233,18; 241,22.
Zu-sich-selber-Kommen 216,6,21; 217,7; 218,20; 219,10;
  222,6,26; 226,3; (233,18).

V GEDICHTE
allgemein 233,16 ff.
Ballade des äußeren Lebens 212,13; 220,17 ff.; 225,17 ff.
Der Jüngling und die Spinne 214,12; 220,25.
Ein Traum von großer Magie 216,8; 221,1; 225,12; 226,25;
  227,12.
Erlebnis 213,12; 216,22; 219,13.
Vor Tag 216,23; 219,14.
Weltgeheimnis 216,10; 221,1; 224,7 ff.; 225,13; 233,2.

VI DRAMATISCHE WERKE
Alkestis 217,4; 226,1.
Ariadne auf Naxos 222,1; 226,7.
Das Bergwerk von Falun 215,1; 219,1; 221,13; 223,1;
  227,10; 241,17.
Das gerettete Venedig 234,21.
Das kleine Welttheater 213,20; 215,3; 225,21.
Der Abenteurer und die Sängerin 217,14; 218,3; 221,25;
  222,16; 223,21; 225,5; 232,15.
Der Kaiser und die Hexe 214,2,28; 215,28 ff., 216,12;
  218,31 f.; 223,2,11 f.; 228,8 f.; 230,7 ff.; 237,19; 238,22;
  240,18; 241,5 ff.; 242,27.
Der Schwierige 237,7 ff.; 242,27.
Der Tod des Tizian 214,1 f.; 215,2; 216,25; 219,15; 221,13;
  223,6; 229,20; 241,15.
Der Tor und der Tod 214,12; 215,11; 216,16; 217,21;
  220,24; 222,26; 223,4; 224,3; 226,4; 227,2 ff.,22 f.;
  228,14,22 ff.; 241,3 ff.,11 ff.
Der Turm 233,9; 240,1 ff.; 242,18; 243,1.
Der weiße Fächer 217,23; 223,15.
Die Frau am Fenster 224,5; 228,2,14; 229,20.
Elektra 217,17; 221,27; 222,27.

Gestern 216,28; 221,24; 223,3; 241,3.
Idylle 216,4.
Ödipus 222,27.
Sobeïde 216,30; 217,1; 218,25; 221,14; 222,1.

VII WEGE
DER MYSTISCHE WEG 215,15.
OPFER 217,3 ff., 221,11; 226,1.
TAT 217,9,16; 221,8; 237,15.
WERK 217,9,14; 218,1; 221,20; 226,6.
KIND 217,10,15; 218,2; 221,20; 225,6; 226,6.
* * *
ZIEL 220,28.
GEHALT 226,14.

VIII ANTINOMIEN 227,15
Sein–Werden 216,26; 217,25; 219,23 f.; 226,18.
Dauer–Zeit 228,18; 241,19 ff.
Einsamkeit–Gemeinschaft 228,19; 230,30.

IX GESTALTUNGSWEISEN
Ironie 213,10; 217,14,23; 221,29; 222,16; 225,6.
Vorspielhaftes 221,12.

X ERZÄHLUNGEN ETC.
Das Märchen der 672. Nacht 220,16 f.; 242,28; 244,4.
Die Frau ohne Schatten 218,11,22; 220,26; 222,9; 229,16; 232,26 (Oper).

XI AUTOBIOGRAPHIE
232,1 ff.; 234,13 ff.; 236,12 ff.; 237,5 ff.(?),10 ff.; 238,1 ff.,21(?); 240,18; 243,4 ff.; 244.

XII ZUSAMMENHANG DES WERKS
235,13; 237,3; 239,1 ff.
DAS AUTOBIOGRAPHISCHE DES WERKS
240,26; 242,27.

F Rilkes *Duineser Elegien*

Entstehungsgeschichte

I

Am 17. März 1926 antwortete Rilke aus dem Sanatorium Val-Mont bei Glion im Waadtland, wo ihn am drittletzten Tag desselben Jahres der Tod ereilen sollte, auf einen Brief einer jungen Leserin seiner Dichtungen, die von ihm offenbar Näheres über sein Leben erfahren wollte. Dieser Brief scheint mir geeignet, am Eingang eines Kurses, dessen einzige Absicht es ist, zum Spätwerk Rilkes den Zugang zu erleichtern, die äußeren und inneren Grundtatsachen seines Lebens mit seinen eigenen Worten sei's in Erinnerung zu rufen sei's mitzuteilen.

Ich würde – schreibt Rilke nach einigen einleitenden Worten – *Ihnen gern diejenigen Tatsachen aus meinem Leben kenntlich machen, die fähig wären, Ihre aufmerksame und ergriffene Beschäftigung mit meinen Schriften zu belohnen..., aber welche sind das? Vielleicht müßte man auf die Kindheit zurückgehen, vielleicht wäre es nötig, von einigen Reisen zu sprechen, von Begegnungen, von dem Gelebthaben in den und jenen Städten. Sie können sich wohl denken, wieviel Einfluß Umgebungen auf mich gemacht haben, mehrere Länder, in denen ich, durch eine wiederholte Geduld und Langmut meines Schicksals, nicht nur, als Reisender, mich habe aufhalten, sondern wo ich habe wirklich w o h n e n dürfen, unter den lebhaftesten Anschlüssen an die Gegenwart und Vergangenheit dieser Länder ... Italien kannte und liebte ich seit meinem achten Jahr, – es war in seiner deutlichen Vielfalt und Formfülle, sozusagen, die Fibel meines beweglichen Daseins. Das Entscheidende war Rußland: weil es mir, in den Jahren 1899 und 1900, nicht allein eine mit nichts zu vergleichende Welt, eine Welt unerhörter Dimensionen, eröffnete, sondern auch, durch seine humanen Gegebenheiten, mir gewährte, mich unter Menschen brüderlich eingelassen zu fühlen (eine unerläßliche Erfahrung, auf die ich indessen, als einziges Kind meiner*

Eltern und fast ohne wirklichen Verkehr bis dahin –, in keiner Weise vorbereitet war). Rußland (Sie erkennen das in Büchern, wie etwa dem Stundenbuch) wurde, in gewissem Sinne, die Grundlage meines Erlebens und Empfangens, ebenso wie, vom Jahre 1902 ab, Paris – das unvergleichliche – zur Basis für mein Gestaltenwollen geworden ist. Unter dem großen Einfluß Rodins, der mir eine lyrische Oberflächlichkeit und ein billiges (aus lebhaft bewegtem, aber unentwickeltem Gefühl stammendes) A peu près überwinden half, durch die Verpflichtung, bis auf Weiteres, wie ein Maler oder Bildhauer vor der Natur zu arbeiten, unerbittlich begreifend und nachbildend. Das erste Ergebnis dieser strengen guten Schulung war das Gedicht Der Panther – im Jardin des Plantes in Paris –, dem man diese Herkunft ansehen mag. (Hervorh. von Rilke)[1]

Ich unterbreche hier die Lektüre des Briefes, um zwei Gedichte zu zitieren, die Rilkes Wandlung vom reinen Erleben zum bewußten Gestalten, die Abkehr von der in Rußland ausgebildeten passiven Seelenhaltung zur aktiven, künstlerischen Arbeit unter dem Einfluß des Bildhauers Rodin aufs deutlichste offenbaren.

Zunächst ein Gedicht aus dem *Stunden-Buch:*[2]

Und nun *Der Panther,* auf den Rilke die Adressatin des Briefes ausdrücklich verweist als auf das *erste Ergebnis* der *strengen Schulung* bei Rodin:

SEIN Blick ist vom Vorübergehn der Stäbe
so müd geworden, daß er nichts mehr hält.
Ihm ist, als ob es tausend Stäbe gäbe
und hinter tausend Stäben keine Welt.

Der weiche Gang geschmeidig starker Schritte,
der sich im allerkleinsten Kreise dreht,

---

[1] Rainer Maria Rilke, *Briefe aus Muzot 1921-1926.* Hrsg. von Ruth Sieber-Rilke und Carl Sieber. Leipzig 1935. S. 369 ff. – Im weiteren zitiert als: B/M
[2] Leider folgt in dem Durchschlag des Vorlesungsskriptes an dieser Stelle weder ein Gedicht noch ein Hinweis darauf, welches gemeint sein könnte, sondern eine Lücke.

ist wie ein Tanz von Kraft um eine Mitte,
in der betäubt ein großer Wille steht.
Nur manchmal schiebt der Vorhang der Pupille
sich lautlos auf –. Dann geht ein Bild hinein,
geht durch der Glieder angespannte Stille –
und hört im Herzen auf zu sein.[3]

Seit jenem Jahr (1902) – fährt der Brief weiter *– blieb mein Wohnsitz nach Paris verlegt, was nicht hinderte, daß ich mich zwischendurch viele Monate lang in Italien, in Skandinavien (Dänemark und Schweden) aufhielt, Algier, Tunis und Ägypten kennenlernte, die französische Provinz und schließlich, als bedeutendstes Ereignis nach Rußland und dem unerschöpflichen Paris: Spanien, von Toledo aus, wo ich einen Winter über (1912) gewohnt habe. Die erste wirkliche Zusammenfassung so verschiedenartiger, nur durch die unbedingte Aneignung verwandter Einflüsse erfolgte in meinen jüngsten Büchern, den »Sonetten an Orpheus« und den schwierigen »Elegien« (die schon seit 1912 begonnen worden waren, um dann die lange Unterbrechung des Krieges zu erleiden).* (B/M 371)

Diesen *schwierigen* Elegien ist unser Interpretationskurs gewidmet. Es wäre sicherlich verfrüht, darüber nachzudenken, worin die besondere Schwierigkeit der Duineser Elegien besteht, warum der Sinn von manchem Vers, der innere Zusammenhang und Gedankengang mancher Strophe oder gar ganzen Elegien sich dem Leser nur langsam und stufenweise erschließt, und was es – über Rilke hinaus – eigentlich bedeutet und über den Dichter und dessen Intention aussagt, daß eine Dichtung »schwierig« ist.

Einleitend müssen wir nur darauf hinweisen, daß die Schwierigkeit des Textes zwangsläufig die Gestaltung dieses Kurses bestimmen und an den Dozenten wie an die Zuhörer gewisse Forderungen stellen wird.

---

[3] Rainer Maria Rilke, *Sämtliche Werke*. Hrsg. vom Rilke-Archiv in Verbindung mit Ruth Sieber-Rilke. Besorgt durch Ernst Zinn. Wiesbaden 1955. Erster Band, S. 505. – Im weiteren zitiert als: Rilke I-VI.

Vom Dozenten fordert sie, daß er nicht über das Werk, nicht über den Dichter und die literatur- und geistesgeschichtlichen Zusammenhänge, in denen er steht, spreche, sondern seine Bemühung einzig darauf konzentriere, den Text selbst zu erhellen.

Vom Zuhörer fordert sie – wenn ich meine persönliche Bitte als die Forderung des Werkes selbst auffassen und vorbringen darf –, daß er in der Lage sei, das Gehörte unmittelbar auf das Gedicht zu beziehen und am Gedicht zu überprüfen.

Damit komme ich zu einem letzten Punkt. Die zehn Stunden, die uns zur Verfügung stehen, sind bei weitem zu wenig, als daß alle zehn Elegien behandelt werden könnten. Wir wenden uns deshalb in den ersten fünf Stunden den zwei ersten Elegien zu und werden in der zweiten Hälfte des Semesters, nachdem wir kurz auf die übrigen hingewiesen haben, zwei weitere interpretieren, in denen der Gedankengang der Elegiendichtung zu seinem Abschluß kommt. Die Berechtigung dieser Auswahl von vier Elegien – soweit man überhaupt berechtigt ist, die Duineser Elegien nur teilweise zu erläutern – wird am Schluß des Kurses, wie ich hoffe – von selbst sich zu erkennen geben.

Die schwierigen Elegien – schrieb Rilke in dem zitierten Brief – und er fügt in Klammern hinzu: *die schon seit 1912 begonnen worden waren, um dann die lange Unterbrechung des Krieges zu erleiden.* Bevor wir die Interpretation der ersten Elegie beginnen, müssen wir noch diesem Hinweis des Dichters folgen und kurz die Entstehungsgeschichte des Werkes nachzuzeichnen versuchen.

Im August des Jahres 1902 reiste Rilke nach Paris, um im Auftrag eines Verlegers ein Buch über Auguste Rodin zu schreiben. Das Buch erscheint im folgenden Jahr. Zugleich und in den nächsten Jahren entstehen die Gedichte, die in den Bänden *Der Neuen Gedichte Erster Teil* und *Der Neuen Gedichte Anderer Teil* in den Jahren 1907 und 1908 veröffentlicht werden. Eines der ersten Gedichte dieser

Epoche und vielleicht das kennzeichnendste, der 1903 geschriebene *Panther*, wurde oben zitiert. Im Februar des Jahres 1904, während eines halbjährigen Aufenthaltes in Rom, beginnt Rilke *Die Aufzeichnungen des Malte Laurids Brigge*, seine bedeutendste Prosadichtung. Es ist dies das imaginäre Tagebuch eines jungen in Paris lebenden Dänen, in den viele Züge von Rilke selbst eingegangen sind, ohne daß man berechtigt wäre, ihn für Rilke und die Aufzeichnungen für autobiographische zu nehmen. Sechs Jahre schreibt Rilke an diesem unendlich durchlittenen und qualvollen Werk, von dem er schon bald nach seiner Beendigung bekennen wird, er selbst empfände es *manchmal wie eine hohle Form, wie ein Negativ [...], dessen alle Mulden und Vertiefungen Schmerz sind, Trostlosigkeiten und weheste Einsicht, der Ausguß davon aber, wenn es möglich wäre einen herzustellen (wie bei einer Bronze die positive Figur, die man daraus gewönne) wäre vielleicht Glück, Zustimmung; – genaueste und sicherste Seligkeit.*[4]

Diese Worte Rilkes sind besonders wichtig auch im Hinblick auf die Duineser Elegien, die wir weitgehend als die Verwirklichung dieser *positiven Figur* auffassen dürfen. Sie entstammen aus derselben Leiderfahrung wie der *Malte*, sind aber nicht mehr ihre bloße Registrierung, sondern ihre Umwendung in Sinnerfüllung, *Glück und Zustimmung* – wie Rilke im Brief schreibt –, Zustimmung zu demselben Dasein, an dem Malte Laurids Brigge zugrunde geht. Doch zurück zum Biographischen. Beinahe gleichzeitig mit dem Abschluß des Malte-Buches lernt Rilke den Menschen kennen, der ihm bis zu seinem Tode in zugleich mütterlicher und mädchenhafter Zuneigung und Bewunderung hilfreich und beschützend beistehen wird, es ist die Fürstin Marie von Thurn und Taxis-Hohenlohe.

---

[4] Rainer Maria Rilke, *Briefe*. Erster Band: 1897 bis 1914. Zweiter Band: 1914 bis 1926. Hrsg. vom Rilke-Archiv in Weimar; in Verbindung mit Ruth Sieber-Rilke besorgt durch Karl Altheim. Wiesbaden 1950. Zweiter Band, S. 53. – Im weiteren zitiert als B I und B II.

Im April und im August 1910 ist Rilke für kurze Zeit bei der Fürstin zu Gast: auf dem böhmischen Besitz der Familie in Lautschin und auf Duino, dem hoch auf Felsen aufgetürmten Schloß an der Adria-Küste, westlich von Triest, nach dem die Elegien benannt sind. Auf diese Aufenthalte folgen Reisen, nach Afrika zunächst, dann – 1911 – nach Neapel, schließlich in den Monaten April bis Juni eine Fahrt nach Ägypten, die unter dem unglücklichsten Zeichen steht. Die zwei Jahre stellen in Rilkes Lebensgeschichte eine äußerste Krisis dar: Sie beginnt mit dem Abschluß des Malte-Buches 1910 und wird ihr mit wunderbarer Plötzlichkeit aufbrechendes Ende erst Mitte Januar 1912 mit der Dichtung der ersten zwei Elegien finden, auf Schloß Duino, wo der Dichter nach den rastlosen Reisejahren den Winter in völliger Einsamkeit verbringt. Keine zwei Wochen vor der Entstehung der beiden ersten Elegien schreibt noch Rilke an Lou Andreas-Salomé, von den *Aufzeichnungen des Malte Laurids Brigge* sprechend:

Kannst Dus begreifen, daß ich hinter diesem Buch recht wie ein Überlebender zurückgeblieben bin, im Innersten ratlos, unbeschäftigt, nicht mehr zu beschäftigen? Je weiter ich es zuende schrieb, desto stärker fühlte ich, daß es ein unbeschreiblicher Abschnitt sein würde, eine hohe Wasserscheide, wie ich mir immer sagte; aber nun erweist es sich, daß alles Gewässer nach der alten Seite abgeflossen ist und ich in eine Dürre hinuntergeh, die nicht anders wird. Und wärs nur das: aber der Andere, Untergegangene hat mich irgendwie abgenutzt, hat mit den Kräften und Gegenständen meines Lebens den immensen Aufwand seines Untergangs betrieben. [...] Vielleicht mußte dieses Buch geschrieben sein wie man eine Mine anzündet; vielleicht hätt ich ganz weit wegspringen müssen davon im Moment, da es fertig war. [...][5]

Die Niedergeschlagenheit und Verzweiflung beherrschen

---

[5] Rainer Maria Rilke / Lou Andreas-Salomé, *Briefwechsel*. Hrsg. Ernst Pfeiffer. Zürich/Wiesbaden 1952. S. 246 f. – Im weiteren zitiert als: B/AS.

den Dichter noch in den ersten zwei Wochen des neuen Jahres, er ahnt nichts davon, was sich in ihm vorbereitet, und hält den Winter, von dem er so viel erhofft, schon beinahe für verloren. Dann entstehen in einem plötzlichen Sturm der Inspiration zwei Elegien – die spätere erste und zweite – ferner einige Fragmente, so Ansätze zu der dritten und der zehnten: Denn von Anfang an war ein Zyklus von zehn Elegien, ein in sich geschlossenes, einheitliches Werk vorgesehen. Aber die Hervorbringung des Ganzen will zunächst nicht gelingen, und auf die zwei Jahre quälender Unrast und inneren Schweigens folgt nach dieser kurzen Gipfelzeit ein ganzes Jahrzehnt, während dessen Rilke um die Vollendung der Elegiendichtung ringt: zunächst gegen sich selbst, dann, von 1914 an, auch gegen die äußeren Verhältnisse. Die auf Duino begonnene dritte Elegie wird 1913 in Paris erweitert und vervollständigt; die spätere sechste Elegie, deren Ursprung noch hinter die Duineser Anfänge zurückreicht, wird auf der spanischen Reise, November-Dezember 1912, begonnen und im ersten Halbjahr 1914 in Paris fortgesetzt, aber nicht vollendet. Bei Kriegsausbruch siedelt Rilke nach München über: Hier entsteht November 1915 die vierte Elegie. Rilke hofft schon auf den Beginn einer neuen Schaffenszeit, die ihm die Vollendung des ganzen Werkes gewähren würde, da wird er zum Militär eingezogen. Von Anfang 1916 bis Ende 1921 dauert die sechsjährige Unterbrechung, welche dem Dichter zuweilen alle Hoffnung raubt, daß die zehn Elegien dereinst dasein könnten. So entsteht auch der Plan einer Veröffentlichung der Fragmente. Im Sommer 1919 reist Rilke in die Schweiz, um in Zürich, Bern und anderen Städten aus seinen Gedichten vorzulesen: Der für einige Wochen geplante Aufenthalt wird zur dauernden Niederlassung, als Rilke im Jahr 1921 auf einer Reise durchs Wallis endlich die Zuflucht findet, die ihm seit Jahren, als ein zweites Duino, vorgeschwebt hat, den einsamen Ort, von dem er sich die Vollendung des Elegienwerkes verspricht. Es ist das kleine mittelalterliche Château de Muzot, oberhalb von Sierre, das Werner Reinhart für den Dichter zuerst mietweise, dann endgültig erwirbt. Hier verbringt Rilke in völliger Zurückgezogenheit den Winter, der sich an seinem Ausgang – Februar 1922 – in der Tat als eine wunderbare Wiederholung des Duineser Winters 1912 enthüllt: Zusammen mit einem Zyklus von fünfundfünfzig Sonetten, den *Sonetten an Orpheus*, in innigem Zusammenhang mit ihnen, entstehen die Elegien, die die zehn Jahre früher geschriebenen Dichtungen zu dem großartigen Bau ergänzen, der uns als das bedeutendste Werk der deutschen Lyrik dieses Jahrhunderts erscheint. Die Muzoter Februartage aber sind der eigentliche Gipfelpunkt in der Geschichte von Rilkes Leben und Werk, dessen Bedeutung nur mit des Dichters eigenen Worten darzustellen ist. Deshalb sei zum Schluß dieser biographischen Einleitung der Brief Rilkes an die Fürstin Taxis zitiert:

*Château de Muzot sur Sierre (Valais), Suisse,
am 11. Februar, abends [1922]*

Endlich,

Fürstin,

endlich, der gesegnete, wie gesegnete Tag, da ich Ihnen den Abschluß – soweit ich sehe – der

Elegien

anzeigen kann:

Zehn!

Von den letzten, großen (: zu dem, in Duino einst, begonnenen Anfang: »Daß ich dereinst, am Ausgang der grimmigen Einsicht / Jubel und Ruhm aufsinge zustimmenden Engeln...«) von dieser letzten, die ja auch, damals schon, gemeint war, die letzte zu sein, – von dieser – zittert mir noch die Hand!

Eben, Samstag, den elften, um sechs Uhr abends, ist sie fertig! – Alles in ein paar Tagen, es war ein namenloser Sturm, ein Orkan im Geist (wie damals auf Duino), alles,

was Faser in mir ist und Geweb, hat gekracht, – an Essen war nie zu denken, Gott weiß, wer mich genährt hat.
                    Aber nun ists. Ist. Ist.
                              Amen.
Ich habe also dazu hin überstanden, durch alles hindurch. Durch Alles. Und das wars ja, was not tat. Nur dies. Eine, hab ich Kassner zugeeignet. Das Ganze ist Ihrs, Fürstin, wie sollts nicht! Wird heißen:
                    Die Duineser Elegien
Im Buch wird (: denn ich kann Ihnen nicht geben, was Ihnen, seit Anfang, gehört hat) keine Widmung stehn, mein ich, sondern:
                    Aus dem Besitz...
[...]
Von mir, nicht wahr?, heute nur dies... es ist ja, endlich, »etwas«!
(B II, 309 f. – Hervorh. von Rilke)[6]

---

[6] Hier bricht der Durchschlag des Vorlesungsskripts ab. (Vgl. editorisches Vorwort.)

Die zweite Elegie

IV

Die erste Duineser Elegie (Rilke I, 685-689), die wir in den vergangenen Stunden zu interpretieren versucht haben,[1] wird gelegentlich mit einer Ouverture verglichen. Tatsächlich sind in ihr – wie in der orchestralen Einleitung eines Musikdramas – die wichtigsten Themen der folgenden »Handlung« exponiert, ist der Weg, den die künftigen Elegien ausschreiten, ein erstes Mal, mehr geahnt denn eingesehen, aufgezeichnet. Am Anfang dieses Weges steht die Klage um die Bedürftigkeit des menschlichen Daseins: *Ach, wen vermögen wir denn zu brauchen?* (a.a.O. 685), an seinem Ende die doppelte Einsicht, daß der Mensch von Wesen und Dingen außerhalb seines Daseins beansprucht wird, und daß es seine Aufgabe ist, *das Leben gegen den Tod hin offen zu halten* (B/M 220). In den letzten Versen der Elegie wird die Musik als das Medium besungen, in dem dieses Offenhalten des Lebens gegen den Tod immer schon erfolgt, deshalb sieht Rilke in ihr die *Schwingung [...], die uns jetzt hinreißt und tröstet und hilft.* (Rilke I, 688)

Mit der zweiten Elegie, der wir uns jetzt zuwenden, kehrt der Gedankengang des ganzen Zyklus zu seinem Anfang zurück. Von allen neun Elegien steht die zweite der ersten Elegie am nächsten: sie ist unmittelbar nach ihr entstanden, auf Duino, Februar 1912. Ihr Blick ist wie der der ersten auf das menschliche Dasein und seine Bedürftigkeit gerichtet. Aber sie begnügt sich nun nicht mehr mit der Frage danach, was der Mensch brauchen kann, sie nimmt diese Hilfebedürftigkeit des Menschen nicht mehr als ein Selbstverständliches, sondern geht dahinter zurück und versucht zu begreifen, warum der Mensch in seinem Dasein auf anderes angewiesen ist.

[1] Die Skripten dieser beiden Vorlesungen fehlen. (Vgl. editorisches Vorwort.)

Wie die erste Elegie beginnt auch die zweite bei dem Verhältnis des Menschen zu den Engeln. Nicht als ob die Erkenntnis der ersten, daß der Mensch von den Engeln keine Hilfe erlangen kann, denn er könnte ihr stärkeres Dasein nicht ertragen –, nicht als ob dies zurückgenommen wäre. Aber auch die zweite Elegie, deren Leitfrage also nicht mehr lautet: »Wen vermag der Mensch zu brauchen?«, sondern »Warum braucht der Mensch? Was ist er, daß er andere braucht?«, auch die zweite Elegie sieht sich in ihrer Frage an die Engel verwiesen. Was der Mensch ist, hofft sie erkennen zu können, indem sie das gewaltige Gegenbild des Menschen, den Engel, begreift. Die Feststellung der ersten Elegie *Ein jeder Engel ist schrecklich* (a.a.O. 685) ist aber weiterhin gültig. Sie nimmt die zweite Elegie mit ihren ersten Worten wieder auf:

JEDER Engel ist schrecklich. Und dennoch, weh mir,
ansing ich euch, fast tödliche Vögel der Seele,
wissend um euch. Wohin sind die Tage Tobiae,
da der Strahlendsten einer stand an der einfachen
Haustür, zur Reise ein wenig verkleidet und schon
                              nicht mehr furchtbar;
(Jüngling dem Jüngling, wie er neugierig hinaussah).
Träte der Erzengel jetzt, der gefährliche, hinter den
Sternen eines Schrittes nur nieder und herwärts
hochaufschlagend erschlüg uns das eigene Herz.
Wer seid ihr? (a.a.O. 689)

Obwohl der Dichter weiß, daß die Engel von einer Vollkommenheit und Stärke sind, die den Menschen in Schrecken versetzen, muß er seinen Gesang an sie richten, muß er sie »ansingen«. Denn er weiß um sie, er weiß, was sie in ihrem Wesen sind. Und hinter der Pflicht des dichterischen Sehers, in seinem Gesang zu sagen, was er weiß, steht die Hoffnung, daß die Erkenntnis des Engel-Daseins dem Dichter zur Einsicht in sein eigenes, in das Dasein des Menschen verhelfen könnte. Es geht also nicht mehr darum, vom Engel unmittelbare Hilfe zu erflehen, der Schrei um Hilfe, der

Ruf, der die Engel hätte herbeilocken sollen, wird nicht mehr erwogen. An seine Stelle ist der Gesang getreten, der zwar an die Engel gerichtet ist, aber nicht mehr als Anruf, sondern als Aussage.
Fast tödliche Vögel der Seele werden die Engel genannt. Damit beginnt bereits der Versuch des Dichters, die Engel in ihrer menschenfernen, un-menschlichen Monumentalität zu beschreiben: Die zweite Strophe, die auf die Frage *Wer seid ihr?* antwortet, wird ganz diesem Versuch gewidmet sein. Beinahe stufenweise verlassen die aufeinanderfolgenden Bezeichnungen den Bereich des Menschen, zunächst wird ein Name aus der Tierwelt gewählt: Die geflügelten Engelgestalten sind Vögel. Aber sie sind *Vögel der Seele*, sie sind in ihrer Menschenferne doch auf die menschliche Seele bezogen, die Seele des Menschen blickt auf die Engel hinauf wie in höchster Höhe um sie kreisende Vögel, die – wie die erste Elegie sagt – *gelassen verschmäh*[en], / *uns zu zerstören* (a.a.O. 685) und deshalb hier *fast tödliche Vögel der Seele* genannt werden.
Bevor nun der Versuch, das Wesen der Engel zu erfassen, fortgesetzt wird, wendet sich der Dichter elegisch in die Vergangenheit. Nicht immer waren die Engel dem Menschen von solcher unnahbaren Fremdheit. Das fünfte Kapitel im Buch Tobiae erzählt, wie der Vater des jungen Tobias diesem einen Auftrag gibt. Damit er den Weg finde, sagt er ihm, solle er sich einen treuen Gesellen suchen, der um seinen Lohn mit ihm zieht. *Da ging der junge Tobias hinaus, und fand einen feinen jungen Gesellen stehen, der hatte sich angezogen, und bereitet, zu wandern; Und wußte nicht, daß es der Engel Gottes war. Wohin sind die Tage Tobiae*, klagt der Dichter, da eine solche Begegnung zwischen Engel und Mensch noch möglich war. Das Wenige an Verkleidung nahm dem Engel sein Furcht und Schrecken erregendes Aussehen, und Tobias glaubte einem Menschen gegenüberzustehen: *Jüngling dem Jüngling.* Das *Wohin sind die Tage Tobiae* [...] ist aber nicht Klage des Gefühls, sondern zeugt

zugleich vom historischen Bewußtsein, das den ganzen Elegienzyklus bestimmt. Rilke unterscheidet nicht so sehr zwischen dem Engel des Alten Testaments und dem Engel, der über der Welt der Elegien steht: Er vergleicht vielmehr den Menschen jener Tage mit dem heutigen, mit dem seiner eigenen Zeit. Einmal schon ist in der ersten Elegie ersichtlich geworden, daß Rilke seine Einsichten in die Daseinsbedingungen des Menschen als historische versteht, daß er nicht vom Menschen überhaupt, sondern vom Menschen seiner Zeit spricht. *Ist es nicht Zeit* – begann die Frage, in der Rilke seine Auffassung von der Liebe zusammenfaßte. *Ist es nicht Zeit, daß wir liebend / uns vom Geliebten befrein und es bebend bestehn: / wie der Pfeil die Sehne besteht, um gesammelt im Absprung / mehr zu sein als er selbst. Denn Bleiben ist nirgends.* (a.a.O. 687 – Hervorh. von Rilke) Dasselbe Wissen um die historische Eigenheit der Gegenwart verbirgt sich in der Klage der zweiten Elegie: *Wohin sind die Tage Tobiae* [...]. Erst in der siebenten und in der neunten Elegie aber wird sich der Dichter ausdrücklich der Epoche zuwenden, in der die Duineser Elegien entstanden, zu der sie sich bekennen, aus der heraus ihre Aussagen erst sinnvoll werden. Erst dann wird sich zeigen, daß Rilke auch den Verzicht auf das persönliche Du in der Liebe, den Auftrag der Dinge und die Schrecklichkeit der Engel durchaus historisch, mit unserer Zeit als bestimmendem Hintergrund, verstanden hat und verstanden wissen wollte.

Die drei letzten Verse der Eingangsstrophe bedenken aufs neue, was mit dem heutigen Menschen geschehen würde, wenn ein Engel sich ihm näherte. *Gesetzt selbst, es nähme / einer mich plötzlich ans Herz: ich verginge von seinem / stärkeren Dasein* (a.a.O. 685) – hieß es in der ersten Elegie. Dieses »Vergehen« wird nun genauer gefaßt. Zugleich scheint es, als habe die Schrecklichkeit der Engel noch zugenommen. Ein einziger Schritt, den der Erzengel in seiner den Menschen unendlich entrückten Heimat: *hinter den Sternen*, auf die Menschen zu tun würde, wäre diesen tödlich. Und zwar würde der Mensch nicht vom Engel getötet, sondern von sich selber, er stürbe an seiner eigenen Schwäche. Von gleich großer bildlicher wie rhythmisch-dynamischer Gewalt sagen dies die Verse: *Träte der Erzengel jetzt, der gefährliche, hinter den Sternen / eines Schrittes nur nieder und herwärts: hochauf- / schlagend erschlüg uns das eigene Herz.* Die zwei gegeneinandergestauten Satzteile, die im Doppelpunkt zusammenkommen, entsprechen den gegeneinander gerichteten Bewegungen des Engels und des Menschen. Jedes Wort scheint im ersten Teil von der Gewalt und der Bedeutsamkeit des einen einzigen Engelschrittes zu wissen, die Gefahr, die dieser Schritt für den Menschen bedeutet, diktiert die gemessene, jedes Wort gleichsam einzeln hinsetzende Sprechweise: *Träte der Erzengel jetzt, der gefährliche, hinter den Sternen / eines Schrittes nur nieder und herwärts:* – dann mit dreifacher Betonung beginnend die innere Bewegung des Menschen, dem sich der Engel nähert: *hóchaúf- / schlágend erschlüg uns das eigene Herz.* Dem *nieder und herwärts* des Engelschrittes begegnet die Herzbewegung des Menschen. Aber dieser ist dem Herzschlag, den die Nähe des Engels hervorruft, nicht gewachsen: Er wird von seinem hochaufschlagenden Herz selbst erschlagen.

Dann kehrt die Strophe zu ihrem Anfang zurück. Der Dichter muß die Engel trotz dieser ihrer Schrecklichkeit ansingen, denn er weiß um sie. So stellt er, noch ganz im Banne des eben Geschilderten, die knappe, kaum hervorgebrachte Frage an die Engel, die Frage, von der er weiß, daß er selber sie wird beantworten müssen: *Wer seid ihr?*

Darauf antwortet der sehr weitgehend in sich geschlossene, sich vom ganzen Elegienwerk auch sprachlich-stilistisch abhebende Engelhymnus der zweiten Strophe:

Frühe Geglückte, ihr Verwöhnten der Schöpfung,
Höhenzüge, morgenrötliche Grate
aller Erschaffung, – Pollen der blühenden Gottheit,

Gelenke des Lichtes, Gänge, Treppen, Throne,
Räume aus Wesen, Schilde aus Wonne, Tumulte
stürmisch entzückten Gefühls und plötzlich, einzeln,
Spiegel: die die entströmte eigene Schönheit
wiederschöpfen zurück in das eigene Antlitz.
(a.a.O. 689 – Hervorh. von Rilke)

Die dicht nebeneinandergestellten Bestimmungen der Engel gehen zum Teil auf platonistisches, biblisches und patristisches Gedankengut zurück. Ohne dies hier verfolgen zu können, müssen wir uns damit begnügen, die einzelnen Bezeichnungen behutsam zu umschreiben und den inneren Fortschritt der Strophe, den Weg, den sie, sich vom menschlichen Bereich entfernend, begeht, aufzuzeigen.

Im ersten Vers stehen zwei Vergleiche noch aus der Welt des Menschen. Die Engel sind *frühe Geglückte*, gleichsam aus der noch ungebrochenen Kraft in der Werkstatt der Schöpfung hervorgebracht, vollkommen geraten. Deshalb sind sie auch ihre *Verwöhnten*, ihre mit allen Gaben beschenkten, liebevoll behandelten Kinder. Dann wendet sich der Hymnus, als würden die Engel durch solche Vergleiche zu sehr den Menschen ähnlich beschrieben, der außermenschlichen, freilich noch irdischen Sphäre zu. *Höhenzüge, morgenrötliche Grate* – sind die Engel. Das Zeitliche ist nun zum Teil ins Räumliche verwandelt. Das Frühe, allem Menschlichen Voraufgehende, ist auch das allem Menschlichen Überlegene, das unmittelbar an den Himmel grenzende, der Horizont der Erschaffung. Der Gedanke der frühzeitlichen Vollkommenheit wird dann innerhalb dieses neuen Bildes wiederaufgenommen: Die Engel sind *morgenrötliche Grate*, vom reinen Licht der aufgehenden Sonne beschienen. Der Gedankenstrich führt ins Überirdische weiter. Die Engel sind *Pollen der blühenden Gottheit*, sie gehören nicht bloß zur Schöpfung, als deren frühester und höchster Teil, sondern auch zur Gottheit. Die Gottheit wird als Pflanze gesehen, die immer wieder die Engel als ihre Pollen hervorbringt und durch sie ihr eigenes Weiterblühen gewährleistet. Dann greift die Bilderreihe auf das »Morgenrötliche« zurück, aber nur, um anhand des »Lichtes« alles Gegenständliche hinter sich zu lassen und die Engel zu beschreiben als Wesen, in denen das Ungegenständliche selbst unmittelbar gegenständlich erscheint. Die Engel werden nun nicht mehr vom Morgenrot beschienene Berggrate genannt, sondern sie sind selber Licht, sie bilden eine Lichtarchitektur, sind deren *Gelenke, Gänge, Treppen* und *Throne.* Damit ist zugleich auf den Anfang der ersten Elegie zurückgewiesen, die von den *Ordnungen* (a.a.O. 685) der Engel sprach. Sie sind hier als eine Lichthierarchie gesehen. Die Engel sind in ihr sowohl die verbindenden Teile, die *Gelenke* und *Gänge*, die hinaufführenden: die *Treppen* wie auch ihr Höchstes, zu dem alles hinführt: die *Throne.* –

Räume aus Wesen – heißt es weiter. *Wesen* steht in der Einzahl, mit der Bedeutung von »Essentia«. Wiederum dieselbe Vergegenständlichung des Ungegenständlichen: Die Engel sind nicht – wie alles andere Seiende – ein Existierendes, in dem sich die Essenz gleichsam verbirgt, sondern sie bestehen bloß aus Essenz, in ihnen breitet sich das reine Wesen aus: Sie sind *Räume aus Wesen.*

Dann die zwei schwierigsten Bestimmungen des Hymnus, die kaum mehr mit anderen Worten zu umschreiben oder sonst zu »erklären« sind: *Schilde aus Wonne, Tumulte / stürmisch entzückten Gefühls.*

Und plötzlich, einzeln – fährt der Dichter fort und kommt damit zum Wichtigsten – *S p i e g e l: die die entströmte eigene Schönheit / wiederschöpfen zurück in das eigene Antlitz.* Das *plötzlich, einzeln* kann sich sowohl auf die Betrachtung des Dichters beziehen, der sein Augenmerk plötzlich auf eine einzelne Engelgestalt richtet, wie auch auf die Engel selbst, die sich aus den *Tumulte[n] / stürmisch entzückten Gefühls* plötzlich vereinzeln. Jedenfalls steht nun der einzelne Engel im Blickpunkt und vermag dadurch zum Gegenbild zu werden, von dem sich der Mensch aufs deutlichste abhebt. Solange die Engel in ihrer Gesamtheit, in ihren Ordnungen gesehen wurden, gab es gar kein »tertium comparationis«, kein Gemeinsames, an dem gemessen die Unterschiede zwischen dem Dasein des Engels und dem des Menschen ersichtlich geworden wären. Jetzt aber steht der Engel ebenso allein, aus jedem Bezug herausgehoben da wie der Mensch in der ersten Elegie, und nun erkennt der Dichter, bereits die vereinzelten Menschen im Auge, die Daseinsweise der einzelnen Engel: Sie sind *Spiegel: die die entströmte eigene Schönheit / wiederschöpfen zurück in das eigene Antlitz.*

Der Schönheit der Engel, dem eigentlichen Kern dieser Schönheit, war die erste Strophe der ersten Elegie gewidmet. Sie sagte, daß der Mensch vom stärkeren Dasein des Engels vergehen müßte: *Denn das Schöne ist nichts / als des Schrecklichen Anfang, den wir noch grade ertragen / und wir bewundern es so, weil es gelassen verschmäht / uns zu zerstören.* (a.a.O. 685) Daran knüpft die zweite Elegie an. Die Schönheit, die dem Antlitz der Engel entströmt, wird nicht von anderen Wesen aufgenommen, bleibt nicht als Bild vom Engel in der Seele des ihn anschauenden Menschen. Sondern die entströmte Schönheit kehrt wieder zu ihrem Ausgang: sie wird wiedergeschöpft in das eigene Antlitz. Und diese Bewegung: das Entströmen und Wiederkehren, die in sich geschlossene Kreisbewegung der Schönheit ist den Engeln nichts Äußerliches, vielmehr ihre eigenste Daseinsweise. Denn das Schöne oder das, dessen Anfang das Schöne ist: die tödliche Vollkommenheit, ist das Wesen der Engel. Der Engel, wenn er nicht mehr innerhalb der Ordnungen gesehen, sondern auf sich vereinzelt, für sich genommen wird, erweist sich als in sich geschlossene Gestalt, die das ihm Entströmende wieder in sich aufnimmt. Sie gibt sich deshalb nie aus, sie wird nie ärmer und schwächer und ist so auch nicht auf anderes angewiesen. Darin aber erkennen wir aufs neue das in sich Vollendete, die Vollkommenheit der Engelgestalt.

Den zwei Versen, die diese – dem menschlichen Dasein, wie wir sofort sehen werden, durchaus entgegengesetzte – Seinsweise der Engel beschreiben, ist typographisch hervorgehoben, ein Wort vorangestellt, das die folgende Aussage in einem Bild im voraus zusammenfaßt: *Spiegel*. Die Engel sind *plötzlich, einzeln, / Spiegel: die die entströmte eigene Schönheit / wiederschöpfen zurück in das eigene Antlitz*.
Warum die Engel auf Grund dieser ihrer Seinsbewegung Spiegel genannt werden, ist nicht ohne weiteres einzusehen. Man hat nicht zu Unrecht darauf hingewiesen, daß der Spiegel ja gerade umgekehrt wirkt: Er nimmt zuerst auf und spiegelt dann wieder: Er nimmt nicht das ihm Entströmte wieder in sich zurück, sondern gibt das Aufgenommene, etwa das Gesicht eines Menschen, diesem Menschen wieder. – Das Verständnis dieser Stelle mag auch erschweren, daß sie – wie auch die voraufgehenden Bestimmungen des Engels – mit der theologischen Überlieferung verbunden sind. So hat Thomas von Aquino, der bedeutendste Philosoph des Mittelalters, in seiner *Summa Theologica* gesagt: *Die Natur des Engels* [ist] *eine Art Spiegel, welche die göttliche Ähnlichkeit zeigt*[2]. Ob diese Auffassung des Thomas Rilke bekannt war, ist nicht mit Sicherheit auszumachen. Sie ist aber schon deshalb an dieser Stelle zu zitieren, weil sie geeignet ist, innerhalb der scheinbaren Übereinstimmung – der Engel als Spiegel gesehen – den überaus wichtigen Unterschied der beiden Ansichten hervortreten zu lassen – und das heißt: den Unterschied zwischen dem christlichen Glauben und dem Weltbild Rilkes, das sich vom Christentum immer mehr entfernt hat. Die Engel sind bei Thomas von Aquin Spiegel, weil sie Spiegelbilder Gottes sind, sie sind Abbilder des Höchsten, dienen ihm, indem sie zu ihm hinweisen. Bei Rilke dagegen werden sie Spiegel genannt, weil sie in sich geschlossen, unabhängig von allem Äußeren

---

[2] *ipsa natura angelica est quoddam speculum divinam similitudinem repraesentans.* – Thomas von Aquin, *Summa theologica*. Deutsch-lateinische Ausgabe. Salzburg/Leipzig 1936. Band 4, S. 220.

sind, im Entströmen und Wiederinsichzurückkehren existieren. Die Frage bleibt: warum werden sie als solche Spiegel genannt? Um eine Antwort geben und darüber hinaus die Bedeutung dessen einsehen zu können, daß Rilke hier zunächst wie unvermittelt, aber mit größter Betonung vom Spiegel spricht (das Wort steht graphisch hervorgehoben am Anfang des Satzes) – dazu ist wohl nötig, auf die wichtige Rolle hinzuweisen, die dem Motiv des Spiegels in Rilkes Gesamtwerk zukommt. Ganz besonders aber ist hier Rilkes Beschäftigung mit dem Narziß-Mythos zu erwähnen, mit der Sage von Narziß, einem schönen griechischen Jüngling, der, als er zum ersten Mal sein Spiegelbild in einem See erblickte, sich in sich selber verliebte. Mehrere Gedichte Rilkes sind dem Narziß-Motiv gewidmet[3], auch hat er die große Narziß-Dichtung von Paul Valéry ins Deutsche übertragen[4]. Für die zweite Elegie von besonderer Bedeutung ist ein wenig bekanntes Narziß-Gedicht aus dem Jahr 1913, also ein Jahr nach ihr entstanden. *DIES also: dies geht von mir aus und löst / sich in der Luft und im Gefühl der Haine, / entweicht mir leicht und wird nicht mehr das Meine / und glänzt, weil es auf keine Feindschaft stößt* (Rilke II, 56). So beginnt der Monolog des Narziß, der zum ersten Mal die *entströmte eigene Schönheit* im Spiegelbild der Wasserfläche erblickt. *Was sich dort bildet und mir sicher gleicht / und aufwärts zittert in verweinten Zeichen, / das mochte so in einer Frau vielleicht / innen entstehn; es war nicht zu erreichen, // wie ich danach auch drängend in sie rang* (a.a.O. 57). Narziß wollte die eigene Schönheit, die in die ihn liebende Frau hinüberströmte, erreichen und in sich wiederschöpfen. Aber erst in der Vereinzelung, seinem Spiegelbild

---

[3] Szondi notierte in dem von ihm benutzten Exemplar von Rilke I dazu: zwei Gedichte mit dem Titel *Narziß* (Rilke II, 56 f.), *Drei Gedichte aus dem Umkreis: Spiegelungen* (II, 181 f.), *La fontaine* (II, 530), *Nénuphar* (II, 637), *Kindheit* (I, 384 f.), *Fortschritt* (I, 402), *Les roses V* (II, 576), *Les roses XV* (II, 580). Vgl. Anhang G, Parallelstellen zur zweiten Elegie.
[4] Paul Valéry: *Gedichte*. Übertragen durch Rainer Maria Rilke. Wiesbaden 1949. S. 58-69.

gegenüber, erkennt er sie. *Wie ich mich in meinem Blick verliere; / ich könnte denken, daß ich tödlich sei* (a.a.O.) – schließt das Gedicht, mit einem Hinweis auf den Tod des Narziß, wie ihn die Sage überliefert. Denn Narziß war sich selber tödlich: Er versuchte, sich mit seinem Spiegelbild, in das seine Schönheit entströmte, zu vereinigen, die *eigene Schönheit / wiederzuschöpfen [...] in das eigene Antlitz* und versank im Wasser. Narziß starb am Versuch, die Daseinsweise der Engel zu verwirklichen. Und nun wird verständlich, warum die zweite Elegie die Engel Spiegel nennt. Sie sind nicht nur Spiegel. Sondern die Einheit von Bild und Spiegelbild, die Narziß zu erreichen versuchte. Sie sind immer schon ihre eigenen Spiegelbilder, sie sind sich selber Spiegel: Ihre Schönheit entströmt ihnen nur, um vom Spiegel aufgenommen zu werden, der sie selber sind: So wird ihre Schönheit wiedergeschöpft *in das eigene Antlitz*.

Das Schicksal des Narziß ist also für Rilke das Schicksal des Menschen, der die Grenzen seines Daseins verkennt, der sich vermißt, die Daseinsform zu erreichen, die nur dem Engel zukommt. Oder umgekehrt gesagt: Die Engel sind für Rilke Wesen, denen als den *frühen Geglückten*, den *Verwöhnten der Schöpfung* die Daseinsform gestattet ist, die der Mensch aus seiner durchaus gegensätzlichen im Innersten ersehnt. So weist die Gestalt des Narziß, der die Grenzen des menschlichen Daseins zu dem der Engel zu überschreiten sich vermißt, nicht nur auf die Vollkommenheit der Engel hin, sondern auch auf die Unvollkommenheit des Menschen zurück. Und die Stelle der zweiten Elegie, der Zwischenraum zwischen der zweiten und dritten Strophe, an der er ungenannt steht, ist die Stelle des Umschlags aus dem Hymnus an die Engel in die Elegie, in den Klagegesang über den Menschen:

> *Denn wir, wo wir fühlen, verflüchtigen; ach wir*
> *atmen uns aus und dahin; von Holzglut zu Holzglut*

> *geben wir schwächern Geruch. Da sagt uns wohl einer:*
> *ja, du gehst mir ins Blut, dieses Zimmer, der Frühling*
> *füllt sich mit dir... Was hilfts, er kann uns nicht halten*
> *wir schwinden in ihm und um ihn. Und jene, die schön*
> *   sind,*
> *o wer hält sie zurück? Unaufhörlich steht Anschein*
> *auf in ihrem Gesicht und geht fort. Wie Tau von dem*
> *   Frühgras*
> *hebt sich das Unsre von uns, wie die Hitze von einem*
> *heißen Gericht. O Lächeln, wohin? O Aufschaun:*
> *neue, warme, entgehende Welle des Herzens —;*
> *weh mir: wir sinds doch. Schmeckt denn der Welt-*
> *   raum,*
> *in den wir uns lösen, nach uns? Fangen die Engel*
> *wirklich nur Ihriges auf, ihnen Entströmtes,*
> *oder ist manchmal, wie aus Versehen, ein wenig*
> *unseres Wesens dabei? Sind wir in ihre*
> *Züge soviel nur gemischt wie das Vage in die Gesichter*
> *schwangerer Frauen? Sie merken es nicht in dem Wir-*
> *   bel*
> *ihrer Rückkehr zu sich. (Wie sollten sie's merken.)*
> (Rilke I, 689 f. – Hervorh. von Rilke)

Der Engel-Hymnus hatte in seinen Schlußversen die Engel Spiegel genannt, *Spiegel: die die entströmte eigene Schönheit / wiederschöpfen zurück in das eigene Antlitz.* An diesem gewaltigen Gegenbild der Vollkommenheit geht nun dem Dichter die Erkenntnis auf über das Dasein des Menschen. Der dichte, wie gemeißelte Hymnenton schlägt um in strömende Klage.

Wo der Mensch fühlt, dort wo er sich im Gefühl öffnet, verflüchtigt er. Er wird nicht reicher, sondern gibt sich aus, erschöpft sich. Und dies nicht nur in jener besonderen Eröffnung des eigenen Wesens. Schon das Atmen ist ein Aus- und Dahin-Atmen. Was dem Menschen entströmt, kehrt nicht mehr zu ihm zurück. So nimmt die Intensität seines Daseins immer mehr ab, als wäre er ein Herd, der kein wirkliches Feuer, sondern nur Holzglut kennt, und auch so, von Holzglut zu Holzglut, schwächer wird, schwächern Geruch gibt.

Wird aber dieses Gefühl – fragt sich der Dichter – nicht widerlegt durch die Worte eines anderen Menschen, der einem sagt: *Du gehst mir ins Blut, dieses Zimmer, der Frühling / füllt sich mit dir...*? Ist es nicht so, daß nur der einsame Mensch, der von niemandem geliebt wird, sich in die Leere, die ihn umgibt, verflüchtigt, während die Liebenden ineinander übergehen, einander die Umwelt erfüllen? Ja – lautet die Antwort, aber *was hilfts?* Denn auch die Liebenden können einander nicht vor dem Hinschwinden schützen: Jeder schwindet im anderen, in dessen Anderswerden und Hinschwinden, und er schwindet auch in dessen Umwelt, die er ihm erfüllte, im Zimmer, das er einmal verläßt, im Frühling, der vergeht.

Dann beklagt Rilke das Schicksal der Menschen, *die schön sind*. Wie sehr unterscheidet sich ihre Schönheit von der Schönheit der Engel. Während die Engel als Spiegel *die entströmte eigene Schönheit / wiederschöpfen zurück in das eigene Antlitz*, ist die Schönheit des Menschen nichts Bleibendes, vielmehr ein Anschein, der zwar aus dem Menschen strahlt und die anderen »anscheint«, gleichsam Licht in ihre Welt bringt, aber zugleich nur etwas Scheinbares ist, nicht das Gesicht selbst, das schön ist und schön bleiben würde, sondern nur ein Anschein davon, der unaufhörlich schwindet, *aufsteht und fortgeht* – wie die Elegie sagt. *Wie Tau von dem Frühgras / hebt sich das Unsre von uns, wie die Hitze von einem / heißen Gericht* – heißt es weiter, mit einfachen, aber um so eindrücklicheren und unmittelbarer ergreifenden Vergleichen.

Dann verdichtet sich die Klage in zwei verzweifelte Fragen: *O Lächeln, wohin? O Aufschaun: / neue warme, entgehende Welle des Herzens* – *O Lächeln, wohin?* meint natürlich nicht die banale Frage: wem das Lächeln gilt, was angelächelt wird. Sondern Rilke sieht das Lächeln nicht anders als die Schönheit. Das Lächeln ist nicht bloß eine bestimmte Gesichtsbewegung, sondern etwas, was aus dem Innern des Menschen für einen Augenblick ins Gesicht steigt und es dann verläßt, *aufsteht und fortgeht,* wie die Schönheit. Aber fortgeht *wohin?* Und ebenso das Aufschaun. Jedesmal, wenn der Mensch sich etwas zuwendet, mit der Reinheit und Wärme seines Herzens, ist sein Aufschaun wie eine Woge, die von ihm ausgeht, sein Gesicht überbrandet und es verläßt. Wohin? – die verzweifelte Frage des Menschen, der sich immer ärmer, leerer fühlt, gilt auch hier. Und nun gelangt die Klage zu ihrem Höhepunkt. Leise hat sie begonnen, in verhaltener Schilderung des menschlichen Fühlens. Dann wurden die Sätze immer kürzer, dichter standen die Vergleiche und dann die Fragen nebeneinander. Der leise Klageausruf *Ach* wurde vom drängenderen *O* abgelöst, das zuletzt kurz nacheinander ertönte: *O Lächeln, wohin? O Aufschaun.* Und jetzt vermag der Dichter den Weheschrei nicht mehr zurückzuhalten, die elegische Strophe gipfelt im verzweifelten Ausbruch: *weh mir: wir sinds doch.* Dieses Hinschwinden, dieses Verflüchtigen man weiß nicht, wohin? – der Mensch kann sich doch damit nicht einfach abfinden. Was ihn so verläßt: sein Gefühl, seine Schönheit, sein Lächeln, sein Aufschaun: Er ist es ja, das macht doch sein Sein wesentlich aus, das ist ja nichts, was ihm nur zufällig eigen ist, worum er ebensogut ärmer werden könnte.

Und nun wird die Frage, wohin dem Menschen das alles entweicht, drängender gestellt, der Dichter scheut sich nicht, kühne, nicht zu begründende Vorstellungen in Erwägung zu ziehen: So groß ist sein Sehnen zu erfahren, ob der Mensch, dem es nicht gegeben ist, immer wieder zu sich zurückzukehren, nicht vielleicht anderswo aufgenommen wird: *Schmeckt denn der Weltraum, / in den wir uns lösen, nach uns?* Der Vers weist zurück auf die Stelle in der ersten Elegie, da der Dichter in der Einsamkeit der Nacht den Auftrag der Welt zu ahnen begann: O *und die Nacht, die*

Nacht, wenn der Wind voller Weltraum / uns am Angesicht zehrt (a.a.O. 685) – und nun verstehen wir auch den seltsamen Ausdruck, daß der Weltraum dem Menschen am Angesicht zehrt: Mit einem einzigen Wort ist hier kühn vorweggenommen, was erst die zweite Elegie ausführen wird: das Aufstehn und Fortgehn von Schönheit, Lächeln und Aufschaun im Gesicht, die Auflösung des Menschen in den Weltraum. *Schmeckt denn der Weltraum [...] nach uns?* – fragt nun der Dichter mit einer Verwegenheit der Vorstellung, die eindrücklich seine Verzweiflung bezeugt. Und dann präzisiert er seine Frage und denkt an die Wesen, die den Weltraum bewohnen: *Fangen die Engel / wirklich nur Ihriges auf, ihnen Entströmtes, / oder ist manchmal, wie aus Versehen, ein wenig / unseres Wesens dabei? Sind wir in ihre / Züge soviel nur gemischt, wie das Vage in die Gesichter / schwangerer Frauen?* Rilke besinnt sich auf die Daseinsbewegung der Engel, die das ihnen Entströmte wieder zurückgewinnen. Und er fragt sich nun, nicht weniger kühn als vorhin, ob vielleicht in diesem Zurückströmen zum Engel etwas vom Menschen mitgenommen wird, so daß der Mensch in seinem andauernden Hinschwinden sich nicht ganz auflösen würde, sondern die Engel etwas von ihm aufbewahrten. Und geschähe das auch nur *manchmal* und *wie aus Versehen*. Keine genauen, sicher deutbaren Zeichen würde der Mensch freilich im Antlitz der Engel, in die das Entströmte wiedergeschöpft wurde, hinterlassen, nichts Deutlicheres, sagt Rilke, als jenes *Vage in d*[*en*] *Gesichter*[*n*] *schwangerer Frauen.* Aber wenn dem auch so wäre, wenn die Engel etwas vom Menschen mit aufnehmen würden: *Sie merken es nicht in dem Wirbel / ihrer Rückkehr zu sich.* Das Erlebnis der Rückkehr zu sich ist zu groß, zu sehr werden die Engel vom Wirbel ihres immer wieder in sich zurückfließenden Daseins mitgerissen, als daß sie darauf achten könnten, was vielleicht vom Mensch in sie eingegangen ist. *Wie sollten sie's merken* setzt der Dichter in stiller Resignation hinzu.

Die Frage bleibt so quälend offen: Wohin schwindet der Mensch? Der zweite Teil der Elegie wird sie zu beantworten hoffen, indem sie sich an die Liebenden wendet. Nicht – wie die erste Elegie – an die unglücklich Liebenden, an die Verlassenen, sondern an die Liebespaare, die aneinander einen Halt haben müssen, die das Hinschwinden alles Menschlichen, unter dem der Dichter in seiner Vereinzelung leidet, nicht empfinden dürften. Damit gelangt Rilke an einen Punkt, der seine Forderung an den Menschen, daß er sich *liebend* [...] *vom Geliebten* (a.a.O. 687) befreie, in Frage zu stellen droht: das erfüllte Glück der Liebenden. Es scheint, als habe er sich der Aufgabe, dieses Glück zu schildern, seine Möglichkeit einzugestehn, bis dahin immer entzogen. Auf die Frage, wen denn der Mensch zu brauchen vermöge, lautete in der ersten Elegie die Antwort: »Menschen nicht« – aber eine Erklärung wurde nicht gegeben. Wenn dann von Liebenden die Rede war, so wurden mit ihnen nur die unglücklich Liebenden, die Verlassenen gemeint. Die zweite Elegie erst wagte offen die Frage aufzuwerfen, ob die Liebe zweier Menschen das hier Beklagte nicht widerlegt: *Da sagt uns wohl einer: / ja, du gehst mir ins Blut, dieses Zimmer, der Frühling / füllt sich mit dir...* Aber auch darin vermochte sie keine Ausnahme zu erblicken: *Was hilfts, er kann uns nicht halten, / wir schwinden in ihm und um ihn.* Die Verzweiflung darüber, daß nichts den Hinschwund des Menschen bezeugt, fordert vom Dichter im zweiten Teil der Elegie, den wir nun interpretieren werden, aufs neue, oder vielmehr: zum ersten Male, wirklich das Glück der erfüllten Liebe zu bedenken.

V

Die zweite Elegie hebt mit der Erkenntnis der ersten an: *Jeder Engel ist schrecklich.* Aber trotzdem wendet sie sich an den Engel. Nicht als Hilfeschrei, nicht als Lockruf. Sondern sie versucht das Wesen der Engel zu erfassen, um an ihnen, als den großartigen Gegenbildern der Menschen, deren eigenes Dasein begreifen zu können. Die erste Elegie durchzog die verzweifelte Frage: »Wen vermögen wir denn zu brauchen?« Die zweite erkennt in den Engeln die Wesen, die sich nicht ausgeben, denen das, was ihnen entströmt, wieder zurückkehrt, die deshalb in sich vollendet sind, eigenständig, nur auf sich selber angewiesen. Dieser Einsicht entspringt nun die Klage über das Dasein des Menschen: *Denn wir, wo wir fühlen, verflüchtigen; ach wir / atmen uns aus und dahin.* Der Mensch, indem er da ist, schwindet dahin. Seine Schönheit, sein Lächeln, sein Aufschaun ist nichts, was ihm bleibt, sondern indem es ihm ins Gesicht steigt, ist es schon daran, ihn zu verlassen. Trotzdem i s t der Mensch das alles, sein Sein besteht nicht aus etwas wesentlich anderem, das von diesem Hinschwinden unberührt, immer sein eigen bleibt, so daß er der unaufhörlichen Verflüchtigung zusehen könnte. Deshalb geht die Klage, die ihren Höhepunkt in dem verzweifelten Ausbruch *weh mir: wir s i n d s doch* erreicht, in die Frage über, wohin der Mensch denn schwindet, ob nicht das ihm Entströmte irgendwo außerhalb seiner Welt aufgenommen, aufbewahrt wird, wo es vom Dasein des Menschen, das hier keine Spuren zurückläßt, Zeugnis ablegen könnte. So kehrt denn die Elegie wieder zu den Engeln zurück: *Fangen die Engel / wirklich nur Ihriges auf, ihnen Entströmtes, / oder ist manchmal, wie aus Versehen, ein wenig / unseres Wesens dabei?* Die Frage vermag sie freilich nicht zu bejahen. Auch wenn die Engel in ihrer Rückkehr zu sich selber von Menschlichem etwas mit aufnehmen würden, merkten sie es nicht in dem Wirbel ihrer in sich geschlossenen Daseinsbewegung. Aber aus der Überlegung geht für den zweiten Teil der Elegie, und darüber hinaus für den gesamten Zyklus, ein neuer Zug in dem Bild des Engels hervor, eine neue Aufgabe. Der Engel ist nicht nur das strahlende Gegenbild des Menschen, an dem sich dieser erkennt. Sondern indem der Engel vom Schicksal des Hinschwindens ausgenommen ist, fällt ihm der Auftrag zu, das Wesen des Menschen zu erkennen und aufzubewahren in der Erkenntnis davon, was der Mensch ist und was er in seinem Dasein hervorgebracht hat, vor der Ewigkeit Zeugnis abzulegen. Deshalb gilt die Kunde vom Menschlichen, die der Dichter in den nächsten Strophen von den Liebenden zu erhalten hofft, allererst den Engeln.

> *Liebende könnten, verstünden sie's, in der Nachtluft*
> *wunderlich reden. Denn es scheint, daß uns alles*
> *verheimlicht. Siehe, die Bäume sind; die Häuser,*
> *die wir bewohnen, bestehn noch. Wir nur*
> *ziehen allem vorbei wie ein luftiger Austausch.*
> *Und alles ist einig, uns zu verschweigen, halb als*
> *Schande vielleicht und halb als unsägliche Hoffnung.*
>   (a.a.O. 690 – Hervorh. von Rilke)

Wenn es die Engel verstünden, könnten die Liebenden zu ihnen vom Wohin des menschlichen Hinschwindens *wunderlich reden*. Das *sie* im eingeschobenen Satzteil müssen wir wohl auf die Engel beziehen, ebenso wie die zwei *sie* in den zwei letzten Versen der vorangehenden Strophe: *sie merken es nicht* und *wie sollten sie's merken*, obzwar dazwischen beidesmal auch andere Pluralformen stehen, *schwangere Frauen* und *Liebende*. Aber die zwei letzten Verse der Strophe sprechen eindeutig von den Engeln, und so scheint auch der Satzteil *verstünden sie's*, der in enger Parallele zu *wie sollten sie's merken* steht, sich auf die Engel zu beziehen. Darin, daß die Nennung der Engel die grammatischen Regeln durchbricht, indem die Personalfürwörter *sie* sich nicht auf die je zuletzt stehenden Substantiva (*schwangere Frauen* und *Liebende*), sondern auf die viele Verse vorher genannten Engel beziehen, mag man ihre Machtfülle ausgedrückt finden.

Warum es die Liebenden sind, die zu den Engeln vom Menschen reden könnten, haben einige Verse der dritten Strophe im voraus begründet: *Da sagt uns wohl einer: / ja, du gehst mir ins Blut, dieses Zimmer, der Frühling / füllt sich mit dir*... Die Liebenden strömen ineinander über, sie nehmen einander in ihrem Innern auf. So wären sie dazu berufen, den Engeln über das menschliche Dasein Kunde zu geben. *Denn es scheint, daß uns alles / verheimlicht*, fährt die Elegie fort. *Siehe, die Bäume sind; die Häuser, / die wir bewohnen, bestehn noch. Wir nur / ziehen allem vorbei wie ein luftiger Austausch. / Und alles ist einig, uns zu verschweigen, halb als / Schande vielleicht und halb als unsägliche Hoffnung.* Nur die Liebenden könnten zu den Engeln vom Menschlichen reden. Denn alles andere, worin der Mensch eingeht, was er mit seinem flüchtigen Dasein verändert und was ihn überlebt, so daß es von ihm Zeugnis ablegen könnte, all das scheint ihn, den Menschen, zu verheimlichen. Wehmütig weist der Dichter auf das beständige, vom Schwinden nicht berührte Dasein der menschlichen Umwelt hin. *Die Bäume sind* — das Zeitwort ist typographisch hervorgehoben, zum Zeichen, daß es nicht das bloße Vorhandensein der Bäume ausdrücken will, sondern die sichere Art, auf die sie im Gegensatz zu den Menschen da sind, deren Sich-Verflüchtigen im strengen Sinn des Wortes eben gar kein »Sein« ist. Darauf wird die nächste Strophe zurückkommen. Alles um den Menschen hat dieses »Sein«, nur er selber zieht an dem ihn Umgebenden vorbei wie die Luft, die andauernd wegfließt und von anderen Luftmassen abgelöst wird. Und all dies — sagt die Elegie — ist einig, den Menschen *zu verschweigen*, davon, was der Mensch durch sein Vorbeiziehen daran in ihm hinterlassen hat, nicht zu reden. Warum? Der letzte Vers antwortet: *Halb als / Schande vielleicht und halb als unsägliche Hoffnung.* Vielleicht verschweigt alles den Menschen, weil er in seinem Hinschwinden die Schande des Seins ist. Aber zugleich seine *unsägliche Hoffnung:* Wieder leuchtet mit einem Wort auf, was in der ersten Elegie erst dunkel geahnt wurde, um dann in der neunten zum strahlenden Durchbruch zu kommen: der Auftrag der Erde an den Menschen, die Möglichkeit des Menschen, die Dinge in sein Inneres hinüberzuretten, in den Weltinnenraum. Im Hinblick darauf wird der Mensch hier *unsägliche Hoffnung* genannt. Nach dieser einleitenden Strophe wendet sich der Dichter unmittelbar an die Liebenden. Sie werden wiederum am Eingang genannt, nun nicht mehr als Gegenstand der Überlegung (*Liebende könnten [...] in der Nachtluft / wunderlich reden.*), sondern als die Angesprochenen:

Liebende, euch, ihr ineinander Genügten,
frag ich nach uns. Ihr greift euch. Habt ihr Beweise?
Seht, mir geschiehts, daß meine Hände einander
inne werden oder daß mein gebrauchtes
Gesicht in ihnen sich schont. Das giebt mir ein wenig
Empfindung. Doch wer wagte darum schon zu s e i n?
Ihr aber, die ihr im Entzücken des anderen
zunehmt, bis er euch überwältigt
anfleht: nicht m e h r —; die ihr unter den Händen
euch reichlicher werdet wie Traubenjahre;
die ihr manchmal vergeht, nur weil der andre
ganz überhand nimmt: euch frag ich nach uns. Ich
weiß,
ihr berührt euch so selig, weil die Liebkosung verhält,
weil die Stelle nicht schwindet, die ihr, Zärtliche,
zudeckt; weil ihr darunter das reine
Dauern verspürt. So versprecht ihr euch Ewigkeit fast
von der Umarmung. Und doch, wenn ihr der ersten
Blicke Schrecken besteht und die Sehnsucht am Fen-
ster,
und den ersten gemeinsamen Gang, ein Mal durch den
Garten:
Liebende, s e i d ihrs dann noch? Wenn ihr einer dem
andern
euch an den Mund hebt und ansetzt —: Getränk an
Getränk:

> *o wie entgeht dann der Trinkende seltsam der Handlung.*
>
> (a.a.O. 691 – Hervorh. von Rilke)

Der Dichter fragt die Liebenden nach dem Menschen, nach dem Wohin des menschlichen Hinschwindens, dem in der Liebe Einhalt geboten zu werden scheint. Denn die Liebenden sind *ineinander Genügte*. Um den Sinn dieses Ausdrucks ganz verstehen zu können, müssen wir noch einmal auf die dritte Strophe zurückgreifen, in der das Dasein des Menschen als ein Sich-Verflüchtigen, ein unaufhörliches Schwinden beklagt wurde. Für den zweiten Teil der Elegie ist nun sehr wichtig zu sehen, daß Rilke dieses Hinschwinden nicht im uns vertrauten Sinn des Vergehens faßt. Seine Klage ist keine auf die Vergänglichkeit alles Menschlichen in der Zeit, wie sie uns vor allem aus der Dichtung des Barock vertraut ist. Die Zeit, der das menschliche Dasein im barocken Weltbild unrettbar ausgeliefert ist, wird bei Rilke gar nicht genannt. Denn für ihn hat das Sich-Verflüchtigen, das Hinschwinden des Menschen seinen Ursprung nicht in einer äußerlichen Macht, sondern im menschlichen Herzen selber. Der Mensch ist – im Gegensatz zu den Engeln – ein Wesen, das auf andere angewiesen ist, das der Hilfe und des Beistands anderer bedarf. Er ist immer auf der Suche nach einem Halt. Und er schwindet hin, indem seinem Herzen – wie die Elegie sagt – immer von neuem warme Wellen entgehen, die nie mehr zurückkehren werden. Was im menschlichen Gesicht – nach den Worten der Elegie – unaufhörlich aufsteht und fortgeht, ist immer auf etwas gerichtet, wovon sich der Mensch für sein bedürftiges Dasein Hilfe verspricht: Anders als die Schönheit der Engel, die ins eigene Antlitz wiedergeschöpft wird, ist die des Menschen ein Anschein, ein Licht, das andere anscheint und den, von dem es ausgeht, verläßt. Ebenso gilt das Lächeln und das Aufschaun, dessen unaufhörliches Fortgehn Rilke beklagt, einem anderen Wesen, das dem Menschen

beistehen könnte. Diese Sehnsucht ist bei den Liebenden gestillt. Jeder ist dem anderen die Erfüllung seines Sehnens, sie haben aneinander Genüge. Indem sie ineinander aufgehen, scheinen sie dem Schicksal des Hinschwindens entgehen zu können.
Unsicher, ja beinahe mißtrauisch wendet sich der Dichter an sie: *Ihr greift euch. Habt ihr Beweise?* Daß die Liebenden einander berühren, einander zum Halt werden, sich in der Berührung des andern und ihrer selbst versichern, steht im Gegensatz zum unaufhörlichen Hinschwinden des vereinzelten Menschen. Aber der Dichter kennt beinahe nur dieses, und so fragt er die Liebenden wie ungläubig: *Habt ihr Beweise?* Seltsam steht das Wort da, aus dem Bereich des Logisch-Rationalen in den des Sinnlichen versetzt. Seine Ausdruckskraft verdankt es nicht nur seiner ungewohnten Umwelt, sondern auch dem, daß gar nicht gesagt wird, wofür die Beweise sein sollten.
Dann spricht der Dichter zu den Liebenden von einer eigenen Erfahrung, einer Erfahrung seiner Einsamkeit, in der das Hinschwinden wenn auch nicht – wie bei den Liebenden – aufgehoben, so doch eingeschränkt erscheint: *Seht, mir geschiehts, daß meine Hände einander / inne werden oder daß mein gebrauchtes / Gesicht in ihnen sich schont.* Wie vorhin das »Greifen« zum »Hinschwinden« in Gegensatz trat, so nun die »Hand« zum »Gesicht«. Das *Gesicht* war ein Leitwort der früheren Strophen, sie verglichen das *Antlitz* der Engel, in das die *entströmte eigene Schönheit* wiedergeschöpft wird mit dem Gesicht des Menschen, in dem *unaufhörlich Anschein* aufsteht und fortgeht, das sich in den Weltraum auflöst. Nun wird dem *Gesicht,* als dem gleichsam offensten Teil des Menschen, durch den er hinschwindet, die zudeckende, schützende, dem Hinschwinden Einhalt gebietende Hand entgegengestellt. Dem Dichter *geschieht,* sagt er, daß seine Hände – gleichsam von sich selber, ohne daß er es wollte – einander ergreifen, und einander inne werden, oder sein *gebrauchtes* Gesicht, sein

Gesicht, an dem – wie die erste Elegie sagt – *der Wind voller Weltraum [...] zehrt* (a.a.O. 685), von seinen Händen zugedeckt wird, so daß es *sich schont,* vor dem Verbrauchtwerden im Hinschwund sich schützt. Das gibt dem Dichter *ein wenig Empfindung.* Das Wort weist zurück zu den Beweisen der Liebenden, wieder fehlt eine nähere Bestimmung. Es ist, als gelange der Mensch erst in diesem Sich-selber-Ergreifen und Sich-Zudecken zu einer Empfindung seiner selbst, während er sonst nur sein unaufhörliches Hinschwinden fühlt. Aber wenn er sich so zuweilen seiner selbst inne wird, und die Empfindung hat, daß er bei sich selber bleibt und nicht schwindet: *wer wagte darum schon zu sein?* Wieder ist das Zeitwort graphisch hervorgehoben, wie in der vorangehenden *Strophe Siehe, die Bäume sind.* Dorthin weist es zurück. Der Dichter weiß wohl, daß die Empfindung, die ihm so manchmal zuteil wird, nicht ausreicht zur Behauptung, daß sein Dasein kein Hinschwinden, sondern ein Bestehen sei, wie die Bäume und die Häuser bestehen. Was dem einsamen Dichter zuweilen dank seinen eigenen schützenden Händen *geschieht,* rettet ihn nicht vor dem Hinschwinden, dem seine Klage galt, gewährt ihm nicht jenes »Sein« im engen Sinne des Wortes, das er wehmütig in seiner Umwelt, bei den Bäumen und Häusern vorfindet, das er im Innersten ersehnt. So wendet er sich wieder zu den Liebenden, bei denen das, was er in seiner Vereinzelung manchmal zu erfahren glaubt, erst wirklich Ereignis zu werden scheint. *Ihr aber, die ihr im Entzücken des anderen zunehmt, bis er euch überwältigt / anfleht: nicht mehr –; die ihr unter den Händen / euch reichlicher werdet wie Traubenjahre; / die ihr manchmal vergeht, nur weil der andere / ganz überhand nimmt: euch frag ich nach uns.* Die Liebenden schwinden nicht ins Unbekannte, Menschenferne hin, sondern strömen ineinander über. Der geliebte Mensch wächst im Entzücken des Liebenden, der Liebende fühlt den geliebten Menschen in sich immer größer und mächtiger werden, so daß er ihn *überwältigt* anflehen muß: *nicht mehr.* Manchmal – sagt Rilke – vergeht auch der eine der Liebenden, löscht sich ganz aus, *nur weil der andre / ganz überhand nimmt.* Bis in diesen Ausdruck »überhand nehmen« durchzieht die Strophe die Vorstellung der Hand. *Unter den Händen* – hieß es einige Verse früher – werden sich die Liebenden reichlicher, *wie Traubenjahre,* mit der Fülle der Reben im Herbst, die der Winzer oft kaum mehr bergen kann. *Euch frag ich nach uns* – wiederholt der Dichter am Schluß seinen Anruf. Aber die Antwort hat er selber zu geben. Es gehört zum tragischen Grund der Duineser Elegien, daß in ihnen die Grenzen der lyrischen Dichtung, die immer einer einzelnen Seele entströmt, schmerzvoll erfahren werden. Denn während sich der traditionelle Lyriker mit seiner Umwelt eins fühlt, die lyrische Stimmung aus der Übereinstimmung des Einzelnen mit dem All hervorgeht, haben die Duineser Elegien ihren Ursprung im *einzelnen Herzen* (Rilke I, 685) – wie es die erste beklagt. An wen sich auch der Dichter wendet, wen er auch befragt: die Aufgabe der Antwort fällt auf ihn zurück. Die Frage an die Engel *Wer seid ihr?* am Anfang der zweiten Elegie hatte er selber zu beantworten, so jetzt auch die Frage nach den Liebenden. *Ich weiß* – spricht der Dichter –, *ihr berührt euch so selig, weil die Liebkosung verhält, / weil die Stelle nicht schwindet, die ihr, Zärtliche, / zudeckt; weil ihr darunter das reine / Dauern verspürt. So versprecht ihr Euch Ewigkeit fast / von der Umarmung.* Man weiß aus einem Brief Rilkes, in dem er an die Fürstin Taxis über deren italienische Übersetzung der Elegie schreibt, glücklicherweise ganz sicher, wie diese Verse zu verstehen sind.[1] Nämlich durchaus nicht im übertragenen Sinne. Wie um seine am Schluß der Strophe durchbrechende Skepsis einzuleiten, versichert der Dichter die Liebenden, daß er ihr Verhalten begreift. Er weiß, daß die Liebenden sich umarmen, um dem Gefühl des Hinschwindens zu entgehen. Die

---

[1] Dieter Bassermann, *Der späte Rilke.* München 1947. S. 31.

liebkosende Hand *verhält* die Stelle des geliebten Körpers, die sie zudeckt, hält das aus ihr Dahinschwindenwollende zurück. So schwindet die Stelle nicht. Und die Liebenden verspüren endlich unter der schützenden Hand des andern *das reine Dauern,* das dem Sich-Verflüchtigen nicht ausgesetzte Bestehen, wie es die Dinge der menschlichen Umwelt kennen, das »Sein« im prägnanten Sinne des Wortes. Deshalb versprechen sich die Liebenden – sagt die Elegie – *Ewigkeit fast von der Umarmung.* Das Wort *Ewigkeit* ist durchaus nicht im religiösen Sinne, also dem Jenseits zugehörig, zu verstehen. Es bezeichnet vielmehr die besondere Zeitlichkeit, oder genauer: die Zeitlosigkeit der großen Einheit von Leben und Tod, die Heimat der Engel, durch die – wie in der ersten Elegie gesagt wurde – *die ewige Strömung* fließt und *alle Alter immer mit sich reißt* (a.a.O. 688). In diese Leben und Tod umfassende Einheit hoffen die Liebenden in der Umarmung aus dem dahinschwindenden Dasein, das nur auf sein Ende, auf den Tod, ausgerichtet ist, hinüberzutreten. Die achte Elegie wird das Dasein des Menschen unter diesem Gesichtspunkt beklagen und von dem des Tiers unterscheiden, das – wie Rilke sagt – *in Ewigkeit* [geht], *so wie die Brunnen gehen* (a.a.O. 714).

Der Dichter weiß, daß die Liebenden das Gefühl des Hinschwindens verlieren und das reine Dauern zu verspüren meinen. Aber nun bricht seine eigene Erfahrung durch, und zunächst in rhetorischer Frage, dann gar sicher behauptend macht er sie zu der Erfahrung der Liebenden. *Und doch, wenn ihr der ersten / Blicke Schrecken besteht und die Sehnsucht am Fenster, / und den ersten gemeinsamen Gang, ein Mal durch den Garten: / Liebende, seid ihrs dann noch? Wenn ihr einer dem andern / euch an den Mund hebt und ansetzt –: Getränk an Getränk: / o wie entgeht dann der Trinkende seltsam der Handlung.* In drei Momente verdichtet beschwört Rilke die Zeit, deren verwandelnder Macht auch die Liebenden nicht zu entgehen vermögen. Wenn sie sich zum ersten Mal Aug in Aug gegenübergestanden sind, wenn sie an ihren Fenstern stehend sich nach dem andern gesehnt haben, wenn sie ein einziges Mal die Geborgenheit ihres Zimmers verlassen haben: sind sie's dann noch, fragt der Dichter. Der Sinn der Worte ist nicht ganz deutlich. Die graphische Hervorhebung von »sind« könnte nahelegen, die Stelle unmittelbar mit den zwei anderen: die Bäume sind und *Doch wer wagte darum schon zu sein* in Verbindung zu bringen. Die Frage hieße dann: Wenn dies wenige geschehen ist nach der ersten Begegnung, in der die Liebenden das reine Dauern verspürten, waren, wie sonst nur nichtmenschliche Wesen sind, etwa die Bäume, sind sie dann noch, oder unterstehen sie nicht vielmehr wieder dem Schicksal des Hinschwindens und Sich-Verflüchtigens? Man hat die Frage oft so verstanden und dabei übersehen, daß es nicht heißt: »seid ihr dann noch?«, sondern: *seid ihrs dann noch?* Was sind sie nicht mehr, müssen wir fragen, denn die verneinende Antwort des Dichters ist deutlich. Nicht mehr die Liebenden, die sie waren, die ineinander aufgingen und von der Umarmung sich fast Ewigkeit versprechen durften, sondern wieder Einzelne, dem Hinschwinden ausgesetzt? Diese Deutung ist erlaubt und berührt sich dem Sinn nach eng mit der anderen, die die Frage als »seid ihr dann noch?« interpretiert. Eine zweite Deutungsmöglichkeit ergibt sich, wenn man die Frage im Hinblick auf die nächsten Verse versteht: *Wenn ihr einer dem andern / euch an den Mund hebt und ansetzt —: Getränk an Getränk: / o wie entgeht dann der Trinkende seltsam der Handlung.* Die Strophe über die Liebenden gipfelt in dieser bildlichen Schilderung und Deutung des Kusses. Wie einen Becher heben sich die Liebenden einander an den Mund und werden so jeder dem anderen zum Getränk. Dabei sind sie füreinander wie auch für sich selbst nur noch in dieser Weise da, nicht mehr als die beiden Menschen, die sich einander genähert haben. Nur noch die Handlung des Trinkens bleibt erhalten, die Trinkenden selbst lösen sich auf, gehen ihrer Begegnung im Kuß verloren, sie entgehen ihr. Es gehört zur Eigenart der Duineser Elegien, daß sie wichtigste Aussagen in ein Bild verdichten, so daß der Gedankengang des Dichters, seine Einsichten und die Folgerung, die er aus ihnen zieht, vom aufnehmenden Leser oder vom Interpreten ausdrücklich gemacht werden müssen. Die Darstellung des Kusses steht am Schluß der Strophe über die Liebenden, weil sie für Rilke erweist, daß auch die Liebenden nicht dem Schicksal des Hinschwindens zu entgehen vermögen. Freilich gelangen sie in der Liebkosung zum Gefühl des reinen Dauerns und Bestehens, aber im Kuß geben sie sich so völlig hin, daß sie ihr Dasein nicht aus dem Hinschwinden herausheben, sondern vielmehr ganz auslöschen. So vermögen auch die Liebenden nicht, Rilkes Frage zu beantworten, wie der Mensch bestehen, im prägnanten Sinne des Wortes sein könne, statt immerfort zu schwinden, und in der nächsten Strophe richtet sich der Dichter an sie nicht mehr, der von ihnen vom Menschlichen erfahren will, sondern als einer, der sie belehrt:

> *Erstaunte euch nicht auf attischen Stelen die Vorsicht*
> *menschlicher Geste? war nicht Liebe und Abschied*
> *so leicht auf die Schultern gelegt, als wär es aus anderm*
> *Stoffe gemacht als bei uns? Gedenkt euch der Hände,*
> *wie sie drucklos beruhen, obwohl in den Torsen die*
> *Kraft steht.*
> *Diese Beherrschten wußten damit: so weit sind wirs,*
> *dieses ist unser, uns so zu berühren; stärker*
> *stemmen die Götter uns an. Doch dies ist Sache der*
> *Götter.*
>
> (a.a.O. 691 f. – Hervorh. von Rilke)

An griechischen Grabsäulen, Stelen, sind Reliefbilder zu sehen, und zwar besonders oft zwei Abschied nehmende Liebende. Aber ihre Berührung ist so ganz anderer Art als die unseren, daß man meinen könnte, es sei ein anderer Stoff dazu verwendet worden. Wie schon in der dritten Strophe faßt Rilke auch hier die menschlichen Gefühle als etwas Körperlich-Stoffliches: Liebe und Abschied ist in diesem Bild eins mit der liebenden und Abschied nehmenden Hand, die sich die Liebenden einander an die Schultern legen, zugleich auch eins mit dem Stein, in den der griechische Bildhauer die Geste verewigt hat. Worauf aber der Dichter die Liebenden, an die er sich wendet, hinweist, ist die *Vorsicht* dieser Geste des Abschieds; leicht sind die Hände auf die Schultern gelegt, drucklos ruhen sie auf ihnen. Und dies nicht aus Schwäche. Denn in den Körpern *steht die Kraft* – »torso« ist im ursprünglichen, italienischen Wortsinn gebraucht –, der Rumpf der abgebildeten Menschen zeugt von Kraft. Nicht aus Schwäche also berühren sie sich so leicht, sondern aus Stärke, aus Selbst-Beherrschung. Sie wissen, sagt der Dichter, daß es dem Menschen nicht zusteht, einander stärker zu berühren, die Abgrenzung ihrer zwei Körper heftiger zu durchbrechen. Dieses ihr Wissen aber wurzelt im Glauben an ihre Götter. Nur ihnen steht es zu, zwei Menschen inniger zu vereinigen, stärker aneinanderzustemmen. Die griechischen Menschen flüchteten nicht in die Liebe, um dem Schicksal des Hinschwindens zu entraten, um *das reine Dauern* zu verspüren, sondern sie nahmen die Liebe als ein Geschenk der Götter, das sie nicht selber herauszufordern hatten.

Wenige Tage, bevor die ersten zwei Elegien entstanden, schrieb Rilke an seine Freundin Lou Andreas-Salomé einen Brief, aus dem der persönliche Erlebnishintergrund dieser Verse deutlich hervortritt. Rilke weiß nichts vom Werk, das sich in ihm vorbereitet, für sein Bewußtsein ist er – wie die erste Elegie sagt – *immer / noch von Erwartung zerstreut, als kündigte alles / eine Geliebte dir an* (a.a.O. 686). Der zutiefst verstehenden und auch beratenden Freundin Lou Andreas-Salomé – sie wurde später Psychotherapeutin – bekennt Rilke die Zweifel, die er hinsichtlich der »erwarteten Geliebten« hegt. Denn was er erwartet und braucht, ist

nicht die Selbstvergessenheit und völlige Hingabe der Liebe, sondern etwas dem Ähnliches, was ihm einige Jahre früher – wie er schreibt – *an gewissen Abenden auf Capri* geschenkt wurde,
an denen nichts geschah, als daß ich mit zwei älteren Frauen und einem jungen Mädchen beisammensaß und ihren Handarbeiten zusah und manchmal zum Schluß von einer von ihnen einen Apfel geschält bekam. Es war keine Spur von Schicksal zwischen uns. [...] *Liebe Lou, wenn ich neulich schrieb, daß ich fast auf Menschen hoffte, so meinte ich, daß ich* dies *seither nicht wieder erfahren habe und es unendlich brauche. Kannst Du Dir nicht vorstellen, daß jemand da ist, der dies geben kann, unwillkürlich, ohne es darauf abzusehn und der dabei sein Genügen hätte, Gegenwart auszustrahlen und nichts zu erwarten?* [...] *Ich glaube in Neapel einmal, vor irgendwelchen antiken Grabsteinen, hat es mich durchzuckt, daß ich Menschen nie mit stärkeren Gebärden berühren sollte, als dort dargestellt sind. Und ich glaube wirklich, ich bin manchmal so weit, allen Andrang meines Herzens, ohne Verlust und Verhängnis, auszudrücken, indem ich meine Hand leise auf eine Schulter lege.* (Hervorh. von Rilke – B/AS 254 ff.)
Ohne Verlust und Verhängnis [...] – die Worte bereiten die Verse der zweiten Elegie vor, die Frage des Dichters an die Liebenden *seid ihrs dann noch?* und seinen klagenden Ausruf: *o wie entgeht dann der Trinkende seltsam der Handlung*. Darauf will Rilke Verzicht leisten und sich mit der leichten Gebärde bescheiden, die ihn die Relieffiguren der antiken Grabsteine gelehrt haben. Und nun erhält auch die Frage an die Liebenden, das ihnen gleichsam aufgezwungene Geständnis am Schluß der Strophe, eine neue Deutung. Die Feststellung, daß der Dichter seine Erfahrung im vorgetäuschten Zwiegespräch mit den Liebenden zu der ihren mache, müssen wir zurücknehmen, indem wir erkennen, daß die Liebenden Rilke nicht als fremde Menschen gegenüberstehen, sondern seine eigene Vergangenheit verkörpern.

Das Streitgespräch mit den Liebenden in der fünften Strophe ist der Prozeß, den Rilke sich selber, seiner Vergangenheit macht. Und die Lehre, die befremdete, solange sie Rilke an die Liebenden erteilte, muß nun verstanden werden als von Rilke sich selber, dem Liebenden, der er war, gegebene.

Wir kommen zur letzten Strophe der Elegie. An dem leuchtenden, erleuchtenden Gegenbild der Engel hat sie das menschliche Dasein als ein immerfort Hinschwinden, Sich-Verflüchtigen erkannt. Sie wandte sich hernach an die Liebenden, in deren Berührung das Schwinden überwunden, das reine Dauern, das Sein, wie es die Bäume kennen, erreicht zu sein scheint. Aber der Dichter meint, daß der Mensch in der Liebe nicht dem Hinschwinden enträt, sondern sich ganz verliert, indem er in der Vereinigung sein Einzelsein aufgibt. So wendet er sich ab von den Liebenden, und die Elegie klingt aus in Versen, in denen die Klage der früheren Strophen in ein sehnliches Wünschen übergeht.

> *Fänden auch wir ein reines, verhaltenes, schmales*
> *Menschliches, einen unseren Streifen Fruchtlands*
> *zwischen Strom und Gestein. Denn das eigene Herz*
> *übersteigt uns*
> *noch immer wie jene. Und wir können ihm nicht mehr*
> *nachschaun in Bilder, die es besänftigen, noch in*
> *göttliche Körper, in denen es größer sich mäßigt.* (Rilke I, 692)

Die verzweifelte Frage der ersten Elegie *Wen vermögen / wir denn zu brauchen?* (a.a.O. 685) zittert in diesen Versen noch nach. Aber zugleich ist die Ahnung in sie eingegangen, daß der Mensch – mit den Worten der ersten Elegie – nicht nur »braucht«, sondern auch »gebraucht« wird, daß er einen Auftrag hat und daß erst im Gebrauchtwerden, in der Erfüllung des Auftrags, sein eigenes Sehnen zur Erfüllung gelangt. Nach einer Daseinsweise sehnt sich der Dichter, in der der Mensch »fruchtbar« sein könnte. Nicht begrifflich, sondern in der unmittelbaren Anschaulichkeit des Bildes heißt es: *ein reines, verhaltenes, schmales / Menschliches, einen unseren Streifen Fruchtlands / zwischen Strom und Gestein.* Hinter dem Bild steht wohl die Erinnerung an Rilkes ägyptische Reise im Jahr 1911. *Rilke sprach oft* – schreibt Katharina Kippenberg – *von dem schmalen Streifen köstlichen Grüns und gelben Korns in Ägypten, der sich zwischen dem Strom und der Wüste behauptet.*[2] »Rein« müßte dieser Bereich sein, in dem der Mensch ein fruchtbares Dasein begründen könnte, rein im Sinne des Geklärten, Entwirrten, Durchsichtiggewordenen. Aber auch »verhalten«, geschützt vor dem Hinschwinden, wie die Liebkosung für Augenblicke verhält. Ein *Streifen Fruchtlands / zwischen Strom und Gestein:* der schmale Zwischenraum zwischen dem Fortgerissenwerden und der leblosen Erstarrung, ausgespart für eine fruchtbare, sinnvolle Tätigkeit des Menschen im Bestehen, im Sein. Wie den Menschen der Antike – welche die Grabdenkmäler dem Dichter vor Augen stellen – in ihrem Verhältnis zu den über ihnen stehenden Göttern, durch die fest im Bewußtsein verankerte Grenze des Menschlichen gegen das Göttliche, durch das Wissen darum, was dem Menschen zusteht und was nicht, ein sicherer, geschützter und fruchtbarer Daseinsort gegeben war, so möge auch uns heutigen Menschen – sagt der Dichter – ein uns gemäßer, den historischen Bedingungen unseres Daseins entsprechender, ein *unserer Streifen Fruchtlands* (Hervorh. von Sz.) nicht verwehrt bleiben. *Denn das eigene Herz übersteigt uns / noch immer wie jene.* Zu diesem Vers beruhigt sich die verzweifelte Frage der ersten Elegie: *Ach, wen vermögen / wir denn zu brauchen?* und die Klage der zweiten: *Denn wir, wo wir fühlen, verflüchtigen; ach, wir /*

---

[2] Katharina Kippenberg, *Rainer Maria Rilkes Duineser Elegien und Sonette an Orpheus.* Wiesbaden 1946, S. 31.

atmen uns aus und dahin [...] Die Bedürftigkeit und das Hinschwinden des menschlichen Daseins sind hier in ihrer inneren Einheit begriffen. Die Engel sind in sich geschlossene, vollkommene Wesen. Die Schönheit, die ihnen entströmt, wird in ihr Antlitz wiedergeschöpft. Sie stehen niemandem gegenüber, auch sich selbst nicht, wie der über sein Spiegelbild gebeugte Narziß, der Mensch, der das Dasein der Engel erlangen wollte, sondern sie sind immer schon ihre eigenen Spiegelbilder. Der Engel ist in sich selber genügt, wie die Liebenden ineinander genügt sind. Denn der Mensch hat an sich selber nie Genüge, sein Herz übersteigt ihn, er ist anderer bedürftig. Und indem ihn sein Herz übersteigt, indem seinem Herzen – wie die dritte Strophe sagte – immerfort *neue, warme* [...] *Wellen* entgehen, schwindet er dahin, verflüchtigt er sich. Die Liebenden, die ineinander überströmen, die ineinander genügt sind, vermögen dem Schicksal des Hinschwindens dennoch nicht zu entgehen, denn in der Vereinigung hört ihr Einzelsein auf, ohne das kein Bestehen, kein Sein möglich ist. Die Menschen der Antike – an die der Dichter wehmütig zurückdenkt – hatten in den Bildern, in den Kunstwerken der griechischen Klassik, und den *göttliche*[n] *Körper*[n] der Mythologie die helfenden Mächte, in die sie ihr eigenes Herz überstieg: In der Schönheit der Kunstwerke wurde ihr sehnendes, am eigenen Ungenügen leidendes Herz besänftigt. Und der Anblick der göttlichen Körper hob sie aus den engen Grenzen ihres Daseins heraus, ließ ihr Herz größer werden, aber nicht ins Maßlose eines unbestimmten religiösen Gefühls, sondern ins Maß selbst, aus dem die *göttliche*[n] *Körper* geschaffen waren, das sie verkörperten. So wurde ihr Herz zugleich größer und gemäßigt. Der heutige Mensch aber lebt in einer Welt ohne Götter, aber auch ohne Bilder – wenn man Bild in dem prägnanten Sinn des Wortes versteht als die Sichtbarwerdung des Wesentlichen. Auf diese – hier eben angedeuteten – Kennzeichen unserer historischen Lage wird die siebente Elegie zurückkommen und zumal die neunte, in der

Rilkes Gewißheit zum strahlenden Durchbruch kommt, daß auch dem heutigen, götter- und bilderlos lebenden Menschen *ein reines, verhaltenes, schmales / Menschliches* gegeben ist, auf dem er eben im Hinblick auf die Bildlosigkeit, die seine Zeit kennzeichnet, ein fruchtbares, sinnerfülltes Dasein finden kann.

Die achte Elegie

VI

Bevor wir nun mit der Interpretation der achten Elegie beginnen, gilt es, kurz auf die mittleren Elegien hinzuweisen, die wir aus Zeitgründen in dieser Vorlesung leider nicht erläutern können. Bei Gedichten Inhaltsangaben machen zu wollen, ist freilich ein mißliches Unterfangen: Was dabei verlorengeht, das authentische dichterische Wort, ist in einem noch viel höheren Maß als beim Roman und Schauspiel das Wesentliche, das, wodurch das Werk überhaupt erst ist, was es ist. (Deshalb sind – streng genommen – Gedichte auch nicht in eine andere Sprache übertragbar.) Für uns stellt sich das Problem jedoch insofern anders, als wir uns auf die Interpretation von nur vier Elegien gerade deswegen beschränken, damit wir den Text der Dichtung Vers für Vers erläutern können: Dafür ist nun mit der Übergehung der fünf mittleren Elegien der Preis zu bezahlen. Wenn ich im folgenden aber doch einige Hinweise gebe auf den Inhalt dieser Gedichte, so tue ich dies keineswegs in der Meinung, damit ihre genaue Interpretation ersetzen zu können, sondern nur, um den Gesamtaufbau des Elegienzyklus nicht ganz außer acht lassen, die Wegstrecke, die in den mittleren Elegien ausgeschritten wird, nicht vollständig überspringen zu müssen.

Die dritte Elegie beginnt mit dem Verspaar:

EINES ist, die Geliebte zu singen. Ein anderes, wehe,
jenen verborgenen schuldigen Fluß-Gott des Bluts.
(a.a.O. 693)

Damit ist das Thema des ganzen Gedichts genannt. Hat die zweite Elegie die Liebe zweier Menschen zueinander auf dem Hintergrund ihres schwindenden Daseins geschildert, so wird sie nun in der dritten der wilden triebhaften Welt im Innern des liebenden Jünglings entgegengestellt. In der Liebe – sagt der Dichter – wird die Persönlichkeitsgrenze des Menschen gewissermaßen aufgehoben, der Mensch öffnet sich seinen eigenen Vorfahren, die er in sich trägt. Und wenn er liebt, so liebt er nicht nur einen bestimmten Menschen, sondern er liebt zugleich auch die eigenen Vorfahren, und der Mensch, den er liebt, wird zugleich auch von diesen geliebt. So heißt es denn gegen Ende der Elegie:

> *Siehe, wir lieben nicht, wie die Blumen, aus einem*
> *einzigen Jahr; uns steigt, wo wir lieben,*
> *unvordenklicher Saft in die Arme. O Mädchen,*
> **dies: daß wir liebten in uns, nicht Eines, ein Künftiges, sondern**
> *das zahllos Brauende; nicht ein einzelnes Kind,*
> *sondern die Väter, die wie Trümer Gebirgs*
> *uns im Grunde beruhn; sondern das trockene Flußbett*
> *einstiger Mütter –; sondern die ganze*
> *lautlose Landschaft unter dem wolkigen oder*
> *reinen Verhängnis –:* **dies kam dir, Mädchen, zuvor.**
> (a.a.O. 696 – Hervorh. von Rilke)

Als die hellen Gegenmächte dieser innern Gefährdung beschwört der Dichter in der Mitte der Elegie – in enger Anlehnung übrigens an eine Stelle des Malte-Buches – die beschützende Liebe der Mutter zu ihrem Kind, und am Schluß der Elegie die Liebe des Mädchens zum Jüngling. Nachdem die Liebe in der zweiten Elegie in ihrer Ohnmacht gegenüber dem Schwinden und Sich-Verflüchtigen des Menschen gezeigt wurde, wird sie in der Bitte des Dichters an das Mädchen, in welche die Elegie ausklingt, aufs neue von Sinn erfüllt:

> *O leise, leise,*
> *tu ein liebes vor ihm, ein verläßliches Tagwerk, –*
> *führ ihn nah an den Garten heran, gieb ihm der Nächte*
> *Übergewicht......*
> *Verhalt ihn......* (a.a.O. 696)

Die vierte Elegie hebt an mit der Klage über die Vereinzelung des Menschen. *Wir sind nicht einig. Sind nicht wie die Zug- / vögel verständigt.* (a.a.O. 697) – heißt es in den Eingangsversen. Die Zugvögel, dann die Löwen, in der achten Elegie schließlich das Tier, die Kreatur überhaupt, bilden eines der Gegenbilder zum Menschen, an denen die Elegiendichtung zur Einsicht in die Bedingungen des menschlichen Daseins, in die conditio humana, gelangt. Daß sie solche Gegenbilder braucht – den Engel, das Tier, später die Puppe, den Saltimbanque, den Helden – wird hier, in der vierten Elegie, auf die Vereinzelung des Menschen zurückgeführt, dem *Feindschaft [...] das Nächste* (a.a.O.) ist, der immer an einen Gegensatz stößt und sich selbst nur von außen, durch den Gegensatz hindurch versteht. Dieser einleitend formulierte Gedanke bestimmt den Gedankengang der überaus schwierigen Elegie. Sie zeigt den Dichter *vor seines Herzens Vorhang* (a.a.O.), in der Introspektion. Die Gestalt, die er erblickt, als was er sich in seinem Herzen also selber erkennt, ist ein zum Tänzer verkleideter Bürger. *Alles / ist nicht es selbst* (a.a.O. 699) – lautet später die Klage. Und aus diesem schmerzvollen Gefühl, daß der Mensch in seinem Innersten nicht er selbst, sondern immer voll Vorwand, voll Täuschung und Anschein ist, verwandelt der Dichter das Theater seines Herzens in eine Puppenbühne, als deren Spieler dann ein Engel erscheint. An die Stelle des in sich zweifachen, gespaltenen Tänzer-Bürgers, der zunächst den Menschen dargestellt hat, tritt so die deutlich getrennte, aber aufeinanderbezogene Zweiheit von Engel und Puppe, der eine unendlich über dem Menschen, der andere unendlich unter dem Menschen stehend: beide aber in sich rein, nur sie selber, ohne Vorwand, ohne Täuschung. Rilke sieht in ihnen die beiden Prinzipien des menschlichen Daseins, die wir vielleicht mit den bekannteren Gegensatzpaaren Geist und Materie, Seele und Körper, Transzendenz und Immanenz annähern dürfen. Die eigentliche Tragik im Dasein des Menschen wird aber darin erblickt, daß diese beiden Prinzipien, die im Menschen zusammentreten, damit nicht wirklich vereint, sondern eben entzweit werden, entzweit in der vorgetäuschten, doppelbödigen Einheit. Daher als Gegenbild zu dieser falschen Einheit die Verbindung und doch deutliche Getrenntheit von Engel und Puppe auf der Marionettenbühne; mit den zentralen Worten der Elegie: *Engel und Puppe: dann ist endlich Schauspiel. / Dann kommt zusammen, was wir immerfort / entzwein, indem wir da sind.* (a.a.O.) Von hier geht das Gedicht über zur Schilderung der Kindheit, die diese Spaltung, diese Entzweiung im Menschen nicht kennt.

Von der fünften Elegie war bereits kurz die Rede.[1] Das Gegenbild, oder genauer: das übersteigerte Bild, an dem sie einen Aspekt des menschlichen Daseins abzulesen versucht, ist eine Gruppe von Saltimbanques, von Gauklern. Ihre Schilderung erfolgt zum Teil aufgrund einer frühen Pariser Aufzeichnung des Dichters, zum Teil in Erinnerung an das berühmte Saltimbanques-Bild Picassos, das Rilke während der Kriegsjahre in der Münchner Wohnung von Frau Hertha König – der die Elegie zugeeignet ist – hat bewundern können. Im Mittelpunkt der Elegie steht die Problematik des Könnens bei den Artisten; die Frage des Dichters richtet sich nach der *unsäglichen Stelle* (a.a.O. 704), wo das Nicht-Können, die Ungeschicklichkeit, das Aufeinander-nicht-eingespielt-Sein der Gaukler schon überwunden, die sinnleere Routine aber noch ferngehalten ist. Diese Wendestelle reinen Könnens in der körperlichen Welt der Artisten steht allegorisch für die Stelle im Herzen des Menschen überhaupt, wo die Liebe – die Rilke immer als ein zu Lernendes aufgefaßt hat – verwirklicht wird. Die letzte Strophe der Elegie aber bestimmt den Platz, auf dem diese innere Herzstelle erreicht wird, im Reich der Toten. – Die fünfte Elegie ist chronologisch als letzte entstanden, unmittelbar nach der zehnten, der sie sowohl thematisch – in der Ausrichtung auf

---

[1] Vermutlich in den nicht vorhandenen Teilen der Vorlesung.

den Tod – wie in ihrer manchmal befremdenden Sprache nahesteht. Sie bildet weniger den Mittelpunkt der Elegiendichtung, als vielmehr mit der zehnten zusammen die zwei Säulen, die den Zyklus in zweimal vier Elegien gliedern. Die Elegien, die dem Gesamtwerk den Grund legen, indem sie zum Thema das menschliche Dasein selbst haben, sind die ersten zwei der ersten Vierergruppe und die letzten zwei der zweiten, also die achte und die neunte, die wir denn auch in diesem Interpretationskurs nach den ersten beiden bis ins einzelne erläutern möchten.

Der Anfang der sechsten Elegie erinnert an einen Vers in der ersten, die in ihrer letzten Strophe zunächst das Wesentlich-Andere, die »Seltsamkeit« des Totseins schildert: *Freilich ist es seltsam [...] Rosen, und andern eigens versprechenden Dingen / nicht die Bedeutung menschlicher Zukunft zu geben.* (a.a.O. 687) Hier ist es der Feigenbaum, der dem Dichter zum Symbol wird für eine Daseinsmöglichkeit des Menschen, die er fast nie ergreift. Die Eingangsverse lauten:

> *FEIGENBAUM, seit wie lange schon ists mir bedeutend,*
> *wie du die Blüte beinah ganz überschlägst*
> *und hinein in die zeitig entschlossene Frucht,*
> *ungerühmt, drängst dein reines Geheimnis.*
> (a.a.O. 706)

Und dann, im Gegensatz dazu, der Mensch:

> *...... Wir aber verweilen,*
> *ach, uns rühmt es zu blühn, und ins verspätete Innre*
> *unserer endlichen Frucht gehn wir verraten hinein.*
> (a.a.O.)

Die *endliche Frucht,* zu der sich der Mensch verspätet, weil es ihn *rühmt zu blühn,* ist der Tod. Nur die Helden – und die

Jungverstorbenen, welche die erste Elegie besang – gleichen in ihrem Dasein dem Feigenbaum, der keine – zumindest keine sichtbare – Blütezeit hat, sie *stürzen dahin* (a.a.O.), ihrem Schicksal entgegen, ohne – wie die Liebenden in der zweiten Elegie – die Sehnsucht nach dem reinen Dauern zu verspüren. Dem Helden, dieser Gegengestalt zum Menschen der Elegien, der auf der Suche ist nach einem *reine*[n], *verhaltene*[n], *schmale*[n] / *Menschliche*[n], *einem unseren Streifen Fruchtlands* / *zwischen Strom und Gestein* (a.a.O. 692), dem Helden ist die sechste Elegie ausschließlich gewidmet.

Mit der siebenten Elegie beginnt die Reihe der im Februar 1922 in Muzot entstandenen Gedichte. Sie setzt nach einer Unterbrechung von sechs Jahren den Zyklus fort: Deshalb ist sie weniger in sich geschlossen und streng gebaut als die anderen, dagegen ein Verbindungsglied zwischen den früheren und den späteren Elegien: an die in Duino gedichteten anknüpfend, auf die neunte Elegie vorausweisend. Dieser ihr umfassender Charakter wird schließlich noch dadurch verstärkt, daß ihre Schlußverse erst nach den folgenden Elegien entstanden, also die zuallerletzt gedichteten Verse des ganzen Elegienzyklus darstellen.

Der Eingang der siebenten Elegie lautet: *WERBUNG nicht mehr, nicht Werbung, entwachsene Stimme,* / *sei deines Schreies Natur.* (a.a.O. 709). *Entwachsen* nennt der Dichter die eigene Stimme, entwachsen dem Leiden an der Bedürftigkeit des Daseins, wie sie in den ersten beiden Elegien ausgesprochen wird. Der Dichter will nicht mehr werben – weder um die Geliebte noch um den Engel – damit wird sowohl das Thema der besitzlosen Liebe, des »liebend sich vom Geliebten Befreien«, wie das des Verzichts auf die Anrufung des Engels aus der ersten Elegie wiederaufgenommen. Das *reine, verhaltene, schmale* / *Menschliche* (a.a.O. 692), zu dem die letzten Elegien hinstreben, nachdem es schon in der ersten Elegie – am Schluß ihrer ersten Strophe – aufgeleuchtet hat, ist kein Bereich des Werbens und Besitzens, viel mehr ein Sich-Hingeben als ein Bekommen, letztlich aber die schlechthinnige Aufhebung der Grenze zwischen Eigenem und Fremdem, zwischen Subjekt und Objekt in der Verwandlung, in der Schaffung des »Weltinnenraums«. Über die historische Notwendigkeit dieses Vorgangs ist in der zweiten Hälfte der Elegie die Rede. Der *Streifen Fruchtlands / zwischen Strom und Gestein* (a.a.O.) – der am Schluß der zweiten Elegie ersehnt wurde – ist ein *unserer* Streifen, den geschichtlichen Bedingungen unserer Zeit entsprechender – wir werden darauf bei der Interpretation der neunten Elegie ausführlich zurückkommen müssen.

Die achte Elegie, deren genaue Lektüre wir nun beginnen können, hat zum Thema – wie die ersten beiden Elegien – das menschliche Dasein als solches. Mit ihr gelangt so die Elegiendichtung zu der Optik ihres Anfangs zurück, die nicht auf einzelne Aspekte des Menschseins, sondern auf dessen grundsätzliche Bedingungen, auf die conditio humana eingestellt war. Trotzdem ist die achte Elegie keineswegs eine Wiederholung des Eingangs. Wichtige Unterschiede trennen sie von den ersten zwei Elegien. Schon ein Vergleich der Anfangsverse läßt diese erkennen: *WER, wenn ich schriee, hörte mich denn aus der Engel / Ordnungen?* (a.a.O. 685): Die erste Elegie setzt an beim Ich des Dichters und bedenkt von dort her die menschenjenseitige Realität der Engel, welche erst der zweiten Elegie als Gegenbilder zum Menschlichen dienen werden. Ganz anders die achte. Für sie ist die grundsätzliche, wenn man will: die philosophische Einstellung schon im voraus gewonnen, sie beginnt nicht beim persönlichen Gefühl, bei der persönlichen Not des Dichters, sondern unmittelbar bei dem Gegenbild, an dem sie die conditio humana ablesen will; bei dem Tier: *MIT allen Augen sieht die Kreatur / das Offene.* (a.a.O. 714) Und von dort her schlägt der Blick zurück nicht zum Ich des Dichters, sondern zum Wir der Menschheit schlechthin: *Nur unsre Augen sind / wie umgekehrt* [...]

(a.a.O.) Dieser erhöhten Objektivität – kein einziges Mal steht das Wort »ich« in der achten Elegie – entspricht die Art, auf die sie – im Gegensatz zur ersten und zweiten Elegie – das menschliche Dasein begreift. Die ersten Elegien hatten ihren Ausgangspunkt in der individuellen Empfindung und Verzweiflung des Dichters, der generalisierende Weg führte von hier aus notwendig zu einer Bestimmung der menschlichen Daseinsweise als einer bedürftigen, hinschwindenden, sich verflüchtigenden. Die achte Elegie nimmt das nicht zurück. Aber es ist nicht mehr die Daseinsweise, in der sie das Wesentliche der conditio humana erblicken zu können meint, sondern der Daseinsraum, in den der Mensch hineingestellt ist, in dem er als Mensch sein Sein hat. Das Wort Daseinsraum ist freilich recht zu verstehen. Gemeint ist damit keineswegs bloß die Umwelt des Menschen, die er mit seinen Augen immerfort sieht. Dieser konkrete, greifbare Raum war für Rilke nur der Anfang eines anderen, den man den metaphysischen Raum nennen könnte. Persönliche Voraussetzung dieses Begriffes ist die Bedeutung des Raumes in Rilkes Welterfahrung, seine Visualität. Will man für einen Augenblick die Kategorien des auditiven und des visuellen Typs, des Ohren- und des Augenmenschen, akzeptieren, so muß gesagt werden, daß nichts irriger ist, als Rilke einen Menschen des Gehörs zu nennen. Die Bedeutung der Musik in seinem Spätwerk – man denke an die Sonette an Orpheus – spricht nicht gegen, sondern für die Behauptung, Rilkes Grundgefühl sei ein räumliches gewesen. Denn es ist zu beachten, wie er die Musik erfuhr, nämlich durchaus als etwas Räumliches: *MUSIK: [...] Oh du, der Gefühle / Wandlung, in was? –: In hörbare Landschaft. / Du Fremde: Musik. Du uns entwachsener / Herzraum.* (Rilke II, 111) heißt es in einem vermutlich 1915 entstandenen Gedicht. Auf diese Weise sieht der Augenmensch auch die Musik, während der Ohrenmensch auch den Raum hört. Spricht man also von Räumlichkeit als dem Grundcharakter von Rilkes Welterfahrung, so ist damit nicht bloß die Bedeutung des konkreten Raumes für sein Gefühl gemeint – wie sie in den unvergeßlichen Beschreibungen etwa Toledos oder des Walliser Rhônetals in seinen Briefen deutlich wird – sondern zugleich, oder vielmehr: vor allem, daß die Welt des Menschen auch in ihren unsichtbaren Aspekten, sowohl in den hörbaren, wie in den das Gebiet der Sinneserfahrung übersteigenden, den meta-physischen Aspekten als eine räumlich konstituierte, folglich mit Ausdrücken aus der greifbaren Raumwelt beschreibbare, erscheint. Ich habe bei der Erläuterung der ersten Elegie ein Wort Rilkes zitiert, das den Tod als die *uns abgekehrte Seite des Lebens*[2] bezeichnet. Diese räumliche Sicht des Metaphysischen bestimmt die achte Elegie in ihrer Gesamtheit, gibt ihr eine Einheitlichkeit, die sie auch aus den Duineser Elegien heraushebt als eines der vollkommensten Gedichte deutscher Sprache.

Die Elegie ist Rudolf Kassner zugeeignet, dem bis zu seinem Tod in Sierre, also in unmittelbarer Nähe zum Entstehungsort der letzten Elegien, lebenden, in seiner Bedeutung für die Geistesgeschichte der letzten zwei Jahrhunderte noch viel zu wenig erkannten Denker. Er war einer der nächsten Freunde der Fürstin Taxis, mit Rilke verband ihn eine im persönlichen ungetrübte, im Geistigen jedoch nicht unproblematische Freundschaft, von deren inneren Spannungen – die aber keineswegs im Menschlichen zerstörend, vielmehr im Gedanklichen anregend und fruchtbar waren – Kassners Erinnerungen an den Dichter Zeugnis ablegen. Die achte Elegie ist ihm gewidmet wegen der Verbindungen, die – in positivem wie negativem Sinne, als Übereinstimmung wie als Gegensatz – zwischem ihrer Aussage und den Grundgedanken von Kassners Philosophie bestehen.

MIT allen Augen sieht die Kreatur
das Offene. Nur unsre Augen sind

2 Rainer Maria Rilke, *Die Briefe an die Gräfin Sizzo 1921-1926*. Wiesbaden 1950. S. 37. – Im weiteren zitiert als: B/S.

> *wie umgekehrt und ganz um sie gestellt*
> *als Fallen, rings um ihren freien Ausgang.*
> *Was draußen ist, wir wissens aus des Tiers*
> *Antlitz allein; denn schon das frühe Kind*
> *wenden wir um und zwingens, daß es rückwärts*
> *Gestaltung sehe, nicht das Offne, das*
> *im Tiergesicht so tief ist. Frei von Tod.*
> *Ihn sehen wir allein; das freie Tier*
> *hat seinen Untergang stets hinter sich*
> *und vor sich Gott, und wenn es geht, so gehts*
> *in Ewigkeit, so wie die Brunnen gehen.*
>
>   *Wir haben nie, nicht einen einzigen Tag,*
> *den reinen Raum vor uns, in den die Blumen*
> *unendlich aufgehn. Immer ist es Welt*
> *und niemals Nirgends ohne Nicht; das Reine,*
> *Unüberwachte, das man atmet und*
> *unendlich weiß und nicht begehrt. Als Kind*
> *verliert sich eines im Stilln an dies und wird*
> *gerüttelt. Oder jener stirbt und ists.*
> *Denn nah am Tod sieht man den Tod nicht mehr*
> *und starrt hinaus, vielleicht mit großem Tierblick.*
> *Liebende, wäre nicht der andre, der*
> *die Sicht verstellt, sind nah daran und staunen...*
> *Wie aus Versehn ist ihnen aufgetan*
> *hinter dem andern... Aber über ihn*
> *kommt keiner fort, und wieder wird ihm Welt.*
> *Der Schöpfung immer zugewendet, sehn*
> *wir nur auf ihr die Spiegelung des Frein,*
> *von uns verdunkelt. Oder daß ein Tier,*
> *ein stummes, aufschaut, ruhig durch uns durch.*
> *Dieses heißt Schicksal: gegenüber sein*
> *und nichts als das und immer gegenüber.*
>
> (Rilke I, 714 f. – Hervorh. von Rilke)

Jedes einzelne Wort des lapidaren Eingangssatzes *Mit allen Augen sieht die Kreatur / das Offene* ist ein Grundwort der achten Elegie, auf ihnen baut sich ihre Bestimmung des menschlichen Daseins auf. Die Kreatur ist das Tier, die Gesamtheit der Tiere, die Gesamtheit der Lebewesen mit der einen Ausnahme des Menschen, der in der Folge gerade in seinem Ausgenommensein, in seinem Abweichen von allem anderen Seienden gedeutet wird. Darauf weist im ersten Vers das Wort »alle« – *mit allen Augen* (Hervorh. von Sz.) – voraus. Das Dasein des Menschen ist der achten Elegie – wie schon ausgeführt – als der menschliche Daseinsraum thematisch. Deshalb bestimmt der Anfangsvers den Raum, in dem das Tier sein Dasein hat, den Raum, den es mit seinen Augen sieht. »Sehen« ist ein weiteres Grundwort der Elegie, es drückt die Aufnahme des Raumes – des konkreten, greifbaren, sowohl wie des ungegenständlichen, metaphysischen – durch den Menschen aus, der in diesem Raum existiert: Sehen ist so das Verhältnis zwischen Mensch und Daseinsraum – und weil sich für Rilke alle Bestimmungen des menschlichen Daseins ins Räumliche übersetzen, den Daseinsraum bilden, ist Sehen der Akt, ist das Gesehene das Objekt, an dem sich das menschliche Dasein überhaupt ablesen läßt. Der Raum, den die Kreatur mit allen Augen sieht, wird das *Offene* genannt. Das Wort erhellt sich aus jedem einzelnen Vers der ersten Strophe, die den Daseinsraum des Menschen als das Geschlossene bestimmt – wobei aber das Wort, wohl um einer undichterischen Schlagwortpraxis zu entgehen, kein einziges Mal ausgesetzt ist.

Während das Tier – sagt die Elegie – mit allen Augen in das Offene blickt, ist der Blick des Menschen wie umgekehrt, nämlich abgekehrt vom Offenen. Damit ist nicht nur der Gegensatz zur Sehrichtung der Kreatur ausgedrückt, sondern zugleich gesagt, daß auch der Mensch ursprünglich in dieselbe Richtung gesehen hat, aber dann, durch einen unfaßbaren Vorgang, auf den die Elegie noch zurückkommen wird, umgedreht worden ist. So ist nun sein Blick nicht auf das Offene, sondern auf die Kreatur gerichtet: und zwar nicht harmlos, ohne Gefahr für das Tier, sondern als Fallen. Die Augen des Menschen sind als Fallen um die Kreatur gestellt, deren *freien Ausgang*, deren Ausgang ins Freie, eben ins Offene, sie verhindern. Warum? Weil der Mensch allein aus dem ins Offene gewendeten *Antlitz* des Tieres erfahren kann, *was draußen ist*. *Draußen* meint wiederum das Offene, den Raum des Tieres, von dem der Mensch in der Geschlossenheit seiner Welt zwar weiß – eben durch seinen Umgang mit dem Tier –, in den er aber selber nicht hinausgelangen zu können scheint. Das Wort »ist« wird graphisch hervorgehoben, nicht nur, um der banalen Lesung: *was draußen ist* (Hervorh. von Sz.) aus dem Wege zu gehen. Zugleich greift die Stelle nämlich zurück auf die zweite Elegie, die vom »Sein« der Bäume, der Häuser, vom Hinschwinden des Menschen und seiner innigen Sehnsucht nach diesem wahrhaften *Sein* gesprochen hat. Die raumhafte Anschauung der achten Elegie bestimmt nun den Ort, wo solches Sein stattfindet, als das Offene, als Daseinsraum der Kreatur, aber nicht des Menschen.

Was so draußen *ist*, was im Offenen ein wirkliches Sein hat, kennt der Mensch nur aus dem *Antlitz* – man beachte das Wort! – der Kreatur. *Denn schon das frühe Kind / wenden wir um und zwingens, daß es rückwärts / Gestaltung sehe, nicht das Offne, das / im Tiergesicht so tief ist. Frei von Tod.* Der Satz bezieht sich zunächst auf den dritten Vers, der vom Umgekehrtsein der menschlichen Augen sprach. Der Daseinsraum des Menschen ist ursprünglich – eben in der Kindheit – nicht abgeschlossen, von der Welt der Kreatur nicht wesentlich unterschieden. Aber das Kind wird nicht in ihr belassen. Es wird von den Menschen seiner Umgebung – seinen Eltern und Erziehern, die es überhaupt erst zum Menschen machen – gezwungen, daß es seinen Blick vom Offenen abwende, vom Offenen, *das / im Tiergesicht so tief ist. Frei von Tod.* Damit fällt das wichtigste Wort der achten Elegie, von dem die Begriffe des Offenen und Geschlossenen erst ihren Sinn erhalten. Das *Offene*, das der Mensch im

Antlitz des Tiers, im *Tiergesicht* erblickt, hat darin keinen Abschluß, nach welchem das Tier nur noch es selbst, vom Offenen also abgegrenzt wäre. Daß das Offene und das Tier so ineinander übergehen, daß das Offene *im Tiergesicht so tief ist,* hat aber seinen Grund darin, daß auch das Dasein des Tieres keinen Abschluß kennt, kein Ende, auf das es bewußt ausgerichtet wäre: es ist *frei von Tod.*

Der naheliegende Einwand, daß ja auch das Tier sterbe, widerlegt nicht die Aussage der Elegie, verhilft vielmehr dazu, sie genauer zu verstehen. Obzwar das Tier – wie der Mensch – einmal sterben muß, nennt Rilke es *frei von Tod.* Denn der Tod der Kreatur ist zwar an sich gegeben, aber nicht für die Kreatur selbst. Die Kreatur hat kein Bewußtsein von ihrem Tod, als dem Abschluß ihres Daseins. Darauf, auf dieses Wissen vom Tod als eines Endes, das die Ganzheit des Daseins in ein Diesseits und ein Jenseits aufteilt, kommt es Rilke an. Seine Gedanken über den Tod haben ihren Ursprung nicht in der Frage, warum der Mensch sterben müsse, nicht in der Sehnsucht nach einem ewigen Leben im Sinne des Nie-Sterbens. Sondern seine Überlegungen gehen aus vom schmerzvoll erfahrenen Schatten, den der immerfort im Auge behaltene Tod auf das ganze Leben des Menschen zurückwirft. Daher das Bemühen Rilkes, das sein spätes Werk durchgängig bestimmt, dem Tode – wie er sagte – *das Negative zu nehmen,* ihn als die *uns abgekehrte Seite des Lebens* (B / S 37) aufzuweisen, so daß er nicht als der Abschluß des Lebens erscheint. Denn was den Daseinsraum der Kreatur zum Offenen macht, ist Abwesenheit des Todesbewußtseins: Das Tier weiß nicht von seinem Tode – oder, wie es die konkrete, das Metaphysische räumlich denkende Sprache der Elegie sagt: das Tier sieht nicht den Tod: *Ihn sehen wir allein.* Der einfache, in seiner Lapidarität wie in seiner Aussage an den Eingangsvers anknüpfende Satz hat zwei Bedeutungen: ist die erste begriffen, öffnet sich die zweite, ungleich tragischere. Daß die Kreatur mit allen Augen das Offene sieht und nur die

Augen des Menschen davon abgekehrt sind, erhält hier seine ergänzende, begründende Bestimmung. Die Kreatur sieht mit allen Augen das Offene, weil sie den Tod nicht sieht; allein die Augen des Menschen sind umgekehrt, abgekehrt vom Offenen, weil sie allein den Tod sehen, weil der Mensch allein ein Bewußtsein vom Tode hat. Aber nun erschließt sich ein zweiter Sinn der Aussage, ermöglicht durch die zweifache Beziehung des Wortes *allein* auf das Subjekt des Satzes *Wir* wie auf dessen Objekt: *Ihn*, den Tod. Nicht nur ist es der Mensch allein, der den Tod sieht, sondern die Macht dieses Gesehenen ist so groß, daß es alles übrige überschattet, so daß der Tod letztlich das einzige ist, was der Mensch sieht: Er sieht den Tod allein, sein ganzes Dasein ist durchwirkt durch diesen Hin-Blick auf den Tod als auf einen Abschluß, zu dem alle Zukunft hinzielt.

Das Tier dagegen – fährt die Elegie fort – *hat seinen Untergang stets hinter sich / und vor sich Gott, und wenn es geht, so gehts / in Ewigkeit, so wie die Brunnen gehen.* Die Raumhaftigkeit des Denkens wird in diesen Versen noch gesteigert. So wie man vom Menschen sagen kann, daß er den Tod immer vor sich habe, nicht – oder nicht bloß – weil er einst wird sterben müssen, weil der Tod seine Zukunft ist, sondern weil der Tod in seinem Denken als das Ende, als der Abschluß schlechthin immerfort gegenwärtig ist – so läßt sich von der Kreatur behaupten, daß sie den *Untergang stets hinter sich* habe, auch wenn er faktisch vor ihr liege. Und weil der Untergang von der Kreatur nicht gewußt wird, weil er ihr nicht als ihre Zukunft vor Augen steht, hat sie Richtung auf Gott zu, ins Offene. Wie in der ersten Elegie wird Gott nicht im Bezug auf den Menschen genannt, sondern im Hinblick auf eine Gegengestalt, von der sich der Mensch durch sein Menschsein abhebt.

Und noch ein Bild verdeutlicht abschließend die Besonderheit des kreatürlichen Daseins, die Tatsache, daß das Tier kein Todesbewußtsein hat: *Das freie Tier / hat seinen Untergang stets hinter sich / und vor sich Gott, und wenn es*

geht, so gehts / in Ewigkeit, so wie die Brunnen gehen.
Welche Bedeutung das Wort »ewig« in den Duineser Elegien besitzt, ist uns schon bei der ersten Elegie deutlich geworden. »Ewigkeit« ist nicht das Endlose, Nie-Endende. Auch nicht eine vom Diesseits gänzlich unterschiedene Sphäre. Sondern »Ewigkeit« bezeichnet in der Sprache Rilkes die Abwesenheit eines Bewußtseins vom Ende, die Freiheit von einem sich immerfort aufzwingenden Hin-Blick auf den Tod als auf den Abschluß des Daseins, als auf das Ende schlechthin. Vom *Hauslied des steten Brunnens vor meinem Burgturm* (B / M 31) spricht Rilke in einem Brief aus Muzot: Das schlichte Wort »stet« meint dasselbe wie »ewig« in der achten Elegie. Wie der Brunnen so geht auch das Tier nicht auf ein ihm bewußtes Ende zu, sondern in steter, ewiger Bewegung im Offenen.

Nachdem die Elegie am Gegenbild der Kreatur, am »Offenen« als deren Daseinsraum den Grundcharakter der menschlichen Existenz, die Ausgerichtetheit auf den Tod, ihr Abgeschlossensein durch den gewußten Tod erkannt hat – das »Sein zum Tode«, wie der von Rilke zutiefst beeinflußte Heidegger sagen wird –, löst sich die Elegie im neuen Abschnitt von diesem genau gezeichneten Gegenbild: teils um die Daseinsbedingung des Menschen näher zu erfassen, teils um das »Offene«, in das zu gelangen ja des Menschen – wie ihn die Elegien sehen – innerste Sehnsucht ist, nicht als den alleinigen Existenzraum des Tieres bestehen zu lassen, sondern als einen, aus dem nur der Mensch ausgeschlossen ist, und auch er nicht seit jeher und für immer.

Wie dieses Streben zum Offenen hin mit dem Auftrag der Dinge zusammenhängt, in dem die erste Elegie den Sinn des menschlichen Daseins erahnt hat, wird die weitere Interpretation des Gedichtes aufzuweisen haben.

VII

Aus dem lapidaren Eingangsvers *Mit allen Augen sieht die Kreatur / das Offene* entwickelt sich — einem strengen

Kompositionsgesetz folgend – die ganze achte Elegie. Ihre Aufgabe ist die Bestimmung des menschlichen Daseins. Was sie darin von der ersten Duineser Elegie unterscheidet, ist, daß sie nicht mehr in der lyrischen Unmittelbarkeit ihren Ursprung hat: Die achte Elegie kennt das Wort »ich« sowenig als die Erinnerungen an einzelne, biographisch belegbare Augenblicke, denen Rilke wesentliche Einsichten verdankt und die er deshalb in die Elegien miteingewoben hat. Die Haltung der achten Elegie könnte dem gegenüber als eine philosophisch-systematische bezeichnet werden, würde in ihr nicht alles Begrifflich-Abstrakte ins Bildhaft-Konkrete, ins Räumlich-Sichtbare übersetzt. Das menschliche Dasein erscheint dem Blick der achten Elegie als ein Daseinsraum, den es zu unterscheiden gilt von dem Daseinsraum der Kreatur: *Mit allen Augen sieht die Kreatur / das Offene.*

Der erste Teil der Eingangsstrophe, den wir zuletzt interpretiert haben, beschreibt den menschlichen Daseinsraum in strenger Antithese zum Raum der Kreatur, dem Offenen. Was den Raum des Menschen schließt, was seine Welt von der Ganzheit des Daseins abteilt, ist der Tod. Der Tod aber nicht als Tatsache, sondern als Gegenstand des Bewußtseins. Auch das Tier stirbt, aber sein Leben verläuft für sein Bewußtsein nicht als ein Hinlaufen auf den Tod zu: Statt dieser Ausgerichtetheit auf die Zukunft, in der Rilke letztlich den Tod erkennt, bewegt sich das Dasein des Tieres in der »Ewigkeit«, in einem »steten« Ablauf, wie er den Brunnen eignet.

Von dieser Grundgegebenheit des menschlichen Daseins aus, daß es vom Tod als dem immerfort vor Augen gehaltenen Abschluß bestimmt ist, deutet die erste Strophe auch in ihrem zweiten Teil die Welt des Menschen: Das Offene, in dem die Kreatur, das Tier, ihr Dasein hat, ist durchaus nichts, was allein dem Tier zugeordnet ist. Es ist vielmehr der Existenzraum alles Seienden mit der einen Ausnahme des Menschen. Nachdem der letzte Vers des ersten

Abschnitts die Brunnen genannt hat, die an der Ewigkeit des offenen Raumes teilhaben, wird nun die Blume erwähnt. Auch sie geht in das Offene *unendlich auf*. Denn wenn auch die Blume – wie das Tier – ein organisches Vergehen kennt, ihr Verblühen, so ist doch ihre Daseinsbewegung nicht bewußt auf dieses Ende ausgerichtet. *Blühn und verdorrn ist uns zugleich bewußt* (Rilke I, 697) – sagt die vierte Elegie. Demgegenüber ist das Aufgehn der Blume, ihr Blühen, nicht durch das Bewußtsein von ihrem Vergehen verzerrt, es ist ein »unendliches« Aufgehn in dem prägnanten Sinne des Wortes, den es in der Sprache der Elegien innehat: ohne Bewußtsein vom Ende. Das »Offene« wird *der reine Raum* genannt. Den Wesen, die im Offenen ihr Dasein haben, allem Seienden mit der einen Ausnahme des Menschen, fehlt das Bewußtsein nicht nur vom Tod als dem Ende des Daseins, sondern Bewußtsein überhaupt. Der Raum, in dem sie leben, ist von ihnen nicht mitgestaltet worden, er hat von ihnen keine zusätzlichen Bestimmungen erhalten, er ist nicht auf sie, auf die in ihm daseienden Wesen, bezogen und reduziert worden. Beim Menschen aber – fährt die Elegie weiter – ist es immer: *Welt / und niemals Nirgends ohne Nicht: das Reine, / Unüberwachte, das man atmet und / unendlich weiß und nicht begehrt.*

Ohne daß Rilke aus dem Bewußtsein des Menschen vom Tode als dem schlechthinnigen Abschluß die schmerzhaft erfahrenen Kennzeichen seines Daseins streng kausal ableiten will, scheint es doch, daß er diese Kennzeichen aufgefaßt hat als Spiegelungen jenes großen Kennzeichens, der Geschlossenheit des menschlichen Raumes durch den gewußten Tod. Wie das Dasein des Menschen als Ganzes auf das immerfort vor den Augen stehende Ende bezogen ist, so ist es auch in sich eine Welt der Bezüge, in der alles seine bestimmte Stelle hat. Der Raum, in dem die Kreatur und auch noch das *frühe Kind* – wie Vers 6 der Elegie sagt – ihr Dasein haben, wird vom erwachsenen Menschen, dem es auf Gestaltung ankommt, auf das Abschließen des freien Stoffes zur Gestalt, der *reine Raum* wird so zur *Welt*. *Welt* ist gleichsam der »Raum«, den der Mensch mit dem Koordinatensystem des Geistes überzogen hat. In ihr hat fortan alles seine eigene Stelle, an die es gehört, die es festlegt und von dem übrigen, das anderswo seinen Ort hat, unterscheidet. Das drückt der Vers aus, der den Begriff *Welt* ebenso per contrarium erhellt, wie vorhin der Ausdruck *Welt* zu *reiner Raum* in erklärender Antithese stand: *Immer ist es Welt / und niemals Nirgends ohne Nicht*. Der Zusatz *ohne Nicht* ist doppeldeutig. Er bezieht sich vielleicht auf den Ausdruck *Nirgends* in dem Sinne, daß er ihm das Negative nehmen will, das ihm sonst anhaften würde: Der *reine Raum* ist ein Nirgends nicht im Sinne des nirgendwo Bestehenden, sondern in dem des örtlich nicht Festgelegten, in kein Koordinatensystem Eingespannten, des Freien, des Offenen. – *Ohne Nicht* kann aber zugleich bedeuten, daß der *reine Raum*, indem er örtlich nicht festgelegt, nicht in Orte aufgeteilt ist, dadurch auch keine Gegensätze, keine Negationen, keine Grenzen kennt. Anders als in der Welt des Menschen, in der etwas immer ein Bestimmtes und n i c h t ein Anderes ist, stellt das Offene eine einzige Einheit dar, in der alles mit allem eins ist. Auf diesen Sinn weisen die Verse hin, die auf den Doppelpunkt folgen: *das Reine, / Unüberwachte, das man atmet und / unendlich weiß und nicht begehrt*.

Der *reine Raum* ist *unüberwacht*: Wer darin sein Dasein hat, geht in ihm ganz auf. Es gibt für ihn nichts Fremdes, Gefahrdrohendes, aber auch nichts Eigenes, einer Gefahr Ausgesetztes, das er überwachen müßte. In einem weniger engen Sinn: es steht ihm nichts gegenüber, nichts erscheint für sein Bewußtsein als Gegen-stand, auf den er seinen wachen Blick richten müßte. Auch er selbst nicht: das Tier ist – wie die Elegie später sagen wird – *ohne Blick auf seinen Zustand* (a.a.O. 715) – es überwacht auch sich selbst nicht. Die Einheit, die der *reine Raum*, das *Offene* mit den Wesen bildet, die in ihm ihre Heimat haben, ist vergleichbar der Einheit von innerer und äußerer Luft beim Atmen. Auch hier besteht keine trennende Grenze, kein Gegenüber, eines geht unablässig ins andere über. In einem der Orpheus-Sonette heißt es: *Atmen, du unsichtbares Gedicht! / Immerfort um das eigne / Sein rein eingetauschter Weltraum.* (a.a.O. 751) Das Ineinander von Innenraum und Weltraum, die Existenz des »Weltinnenraums«, hat gleichsam seine physiologische Basis in der Atmung. Das Bewußtsein vom Tod, das die Ganzheit des Daseins, die *ewige Strömung* (a.a.O. 688) aufteilt, unterbricht, bewirkt, daß der Mensch diese Atmungseinheit nicht ins Metaphysische, in das Verhältnis zu seinem Daseinsraum, überführen kann: Sein Daseinsraum ist immer *Welt. / und niemals Nirgends ohne Nicht: das Reine, / Unüberwachte, das man atmet* [...].

[...] *und / unendlich weiß und nicht begehrt* – fährt der Dichter fort. Es sind zwei überaus wichtige Bestimmungen, die durch den Gegensatz die Welt des Menschen erhellen. Die *gedeutete Welt* (a.a.O. 685) wurde diese in der ersten Elegie genannt. Der Mensch dringt mit seiner Erkenntniskraft in das ihn Umgebende ein, eignet es sich an. Aber er gelangt so immer an eine Grenze, an einen Punkt, wo das Unbegreifliche, das auf immer Fremd-Bleibende beginnt. Daß der Mensch *in der gedeuteten Welt* – nach den Worten der ersten Elegie – *nicht sehr verläßlich zu Haus* (a.a.O.) ist, rührt davon her, daß sich die Welt, durch die Grenze, die seiner Wissenskraft gesetzt ist, immerfort aufteilt in Gedeutetes und Ungedeutetes, in Eigenes und Fremdes, in Besitz und Gefahr. Das *Offene* dagegen wird von den Wesen, die in ihm existieren, *unendlich* gewußt, *unendlich,* d. h. ohne trennendes, aufteilendes Ende des Wissens, weil d i e s e s Wissen nicht aus dem begreifend-deutenden Eindringen ins Fremde hervorgeht, sondern aus dem ursprünglichen Vertrautsein, Verwachsensein mit dem Raum, in dem man da ist.

Wie im Offenen der Raum nicht erst durch den Geist in Besitz genommen werden muß, weil ein ursprüngliches »unendliches Wissen« um ihn herrscht, so wird auch die materielle Inbesitznahme hinfällig. Wo die Welt nicht in Eigenes und Fremdes zerfällt, gibt es keine Begierde. Die Stelle weist zurück auf die Verse der ersten Elegie, *Das alles war Auftrag. / Aber bewältigtest du's? Warst du nicht immer / noch von Erwartung zerstreut, als kündigte alles / eine Geliebte dir an?* (a.a.O. 686). In der Begierde, in der sehnsüchtigen Erwartung hat Rilke die Ursache davon gesehen, daß der Mensch sich immerfort hingibt, daß er – wie die zweite Elegie sagt – im Gefühl hinschwindet, verflüchtigt, und seine wesentliche Vereinzelung doch nicht aufheben kann: Denn sowohl das Erreichte, zum Besitz Gewordene, als auch das Unerreichte, in der ungestillten Sehnsucht vollends zum Fremden Gewordene stehen dem Menschen gegenüber. So erscheint schon für die erste Elegie der Weg, der den Menschen aus der Vereinzelung herausführt, als Verzicht auf Sehnsucht und Besitz: *ist es nicht Zeit, daß wir liebend / uns vom Geliebten befrein* [...] (a.a.O. 687). Die Errettung des Menschen vor der Vereinzelung würde erst in einem Raume möglich sein, der nicht in Eigenes und Fremdes aufgeteilt ist: im Weltinnenraum – oder, wie ihn die achte Elegie bezeichnet – im Offenen.

Die nächsten Verse der Elegie beantworten die Frage, die gegenüber der genauen Einsicht des Dichters in den Daseinsraum der Kreatur, in das Offene, auch beim Leser sich zwangsläufig stellt: Wie kann der Mensch dieses Offene kennen, da er doch aus ihm ausgeschlossen ist? Woher rühren Rilkes Kenntnisse von dieser dem Menschen wesentlich verwehrten Sphäre her?

Die Elegie gibt in den zehn Versen, die folgen, Antwort auf diese Frage. Der Interpret, der Rilkes Werke und Briefe kennt, weiß freilich mehr, als ihm die Elegie hier sagt. Aber es ist ein gefährliches Wissen, das ihn in die Irre führen kann. Er weiß von Erlebnissen Rilkes, die er teils seinen Freunden in Briefen beschrieben, teils in Gedichte verarbeitet hat. Eines ist mit dem Titel *Erlebnis* im Jahr 1919 veröffentlicht worden. Darin wird beschrieben, wie der

Dichter auf einem Spaziergang im steil den Hang zum Meer hinunterziehenden Garten von Schloß Duino sich *in die etwa schulterhohe Gabelung eines strauchartigen Baumes* lehnt und: *sofort fühlte er sich in dieser Haltung so angenehm unterstützt und so reichlich eingeruht, daß er so, ohne zu lesen, völlig eingelassen in die Natur, in einem beinah unbewußten Anschaun* verweilte. Rilke schildert dann, wie er auf ein *niegekanntes Gefühl* aufmerksam wurde: *es war, als ob aus dem Innern des Baumes fast unmerkliche Schwingungen in ihn übergingen* (Rilke VI, 1037). Sich fragend, was ihm da geschehe, fand er *einen Ausdruck, der ihn befriedigte* [...]: *er sei auf die andere Seite der Natur geraten.* (a.a.O. 1038). Und gegen Ende des kurzen Prosastückes, in dem der Dichter von sich in der dritten Person spricht, steht der für die achte Elegie entscheidende Satz: *Überhaupt konnte er merken, wie sich alle Gegenstände ihm entfernter und zugleich irgendwie wahrer gaben, es mochte dies an seinem Blick liegen, der nicht mehr vorwärts gerichtet war und sich dort, im Offenen, verdünnte* [...] (a.a.O. 1039). Der Blick Rilkes war in dieser Entrücktheit *auf die andere Seite der Natur, nicht mehr nach vorwärts gerichtet*: Er hatte – mit den Worten der Elegie – den Tod nicht mehr vor, sondern hinter sich – wie die Kreatur; sein Blick hatte keine bestimmte Richtung mehr auf etwas, er »überwachte« nichts mehr, sondern »verdünnte« sich im Offenen, ging in ihm auf.

An dieses Erlebnis anknüpfend, hat Rilke 1919 für Lou Andreas-Salomé die Erinnerung an ein zeitlich dahinter zurückliegendes aufgezeichnet: Ebenfalls in der dritten Person schreibt Rilke von sich:

Späterhin meinte er, sich gewisser Momente zu erinnern, in denen die Kraft dieses einen [nämlich des Duineser Erlebnisses] *schon, wie im Samen, enthalten war. Er gedachte der Stunde in jenem anderen südlichen Garten* [Capri], *da ein Vogelruf draußen und in seinem Innern übereinstimmend da war, indem er sich gewissermaßen an der Grenze des Körpers nicht brach, beides zu einem ununterbrochenen Raum zusammennahm [...] Damals schloß er die Augen, um in einer so großmüthigen Erfahrung durch den Kontur seines Leibes nicht beirrt zu sein, und es ging das Unendliche von allen Seiten so vertraulich in ihn über, daß er glauben durfte, das leichte Aufruhn der inzwischen eingetretenen Sterne in seiner Brust zu fühlen.* (B / AS 399 f.)

Diese autobiographischen Berichte, denen — wie schon gesagt — einige weitere sinnverwandte noch hinzugefügt werden könnten, sind dem Leser der Duineser Elegien Zeugnis dafür, daß die in ihnen gestaltete Vision des Offenen, des Weltinnenraums im Leben Rilkes eine existentielle Basis hatte, die rational freilich nicht zu erklären, aber — als ein Erlebnishaftes und nicht der Anstrengung der Vernunft Entspringendes — auch nicht rational in Frage zu stellen ist. Die Gefahr jedoch, die das Zurückgreifen auf diese Zeugnisse für den Interpreten bedeutet — und der einer der namhaftesten Deuter der Duineser Elegien nicht zu entgehen vermochte —, diese Gefahr ist die, daß die Aussage der Duineser Elegien über das Offene, über den Weltinnenraum und zugleich auch die damit kontrastierende Aussage über das durchs Todesbewußtsein Geschlossene des menschlichen Daseins, einzig auf diese exzeptionellen Erlebnisse Rilkes zurückgeführt werden. So wurde denn behauptet, die achte Elegie sei verständlich nur dem, der ähnlichen Grenzerlebnissen ausgesetzt war wie Rilke. Nichts aber liegt Rilkes Auffassung vom Dasein im allgemeinen und von möglichen okkulten oder magischen Erlebnissen im besonderen ferner als eine solche Beschränkung einer irrationalen Einsicht, als eine solche Isolierung eines über die gewohnten Grenzen hinausreichenden Erlebnisses. Was ihm aus einem solchen klar werden konnte, durfte — darüber bestand für ihn kein Zweifel — nichts sein, was mit der allgemeingültigen Wahrheit des menschlichen Daseins in Widerspruch stand, keine besondere oder gar zweite Wahrheit, die nur für wenige Menschen Gültigkeit hatte. Sondern die Einsicht, die eine derartige Ausnahmesituation vermittelte, mußte eine sein in den innersten, sonst meist verhüllten Kern der einen Wahrheit, nach der der Mensch sein Leben auszurichten hat.

Deshalb sprechen die nächsten Verse der Elegie nicht von einzelnen Augenblicken im Leben des Dichters, sondern von drei Grundsituationen des Menschseins schlechthin:

> *Als Kind*
> *verliert sich eins im Stilln an dies und wird*
> *gerüttelt. Oder jener stirbt und ists.*
> *Denn nah am Tod sieht man den Tod nicht mehr*
> *und starrt hinaus, vielleicht mit großem Tierblick.*
> *Liebende, wäre nicht der andre, der*
> *die Sicht verstellt, sind nah daran und staunen...*
> *Wie aus Versehn ist ihnen aufgetan*
> *hinter dem andern... Aber über ihn*
> *kommt keiner fort, und wieder wird ihm Welt.*
> (Rilke I, 714 f. – Hervorh. von Rilke)

Die Verse über das Kind, das noch am Offenen teilhat, weisen zurück auf die Aussage am Eingang der Elegie, daß das Kind, das ursprünglich noch ins Offene blickt, von den Erwachsenen »umgewendet« werde, damit es *rückwärts / Gestaltung sehe*. Zugleich wird die vierte Elegie in Erinnerung gebracht, deren Schluß die *Stunden der Kindheit*, das Verhältnis des Kindes zum Tod zum Thema hat (a.a.O. 699). Das Kind lebt nicht – wie der Erwachsene – auf den Tod zu, so ist ihm der Gedanke an die Zukunft überhaupt fremd. *O Stunden in der Kindheit, da* [...] *vor uns nicht die Zukunft war* (a.a.O.) – heißt es in der vierten Elegie. Und weil das Kind nicht auf eine Zukunft, auf ein Ende ausgerichtet ist, ist es – wie die Elegie sagt – *mit Dauerndem vergnügt* (a.a.O.). Das Wort »dauernd« steht für dasselbe wie »ewig« in der achten Elegie, wie »stet« in der Briefstelle über den Muzoter Brunnen. Das Kind also weiß um das Offene – wenn es auch von den Erwachsenen *gerüttelt* wird, damit es *rückwärts / Gestaltung sehe.* Und der erwachsene Mensch, wenn er sich seines Kindseins wahrhaft zu erinnern, es »wieder zu leisten« vermag, weiß auch darum.

Ebenso muß auch dem Toten – sagt Rilke – der Anblick des Offenen zuteil werden. Denn das unmittelbare Bevorstehen des Todes scheint ihm die Faszinationskraft zu nehmen, die den Blick des Lebenden auf ihn richten ließ und so das Dasein zu einem geschlossenen, abgeschlossenen machte. Wissen kann der lebende Mensch, der den Tod nur als Erfahrung des anderen erfährt, freilich höchstens von diesem Schwinden des Todesbewußtseins im Sterben. Was der Sterbende anstelle des Todes sieht, ist den anderen Menschen, die im Leben bleiben, nicht kommunizierbar. Daher die Ungewißheit der Aussage im Vers: *und starrt hinaus, vielleicht mit großem Tierblick.* Der Tote sieht vielleicht dasselbe wie das Tier mit seinem großen, Großes einfangenden Blick: das Offene.

Als die dritte Grundsituation des menschlichen Daseins, die die Erfahrung des Offenen gewährt, nennt Rilke die Liebe. Die Verse über sie stehen in engster Beziehung zu der Strophe über die »unglücklich Liebenden« in der ersten Elegie. Sie sagen dasselbe, aber nun – der aufs Allgemeingültige gerichteten Intention der achten Elegie gemäß – nicht positiv von den einzelnen verlassenen Frauen aus gesehen, sondern negativ über den Menschen schlechthin: Das Liebesgefühl hebt den Menschen aus der Geschlossenheit seines Daseins heraus, die Zukunft und der Tod, als die äußerste Zukunft des Lebens, werden im ekstatischen Augenblick hinfällig. Für die Liebenden *ist die Zeit eingestürzt* (a.a.O. 245) – wie es im *Cornet* heißt. Aber nur dem besitzlos Liebenden – glaubt Rilke – ist dieser Blick ins Offene wirklich gegeben: Ist die Liebe auf einen geliebten Gegenstand gerichtet, so steht dieser ihrem Blick entgegen, verstellt er die Sicht.

Man erinnert sich hier an die Eingangsstrophe der ersten Elegie. Von der Nacht sprechend, in der ihm ein erstes Mal die Ahnung vom Auftrag aufgegangen ist, der an den Menschen gerichtet wird, die Ahnung vom Weltinnenraum, fragt dort der Dichter: *Ist sie den Liebenden leichter?* Und die Antwort: *Ach sie verdecken sich nur mit einander ihr Los.* (a.a.O. 685) Dieselbe paradoxale Beziehung der Liebenden zueinander und zum Offenen hin, das ihre Liebe ihnen erschließt, deren Gegenstand, der Geliebte, aber verdeckt, wird an den zwei Stellen der ersten und der achten Elegie gesehen. Das *Los* aber, das in der ersten Elegie in erster Linie das Los der Vereinzelung meinte, deren Verwandlung in Sinnerfülltheit erst dunkel geahnt wurde, gilt der achten Elegie als die Sicht ins Offene, die Teilhabe am Offenen, die Verwirklichung des Weltinnenraums. Und die Liebenden, die dort eine schmerzhafte Einsicht voreinander zu *verdecken* suchen, »verstellen« hier die beglückende *Sicht. Wie aus Versehn ist ihnen aufgetan / hinter dem andern... Aber über ihn / kommt keiner fort, und wieder wird ihm Welt.*

Der Blick ins Offene ist also dem Menschen nicht ursprünglich versagt. Es sind auch nicht jene psychischen Grenzerfahrungen allein, die ihn ermöglichen. Als Kind, als Liebender, als Sterbender hat der Mensch wesentlich die Möglichkeit, die Einheit von Leben und Tod, die *ewige Strömung* (a.a.O. 688) zu erfahren, indem er das Bewußtsein vom Tode als dem schlechthinnigen Abschluß des Daseins noch nicht oder nicht mehr besitzt. Aber das Kind wird erwachsen, dem Liebenden ist ein Gegenstand seiner Liebe gegeben, und der Sterbende stirbt. So vermag der Mensch die ihm gebotene Möglichkeit nicht auszunützen und er verbleibt in der Bedingung seines Daseins, die am Eingang der Elegie ausgesagt wurde. Dazu kehrt die erste Strophe abschließend zurück: *Der Schöpfung immer zugewendet, sehn / wir nur auf ihr die Spiegelung des Frein, / von uns verdunkelt. Oder daß ein Tier, / ein stummes, aufschaut, ruhig durch uns durch. / Dieses heißt Schicksal: gegenüber sein / und nichts als das und immer gegenüber.* (a.a.O. 715)

Das Verhältnis des Menschen zur Schöpfung, aus der er als Mensch ausgenommen ist, und das Verhältnis des Menschen und der Schöpfung zum Offenen, das hier »das Freie« genannt wird (frei von Tod, frei von Abschluß, frei von Gestaltung) – diese beiden Relationen erscheinen wiederum – wie am Anfang der Elegie – ins Räumliche übersetzt, mit Ausdrücken des Sehens gesagt. Die Schöpfung – das Wort umfaßt sowohl die Kreatur, das Tier des Eingangsverses wie die Brunnen und die Blumen, überhaupt alles Seiende mit der einen Ausnahme des Menschen –, die Schöpfung hat ihre Blickrichtung ins Offene, ins Freie. Der Mensch ist davon abgekehrt, sein Blick ist auf die Schöpfung selbst gerichtet, seine Augen sind – wie es in den ersten Versen heißt – um die Kreatur gestellt. Was draußen ist, das Freie, sieht der Mensch *aus des Tiers / Antlitz allein*, in dem sich das Freie »spiegelt«. Aber wiederum wird auch gesagt, daß der Mensch der Schöpfung damit einen Schaden zufügt. *Als Fallen* sind seine Augen um sie gestellt, hieß es dort, jetzt wird die Vorstellung beschworen, es stehe der Mensch zwischen der Lichtquelle des Offenen und der Schöpfung, womit er einen Schatten auf diese wirft, sie verdunkelt. »Beschattet« hieß es zunächst im Entwurf.

Nachdem so die Strophe zu ihrem Ausgangspunkt zurückgekehrt ist, faßt sie in den zwei Schlußversen ihre Einsichten in eine einzige zusammen. Der Daseinsraum des Menschen ist nicht das Offene, weil er immerfort um seinen künftigen Tod weiß, der sein Dasein schon im voraus, als gewußter, im Blick behaltener, abschließt, weil der Mensch immer seinem Tod und der Zukunft, die zu ihm hinführt, gegenübersteht. Und dieses Verhältnis wiederholt sich nun – so fährt die erste Strophe in ihrem Gedankengang weiter – in jedem Einzelbereich des menschlichen Lebens. Wie es sich selbst durch die Ausrichtung auf den Tod abschließt, so wird in ihm alles zur Gestalt abgeschlossen, welcher der Mensch fortan gegenübersteht. Seine Welt ist eine ihm gegenüberstehende, die er überwacht, die er begehrt – statt, wie es der

Kreatur gegeben ist, mit ihr ursprünglich verwachsen, eins zu sein. So schließt denn die erste Strophe mit der Einsicht, die sowohl für den Tod wie für die Gegenstände des Lebens gilt: *Dieses heißt Schicksal: gegenüber sein / und nichts als das und immer gegenüber.*

Gegenüber – dieser Ausdruck, zu dem sich die erste Strophe, die den Daseinsraum des Menschen mit dem der Kreatur vergleicht, zuspitzt, wird zum ungesagten Leit-Wort[1] des zweiten Teils. Hat sich der Vergleich von Mensch und Kreatur in der ersten Strophe an den Begriffen des Offenen und des Geschlossenen orientiert, indem die Kreatur als im Offenen, der Mensch als im durchs Todesbewußtsein Geschlossenen einander gegenübergestellt wurden, so richtet sich der zweite Teil der Elegie am Begriff des Gegenüber aus. Dabei sind Tier und Mensch nicht mehr – wie in der ersten Strophe – durch einen unüberbrückbaren Unterschied getrennt, vielmehr erweist sich der Begriff des Gegenüber als fähig, innerhalb der Welt der Kreatur eine Stufenfolge aufzustellen, die aus dem Bereich des Tiers zum Menschen hinüberleitet.

Zwischen diesen beiden gleichlangen Strophen, die der Elegie ein vollkommenes Gleichgewicht sichern, steht – gleichsam als Gelenk – eine kurze Strophe. Auch sie handelt von der Kreatur und dem Menschen, aber nicht, indem sie sie vergleicht – wie die erste und die dritte Strophe –, sondern indem sie darüber nachdenkt, ob nicht das Tier dem Menschen durch ihre Begegnung dazu verhelfen könnte, was diesem fehlt. Aber es zeigt sich, daß es dazu dessen bedürfte, was wiederum ihm fehlt und nur dem Menschen eignet: das Bewußtsein. Das Wort, das die Interpretation der ersten Strophe immer wieder gebrauchen mußte, fällt in der Elegie erst in der mittleren: die auf diese Weise erhellend rückwärts gerichtet ist.

---

[1] In dem Durchschlag des Vorlesungsskripts ist aufgrund zweier aufeinander getippter Buchstaben nicht zu entscheiden, ob es »Leit-Wort« oder »Leid-Wort« heißen soll.

> *Wäre Bewußtheit unserer Art in dem*
> *sicheren Tier, das uns entgegenzieht*
> *in anderer Richtung –, riß es uns herum*
> *mit seinem Wandel. Doch sein Sein ist ihm*
> *unendlich, ungefaßt und ohne Blick*
> *auf seinen Zustand, rein, so wie sein Ausblick.*
> *Und wo wir Zukunft sehn, dort sieht es Alles*
> *und sich in Allem und geheilt für immer.* (a.a.O. 715)

Das Tier zieht – für das raumhafte Denken der Elegie – dem Menschen entgegen in anderer Richtung, auf das Offene zu. Hätte es Bewußtsein, wie es der Mensch hat: wüßte es, wohin es selbst zieht, könnte es die Richtung des Menschen bewußt erfassen, vermöchte es sich bewußt zu einer Tat entschließen, dann *riß es uns herum / mit seinem Wandel*, dann würde es durch die Kraft seines Daseins den Menschen zwingen, umzukehren in die andere Richtung, nach der er sich sehnt. Aber im Tier ist keine *Bewußtheit unsrer Art. Sein Sein ist ihm / unendlich* – d. h. unendlich nicht in Wirklichkeit, auch das Tier stirbt, aber es hat kein Bewußtsein von dem Ende, von dem Tod. Sein Sein ist so *ungefaßt*, nicht eingefaßt durch den im Bewußtsein ständig vorweggenommenen Tod, auch nicht angefaßt, nicht nach einem bewußten Ziel gerichtet. Denn das Tier steht auch sich selber nicht gegenüber, es hat kein Bewußtsein seiner selbst, es ist – in der konkreten Sprache der Elegie – *ohne Blick / auf seinen Zustand*. Das Sein des Tieres ist »rein«, ohne trennendes Bewußtsein, ohne trennendes Gegenüber, wie sein Ausblick ins Offene. Während der Mensch auf die Zukunft und auf den Tod als deren äußersten Punkt ausgerichtet ist, die Zukunft, die durch die trennenden, negierenden Vorstellungen des Noch-nicht und Nicht-mehr wirkt und zum Tod als dem schlechthinnigen Nicht-mehr hinleitet – ist das Tier ohne Zukunft, es lebt nicht in der aufs Ende ausgerichteten Zeitlichkeit, sein Blick ist dem Offenen zugewendet, es sieht – ein neues Wort für das Offene, das Freie, den reinen Raum

– es sieht *Alles, das ohne Nicht,* und es sieht *sich in Allem.* Denn es ist nicht ausgeschlossen aus seinem Daseinsraum, es steht ihm nicht gegenüber, es ist von ihm nicht geschieden, wie der Mensch durch das Bewußtsein allem gegenübergestellt ist. Und so ist das Tier *geheilt für immer, geheilt* in der ganzen Weite des Wortes: Das Tier bildet mit seinem Daseinsraum eine Einheit, die ungespalten, heil ist, und es ist durch diese Verbundenheit mit dem All für immer *geheilt* im Sinne der religiösen Vorstellung des Menschen, der sich dieses Heil für die Zukunft, für das Leben nach dem Tode verspricht.

Wie die ersten Worte der mittleren Strophe *Wäre Bewußtheit* zurückweisen zum ersten Teil der Elegie, so weisen ihre letzten *geheilt für immer* in den zweiten Teil voraus, der das schicksalhafte »Gegenüber-Sein«, den Riß im Dasein der Menschen beklagt.

VIII

Die wunderbare Geschlossenheit und Vollendung der achten Elegie verdankt sich dem Umstand, daß in ihr das Denkgesetz der ganzen Elegiendichtung, daß der Mensch an seinen Gegenbildern erkannt wird, zugleich zum Formgesetz der Elegie geworden ist, dem ihr Aufbau folgt. Der Gegensatz zwischen dem Dasein des Tieres, der Kreatur, und dem Dasein des Menschen schlägt sich gleichsam formal, zur Gegensatzstruktur der Dichtung nieder. Und zwar keineswegs so, daß etwa der eine Teil der Kreatur, der andere dem Menschen gewidmet wäre. Sondern alle drei Strophen stellen das Tier und den Menschen nebeneinander, aber alle drei Strophen anders: Der Grundsatz ihrer Vergleichung unterscheidet sich von einer Stufe zur andern, gibt, ineins mit dem gedanklichen Fortschritt der Elegie, ihr Entwicklungsprinzip ab. Zugleich sind die erste und die dritte Strophe, die sich sowohl rein äußerlich, den Ausmaßen nach, wie inhaltlich – als Vergleiche – entsprechen, um die kurze mittlere Strophe gestellt, die sie sowohl verbindet wie trennt. In ihr wird nicht mehr das Dasein des Tieres und des Menschen gedanklich verglichen, sondern dem Gedanken nachgegangen, ob nicht das Tier den Menschen in seine, des Tieres Daseinsrichtung, auf das Offene zu, umwenden, herumreißen könnte. Aber – so erkennt die Elegie – dazu fehlt dem Tier gerade dasjenige, was den Menschen vom Offenen abschließt, was ihn überhaupt erst nach dem Offenen, nach dem Dasein der Kreatur sehen läßt: das Bewußtsein.

»Bewußtsein« ist das unausgesprochene Leitwort der ersten Strophe. Den Grund, warum die Kreatur im Offenen lebt, erkennt sie darin, daß die Kreatur kein Bewußtsein vom Tode hat. In der Folge wird das Bewußtsein des Menschen vom Tode als dem schlechthinnigen Abschluß seines Daseins gleichsam als Hintergrund seines Lebens aufgewiesen, das immer vom Bewußtsein, immer von der Richtung auf ein Zukünftiges bestimmt ist. Der Mensch als das Seiende, das seiner selbst und seiner Welt bewußt ist, steht sich und der Welt immer gegenüber: *Dieses heißt Schicksal: gegenüber sein / und nichts als das und immer gegenüber.*

Von diesen Schlußversen hebt sich der Anfang der mittleren Strophe ab: im Tier ist keine *Bewußtheit unserer Art*. Es ist seines Seins nicht bewußt, es ist *ohne Blick / auf seinen Zustand,* ohne Blick auch auf die Zukunft: wo der Mensch Zukunft und an deren äußerstem Punkt den Tod sieht, dort sieht – schließt die Strophe – das Tier *Alles / und sich in Allem und geheilt für immer.*

Wie der Anfang der zweiten Strophe den Gegensatz bildete zum letzten Vers der ersten, so stellt sich der Eingang der letzten Strophe, der wir uns nun zuwenden, dem Schluß der zweiten entgegen. Aber auf eine gänzlich andere Art, die bereits vorausweist auf die Wendung im Fortgang der Elegie. Denn der Gegensatz zwischen den Schlußversen der ersten und den Anfangsversen der zweiten Strophe war der Gegensatz zwischen dem Dasein des Menschen und dem des Tieres: also der Gegensatz, der die Erkenntnisquelle und innere Spannung der ganzen ersten Strophe gebildet hatte. Dieser Gegensatz wird aber nun überwunden, indem der Dichter auch im Dasein des Tieres gleichsam die ersten Entwicklungsstufen dessen erkennt, was er im menschlichen Dasein beklagt. Statt die Kreatur und den Menschen – wie es die erste Strophe tat – einander streng entgegenzustellen, die Einsicht in die conditio humana aus ihrem Gegensatz zu schöpfen, stellt die letzte Strophe Tier und Mensch nebeneinander, genauer gesagt: in eine Art von Stufenfolge, so daß die Kennzeichen des menschlichen Daseins nicht mehr als Gegensatz vom Dasein der Kreatur abfallen, sondern in den Gegensätzen, welche die höher gearteten Tiere von den niederen unterscheiden, bereits vorgebildet sind.

Wo wir Zukunft sehen – schließt die mittlere Strophe der Elegie –, dort sieht das Tier *Alles / und sich in Allem und geheilt für immer*. Davon hebt sich nun die Schlußstrophe antithetisch ab:

> *Und doch ist in dem wachsam warmen Tier*
> *Gewicht und Sorge einer großen Schwermut.*
> *Denn ihm auch haftet immer an, was uns*
> *oft überwältigt, – die Erinnerung,*
> *als sei schon einmal das, wonach man drängt,*
> *näher gewesen, treuer und sein Anschluß*
> *unendlich zärtlich. Hier ist alles Abstand,*
> *und dort wars Atem. Nach der ersten Heimat*
> *ist ihm die zweite zwitterig und windig.*
>
> *O Seligkeit der kleinen Kreatur,*
> *die immer bleibt im Schooße, der sie austrug;*
> *o Glück der Mücke, die nach innen hüpft,*
> *selbst wenn sie Hochzeit hat: denn Schooß ist Alles.*
> *Und sieh die halbe Sicherheit des Vogels,*
> *der beinah beides weiß aus seinem Ursprung,*
> *als wär er eine Seele der Etrusker,*
> *aus einem Toten, den ein Raum empfing,*
> *doch mit der ruhenden Figur als Deckel.*

> *Und wie bestürzt ist eins, das fliegen muß*
> *und stammt aus einem Schooß. Wie vor sich selbst*
> *erschreckt, durchzuckts die Luft, wie wenn ein Sprung*
> *durch eine Tasse geht. So reißt die Spur*
> *der Fledermaus durchs Porzellan des Abends.*
>
> *Und wir: Zuschauer, immer, überall,*
> *dem allen zugewandt und nie hinaus!*
> *Uns überfüllts. Wir ordnens. Es zerfällt.*
> *Wir ordnens wieder und zerfallen selbst.*
>
> *Wer hat uns also umgedreht, daß wir,*
> *was wir auch tun, in jener Haltung sind*
> *von einem, welcher fortgeht? Wie er auf*
> *dem letzten Hügel, der ihm ganz sein Tal*
> *noch einmal zeigt, sich wendet, anhält, weilt –,*
> *so leben wir und nehmen immer Abschied.*
>   (Rilke I, 715 f. – Hervorh. von Rilke)

Die zwei Wörter, die im ersten Vers das Tier charakterisieren, drücken in ihrer inneren Gegensatzspannung bereits die neue Einsicht in das Dasein der Kreatur aus, zu der sie hinführen. »Warm«, in seine Umwelt eingelassen, mit ihr ursprünglich verwachsen, hätte das Tier auch in der ersten Strophe genannt werden können. Aber nun ist der Kennzeichnung eine andere vorangestellt: *wachsam*. Das Wort weist zurück auf den Vers der ersten Strophe, in dem der *reine Raum*, in dem die Tiere und die Pflanzen ihr Dasein haben, als das *Unüberwachte* bezeichnet wurde. Auch das Tier – erkennt nun der Dichter – ist *wachsam*, in seiner Welt – mit einem Ausdruck der ersten Elegie gesagt – nicht ganz *verläßlich zu Haus* (a.a.O. 685). *Gewicht und Sorge einer großen Schwermut* ist in ihm, etwas lastet auf ihm, wie ein Gewicht – das schöne Wort »Schwermut« leuchtet in seinem konkreten Erlebnisgehalt auf – trennt es von seiner Umwelt, gibt ihm das Bewußtsein von Gefahren, die es wachsam und sorgevoll machen. Es ist die Erinnerung. Damit fällt das Wort, das den gedanklichen Fortgang der Elegie erhellt. Ihre erste Strophe unterscheidet das Dasein des Tieres von dem des Menschen, indem sie dieses als auf die Zukunft, auf das Ende, auf den Tod bewußt ausgerichtet beschreibt. Das Tier dagegen hat kein Bewußtsein vom Tode, es sieht nicht die Zukunft, sondern an ihrer Stelle *Alles / und sich in Allem und geheilt für immer.* Die Zukunft hat so keine Macht über das Tier, aber dem Bannkreis der Vergangenheit entgeht das Tier sowenig wie der Mensch. Ihm ist der zweite Teil der Elegie gewidmet, und nun wird auch deutlich, warum der Denkweg des Gedichtes – von der Zukunft zur Vergangenheit – in der dritten Strophe eine ganz andere Art des Vergleichens fordert. Tier und Mensch stehen unter der Gewalt der Erinnerung ans Vergangene, freilich auch nicht in gleichem Maße: Dem Tier – sagt die Elegie – *haftet* die Erinnerung *an*, den Menschen *überwältigt* sie.

Wiederum, wie bei des Dichters Aussage, daß das Tier *frei sei von Tod*, mögen sich beim Leser Einwände erheben – wiederum sind diese Einwände nicht sowohl dazu geeignet, den Sinn der Dichtung zu widerlegen, als vielmehr dazu, ihn genauer herauszustellen. Was soll es heißen – mag man sich fragen –, daß dem Tier die Erinnerung anhaftet, woher die Berechtigung des Dichters, eine solche Aussage zu wagen. Die Antwort ergibt sich aus den Versen, die den Begriff der Erinnerung, den Sinn, der dem Wort hier eignet, erläutern: *Denn ihm auch haftet immer an, was uns / oft überwältigt, – die Erinnerung, / als sei schon einmal das, wonach man drängt, / näher gewesen, treuer und sein Anschluß / unendlich zärtlich. Hier ist alles Abstand, / und dort wars Atem. Nach der ersten Heimat / ist ihm die zweite zwitterig und windig.* Erinnerung meint in der achten Elegie nicht die an ein beliebig Vergangenes, an eine »Woge« aus dem Vergangenen, sondern die Bindung an die Vergangenheit, die hinter allem Vergangenen zurückliegt, an die Zeit der *ersten*

Heimat, an das Dasein vor der Geburt. Hier war das, wonach man im Leben drängt, worin man aufgehen will, um sich nicht mehr als Einzelner, nicht mehr allem anderen gegenüberstehend zu fühlen, hier war es *näher* [...] *treuer und sein Anschluß / unendlich zärtlich.* Die Aufhebung der Grenze zwischen Eigenem und Fremdem, zwischen Innenwelt und Außenwelt, zu der alles Lebende hinstrebt, war ihm vor seiner Geburt bereits einmal Wirklichkeit. Was er sucht, ist einmal schon sein Besitz gewesen, oder vielmehr: nicht sein Besitz, sondern mit ihm eins, ihm *unendlich zärtlich* »angeschlossen«. *Unendlich* wiederum ist nicht im banalen Sinne des »überaus« zu verstehen (überaus zärtlich), sondern konkret: ohne Ende, ineinander übergehend, eins miteinander, durch keinen Abstand getrennt, wie im Leben nach der Geburt; *Hier ist alles Abstand* – fährt die Elegie weiter – *und dort wars Atem* – das Wort steht mit derselben Bedeutung wie in den Versen der ersten Strophe: *das Reine, / Unüberwachte, das man atmet und / unendlich weiß und nicht begehrt* (Hervorh. von Sz.). Auch dem Tier – erkennt der Dichter –, obzwar es kein trennendes Bewußtsein *unsrer Art* besitzt, muß der Daseinsraum, der nicht seine erste Heimat ist, in den es vielmehr erst durch die Geburt eingetreten ist, *zwitterig und windig* sein, mit der Zweiheit des Innen und Außen behaftet, die es in seiner ersten Heimat nicht gab: diese war Innen und Außen zugleich, »Weltinnenraum«.

Worin gründet also Rilkes Aussage, daß auch dem Tier immer anhafte, *was uns / oft überwältigt, – die Erinnerung* [...]? Nicht in einer rational unfaßbaren Intuition, der man vorwerfen könnte, daß sie die Grenzen zwischen dem Menschen und der Kreatur verwischt, daß sie menschliche Gefühle, menschliche Fähigkeiten – etwa die Erinnerung – kritiklos in den Bereich des Tiers überträgt. Was Rilke im Auge hat, ist nicht eine gleichsam bloß subjektiv-gefühlhafte Bindung an die Vergangenheit – welche Bindung beim Tier vorauszusetzen unstatthaft wäre –, sondern das objektive, von außen erkennbare Verhältnis zwischen den Daseinsräumen vor und nach der Geburt, ein Verhältnis, das auf jeder Entwicklungsstufe der Tierwelt ein anderes ist, nämlich von Stufe zu Stufe gegensätzlicher wird. Und dieses je andere Verhältnis von vor- und nachgeburtlichem Daseinsraum sah Rilke gespiegelt im je anderen Verhalten des Tieres zur Außenwelt, in die es durch die Geburt je und je verschiedentlich hinaustrat.

Dieser Stufenfolge sind die nächsten Verse der Elegie, nach dem Absatz, gewidmet. Was in ihnen ohne jedes reflexive Moment, in der metaphorischen Sprache hoher Dichtung gesagt wird, hat seine naturphilosophische Grundlage in einem Brief Rilkes an Lou Andreas-Salomé und einer Tagebuchnotiz, die Rilke für die Freundin abgeschrieben hat. Die beiden Texte stammen aus den Jahren 1913 und 1914, liegen also acht bzw. neun Jahre hinter ihrer dichterischen Verwandlung zurück. Die Briefstelle, die ich zunächst mitteilen möchte, stellt sich als Kommentar zu einem Buch der Psychotherapeutin Lou Andreas dar: es fiele schwer, zu trennen, was Rilkes und was seiner Freundin Gedankengut ist.

Ich schreibe Dir, statt etwas Zusammenhängendes, nur ein paar Anmerkungen her, wie sie mir im Lesen aufgekommen sind, alle über den Rahmen der Briefe hinausgerichtet zu uns, zu mir.

Schön hab ichs aufgefaßt, wie mirs noch nie sich darstellte: dieses immer weiter Hineinverlegtsein des entstehenden Geschöpfs aus der Welt in die Innen-Welt. Daher die reizende Lage des Vogels auf diesem Wege nach Innen; sein Nest ist ja fast ein von der Natur ihm bewilligter äußerer Mutterleib, den er nur ausstattet und zudeckt, statt ihn ganz zu enthalten. So ist er dasjenige von den Thieren, das zur Außenwelt eine ganz besondere Gefühlsvertraulichkeit hat, als wüßte er sich mit ihr im innigsten Geheimnis. Darum singt er in ihr, als sänge er in seinem Innern, darum fassen wir einen Vogellaut so leicht ins Innere auf, es scheint uns, als übersetzten wir ihn, ohne Rest, in unser Gefühl, ja er kann uns, für einen Augenblick, die ganze Welt zum Innenraum machen, weil wir fühlen, daß der Vogel nicht unterscheidet zwischen seinem Herzen und dem ihren. – Einerseits wird nun dem Thierischen und Menschlichen viel zugewonnen durch die Hineinverlegung des ausreifenden Lebens in einen Mutterleib: denn er wird um soviel mehr Welt, als draußen die Welt Betheiligung an diesen Vorgängen einbüßt (als wäre sie unsicherer geworden, hat man's ihr fortgenommen –), andererseits: (aus meinem Taschenbuche, voriges Jahr eingeschrieben, in Spanien, – Du wirst es erinnern, die Frage:) »Woher stammt die Innigkeit der Kreatur« (der übrigen): aus diesem Nicht-im-Leibe-Herangereiftsein, das es mit sich bringt, daß sie eigentlich den schützenden Leib nie verläßt. (Lebenslang ein Schooßverhältnis hat). (B/AS 325 f.)

Diese Tagebuchstelle lautet:

...daß eine Menge Wesen, die aus draußen ausgesetztem Samen hervorgehen, das zum Mutterleib haben, dieses weite erregbare Freie, – wie müssen sie ihr ganzes Leben lang sich drin heimisch fühlen, sie thun ja nichts, als vor Freude hüpfen im Schooß ihrer Mutter wie der kleine Johannes; denn dieser selbe Raum hat sie ja empfangen und ausgetragen, sie kommen gar nie aus seiner Sicherheit hinaus.

Bis beim Vogel alles ein wenig ängstlicher wird und vorsichtiger. Sein Nest ist schon ein kleiner, ihm von der Natur geborgter Mutterschooß, den er nur zudeckt, statt ihn ganz zu enthalten. Und auf einmal, als wär es draußen nicht mehr sicher genug, flüchtet sich die wunderbare Reifung ganz hinein ins Dunkel des Geschöpfs und tritt erst an einer späteren Wendung zur Welt hervor, sie als eine zweite nehmend und den Begebenheiten der früheren, innigeren, nie mehr ganz zu entwöhnen. (a.a.O. 396 – Hervorh. von Rilke)

Den Begebenheiten der früheren, innigeren [Welt] *nie mehr ganz zu entwöhnen* – dieser Gedanke verdichtet sich in das eine Wort der achten Elegie: *die Erinnerung* und verleiht ihm einen wesentlicheren, radikaleren Sinn. Nicht mehr bedeutet »Erinnerung« — das Wort vom Menschen ausgesprochen —, daß dieser ein in der Außenwelt Verlorenes, Vergangenes in seine Innenwelt hineinrettet, um sich seiner in der Innigkeit, im Er-Innern wieder und wieder als eines Nicht-wirklich-Verlorenen, Nicht-wirklich-Vergangenen zu versichern. Sondern »Erinnerung« meint in der achten Elegie die Verbindung mit einem Innern, das nicht einst in der Außenwelt war, sondern diese, die Außenwelt, überhaupt ausmachte: Erinnerung ist nicht ein nun Innensein des Außengewesenen, sondern das Band an eine Epoche des je eigenen Daseins, nämlich vor der Geburt, da das, was heute Außensein ist, noch Innensein war, da es gar kein Außen gab und also auch keinen Bruch zwischen dem Seienden und dem Raum, in dem es da ist, keine Spaltung zwischen Innen und Außen, vielmehr Weltinnenraum. Hat die erste Strophe der Elegie erkannt, daß den Menschen das Bewußtsein vom Tode als dem Abschluß seines Daseins, daß ihn Bewußtsein überhaupt daran hindert, seine Innenwelt mit dem Weltraum zu einen, im Weltinnenraum, im Offenen zu leben wie die Kreatur lebt — so erkennt die dritte Strophe — vom Gesichtspunkt der Zukunft zu dem der Vergangenheit, vom Tod als dem äußersten Ende der Zukunft zur Geburt als dem Anfang der Vergangenheit übergehend —, daß schon das Tier, mit Ausnahme der nieder organisierten, in keiner wirklichen Einheit mit seinem Daseinsraum lebt, denn auch es ist in ihn hinausgetreten aus einem Schoß, in dem das Wirklichkeit war, wonach alles Lebende im Leben *drängt:* die Einheit von Innen und Außen, die Aufhebung des Einzelnerseins.

Deshalb beginnt der zweite Abschnitt der Strophe, die an drei Entwicklungsstufen des Tieres jenen Weg nach Innen aufzeigt, den die Reifung — laut Rilkes Brief und Tagebuchnotiz — einschlägt, mit der Preisung der *kleinen Kreatur*, des Insektes, dem das Außen ein Leben lang Innen bleibt:

> *O Seligkeit der kleinen Kreatur,*
> *die immer bleibt im Schooße, der sie austrug;*
> *o Glück der Mücke, die nach innen hüpft,*
> *selbst wenn sie Hochzeit hat: denn Schooß ist Alles.*
> (Hervorh. von Rilke)

Der erste Vers bezieht sich deutlich auf den allerersten Vers der achten Elegie: Der neue Gesichtspunkt, derjenige der Geburt und der Erinnerung, schränkt das von der Kreatur Gesagte auf die *kleine Kreatur* ein, indem er zugleich der Vorstellung des Offenen eine neue Dimension zufügt, nämlich die gleichsam physiologische Einheit von Innen und Außen: *denn Schooß ist Alles*. So intensiviert sich auch der bislang verhaltene Ton der Elegie – Rilke hat sie gelegentlich »die stille Elegie« genannt: statt der schlichten Aussage des ersten Verses *Mit allen Augen sieht die Kreatur* steht die preisende: *O Seligkeit der kleinen Kreatur*, die den Raum, der sie austrug, nie verläßt, nie in eine Außenwelt hinaustritt, in der sie die Erinnerung befallen könnte, *als sei schon einmal das, wonach man drängt, / näher gewesen*. Die Mücke bleibt im Innen, selbst wenn sie selber neues Leben hervorbringt: wenn sie Hochzeit hat.

Vom Insekt wendet der Dichter seinen Blick auf den Vogel:

> *Und sieh die halbe Sicherheit des Vogels,*
> *der beinah beides weiß aus seinem Ursprung,*
> *als wär er eine Seele der Etrusker,*
> *aus einem Toten, den ein Raum empfing,*
> *doch mit der ruhenden Figur als Deckel.*

Der Vogel weiß beinah beides aus seinem Ursprung, Innen und Außen. Denn der Schoß, der ihn austrägt, ist nicht mehr das »All«, sondern, wie die Briefstelle sagt: *ein von der Natur ihm bewilligter äußerer Mutterleib*, das Nest. Im

Nest ist der Vogel zugleich noch außen, wie die Mücke, bereits aber schon innen, wie dann die Wesen, die aus einem wirklichen Mutterleib hervorgehen. Auf diese Zweiheit, auf diesen doppelten Ursprung weist der Ausdruck »äußerer Mutterleib« hin. An Stelle der naturwissenschaftlichen Überlegung des Briefes steht in der Elegie der wundervolle Vergleich: *Und sieh die halbe Sicherheit des Vogels, / der beinah beides weiß aus seinem Ursprung, / als wär er eine Seele der Etrusker, / aus einem Toten, den ein Raum empfing, / doch mit der ruhenden Figur als Deckel.* Die Etrusker legten den Leichnam oder die Asche ihrer Toten in einen Sarkophag, auf dessen Deckel der Tote als *ruhende Figur* abgebildet wurde. Die Seele, die den Toten verläßt, hat so – gleich dem Vogel – einen zweifachen Ursprung, sie weiß *beides* aus ihrem Ursprung: Innen und Außen, das Innen des Sarkophagraumes, in dem der Leichnam ruht, und das Außen der Steinplastik. Die Evidenz des Vergleichs wird aber zur beglückenden Einheit der verglichenen Teile, des Vogels und der Seele der Etrusker, erst, wenn man bedenkt, daß im Glauben der Etrusker die Seele den Toten als ein Vogel verließ. Freilich ist es keineswegs so, daß Rilke die Richtigkeit dieses Glaubens aufs neue erweisen will, sein Ausgangspunkt ist ja der entgegengesetzte als der der Etrusker: nicht die Seele der Toten, sondern der Vogel. Aber die restlose Geglücktheit des Vergleichs verdankt sich trotzdem der gegenseitigen Durchdringung der beiden Bewegungen: des Glaubens der Etrusker, daß die Seele des Toten ihn als ein Vogel verlasse, und die Metapher der Elegie, der Vogel wisse beinah beides aus seinem Ursprung *als wär er eine Seele der Etrusker.*

Dieses zweifache Wissen, dieses zweifache Beheimatetsein – im Innen und im Außen – sieht nun der Dichter in der *halben Sicherheit* des Vogels gespiegelt. Dem Vogel ist der Raum, in dem er fliegt, nicht mehr ganz der Schoß, der er noch der Mücke war. Sein teilweises Hervorgehen aus dem Innen des Nests macht ihm den Weltraum schon fast zur

zweiten Heimat, in der seine Bewegung nicht mehr ein
»seliges Hüpfen« ist, sondern ein erlerntes, deshalb nie mehr
ganz sicheres Fliegen. Zum tragischen Zwiespalt wird dieses
»zweifache« Wissen aus dem Ursprung bei der Fledermaus:

> *Und wie bestürzt ist eins, das fliegen muß*
> *und stammt aus einem Schooß. Wie vor sich selbst*
> *erschreckt, durchzuckts die Luft, wie wenn ein Sprung*
> *durch eine Tasse geht. So reißt die Spur*
> *der Fledermaus durchs Porzellan des Abends.*

Die Fledermaus stammt aus einem Schoß, so ist ihr die Welt,
in die sie hinaustritt, eine »zweite Heimat«, ohne die
Gefühlsvertraulichkeit, die – Rilkes Brief zufolge – der
Vogel noch zu ihr hat. Und trotzdem muß die Fledermaus,
was beim Insekt und beim Vogel in Rilkes Anschauung
gleichsam der körperliche Ausdruck dieser Gefühlsvertraulichkeit, dieser Einheit von Innen und Außen ist: sie muß fliegen. Ihre Bestürzung darüber, den Schrecken, den sie vor
diesem tragischen Widerspruch in ihrem Daseinsgrund
bekommt, erkennt Rilke im Sprunghaften ihres Flugs: Den
Schimmer des Abends durchzuckt die Fledermaus wie ein
Sprung, der durch das Porzellan einer Tasse geht: zerspal-
tend als Ausdruck der Spaltung zwischen Innenraum und
Weltraum, die die Fledermaus in der Entwicklung des Tier-
organismus als erste kennt.

Von ihr wendet sich der Blick des Dichters abschließend
dem Menschen zu:

> *Und wir: Zuschauer, immer, überall,*
> *dem allen zugewandt und nie hinaus!*
> *Uns überfüllts. Wir ordnens. Es zerfällt.*
> *Wir ordnens wieder und zerfallen selbst.*

Ein drittes Mal wird das Verhältnis des Menschen zur
Schöpfung und zu deren Daseinsraum, dem Offenen, in der

Raumhaftigkeit der Elegiesprache gesagt: Die Augen des Menschen sind als Fallen um die Kreatur gestellt, rings um ihren freien Ausgang — hieß es in den Eingangsversen. *Der Schöpfung immer zugewendet, sehn / wir nur auf ihr die Spiegelung des Frein, / von uns verdunkelt* — hieß es in der Mitte des Gedichts. Und nun wird zum Abschluß das schicksalhafte Gegenüber des menschlichen Daseins aufs neue vorgestellt, zunächst ganz konkret, in Anknüpfung an die Verse über die Wesen, die den Raum erfliegen, von der Seligkeit der Mücke über die halbe Sicherheit des Vogels bis zur Bestürzung der Fledermaus: Der Mensch, der zum Weltraum gar keine *Gefühlsvertraulichkeit* mehr besitzt, denn er entstammt ganz einem Innen, steht dem Weltraum als etwas Fremdem gegenüber, als Zuschauer, der sich nicht in ihn hineinbegeben, sich in ihn zu erheben vermag. Er bleibt *dem allen*, dem Flug der Vögel, ihrer innigen Verbundenheit mit dem Weltraum, auf immer *zugewandt* und gelangt *nie hinaus:* hinaus ins Offene, in den reinen Raum — von dem die erste Strophe der Elegie sprach. Das Weltall ist dem Menschen ein Fremdes, dessen Einheit er nicht aus dem Gefühl begreift, das ihn *überfüllt*, vor dessen grenzenloser Vielfalt er ohnmächtig ist. Freilich versucht er sie zu ordnen, sie — wie die erste Elegie gesagt hat — zu deuten. Aber sie zerfällt aufs neue, denn die Ordnung, die der deutende Verstand erzeugt, ist nicht die eigene innere Ordnung der Welt. So geht — beklagt die Elegie — das Leben des Menschen damit hin, daß er das seinem fremden Blick Zerfallende wieder und wieder zur Einheit zu bringen versucht und in dieser Anstrengung selber zerfällt.

Daraus entspringt die abschließende Klage, die sich aber im Ton ganz dem Charakter der »stillen Elegie« fügt:

> *Wer hat uns also umgedreht, daß wir*
> *was wir auch tun, in jener Haltung sind*
> *von einem, welcher fortgeht? Wie er auf*
> *dem letzten Hügel, der ihm ganz sein Tal*

> *noch einmal zeigt, sich wendet, anhält, weilt –,*
> *so leben wir und nehmen immer Abschied.*

Die erste Strophe hat davon gesprochen, daß schon das frühe Kind von den Erwachsenen umgewendet werde und gezwungen, *daß es rückwärts / Gestaltung sehe, nicht das Offne, das / im Tiergesicht so tief ist.* Aber jede Einsicht der folgenden Verse und Strophen, die Einsicht in die Bewußtheit des Menschen, in die Gegenüber-Struktur seines Daseins, an der sowohl der Tod als die immer im Auge behaltene äußerste Zukunft als auch die Geburt als das Hinausstellen, Gegenüberstellen des Menschen aus dem Innen des Schoßes in das Außen der Welt mitwirken – jede Einsicht der achten Elegie ließ diese Aussage, daß das Kind erst vom Erwachsenen umgewendet werde, als nicht genug umfassend erscheinen. Daß der Erwachsene das Kind umwendet, ist überhaupt erst möglich, weil das Dasein des Menschen im Umgewendet-, im Umgedrehtsein besteht. Als dessen Urheber ist also nur eine transzendente Macht anzusetzen, der Schöpfer. Aber an dieser Stelle erweist sich aufs deutlichste die Abwesenheit Gottes in der Welt der Elegien. Es ist bei der Interpretation der ersten Elegien darauf hingewiesen worden, daß Gott immer nur von einem Gegenbild des heutigen Menschen aus genannt wird: von den Heiligen, von den Menschen der Antike aus. Als die den Menschen übertreffende, übersteigende Gestalt, als Transzendenz im eigentlichen Wortsinn, erscheint der Engel. Hier aber, wo nach dem Urheber, dem Schöpfer des menschlichen Daseins gefragt wird, als der der Engel keineswegs auftreten kann, bleibt die Frage ohne Antwort. Es ist die Stelle, an der Gott als nicht genannter, als in Frage gestellter erscheint.

Die letzten Verse fügen der Situation des Gegenüberseins noch einen neuen Zug bei. Der Mensch, dessen Blick vom Offenen abgekehrt und der Schöpfung zugewendet ist, ist damit *in jener Haltung* [...] *von einem, welcher fortgeht.* Das Gegenüber ist das Gegenüber des Abschieds. Denn allein der Mensch lebt in der bewußten Zeitlichkeit, er allein weiß von einer Zukunft und vom Tod als deren äußerstem Punkt. Aus dieser Zeitlichkeit heraus wendet er seinen Blick auf die Kreatur, die ihr Dasein in der Ewigkeit, in der Zeitlosigkeit hat: *das freie Tier* – heißt es in der ersten Strophe – *hat seinen Untergang stets hinter sich / und vor sich Gott, und wenn es geht, so gehts / in Ewigkeit, so wie die Brunnen gehen.* Die Kluft zwischen dem Dasein des Menschen und dem Dasein der gesamten übrigen Schöpfung ist die zwischen der Zeitlichkeit und der Zeitlosigkeit, der Mensch steht der Schöpfung, die ihr Dasein in der Ewigkeit, im Bleiben hat, immer als ein Fortgehender gegenüber, er sieht sie wie der Wanderer, der seine Heimat verläßt und *auf / dem letzten Hügel, der ihm ganz sein Tal / noch einmal zeigt, sich wendet, anhält, weilt* [...].

Mit diesen Schlußversen der achten Elegie ist der Elegienzyklus an seiner wichtigsten Umschlagstelle angelangt, am äußersten Ende des Elegischen, der Klage, die in der Verhaltenheit der achten, der »stillen« Elegie nicht schwächer, sondern stärker wird, am äußersten Ende, an dem der Umschlag in die Sinnerfülltheit erfolgt. In der Elegiendichtung sowohl der griechischen wie der deutschen Lyrik nimmt die Abschiedselegie, die Klage über den Abschied, über den Abschied als Trennung der Liebenden wie in Goethes *Alexis und Dora*, oder als Trennung von einem Toten, eine hervorragende Stellung ein. Die achte Elegie verankert die Situation des Abschieds im Dasein des Menschen selbst: Sie nimmt so den Schritt vorweg, den Heidegger und die gesamte Existenzphilosophie der Moderne zu ihrem grundlegenden Denkschritt wählen werden. Denn in der achten Elegie wird nicht mehr der Abschied von einem einzelnen Menschen, wird nicht mehr ein einzelner Abschied im Dasein beklagt, sondern das Dasein schlechthin als Abschied.

An diesem äußersten Punkt der Klage versichert sich der Dichter jener Einsicht, die ihm in der ersten Elegie als

Ahnung der Nacht widerfuhr: Sie gelangt in der neunten Elegie, als Sinngebung des menschlichen Lebens, als Erlangung des Weltinnenraums und der Zeitlosigkeit innerhalb der Bedingungen des Daseins des Menschen, zum strahlenden Durchbruch.[1]

---

[1] Der Teil der Vorlesung, der von der achten Elegie handelt, ist zusammengefaßt in einem Rundfunk-Vortrag von Szondi mit dem Titel *So leben wir und nehmen immer Abschied*. Gesendet 17. 3. 1959 Radio Beromünster, Studio Zürich.

Die neunte Elegie

IX

Am Abend des 8. Februar 1922 beendete Rilke auf Schloß Muzot die achte Elegie und mit ihr den elegischen Teil des Zyklus, die Klage über die Bedürftigkeit, über das immerfort Gegenüberstehen des Menschen. Am folgenden Tag entstand die neunte Elegie, in der die Klage vollkommen überwunden und die frohlockende Einsicht in den Sinn dieses bedürftigen, gespaltenen Daseins gewonnen ist: in den Sinn, dessen Erfüllung zugleich die Bedürftigkeit, die Vereinzelung, das »immer Gegenüber« aufhebt. Aber nichts wäre falscher, als diesen Umschlag aus Klage in Rühmung auf diesen neunten Februar 1922 datieren zu wollen. Er ist ahnungsvoll vorweggenommen schon in der ersten Elegie, in den Versen: *Wirf aus den Armen die Leere / zu den Räumen hinzu, die wir atmen; vielleicht daß die Vögel / die erweiterte Luft fühlen mit innigerm Flug.* (Rilke I, 685 f.). Den folgenden Elegien war es freilich nicht gegeben, diesen an den Menschen gestellten Auftrag genauer einzusehen, aber er blieb der Zielpunkt der Dichtung, auf den sich die einzelnen Gedichte zubewegen, allen voran die zweite, die mit dem sehnlichen Wunsche schließt: *Fänden auch wir ein reines, verhaltenes, schmales / Menschliches, einen unseren Streifen Fruchtlands / zwischen Strom und Gestein.* (a.a.O. 692). Was in der neunten Elegie an beglückender Erkenntnis gedichtet wird, ist also kein schlechthin Neues, vielmehr ein seit langem Geahntes, das aber in die genauen Worte der Duineser Elegien zu fassen, früher nicht an der Zeit war. Die dritte, die vierte, die sechste Elegie mußte ihr voraufgehen, und zumal die achte, die, im Gegensatz zu der Verwurzelung der ersten beiden Elegien im unmittelbaren Gefühl des für sich sprechenden Dichters, jene Haltung erreicht, die außerhalb der Dichtung die philosophische genannt werden müßte. Es ist, als hätte Rilke die aus seinen eigensten Leiden entsprungenen Einsichten in das Dasein des Menschen zuvor zu dem reinen Bild der achten Elegie läutern müssen, damit sich die Sinngebung, der Aufweis jenes *schmale* [n] / *Menschliche* [n], jenes *unsere* [n] *Streifen Fruchtlands / zwischen Strom und Gestein* nicht auf ihn allein beschränke, sondern mit dem Anspruch, allgemein gültig zu sein, hervortreten könne.

Wie sehr die neunte Elegie die Verwirklichung des im Anfang Entworfenen, die Einlösung des längst Versprochenen darstellt, wird durch nichts deutlicher, als durch die Tatsache, daß ihre Anfangs- wie auch ihre Schlußverse aus der Entstehungszeit der ersten Elegien stammen. Die ersten sechs Verse entstanden im spanischen Winter 1912/13, also nach den ersten beiden Elegien. Sie stellen die Frage nach dem Sinn des menschlichen Daseins, nach dem des Menschseins im Gegensatz zum Sein der übrigen Schöpfung. Es ist die Frage, die sich aus den negativen Einsichten der ersten Elegien ergeben mußte, zu deren Beantwortung aber der Dichter noch nicht gerüstet war. Erst neun Jahre später wird die Antwort sagbar, und als ihr Schlußstein werden wiederum längst gedichtete Worte gesetzt: drei Verse, allem Anschein nach auf Duino 1912, also gleichzeitig mit den ersten Elegien entstanden. Was in ihnen zum Ausdruck gelangt, *das überzählige Dasein* (a.a.O. 720), mochte Rilke in einzelnen Erlebnissen – von denen anläßlich der achten Elegie die Rede war – zuteil geworden sein, es hätte in einem kleinen lyrischen Werk seinen dichterischen Niederschlag finden können, nicht aber in den mit letztem philosophischen Ernst aufgefaßten Duineser Elegien. Hier hatte ihnen die genaue Begründung vorauszugehen, die zu dichten dem Dichter erst im Muzoter Winter 1921/22 gegeben war. Sie zu begreifen, wird Aufgabe der genauen Interpretation der neunten Elegie sein, der unsere letzten zwei Vorlesungen gewidmet sind.

Die Elegie hebt an mit der Frage nach dem Sinn des menschlichen Daseins:

> *WARUM, wenn es angeht, also die Frist des Daseins*
> *hinzubringen, als Lorbeer, ein wenig dunkler als alles*
> *andere Grün, mit kleinen Wellen an jedem*
> *Blattrand (wie eines Windes Lächeln) –: warum dann*
> *Menschliches müssen – und, Schicksal vermeidend,*
> *sich sehnen nach Schicksal? ...* (a.a.O. 717)

Alle Erkenntnis der Duineser Elegien wurde an Gegenbildern gewonnen. So wird auch die Frage nach dem Warum des Menschseins von der Fraglosigkeit, von der offenbaren Sinnerfülltheit eines kreatürlichen Daseins her aufgeworfen, vom Dasein des Lorbeers. Der griechische Mythos von Daphne, die vor der Verfolgung durch Apoll zu ihrer Mutter, der Erde, flüchtete und von dieser in einen Lorbeer verwandelt wurde, ist in diesen Versen allenfalls als den Vergleich erleichternder Hintergrund anwesend, sicherlich aber nicht als ihr Thema. Rilke spricht nicht davon, daß einem Menschen das Dasein als Lorbeer gewährt worden sei, sondern er vergleicht das Dasein des Lorbeers mit dem des Menschen, ihre – wie die achte Elegie eingesehen hat – durchaus gegensätzliche Weise, *die Frist des Daseins / hinzubringen:* die Kreatur nämlich ohne Bewußtsein von dieser Frist, nicht bewußt auf ihren Tod, überhaupt nicht auf eine Zukunft zulaufend, sondern »unendlich«, d. h. ohne Bewußtsein vom Ende im Offenen aufgehend: der Mensch aber immer die Zukunft und als deren äußersten Punkt: den Tod vor sich habend.

Warum, so fragt der Dichter, muß der Mensch *Menschliches müssen,* wenn auch ein Dasein wie das des Lorbeers möglich ist, nur eben unterschieden von der übrigen Schöpfung: *ein wenig dunkler als alles / andere Grün,* aber nicht – wie der Mensch – von ihr ausgenommen; ausgenommen und in den Raum des Schicksals gestellt, das er – wie die Elegie sagt, – zugleich vermeidet und ersehnt. Daß diese Verse fast ein Jahrzehnt vor der achten Elegie entstanden, ist schon um des Wortes »Schicksal« willen wichtig zu wissen. Wären sie im

Anschluß an sie gedichtet worden, dann müßten die Verse der achten *Dieses heißt Schicksal: gegenüber sein / und nichts als das und immer gegenüber* (a.a.O., 715) hier gleichsam ›eingesetzt‹ werden. Aber nichts spricht dafür, daß Rilke schon damals »Schicksal« in diesem prägnanten Sinne verstand, und ebenso wenig wäre auf Grund der achten verständlich, daß der Mensch sich nach diesem Gegenüber sehne. Freilich hat man auch keinen Anlaß, das Wort in der neunten Elegie als Interpret anders definieren zu wollen, nur die Beschränkung auf das negative Moment des Gegenüber muß hier ferngehalten werden: *Schicksal* »heißt« hier noch nicht – und nicht mehr – allein das »Gegenübersein«, sondern begreift mit ihm seine mögliche Wendung ins Positive, das nur dem Menschen Gegebene, davon die neunte Elegie handeln wird, mit ein.

Die ersten Verse, welche den in Spanien gedichteten Strophenanfang fortführen, setzen nicht unmittelbar mit der Antwort ein. Sondern mit drei Gegenantworten, von denen sich die wirkliche in den folgenden Versen um so schärfer abheben wird:

> *Oh, nicht, weil Glück ist,*
> *dieser voreilige Vorteil eines nahen Verlusts.*
> *Nicht aus Neugier, oder zur Übung des Herzens,*
> *das auch im Lorbeer wäre......*
> (a.a.O. – Hervorh. von Rilke)

Nicht um des Glückes willen ist der Mensch Mensch, will er es sein, sehnt er sich – obwohl er ihm zugleich auch ausweicht, nach *Schicksal*. Denn Glück ist – sagt der Dichter – ja nur der *voreilige Vorteil eines nahen Verlusts*. Glück ist nichts Dauerndes, bloß der Vorteil, die helle Seite eines künftigen Verlusts, dem es, als dessen Vor-Teil voreilt und vom Menschen, der den nahenden Verlust noch nicht sieht, voreilig aufgenommen, voreilig für »Glück« gehalten wird. – Auch nicht aus Neugier, um Neues zu erfahren, Fremdes kennenzulernen, entschließt sich der Mensch zu seinem Schicksal. Und ebensowenig *zur Übung des Herzens, / das auch im Lorbeer wäre*. Die letzten Worte sind doppeldeutig: Interpretiert man die ersten Verse der Elegie aufgrund des Daphne-Mythos, so heißen sie, daß der Mensch auch nach seiner Verwandlung in einen Lorbeer sein Herz bewahren würde; ist man dagegen der Ansicht, daß die mythologische Verwandlung in der neunten Elegie nicht wirklich vorgestellt wird, sondern allenfalls die Zusammenrückung der beiden Daseinsweisen, des Lorbeers und des Menschen, verständlicher macht, so bedeuten einem die Verse, daß auch der Lorbeer in Rilkes Vorstellung ein Herz besitzt.

Nach diesen drei abgewiesenen Gründen, sich nach »Schicksal zu sehnen«, nennt der Dichter den schon in der ersten Elegie geahnten. Aus deren Grundfrage *Ach, wen vermögen / wir denn zu brauchen?* (a.a.O. 685) ging ihm die Möglichkeit des Gebrauchtwerdens durch Außermenschliches hervor. Hier wird sie zur Gewißheit. Nicht des Glücks, nicht der Neugier, nicht der Übung des Herzens wegen muß der Mensch Menschliches:

> *Aber weil Hiersein viel ist, und weil uns scheinbar*
> *alles das Hiesige braucht, dieses Schwindende, das*
> *seltsam uns angeht. Uns, die Schwindendsten. Ein Mal*
> *jedes, nur ein Mal. Ein Mal und nichtmehr. Und wir*
> *   auch*
> *ein Mal. Nie wieder. Aber dieses*
> *ein Mal gewesen zu sein, wenn auch nur ein Mal:*
> *irdisch gewesen zu sein, scheint nicht widerrufbar.*
>   (a.a.O. 717 – Hervorh. von Rilke)

Schon in der siebten Elegie, der ersten in Muzot nach der langen Unterbrechung entstandenen, brach die Preisung des menschlichen Daseins auf der Erde durch die Klage durch:

Hiersein ist herrlich. (a.a.O. 710) Nun wird sie wiederholt und mit dem in der ersten Elegie als Möglichkeit Erahnten verbunden: *und weil uns scheinbar / alles das Hiesige braucht:* verbunden, oder vielmehr: damit in eins gesehen, denn es werden nicht zwei Gründe genannt, sondern ein einziger, einmal vom Menschen, einmal vom *Hiesigen,* von den Dingen der menschlichen Welt, aus gesehen, die beiden Seiten der einen Verbindung von Mensch und Ding, aus der für den Dichter der Sinn des Daseins hervorgeht.

Das Hiesige wird – zunächst überraschend – *dieses Schwindende* genannt. Hat nicht die zweite Elegie vom wahrhaften »Sein« der Bäume, vom Bestehen der Häuser gesprochen und die achte von der Ewigkeit, in der die Brunnen gehen? Aber alles hat – so weiß der Dichter – eine *Frist des Daseins,* alles ist nur ein Mal auf der Erde: Mit höchstem Pathos bringen dies die nächsten Verse ins Bewußtsein: *Ein Mal / jedes, nur ein Mal. Ein Mal und nichtmehr.* Und wenn auch die Dinge kein Bewußtsein von diesem Schwinden haben, wenn sie auch ihren *Untergang stets hinter sich* (a.a.O. 714) haben, so trifft sie doch im zwanzigsten Jahrhundert eine andere Gefahr, die ihr Schwinden verstärkt: Die siebente Elegie hat schon von ihr gesprochen, die neunte wird sich ihr später zuwenden. Im schon zitierten Brief an Witold Hulewicz hat Rilke diese historische Wandlung im Dasein der Dinge aufs genaueste beschrieben:

[...] das immer raschere Hinschwinden von so vielem Sichtbaren, das nicht mehr ersetzt werden wird. Noch für unsere Großeltern war ein »Haus«, ein »Brunnen«, ein ihnen vertrauter Turm, ja ihr eigenes Kleid, ihr Mantel: unendlich mehr, unendlich vertrauter; fast jedes Ding ein Gefäß, in dem sie Menschliches vorfanden und Menschliches hinzusparten. Nun drängen, von Amerika her, leere gleichgültige Dinge herüber, Schein-Dinge, Lebens-Attrappen... Ein Haus, im amerikanischen Verstande, ein amerikanischer Apfel oder eine dortige Rebe, hat nichts gemeinsam mit dem Haus, der Frucht, der Traube, in die Hoffnung

und Nachdenklichkeit unserer Vorväter eingegangen war... Die belebten, die erlebten, die uns mitwissenden Dinge gehen zur Neige und können nicht mehr ersetzt werden. Wir sind vielleicht die Letzten, die noch solche Dinge gekannt haben. (B/M 335 f. – Hervorh. von Rilke)

Deshalb nennt die Elegie die Dinge das *Schwindende*, deshalb sagt sie, daß dieses den Menschen *seltsam angeht*: Das Wort bringt die ersten Worte der Elegie in die Erinnerung *Warum, wenn es angeht* [...], hat hier aber die andere Bedeutung: das Schwindende geht den Menschen an, um Hilfe, um Rettung vor seinem Schwinden, es braucht den Menschen, und der Mensch darf sich dem gegenüber nicht gleichgültig verhalten, auf ihm ruht vielmehr – wie der Brief an Hulewicz nach der zitierten Stelle ausführt – eine Verantwortung, die Dinge gehen uns Menschen an.

Uns, die Schwindendsten – fügt der Dichter hinzu, den Gegenstand der Klage in der zweiten und achten Elegie wiederaufnehmend, aber nunmehr ohne Bitterkeit, eingebettet in die Rühmung des Hierseins im Sinne eines Verses aus den gleichzeitig entstandenen *Sonetten an Orpheus*: *NUR im Raum der Rühmung darf die Klage / gehn* [...] (Rilke I, 735).

Alles schwindet dahin, der Mensch, der darum weiß, noch mehr als die unbewußte Kreatur. Und alles ist nur ein Mal, ein einziges Mal ist die Frist des Daseins auf der Erde *hinzubringen, aber dieses / ein Mal gewesen zu sein* – versichert der Dichter, *wenn auch nur ein Mal: / irdisch gewesen zu sein* – in engstem existenziellem Bezug zu den Dingen der Erde, meint das Wort *irdisch*, nicht bloß »auf Erden« – dies *scheint nicht widerrufbar*, nämlich wenn die Frist des Daseins erfüllt ist.

Aus dieser Einsicht, daß dem Menschen der Sinn seines Daseins aus der Erfüllung des Auftrages entspringt, den das *Hiesige*, die Dinge der Erde an ihn richten, zieht die nächste Strophe die Folgerung. In einem Selbstgespräch, darin sich

Frage und Antwort in strenger Logik aneinanderfügen, sucht der Dichter den einmal begriffenen Dienst an den Dingen genau zu fassen:

> *Und so drängen wir uns und wollen es leisten,*
> *wollens enthalten in unsern einfachen Händen,*
> *im überfüllteren Blick und im sprachlosen Herzen.*
> *Wollen es werden. – Wem es geben? Am liebsten*
> *alles behalten für immer ... Ach, in den andern Bezug,*
> *wehe, was nimmt man hinüber? Nicht das Anschaun,*
> *   das hier*
> *langsam erlernte, und kein hier Ereignetes. Keins.*
> *Also die Schmerzen. Also vor allem das Schwersein,*
> *also der Liebe lange Erfahrung, – also*
> *lauter Unsägliches. Aber später,*
> *unter den Sternen, was solls: die sind besser unsäg-*
> *   lich.*
> *Bringt doch der Wanderer auch vom Hange des Berg-*
> *   rands*
> *nicht eine Hand voll Erde ins Tal, die Allen unsägliche,*
> *   sondern*
> *ein erworbenes Wort, reines, den gelben und blaun*
> *Enzian. Sind wir vielleicht hier, um zu sagen: Haus,*
> *Brücke, Brunnen, Tor, Krug, Obstbaum, Fenster, –*
> *höchstens: Säule, Turm .... aber zu sagen, verstehs,*
> *oh zu sagen so, wie selber die Dinge niemals*
> *innig meinten zu sein. Ist nicht die heimliche List*
> *dieser verschwiegenen Erde, wenn sie die Liebenden*
> *   drängt,*
> *daß sich in ihrem Gefühl jedes und jedes entzückt?*
> *Schwelle: was ists für zwei*
> *Liebende, daß sie die eigne ältere Schwelle der Tür*
> *ein wenig verbrauchen, auch sie, nach den vielen vor-*
> *   her*
> *und vor den Künftigen ...., leicht.*
>
> (a.a.O. 717 f. – Hervorh. von Rilke)

[...]¹ er liebte, unsäglich geschmerzt: aus dieser Erfahrung ist der Verzicht auf die Liebe zu einem Menschen zu verstehen, die Worte der ersten Elegie: *Ist es nicht Zeit, daß wir liebend / uns vom Geliebten befrein und es bebend bestehn: / wie der Pfeil die Sehne besteht, um gesammelt im Absprung / mehr zu sein als er selbst.* (a.a.O. 687 – Hervorh. von Rilke) Und ebenso erschien dem Dichter die Kindheit, die er der frühen Versetzung in die Militärschule wegen kaum gekannt hat, als etwas, das er zu »leisten« hätte. Das Buch *Die Aufzeichnungen des Malte Laurids Brigge* stellt den Versuch dar, die Kindheit in der Erinnerung und Aufzeichnung wieder zu leisten. Die Duineser Elegien wurzeln aber ebenso im Verzicht auf das Leisten der Liebe als in dem auf das Leisten der Kindheit: An deren Stelle ist das Hiesige, die Dinge der Erde, getreten, die zu leisten, deren Auftrag zu erfüllen, der Dichter sich anschickt.

Die nächsten Verse beschreiben die Weise, auf die der Mensch sich der Dinge zunächst annehmen will: Er will sie enthalten in seinen *einfachen Händen, / im überfüllteren Blick und im sprachlosen Herzen*. Er will sie *werden*. In jedem Ausdruck ist die Aneignung der Dinge intensiver gefaßt, bis sie zur Vereinigung, zur Identität mit ihnen führt. Der Mensch will das Ding nicht bloß in seine Hände nehmen, er nimmt es auch auf in seinen Blick, der von ihm überfüllt wird, ja in sein Herz, das aber *sprachlos* ist, vom Aufgenommenen in keiner Sprache Kunde geben kann. Der Mensch will schließlich mit dem Hiesigen, mit den Dingen der Erde eins werden, *wollen es werden*.

Aber da stellt sich die Frage, was mit dem so aufgenommenen Hiesigen geschehen soll, wenn der Mensch *die Frist des Daseins* hingebracht hat. Sein Dienst an den Dingen ist ja die Errettung vor dem Hinschwinden. *Wem es geben?*,

---

1 Zwischen dem Gedichttext und dem folgenden, fragmentarisch beginnenden Satz befindet sich in dem Durchschlag des Vorlesungsskripts eine Lücke von ca. 15 Zeilen.

damit er es nach dem Tod des Menschen aufbewahre. *Am liebsten* – lautet die Antwort – *alles behalten für immer...* Doch ist eben das nicht möglich. Denn was kann – fragt sich der Dichter – in den andern Bezug, in den Bezug, den der Sterbende betritt, hinübergenommen werden. Das Klagewort *wehe*, das in der ganzen Elegie nur ein einziges Mal erscheint, nimmt in der Frage die Antwort schon vorweg: Die Gesetze des anderen Bezugs machen den Dienst an den Dingen, wie er in den voraufgehenden Strophen gefaßt wurde, illusorisch: es genügt nicht, das Hiesige in der Berührung der Hände, in der Aufnahme der Augen oder in der des sprachlosen Herzens sich zu eigen zu machen. Denn in den andern Bezug kann weder das *Anschaun, das hier / langsam erlernte* noch ein *hier Ereignetes* hinübergenommen werden. *Das Anschaun, das hier / langsam erlernte* – diese Worte weisen deutlich auf Rilkes persönliche Entwicklung hin. Es ist hier an jenen Schritt gedacht, den Rilke aus der konturlosen Gefühlswelt zur Zeit seiner russischen Reisen mit Lou Andreas-Salomé um die Jahrhundertwende dank dem großen Vorbild des Bildhauers Rodin in die strenge Welt des *Anschaun*[s], der genauen, plastischen Erfassung der Dinge, getan hat. Im Brief, den ich am Anfang des Interpretationskurses anstelle einer biographischen Einleitung zitierte, war davon die Rede.

Was kann also – fragt der Dichter weiter – *in den andern Bezug* hinübergenommen werden, wenn weder *das Anschaun* noch ein *hier Ereignetes*. *Die Schmerzen*, antwortet er sich selber, und so *vor allem das Schwersein, / und der Liebe lange Erfahrung*. Der Ausdruck *Schwersein* ist wohl gleichfalls auf *Liebe* zu beziehen: es sind die Schmerzen, die dem Menschen die Liebe bereitet, die Liebe, die zu leisten so schwerfällt, die man denn auch weniger leistet als vielmehr »erfährt«: in diesem und nicht im banalen Sinne ist natürlich das Wort *Erfahrung* zu verstehen.

Aber das alles ist *lauter Unsägliches*, das in den andern Bezug wohl hinübergerettet werden kann, dort aber als etwas Nichtiges erscheinen muß. *Aber später, / unter den Sternen, was solls: die sind besser unsäglich.* Unter den Sternen ist eine Bezeichnung der Elegien für die Heimat der Engel. *Träte der Erzengel jetzt, der gefährliche, hinter den Sternen / eines Schrittes nur nieder und herwärts* (a.a.O. 689) – hieß es in der zweiten Elegie. Und dieser Bereich – sagt der Dichter – ist des Unsäglichen voll, ist wohl das Unsägliche schlechthin: Hier mit der geringen Unsäglichkeit eines persönlichen Schmerzes, einer persönlichen Erfahrung der Liebe einzutreten, wäre durchaus sinnlos. Dies verdeutlicht der Vergleich der nächsten Verse: *Bringt doch der Wanderer auch vom Hange des Bergrands / nicht eine Hand voll Erde ins Tal, die Allen unsägliche, sondern / ein erworbenes Wort, reines, den gelben und blaun / Enzian.* Was das Verständnis dieser Stelle erschwert, ist Rilkes kunstvolles Ineinanderübergehenlassen der beiden Vergleichsebenen: der Ebene des Menschen, der in den anderen Bezug nicht etwas Unsägliches hinübernehmen soll, und die dies verdeutlichende Ebene des Wanderers. Trennt man zunächst die beiden Ebenen, so lautet der Vergleich: »Bringt doch der Wanderer auch vom Hange des Bergrands nicht eine Hand voll Erde ins Tal, sondern den gelben und blaun Enzian.« Eine Handvoll Erde vom Bergrand ins Tal herunterzubringen wäre sinnlos, ist doch das Tal viel reicher daran als der Bergrand. Was aber nur am Bergrand blüht, und zwar als besonders reine Ausgestaltung derselben Erde, die auch im Tal zu finden ist, ist der Enzian: ihn nimmt der Wanderer mit sich, wenn er vom Bergrand ins Tal heruntersteigt. Die eben ausgelassenen Appositionen zu *Erde* und *Enzian* bilden die Brücke zur eigentlichen Aussage des Dichters, welcher der Vergleich dient. Die Erde ist die allen unsägliche, die gemeinsame Grundlage sowohl des Bergrands wie des Tals, gleichwie das Unsägliche des Gefühls die gemeinsame Grundlage sowohl dieses Bezugs ist, in dem der Mensch sein Dasein hat, wie des anderen, der Heimat der Engel, in den der Mensch sterbend hinübertritt. Der

Enzian wird aber *ein erworbenes Wort, reines* genannt, im Entwurf hieß es zunächst: *sondern den wörtlichen, den blauen Enzian.*[2] Der Enzian ist die reine Ausgestaltung, Kristallisation, Formwerdung der Erde, wie es das Wort für das Unsägliche ist: Der Enzian wächst aus der Erde hervor wie das Wort aus dem Bereich des Unsäglichen. Und zwar nicht überall. Sondern der Enzian nur am Bergrand, wo die Erde spärlich wird, und das Wort nur im Dasein des Menschen, in diesem Bezug, der viel weniger unsäglich ist, als der andere *unter den Sternen.* So hat der Mensch aus seiner irdischen Heimat in den anderen Bezug, damit er dort vom Hiesigen Zeugnis ablege, nicht das Unsägliche mitzunehmen, nicht *die Schmerzen,* [...] *das Schwersein,* [...] *der Liebe lange Erfahrung,* sondern – wie der Wanderer den Enzian – so er das *erworbene Wort.*

Hinübernehmen heißt aber nicht erst im Augenblick des Todes leisten, sondern schon im Leben, damit schon hier der Tod aufhöre eine trennende Wand zu sein zwischen den zwei Bezügen. So wird denn das, was der Mensch in den anderen Bezug einzig hinübernehmen kann, das *erworbene Wort* als möglicher Sinn des Daseins überhaupt eingesehen:

> *Sind wir vielleicht hier, um zu sagen: Haus,*
> *Brücke, Brunnen, Tor, Krug, Obstbaum, Fenster, –*
> *höchstens: Säule, Turm...* (Hervorh. von Rilke)

Ist es nicht der Sinn des menschlichen Daseins – fragt sich der Dichter –, die Dinge seiner Welt, die an sich sprachlos sind, zu *sagen*? Und zwar die einfachsten Dinge, das uns bergende Haus, die uns hinüberführende Brücke, das hinausführende Tor, den Krug, in dem wir das Wasser der Erde aufnehmen, das Fenster, das uns die Außenwelt öffnet, *höchstens* – sagt der Dichter, die Reihe der Dinge abschließend, die vom Menschen allmählich weg, in den Weltraum führt –, *höchstens: Säule, Turm:* das Hinaufweisende, das,

---

2 Bassermann, *Der späte Rilke.* A.a.O. S. 88.

wodurch der Mensch sich zu übersteigen trachtet? Diese Dinge zu sagen ist Aufgabe des Menschen, darum ist er hier, im Hiesigen, darum muß er – wie der Anfang der Elegie sagt – *Menschliches müssen – aber zu sagen, verstehs, / oh zu sagen so, wie selber die Dinge niemals / innig meinten zu sein. Innig* ist nicht auf *meinen,* sondern auf *sein* zu beziehen. Der Mensch muß die Dinge so *sagen,* daß die Dinge in diesem Gesagtwerden, in diesem Hereingehobenwerden aus ihrer sprachlosen Welt in die Sprache des Menschen, so innig werden, wie sie niemals meinten, werden zu können. Sie werden *innig,* weil sie der Mensch, indem er sie sagt, in seine Welt aufnimmt, in seine Innenwelt, und ihnen so von seiner eigenen Innigkeit mitteilt. *Ist nicht* – fragt der Dichter die Strophe abschließend – *die heimliche List / Dieser verschwiegenen Erde, wenn sie die Liebenden drängt, / daß sich in ihrem Gefühl jedes und jedes entzückt? / Schwelle: was ists für zwei / Liebende, daß sie die eigne ältere Schwelle der Tür / ein wenig verbrauchen, auch sie, nach den vielen vorher / und vor den Künftigen..., leicht.*

Ein Zweifaches an der Rilkeschen Sinngebung des menschlichen Daseins wird durch diese Verse verdeutlicht. Zunächst die Aufgabe, die Rilke, nachdem er den Auftrag der Dinge ganz erfaßt zu haben glaubt, der Liebe zuweist. In der ersten Elegie schien es, als habe der Mensch auf die Liebe zu einem anderen Menschen ganz zu verzichten, um erfüllen zu können, was von ihm verlangt wird. Die *Leere in seinen Armen* durfte er nicht mehr als Abwesenheit eines geliebten Menschen empfinden, er mußte *die Leere zu den Räumen hinzuwerfen,* die er atmet, damit die Vögel *die erweiterte Luft* vielleicht *mit innigerm Flug* fühlen (a.a.O. 685 f.), damit sie durch diese Hingabe des Menschen an Innigkeit gewinnen. Nun, in der neunten Elegie, erscheint die Liebe zweier Menschen nicht als Hindernis für die Erfüllung dieses Auftrags der Dinge, vielmehr in ihn eingebaut, von der Erde her gar als List veranstaltet, damit der Auftrag erfüllt werde. *Ist nicht die heimliche List / dieser verschwiegenen,* weil sprachlosen, *Erde* – fragt sich der Dichter – *wenn sie die Liebenden drängt, / daß sich in ihrem Gefühl jedes und jedes entzückt*, daß sich in der gesteigerten Innigkeit der Liebenden jedes Ding, das in ihr Leben hineinreicht, *entzückt*: »entzückt« nicht nur in der heutigen, abgeschliffenen Bedeutung des Wortes, sondern auch in dem Sinn, daß sich die Dinge aus ihrem sprachlosen, der Innigkeit entbehrenden Dasein in die Innigkeit des Menschen ent-zücken, entreißen: »zücken« ist ja eine Verstärkungsform von »ziehen«, wie der Ausdruck »das Schwert zücken« verrät. Für diese Ent-zückung der Dinge geben die vier letzten Verse der Strophe ein Beispiel: die Schwelle, ein unscheinbares und doch bedeutungsvolles Ding im Leben der Liebenden, der Eintritt ins Haus: *was ists, für zwei / Liebende*, daß sie sie *nach den vielen vorher und vor den Künftigen ein wenig verbrauchen*, hereinbeziehen in ihr inniges Dasein und ihr damit – wie der Dichter meint – etwas von ihrer Innigkeit mitteilen: ein Leichtes. Und doch wird in dieser Ent-zükkung die Kluft zwischen Mensch und Ding, zwischen Innenwelt und Außenwelt überbrückt, wird in dieser Ent-rückung Welt-Innen-Raum verwirklicht und so nicht nur der Auftrag der Dinge erfüllt, sondern zugleich das Schicksal des Menschen, wie es die achte Elegie beklagt hat, daß er immer allem gegenübersteht, für eine Weile aufgehoben. Aus dem Beispiel erhellt aber erst die ganze Bedeutungstiefe der Frage: *Sind wir vielleicht hier, um zu sagen: Haus, / Brücke, Brunnen, Tor, Krug, Obstbaum, Fenster, – / höchstens: Säule, Turm... aber zu sagen, verstehs, / oh zu sagen so, wie selber die Dinge niemals / innig meinten zu sein*. Nicht an ein einfaches, unbeteiligtes, das Ding bloß bei seinem Namen nennendes Sagen ist hier gedacht. Denn die Sprache des Menschen, die ihn befähigt, die Dinge zu *sagen* ist keine isolierte, von anderem unabhängige Fähigkeit seines Seins. Vielmehr ist Sprache dadurch gesetzt, daß der Mensch sein Dasein bewußt lebt, daß in ihm – wie die achte Elegie sagt – *Bewußtheit* (a.a.O. 715) ist. So erlebt er alles im Medium der Sprache: Nicht erst – oder überhaupt nicht, indem sein Name genannt wird, wird ein Ding »gesagt«, vielmehr wenn es hereingehoben wird in die Innigkeit des Menschen, wenn es wahrhaft erlebt wird, wie die Schwelle, welche die beiden Liebenden im Übertritt *ein wenig verbrauchen.* Sind sie dabei nämlich nicht verschlossen der Schwelle gegenüber, werden sie sich ihrer bewußt, dann ent-zückt sich schon das sprachlose Ding in die wesentlich in der Sprache verankerte Welt des Menschen, dann wird es »gesagt«.

X

Die neunte Elegie entspringt nicht – wie die ihr voraufgehenden der Klage, sondern der Preisung. Das besagt zugleich, daß sie den Umschlag aus der einen in die andere, des Dichters Wende von der Verzweiflung zur Gewißheit über den Sinn des menschlichen Daseins, nicht selber gestaltet. Denn dieser Umschlag, diese Wende erfolgt keineswegs erst und mit einem Mal zwischen der achten und neunten Elegie, deren Entstehung eine einzige Nacht trennt. Vielmehr ist die Verwandlung der Klage in Rühmung als Möglichkeit schon in den Anfängen der Elegien-Dichtung enthalten: Davon zeugen nicht nur die Verse über die Nacht in der ersten Elegie, die diesen Umschlag erahnen, sondern auch die gleichzeitig mit ihr gedichteten Schlußverse der neunten, in denen die Preisung gipfelt. Solcherart ist die Entwicklung der zehn Elegien vor der Verwirklichung schon im Anfang vorweggenommen: Worum der Dichter zehn Jahre lang ringen mußte, war nicht so sehr die Verwandlung der Klage in Rühmung, als vielmehr das Ausschreiten des Klageweges, an dessen Ende – nach der achten Elegie – das schon im Beginn Geahnte eingesehen und zur Gewißheit gehoben werden durfte. Diesen zweiten Weg, der bereits nach dem Abschluß der Klage beginnt und die stufenweise Verfestigung der Einsicht Rilkes in den Sinn des Daseins darstellt, gestaltet die neunte Elegie.

Auf die Frage ihres Eingangs, warum der Mensch Menschliches muß und nicht sein kann wie die Kreatur, etwa der Lorbeer, antwortet sie, nachdem sie das Glück, die Neugier und die Übung des Herzens als mögliche Begründungen abgelehnt hat, mit den Versen: *Aber weil Hiersein viel ist, und weil uns scheinbar / alles das Hiesige braucht, dieses Schwindende, das / seltsam uns angeht. Uns die Schwindendsten.*

Wozu das Hiesige den Menschen braucht, worum es ihn angeht: dies klären die weiteren Verse des ersten Teils. Es genügt nicht – so sieht der Dichter ein – das Hiesige, die Dinge der Erde – *zu enthalten in unseren einfachen Händen, / im überfüllteren Blick und im sprachlosen Herzen.* Denn diese Aneignung der Dinge würde mit dem Tod des Menschen hinfällig werden – oder anders und wesentlicher gesagt: Diese Aneignung der Dinge durch den Menschen vermag nicht zu bestehen, wenn der Mensch nicht mehr in der Geschlossenheit seines irdischen Daseins, sondern vor dem erweiterten Hintergrund des ganzen Seins, vor dem zweifachen Bezug, in der ewigen Strömung gesehen wird. Und dies ist ja Rilkes – wie er es oft bezeugt hat – wichtigstes Anliegen. Daß der Mensch – wie die Elegie sagt – das bloß Angeschaute oder als Ereignis Erfahrene *in den andern Bezug* nicht hinübernehmen kann, ist die konkret-raumhafte Formulierung dessen, daß die Anschauung oder Erfahrung des Hiesigen in der mit den Duineser Elegien gewonnenen neuen Weltsicht Rilkes als Aufgabe des Menschen nicht mehr hinreicht. *Denn des Anschaun's, siehe, ist eine Grenze. / Und die geschautere Welt / will in der Liebe gedeihn. // Werk des Gesichts ist getan, / tue nun Herz-Werk / an den Bildern in dir, jenen gefangenen; denn du / überwältigtest sie: aber nun kennst du sie nicht.* (Rilke II, 83 f.) – so heißt es in einem 1914 entstandenen Gedicht, das die Überschrift *Wendung* trägt. Man darf – wohl vereinfachend, aber nicht verfälschend – die Behauptung wagen, daß diese Wendung nach der in Paris, unter Rodins Einfluß erfolgten, die zweite wesentliche in Rilkes Leben und Werk ist: so daß man in ihm vorsichtig drei Perioden unterscheiden kann: die erste, deren Medium das reine Gefühl, das Erlebnis ist. Sie gipfelt um die Jahrhundertwende in den russischen Reisen mit Lou Andreas-Salomé, deren ganzes Leben unter diesem Zeichen stehen sollte, das bedeutendste Werk dieser Zeit ist das *Stundenbuch*. Die zweite Periode, die Rilke in dem am Anfang der Vorlesung zitierten Brief selber deutlich von der russischen unterschieden hat, beginnt mit der ersten Wendung dank Rodins Vorbild, mit der Wendung zur genauen, *unerbittlich begreifenden und nachbildenden* Anschauung, zum *Werk des Gesichts* – wie es das Gedicht *Wendung* formuliert, das am Abschluß dieser in den *Neuen Gedichten* Wort gewordenen Haltung steht. Die zweite Wendung aber, in der die Duineser Elegien gründen, ist die vom Werk des Gesichts zum Herz-Werk: dieses Herz-Werk bestimmt die neunte Elegie als das Sagen der Dinge: der Mensch – so erkennt sie – hat die Aufgabe, die Dinge zu sagen, *aber zu sagen, verstehs, / oh zu sagen so, wie selber die Dinge niemals / innig meinten zu sein*. Stand diese Einsicht in dem ersten Teil der Elegie noch unter dem Zeichen des Vielleicht, wird sie in den folgenden Versen zur Gewißheit:

> *Hier ist des Säglichen Zeit, hier seine Heimat.*
> *Sprich und bekenn. Mehr als je*
> *fallen die Dinge dahin, die erlebbaren, denn,*
> *was sie verdrängend ersetzt, ist ein Tun ohne Bild.*
> *Tun unter Krusten, die willig zerspringen, sobald*
> *innen das Handeln entwächst und sich anders begrenzt.*
> *Zwischen den Hämmern besteht*
> *unser Herz, wie die Zunge*
> *zwischen den Zähnen, die doch,*
> *dennoch, die preisende bleibt.*
> (Rilke I, 7/8 f. – Hervorh. von Rilke)

Die zwei graphisch hervorgehobenen *hier* nehmen die erste Antwort der neunten Elegie auf die Frage nach dem Sinn des menschlichen Daseins wieder auf: *Aber weil Hiersein viel ist, und weil uns scheinbar / alles das Hiesige braucht, dieses Schwindende, das / seltsam uns angeht.* Die Rettung der Dinge vor dem Hinschwinden besteht in ihrem Gesagtwerden, darin, daß sie aus dem bloß äußerlichen, der realen Vernichtung ausgesetzten Dasein hereingehoben werden in die Innenwelt des Menschen. Denn nicht um das bloße Sagen, um das Beim-Namen-Nennen geht es, vielmehr um das Herz-Werk, um das Bedeutend-Werden der Dinge für den Menschen, der ihnen sein Herz öffnet, sich aber dessen gar nicht anders als im Medium der Sprache, also im Sagen, bewußt zu werden vermag. Diese Einheit von Sprache und Herz bezeugen die Worte der Elegie *Sprich und bekenn*. An der Stelle von *bekenn* stand im Entwurf *benenn*[1]: Das Wort wurde fallen gelassen, wohl, weil es gerade der Dimension, auf die es hier ankommt, die des Herzens, entbehrt. Wenige Verse später wird das Ineinander von Sprache und Herz, von Sprechen und Bekennen aufs eindrücklichste wiederholt, zunächst aber wird gezeigt, daß dieses Herzwerk im historischen Augenblick unseres Daseins not tut, daß die Möglichkeit des Menschen, die Dinge zu sagen und damit sowohl die Dinge aus der Vergänglichkeit als sich selber aus der Vereinzelung, aus der Abgeschlossenheit seines Daseins zu erretten, warum diese Möglichkeit eine wesentlich unsere, den geschichtlichen Bedingungen unserer Zeit entsprechende, *ein unsere*[r] *Streifen Fruchtlands* (a.a.O. 692) ist. *Mehr als je / fallen die Dinge dahin, die erlebbaren, denn, / was sie verdrängend ersetzt, ist ein Tun ohne Bild. / Tun unter Krusten, die willig zerspringen, sobald / innen das Handeln entwächst und sich anders begrenzt.* Die Verse bieten dem Verständnis, zumal auf Grund des in der letzten Vorlesung zitierten Rilke-Briefes, keine Schwierigkeiten. Immer weniger gibt es – beklagt

[1] Bassermann, *Der späte Rilke*. A.a.O. S. 88.

der Dichter – wahrhafte Dinge, erlebbare, dem Menschen vertraute, ihn mitwissende. An ihre Stelle treten – wie der Brief ausführt – *leere gleichgültige Dinge, Schein-Dinge, Lebensattrappen* (B/M 335), mit den Worten der Elegie: *ein Tun ohne Bild*. Die eigentlichen Dinge sind immer mehr, als wozu sie dienten: ein echtes Haus ist über seine Bestimmung hinaus auch für sich selbst bedeutend, eine Gestalt, ein Bild: es wird nicht bloß als Obdach bewohnt, sondern zugleich als Bild erlebt, ins Herz aufgenommen. Das wahrhafte Ding ist immer auch Bild, in das – wie die zweite Elegie sagt – das eigene Herz uns übersteigt, das unser Nachschauen besänftigt. Das aber wird in unserer Zeit unmöglich. Denn das menschliche Tun hört auf, sich in bleibende Gestalten, in Bilder niederzuschlagen, es verfestigt sich nur noch zu Krusten, die bestehen, solange sie nötig sind, dann aber *willig zerspringen*, damit das Handeln sich anders begrenzen kann. So ist dem menschlichen Herzen, das sich immerfort übersteigt, keine Stätte in ihnen geboten. Aber es geht nicht unter. Der kühne Entschluß des Dichters, das *Herz-Werk* auch im Zeitalter der Technik zu erfüllen, wird in den nächsten vier Versen auch jenseits des Wortsinns in der gemeißelten Sprache deutlich:

> *Zwischen den Hämmern besteht*
> *unser Herz, wie die Zunge*
> *zwischen den Zähnen, die doch,*
> *dennoch, die preisende bleibt.*

Nicht anders besteht das Herz zwischen den Hämmern, mitten im bildlos-maschinellen Tun der Technik, nicht anders besteht es, das heißt: bleibt es erhalten und erfüllt es seine Aufgabe, als die Zunge zwischen den Zähnen besteht: von ihnen nicht vernichtet wird, sondern *bleibt,* und zwar die *preisende,* indem sie das ihr Aufgetragene leistet. Vollends sind in diesem Vierzeiler, gleichsam einem Gedicht innerhalb der neunten Elegie, Herz und Zunge, Herz und Sprache, ineinander verschlungen: das Sagen der Dinge als ein Herz-Werk, als Bekenntnis, als Preisung aufgezeigt. Die Aufgabe des Menschen in jener »offenen« Welt, die Leben und Tod, das Hiesige und den *anderen Bezug* umfaßt, die Aufgabe, durch deren Erfüllung der Mensch überhaupt erst ins Offene hinausgelangt, indem er die Kluft des Gegenübers zwischen ihm und allem Seienden aufhebt, bestimmt Rilke in der Preisung der Welt der Dinge.

Preise dem Engel die Welt, nicht die unsägliche, ihm
kannst du nicht großtun mit herrlich Erfühltem; im
Weltall,
wo er fühlender fühlt, bist du ein Neuling. Drum zeig
ihm das Einfache, das, von Geschlecht zu Geschlech-
tern gestaltet,
als ein Unsriges lebt, neben der Hand und im Blick.
Sag ihm die Dinge. Er wird staunender stehn; wie du
standest
bei dem Seiler in Rom, oder beim Töpfer am Nil.
Zeig ihm, wie glücklich ein Ding sein kann, wie
schuldlos und unser,
wie selbst das klagende Leid rein zur Gestalt sich
entschließt,
dient als ein Ding, oder stirbt in ein Ding –, und jenseits
selig der Geige entgeht. – Und diese, von Hingang
lebenden Dinge verstehn, daß du sie rühmst; vergäng-
lich,
traun sie ein Rettendes uns, den Vergänglichsten, zu.
Wollen, wir sollen sie ganz im unsichtbarn Herzen ver-
wandeln
in – o unendlich – in uns! Wer wir am Ende auch seien.
(Rilke I, 719 – Hervorh. von Rilke)

Die Verse greifen zurück auf jene im ersten Teil der Elegie, die davon sprachen, was der Mensch in den andern Bezug hinübernehmen solle. Nicht das Unsägliche, denn *später,* /

unter den Sternen [...] *die sind besser unsäglich.* Dasselbe wird hier gesagt, aber nun in jener anderen Sicht, die wir bei der Interpretation vorweggenommen haben. Nicht mehr ist das Leben des Menschen in der Zeitlichkeit, mit dem Tod als Abschluß gesehen, als Übertritt in den andern Bezug, sondern in der »großen Einheit von Leben und Tod«, die er für sich selber verwirklicht, sobald er das Immer-Gegenüber aufhebt, sobald er mit den Wesen, die in der Ewigkeit da sind, der Kreatur und den Dingen, in ein inniges Verhältnis tritt. Statt der Horizontale der Zeit steht nun die Vertikale der Ewigkeit, statt des je persönlichen Hinübertretens in den andern Bezug die überpersönliche Transzendenz des Engels, statt des nur im Tod erfolgenden »Hinübernehmens« das »Preisen«, das dem ganzen Leben Inhalt gibt: Der Mensch soll dem Engel die Welt preisen, und zwar nicht die unsägliche, ist doch die Heimat der Engel *besser unsäglich,* nicht nur in größerem Maße unsäglicher, sondern dadurch zugleich *besser,* einer höheren Rangstufe des Seins angehörig. Nicht Gefühle soll der Mensch dem Engel preisen, sondern die einfachen Dinge, die in ununterbrochener Überlieferung immer wieder von neuem und doch einem Ur-Bild gemäß gestaltet werden, die *ein Unsriges* sind, nicht als Besitz, sondern in der engen Verbindung mit der sie gestaltenden Hand und dem die Gestaltung lenkenden Blick. Und der Engel – sagt der Dichter – wird staunen darob: *staunender* steht absolut, ohne Vergleichsglied, nicht staunender als jemand anderer, sondern überaus staunend, so wie einst der Dichter selber staunte *bei dem Seiler in Rom, oder beim Töpfer am Nil.* Zwei Jahre nach der Dichtung der letzten Elegien beantwortete Rilke in einem Brief die Frage eines Zürcher Privatdozenten nach den »Einflüssen« in seinem Leben, gab sie im strengen Sinne nur für die früheste Zeit zu und schrieb dann: *ich frage mich oft, ob nicht das an sich Unbetonte den wesentlichsten Einfluß auf meine Bildung und Hervorbringung ausgeübt hat: der Umgang mit einem Hund; die Stunden, die ich zubringen konnte, in Rom einem Seiler zuschauend, der in seinem Gewerb eine der ältesten Gebärden der Welt wiederholte, ... genau wie jener Töpfer, in einem kleinen Nil-Dorf, neben dessen Scheibe zu stehen, mir unbeschreiblich, in einem geheimsten Sinne ergiebig war.* (B/M 247)

Der Mensch – fährt die Elegie fort – soll dem Engel in der Preisung zeigen, *wie glücklich ein Ding sein kann, wie schuldlos und unser,* wie selbst das klagende Leid des Menschen *sich zur Gestalt entschließt,* sich dazu entschließt, in einem Ding Gestalt zu gewinnen und in dieser Sichtbarwerdung ihr Innerstes aufzuschließen. So vermag – sagt der Dichter – das Leid des Menschen in ein dienendes Ding, in ein Gebrauchszeug hinüberwechseln, oder es *stirbt in ein Ding,* etwa in ein Musikinstrument wie die Geige: Es stirbt als klagendes Leid, hört auf, es zu sein, um der Geige als Klang zu entströmen, in diesem wörtlichen Sinn steht »entgehen«, um dank dem Instrument, einem einfachen Ding, aus dem Diesseits des unsäglichen Leids in das Jenseits der Musik erlöst zu werden.

Dann – die nächste Strophe vorbereitend, welche den Auftrag der Erde in beschwörendem Fragen von der Erde selber aus faßt – wendet sich der Dichter vom Menschen ab und den Dingen zu: die *von Hingang / lebenden,* die immerfort schwindenden Dinge verstehen es, wenn sie gerühmt werden, sie erfassen es, sie wissen es, daß ihre Rettung in ihrer Rühmung besteht: Deshalb traun sie *ein Rettendes* dem Menschen zu, der unter allen anderen Seienden als einziger die Sprache besitzt und so die Möglichkeit der Preisung hat. So ist das Verhältnis der Dinge zum Menschen vom Paradoxon bestimmt, daß die vergänglichen Dinge vom Vergänglichsten aller Wesen, vom Menschen, vor dem Vergehen gerettet werden: aber es ist dies das Paradoxon des menschlichen Bewußtseins und Sprachehabens selbst: Der Mensch ist – in Rilkes Augen – der Vergänglichste unter allen Wesen, weil er um sein Vergehen weiß, weil er ein Bewußtsein von seinem Tode hat; gerade kraft dieses

Bewußtseins vermag er aber das Ding zu preisen, es vor dessen Vergehen zu retten und – dies ist der wesentliche Umschlag – in dieser Rettung, in dieser innigen Verbindung mit der Dingwelt, sich selber vor dem Vergehen, vor dem Immerfort-Ausgerichtetsein auf den Tod, auf die Zukunft, zu retten.

Deshalb richten die Dinge ihren Auftrag an den Menschen: Sie wollen, daß wir sie *ganz im unsichtbarn Herzen verwandeln / in – o, unendlich in uns*, der Mensch soll die Dinge, die, solange sie sichtbar, gegenständlich da sind, das Vergehen bedroht, in seinem unsichtbaren Herzen aufnehmen, sie in sich selbst verwandeln, mit ihnen eins werden – *O, unendlich:* unbeschränkt, ohne Kluft, ohne Gegenüber, in vollkommener Aufhebung der Enden sowohl der innigen Welt des Menschen wie der Außenwelt der Dinge, des Innenraums und des vergehenden Weltraums, in der Verwirklichung also des Weltinnenraums. Dies wollen die Dinge von uns, den Vergänglichsten, und achten dabei nicht auf die noch größere Fragwürdigkeit unseres eigenen Daseins: sie richten ihren Auftrag an uns, *Wer wir am Ende auch seien.*

Die folgende Strophe enthält zunächst keine neue Aussage. Sie nimmt die beiden wichtigsten Begriffe der letzten Verse wieder auf und wiederholt sie in immer beschwörender werdendem Ton. Diese Intensivierung entspricht dem Wechsel in der Stellung des Dichters. Die neunte Elegie hatte zunächst von der achten, der »stillen«, den unpersönlichen Ton, das Wir der Menschen anstelle des Ich des Dichters übernommen. Allmählich nur, gegen die Mitte des Gedichtes, kehrt dieses wieder in seine Rechte zurück, und zwar zunächst in der zweiten Person, als angeredetes: *Sind wir vielleicht hier, um zu sagen: Haus, / Brücke, Brunnen, Tor, Krug, Obstbaum, Fenster, – / höchstens: Säule, Turm... aber zu sagen, verstehs, / oh zu sagen so, wie selber die Dinge niemals / innig meinten zu sein.* Und dann: in der nächsten Strophe die Aufforderung: *Sprich und bekenn*, die

in der Folge bestimmend wird: *Preise dem Engel die Welt*
[...]. In dieser Strophe nun kehrt der Dichter wieder zu
sich selbst zurück: Nicht mehr spricht er im Namen der
Menschen, auch nicht mehr zu sich selber, sondern aus sich
selber heraus, das ekstatische Liebesbekenntnis zur Erde:

> *Erde, ist es nicht dies, was du willst: **unsichtbar***
> ***in uns erstehn?** – Ist es dein Traum nicht,*
> *einmal unsichtbar zu sein? – **Erde! unsichtbar!***
> *Was, wenn Verwandlung nicht, ist dein drängender*
> *Auftrag?*
> *Erde, du liebe, ich **will**. Oh glaub, es bedürfte*
> *nicht deiner Frühlinge mehr, mich dir zu gewinnen –,*
> *einer,*
> *ach ein einziger ist schon dem Blute zu viel.*
> *Namenlos bin ich zu dir entschlossen, von weit her.*
> *Immer warst du im Recht, und dein heiliger Einfall*
> *ist der vertrauliche Tod.*
> (Rilke I, 720 – Hervorh. von Rilke)

Die Erde, der Inbegriff des Sichtbaren, will im Menschen
unsichtbar erstehen, es ist ihr Traum, ihre Sichtbarkeit
gleichsam abzulegen und sich hineinzuretten in die Innerlichkeit des Menschen, in die sie verwandelt wird. Dreimal
wiederholen dies die ersten Verse, zwar in Frageform, aber
in der Frageform der Beschwörung, die ihrer Antwort versichert ist. Und dazwischen, am Ende des dritten Verses,
eindrücklich nebeneinandergestellt die beiden Begriffe des
Paradoxons: *Erde! unsichtbar!* Dann aber geht das
beschwörende Fragen vollends über in das Liebesbekenntnis
des Dichters: Er hat den *drängende*[n] *Auftrag*, den die
Erde an den Menschen richtet, erkannt und er *will*: ohne
jede weitere Bestimmung steht das entscheidende Wort da,
Ausdruck für die Unbedingtheit dieses Wollens, dieser Entschlossenheit, von der die nächsten Verse sprechen: *Oh
glaub, es bedürfte / nicht deiner Frühlinge mehr, mich dir zu*

gewinnen –, einer, / *ach, ein einziger ist schon dem Blute zu viel.* Der Dichter ist zur Erde *entschlossen,* entschlossen im zweifachen Sinne des Wortes: Er ist gewillt, den Auftrag der Erde zu leisten, und er schließt sich damit der Erde, dem Weltraum, auf, läßt die Schranke zwischen der Außenwelt und einer Innenwelt fallen, verwirklicht den Weltinnenraum. Und zwar ist er *namenlos* zur Erde *entschlossen, von weit her.* Entgegen allen mir bekannten Interpretationen der Duineser Elegien, die *namenlos* auf *entschlossen* beziehen, und also von einer Entschlossenheit des Dichters zur Erde sprechen, die »mit keinem Worte der menschlichen Sprache benannt werden kann«, scheint mir, daß *namenlos* vom Dichter selber gesagt wird. Zwar kehrt – wie wir gesehen haben – die Elegiendichtung in der neunten Elegie allmählich zur Subjektivität des Dichters, grammatikalisch gesagt: zur ersten Person der Einzahl zurück. Aber auf eine zweifache Weise wird dieser Standpunkt, von dem die ersten Elegien ausgingen, indem er in der neunten wieder erreicht wird, bereits überwunden. Einmal, weil hinter dem Ich der neunten Elegie das objektivierte Wissen um das menschliche Dasein steht, wie es in der achten zum Ausdruck gelangt ist. In diesem Lichte ist die Rückkehr zur ersten Person der Einzahl nicht so sehr eine Beschränkung der Gültigkeit des Gesagten, als vielmehr ihre Verstärkung, zwar nicht in der Breite, aber im existentiellen Ernst, mit dem sie der Dichter von sich selber sagt. Das Wort Ich in den letzten Versen der Elegie heißt nicht mehr: »ich, der ich den und den Namen trage«. *Kunst kann nur aus rein anonymer Mitte hervorgehen* schrieb Rilke ein Jahr vor der Vollendung der Elegien (B II, 189). Diese *anonyme Mitte* glaubt der Dichter nach der deutlichen Bezogenheit der ersten Elegien auf seine eigene Person in der Folge erreicht zu haben, aus ihr heraus sagt er, daß er zur Erde *namenlos* und *von weit her*, nicht bloß aus seinem persönlichen Dasein, das den Namen Rainer Maria Rilke trägt, entschlossen sei.

Diese »Namenlosigkeit«, dieses *von weit her* hat aber noch

eine andere Bedeutung, die innigst mit dem Inhalt der letzten Verse, mit dem, was in den letzten Versen endlich erreicht wird, zusammenhängt. Die erste Elegie hat, von den Frühverstorbenen sprechend, ein erstes Bild vom menschlichen Dasein entworfen, und zwar unter dem Gesichtspunkt jener, die zwischen Leben und Tod *zu stark unterscheiden* (Rilke I, 688). *Seltsam* wurde hier genannt, daß der Tote *Rosen, und andern eigens versprechenden Dingen / nicht die Bedeutung menschlicher Zukunft* geben kann, daß er *selbst den eigenen Namen* weglassen muß *wie ein zerbrochenes Spielzeug* (a.a.O. 687 f.). Was hier als Vorrechte des Lebenden gesehen wird, erscheint jedoch den folgenden Elegien immer mehr als Mangel des menschlichen Daseins, das immerfort den Tod als seinen Abschluß vor sich hat: Das Bewußtsein vom Tod – so erkennt die achte Elegie – schließt den Menschen aus dem zeitlosen Offenen aus, vereinzelt ihn auf sein je eigenes Dasein, das ganz auf die Zukunft und auf den Tod als deren äußersten Punkt ausgerichtet ist. Namenhaben ist so Ausdruck der Vereinzelung, Zukunfthaben Ausdruck des Bewußtseins vom Ende: ihnen beiden enträt nur, wer das schicksalhafte Immer-Gegenüber aufzuheben, wer den Weltinnenraum für sich zu verwirklichen vermag. Das aber erfolgt in dem Entschluß des Menschen zur Erde, zu dem die Elegiendichtung am Ende der neunten Elegie hinfindet, und so darf der Entschluß in dem Augenblick, da er eingesehen wird, schon namenlos bezeichnet werden: Indem der Dichter sich zur Erde entschließt, um sie *unendlich* in sich zu verwandeln, hört er auf, ein Vereinzelter zu sein: dafür ist seine Namenlosigkeit das Zeichen.

Aber erst in den zwei letzten Versen der Strophe wird das Ziel des Elegienweges, die Umwertung des Todes, ganz erreicht. Den Tod nicht als Gegensatz des Lebens, sondern als dessen *uns abgekehrte Seite* zu sehen, *das Wort »Tod« ohne Negation zu lesen* (B/S 37), *Lebens- und Todesbejahung [...] als Eines* (B/M 332) zu erweisen – das war Rilkes innerstes Streben. In dem Entschluß zur Erde erscheint schließlich auch dieses erfüllt: *Immer warst du im Recht –* bestätigt der Dichter – *und dein heiliger Einfall / ist der vertrauliche Tod.* Indem der Mensch sein Dasein nicht mehr in dessen Ausgeschlossenheit aus dem Offenen, aus dem ewigen Bezug, nicht mehr in der Abgeschlossenheit durch den gewußten Tod erfährt, sondern sich *namenlos* zur Erde »entschließt«, seine Einzelheit aufgibt, sich den Weltraum erschließt, hört der Tod auf, die fremde Gegenmacht seines Lebens zu sein, er wird *vertraulich,* und er ist auch nicht mehr der Abschluß schlechthin, der in jedem Abschluß des Lebens schon vorgebildet und so dessen eigentliche bestimmende Kraft ist, sondern *der heilige Einfall* der Erde, *Einfall* der Erde wohl nicht nur in dem Sinne, daß der Tod der Erde einfällt, sondern auch so, daß die Erde im Tod in den Menschen einfällt, daß der Tod für den Menschen vollends die Vereinigung mit der Erde bringt, die er in seinem Leben ersehnt und die zu leisten ihm durch den Auftrag der Erde schon vor dem Tod die Möglichkeit geboten ist.

Mit dieser letzten Einsicht, die mit Schopenhauerscher Todessehnsucht durchaus nichts zu tun hat, die sich nicht zum Tode entschließt, sondern zur großen Einheit von Leben und Tod, zum Leben, für das der Tod nicht mehr der feindliche Abschluß, sondern die vertrauliche »andere Seite« ist, ist das Versprechen des Elegienanfangs erfüllt: Zum Zeugnis dafür bildet den Abschluß der neunten Elegie ein dreizeiliges Bruchstück aus dem Duineser Winter, in dem die ersten beiden Elegien entstanden.

Siehe, ich lebe. Woraus? Weder Kindheit noch Zukunft werden weniger... Überzähliges Dasein entspringt mir im Herzen. (Rilke I, 720)

Das *reine, verhaltene, schmale /Menschliche* (a.a.O. 692), nach dem sich der Dichter in den letzten Versen der zweiten Elegie gesehnt hat, ist gefunden: es ist die Verwandlung der Erde in den Innenraum des Menschen. Beruhigt weist der

Dichter die Erde, nachdem er den Tod als ihren *heiligen Einfall* angenommen, auf sich hin: *Siehe, ich lebe. Woraus? Weder Kindheit noch Zukunft / werden weniger*... Nicht mehr lebt der Mensch, der sich zum Auftrag der Erde entschlossen hat, von den Erlebnissen der Kindheit, in die Vergangenheit gerichtet, wie es Rilke in den Jahren, die der Entstehung der ersten Duineser Elegien vorausgingen, versucht hatte, indem er die *Aufzeichnungen des Malte Laurids Brigge* schrieb, und wie er es viel später noch, im Winter 1921, in den Anfangsversen einer fragmentarisch gebliebenen Elegie gedichtet hat:

> *LASS dir, daß Kindheit war, diese namenlose*
> *Treue der Himmlischen, nicht widerrufen vom Schicksal;*
> *selbst den Gefangenen noch, der finster im Kerker verdirbt,*
> *hat sie heimlich versorgt bis ans Ende.* (Rilke II, 457)

Nicht aus den Erlebnissen der Kindheit lebt fortan der Dichter, so daß sie nicht *weniger* wird, aber auch nicht aus der Zukunft, wie er es in der achten Elegie beklagt hat, nicht mehr auf Künftiges zulaufend. Denn nun ist sein Dasein aus der Zeitlichkeit herausgehoben, es ist auf nichts mehr ausgerichtet, steht nichts mehr gegenüber und ist auch nicht zählbar. Sondern gleichsam senkrecht auf dem zeitlichen Ablauf entspringt ihm jenseits aller Zählbarkeit ein Dasein ganz neuen Wesens: *überzähliges Dasein*. Und es entspringt ihm *im Herzen*, dort, wo die Erde verwandelt, wo der Weltinnenraum verwirklicht wird.

Nur noch für einen flüchtigen Blick auf die ersten Verse der zehnten Elegie reicht die Zeit. Sie sind gleichzeitig mit den ersten beiden Elegien, also zehn Jahre vor dem Abschluß der Dichtung, entstanden und waren – im Gegensatz zu den Anfangs- und Schlußversen der neunten Elegie – schon damals für die Stelle gemeint, an der sie heute stehen: für den Eingang der letzten der zehn Elegien, von denen einstweilen nur zwei bestanden.

Man darf mit hohem Recht aus dieser Bestimmung der Verse auf ihre Bedeutung schließen: In ihnen wird der Erkenntnisweg der Elegiendichtung, an dessen Ende die Umwertung des Todes steht, zwar nicht weitergeführt, aber die Brücke geschlagen von der Abstraktheit der Einsicht zur Konkretheit des Daseins. Was in ihnen in wundervoller metaphorischer Sprache zum Ausdruck gelangt, ist des Dichters sehnlichster Wunsch, im Augenblick des Todes die Überzeugung, die er in seinem Leben von dem Tod gewonnen, nicht verraten zu müssen:

> *DASS ich dereinst, an dem Ausgang der grimmigen*
> *Einsicht,*
> *Jubel und Ruhm aufsinge zustimmenden Engeln.*
> *Daß von den klar geschlagenen Hämmern des Herzens*
> *keiner versage an weichen, zweifelnden oder*
> *reißenden Saiten. Daß mich mein strömendes Antlitz*
> *glänzender mache; daß das unscheinbare Weinen*
> *blühe.* (Rilke I, 721)

Damit sind wir am Ende dieser in jeder Hinsicht fragmentarisch bleibenden Einführung in die Duineser Elegien. Fragmentarisch bleibt sie, nicht nur, weil nur vier von zehn Elegien Vers für Vers erläutert wurden, sondern auch der vielen Zusammenhänge wegen, die nur angedeutet, der vielen Fragen wegen, die nur aufgeworfen, aber nicht beantwortet werden konnten. Aber vielleicht hat dieses Fragmentarische auch sein Gutes, indem es verhindert, daß man sich mit dem Erreichten begnüge. Wenn es mir nun auch nicht möglich ist, für die fortgesetzte Beschäftigung mit den Duineser Elegien ein Buch anzugeben, mit dessen Ausführungen ich durchweg einverstanden wäre, so möchte ich doch drei Interpretationen nicht ungenannt lassen, da ich ihnen für die Erhellung mancher einzelnen Stelle verpflichtet bin. Es sind dies: Heinrich Cämmerer, *Rilkes Duineser Elegien;*

Romano Guardini, *Rainer Maria Rilkes Deutung des Daseins* und Heinrich Kreutz, *Rilkes Duineser Elegien*.[2]
Welche Erläuterung man auch wählt, wichtig ist, daß sie nie an die Stelle der Dichtung selber trete. Es gehört vielmehr zur eigensten Bestimmung jeder Interpretation, daß sie vergessen werde: Nicht das soll freilich der Vergessenheit anheimfallen, was in ihr über die Dichtung gesagt wurde, sondern daß es und von wem es gesagt wurde. Am Schluß einer Interpretation soll der Leser oder Zuhörer den Eindruck haben, er hätte das Gedicht immer schon so verstanden: Nur die Interpretation hat ihre Bestimmung erreicht, die sich solcherart in das Werk selbst auflöst: bleibt sie dagegen neben ihm bestehen, so ist Anlaß zum Verdacht, daß sie sowohl in ihrer Absicht als auch in ihren Behauptungen verfehlt ist.
In diesem Sinne vergessen zu werden, ist also auch mein eigener Wunsch.

---

[2] Heinrich Cämmerer, *Rilkes Duineser Elegien*. Stuttgart 1957. – Romano Guardini, *Rilkes Deutung des Daseins*. München 1953. – Heinrich Kreutz, *Rilkes Duineser Elegien*. München 1950.

G Rilke, Parallelstellen zur 1. Elegie, zum Anfang der 2. Elegie und zum Sonett an Orpheus II, 13

DIE ERSTE ELEGIE (I, 685-688)

Wenn ich schriee   Ich schreie um eine Kleinigkeit. / Die Dichter schrein um mehr. (Das Lied des Bettlers 1906 I, 448)
Engel, klag ich, klag ich? / Doch wie wäre dann die Klage mein? / Ach ich schreie, mit zwei Hölzern schlag ich / und ich meine nicht, gehört zu sein. (An den Engel 1913 II, 48)
Vergäßest / du die geringste der maßlos erschmerzten Gestalten, / riefst du, schrieest, hoffend auf frühere Neugier, / einen der Engel herbei, der mühsam verdunkelten Ausdrucks / leidunmächtig, immer wieder versuchend, / dir dein Schluchzen damals, um jene, beschriebe. (Ursprüngliche Fassung der zehnten Duineser Elegie 1912-13 II, 65)
WER könnte einsam leben und nicht dies / bewundern lernen: daß zu ihm zuweilen / die Engel treten um mit ihm zu teilen / was sich den Anderen nicht geben ließ // den Ausgestreuten und den Aufgelösten / die ihre Stimmen schicken ins Geschrei –; (1906 II, 332)

verginge von seinem/ stärkeren Dasein   Das ist die Rückseite jeder großen Kraft, was das Alte Testament so ausdrückt, daß es im Grunde nicht angeht, einen Engel zu sehen, ohne an ihm zu sterben. (11. 2. 1912 B I, 363)

gelassen verschmäht   Nur der Gott, / wie eine Säule, läßt vorbei, verteilend / hoch oben, wo er trägt,

---

1 Im folgenden werden bei den Briefbänden dieselben Abkürzungen verwendet wie bisher, bei den Werken Rilkes wird nur die Nummer des Bandes in römischen Ziffern angegeben.

	nach beiden Seiten / die leichte Wölbung seines Gleichmuts. (1913 II, 53)
in der gedeuteten Welt	Wir machen mit Worten und Fingerzeigen / uns allmählich die Welt zu eigen, / vielleicht ihren schwächsten, gefährlichsten Teil. (Sonette an Orpheus 1922 I, 741 – Hervorh. von Rilke)
O und die Nacht	O Nacht ohne Gegenstände. (Malte Laurids Brigge 1904-10 VI, 777)
	O wie werdet ihr dann, Nächte, mir lieb sein. (10. Elegie 1912 I, 721)
	SO angestrengt wider die starke Nacht [...] (1913 II, 52)
/Auftrag/	Sie müssen dastehn wie der Hirt, der dauert [...] (1926 II, 277)
	da du [Nachtstunde] für dein unendliches Geschehen / mein ungenügendes Gesicht verlangst. (1913/14 II, 408)
wenn der Wind	ICH bete wieder, du Erlauchter, / du hörst mich wieder durch den Wind (Von der Pilgerschaft 1901 I, 306)
	wie in Gedanken erreicht unsere schweren Ähren / sanft sie wendend ihr [der Götter] Wind. (1924 II, 159)
	MIT diesem Wind kommt Schicksal [...] (Ein Frühlingswind 1907 II, 16)
	WAR der Windstoß, der mir eben / ungefähr ins Fenster fuhr, / nur ein blindes Sich-erheben / und Sich-legen der Natur? // Oder nutzte die Gebärde / ein Verwesner heimlich aus? / [...] Hat mich ein im Tod getrübter / Knabe nahe angeweint? (Aus dem Nachlaß des Grafen C. W. 1920 II, 117)
	Ich bin allein im Gehör / mit mir, mit dem Wind... (Erscheinung 1912 II, 41)
	NUN reicht ans Antlitz dem gestillten Rühmer / die Ferne aus den offenen Horizonten: [...] (Zu der Zeichnung, John Keats im Tode darstellend 1914 II, 75)
/Auftrag, Nachtwind/	Was will der Wind nicht alles? (1913 II, 53)

das Tiefe fühlend aufgetaner Winde. /
Die Nacht ist stark [...] die Spannung
künftiger Empfänglichkeiten. (Winterliche Stanzen 1913 II, 62 f.)
Dann rief es einmal, dünn und hoch:
ein Kind. / Er hob sich groß, daß er es
überführe / [...] und draußen war
Nachtwind. (Sankt Christofferus 1913 II, 59)

uns am Angesicht
/Gesicht –
Weltraum/

Gesicht, mein Gesicht: / wessen bist du?
[...] (Improvisationen aus dem Capreser Winter 1906 II, 12)
Wie hinhielt ich dies Antlitz, daß sein
Gefühl / rauhe Räume der Freiheit
durchwirke (Aus den Gedichten an die
Nacht 1913/14 II, 408)
In mein Gesicht reicht eine Welt herein,
/ die vielleicht unbewohnt ist wie ein
Mond (Der Einsame 1903 I, 394)
WAS könnte dein Lächeln mir was mir
die Nacht nicht / gäbe aufdrängen, die
hier mit fast schüchternem Anfang an
meinem Gesicht / beginnt und wo wo
endet. In dir hörte ich auf, / so aber
streng ich mein Herz an, ströme, und
immer / hat der Raum nicht genug.
(1913 II, 392)
Ich halte, wartend, meines Angesichts /
williges Schauen in den Wind der Tage /
und klage den Nächten nicht . . . . . / (da
ich sie wissen seh)
(Improvisationen aus dem Capreser Winter 1906 II, 16)
WENN ich so an deinem Antlitz zehre /
wie die Träne an dem Weinenden, /
meine Stirne, meinen Mund vermehre /
um die Züge, die ich an dir kenn (Aus
den Gedichten an die Nacht 1913/14 II,
73)
Hände der Winde verlegen / an dein
nahes Gesicht die entlegenste Nacht.
(Mondnacht 1911 II, 38)

	Wem geht ein Wind durchs Herz, unwidersprechlich? / Wer faßt in sich der Vogelflüge Raum? (1919 II, 449)
vielleicht daß die Vögel	*Durch alle Wesen reicht der eine Raum: / Weltinnenraum. Die Vögel fliegen still / durch uns hindurch. O, der ich wachsen will, / ich seh hinaus, und in mir wächst der Baum.* (1914 II, 93 – Hervorh. von Rilke)
	Doch laß durch mich wie durch die Luft den Flug / der Vögel gehen. Laß mich, wie aus Schatten / und Wind gemischt, dem schwebenden Bezug / kühl fühlbar sein [...] (Vor Weihnachten 1914 1914/15 II, 96)
	ACH, nicht getrennt sein, / nicht durch so wenig Wandung / ausgeschlossen sein vom Sternen-Maß. / Innres, was ists? / Wenn nicht gesteigerter Himmel, / durchworfen mit Vögeln und tief / von Winden der Heimkehr. (1925 II, 184)
	oder des Vogels reichlicher Flug / schenke uns Herzraum, mache uns Zukunft entbehrlich. (1922 II, 140)
/Vogelruf/	Er gedachte der Stunde in jenem anderen südlichen Garten [Capri], da ein Vogelruf draußen und in seinem Innern übereinstimmend da war, indem er sich gewissermaßen an der Grenze des Körpers nicht brach, beides zu einem ununterbrochenen Raum zusammennahm, in welchem, geheimnisvoll geschützt, nur eine einzige Stelle reinsten, tiefsten Bewußtseins blieb. (13. 1. 1919 B/AS 399 f.)
die wir atmen	*ATMEN, du unsichtbares Gedicht!* (Sonette an Orpheus 1922 I, 751)
manche / Sterne	
/Eigenschaften/	1 *Hat er die innige Einsicht / in ihr reines Gesicht nicht aus dem reinen Gestirn?* (3. Elegie 1912/13 I, 693 – Hervorh. von Sz.)
	Du, fast noch Kind, ergänze / für einen Augenblick die Tanzfigur / zum

> *reinen Sternbild einer jener Tänze, /
> darin wir die dumpf ordnende Natur
> // vergänglich übertreffen. (Sonette an
> Orpheus 1922 I, 769 f. – Hervorh. von
> Sz.)*
>
> *so kommt die Nacht dem reinen
> Stern zustatten (Zu der Zeichnung,
> John Keats im Tode darstellend 1914
> II, 409 – Hervorh. von Sz.)*

2 *doch drüber stehen, stark und diamanten, / in tiefen, feierlichen Zwischenräumen, / die großen Sterne einer Frühlingsnacht. (Die Nacht der Frühlingswende 1907 II, 26 – Hervorh. von Sz.)*

3 *Und Sterne stehn, die großen Sterne und / du hast nicht Kraft vor ihrem Hintergrund / dich auszuhalten.* (1910 II, 375 – Hervorh. von Sz.)

4 *Welche Übergewichte von Stille / müssen im Weltraum wohnen, [...] da uns die Sterne / schweigende scheinen, im angeschrieenen Äther!* (1922 II, 135 – Hervorh. von Sz.)

5 *Tagsüber üben die Nachtigalln / ihres Fühlens Entzückung / und ihre Übermacht / über den nüchternen Stern.* (1924 II, 163 – Hervorh. von Sz.)

6 *Stern-Blicke gehn seit Myriaden Jahren* (1920 II, 462 – Hervorh. von Sz.)

7 *Der Himmel singt in seiner Sicherheit, / hoch über Zeit die reichen Sterne singen, / wir treiben mit den abgehärmten Dingen / zwieschweigende Geselligkeit.* (1913 II, 398 – Hervorh. von Sz.)

8 *Besser / es [mein Herz] lebt im Schrecken seiner Sterne, als / zum Schein beschützt, von einer Näh beschwichtigt.* (Fragment aus dem Umkreis der Elegien 1913 II, 53 – Hervorh. von Sz.)

/Stern–Engel/ *Träte der Erzengel jetzt, der gefährliche,*

hinter den Sternen / eines Schrittes nur nieder und herwärts: (2. Elegie 1912 I, 689)
unaufhaltsam genaht hinter den Sternen im Osten / wartet der Engel, daß ich mich kläre. (1913 II, 71)
Leuchte, leuchte! Mach mich angeschauter / bei den Sternen. Denn ich schwinde hin. (*An den Engel* 1913 II, 49)

/Stern – Weltraum/ *LIEBE der Engel ist Raum. / Der Weltraum ist wie Gewahrung / liebender Engel, erfüllt / von dem gestirnten Geschenk.* (1922 II, 474)
O aufgelehnte Welt / voll Weigerung. Und atmet doch den Raum, / in dem die Sterne gehen. (1913 II, 52)
ACH, nicht getrennt sein, / nicht durch so wenig Wandung / ausgeschlossen vom Sternen-Maß. / Innres, was ists? / Wenn nicht gesteigerter Himmel, / durchworfen mit Vögeln und tief / von Winden der Heimkehr. (1925 II, 184)

/Stern – anderer Bezug/ *Aber später, / unter den Sternen, was solls* [...] (9. Elegie 1922 I, 718)

/Stern – Mensch/ *Und sie staunen dem krönlichen Haupt, das für immer, / schweigend, der Menschen Gesicht / auf die Waage der Sterne gelegt.* (10. Elegie 1922 I, 724)
Aber plötzlich, schräg und ungeübt, / hält sie [die Klage] *doch ein Sternbild unsrer Stimme / in den Himmel, den ihr Hauch nicht trübt.* (Sonette an Orpheus 1922 I, 736)
Wann aber sind wir? Und wann wendet er [der Gott] // *an unser Sein die Erde und die Sterne?* (Sonette an Orpheus 1922 I, 732 – Hervorh. von Rilke)
Zuweilen / in solchen großen Nächten sind wir wie / außer Gefahr, in gleichen leichten Teilen / den Sternen ausgeteilt. Wie drängen sie. (*Nächtlicher Gang* 1908 II, 31)

	Doch wer sich so erzieht, daß er bemerke, / was ihn von dem Gestirn her zieht und hemmt, / der fühlt die Biegsamkeit in seiner Stärke. (1924 II, 493)
	Es sei denn, / daß du plötzlich ringst mit der gewaltigen Richtung / jener Gestirne nach dir. (Aus den Gedichten an die Nacht 1913 II, 54)
	WAS sich uns reicht mit dem Sternenlicht, / was sich uns reicht, / faß es wie Welt in dein Angesicht, / nimm es nicht leicht. (1924 II, 496)
/Gewalt/	LANGE errang ers im Anschaun. / Sterne brachen ins Knie (Wendung 1914 II, 82)
/Durchdringung/	Geht nicht durch mich der Sterne Schwung? / Umfaß ich nicht das weltische Gedränge? (Vor Weihnachten 1914 1914/15 II, 98)
	[Wir] Sind Stelle, wo sich Herz und Stern durchdringt. (1918 II, 449)
/Harmonie/	Drum sorge nicht, ob du etwa verlörst, / dein Herz reicht weiter als die letzte Ferne, / wenn du dich selber selig singen hörst, / so singt die Welt, so jubeln deine Sterne. (1919 II, 453)
/Verständigung/	FRÜHER, wie oft, blieben wir, Stern in Stern, / wenn aus dem Sternbild der freiste, / jener Sprech-Stern hervortrat und rief. [...] (1926 II, 508)
	Könnt ich statt all den Außenseiten der Zeit, die mich beirren, diese Innenwelt der getrosten Kristalle im Aug behalten, die nichts Zufälliges erschüttert, in denen nur der reine Umschwung der Gestirne nach innen schlägt zu innig-eingekehrtem Wirken. (22. 7. 1913 B/AS 299)
die Frühlinge	NATUR ist glücklich. Doch in uns begegnen / sich zuviel Kräfte, die sich wirr bestreiten: / wer hat ein Frühjahr innen zu bereiten? / [...] Wer faßt in sich der Vogelflüge Raum? (1919 II, 449)
	Dann entsteht / aus unsern Jahreszeiten erst der Umkreis / des ganzen Wandelns. (4. Elegie 1915 I, 699)

eine Geige	FREMDE Geige, gehst du mir nach? (*Der Nachbar* 1902/3 I, 392)
	Gefühle zu wem? O du der Gefühle / Wandlung in was? –: in hörbare Landschaft. / Du Fremde: Musik. Du uns entwachsener / Herzraum. Innigstes unser, / das, uns übersteigend, hinausdrängt, – / heiliger Abschied: [...] (*An die Musik* 1918 II, 111)
	[...] Ahnte ich, ob fremde Kinder gern / tönen hören meinen innern Stern [...] im Abendwind [...] Denn was wär Musik, wenn sie nicht ging / weit hinüber über jedes Ding. (*Musik* 1924 II, 262)
aber bewältigtest du's	Une chose, pour qu'elle vous parle, vous devez la prendre pendant un certain temps, comme la *seule qui existe*, comme l'apparence unique – qui par votre amour laborieux et exclusif se trouve placée au centre de l'Univers et qui, à cette place incomparable, ce jour-là est servie par les Anges. (B II, 247 – Hervorh. von Rilke)
	[...] Jedes Ding, das einen einsam kannte, / staunte her, als ob man es verstieß, – (1913 II, 401)
/noch negativ/	Ich habe keine Geliebte, kein Haus, / keine Stelle auf der ich lebe. / Alle Dinge, an die ich mich gebe, / werden reich und geben mich aus. (*Der Dichter* 1905/6 I, 511)
	Im Archiv las ich einen herrlichen Brief Bettinens und fand jenes Blatt, auf das Goethe in so wundervoll plötzlicher Strömung: Alles kündet dich an geschrieben hat. (14.9.1911 B I, 312 – Hervorh. von Rilke)
singe die Liebenden [...]	
jene [...] *Verlassenen*	[...] Du aber sei, du Mund, daß wir es hören, / du aber, du Uns-Sagender: du sei. (*Gesang der Frauen an den Dichter* 1907 I, 495)
	UND der Engel trat ihn an: [...] Laß ein / die, die ich dir zugewiesen, / daß sie

| | wachsend Heloïsen / überstehn und überschrein. (Don Juans Auswahl 1908 I, 617)
| | Und ihr Gestorbensein / erfüllte sie wie Fülle. (Orpheus. Eurydike. Hermes 1904 I, 544)
| | MÄDCHEN, Dichter sind, die von euch lernen, / das zu sagen, was ihr einsam seid; [...] (Von den Mädchen II 1900 I, 375 – Hervorh. von Rilke)
dem der Geliebte entging | o wie entgeht dann der Trinkende seltsam der Handlung (2. Elegie 1912 I, 691)
| | und jenseits / selig der Geige entgeht. (9. Elegie 1922 I, 719)
| | entging sein Wesen dem schrecklichen / Leibe der Leiden (Christi Höllenfahrt 1913 II, 57)
daß wir liebend / uns vom Geliebten befrein | WIE soll ich meine Seele halten, daß / sie nicht an deine rührt? [...] (Liebes-Lied 1907 I, 482)
| | [...] Wir haben, wo wir lieben, ja nur dies: / einander lassen. [...] (Requiem für eine Freundin 1908 I, 654)
| | UNAUFHALTSAM, ich will die Bahn vollenden, / mich schreckt es, wenn mich ein Sterbliches hält. (1925 II, 184)
| | Was ihn selbst anging, so verlieh erst sie [die Abgeschiedenheit] ihm eine gewisse Freiheit gegen die Menschen, – der kleine Anfang von Armuth, um den er leichter war, gab ihm unter diesen aneinander Hoffenden und Besorgten, in Tod und Leben Gebundenen, eine eigene Beweglichkeit. (13. 1. 1919 B/AS 401)
| | QUE ton absence soit une nouvelle figure / de ton être à jamais senti; [...] (1926 II, 741)
Höre, mein Herz | Wer, wenn ich schriee, hörte mich denn...
Gottes [...] Stimme | Ich bete nachts oft: Sei der Stumme (Vom mönchischen Leben 1899 I, 282)
| | Nichts ist so stumm / wie eines Gottes Mund. (1913 II, 53)

503

/die Liebende und die Früh- verstorbene in einer Gestalt/	[...] *Sie war in einem neuen Mädchentum* [...] *Sie war* [...] *jenes Mannes Eigentum nicht mehr* [...] (Orpheus. Eurydike. Hermes 1904 I, 544 f.)
das Wehende	vgl. Stellen zu Wind.
junge Tote	*Was zu mir vom Menschlichen redet, immens, mit einer Ruhe der Autorität, die mir das Gehör geräumig macht, das ist die Erscheinung der Jungverstorbenen und unbedingter noch, reiner, unerschöpflicher: die Liebende. In diesen beiden Figuren wird mir Menschliches ins Herz gemischt, ob ich will oder nicht.* (23. 1. 1912 B I, 345 – Hervorh. v. Rilke) *(Die Sonette zeigen Einzelheiten aus dieser Tätigkeit, die hier unter den Namen und Schutz eines verstorbenen Mädchens gestellt erscheint, deren Unvollendung und Unschuld die Grabtür offenhält, so daß sie, hingegangen, zu jenen Mächten gehört, die die Hälfte des Lebens frisch erhalten und offen nach der anderen wundoffenen Hälfte zu.)* (13. 11. 1925 B II, 485) [...] *und den frühe Hinüberbestimmten, / denen der gärtnernde Tod anders die Adern verbiegt. / Diese stürzen dahin: dem eigenen Lächeln / sind sie voran* [...] (6. Elegie 1913 I, 706)
ihrer Geister / reine Bewegung manchmal ein wenig behindert	*und fürchte nicht, daß unser Trauern dich / seltsam beläbt* [...] (Requiem für Wolf Graf von Kalckreuth 1908 I, 664)
Rosen	*ROSE, oh reiner Widerspruch, Lust / Niemandes Schlaf zu sein unter soviel / Lidern.* (1925 II, 185)
Zukunft	*und vor uns nicht die Zukunft* (4. Elegie 1915 I, 699) *und wo wir Zukunft sehn* (8. Elegie 1922 I, 715)

in unendlich ängstlichen Händen	*ACH wehe, meine Mutter reißt mich ein* [...] (1915 II, 101)
die Wünsche	*das Reine, / Unüberwachte, das man atmet und / unendlich weiß und nicht begehrt.* (8. Elegie 1922 I, 714 – Hervorh. von Rilke)
	Und wenn es auch zum Eigentum verführte, / noch war es keins. (Vor Weihnachten 1914 1914/15 II, 96)
	Aucun désir ne m'ouvre [...] (Nénuphar 1920 II, 637)
	Unser Besitz ist Verlust. (1924 II, 502)
	Sie sagen mein und nennen das Besitz, / wenn jedes Ding sich schließt, dem sie sich nahn [...] (Von der Pilgerschaft 1901 I, 338 – Hervorh. von Rilke)
alles, was sich bezog	*Wir haben nie, nicht einen einzigen Tag, / den reinen Raum vor uns* (8. Elegie 1922 I, 714 – Hervorh. von Rilke)
voller Nachholn	*Oder war / das Nichtmehrleben doch noch weit vom Totsein?* (Requiem für Wolf Graf von Kalckreuth 1908 I, 659)
	Fängt / ein neues Lernen an, ein neues Fragen? (Requiem auf den Tod eines Knaben 1915 II, 107)
daß sie zu stark unterscheiden	*wie der Mond, so hat gewiß das Leben eine uns dauernd abgewendete Seite, die nicht sein Gegenteil ist, sondern seine Ergänzung zur Vollkommenheit, zur Vollzähligkeit, zu der wirklich heilen und vollen Sphäre und Kugel des Seins.* (6. 1. 1923 B/S 37 – Hervorh. von Rilke)
	ein solcher Widerspruch / gegen alle ihre Unterschiede, / ihr Gestorben-, ihr Lebendigsein, (Auferweckung des Lazarus 1913 II, 49)
die ewige Strömung	*das Fremde* [...], *aber in diesem Fremden schon gewissermaßen zugegeben, daß man es gewahrte, ertrug, ja anerkannte um einer gewissen, geheimnisvollen Verwandtschaft und Einbeziehung willen: man war auch dies, nur, daß*

man vor der Hand mit dieser Seite des eigenen Erlebens nichts anzufangen wußte. (8. 11. 1915 B II, 54 – Hervorh. von Rilke)
Wenn ich [...] noch eine Aufgabe [...] vor mir sehe, so ist es einzig diese: die Vertraulichkeit zum Tode aus den tiefsten Freuden und Herrlichkeiten des Lebens heraus zu bestärken: ihn, der nie ein Fremder war, wieder als den verschwiegenen Mitwisser alles Lebendigen kenntlicher und fühlbarer zu machen. (23. 1. 1919 B II, 122 f.)
Die wahre Lebensgestalt reicht durch beide Gebiete, das Blut des größten Kreislaufs treibt durch beide: es gibt weder ein Diesseits noch Jenseits, sondern die große Einheit, in der die uns übertreffenden Wesen, die »Engel«, zu Hause sind. (13. 11. 1925 B/M 333 – Hervorh. von Rilke)

aus Trauer so oft /
seliger Fortschritt

aber dein von uns entferntes, / aus unserm Stück entrücktes Dasein kann // uns manchmal überkommen, wie ein Wissen / von jener Wirklichkeit sich niedersenkend (Todes-Erfahrung 1907 I, 519)

DIE ZWEITE ELEGIE

Spiegel: die die ent-
strömte eigene Schönheit
 (II, 689)

NARZISS verging. Von seiner Schönheit hob / sich unaufhörlich seines Wesens Nähe [...] Er liebte, was ihm ausging, wieder ein [...] (Narziß 1913 II, 56)
Denn, wie ich mich in meinen Blick verliere: / ich könnte denken, daß ich tödlich sei. (Narziß 1913 II, 57)

/Narziß – Frau/

trinkt sie still aus ihrem Bild. Sie trinkt, / was ein Liebender im Taumel tränke (Dame vor dem Spiegel 1907 I, 624)
[...] der Frauen Dürsten nach sich sel-

	ber stillts [...] *Wir fallen in der Spiegel Glanz* [...] *Sie müssen doppelt sein, dann sind sie ganz.* (Aus dem Umkreis: Spiegelungen 1924 II, 181)
/Narziß – Rose/	[...] *ton intérieur qui sans cesse / se caresse, dirait-on* [...] *Ainsi tu inventes le thème / du Narcisse exaucé.* (Les roses V 1924 II, 576)
	[...] *tu te mires dans une glace / d'odeur* (Les roses XV 1924 II, 580)
	[...] *Aucun désir ne m'ouvre* [...] (Nénuphar 1920 II, 637)
/Narziß – Fontäne/	*JE ne veux qu'une seule leçon, c'est la tienne, / fontaine, qui en toi-même retombes.* (La fontaine 1924 II, 530)
	DASS aus Aufsteigendem und Wiederfall / auch ganz in mir so Seiendes entstände: / O Heben und Empfangen ohne Hände, / geistigstes Weilen: Ballspiel ohne Ball. (Fontäne 1909 II, 366)
/Narziß – Ballspiel/	*oder, plötzlich, in der freisten Stunde, / beides: Fangender und Ball.* (Briefwechsel mit Erika Mitterer 1924 II, 292)
SEI ALLEM ABSCHIED VORAN	(Sonette an Orpheus II, 13 I, 759)
	Das dreizehnte des zweiten Teils ist mir das Gültigste von allen (: Sei allem Abschied voran ...) Es enthält alle übrigen und es spricht das aus, was, ob es mich gleich noch weit übertrifft, eines Tages meine reinste endgültigste Erreichung, mitten im Leben, müßte sein dürfen. (Hervorh. von Rilke)[2]
Abschied	*So leben wir und nehmen immer Abschied.* (8. Elegie 1922 I, 716)
/Liebe/	*Ist es nicht Zeit, daß wir liebend / uns vom Geliebten befrein* [...] (1. Elegie 1912 I, 687)
/denn!/	*Wir haben, wo wir lieben, ja nur dies: / einander lassen; denn daß wir uns halten, / das fällt uns leicht und ist nicht erst zu*

---

[2] Rainer Maria Rilke / Katharina Kippenberg, *Briefwechsel*. Hrsg. Bettina von Bomhard. Wiesbaden 1954. S. 461.

lernen. (*Requiem für eine Freundin* 1908 I, 654)

QUE *ton absence soit une nouvelle figure / de ton être à jamais senti;* (1926 II, 741)

/Tod/ UNAUFHALTSAM, *ich will die Bahn vollenden, / mich schreckt es, wenn mich ein Sterbliches hält.* (1925 II, 184)

WIEVIEL *Abschied ward uns beigebracht, / jedes Mal so oft wir uns begrüßten* [...] (*Briefwechsel mit Erika Mitterer* 1924 II, 293)

Abschiede sind eine Last im Gefühl. Die Ferne bleibt betont hinter ihnen, wirkt und wächst und wird mächtig über allen Gemeinsamkeiten, die auch Weitgetrennten unwillkürlich sein müßten... (18. 10. 1900 B I, 16)

sei [...] voran *Fontäne, / die zu dem drängenden Strahl schon das Fallen zuvornimmt / im versprechlichen Spiel....* (7. *Elegie* 1922 I, 709)

das freie Tier / hat seinen Untergang stets hinter sich / und vor sich Gott [...] (8. *Elegie* 1922 I, 714)

SOLANG *du Selbstgeworfnes fängst* [...] *nein, wunderbarer: Mut und Kraft vergäßest / und schon geworfen hättest.....* (1922 II, 132 – Hervorh. von Rilke)

PUISQUE *tu passes, faisons / la mélodie passagère* [...] *Chantons ce qui nous quitte / avec amour et art; / soyons plus vite / que le rapide départ.* (1924 II, 538 f.)

Ich habe mir oft gesagt, daß dieses der Drang oder (wenn so zu sagen erlaubt ist) die heilige List der Märtyrer war, daß sie verlangten, den Schmerz, den fürchterlichsten Schmerz, das Übermaß alles Schmerzes, hinter sich zu legen [...] (12. 4. 1923 B/S 40)

sei immer tot in Eurydike *und nannte jenes Land / das gutgelegene, das immersüße* [...] (*Der Tod der*

	Geliebten 1907 I, 562)
preisender steige zurück	RÜHMEN, das ists! [...] Er ist einer der bleibenden Boten, / der noch weit in die Türen der Toten / Schalen mit rühmlichen Früchten hält. (Sonette an Orpheus 1922 I, 735)
	NUR im Raum der Rühmung darf die Klage / gehn [...] (Sonette an Orpheus 1922 I, 53)
	OH sage, Dichter, was du tust? – Ich rühme. / Aber das Tödliche und Ungetüme, / wie hältst du's aus, wie nimmst du's hin? – Ich rühme. (1921 II, 249)
in den reinen Bezug	Das Faßliche entgeht, verwandelt sich, statt des Besitzes erlernt man den Bezug [...] (22. 2. 1923 B II, 395)
	den reinen Raum [...] das Reine (8. Elegie 1922 I, 714)
	Ach, in den andern Bezug, / wehe, was nimmt man hinüber? (9. Elegie 1922 I, 717 f.)
	Ohne unsern wahren Platz zu kennen, / handeln wir aus wirklichem Bezug. (Sonette an Orpheus 1922 I, 738)
hier, unter Schwindenden	Denn Bleiben ist nirgends. (1. Elegie 1912 I, 687)
	Denn wir, wo wir fühlen, verflüchtigen [...] (2. Elegie 1912 I, 689)
	Uns, die Schwindendsten. (9. Elegie 1922 I, 717)
	[...] diese ein wenig / Flüchtigern noch als wir selbst. (5. Elegie 1922 I, 701)
ein klingendes Glas, das sich im Klang schon zerschlug	
	Was sich ins Bleiben verschließt, schon ists das Erstarrte [...] Ein Härtestes warnt aus der Ferne das Harte (Sonette an Orpheus 1922 I, 758 f. – Hervorh. von Rilke)
	[...] Er kommt und geht. [...] O wie er schwinden muß, daß ihrs begrifft! / Und wenn ihm selbst auch bangte, daß er schwände [...] (Sonette an Orpheus 1922 I, 733 f.)

Schwingung	[...] *das Leere in jene / Schwingung geriet* [...] (1. Elegie 1912 I, 688)
dieses einzige Mal	*Ein Mal / jedes, nur ein Mal* [...] (9. Elegie 1922 I, 717 – Hervorh. von Rilke)
zu dem gebrauchten	*Ach, wen vermögen / wir denn zu brauchen?* (1. Elegie 1912 I, 685)
zu dumpfen und stummen	Erst durch die »Blindheit« unseres Schicksals sind wir mit dem wunderbar Dumpfen der Welt, das heißt mit dem Ganzen, Unübersehlichen, und uns Übertreffenden recht tief verwandt. (26. 5. 1922 B II, 360)
	die dumpf ordnende Natur (Sonette an Orpheus 1922 I, 769)
Zahl	*seiner* [des Gottes] *Welten heile Überzahl* (1914 II, 77)
	Hebend die Blicke vom Buch, von den nahen, zählbaren Zeilen, / in die vollendete Nacht hinaus (Aus den Gedichten an die Nacht 1914 II, 77)
	die unsägliche Stelle, [...] *Wo die vielstellige Rechnung / zahlenlos aufgeht.* (5. Elegie 1922 I, 704)
	Überzähliges Dasein / entspringt mir im Herzen. (9. Elegie 1912 I, 720)

Verzeichnis der Abkürzungen

Alewyn	Richard Alewyn *Über Hugo von Hofmannsthal*. 3. Aufl. Göttingen 1963.
Aufzeichnungen	Hugo von Hofmannsthal: *Aufzeichnungen*. Hrsg. Herbert Steiner. Frankfurt am Main 1959.
B I, II	Rainer Maria Rilke: *Briefe*. Erster Band: 1897-1914. Zweiter Band: 1914-1926. Hrsg. vom Rilke-Archiv in Weimar; in Verbindung mit Ruth Sieber-Rilke besorgt durch Karl Altheim. Wiesbaden 1950.
B/AS	Rainer Maria Rilke / Lou Andreas-Salomé: *Briefwechsel*. Hrsg. Ernst Pfeiffer. Zürich/Wiesbaden 1952.
B/M	Rainer Maria Rilke: *Briefe aus Muzot 1921 bis 1926*. Hrsg. Ruth Sieber-Rilke und Carl Sieber. Leipzig 1935.
B/S	Rainer Maria Rilke: *Die Briefe an die Gräfin Sizzo 1921-1926*. Wiesbaden 1950.
Briefe	Hugo von Hofmannsthal: *Briefe 1890-1901*. Berlin 1935.
Correspondance I-III	Stéphane Mallarmé: *Correspondance*. I: 1862-1871, recueillie, classée et annotée par Henri Mondor avec la collaboration de Jean-Pierre Richard. Paris 1959. II: 1871-1885, recueillie, classée et annotée par Henri Mondor et Lloyd James Austin. Paris 1965. III: 1886-1889, recueillie, classée et annotée par Henri Mondor et Lloyd James Austin. Paris 1969.
Französische Gedichte	*Französische Gedichte. Von Baudelaire bis Saint-John Perse*. Ausgewählt von Mayotte Bollack, übersetzt von Bernhard Böschenstein und Jean Bollack. Frankfurt am Main 1962 (Fischer-Bücherei 466).
GLD	Hugo von Hofmannsthal: *Gedichte und Lyrische Dramen*. Hrsg. Herbert Steiner. Stockholm 1946.

Hamann/Hermand	Richard Hamann und Jost Hermand: *Epochen deutscher Kultur von 1870 bis zur Gegenwart. Impressionismus.* München 1972.
KD	Hugo von Hofmannsthal: *Kleine Dramen.* Wiesbaden 1949. (Insel-Bücherei 750)
Les noces	Stéphane Mallarmé: *Les noces d'Hérodiade. Mystère.* Publié avec une introduction par Gardner Davies. Paris 1959.
Lustspiele II	Hugo von Hofmannsthal: *Lustspiele II.* Hrsg. Herbert Steiner. Stockholm 1948.
Mallarmé	Stéphane Mallarmé: *Œuvres complètes.* Texte établi et annoté par Henri Mondor et G. Jean-Aubry. Paris 1945. (Bibliothèque de la Pléiade 65)
Mondor	Henri Mondor: *Vie de Mallarmé.* Paris 1941.
Noulet	Emilie Noulet: *L'œuvre poétique de Stéphane Mallarmé.* Paris 1940.
Œuvres 5	Henri de Regnier: *Œuvres.* T. 5. Paris 1925.
Propos	Stéphane Mallarmé: *Propos sur la Poésie.* Recueillies et présentées par Henri Mondor. Monaco 1953.
Prosa I	Hugo von Hofmannsthal: *Prosa I.* Hrsg. Herbert Steiner. Frankfurt am Main 1950.
Prosa II	Hugo von Hofmannsthal: *Prosa II.* Hrsg. Herbert Steiner. Frankfurt am Main 1959.
Prosa IV	Hugo von Hofmannsthal: *Prosa IV.* Hrsg. Herbert Steiner. Frankfurt am Main 1955.
Richard	Jean-Pierre Richard: *L'univers imaginaire de Mallarmé.* Paris 1961.
Rilke I-VI	Rainer Maria Rilke: *Sämtliche Werke.* 6 Bände. Hrsg. vom Rilke-Archiv in Verbindung mit Ruth Sieber-Rilke, besorgt durch Ernst Zinn. Wiesbaden 1955.
Sämtliche Gedichte	Stéphane Mallarmé: *Sämtliche Gedichte.* Französisch mit deutscher Übertragung von Carl Fischer. Köln 1969.
Silvia	Hugo von Hofmannsthal: *Silvia im*

	»Stern«. Auf Grund der Manuskripte neu herausgegeben von Martin Stern. Bern/Stuttgart 1959.
Théâtre I	Maurice Maeterlinck: *Théâtre*. T. I. Paris 1925.
Thibaudet	Albert Thibaudet: *La poésie de Stéphane Mallarmé*. Paris 1926.
Valéry	Paul Valéry: *Œuvres*. T. I. Ed. Jean Hytier. Paris 1957 (Bibliothèque de la Pléiade 127).
Wais	Kurt Wais: *Mallarmé, ein Dichter der Jahrhundertwende*. München 1938.

Bibliographie

A Mallarmé

1. Primärtexte

Stéphane Mallarmé, *Œuvres complètes*. Texte établi et annoté par Henri Mondor et G. Jean-Aubry. Paris 1945. (Bibliothèque de la Pléiade 65)

ders., *Les noces d'Hérodiade. Mystère*. Publié avec une introduction par Gardner Davies. Paris 1959.

Jacques Scherer, *Le »Livre« de Mallarmé. Premières recherches sur des documents inédits*. Paris 1957.

Stéphane Mallarmé, *Sämtliche Gedichte*. Französisch mit deutscher Übertragung von Carl Fischer. Köln 1969.

ders., *Gedichte*. Übersetzt von Franz Nobiling. Berlin 1938. (*Vom Leben und Wirken der Romanen*. Hrsg. Ernst Gamillscheg. Band II)

Französische Gedichte. Von Baudelaire bis Saint-John Perse. Ausgewählt von Mayotte Bollack, übersetzt von Bernhard Böschenstein und Jean Bollack. Frankfurt am Main 1962. (Fischer-Bücherei 466) S. 32-43.

Stéphane Mallarmé, *Correspondance*.

I 1862-1871. Recueillie, classée et annotée par Henri Mondor avec la collaboration de Jean-Pierre Richard. Paris 1959.

II 1871-1885. Recueillie, classée et annotée par Henri Mondor et Lloyd James Austin. Paris 1965.

III 1886-1889. Recueillie, classée et annotée par Henri Mondor et Lloyd James Austin. Paris 1969.

ders., *Propos sur la Poésie*. Recueillies et présentées par Henri Mondor. Monaco 1953.

2. Sekundärliteratur

F. C. St. Aubyn, *Hérodiade: Eine Frau mit Schatten?* In: *Revue de littérature comparée* Jg. 99, 1959.

Haskell M. Block, *Mallarmé and the Symbolist Drama*. Detroit 1963.

Charles Chassé, *Les clefs de Mallarmé*. Paris 1954.

Jacques Derrida, *La dissémination*. Paris 1972.

Pierre Guiraud, *Index du vocabulaire du symbolisme. III Index des mots des poésies de Stéphane Mallarmé*. Paris 1953.

Charles Mauron, *Introduction à la psychanalyse de Mallarmé*. Neuchâtel 1950.

Henri Mondor, *Vie de Mallarmé*. Paris 1941.
Franz Julius Nobiling, *Die erste Fassung der Hérodiade Mallarmés*. In: *Deutsch-Französische Rundschau* Jg. 2, 1929, H. 2.
Emilie Noulet, *L'œuvre poétique de Stéphane Mallarmé*. Paris 1940.
Secundus Reimarus, *Geschichte der Salome von Cato bis Oscar Wilde*. Leipzig 1907/8. Neuausgabe: *Stoffgeschichte der Salome-Dichtungen*. Leipzig 1913.
Jean-Pierre Richard, *L'univers imaginaire de Mallarmé*. Paris 1961.
Jacques Scherer, *L'xpression littéraire dans l'œuvre de Mallarmé*. Paris 1947.
Albert Thibaudet, *La poésie de Stéphane Mallarmé*. Paris 1926.
Kurt Wais, *Mallarmé, ein Dichter der Jahrhundertwende*. München 1938.

B Hofmannsthal

1. Primärtexte

Hugo von Hofmannsthal, *Die Erzählungen*. Hrsg. Herbert Steiner. Stockholm 1945.
ders., *Gedichte und Lyrische Dramen*. Hrsg. Herbert Steiner. Stockholm 1946.
ders., *Lustspiele II*. Hrsg. Herbert Steiner. Stockholm 1948.
ders., *Prosa I*. Hrsg. Herbert Steiner. Frankfurt am Main 1950.
ders., *Prosa II*. Hrsg. Herbert Steiner. Frankfurt am Main 1959.
ders., *Prosa IV*. Hrsg. Herbert Steiner. Frankfurt am Main 1955.
ders., *Aufzeichnungen*. Hrsg. Herbert Steiner. Frankfurt am Main 1959.
ders., *Kleine Dramen*. Wiesbaden 1949. (Insel-Bücherei 750).
ders., *Silvia im »Stern«*. Aufgrund der Manuskripte neu herausgegeben von Martin Stern. Bern/Stuttgart 1959.
ders., *Briefe 1890-1901*. Berlin 1935.
Briefwechsel zwischen George und Hofmannsthal. 2. Aufl. München/Düsseldorf 1953.
Hugo von Hofmannsthal / Arthur Schnitzler, *Briefwechsel*. Hrsg. Therese Nickel und Heinrich Schnitzler. Frankfurt am Main 1964.

2. Sekundärliteratur

Richard Alewyn, *Über Hugo von Hofmannsthal*. 3. Aufl. Göttingen 1963.
Wolfgang Baschata, *Die Entwicklung der dramatischen Technik*

und Form in Hofmannsthals lyrischen Dramen. Innsbruck Diss. 1948.

V. R. Block, *Untersuchungen zu Hofmannsthals »Weg« der Lustspiele.* Cornell University Diss. 1958.

Otto Friedrich Bollnow, *Unruhe und Geborgenheit im Weltbild neuerer Dichter.* Stuttgart 1953.

Walther Brecht, *Grundthemen im Werke Hugo von Hofmannsthals.* In: *Euphorion* 1923, Ergänzungsheft 16.

ders., *Hugo von Hofmannsthals »Ad me ipsum« und seine Bedeutung.* In: *Jahrbuch des Freien deutschen Hochstifts* 1930.

Hermann Broch, *Hofmannsthal und seine Zeit.* In: H. B., *Dichten und Erkennen. Gesammelte Werke. Essays* Bd. I. Hrsg. Hannah Arendt. Zürich 1955.

Silke Brückler, *Hugo von Hofmannsthal und Maurice Maeterlinck.* Würzburg Diss. 1953 (Masch.).

Carl Jacob Burckhardt, *Erinnerungen an Hofmannsthal und Briefe des Dichters.* München 1948.

Wilhelm Emrich, *Hofmannsthals Lustspiel »Der Schwierige«.* In: *Wirkendes Wort* Jg. 6, 1955/56, S. 17-25.

E. Grether, *Die Abenteurergestalt bei Hugo von Hofmannsthal.* In: *Euphorion* Bd. 48, 1954, S. 171-209.

Kurt Herbert Guddat, *Hugo von Hofmannsthal: Eine Studie zur dichterischen Schaffensweise.* Ohio State University Diss. 1959.

M. Hamburger, *Hofmannsthals Bibliothek. Ein Bericht.* In: *Euphorion* Bd. 55, 1961, S. 15-76.

Edgar Hederer, *Hugo von Hofmannsthal.* Frankfurt am Main 1960.

Friedrich-Wilhelm Hellmann, *Hofmannsthal und Frankreich.* Freiburg im Breisgau Diss. 1959 (Masch.).

Clemens Heselhaus, *Deutsche Lyrik der Moderne.* Düsseldorf 1961.

Hans Hinterhäuser, *D'Annunzio und die deutsche Literatur.* In: *Archiv für das Studium der neueren Sprachen und Literaturen.* Bd. 201, Jg. 116, S. 241-261.

F. N. Mennemeier, *Die Gedichte Hugo von Hofmannsthals.* Münster Diss. 1948.

Karl J. Näff, *Hugo von Hofmannsthals Wesen und Werk.* Zürich Diss. 1938.

Walter Naumann, *»Cristinas Heimreise« und ihr Vorbild.* In: *Modern Language Notes* vol. 49, 1944, S. 104-106.

Victor A. Oswald, *Hofmannsthal's Collaboration with Molière.* In: *Germanic Review* 29, 1954, S. 18-30.

Rudolf Pannwitz, *Hofmannsthals Komödien.* In: *Das junge Deutschland* Jg. 1, 1918 (*Blätter des Deutschen Theaters* Jg. 4), S. 209-212.

ders., *Hofmannsthal in unserer Zeit.* In: *Die Neue Rundschau* 1924

(Jg. 35 der *Freien Bühne*), S. 139-143.
Karl Pestalozzi, *Sprachskepsis und Sprachmagie im Werk des jungen Hofmannsthal*. Zürich 1958.
P. Requardt, *Sprachverleugnung und Mantelsymbolik im Werke Hofmannsthals*. In: *Deutsche Vierteljahresschrift für Literaturwissenschaft und Geistesgeschichte* Jg. 29, 1955, S. 255-283.
ders., *Hugo von Hofmannsthal*. In: *Deutsche Literatur im 20. Jahrhundert*. Hrsg. H. Friedmann und O. Mann. Heidelberg 1961.
W. H. Rey, *Die Drohung der Zeit in Hofmannsthals Frühwerk*. In: *Euphorion* Bd. 48, 1954, S. 280-310.
ders., *Eros und Ethos in Hofmannsthals Lustspielen*. In: *Deutsche Vierteljahresschrift für Literaturwissenschaft und Geistesgeschichte*. Jg. 30, 1956. S. 449-473.
Grete Schaeder und Hans Heinrich Schaeder, *Hugo von Hofmannsthal*. Band 1: Grete Schaeder: *Die Gestalten*. Berlin 1933 (Neue Forschungs-Arbeiten zur Geistesgeschichte der germanischen und romanischen Völker 21/1).
Willi Schuh, *Die Entstehung des »Rosenkavalier«*. In: *Trivium* Jg. 9, 1951, S. 65-97.
Emil Staiger, *Hofmannsthal: Der Schwierige*. In: E. S., *Meisterwerke deutscher Sprache aus dem 19. Jh.* Zürich 1943. S. 223-256.
ders., *Betrachtungen zum »Rosenkavalier«*. In: E. S., *Musik und Dichtung*. Zürich 1959. S. 86-98.
Martin Stern, *Hofmannsthals verbergendes Enthüllen*. In: *Deutsche Vierteljahresschrift für Literaturwissenschaft und Geistesgeschichte*. Jg. 33, 1959. S. 38-62.
Gotthard Wunberg, *Der frühe Hofmannsthal*. Stuttgart 1965.

C Lyrisches Drama außer Mallarmé und Hofmannsthal

1. Primärtexte

Maurice Maeterlinck, *Théâtre*. T. I. Paris 1925.
Henri de Régnier, *Œuvres*. T. V. Paris 1925.

2. Sekundärliteratur

Hermann Bahr, *Zur Überwindung des Naturalismus. Theoretische Schriften 1887-1904*. Stuttgart/Berlin/Köln/Mainz 1968.
Cecil Maurice Bowra, *The Heritage of Symbolism*. London 1947.
Richard Hamann und Jost Hermand, *Epochen deutscher Kultur von*

1870 bis zur Gegenwart. Band 3: *Impressionismus.* München 1972. (früher: *Deutsche Kunst und Kultur von der Gründerzeit bis zum Expressionismus.* Berlin 1960)

B. L. Reid, *W. B. Yeats, The Lyric of Tragedy.* Oklahoma 1961.

Jacques Robichez, *Le Symbolisme au théâtre. Lugné-Poe et les débuts de l'Œuvre.* Paris 1957.

D Rilke

1. Primärtexte

Rainer Maria Rilke, *Sämtliche Werke.* 6 Bände. Hrsg. vom Rilke-Archiv in Verbindung mit Ruth Sieber-Rilke. Besorgt durch Ernst Zinn. Wiesbaden 1955.

Paul Valéry, *Gedichte.* Übertragen durch Rainer Maria Rilke. Wiesbaden 1949.

Rainer Maria Rilke, *Briefe aus Muzot 1921 bis 1926.* Hrsg. Ruth Sieber-Rilke und Carl Sieber. Leipzig 1935.

ders., *Briefe.* Erster Band: 1897 bis 1914. Zweiter Band: 1914 bis 1926. Hrsg. vom Rilke-Archiv in Weimar; in Verbindung mit Ruth Sieber-Rilke besorgt durch Karl Altheim. Wiesbaden 1950.

Rainer Maria Rilke / Lou Andreas-Salomé, *Briefwechsel.* Hrsg. Ernst Pfeiffer. Wiesbaden 1952.

Rainer Maria Rilke / Katharina Kippenberg, *Briefwechsel.* Hrsg. Bettina von Bomhard. Wiesbaden 1954.

Rainer Maria Rilke, *Die Briefe an die Gräfin Sizzo 1921-1926.* Wiesbaden 1950.

2. Sekundärliteratur

Lou Andreas-Salomé, *Lebensrückblick.* Zürich 1951.

J.-F. Angelloz, *Rilke.* Paris 1936.

H. Arendt und G. Stern, *Rilkes Duineser Elegien.* In: *Neue Schweizer Rundschau* 1930.

Dieter Bassermann, *Der späte Rilke.* München 1947.

Friedrich Beissner, *Rilkes Begegnung mit Hölderlin.* In: *Dichtung und Volkstum* (= *Euphorion*) 1936.

M. Betz, *Rilke in Paris.* Zürich 1948.

Otto Friedrich Bollnow, *Rilke.* Stuttgart 1951.

F. J. Brecht, *Schicksal und Auftrag des Menschen. Philosophische Interpretationen zu Rilkes Duineser Elegien.* München 1949.

E. Buddeberg, *R. M. Rilke. Eine innere Biographie.* Stuttgart 1955.

H. Cämmerer, *Rilkes Duineser Elegien.* Stuttgart 1957.

A. Geering, *Rilkes Sonette an Orpheus.* Frankfurt am Main 1948.
Romano Guardini, *Rilkes Deutung des Daseins.* München 1953.
W. Günther, *Weltinnenraum. Die Dichtung R. M. Rilkes.* Bern und Leipzig 1943.
Martin Heidegger, *Holzwege.* Frankfurt am Main 1950. S. 248-295.
Fr. A. Hünich, *Rilke-Bibliographie I.* Leipzig 1935.
Rudolf Kassner, *Buch der Erinnerung.* Leipzig 1938.
ders., *Umgang der Jahre.* Erlenbach–Zürich 1949.
Katharina Kippenberg, *Rainer Maria Rilkes Duineser Elegien und Sonette an Orpheus.* Wiesbaden 1946.
H. Kreutz, *Rilkes Duineser Elegien.* München 1950.
E. Leisi, *Rilkes Sonette an Orpheus.* In: *Trivium* VII, 1950.
E. C. Mason, *Lebenshaltung und Symbolik bei Rilke.* Weimar 1939.
H. Mörchen, *Rilkes Sonette an Orpheus.* Stuttgart 1958.
W. F. Rehm, *Orpheus. Der Dichter und die Toten. Novalis – Hölderlin – Rilke.* Düsseldorf 1950.
W. Ritzer, *Rainer Maria Rilke. Bibliographie.* Wien 1951.
J. R. von Salis, *Rilkes Schweizer Jahre.* Frauenfeld 1936.
J. Schnack, *Rilkes Leben und Werk im Bild.* Wiesbaden 1956.
Carl Sieber, *René Rilke. Die Jugend Rainer Maria Rilkes.* Leipzig 1932.
E. Simenauer, *Rainer Maria Rilke. Legende und Mythos.* Bern 1953.
H. Singer, *Rilke und Hölderlin.* Köln 1937.
Wilhelm Wodtke, *Rilke und Klopstock.* Kiel Diss. 1948.

E Sonstiges

1. Primärtexte

Gabriele d'Annunzio, *San Pantaleone.* Milano 1886.
Thomas von Aquin, *Summa theologica.* Deutsch-lateinische Ausgabe. Leipzig/Salzburg 1936.
Stefan George, *Werke.* Ausgabe in zwei Bänden. Band 1. München/Düsseldorf 1958.
Friedrich Hebbel, *Sämtliche Werke.* Hrsg. Richard Maria Werner. Berlin o. J.
Heinrich Heine, *Sämtliche Werke.* 2 Bände. Hrsg. Ernst Elster Leipzig/Wien o. J.
Gottfried Keller, *Sämtliche Werke.* 1. Band. Hrsg. Jonas Fränkel. Bern und Leipzig 1931.
Eduard Mörike, *Sämtliche Werke.* Hrsg. Herbert G. Göpfert. München 1964.
Novalis (Friedrich von Hardenberg): *Schriften.* Hrsg. Ludwig

Tieck und Friedrich Schlegel. Berlin 1826.
Jean Racine, *Œuvres complètes*. T. I. Présentation, notes et commentaires par Raymond Picard. Paris 1950 (Bibliothèque de la Pléiade 5).
Paul Valéry, *Œuvres*. T. I. Ed. Jean Hytier. Paris 1957 (Bibliothèque de la Pléiade 127).

2. Sekundärliteratur

Theodor W. Adorno, *Philosophie der Neuen Musik*. Frankfurt am Main 1958.
ders., *Einleitung in die Musiksoziologie*. Frankfurt am Main 1962.
ders., *Noten zur Literatur III*. Frankfurt am Main 1965.
Walter Benjamin, *Ursprung des deutschen Trauerspiels*. Revidierte Ausgabe besorgt von Rolf Tiedemann. Frankfurt am Main 1963.
Gottfried Benn, *Gesammelte Werke. Essays, Reden, Aufsätze*. Wiesbaden 1959.
Thomas Stearnes Eliot, *The Sacred Wood*. London 1960.
Elisabeth Frenzel, *Stoffe der Weltliteratur*. Stuttgart 1963.
Friedrich Gundolf, *Das Bild Georges*. In: *Jahrbuch für die geistige Bewegung I*. Hrsg. Friedrich Gundolf und Friedrich Wolters. Berlin 1910.
Georg Wilhelm Friedrich Hegel, *Ästhetik*. Hrsg. Friedrich Bassenge. Berlin 1955.
Georg Lukács, *Schriften zur Literatursoziologie*. Neuwied 1961.
Friedrich Nietzsche, *Werke in drei Bänden*. Hrsg. Karl Schlechta. München 1966.
Georges Poulet, *Études sur le temps humain*. T. I–IV. Paris 1949 bis 1968.
ders., *Les métamorphoses du cercle*. Paris 1961.
Reallexikon der deutschen Literaturgeschichte. Begründet von Paul Merker und Wolfgang Stammler. 2. Aufl. Berlin 1965.
Peter Szondi, *Theorie des modernen Dramas*. Frankfurt am Main 1963. (Von der 7. Aufl., 1970, an: *Theorie des modernen Dramas 1880-1950*).
ders., *Satz und Gegensatz*. Frankfurt am Main 1964.
ders., *Hölderlin-Studien*. Frankfurt am Main 1967. (Taschenbuch-Ausgabe Frankfurt am Main 1970).
ders., *Lecture de Strette*. In: *Critique* 288, Mai 1971.
ders., *Celan-Studien*. Frankfurt am Main 1972.
ders., *Lektüren und Lektionen*. Frankfurt am Main 1973.
ders., *Die Theorie des bürgerlichen Trauerspiels im 18. Jahrhundert*. Studienausgabe der Vorlesungen. Band 1. Hrsg. Gert Mattenklott. Frankfurt am Main 1973.

Register

Sachregister

Ästhetisierung, Ästhetismus, Ästhetizismus 124 f., 174-182, 184-186, 188, 195-197, 199 bis 201, 206, 209, 212, 215, 223 f., 227, 229, 234, 237-242, 250, 254, 259, 263-265, 267, 276, 290, 296, 299, 307, 310, 318, 324, 331
Alchimie 126-128, 130
Artistik 124
Assoziation 49, 53, 68, 73, 106, 115, 132
Aufklärung 18, 177
Autor (Dichter)
 Autobiographie 274, 310, 338 bis 340, 383, 442
 Bewußtsein 34, 128, 336, 380
 Biographie 31-33, 129, 160, 335 f., 339 f., 383, 415, 418, 436, 441
 Intention 16, 18 f., 101, 196, 312, 335 f., 338
 Psychologie 113, 129 f.
 Selbstinterpretation 101, 103 bis 108, 112-130, 188, 235, 251, 281 f., 328, 331, *335 bis 350*

Barock 58, 220, 241, 308, 318, 408
Begriff 21, 248, 251, 341, 436
Besonderheit 98
Bewußtsein s. Autor, Duineser Elegien, Lyrisches Drama

Dekadenz 190
desengaño 241

Dialektik 18, 28, 111 f., 114, 125, 220, 255 f., 299
Dialog 51, 53, 55, 58, 60 f., 68, 76 f., 85, 118, 131-133, 149, 171, 175, 179, 193, 222, 235, 268, 273, 275 f., 297
Ding s. Duineser Elegien, Lyrisches Drama
Dionysos 255, 257, 268, 330, 344
Drama 19, 21, 54 f., 61, 94, 99 bis 101, 104-107, 114, 123, 132, 141, 143, 156 f., 217-219, 356
 drame statique 93, 332
 dramma lirico 20
 Episches Theater 143 f.
 Lustspiel 171, 212, 220, 225, 239, 247, 253, 267, 295, 297 bis 299, 308, 340, 347, 350
 Mysterienspiel 43, 268 f.
 platonischer Dialog 217, 220 f., 234, 268
 Proverb 27, 160 f., 174, 204, 216, 220, 224, 352
 Tragödie 18 f., 21, 37, 40, 51, 56, 93, 100 f., 104, 118, 131
 s. auch Lyrisches Drama
Duineser Elegien
ihre Charakteristika
 Frage und Antwort 411-413, 418, 440, 462, 466-468, 472, 474, 478, 480, 482, 488
 Gegenbilder 389, 399, 403 f., 422 f., 426 f., 434 f., 449, 462, 467
 Klage 388, 390 f., 398-401,

521

403 f., 410, 417, 423, 461, 463, 465, 469, 471, 474, 478 f., 486
Räumlichkeit 392, 428 f., 431, 433 f., 436, 446, 448, 461, 480
Rühmung 458, 465, 469, 471, 479, 484, 486, 509
ihre Motive
Abschied 414 f., 462 f., 507 f.
Atem 399, 438 f., 454, 498
Bewußtsein 411, 433-439, 442, 444-450, 453 f., 457, 462, 467, 470, 478 f., 486, 490 f.
Ding 284, 391, 406, 410, 413, 432, 435, 446, 470-474, 476 bis 487
Engel 389-405, 408 f., 412, 417, 419, 423 f., 426 f., 462, 475, 485, 499
Erinnerung 390, 436, 453 f., 457 f.
Ewigkeit 405, 412, 433, 435 f., 443, 445, 463, 467, 470, 485, 491
Gaukler, Tänzer, Puppe 423 f.
Held 423, 425 f.
Kindheit 424, 432, 437, 443 bis 445, 462, 473, 492
Kreatur 412, 423, 431-440, 444, 456-461, 463, 467, 471, 477, 480, 485, 498
Liebe, Liebende 391, 400, 403, 405-417, 419, 421 f., 426, 444 f., 473-475, 477 f., 502-504, 507
Musik 388, 428, 486, 502
Spiegel 394-400, 419, 437, 506
Tod 388, 392, 395, 398, 412, 424 f., 429, 432-437, 439, 442-450, 453, 457, 459, 462 f., 467, 474-476, 480,
484-487, 490-493, 504, 508
Vergehen, Verflüchtigung, Hinschwinden 399-406, 408-410, 412 f., 415, 417, 419, 421 f., 432, 437, 440, 470 f., 473, 482, 486 f., 509
Weltinnenraum 407, 427, 439 f., 442, 445, 457, 464, 487, 489 f., 492
s. auch Geschichte, Sprache, Subjektivität
Duino 384 f., 388, 426, 441, 466

ennui 79 f.
Erinnerung s. Duineser Elegien, Lyrisches Drama
Erkenntnistheorie 24

Fächer 81, 297 f.
Fin de siècle 27, 40, 58, 100, 142, 160, 162 f., 177, 179, 181, 219, 225, 229, 242, 298, 356
Fragment 32, 40, 100, 217, 235, 252, 332, 337, 385, 493

Gesamtkunstwerk 119, 144
Geschichte
als Thema von Dichtung 107, 179, 180, 288, 391, 418 f., 427, 470, 482 f.
Geschichtsphilosophie 101, 263, 288
Grammatik 54, 61, 92, 136, 405
Gründerzeit 162, 253

Historizität 16 f., 19, 28 A, 40, 219

Idealismus 136 f.
deutscher 178
Ideologie 26 f., 235
Illusion 144 f., 178, 184, 220, 242
Images d'Épinal 120

Imagination 35 f., 58, 77, 84, 88, 94, 118, 120 f., 311-313, 321, 324, 327, 346
Impressionismus 23 f., 102-107, 114, 176, 178 f., 188 f., 193, 196, 219, 261, 263, 277, 310, 348
Intérieur 163, 264
Ironie 170 f., 190, 205, 212, 220, 296 f., 299-303, 308, 369, 375

Jugendstil 308

Klassizismus 178
Kunstwerk als Lösung von Problemen 216, 233, 252, 268 f., 294, 307, 318

Lebensphilosophie 176-179, 266
Logik 214
Lyrik 29, 94, 156 f., 245
　Ballade 137
　Elegie 398, 463
　Ghasel 276 f.
　lyrischer Monolog 77, 94
　Rollenlyrik 77, 94 f., 137
　Sonett 18, 273
　Tagelied 137
　Verhältnis zum lyrischen Drama 29, 77, 94 f., 133, 137, 158 f., 239, 243, 252, 270, 271-293, 294, 312, 319, 348 f.
Lyrisches Drama
　seine Beziehungen zu
　　Entäußerung 72, 111 f., 188
　　Psychologie 52 f., 55, 63, 160, 219, 230
　　Wirklichkeit 61, 67, 84 f., 92, 116, 118, 120, 126, 141, 146, 220, 240, 256, 261 f., 265 bis 267, 291, 295, 301, 306, 312, 314, 316, 321, 325, 330
　seine Charakteristika

Abstraktion 63, 65, 82, 92, 123, 125
Dissoziation 58, 145, 150
Entfaltung, Enthüllung 64 bis 66, 72, 85-87, 90, 98 f., 107
Entmaterialisierung 63, 65
Innerlichkeit 52, 99 f., 150, 265
Konkretheit 63, 125
Passivität 53, 94, 105
Reflexion 66, 73-75, 83, 125, 167 f., 171, 193 f., 200, 204, 221, 225, 227, 237, 239, 245, 249-251, 256, 258 f., 261, 263, 313, 318, 322
Spiegelung 65, 75, 79, 81, 83, 85, 98, 124 f., 130, 150, 167 f., 190, 313, 321, 324, 373
Spiritualisierung 98
Statik 20, 97, 152
Verflüchtigung 52-54, 63, 264
seine Gegenstände
Ding 169 f.
Erinnerung 60 f., 66, 81, 141, 157 f., 180 f., 193 f., 230, 250, 269, 324 f.
Erotik 66, 68, 86, 110 f., 129 f., 194, 246 f., 250, 253, 309-311, 313, 373
Erwartung 87-89, 93, 99, 105, 224, 235
Kindheit 74 f., 149, 251, 262 f., 264, 275, 288, 300 bis 303, 306, 314-316, 327, 329 f., 346-348, 372
Leben 52, 54, 56, 67, 155, 167, 170 f., 173 f., 188, 191, 200-203, 205 f., 209, 214 f., 223 f., 226 f., 229-235, 240 f., 246, 248-251, 253, 256 f., 259-268, 295, 297 f., 301 bis

303, 306, 314, 316, 320, 324 bis 326, 328, 347, 350, 373
Name 43 f., 49, 53, 56, 74, 80, 107
Schatten 52 f., 81, 89 f., 153 f., 269, 285, 300, 306, 311, 321, 326
Schönheit 55 f., 84, 90, 92, 123-126, 130, 137, 239, 270 A, 275, 307, 313
Spiegel 66, 73 f., 77-84, 90, 98, 111, 115, 124 f., 131, 140, 146, 153 f., 188, 226, 295, 322
Tod 21, 53, 55 f., 64, 69, 80 f., 92, 94, 96, 152, 155, 170, 173, 180, 188, 205, 215, 222 bis 225, 228, 230-235, 250, 253-261, 263, 266-269, 270 A, 276, 295, 297 f., 300, 302 f., 306 f., 314 f., 318, 347, 350, 373
Traum 81-85, 149, 155, 194, 242, 256, 260, 264, 297, 301, 324 f.
Treue 164, 173 f., 180, 184, 194 f., 209, 212, 224, 267, 295 f., 299-303, 313, 347 f., 373
Zeit, Zeitlosigkeit 52, 61, 65, 67, 74, 79, 81 f., 87-89, 92, 94, 97, 111, 134, 138, 141, 147, 151 f., 167, 170 f., 173 bis 175, 180 f., 184 f., 189, 193 f., 196, 201, 204-206, 209, 212, 214 f., 241, 262, 269, 291, 306, 311, 347
s. auch Sprache
seine Technik
  Aufführung 50, 143-145, 150, 162
  Dramaturgie 25, 52, 60 f., 84 f., 100, 104, 180, 189, 191-193, 195, 197 f., 204, 211, 221 f., 224, 230, 233, 235, 259, 318
  Ort und Zeit 145-147, 150 bis 152, 161-163, 169, 182, 221, 253 f., 320
  Regieanweisungen 84 f., 149 bis 151, 185, 193, 195, 197, 205
  Relation zur Bühne 50, 56 f., 71, 84 f., 88, 94, 97, 104, 117-120, 131 f., 142 f., 162, 268
  s. auch Dialog, Monolog

Malerei 102-105, 178
Manierismus 178, 232
Materialismus 178
Methoden der Literaturwissenschaft
  critique thématique 34 f.
  Formalismus, russischer 16 A
  Gattungsgeschichte 15-22, 30, 270 A
  Geistesgeschichte 15, 22-30, 382
  Historismus 98, 101
  Interpretation 15-17, 22, 35, 39, 46, 121, 287, 319, 341 f., 381 f., 494
  immanente 17, 335 f.
  Kulturgeschichte 16, 23, 25 bis 27
  Kunstsoziologie 25, 103
  Literaturgeschichte 15-17, 23, 382
  Marxismus 24
  New criticism 16 A
  Positivismus 101, 129, 335
  Psychoanalyse 129
  Sozialgeschichte 23-30
  Stilkritik 16 A
  Vergleich 97 f.
methodologische Probleme in der Literaturwissenschaft

Beispiel 18, 22 f.
Darstellung von Literaturgeschichte 15
Einfluß 331, 352 f.
Etymologie 23, 62 f., 96, 133
Form/Inhalt 18, 28, 421
Formgesetz, Formprinzip 27, 40, 98 f., 104, 106, 111, 113 f., 117, 119, 138, 141, 194, 279, 443
Gattung 15-22, 37, 272, 294
Gehalt 23, 72, 335-337, 342
Genesis 19, 22, 30, 37, 39 f., 51, 100 f., 112, 121, 131, 233, 252, 318, 335 f., 338 f., 342, 383-387
Motiv 22, 31, 40, 46-48, 189, 233, 267, 309, 318, 397
Stil, Stilgesetz, Stilprinzip 23, 28, 92, 103-105, 247
Stimmigkeit 28
Text als Dokument 25
Thema 158
Ursprung 100 f., 339
Wirkung 30, 331
vgl. auch Autor, rhetorische Probleme
Mittelalter 58
Monolog, Monologie 133 f., 149, 151, 157, 163 f., 169, 179, 197, 207, 235, 245, 251, 267 f., 270 A, 291 f., 318 f.
Musik 114 f., 132 f., 178, 248, 254, 269, 332, 356, 388
s. auch Duineser Elegien, rhetorische Probleme
Muzot 385 f., 426, 443, 465 f., 469
Mythos 93, 231 f., 255, 257, 373, 397, 419, 467, 469

Naives und Sentimentalisches 171, 181, 224, 237, 263
Narziß 90, 229, 397 f., 419, 506 f.
Natur 138, 151, 177, 236, 245 bis 247, 250, 275, 284 f., 356
s. auch Duineser Elegien
Naturalismus 102, 218, 356
Nihilismus 124 f., 154
Novelle 18

Objekt, Objektivität 24, 62, 93, 104, 167, 176 f., 264, 278 f., 335, 345, 428
Objektivation 130, 179, 188, 279, 338-340, 489
Oper 21, 134

Parnassiens 104 f., 146, 177
Poetik 18, 101-103, 105, 121
Praeexistenz 340 f., 343-347, 349, 367, 372

Realismus 178
Reflexion s. Duineser Elegien, Lyrisches Drama, rhetorische Probleme
Renaissance 162, 179-181, 217, 229, 234, 253
rhetorische Probleme
  Allegorie 311 f., 424
  Ausdrücklichkeit 68, 175, 225
  Bild 49, 52, 61, 63, 66, 70-72, 74 f., 78, 84, 90 f., 93, 97 bis 100, 107 f., 110, 115, 152 f., 199, 262, 287, 394, 413 f., 418
  Emanzipation der Sprache 143 bis 145
  »enharmonische Verwechslung« 115
  Geschriebensein 16, 31
  kommunikative Sprache 115, 121
  Komposition 25, 86, 114 f., 134, 149, 158
  Konstruktion 114
  Kontext 61, 64, 69, 86, 115

Mehrdeutigkeit 62, 72 f., 78, 80-82, 105 f., 147, 149, 161, 213 f., 289, 293, 433 f., 438
»Metamorphose« 84, 96, 99, 110, 138, 148
Metapher 61-67, 70, 76-80, 82 bis 85, 90, 92, 96-99, 106, 115 f., 118, 125, 131, 147, 152, 156, 249, 256, 278, 319, 455, 493
Musikähnlichkeit der Sprache 114, 115 A, 132 f., 149 f., 388
Realisierung durch Sprache 35 A, 50, 58 f., 66, 70 f., 79, 84 f., 118, 120 f.
Reflexion von Dichtung auf sich selbst 85, 98 f., 115, 121, 123 f., 132, 248, 280, 282, 285, 290, 293
Symbol 55-58, 68 f., 124, 130, 141, 149 f., 188, 222, 297, 300, 308, 314, 320, 369
Vergleich 199 f., 393, 395, 400, 449, 453, 459, 467, 475
Wie-Vergleich 76, 147 f.
vgl. auch Grammatik, Syntax, Versifikation
Romantik 19, 21, 86, 104, 137, 177, 245, 254 f., 263, 284, 308

Schein 17, 81, 201, 246 f., 262, 299, 307 f., 347, 365, 369, 400
Scheitern 19, 37, 100 f., 336
Schwermut 80, 452
Selbstkritik in der Dichtung 179, 184, 186, 188, 196, 201 f., 212, 224, 230, 233, 239, 257, 259, 263, 278 f., 290, 331, 348 f., 417
Spiegel, Spiegelung
in Gedichten von Hofmannsthal 273 f., 289 f., 350
s. Duineser Elegien, Lyrisches Drama

Sprache, Wort
als Thema
von Gedichten 277 f., 280, 288-293, 476-479, 481-484, 486
von Lyrischen Dramen 85, 98 f., 121, 168, 199-203, 210, 212-215, 311 f., 321 f., 328
von Lustspielen 278, 365, 369 f.
von Mallarmés Theorie 103 bis 106, 114 f.
Sprachmagie, Wortmagie 225, 245, 248 f., 278, 293, 349, 373
Sturm und Drang 177, 179
Subjekt, Subjektivität 24, 62, 93, 104-106, 153, 159, 167 f., 176 f., 188, 278 f., 283, 287, 319, 339, 342 f., 345, 427, 436, 454, 465, 487-489
Subjektivismus 58, 103
Suggestion 53 f., 147
Symbolismus 16, 19, 21, 50, 58, 81 f., 93, 100, 124, 126 f., 131, 140-143, 146, 148, 156 f., 177, 215
Synästhesie 24, 246, 249
Syntax 53 f., 70, 77, 90, 135

Theater-Utopie 119
Tod s. Duineser Elegien, Lyrisches Drama

Übersetzung 48, 72, 78, 96, 136 f., 421

Verflüchtigung s. Duineser Elegien, Lyrisches Drama
Versifikation 105, 159, 285, 325
Alexandriner 51, 143, 156 bis 158, 308
Reim 75, 80, 158, 245, 249, 277

vers libres 143, 156-158
Vorstellung 58, 68, 79, 81, 84, 90, 96 f., 110

Vorurteil 24 f., 48

Wien 220, 253

Personen- und Werkregister

Adorno, Theodor W.
Einleitung in die Musiksoziologie 103
Philosophie der Neuen Musik 25
Zu einem Porträt Thomas Manns 335
Alewyn, Richard 178, 182, 191, 195, 202, 212-214
Amiel, Henri Frédéric 190
Andreas-Salomé, Lou 384, 415, 441, 455, 474, 481
d'Annunzio, Gabriele
L'idillio della vedova 296
Anzengruber, Ludwig 218
Aquin, Thomas von
Summa theologica 396
Aubanel, Théodore 117, 121, 126
Aubyn, F. C. St. 119 f.
Austin, Lloyd James 33

Bach, Johann Sebastian 356
Bahr, Hermann
Die Überwindung des Naturalismus 354 f.
Banville, Théodore de 117
Baudelaire, Charles 32
L'art romantique 48
Les fleurs du mal 79
Beer-Hofmann, Richard 218
Benjamin, Walter 98
Ursprung des deutschen Trauerspiels 101
Benn, Gottfried 76, 124
Berger, Alfred von 217

Bergson, Henri 177, 193
Block, Haskell M. 57 f., 359
Böcklin, Arnold 162
Böschenstein, Bernhard 36 A, 62, 72
Bollack, Jean 36 A, 62, 72
Bollnow, Otto Friedrich 177
Bourget, Paul
Physiologie de l'amour moderne 160
Brecht, Bertolt 143
Brecht, Walther 19 A, 233 f., 253, 338
Brentano, Clemens 245
Brückler, Silke 355
Buchanan, G.
Baptistes 43
Burckhardt, Jacob
Die Kultur der Renaissance 162, 191

Cämmerer, Heinrich 493
Calderon de la Barca
Das Leben ein Traum 256, 315
Casanova 253
Cazalis, Henri 101, 112, 119 bis 122, 124 f., 130, 132, 324
Chassé, Charles 62
Chaumont, Jean
Mystère de la passion de Saint Jean Baptiste 43
Claudel, Paul 33
Coquelin, Constant-Benoît 117
Curtius, Ernst Robert 97

Davies, Gardner 38-40, 43, 49,

75, 107-109, 112, 121, 136
Dilthey, Wilhelm 35 A, 177

Eliot, Thomas Stearnes 152

Fischer, Carl 52, 63, 72
Flaubert, Gustave 284
 Hérodias 43
Frenzel, Elisabeth 42, 46

Gallé, Emile 81
Gamillscheg, Ernst 136
Gautier, Théophile 32
George, Stefan 33, 131, 216, 221, 271, 351 f.
 Das Jahr der Seele 280 f.
 Der Herr der Insel 238
 Manuel 332
Gerhard, Marie 32
Gerstenberg, Heinrich Wilhelm von
 Ugolino 21
Gide, André 33, 185
Goethe, Johann Wolfgang von 281, 290
 Alexis und Dora 463
 Faust 258
 Wilhelm Meister 342
Grillparzer, Franz 309, 316
Guardini, Romano 494
Guiraud, Pierre 79
Gundolf, Friedrich 161

Hamann, Richard und Hermand, Jost 22-29, 59, 102 f., 178
Hardenberg s. Novalis
Hebbel, Friedrich
 Herodes und Mariamne 195
Hegel, Georg Wilhelm Friedrich 18, 111 f., 125, 177 f., 340 f., 345, 349
 Ästhetik 343
Heidegger, Martin 23, 435

Heine, Heinrich
 Atta Troll 44-48, 107
Herder, Johann Gottfried von 177, 179, 308
Hermand, Jost s. Hamann, Richard
Herzfeld, Marie 161
Hölderlin, Friedrich 62, 177 bis 179
Hofmannsthal, Hugo von 19 f., 30, 59, 77, 93, 101, 124, 131, 142, 158, 353-355
 Ad me ipsum 235, 261, 328, 331, 335-350, 351, 372-375
 Alkestis 296, 303, 350, 374
 Ariadne auf Naxos 253, 372, 374
 Ascanio und Gioconda 219 f., 234, 253, 279
 Ausgewählte Gedichte 271
 Ballade des äußeren Lebens 271, 279, 291-293, 340, 374
 Briefe 19, 160 f., 217 f., 234, 253, 255, 291, 319, 324
 Buch der Freunde 225 A
 Chandos-Brief 225, 248, 281, 348 f., 372
 Cristinas Heimreise 161, 347
 Das Bergwerk zu Falun 219, 308, 374
 Das gerettete Venedig 220, 374
 Das kleine Welttheater 216, 252, 294, 299, 318-331, 374
 Das Märchen der 672. Nacht 239, 375
 Dein Antlitz ... 274-276, 289
 Der Abenteurer und die Sängerin 220, 294, 347, 350, 372, 374
 Der Jüngling und die Spinne 272, 346, 374
 Der Kaiser und die Hexe 252, 294, 296, 299, 304-317, 318, 321, 324-327, 337 f., 347 f.,

350, 372, 374
Der Rosenkavalier 161
Der Schwierige 267, 278, 347, 372, 374
Der Tod des Tizian 21, 29, 95, 216-251, 252-255, 257-259, 263 f., 266, 268 f., 272, 279 f., 285, 288 f., 291, 298, 306 bis 310, 318, 321, 327, 352, 355, 372, 374
Der Tor und der Tod 21, 216, 233, 235, 238, 251, 252-270, 275 f., 278, 288-291, 296, 299 f., 302, 306-309, 315, 318, 325, 327, 331, 340, 346 f., 352, 372, 374
Der Turm 220, 315, 374
Der weiße Fächer 252, 294 bis 303, 307, 309, 313 f., 316, 318, 324, 347, 350, 372, 374
Die Frau im Fenster 294, 374
Die Frau ohne Schatten 302, 375
Die Hochzeit der Sobeide 294, 375
Die Ironie der Dinge 297
Ein Knabe 344
Ein Traum von großer Magie 271, 299, 343 f., 350, 374
Elektra 372, 374
Erlebnis 272, 279, 340, 374
Frage 272-274, 276, 278, 283
Für mich... 276-278, 280, 283, 289, 291
Gespräch über Gedichte 280 bis 282, 284 f.
Gestern 26 f., 160-215, 216 f., 220 f., 223-227, 229, 233 bis 235, 237, 239, 241 f., 248, 252, 254, 258 f., 261, 263, 268 f., 274, 276, 278-280, 289-292, 296, 299, 306-310, 315, 331, 340, 347 f., 352, 372, 374

Idylle 252, 352, 375
Jedermann 306
Ödipus 350, 372, 375
Silvia im ›Stern‹ 253, 364-371
Studie über die Entwickelung des Dichters Victor Hugo 338 f., 342
Terzinen I-III 271, 279
Vorfrühling 279, 281, 282 bis 285, 286 f.
Vor Tag 374
Weltgeheimnis 271, 279, 281, 286-291, 322, 350, 374
Hotho, Heinrich Gustav 343
Hulewicz, Witold von 470
Huret, Jules 139, 360

Ibsen, Hendrik 144
 Die Frau vom Meere 141 f.
 Hedda Gabler 255
 Peer Gynt 247

Kassner, Rudolf 429
Keller, Gottfried
 Die Gräber 296
Kippenberg, Katharina 418
Klopstock, Friedrich Gottlob
 Der Tod Adams 21
König, Hertha 424
Kreutz, Heinrich 494

Leconte de Lisle, Charles-Marie-René 32
Lefébure, Eugène 106, 110, 112
Lenau, Nikolaus 19
Leonardo da Vinci 120 f.
Lope de Vega 309
Ludwig, Otto
 Shakespeare-Studien 217 f., 279
Lugné-Poe, Aurélien-François 141, 143-145, 149, 360
Lukács, Georg von 25 f.
Lukrez 62

Maeterlinck, Maurice 20, 30, 93, 101, 131, 142, 153, 222
  Intérieur 145, 222, 332, 353, 360 f.
  La Princesse Maleine 331 f., 351-363
  Les Aveugles 95, 332, 352 f., 359-361
  L'Intruse 21, 332, 352 f., 359 bis 361
  Pelléas et Mélisande 355, 360
  Serres chaudes 353
Mallarmé, Stéphane 16, 30, 140, 142 f., 148, 215, 219, 283, 324, 331 f., 351
  Angoisse 79
  Azur 79
  Brise marine 79
  Correspondance 33 f., 43, 49, 51, 53, 76, 83, *101-107*, 110, *112-130*, 132, 134, 146, 354, 356 f.
  Éventails 298
  Divagations 33, 114, 332, 357 f.
  Hérodiade 30-139, 140 f., 145 bis 147, 150, 152-156, 158, 222, 267A, 270A, 282, 318, 332, 351 f., 359
    Cantique de Saint Jean 38, 51, 108, 121, *133-138*, 152, 156, 319
    Fragmente 38, 74 f., 101, *107-112*, 121, 133
    Ouverture ancienne 38 f., 43, 47, 49-51, 74, 108, 118, 121, *131-134*
    Scène 32, 36-38, 40, 43, 50 bis 100, 121, 123, 125, 131, 319
  La dernière mode 137
  L'après-midi d'un Faune 115, 119, 351 f.
  Le Livre 119
  Les fleurs 48 f., 67 f.
  Le tombeau d'Edgar Poe 278
  Renouveau 79
  Sur l'évolution littéraire 139
  Un spectacle interrompu 44
Mauron, Charles 129 f.
Michelet, Jules 107
Mirbeau, Octave 353-357
Mörike, Eduard
  Das verlassene Mägdlein 94 f.
Molière (Jean Baptiste Poquelin)
  Amphitryon 157
Mondor, Henri 33, 37, 145
Monet, Claude 102
Montesquiou, Comte Robert de 109-112
Moreau, Gustave 108
Morren, Theophil s. Hofmannsthal
Mozart, Wolfgang Amadeus 356
  Don Giovanni 134
Musset, Alfred de 352
  Fantasio 186
  On ne badine pas avec l'amour 161

Nietzsche, Friedrich 183 f., 255
  Die Geburt der Tragödie aus dem Geist der Musik 177
  Unzeitgemäße Betrachtungen 177
Nobiling, Franz Julius 136 f.
Noulet, Emilie 34, 37, 54, 80, 83, 283
Novalis (Friedrich von Hardenberg) 263
  Blütenstaub 256

Pappenheim, Marie
  Erwartung 93
Pater, Walter Horatio 177
Pestalozzi, Karl 177
Petronius 296
Picasso, Pablo 424

Piscator, Erwin 143
Platon 393
Poulet, Georges 34
Proust, Marcel 108, 193

Racine, Jean 43, 356
  Britannicus 51 f.
Régnier, Henri de 131, 331
  La Gardienne 30, *138-159*, 352
  Tel qu'en songe 140
Reimarus, Secundus 41
Reinhart, Werner 286
Richard, Jean-Pierre 33-36, 46, 49, 71, 110-112, 125, 135, 137, 356 f.
Rilke, Rainer Maria 30, 142
  Briefe 284, 379-384, 386-388, 415 f., 429, 435, 441 f., 455 bis 458, 460, 470 f., 474, 482 f., 485 f., 490
  Das Stunden-Buch 380, 481
  Der Panther 380 f., 383
  Die Aufzeichnungen des Malte Laurids Brigge 383 f., 422, 473, 492
  Die Neuen Gedichte 382, 481
  Die Weise von Liebe und Tod des Cornets Christoph Rilke 444
  Die weiße Fürstin 332
  Duineser Elegien
    Die 1. Elegie 388, 395-506
    Die 2. Elegie *388-420*, 506 f.
    Die 3. Elegie 421 f.
    Die 4. Elegie 423 f.
    Die 5. Elegie 424 f.
    Die 6. Elegie 425 f.
    Die 7. Elegie 426 f.
    Die 8. Elegie *427-464*
    Die 9. Elegie *465-492*
    Die 10. Elegie 492 f.
  Erlebnis 440
  Narziß 397 f.
  Sonette an Orpheus 386, 428, 471
    II 13, 507-510
  Wendung 480 f.
Rimbaud, Arthur 124, 148
Robichez, Jacques 143 f., 360
Rodin, Auguste 380, 382, 474, 480 f.

Saint-John Perse 62
Schaeder, Grethe 391
Schelling, Friedrich Wilhelm Joseph 177
Scherer, Jacques 34, 119
Schiller, Friedrich 224, 237, 263
Schlegel, Friedrich 263
Schnitzler, Arthur 218, 352
Schönberg, Arnold 25, 93
Schopenhauer, Arthur 255
Shakespeare, William 218 f., 279, 308, 332, 355-357
  Hamlet 305, 356
  King Lear 356
  Macbeth 138, 356
  Othello 151
Simmel, Georg 266
Staiger, Emil 95
Steiner, Herbert 340
Stern, Martin 247 A
Strawinsky, Igor 144
Strindberg, August 222
Sulzer, Johann Georg
  Theorie der schönen Künste 20

Taine, Hippolyte 114
Thibaudet, Albert 34, 57 f., 75 f., 94, 133
Thurn und Taxis-Hohenlohe, Fürstin Marie von 383 f., 429

Valéry, Paul 33
  Fragments du Narcisse 77, 94, 152, 397
  La jeune Parque 77, 94
  Souvenirs littéraires 72

Van Lerberghe, Charles 331
 Les flaireurs 332, 359
Véra, Augusto 112
Verlaine, Paul 124, 148
Villiers de l'Isle-Adam, Jean-Marie 122

Wagner, Richard 119, 162
Wais, Kurt 47 f., 52

Wedekind, Frank
 Hidalla 26 f.
Wilde, Oscar 177, 238
 Aphorismen 24
 Salomé 43, 108
Wodtke, Wilhelm 18-21
Wunberg, Gotthard 353 A

Yeats, William Butler 30, 332

Literatur der Psychoanalyse

Herausgegeben von Alexander Mitscherlich

Helmut Dahmer
Libido und Gesellschaft
Studien über Freud und die Freudsche Linke
468 Seiten
Der Psychoanalyse die Augen zu öffnen für die eigene soziale Bedingtheit und Funktion, sie der Kritik der politischen Ökonomie als deren Komplement zur Seite zu stellen, ist das Interesse der »Freudschen Linken«, deren Arbeiten hier kritisch diskutiert und fortgeführt werden.

Françoise Dolto
Psychoanalyse und Kinderheilkunde
Die großen Begriffe der Psychoanalyse. Sechzehn Kinderbeobachtungen.
Aus dem Französischen von Eva Moldenhauer
304 Seiten
Dieses Buch, das hier zum ersten Mal in deutscher Übersetzung vorgelegt wird, ist seit seinem Erscheinen 1939 längst zu einem Klassiker geworden. Am Beispiel der psychoanalytischen Behandlung von sechzehn Fällen will es den Leser für die Dimension des Unbewußten bei Entwicklungsstörungen von Kindern empfänglich machen.

Edith Jacobsen
Das Selbst und die Welt der Objekte
Aus dem Amerikanischen von Klaus Kennel
272 Seiten
In dieser Untersuchung geht es um die Identitätserfahrung und ihre Störungen. Dabei werden klinische Beobachtungen mit den gegenwärtigen analytischen Begriffen konfrontiert und das Werkzeug des Analytikers wird nach den neuesten Entwicklungen der psychoanalytischen Theorie bewertet. Auf diese Weise erscheinen alte Probleme in einem neuen Licht, und neue Probleme werden zum ersten Mal gestellt.

Heinz Kohut
Narzißmus
Eine Theorie der psychoanalytischen Behandlung narzißtischer Persönlichkeitsstörungen

Aus dem Englischen von Lutz Rosenkötter
388 Seiten
Mit seiner Theorie widerlegt Kohut die Ansicht, daß Patienten, die unter solchen Störungen leiden, der psychoanalytischen Behandlungstechnik schwer zugänglich seien. Damit gelingt es ihm zugleich, in das oft noch sehr spekulative Konzept des Narzißmus größere begriffliche Klarheit zu bringen.

Alfred Lorenzer
Sprachzerstörung und Rekonstruktion
Vorarbeiten zu einer Metatheorie der Psychoanalyse
216 Seiten
Lorenzers Versuch einer wissenschaftstheoretischen Bestimmung der psychoanalytischen Operation – also dessen, was in der Analyse geschieht – nimmt seinen Ausgang von dem alten Gegensatz von »Erklärung« und »Verstehen«. Die Auffassung der Psychoanalyse als einer Sozialwissenschaft rückt die Untersuchung in den Zusammenhang des gegenwärtig aktuellen Positivismusstreites.

Gérard Mendel
Die Generationenkrise
Eine soziopsychoanalytische Studie
Aus dem Französischen von Eva Moldenhauer
272 Seiten
Der französische Psychoanalytiker Gérard Mendel versucht eine soziopsychoanalytische Deutung des Konfliktes zwischen den Heranwachsenden und Jugendlichen einerseits, ihren Eltern und deren Gesellschaft andererseits, der sich heute in den verschiedensten soziokulturellen und ideologischen Milieus abspielt.

Karl Menninger
Selbstzerstörung
Psychoanalyse des Selbstmords
Aus dem Amerikanischen von Hilde Weller
526 Seiten
Karl Menninger ist vielfach als »Vater der amerikanischen Psychiatrie« bezeichnet worden, zu deren Ansehen er unter anderem durch die Gründung der weltberühmten Menninger Clinic in Topeka, Kansas, und zahlreiche bedeutende Veröffentlichungen Wesentliches beigetragen hat.
Das vorliegende Buch, erstmals im Jahre 1938 veröffent-

licht und seither mehrfach neu aufgelegt, ist die erste und bisher in dieser Ausführlichkeit wohl einzige umfassende Darstellung der Problematik des Selbstmords in seinen verschiedenen Erscheinungsformen.

Psychoanalyse und Justiz
Theodor Reik, Geständniszwang und Strafbedürfnis. Probleme der Psychoanalyse und der Kriminologie (1925)
Franz Alexander und Hugo Straub. Der Verbrecher und seine Richter. Ein psychoanalytischer Einblick in die Welt der Paragraphen (1929)
Nachwort von Tilmann Moser
433 Seiten
Zwei klassische Texte der Psychoanalyse, in den zwanziger Jahren entstanden und dann »verbannt«, werden hier wieder zugänglich gemacht. Was darin über die psychischen Mechanismen gesagt wird, die zwischen der Gesellschaft und ihren straffällig gewordenen Mitgliedern wirken und sich in der Institution Justiz selbstgerecht verfestigt haben, gewinnt heute, da diese Institution von außen und selbst schon von innen her in Frage gestellt zu werden beginnt, eine neue Bedeutung und Sinnfälligkeit.

Paul Parin, Fritz Morgenthaler, Goldy Parin-Matthèy
Fürchte deinen Nächsten wie dich selbst
Psychoanalyse und Gesellschaft am Modell der Agni in Westafrika
582 Seiten
Die Autoren, drei ethnologisch und soziologisch interessierte Psychoanalytiker aus Zürich, die 1963 eine Untersuchung über ein anderes westafrikanisches Volk, die Dogon, veröffentlicht haben, besuchten 1966 die Agni. Das vorliegende Buch ist der literarische Niederschlag ihrer Erfahrungen und Studien. In ihm wird gezeigt, wie man mit dem Mittel der Psychoanalyse den Menschen in seinen bewußten und unbewußten Motiven als gesellschaftliches Wesen erfassen kann, wie die Gesellschaft als Produkt materieller Gegebenheiten und als Gegenstand der geschichtlichen Entwicklung auf ihre Träger zurückwirkt und selbst von ihnen geformt wird.

Eine Auswahl weiterer Titel aus Psychoanalyse und angrenzenden Gebieten

Baeyer, Walter von/Wanda von Baeyer-Katte: *Angst.* st 118.

Basaglia, Franco (Hrsg.): *Die negierte Institution oder Die Gemeinschaft der Ausgeschlossenen.* Ein Experiment der psychiatrischen Klinik in Görz. Aus dem Italienischen von Anneheide Ascheri-Osterlow. es 655.

Bilz, Rudolf: *Die unbewältigte Vergangenheit des Menschengeschlechts.* Beiträge zu einer Paläoanthropologie. Theorie.

Bornemann, Ernest: *Psychoanalyse des Geldes.* Eine kritische Untersuchung psychoanalytischer Geldtheorien.

Cooper, David G.: *Psychiatrie und Antipsychiatrie.* Aus dem Englischen von Hilde Weller. es 497.

Dolto, Françoise: *Der Fall Dominique.* Bericht einer Kinderanalyse. Aus dem Französischen von Eva Moldenhauer. st 140.

Foucault, Michel: *Psychologie und Geisteskrankheit.* Aus dem Französischen von Anneliese Botond. es 272.

Fromm, Erich: *Analytische Sozialpsychologie und Gesellschaftstheorie.* es 425.

Gespräche mit Eingeschlossenen. Tilmann Moser: Gruppenprotokolle aus einer Jugendstrafanstalt. Eberhard Künzel: Tiefenpsychologische Analyse des Gruppenprozesses. es 375.

Goffman, Erving: *Asyle.* Über die soziale Situation psychiatrischer Patienten und anderer Insassen. Aus dem Amerikanischen von Nils Lindquist. es 678.

– *Stigma.* Über Techniken der Bewältigung beschädigter Identität. Aus dem Amerikanischen von Frigga Haug. Theorie.

Gruppendynamik und der ›subjektive Faktor‹. Repressive Entsublimierung oder politisierende Praxis. Hrsg. von Klaus Horn. es 538.

Horn, Klaus: *Dressur oder Erziehung*. Schlagrituale und ihre gesellschaftliche Funktion. es 199.

– *Zum Problem aggressiven Verhaltens*. es 693.

Laing, Ronald D./David G. Cooper: *Vernunft und Gewalt*. Aus dem Englischen von H. D. Teichmann. es 574.

Lang, Hermann: *Die Sprache und das Unbewußte*. Jacques Lacans Grundlegung der Psychoanalyse. Kart.

Levita, David J. de: *Der Begriff der Identität*. Aus dem Englischen von Karin Monte und Claus Rolshausen. Theorie.

Lorenzer, Alfred: *Kritik des psychoanalytischen Symbolbegriffs*. es 393.

– *Über den Gegenstand der Psychoanalyse oder: Sprache und Interaktion*. es 572.

MacIntyre, Alasdair C.: *Das Unbewußte*. Eine Begriffsanalyse. Mit einem Abriß ›Freuds Theorie‹ von Richard S. Peters. Aus dem Englischen von Gudrun Sauter. Theorie.

Mitscherlich, Alexander: *Krankheit als Konflikt*. Studien zur psychosomatischen Medizin I. es 164.

– *Krankheit als Konflikt*. Studien zur psychosomatischen Medizin II. es 237.

– *Massenpsychologie ohne Ressentiment*. Sozialpsychologische Betrachtungen. st 76.

Moser, Tilmann: *Lehrjahre auf der Couch*. Bruchstücke meiner Psychoanalyse. Kart.

Neumann-Schönwetter, Marina: *Psychosexuelle Entwicklung und Schizophrenie*. Zur Theorie familialer Sozialisation in der bürgerlichen Gesellschaft. es 627.

Parker, Beulah: *Meine Sprache bin ich*. Modell einer Psychotherapie. Aus dem Englischen von Eva Bornemann. es 728.

Parow, Eduard: *Psychotisches Verhalten und Umwelt*. Eine sozialpsychologische Untersuchung. es 530.

Pontalis, J.-B.: *Nach Freud*. Aus dem Französischen von Hermann Lang, Peter Assion und Georg Roellenbleck. Ln.

Psychoanalyse als Sozialwissenschaft. Beiträge von K. Brede, H. Dahmer, E. Schwanenberg, K. Horn, A. Lorenzer. es 454.

Psychoanalyse der weiblichen Sexualität. Hrsg. von Janine Chasseguet-Smirgel. Aus dem Französischen von Grete Osterwald. es 697.

Psychoanalyse und Marxismus. Dokumentation einer Kontroverse. Einleitung von Hans Jörg Sandkühler. Theorie.

Reiwald, Paul: *Die Gesellschaft und ihre Verbrecher*. Neu hrsg. mit Beiträgen von Tilmann Moser und Herbert Jäger.

Schizophrenie und Familie. Beiträge zu einer neuen Theorie von: J. Bateson, D. D. Jackson, Th. Lidz, H. F. Searles, L. C. Wynne u. a. Aus dem Englischen von Hans-Werner Saß. Theorie.

Sechehaye, Marguerite: *Tagebuch einer Schizophrenen*. Selbstbeobachtung einer Schizophrenen während der psychotherapeutischen Behandlung. Aus dem Französischen von Eva Moldenhauer. es 613.

suhrkamp taschenbücher wissenschaft

stw 2 Theodor W. Adorno
Ästhetische Theorie
Mit einem Begriffsregister
Herausgegeben von Gretel Adorno und Rolf Tiedemann
568 Seiten
Die Ästhetische Theorie ist die letzte große Arbeit Adornos, die bei seinem Tode kurz vor ihrer Vollendung stand. Sie sollte neben der Negativen Dialektik und einem geplanten moralphilosophischen Werk das darstellen, was Adorno »in die Waagschale zu werfen« hatte.

stw 4 Walter Benjamin
Der Begriff der Kunstkritik in der deutschen Romantik
Herausgegeben von Hermann Schweppenhäuser
120 Seiten
Man muß den Begriff der Kunstkritik zusammen sehen mit Lukács' *Theorie des Romans* oder den kunstphilosophischen Teilen von Blochs *Geist der Utopie:* schon in dieser frühen Arbeit Benjamins scheint die neue Ästhetik auf, das Bemühen, Ästhetik und Geschichtsphilosophie zu verknüpfen, wie er selber es dann in inzwischen geradezu klassisch gewordener Weise im *Ursprung des deutschen Trauerspiels* verwirklichte.

stw 47 Walter Benjamin
Charles Baudelaire
Ein Lyriker im Zeitalter des Hochkapitalismus
Herausgegeben und mit einem Nachwort versehen von Rolf Tiedemann
224 Seiten
Benjamin hat die in diesem Band versammelten Texte, an denen er von 1937 bis 1939 gearbeitet hatte, aus dem *Passagenwerk* ausgegliedert. Der Band vereinigt *Das Paris des Second Empire bei Baudelaire* und *Über einige Motive bei Baudelaire* mit den *Zentralpark*-Fragmenten, aphorismen- und thesenartigen Aufzeichnungen, in denen die ungeschrieben gebliebenen Teile des Baudelaire-Buches Kontur gewinnen.
Der Ausgabe liegt der von Rolf Tiedemann für die *Gesammelten Schriften* kritisch revidierte Text zugrunde.

stw 107 Pierre Bourdieu
Zur Soziologie der symbolischen Formen
Aus dem Französischen von Wolfgang Fietkau
201 Seiten
Anders als der »harte Kern« des französischen Strukturalismus dieser Schule demonstriert Bourdieu, daß diese Methode zu Ergebnissen von entschieden politischer Relevanz führen kann.
Die in diesem Band zusammengestellten Aufsätze diskutieren die erkenntnistheoretischen Implikationen und Voraussetzungen der strukturalen Methode auf dem Gebiet der Soziologie, indem sie im konkreten Fall die Relevanz dieser Methode für soziologische Probleme aufzeigen.

stw 21 Victor Erlich
Russischer Formalismus
Aus dem Englischen von Marlene Lohner
Mit einem Geleitwort von René Wellek
407 Seiten
»Erlichs Buch ist die einzige umfassende Darstellung des russischen Formalismus in einer westlichen Sprache ... (es) ist eine vorzügliche, authentische Studie über eine Gruppe von Schriftstellern und ein zusammenhängendes Gedankengebäude, die jedem Literaturwissenschaftler bekannt sein sollte.«
René Wellek

stw 43 Robert Minder
Glaube, Skepsis und Rationalismus
Dargestellt aufgrund der autobiographischen Schriften von Karl Philipp Moritz
294 Seiten
Minders Arbeit gilt als Wendepunkt in der Moritz-Forschung. Er entdeckte damit gewissermaßen einen Zeitgenossen Goethes neu, der ganz zu Unrecht immer gegenüber der Popularität der idealistischen Klassik im Hintergrund blieb. An den Werken von Moritz zeigt Minder nicht nur dessen literarische Qualität und aufklärerischen Impetus, es entsteht auch ein Bild des sektiererischen Kleinbürgertums im ausgehenden 18. Jahrhundert.

stw 29 Eike von Savigny
Die Philosophie der normalen Sprache
Eine kritische Einführung
in die »ordinary language philosophy«
Etwa 300 Seiten

Von Savignys Buch ist die erste zusammenfassende Darstellung der Methoden, Probleme und Ergebnisse einer philosophischen Richtung, die in den angelsächsischen Ländern heute dominiert: der *ordinary language philosophy* mit ihren Hauptvertretern, dem späten Wittgenstein, Gilbert Ryle, J. L. Austin und J. Wisdom.

stw 40 Peter Szondi
Poetik und Geschichtsphilosophie I
Antike und Moderne in der Ästhetik der Goethezeit
Hegels Lehre von der Dichtung
Herausgegeben von Hans-Hagen Hildebrandt
und Senta Metz
537 Seiten
In den Vorlesungen dieses Bandes betrachtet Szondi anhand des Verhältnisses von Antike und Moderne die ästhetische Theorie der Epoche, die etwa als Zeitalter Goethes umschrieben werden kann. Die Darstellung hält die entscheidenden Impulse fest, die den Weg bestimmen, der von der normativen Aufklärungspoetik zur Philosophie der Kunst in den Systemen des deutschen Idealismus führt.

stw 72 Peter Szondi
Poetik und Geschichtsphilosophie II
Von der normativen zur spekulativen Gattungspoetik.
Schellings Gattungspoetik. Studienausgabe der Vorlesungen Band 3.
Herausgegeben von Wolfgang Fietkau
354 Seiten
Mit der Aufkündigung der aristotelischen Wirkungsästhetik wurden Deduktion und historische Begründung von Dichtung gleichursprünglich. Gleichwohl ist auch für die Ästhetik das Spannungsverhältnis der Lehre zur konkreten Vielfalt der Poesie keine quantité négligeable. Erst der deutsche Idealismus vermochte dieses Spannungsverhältnis durch die Theorie der Vermittlung von Allgemeinem und Besonderem, Idee und Geschichte zu lösen.

Alphabetisches Verzeichnis der suhrkamp taschenbücher wissenschaft

Adorno, Ästhetische Theorie 2
– Kierkegaard 74
– Philosophische Terminologie 1 23
– Philosophische Terminologie 2 50
– Drei Studien zu Hegel 110
Arnaszus, Spieltheorie und Nutzenbegriff 45
Barth, Wahrheit und Ideologie 68
Benjamin, Charles Baudelaire 47
– Der Begriff der Kunstkritik 4
Bernfeld, Sisyphos 37
Bilz, Studien über Angst und Schmerz 44
– Wie frei ist der Mensch? 17
Bloch, Das Prinzip Hoffnung 3
– Geist der Utopie 35
Blumenberg, Der Prozeß der theoretischen Neugierde 24
– Säkularisierung und Selbstbehauptung 79
Bourdieu, Zur Soziologie der symbolischen Formen 107
Bucharin/Deborin, Kontroversen 64
Chomsky, Aspekte der Syntax-Theorie 42
– Sprache und Geist 19
Cicourel, Methode und Messung in der Soziologie 99
Einführung in den Strukturalismus 10
Erikson, Identität und Lebenszyklus 16
Erlich, Russischer Formalismus 21
Foucault, Die Ordnung der Dinge 96
– Wahnsinn und Gesellschaft 39
Griewank, Der neuzeitliche Revolutionsbegriff 52
Habermas, Erkenntnis und Interesse 1

Materialien zu Habermas' ›Erkenntnis und Interesse‹ 49
Hegel, Phänomenologie des Geistes 8
Materialien zu Hegels ›Phänomenologie des Geistes‹ 9
Kant, Kritik der praktischen Vernunft 56
– Kritik der reinen Vernunft 55
– Kritik der Urteilskraft 57
Kant zu ehren 61
Materialien zur ›Kritik der Urteilskraft‹ 60
Kenny, Wittgenstein 69
Koselleck, Kritik und Krise 36
Kracauer, Geschichte – Vor den letzten Dingen 11
Kuhn, Die Struktur wissenschaftlicher Revolutionen 25
Lange, Geschichte des Materialismus 70
Laplanche – Pontalis, Das Vokabular der Psychoanalyse 7
Lévi-Strauss, Das wilde Denken 14
Lorenzen, Methodisches Denken 73
– Wissenschaftstheorie 93
Lorenzer, Sprachzerstörung und Rekonstruktion 31
Luhmann, Zweckbegriff und Systemrationalität 12
Lukács, Der junge Hegel 33
Macpherson, Politische Theorie des Besitzindividualismus 41
Malinowski, Eine wissenschaftliche Theorie der Kultur 104
Marxismus und Ethik 75
Mead, Geist, Identität und Gesellschaft 28
Minder, Glaube, Skepsis und Rationalismus 43
Mittelstraß, Die Möglichkeit von Wissenschaft 62

Mommsen, Max Weber 53
Moore, Soziale Ursprünge 54
O'Connor, Die Finanzkrise des Staates 83
Oppitz, Notwendige Beziehungen 101
Parsons, Gesellschaften 106
Piaget, Das moralische Urteil beim Kinde 27
– Einführung in die genetische Erkenntnistheorie 6
Plessner, Die verspätete Nation 66
Pontalis, Nach Freud 108
Quine, Grundzüge der Logik 65
Ricœur, Die Interpretation 76
v. Savigny, Die Philosophie der normalen Sprache 29
Scholem, Zur Kabbala und ihrer Symbolik 13
Schütz, Der sinnhafte Aufbau der sozialen Welt 92
Seminar: Der Regelbegriff in der praktischen Semantik 94
– Entstehung von Klassengesellschaften 30
– Politische Ökonomie 22
– Religion und gesellschaftliche Entwicklung 38
– Sprache und Ethik 91
Spinner, Pluralismus als Erkenntnismodell 32
Solla Price, Little Science – Big Science 48
Strauss, Spiegel und Masken 109
Szondi, Die Theorie des bürgerlichen Trauerspiels 15
– Das lyrische Drama des Fin de siècle 90
– Poetik u. Geschichtsphilosophie I 40
– Poetik u. Geschichtsphilosophie II 72
Uexküll, Theoretische Biologie 20
Watt, Der bürgerliche Roman 78
Weizsäcker, Der Gestaltkreis 18
Winch, Die Idee der Sozialwissenschaft und ihr Verhältnis zur Philosophie 95
Wittgenstein, Philosophische Grammatik 5
Zimmer, Philosophie und Religion Indiens 26